Kievel/Knösel/Marx
Einführung in das Recht für soziale Berufe
Basiswissen kompakt

FACHBÜCHEREI
Praktische Sozialarbeit

Herausgegeben von
Professorin Dr. Helga Oberloskamp und Professor Kurt Witterstätter

Einführung in das Recht für soziale Berufe

Basiswissen kompakt

begründet von

Professor Dr. Dr. Herbert Wagner †

fortgeführt von

Dr. Winfried Kievel

Professor an der Katholischen Hochschule für Sozialwesen Berlin

Dr. Peter Knösel

Professor an der Fachhochschule Potsdam

Dr. jur. Ansgar Marx

Professor an der Fachhochschule Braunschweig/Wolfenbüttel

5., erweiterte und aktualisierte Auflage

Luchterhand

Bibliografische Information Der Deutschen Bibliothek
Die Deutsche Bibliothek verzeichnet diese Publikation in der Deutschen Nationalbibliograhie; detallierte bibliogaphische Daten sind im Internt über http://dnb.ddb.de abrufbar

www.luchterhand-fachverlag.de

Alle Rechte vorbehalten
© 2009 Wolters Kluwer Deutschland GmbH, Köln
Luchterhand – eine Marke von Wolters Kluwer Deutschland.
Das Werk und seine Teile sind urheberrechtlich geschützt. Jede Nutzung in anderen als den gesetzlich zugelassenen Fällen bedarf der vorherigen schriftlichen Einwilligung des Verlages. Hinweis zu § 52a UrhG: Weder das Werk noch seine Teile dürfen ohne eine solche Einwilligung eingescannt und in ein Netzwerk eingestellt werden. Dies gilt auch für Intranets von Schulen und sonstigen Bildungseinrichtungen.
Satz: Mediendesign Ute C. Renda-Becker, Lahnstein.
Grafik: Martina Busch, Fürstenfeldbruch
Druck: Wilco, NL

∞ Gedruckt auf säurefreiem, alterungsbeständigem und chlorfreiem Papier

Vorwort zur 5. Auflage

Mit der fünften Auflage legen die jetzigen Autoren eine Fassung des Einführungsbuches vor, die sich von den Vorauflagen deutlich unterscheidet. Dies lässt sich bereits an dem geänderten Titel »Einführung in das Recht für soziale Berufe – Basiswissen kompakt« ablesen. Die Titeländerung hängt damit zusammen, dass es den sog. klassischen Sozialarbeiter oder die klassische Sozialpädagogin nicht mehr gibt und in Zukunft nicht mehr geben wird. Als Ergebnis des Bologna-Prozesses zeichnet sich eine Diversifierung der herkömmlichen Diplomstudiengänge Sozialarbeit/Sozialpädagogik/Sozialwesen in Bachelor- und Masterstudengänge mit unterschiedlichen Studienrichtungen ab.

Eine neue Auflage erschien notwendig, um das Buch konsequenter an die Bedürfnisse der Ausbildung sozialer Berufe und Berufseinsteiger anzupassen. Weiter zwangen die gesetzgeberischen Änderungen, die seit März 2004 zu verzeichnen sind, das Werk auf den neuesten Stand zu bringen.

Mit der neuen Konzeption – Abbau der zivilrechtlichen Lastigkeit und Ausbau der für soziale Berufsfelder wichtigen Rechtsbereiche – sind sämtliche Kapitel überarbeitet worden, einige Kapitel sind weggefallen und andere hinzugekommen. Die Kapitel sind in insgesamt 5 Teile aufgegliedert und zusammengefasst. Hervorzuheben ist: Kapitel 2 – Quellen des Rechts – zeigt eine neue Struktur und die Betonung des europäischen Rechts. Den Grundrechten ist – ihrer Bedeutung entsprechend – ein eigenes Kapitel 3 gewidmet. Die in der Vorauflage in verschiedenen Kapiteln behandelten Fragen von vertraglicher und deliktischer Haftung sind im Kapitel 10 »Haftung, Deliktsrecht, Schadensersatz« zusammengefügt. Im neuen Teil III »Ausgewählte Rechtsbereiche für Arbeitsfelder in sozialen Berufen« finden sich jetzt: das Familienrecht, das Kinder- und Jugendhilferecht als neues Kapitel, das Sozialrecht, das Strafrecht und als weiteres neues Kapitel das Zuwanderungsrecht. Die Kapitel »Träger öffentlicher Verwaltung und öffentlich-rechtliches Verwaltungshandeln« und »Die Leistungserbringer und das sozialrechtliche Dreiecksverhältnis« bilden den neuen vierten Teil der Auflage. In dem letzten Teil 5 »Die Rechtsanwendung und die Rechtsverwirklichung« ist das neue Kapitel »Mediation – alternative Konfliktbearbeitung« aufgenommen worden.

Berücksichtigt ist der Gesetzesstand bis zum 30.9.2006; soweit es absehbar war, auch die zum 1.1.2007 in Kraft tretenden oder voraussichtlich in Kraft tretenden Änderungen wie z.B. das Elterngeld, das das Erziehungsgeld ablösen wird.

Die Autoren sind den Lesern für kritische Stellungnahmen und Anregungen zur Verbesserung dankbar.

Im Oktober 2006

Winfried Kievel
Ansgar Marx
Peter Knösel

Vorwort zur 1. Auflage

Die vorliegende Darstellung ist aus einer Jahrzehnte währenden Lehrtätigkeit zur Einführung in das Recht hervorgegangen. Zugrunde liegen neben Vorlesungen für Studenten des Sozialwesens und der Religionspädagogik Seminare zur juristischen Methodenlehre für angehende Kandidaten der Rechte sowie zur Technik der Rechtsauslegung für leitende Mitarbeiter aus dem Bereich der Bundesanstalt für Arbeit.

Dem Verfasser sind die Hemmnisse wohlbekannt, denen sich insbesondere Studenten und junge Mitarbeiter des Sozialwesens gegenübersehen, wenn sie Rechtsvorschriften anwenden sollen. Es sind zum Teil Schwierigkeiten emotionaler Natur, die in unterschiedlicher Sicht der Fragen um Staat und Gesellschaft oder einer gewissen Diskrepanz von fürsorgerischem und administrativem Denken wurzeln können. Aber auch juristisches Problembewußtsein und die Abstraktionshöhe im Rechtssystem machen zu schaffen. Erstes Ziel der Darstellung muß es daher sein, dem Leser die Scheu vor juristischer Lektüre zu nehmen und die Umgang mit Rechtsnormen zur vertrauten Beschäftigung werden zu lassen. Dazu ist vor allem erforderlich, die Notwendigkeit und Sinnhaftigkeit juristischer Regelungen transparent zu machen. Das verlangt Anschaulichkeit, die wesentlich durch Fallbeispiele angestrebt wird. Grundbegriffe müssen erklärt werden, auch wenn das dem Kundigen zuweilen überflüssig erscheinen mag. Interdisziplinäre Schau wird hauptsächlich dort möglich, wo unbestimmte Rechtsbegriffe und Generalklauseln auf vor- und außerrechtliche Bezirke weisen.

Angesichts der Fülle des Stoffes ist eine begrenzte Auswahl unumgänglich. Sie ist einerseits nach dem zum Verständnis unbedingt Notwendigen, andererseits nach den Erfordernissen der sozialen Praxis und dem Nutzen speziell für die Tätigkeitsfelder von Sozialarbeit und Sozialpädagogik getroffen. Daraus ergeben sich Schwerpunkte, die am Umgang der Hauptabschnitte erkennbar sind. Größerer Raum ist im »Wesen des Rechts, seinen gesellschaftlichen Grundlagen, seiner Bedeutung für das Sozialwesen« gewidmet. Eine gründliche Darstellung verdienen die »Rechtsanwendung« und die »Rechtsdurchsetzung« vor Gericht. Im rechtlichen »Handeln mit Wirkung für andere« finden wir das Instrumentarium für beschützende Hilfe (gesetzliche Vertretung) und Organschaft im institutionellen Aufbau auch der Träger sozialer Einrichtungen. Über »Ausgewählte vertragliche Schuldverhältnisse«, »Vereinbarungen aus der Praxis« und »Unerlaubte Handlung« wird das Vorgetragene an Rechtsbeziehungen von Aktualität verdeutlicht. Abzahlungsgeschäft, Darlehen, Berufsbildungs-, Fernunterrichts-. Behandlungs-, Betreuungsvertrag, Vertrag über ein Jugendzentrum und die Aufsichtspflichtverletzung finden hier ihren Ort. Der Verfasser ist gewiß, mit dieser Akzentuierung selbst dem erfahrenen Praktiker der sozialen Arbeit nutzbare Kenntnisse zu vermitteln.

Der wissenschaftliche Apparat (Fußnoten) ist auf unentbehrliche Ursprungshinweise und gelegentliche Anmerkungen für weiterführendes Studium beschränkt. Literaturangaben bieten nur eine Auswahl; Nichtnennung bedeutet kein Unwerturteil. Im wesentlichen beschränkt sich der Verfasser auf leicht zugängliches und für Studenten erschwingliches Schrifttum für den »Ersteinstieg« in das Recht.

Lehre hat stets zwei personelle Pole, den Vermittelnden und den Aufnehmenden. Auch wenn Lehre nicht im Hörsaal stattfindet, sondern in die Ferne geht, durch bedrucktes Papier dargeboten wird, kann der Lehrer nicht der Rückmeldung, hier des Lesers, entbehren. Der Verfasser ist daher für kritische Stellungnahmen und Verbesserungsvorschläge dankbar.

Marburg, im Januar 1985   Herbert Wagner

Inhalt

Vorwort V

Abkürzungsverzeichnis XVII

Teil 1: Grundlagen des Rechts und des Staates 1

1. Recht, Gesellschaft und soziale Berufe 1
Winfried Kievel

1.1	Akzeptanz des Rechts	1
1.2	Rechtsnormen und Sozialnormen	3
1.3	Die Legitimation von Recht	4
1.4	Das Sozialstaatsprinzip und die Aufgabe sozialer Berufe	5

2. Die Quellen des Rechts / Objektives Recht und subjektive Rechte 9
Winfried Kievel/Peter Knösel

2.1	Das Europäische Recht *(Knösel)*	9
2.1.0	Einführung und Praxisrelevanz	9
2.1.0.1	Einführung	9
2.1.0.2	Relevanz für die Sozialarbeit	10
2.1.1	Geschichtliches	11
2.1.2	Völkerrecht	12
2.1.3	EU-Recht	14
2.1.3.1	Das Recht der Europäischen Gemeinschaft	14
2.1.3.2	Organe der Europäischen Union	15
2.2	Das nationale, deutsche Recht *(Kievel)*	19
2.2.0	Einführung	19
2.2.1	Objektives Recht – formale Unterteilung	19
2.2.1.1	Gesetztes Recht	19
2.2.1.2	Gewohnheitsrecht	21
2.2.1.3	Richterrecht	22
2.2.2	Objektives Recht – rechtssystematisch gesehen	23
2.2.2.1	Öffentliches Recht und Privatrecht	23
2.2.2.2	Systematischer Überblick über die Rechtsordnung	24
2.2.2.3	Weitere Begriffsbestimmungen	26
2.2.3	Die Subjektiven Rechte	27
2.2.4	Das subjektiv-öffentliche Recht	29

3. Die Grundrechte 31
Winfried Kievel

3.1	Einführung	31
3.2	Überblick über die Grundrechte nach dem GG	31
3.3	Die Funktion der Grundrechte	34
3.3.1	Subjektiv-öffentliche Abwehrrechte	34
3.3.2	Wertentscheidende Grundsatznormen	34

Seite

3.3.3	Einrichtungsgarantien	35
3.3.4	Teilhaberechte	35
3.3.5	Organisations- und Verfahrensgarantien	36
3.3.6	Leistungsrechte (Anspruchsnormen)	37
3.4	Die Grundrechte als subjektive Rechte	37
3.5	Die »Drittwirkung« von Grundrechten	40
3.6	Die Einschränkung von Grundrechten	41
3.6.1	Die Vorbehaltsregelungen des Grundrechtskatalogs	41
3.6.2	Die Wesensgehaltgarantie und das Übermaßverbot	42
Teil 2:	**Das Bürgerliche Recht**	**43**
4.	**Das Bürgerliche Gesetzbuch – BGB**	**43**
	Winfried Kievel	
4.1	Einführung	43
4.2	Die Gliederung des BGB	43
4.3	Grundsätze des BGB	45
4.3.1	Privatautonomie	45
4.3.2	Der Gleichheitssatz	46
4.3.3	Familienprinzip	47
4.3.4	Eigentumsfreiheit	47
4.3.5	Die Soziale Frage	47
4.4	Rechtsobjekte und Rechtssubjekte des Privatrechts	48
5.	**Der Mensch – das Maß aller Dinge**	**51**
	Winfried Kievel	
5.0	Einführung	51
5.1	Die Person – Rechts- und Parteifähigkeit	51
5.2	Handlungsfähigkeit	54
5.2.1	Geschäftsfähigkeit	54
5.2.1.1	Geschäftsunfähigkeit	55
5.2.1.2	Beschränkte Geschäftsfähigkeit	57
5.2.1.3	Ehefähigkeit und Testierfähigkeit	59
5.2.2	Verantwortlichkeit für Schadensverursachung	59
5.2.3	Strafmündigkeit	59
6.	**Rechtsgeschäfte – Entstehung, Mängel, Form**	**61**
	Ansgar Marx	
6.0	Einführung und Praxisrelvanz	61
6.0.1	Einführung	61
6.0.2	Relevanz für die soziale Arbeit	61
6.1	Das Prinzip der Privatautonomie	61
6.2	Einseitige und zweiseitige Rechtsgeschäfte	62
6.3	Abstraktionsprinzip	62
6.4	Willenserklärung	63
6.5	Willensmängel	64

Seite

6.6	Zustandekommen von Verträgen	66
6.7	Unwirksamkeitsgründe für Verträge	68
6.8	Formvorschriften für Verträge	68
6.8.1	Schriftform – § 126 BGB	68
6.8.2	Elektronische Form – § 126 a BGB	70
6.8.3	Textform – § 126 b BGB	71
6.8.4	Öffentliche Beglaubigung – § 129 BGB	71
6.8.5	Notarielle Beurkundung – § 128 BGB	72
6.8.6	Rechtsfolgen bei Nichteinhaltung der vorgeschriebenen Form	72
7.	**Ausgewählte Verträge**	**74**
	Ansgar Marx	
7.0	Einführung und Praxisrelevanz	74
7.0.1	Einführung	74
7.0.2	Relevanz für soziale Berufe	74
7.1	Kauf	74
7.1.1	Pflichten der Vertragsparteien	74
7.1.2	Mängelhaftung	75
7.1.2.1	Sach- und Rechtsmängel	75
7.1.2.2	Rechte des Käufers bei Mängeln	76
7.1.2.3	Verjährung	77
7.1.3	Besondere Kaufverträge	78
7.2	Miete	78
7.3	Leasing	79
7.4	Dienst- und Arbeitsvertrag	80
7.5	Werkvertrag	81
7.6	Kreditverträge	82
7.6.1	Rechtsgrundlagen für Verbraucherdarlehen	82
7.6.2	Wucherkredite	84
8.	**Rechtliches Handeln mit Wirkung für andere**	**85**
	Winfried Kievel	
8.0	Einführung	85
8.1	Vertretung	85
8.1.1	Vertreter kraft gesetzlicher Regelung – gesetzlicher Vertreter	85
8.1.2	Vertreter kraft gerichtlicher Bestellung	86
8.1.2.1	Der Vormund für minderjährige Personen	86
8.1.2.2	Die rechtliche Betreuung für volljährige Personen	87
8.1.2.3	Der Pfleger	89
8.1.2.4	Der Verfahrenspfleger für das minderjährige Kind	90
8.1.2.5	Die Beistandschaft	90
8.1.3	Die gewillkürte Vertretung	90
8.1.4	Das Wesen der Vertretung	91
8.2	Zustimmung	93

Inhalt

Seite

9.	**Die Zeit im Recht**	98
	Winfried Kievel	
9.0	Einführung	98
9.1	Fristen und Termine	98
9.2	Die Verjährung	100
9.2.1	Die Verjährungseinrede	100
9.2.2	Die Verjährungsfrist	100
9.2.3	Verjährungshemmung und Neubeginn der Verjährung	103
9.3	Die Ausschlussfrist	104
9.4	Die Verwirkung	105
9.5	Befristete Verträge	106
9.6	Die Kündigung, insbesondere von Wohnraum und von Arbeitsverhältnissen	107
9.6.1	Die Kündigung	107
9.6.2	Die Kündigungsfristen bei Wohnraum	107
9.6.3	Die außerordentliche fristlose Kündigung bei Wohnraummietverhältnissen	108
9.6.4	Die Kündigungsfristen im Arbeitsverhältnis	108
9.6.5	Die außerordentliche fristlose Kündigung des Arbeitsverhältnisses	109
10.	**Haftung, Deliktsrecht, Schadensersatz**	110
	Ansgar Marx	
10.0	Einführung und Praxisrelevanz	110
10.0.1	Einführung	110
10.0.2	Relevanz für die soziale Arbeit	110
10.1	Deliktsrecht	110
10.1.1	Systematik	112
10.1.2	Die Grundtatbestände	113
10.1.2.1	Verletzung von absoluten Rechten (§ 823 I BGB)	113
10.1.2.2	Verstoß gegen Schutzgesetze (§ 823 II BGB)	116
10.1.2.3	Sittenwidrige Schädigungen (§ 826 BGB)	117
10.1.3	Verletzung der Aufsichtspflicht (§ 832 BGB)	117
10.1.3.1	Gesetzliche Aufsichtspflicht	118
10.1.3.2	Vertragliche Aufsichtspflicht	118
10.1.3.3	Gefälligkeitsverhältnisse	119
10.1.3.4	Anforderungen an die Aufsicht	119
10.1.3.5	Beweislast	120
10.1.4	Amtspflichtverletzung (§ 839 BGB u. Art. 34 GG)	121
10.1.5	Schadensersatz	121
10.2	Haftung von Vereinen, Dienstleistungsunternehmen, Gesellschaften	123
10.2.1	Organhaftung juristischer Personen	123
10.2.2	Haftung für Mitarbeiter und Helfer	124
10.2.3	Eigenhaftung des Handelnden	125
10.3	Die Haftung für die Tätigkeit eines Erfüllungsgehilfen (§ 278 BGB)	126
10.4	Die Haftung für den Verrichtungsgehilfen (§ 831 BGB)	127

Seite

11.	**Erbrecht**	128
	Ansgar Marx	
11.0	Einführung und Praxisrelevanz	128
11.0.1	Einführung	128
11.0.2	Relevanz für soziale Berufe	128
11.1	Gesetzliche Erbfolge	128
11.2	Verfügungen von Todes wegen	130
11.2.1	Erbvertrag	130
11.2.2	Testament	130
11.3	Rechtsgeschäfte unter Lebenden auf den Todesfall	131
11.4	Erbfall und Erbenhaftung	131
Teil 3:	**Ausgewählte Rechtsbereiche für Arbeitsfelder in sozialen Berufen**	133
12.	**Familienrecht**	133
	Ansgar Marx	
12.0	Einführung und Praxisrelevanz	133
12.0.1	Einführung	133
12.0.2	Relevanz für soziale Berufe	133
12.1	Systematik	133
12.2	Stellung der Familie im Grundgesetz	135
12.3	Eheschließung und -wirkungen	135
12.4	Ehescheidung	137
12.5	Kindschaftsrecht	139
12.6	Vormundschaft, Pflegschaft, Betreuung	142
12.7	Eingetragene Lebenspartnerschaft	143
13.	**Kinder- und Jugendhilferecht**	144
	Peter Knösel	
13.0	Einführung und Praxisrelevanz	144
13.0.1	Einführung	144
13.0.2	Relevanz für die Sozialarbeit	144
13.1	Gesetzliche Regelung und Stellung im Rechtssystem	144
13.2	Geschichtlicher Überblick	146
13.3	Verfassungsrechtliche Grundlagen und über-/zwischenstaatliches Recht	147
13.4	Ziele und Schwerpunkte des Gesetzes	147
13.4.1	Der allgemeine Teil des SGB VIII	148
13.4.1.1	Aufgaben und Träger der Jugendhilfe	148
13.4.1.2	Wunsch- und Wahlrecht der Leistungsberechtigten	149
13.4.1.3	Geltungsbereich des Gesetzes	150
13.4.1.4	Definitionen, Beteiligung von Kindern/Jugendlichen, Grundrichtung der Erziehung, Gleichberechtigung von Jungen und Mädchen	151
13.4.1.5	Schutzauftrag bei Kindeswohlgefährdung	152
13.4.1.6	Verhältnis von Jugendhilfeleistungen zu anderen Leistungen/ Verpflichtungen	153

Seite

13.4.2	Leistungen der Jugendhilfe	154
13.4.2.1	Jugendarbeit, Jugendsozialarbeit, erzieherischer Kinder- und Jugendschutz	154
13.4.2.2	Förderung der Erziehung in der Familie	156
13.4.2.3	Förderung von Kindern in Tageseinrichtungen und in Kindertagespflege	157
13.4.2.4	Hilfe zur Erziehung, Eingliederungshilfe für seelisch behinderte Kinder und Jugendliche, Hilfe für junge Volljährige	159
13.4.3	Andere Aufgaben der Jugendhilfe	163
13.4.3.1	Die Inobhutnahme	163
13.4.3.2	Schutz von Kindern und Jugendlichen in Familienpflege und in Einrichtungen	164
13.4.3.3	Mitwirkung in gerichtlichen Verfahren	165
13.4.3.4	Beistandschaft, Pflegschaft und Vormundschaft für Kinder und Jugendliche, Auskunft über Nichtabgabe von Sorgeerklärungen	166
13.4.3.5	Beurkundung und Beglaubigung, vollstreckbare Urkunden	167
13.4.4	Schutz von Sozialdaten	167
13.4.5	Träger der Jugendhilfe, Zusammenarbeit, Gesamtverantwortung	168
13.4.6	Sonstige Regelungen	170
14.	**Sozialrecht**	**171**
	Winfried Kievel	
14.1	Einführung	171
14.2	Soziale Vorsorgesysteme	174
14.2.1	Gesetzliche Rentenversicherung	175
14.2.2	Gesetzliche Krankenversicherung	176
14.2.3	Soziale Pflegeversicherung	178
14.2.4	Gesetzliche Unfallversicherung	180
14.2.5	Arbeitslosenversicherung	182
14.3	Soziale Fördersysteme	185
14.3.1	Arbeitsförderung (Afö)	185
14.3.2	Bildungsförderung	187
14.3.3	Kinder- und Jugendhilfe	188
14.3.4	Familienförderung	188
14.3.5	Wohnungsförderung	190
14.3.6	Förderung der Eingliederung von Menschen mit Behinderungen	192
14.4	Soziale Hilfesysteme	196
14.4.1	Der Systemwandel bei den Leistungen zur Sicherung des Lebensunterhalts nach dem SGB II und dem SGB XII	196
14.4.2	Das SGB II und seine Leistungen zur Sicherung des Lebensunterhalts	198
14.4.3	Der neue Kinderzuschlag nach § 6 a BKGG	206
14.4.4	Sozialhilfe – Sozialgesetzbuch XII	210
14.4.4.1	Allgemeines	210
14.4.4.2	Hilfe zum Lebensunterhalt (HLU)	215
14.4.4.3	Grundsicherung im Alter und bei Erwerbsminderung	218

Seite

14.4.4.4	Kapitel 5 bis 9 des SGB XII – Hilfe in besonderen Lebenslagen	223
14.4.4.5	Einkommens- und Vermögensfragen nach dem SGB XII	224
14.4.5	Unterhaltsvorschussgesetz (UVG)	225
14.5	Soziale Entschädigungssysteme	226

15.	**Strafrecht**	**229**
	Peter Knösel	
15.0	Einführung und Praxisrelevanz	229
15.0.1	Einführung in das Strafrecht	229
15.0.2	Relevanz für die Sozialarbeit	229
15.1	Einleitung	230
15.2	Geschichte des Strafrechts	234
15.3	Strafverfahren	236
15.3.1	Beteiligte	236
15.3.1.1	Prozessorgane	236
15.3.1.2	Beschuldigte	239
15.3.1.3	Verteidiger	240
15.3.1.4	Zeugen	240
15.3.1.5	Opferrechte und Nebenklage	241
15.3.2	Ablauf des Strafverfahrens	242
15.3.2.1	Verfahrensabschnitte	242
15.3.2.2	Grundsätze und Prinzipien	243
15.3.2.3	Ermittlungs- oder Vorverfahren	244
15.3.2.4	Gerichtliches Zwischenverfahren	245
15.3.2.5	Hauptverhandlung	246
15.3.3	Vollstreckung	250
15.4	Straftat	251
15.4.1	Tatbestandsmäßigkeit	252
15.4.2	Rechtswidrigkeit	252
15.4.3	Schuld	253
15.5	Jugendstrafrecht	254
15.5.1	Besonderheiten im Verfahren	254
15.5.2	Jugendgerichtshilfe (JGH)	256
15.5.3	Rechtsfolgen des JGG	257
15.6	Strafvollzug	260
15.7	Soziale Arbeit und Strafrecht	262
15.7.1	Anzeigepflicht von Sozialarbeitern	262
15.7.2	Zeugnisverweigerungsrecht von Sozialarbeitern	263
15.7.3	Garantenstellung von Sozialarbeitern	264

16.	**Zuwanderungsrecht**	**266**
	Peter Knösel	
16.0	Einführung und Praxisrelevanz	266
16.0.1	Einführung in das Thema	266
16.0.2	Relevanz für die Sozialarbeit	267
16.1	Geschichte der Migration und rechtliche Grundlagen	267

Inhalt

		Seite
16.2	Das Aufenthaltsgesetz (AufenthG)	271
16.2.1	Allgemeines	271
16.2.2	Einreise und Aufenthalt	272
16.2.2.1	Touristen	272
16.2.2.2	Arbeitskräfte	273
16.2.2.3	Studenten	275
16.2.2.4	Familiennachzug	275
16.2.2.4.1	Familiennachzug zu Deutschen	276
16.2.2.4.2	Ehegattennachzug zu Ausländern	276
16.2.2.4.3	Kindernachzug	277
16.2.2.4.4	Sonstige Familienangehörige	277
16.2.2.5	Zuzug aus humanitären, politischen und völkerrechtlichen Gründen	277
16.2.2.6	Sonstiger Nachzug	279
16.2.3	Aufenthaltsverfestigung	279
16.2.3.1	Aufenthaltstitel	279
16.2.3.2	Förderung der Integration	281
16.2.4	Aufenthaltsbeendigung	281
16.2.4.1	Arten der Aufenthaltsbeendigung	281
16.2.4.2	Verfahren der Aufenthaltsbeendigung	283
16.2.5	Weitere Regelungen des AufenthG	285
16.2.6	Freizügigkeitsgesetz/EU (FreizügG/EU)	286
16.2.7	Asylverfahrensgesetz (AsylVfG)	287
16.2.7.1	Verfahren	287
16.2.7.2	Erreichen der Bundesrepublik	288
16.2.7.3	Weiteres Verfahren	289
16.2.7.4	Asylbewerberleistungsgesetz	292
16.2.8	Asylrecht	292
16.2.9	Staatsbürgerschaft	295
16.3	Interkulturelle Kompetenz, interkulturelles Lernen bzw. interkulturelle Kommunikation	296

Teil 4: Leistungsträger und Leistungserbringer für soziale Leistungen 299

17.	Träger öffentlicher Verwaltung und öffentlich-rechtliches Verwaltungshandeln	299
	Winfied Kievel	
17.0	Einführung	299
17.1	Die Träger öffentlicher Verwaltung	299
17.2	Der Aufbau der Behörden	302
17.3	Öffentlich-rechtliches Verwaltungshandeln	306
17.4	Grundzüge des Verwaltungsverfahrens nach dem SGB X und der Erlass des VA	309
17.4.1	Grundzüge des Verwaltungsverfahrens	309
17.4.2	Der Erlass des VA	311

		Seite
17.5	Der Sozialdatenschutz	312
17.5.1	Der Anspruch auf Wahrung des Sozialgeheimnisses als subjektiv-öffentliches Recht	313
17.5.2	Der Gegenstand des Anspruchs	314
17.5.2.1	Grundsätze für das Erheben von Sozialdaten	314
17.5.2.2	Grundsätze für das Verarbeiten von Sozialdaten und deren Nutzung	315
17.5.3	Zulässigkeit der Übermittlung von Sozialdaten	316
17.5.4	Rechtsfolgen bei Verletzung des Sozialgeheimnisses	318
17.5.4.1	Die Rechte Betroffener – §§ 84 ff. SGB X	318
17.5.4.2	Bußgeld- und Strafvorschriften	319
18.	**Die Leistungserbringer und das sozialrechtliche Dreiecksverhältnis**	320
	Winfried Kievel	
18.1	Die Leistungserbringer	320
18.2	Das sozialrechtliche Dreiecksverhältnis	325

Teil 5: Die Rechtsanwendung und die Rechtsverwirklichung 327

19.	**Rechtsdurchsetzung mithilfe der Gerichte**	327
	Winfried Kievel	
19.1	Beratungshilfe, Prozesskostenhilfe und sonstige Hilfen zur Rechtsdurchsetzung	327
19.1.1	Beratungshilfe	327
19.1.2	Prozesskostenhilfe (PKH)	329
19.1.3	Sonstiger Beratungs- und Rechtsschutz	330
19.2	Der Justizgewährungsanspruch	331
19.3	Der Aufbau der deutschen Gerichtsbarkeit	332
19.3.1	Die Verfassungsgerichtsbarkeit des Bundes	332
19.3.2	Verfassungsgerichtsbarkeit der Bundesländer	334
19.3.3	Der gesetzliche Richter	334
19.3.4	Die ordentliche Gerichtsbarkeit	336
19.3.5	Die Arbeitsgerichtsbarkeit	340
19.3.6	Die Verwaltungsgerichtsbarkeit	342
19.3.7	Die Sozialgerichtsbarkeit	345
19.3.8	Die Finanzgerichtsbarkeit	347
19.4	Rechtsschutz auf der europäischen Ebene	348
19.4.1	Der Europäische Gerichtshof für Menschenrechte	348
19.4.2	Der Europäische Gerichtshof – EuGH	349
20.	**Die Struktur von Rechtsnormen und die Rechtsanwendung**	352
	Winfried Kievel	
20.1	Die Struktur von Rechtsnormen	352
20.2	Die Rechtsanwendung	357
20.2.1	Der Sachverhalt	357

		Seite
20.2.2	Die Suche nach der »einschlägigen« Rechtsnorm	358
20.2.3	Subsumtion	358
20.2.4	Syllogismus	358
20.2.5	Auslegung	365
20.2.6	Auslegungsmethoden	366
20.2.6.1	Die philologische Auslegung	366
20.2.6.2	Die systematische Auslegung	370
20.2.6.3	Die historische Auslegung	371
20.2.6.4	Die teleologische Auslegung	372
21.	**Mediation – alternative Konfliktbearbeitung** *Ansgar Marx*	373
21.0	Einführung und Praxisrelevanz	373
21.0.1	Einführung	373
21.0.2	Relevanz für soziale Berufe	374
21.1	Konfliktsphären in sozialen Arbeitsfeldern	375
21.2	Sozial-Mediation in Deutschland und den USA	376
21.2.1	Scheidungs-, Sorgerechts- und Umgangs-Mediation	377
21.2.2	Schul-Mediation	378
21.2.3	Täter-Opfer-Ausgleich (TOA)	379
21.2.4	Mediation in der Altenhilfe	379
21.2.5	Mediation im Gesundheitswesen	380
21.2.6	Stieffamilien-Mediation	381
21.2.7	Eltern-Kind-Mediation	381
21.2.8	Mediation bei Adoptionen	382
21.2.9	Mediation bei interkulturellen Konflikten	382
21.3	Mediatorenausbildung	383
Teil 6:	**Anhang – Lebensaltertabelle** *Winfried Kievel*	385
Literatur		416
Stichwortverzeichnis		421

Abkürzungen

a.a.O.	am angegebenen Ort
Abs.	Absatz
AFG	Arbeitsförderungsgesetz
Afö	Arbeitsförderung
AG, AmtsG	Amtsgericht
Alg	Arbeitslosengeld
Alhi	Arbeitslosenhilfe
AO	Abgabenordnung
AOK	Allgemeine Ortskrankenkasse
ARB	Allgemeine Rechtsschutz-Versicherungsbedingungen
ArbG	Arbeitsgericht
ArbGG	Arbeitsgerichtsgesetz
ArbPlSchG	Arbeitsplatzschutzgesetz
Art.	Artikel
AsylbLG	Asylbewerberleistungsgesetz
AsylVG	Asylverfahrensgesetz
AT	Allgemeiner Teil
AufenthG	Aufenthaltsgesetz
Aufl.	Auflage
AuslG	Ausländergesetz
AV	Ausführungsvorschrift
AVAVG	Gesetz über Arbeitslosenvermittlung und Arbeitslosenversicherung
AVmG	Altersvermögensgesetz
AZG	Arbeitszeitgesetz
BA	Bundesagentur für Arbeit
BAföG	Bundesausbildungsförderungsgesetz
BAG	Bundesarbeitsgericht
BAGHR	Bundesarbeitsgemeinschaft der Hochschullehrer und Hochschullehrerinnen des Rechts an Fachhochschulen / Fachbereichen des Sozialwesens in der Bundesrepublik
BAT	Bundesangestelltentarifvertrag
BBauG	Bundesbaugesetz
BBiG	Berufsbildungsgesetz
Bd.	Band
BDSG	Bundesdatenschutzgesetz
BEEG	Bundeselterngeld- und Elternzeitgesetz
BerHG	Beratungshilfegesetz
BErzGG	Bundeserziehungsgeldgesetz
BetrVG	Betriebsverfassungsgesetz
BeurkG	Beurkundungsgesetz
BfA	Bundesversicherungsanstalt für Angestellte

Abkürzungen

BFH	Bundesfinanzhof
BG	Berufsgenossenschaft
BGB	Bürgerliches Gesetzbuch
BGBl.	Bundesgesetzblatt
BGH	Bundesgerichtshof
BGHZ	Sammlung »Bundesgerichtshof in Zivilsachen« (Band, Seite)
BGHSt	Sammlung »Bundesgerichtshof in Strafsachen« (Band, Seite)
BKGG	Bundeskindergeldgesetz
BKK	Betriebskrankenkasse
BMJ	Bundesminister der Justiz
BRD	Bundesrepublik Deutschland
BR-Dr.	Bundesratsdrucksache
BSG	Bundessozialgericht
BSGE	Sammlung »Entscheidungen des Bundessozialgerichts« (Band, Seite)
BSHG	Bundessozialhilfegesetz
BVerfG	Bundesverfassungsgericht
BVerfGE	Sammlung »Entscheidungen des Bundesverfassungsgerichts« (Band, Seite)
BVerfGG	Bundesverfassungsgerichtsgesetz
BVerwG	Bundesverwaltungsgericht
BVerwGE	Sammlung »Entscheidungen des Bundesverwaltungsgerichts« (Band, Seite)
BVFG	Bundesvertriebenengesetz
BVG	Bundesversorgungsgesetz
BZRG	Bundeszentralregister
DCV	Deutscher Caritasverband
DV	Deutscher Verein für öffentliche und private Fürsorge
DVBl.	Deutsches Verwaltungsblatt
DWEKD	Diakonisches Werk der Evangelischen Kirche Deutschlands
DVO	Durchführungsverordnung
EAG	Europäische Atomgemeinschaft
EFA	Europäisches Fürsorgeabkommen
e.G.	Eingetragene Genossenschaft
EG	Europäische Gemeinschaft
EGBGB	Einführungsgesetz zum BGB
EGKS	Europäische Gemeinschaft für Kohle und Stahl
EGMR	Europäischer Gerichtshof für Menschenrechte
EGZPO	Einführungsgesetz zur ZPO
EGV	Vertrag zur Gründung der europäischen Gemeinschaft
EKD	Evangelische Kirche Deutschlands
EKMR	Europäische Kommission für Menschenrechte
EMRK	Europäische Menschenrechtskonvention
ENA	Europäisches Niederlassungsabkommen
ER	Europäischer Rat
EStDV	Einkommenssteuerdurchführungsverordnung
EuGH	Gerichtshof der Europäischen Gemeinschaften

e.V.	eingetragener Verein
EWG	Europäische Wirtschaftsgemeinschaft
EWGV	Vertrag zur Gründung der europäischen Gemeinschaft
f, ff	folgende Seite, folgende Seiten / Paragraphen
FamG	Familiengericht
FamRZ	Zeitschrift für das gesamte Familienrecht
FEVS	Fürsorgerechtliche Entscheidungen der Verwaltungs- und Sozialgerichte (Band, Seite)
FG	Finanzgericht
FGG	Gesetz über die Angelegenheiten der freiwilligen Gerichtsbarkeit
FGO	Finanzgerichtsordnung
GbR	Gesellschaft bürgerlichen Rechts
GdB	Grad der Behinderung
GewO	Gewerbeordnung
GewSchG	Gewaltschutzgesetz
GFK	Genfer Flüchtlingskonventionen
GG	Grundgesetz
GK-SGB VIII	Gemeinschaftskommentar zum SGB VIII (siehe Literaturverzeichnis)
GmbH	Gesellschaft mit beschränkter Haftung
GSiG	Gesetz über eine bedarfsorientierte Grundsicherung und bei verminderter Erwerbsfähigkeit
GVBl.	Gesetz- und Verordnungsblatt
GVG	Gerichtsverfassungsgesetz
HAG	Heimarbeitsgesetz
HGB	Handelsgesetzbuch
HHG	Häftlingshilfegesetz
HRG	Hochschulrahmengesetz
Hrsg. hrsg.	Herausgeber, herausgegeben
HS	Halbsatz
HzE	Hilfe zur Erziehung
IKK	Innungskrankenkasse
info also	Informationen zum Arbeitslosenrecht und Sozialhilferecht
InsolvenzO	Insolvenzordnung
IntV	Integrationsverordnung
i.V.m.	in Verbindung mit
JA	Jugendamt
JArbSchG	Jugendarbeitsschutzgesetz
JGG	Jugendgerichtsgesetz
JGH	Jugendgerichtshilfe
JuS	Juristische Schulung

Abkürzungen

Kap.	Kapitel
KG	Kommanditgesellschaft, Kammergericht
KGaA	Kommanditgesellschaft auf Aktien
KJHG	Kinder- und Jugendhilfegesetz
KMK	Kultusministerkonferenz
KMK-HSchR	Rechtssprechungssammlung der KMK zum Hochschulrecht
KSchG	Kündigungsschutzgesetz
KO	Konkursordnung
KostO	Kostenordnung
LAG	Landesarbeitsgericht
LG	Landgericht
LJA	Landesjugendamt
LPartG	Gesetz über die eingetragene Lebenspartnerschaft (Lebenspartnerschaftsgesetz)
LPK-BSHG	Lehr- und Praxiskommentar zum BSHG (siehe Literaturverzeichnis)
LPK-SGB I	Lehr und Praxiskommentar zum SGB I (siehe Literaturverzeichnis)
LSG	Landessozialgericht
LVA	Landesversicherungsanstalt
MdE	Minderung der Erwwerbsfähigkeit
MitbestG	Mitbestimmungsgesetz
MSA	Haager Minderjährigenschutzabkommen
MuSchuG	Mutterschutzgesetz
NDV	Nachrichtendienst des Deutschen Vereins für öffentliche und private Fürsorge
NDV-RD	Rechtsprechungsdienst des Deutschen Vereins – Beilage zum NDV
NE	Niederlassungserlaubnis
NJW	Neue Juristische Wochenschrift
NJW-RR	Rechtsprechungsreport der NJW
Nr.	Nummer
NZA	Neue Zeitschrift für Arbeitsrecht
NZS	Neue Zeitschrift für Sozialrecht
OEG	Opferentschädigungsgesetz
OHG	Offene Handelsgesellschaft
OLG	Oberlandesgericht
OVG	Oberverwaltungsgericht
OWiG	Gesetz über Ordnungswidrigkeiten
PKH	Prozesskostenhilfe
ProdHG	Produkthaftungsgesetz
PStG	Personenstandsgesetz

RBerG	Rechtsberatungsgesetz
RDG	Rechtsdienstleistungsgesetz
Rdn.	Randnummer
Rdz.	Randziffer
RehaAnglG	Rehabilitationsangleichungsgesetz
RelKEG	Gesetz über die religiöse Kindererziehung
RGZ	Entscheidungen des Reichsgerichts in Zivilsachen (Band, Seite)
Rspr.	Rechtsprechung
s.	siehe
S.	Seite
SchwbG	Schwerbehindertengesetz
SGb	Die Sozialgerichtsbarkeit (Zeitschrift)
SGB	Sozialgesetzbuch
SGG	Sozialgerichtsgesetz
SHR	Sozialhilferichtlinien
SigG	Signaturgesetz
SovD	Sozialverband Deutschland e.V.
SozArb	Soziale Arbeit (Zeitschrift)
SpFH	Sozialpädagogische Familienhilfe
StA	Staatsanwaltschaft
StabG	Stabilitätsgesetz
StGB	Strafgesetzbuch
StPO	Strafprozessordnung
StVG	Straßenverkehrsgesetz
StVO	Straßenverkehrsordnung
StVollzG	Strafvollzugsgesetz
TKK	Technikerkrankenkasse
TOA	Täter-Opfer-Ausgleich
TzBfG	Teilzeit- und Befristungsgesetz
UVG	Unterhaltsvorschußgesetz
VA	Verwaltungsakt
VG	Verwaltungsgericht
VGH	Verwaltungsgerichtshof
vgl.	vergleiche
VO	Verordnung
VwGO	Verwaltungsgerichtsordnung
VwVfG	Verwaltungsverfahrensgesetz
WEG	Wohnungseigentumsgesetz
WfBM	Werkstatt für behinderte Menschen
WoGG	Wohngeldgesetz

Abkürzungen

ZAR	Zeitschrift für Ausländerrecht und Ausländerpolitik
ZBlJugR	Zentralblatt für Jugendrecht und Jugendwohlfahrt
ZfF	Zeitschrift für das Fürsorgewesen
ZfJ	Zentralblatt für Jugendrecht
ZfSH/SGB	Zeitschrift für Sozialhilfe und Sozialgesetzbuch
ZPO	Zivilprozessordnung

Teil 1: Grundlagen des Rechts und des Staates

1. Recht, Gesellschaft und soziale Berufe

1.1 Akzeptanz des Rechts

Die Frage nach der Akzeptanz des Rechts ist von wesentlicher Bedeutung für alle Menschen, die in sozialen Berufen tätig sind oder sich in entsprechenden Ausbildungen befinden. In unserer Gesellschaft löst das Recht prinzipiell und tendenziell Abneigung und Abwehr aus; das Recht steht in dem Ruf, »volksfern« zu sein, damit unverständlich und undurchschaubar. Das liegt nicht zuletzt an der abgehobenen Sprache, der sich der Gesetzgeber vielfach bedient.

> **Beispiel:** § 815 BGB Nichteintritt des Erfolgs »Die Rückforderung wegen Nichteintritts des mit einer Leistung bezweckten Erfolgs ist ausgeschlossen, wenn der Eintritt des Erfolgs von Anfang an unmöglich war und der Leistende dies gewusst hat oder wenn der Leistende den Eintritt des Erfolgs wider Treu und Glauben vereitelt hat.«

Zudem sieht man sich einer unüberschaubaren Fülle von Vorschriften gegenüber, die im Übrigen immer mehr zunimmt. Recht wird als Herrschaftswissen empfunden. Derjenige, der in eine rechtliche Auseinandersetzung verwickelt ist oder verwickelt wird, fühlt sich ohne fachkundige Beratung und Unterstützung hilflos. Andererseits bleibt in einer ausweglosen Situation immer noch die Hoffnung auf einen »juristischen Trick«, der eine Wendung zum Besseren herbeiführen könnte. Diese Einstellung ist prinzipiell auch bei jungen Menschen anzutreffen, die sich entschlossen haben, eine Ausbildung zu betreiben, die sie für eine berufliche Tätigkeit in einem Feld der Sozialen Arbeit qualifizieren soll.

Diese Außensicht des Rechts trifft im Wesentlichen auf zwei Hürden: die **Fachsprache** und das für das Begreifen von Recht und das Lösen von rechtlichen Problemen erforderliche **Abstraktionsvermögen**:

Wie alle anderen Wissenschaften auch, hat das Recht eine Fachsprache entwickelt – um Recht verstehen zu können, hilft nur eins: die Fachsprache zu verstehen lernen. Der Gesetzgeber bedient sich einer generellen und abstrakten Ausdrucksweise – der Vorteil dieser Gesetzessprache ist der: sie dient der Rechtsanwendung und ermöglicht die Rechtsfindung.[1]

Die Rechtswissenschaft als eine der ältesten Hochschuldisziplinen Europas gilt als sehr anspruchsvoll, weil sie ein sehr hohes Abstraktionsvermögen erfordert. Das heißt nicht, dass das Recht nicht konkret ist; aber die fast unübersehbare Fülle der Lebenserscheinungen und der gesellschaftlichen Vorgänge lässt sich nur dann

---

1 Siehe dazu Kapitel 19.1 und die darin aufgeführten Beispiele.

mit rechtlichen Mitteln bewältigen, wenn die Sachverhalte der sozialen Wirklichkeit geordnet, eingeteilt, unter allgemeinere Grundsätze und in ein System gebracht werden. Nur wo ein Gebäude von Rechtssätzen, die vielfach Wertnormen sind, zur Verfügung steht, kann Vergleichbares geortet werden, sind Ähnlichkeiten feststellbar, können Gegensätze aufgespürt werden, entsteht ein Instrumentarium, das es ermöglicht, durch Auslegung und Rechtsfortbildung auch neue Bedürfnisse, die durch die Veränderung der sozialen Wirklichkeit entstehen, zu befriedigen. Nach entsprechender intensiver Einarbeitung werden Tatbestandsgruppen und Rechtsfolgen überschaubar, die Reaktionen des Rechts auf bestimmte Lebenssachverhalte einsichtiger. Das führt zu Sicherheit im Umgang mit dem Recht.[2]

Es gibt wenige berufliche Tätigkeiten für ausgebildete Sozialarbeiterinnen und Sozialarbeiter, in denen rechtliche Fragen und Probleme keine oder so gut wie keine Rolle spielen – in anderen Bereichen – wie bei Tätigkeiten im Jugend- oder Sozialamt – gehören sie mit zum Kernbereich beruflichen Könnens. Daraus ergibt sich die Notwendigkeit, Rechtskenntnisse im Rahmen der Ausbildung zu vermitteln.

Dabei soll kein Sozialarbeiter/Sozialpädagoge zum professionellen Juristen gemacht werden. Erforderlich sind jedoch Aufgeschlossenheit und die Bereitschaft, auch außerhalb von Lehrveranstaltungen den Stoff nochmals zu überdenken, zumindest die Gesetzestexte nachzulesen und zu begreifen, dass zur Fachlichkeit in sozialen Berufen ausreichende rechtliche Kenntnisse gehören, und die Fähigkeit zu entwickeln, sich in bisher unbekannte Rechtsprobleme und Rechtsbereiche einzuarbeiten.

Macht man sich mit dem Recht vertraut, dann wird man auch die Formen, die Denkfiguren, die termini technici verstehen lernen, auf welche die Rechtswissenschaft so wenig verzichten kann wie jede andere Wissenschaft. Der Vorwurf, das deutsche Recht sei »volksfremd«, wird vor allem darauf gegründet, dass etwa das Bürgerliche Gesetzbuch zu großen Teilen römischen Ursprungs sei.[3] Die römischen Juristen hatten ein wissenschaftliches »Kunstrecht« geschaffen, das wegen seiner technischen Qualitäten alle so genannten »Volksrechte« – damit sind die Rechte der Germanen und das Recht in fränkischer Zeit gemeint – übertraf, aber für den Laien schwer verständlich war. Die Rezeption (Aufnahme) des römischen Rechts war ein kontinentaleuropäischer Vorgang[4] und erfolgte etwa ab dem 12. Jahrhun-

---

2 Als Beispiel für eine fallbezogene kasuistische Regelung ist das Preußische Allgemeine Landrecht von 1794 zu nennen, das exemplarisch Verständlichkeit vermitteln wollte, aber ca. 19.000 Paragraphen umfasste. Demgegenüber nimmt sich das BGB mit 2385 Paragraphen vergleichsweise bescheiden aus.

3 Es (gemeint: das BGB – d.V.) ist, vereinfacht gesprochen, eine Kodifikation des Pandektenrechts. Mit einigen wenigen Ergänzungen aus der Tradition des alten deutschen Rechts.« so Wesel, Juristische Weltkunde, S. 93 – mit Pandektenrecht wird das Römische Recht bezeichnet –.

4 Kodifizierte Rechtssysteme fehlten im Mittelalter teilweise ganz oder waren unvollständig, so dass seit dem 14. Jahrhundert das Römische Recht immer mehr Eingang in den deutschen Rechtskreis fand. Zwar fand im 17. Jahrhundert eine Gegenbewegung statt, gleichwohl sind in das BGB in nicht unerheblichem Umfang Rechtsgedanken und Rechts-

dert. Den Höhepunkt der Rezeption des römischen Rechts in Deutschland brachte die Reichskammergerichtsordnung von 1495. Bei der Übernahme des römischen Rechts trifft die BGB-Väter der berechtigte Vorwurf, dass es ihnen nicht gelungen ist, dieses Recht verständlicher zu gestalten, wie es in dem auf gleicher Grundlage beruhenden Schweizer Zivilgesetzbuch vorbildlich geschehen ist.

1.2 Rechtsnormen und Sozialnormen

Alle Verhaltensregeln haben Herrschaftsfunktion. Dabei unterscheiden sich die Rechtsnormen von den Sozialnormen[5] jedenfalls in zweierlei Hinsicht:

Rechtsnormen sind für alle in einem Staatswesen lebenden Menschen verbindlich; im Rechtsstaat repräsentieren die von den dazu berufenen Verfassungsorganen – bei uns Bundestag und Bundesrat – beschlossenen Rechtsnormen eine Verhaltensordnung für die staatliche Gemeinschaft. Diese Verhaltensordnung muss daher für alle Mitglieder der staatlichen Gemeinschaft in gleicher Weise Geltung haben und verbindlich sein. Sozialnormen beanspruchen dagegen keine allgemeine Geltung; sie sind nur für die Mitglieder einer Gesellschaft verbindlich, die diese Sozialnormen für richtig halten und ihre persönliche Lebensführung danach ausrichten oder ausrichten wollen. Dabei soll nicht verkannt werden, dass sich Sozialnormen u. U. weitaus belastender auswirken können als Rechtsnormen.

Nur die Rechtsnormen sind mit staatlichem Zwang durchsetzbar. Mit der Zwangsvollstreckung in Zivilsachen und der Strafvollstreckung in Strafsachen steht ein staatliches Instrumentarium zur Verfügung, das die Durchsetzung bzw. Beachtung der von der Rechtsordnung aufgestellten Regeln gewährleisten soll. Insofern haben viele Rechtssätze Unterdrückungsfunktion – z. B. gegenüber dem Rechtsbrecher, der die Strafrechtsordnung verletzt. Wenn Sozialnormen sich konträr zu Rechtsnormen verhalten, werden daraus entstehende Konflikte mit dem staatlichen Instrumentarium gelöst, z. B. die Herausnahme des Kindes aus der Familie, um eine lebensrettende Operation durchführen zu können, wenn nach der Glaubenslehre der Eltern – hier: Zeugen Jehovas – operative Eingriffe verboten sind.

Für die Einhaltung und Durchsetzung von Sozialnormen steht kein formalisiertes Verfahren zur Verfügung; allerdings gibt es Mechanismen, die bei Verletzung von Sozialnormen zu weit nachhaltigeren Folgen führen können als bei Verletzung von Rechtsnormen. So hat gesellschaftliche Ausgrenzung sicherlich größere Auswirkungen als die Verurteilung durch ein Strafgericht zu einer Geldstrafe.

Auch überstimmte Minderheiten müssen das von der Mehrheit beschlossene Recht gegen sich gelten lassen. Das gehört zum Wesen der Demokratie. Allerdings ist es eine Binsenweisheit, dass nicht alle Bevölkerungsschichten in den Parlamenten angemessen repräsentiert sind, so etwa die durchaus »klassenneutrale« Gruppe

---

institute des Römischen Rechts übernommen worden. Zur Rezeption siehe Wesel, a. a. O. Seite 59-70; Raisch, Juristische Methoden S. 35 ff.

5 Unter Sozialnormen sollen hier alle außerrechtlichen Normen verstanden werden, die sich auf das individuelle und zwischenmenschliche Verhalten beziehen, also religiöse/ethisch-moralische Vorstellungen bis zu gesellschaftlichen Konventionen.

der meist einkommensschwachen Fußgänger im Verhältnis zu den Kraftfahrern.[6] An einflussreichen Sprechern fehlt es vielfach den gesellschaftlichen Randgruppen – wie z. B. den Arbeitslosengeld II-Beziehern, den Sozialhilfeempfängern und Menschen mit Behinderungen. In solchen Fällen muss sich eine Lobby finden oder organisiert werden, welche die Interessen solcher Randgruppen adäquat vertritt. Insofern lässt sich die Behauptung aufstellen, dass das Recht das Spiegelbild der gesellschaftlichen Kräfteverhältnisse darstellt, die sich im parlamentarischen System mehrheitlich durchsetzen.

1.3 Die Legitimation von Recht

Damit ist die Frage nach der Beliebigkeit des Rechts gestellt; hier stehen sich seit eh und je die naturrechtliche und die rechtspositivistische Position gegenüber. Naturrecht im Sinne der Rechtsphilosophie stellt sich als das aus apriorischen Werteinsichten abgeleitete und damit von gesellschaftlichen oder sonstigen Entwicklungen unabhängige, also immer während gültige Recht dar.[7] Als neuzeitlicher Vertreter der Positivität des Rechts darf Niklas Luhmann gelten. »Positives Recht ist gekennzeichnet durch seine Gesetztheit.[8] Es gilt nicht deswegen, weil es im Einklang mit höheren Normen steht, sondern weil es durch Entscheidung aus anderen Möglichkeiten ausgewählt und verbindlich gemacht wurde. Inhaltlich ist es kontingent, d. h. beliebig. Seine Änderung ist jederzeit möglich und im institutionalisierten Verfahren von vornherein vorgesehen.«[9]

Der Vorteil des rechtspositivistischen Standpunktes ist Rechtssicherheit, denn alles Recht ist nachlesbar, aber Fragen des »richtigen Rechts«, Fragen nach der Gerechtigkeit, interessieren den Rechtspositivisten nicht – das bewegt den naturrechtlichen Standpunkt.

In dem Spannungsverhältnis zwischen Rechtssicherheit und Gerechtigkeit greift die obergerichtliche Rechtsprechung auf die sog. **Radbruch'sche Formel**[10] zurück. »Der Konflikt zwischen der Gerechtigkeit und der Rechtssicherheit dürfte dahin zu lösen sein, dass das positive, durch Satzung und Macht gesicherte Recht auch dann Vorrang hat, wenn es inhaltlich ungerecht und unzweckmäßig ist, es sei denn, dass der Widerspruch des Gesetzes zur Gerechtigkeit ein so unerträgliches Maß erreicht hat, dass das Gesetz Als ›unrichtiges Recht‹ der Gerechtigkeit weichen muss.«[11] Aktualität hat diese Formel in den Strafverfahren erhalten, in denen es

---

6 Das kann sich in Politik und Recht der Raumordnung und Landesplanung, im Recht der öffentlichen Verkehrswege auswirken. Ob die Zentrierung der Infrastruktur-, Industrie- und Beschäftigungspolitik auf das Kraftfahrzeug der Weisheit letzter Schluss ist, darf bezweifelt werden.
7 Siehe dazu Coing, Grundzüge der Rechtsphilosophie S. 198 ff.
8 Siehe dazu Kapitel 2.2.1.
9 Raiser, Das lebende Recht, S. 157.
10 Gustav Radbruch (1878-1949) war deutscher Rechtslehrer mit besonderem Einfluss auf dem Gebiet der Rechtsphilosophie.
11 Radbruch, Vorschule der Rechtsphilosophie, S. 32/33 und 36/37 unter Berufung auf sein Werk Rechtsphilosophie 5. Auflage 1956, S. 168 ff.

um die Verurteilung wegen Todesschüssen an der Berliner Mauer ging; in diesen Verfahren hat der BGH sich auf diese Formel gestützt, um zu einer Verurteilung trotz Schießbefehls zu kommen.»Ein Rechtfertigungsgrund, der einer Durchsetzung des Verbots, die DDR zu verlassen, Vorrang vor dem Lebensrecht von Menschen gab, indem er die vorsätzliche Tötung unbewaffneter Flüchtlinge gestattete, ist wegen offensichtlichen, unerträglichen Verstoßes gegen elementare Grundsätze der Gerechtigkeit und gegen völkerrechtlich geschützte Menschenrechte unwirksam. Der Verstoß wiegt hier so schwer, dass er die allen Völkern gemeinsamen, auf Wert und Würde des Menschen bezogenen Rechtsüberzeugungen verletzt; in einem solchen Fall muss das positive Recht der Gerechtigkeit weichen«.[12]

Im Übrigen sind in unserer Rechtsordnung der Beliebigkeit des Rechts als Instrumentarium zur Konfliktlösung durch das Grundgesetz Grenzen gesetzt: vor allem die Grundrechte repräsentieren eine auf die Menschenwürde bezogene, sozialstaatliche Werteordnung, deren Grundentscheidungen für die gesamte Rechtsordnung maßgeblich sind und die Gerechtigkeitspostulate verwirklichen soll.[13]

1.4 Das Sozialstaatsprinzip und die Aufgabe sozialer Berufe

Für den Ausbau des Sozialstaates haben BVerfG[14] und BVerwG[15] zahlreiche wegweisende Entscheidungen getroffen.

Der Gesetzgeber hat vor allem durch das Sozialgesetzbuch das Sozialstaatsprinzip konkretisiert, um soziale Gerechtigkeit und soziale Sicherheit zu gewährleisten.[16]

Wenn die Lebensverhältnisse in der Gesellschaft ständigem Wandel unterliegen, ändern sich auch die gesellschaftlichen Kräfteverhältnisse und mit ihnen das Recht. Das Gesetz wird zum »Instrument zur Steuerung gesellschaftlicher Prozesse nach soziologischen Erkenntnissen und Prognosen«.[17]

So musste das BGB (Bürgerliche Gesetzbuch) von 1896[18], das einem weithin überholten liberalen Wirtschafts- und Sozialmodell[19] entsprach, geändert werden, we-

---

12 BGH NJW 1995 S. 2728 ff., 2730.
13 BVerfGE 3, 327 – siehe dazu detaillierter in Kapitel 3.
14 Es hat aus dem Sozialstaatsprinzip die Verpflichtung des Staats abgeleitet, »sich (...) um die Herstellung erträglicher Lebensbedingungen für alle, die (...) in Not geraten sind, zu bemühen« BVerfGE 1, 97-105, »prinzipiell nach der annähernd gleichmäßigen Förderung des Wohls aller Bürger zu streben (BVerfGE 5, 87/197 f.) und für eine gerechte Sozialordnung zu sorgen« (BVerfGE 22, 204).
15 Das Bundesverwaltungsgericht hat bereits im Jahre 1954 – im ersten Jahr seines Bestehens und weit vor Erlass des Bundessozialhilfegesetzes vom 30.6.1961 – eine Rechtspflicht des Fürsorgeträgers zu materiellen Leistungen an Bedürftige und deren entsprechenden Rechtsanspruch anerkannt; BVerwGE 1,159-161.
16 Siehe dazu Kapitel 14. Sozialrecht.
17 BVerfGE 39,1 = NJW 1975, 580.
18 In Kraft getreten am 1.1.1900.
19 Wieacker, Privatrechtsgeschichte der Neuzeit, S. 289 ff.

sentlich im Schuldrecht, Verbraucherschutzrecht, Mietrecht und Familienrecht, und neue spezielle Rechtsgebiete, wie etwa das Arbeitsrecht, und zahlreiche Sondergesetze, wie die mietrechtlichen Nebengesetze, das Wohnungseigentumsgesetz, das Unterlassungsklagengesetz und das Lebenspartnerschaftsgesetz haben das Recht der großen Kodifikationen des deutschen Kaiserreichs (BGB, HGB = Handelsgesetzbuch, KO = Konkursordnung – inzwischen Insolvenzordnung usw.) zu einem Recht ergänzt, das dem Sozialmodell einer modernen Industriegesellschaft besser gerecht wird.

Dem Arbeits- und Sozialrecht einerseits, einem durch zahlreiche Regelungen geordneten Wirtschaftsrecht andererseits wird damit der ihnen nach ihrem Gewicht für beinahe alle Bevölkerungskreise adäquate Rang beigemessen. Dabei steht im Zentrum des Arbeitsrechts die Stellung des Arbeitnehmers, der darauf angewiesen ist, durch Einsatz seiner Arbeitskraft den Lebensunterhalt für sich und ggfs. seine Familie abzusichern. Wegen der ungleichen Machtverteilung im Arbeitsverhältnis ergibt sich das Bedürfnis nach Schutz des Arbeitnehmers, dem der Gesetzgeber durch Schutzgesetze wie Kündigungsschutzgesetz, Mutterschutzgesetz, Arbeitszeitgesetz und viele weitere Rechnung trägt, damit die existenzsichernde Funktion erfüllt werden kann. Neben dieser wirtschaftlichen Komponente hat das Arbeitsverhältnis aber auch eine personale Komponente: über Arbeit findet Selbstverwirklichung statt, aus der arbeitsrechtlichen Stellung wird soziales Prestige abgeleitet. Das moderne Arbeitsrecht entwickelt in Rechtsprechung und Gesetzgebung Regularien zum Schutz und zur Verwirklichung der Arbeitnehmerpersönlichkeit[20] und ist damit an die Seite des Sozialrechts zu stellen, das zur Verwirklichung sozialer Sicherheit und sozialer Gerechtigkeit beitragen soll.[21]

Welchen Stellenwert hat das Recht im Gesamt-Curriculum der Ausbildung für soziale Berufe? Das ist bei einem auf berufliche Praxis vorbereitenden Studiengang nicht zuletzt von den Anforderungen her zu betrachten, die vom Gesetzgeber sowie durch die Träger künftiger Arbeitsfelder gestellt werden. Dazu soll aus dem »Curriculum Recht im Studium der Sozialarbeit/Sozialpädagogik«[22] zitiert werden:

»Die öffentlich-rechtlichen Träger der Sozialen Arbeit werden demgemäß ausdrücklich verpflichtet, die Aufgaben in der Jugendhilfe und Sozialhilfe durch Mitarbeiter zu erfüllen, die dazu nach ihrer Persönlichkeit und aufgrund einer der Aufgabe entsprechenden fachlichen Ausbildung in der Lage sind« (§ 72 SGB VIII, § 102 BSHG[23]). Die Bundesarbeitsgemeinschaft der Landesjugendämter hat in ihrer Arbeitshilfe »Das Fachkräfteangebot des Kinder- und Jugendhilfegesetzes« (November 1996) die erforderlichen fachlichen Kompetenzen und Voraussetzungen für die unterschiedlichen Aufgabenstellungen beschrieben und jeweils zwi-

---

20 Z. B. durch das Beschäftigenschutzgesetz vom 24. 6. 1994.
21 Siehe § 1 SGB I – Allgemeiner Teil und das Kapitel 14. Sozialrecht.
22 Von der Bundesarbeitsgemeinschaft der Hochschullehrer des Rechts an Fachhochschulen/Fachbereichen des Sozialwesens in der Bundesrepublik (BAGHR) im Jahre 1997 herausgegebene Empfehlungen.
23 Sog. Fachkräfteprinzip.

schen den »pädagogisch/sozialpädagogischen« und den »rechtlichen/verwaltungsrechtlichen« Kenntnissen, der »Fähigkeit zur Anwendung im Kontext aktueller Problemlagen« und zum »sicheren Umgang mit Behörden« unterschieden.
Auch die Soziale Arbeit bei freien Trägern z. B. in der allgemeinen sozialen Beratung, in der Schuldner- und der Drogenberatung, in der Ausländer- und Flüchtlingsberatung, in der Kinder- und Jugendhilfe, der Behinderten- und Altenhilfe und im Rahmen der Betreuung durch freie Träger setzt umfassende Rechtskenntnisse, Anwendungskompetenz und die Fähigkeit zum sicheren Umgang mit Behörden auf den Gebieten des Bürgerlichen Rechts, des Vollstreckungsrechts, des Kinder- und Jugendhilferechts, des Sozialleistungsrechts, des Ausländerrechts, des Strafrechts usw. voraus. Erhält der freie Träger öffentliche Förderung, gilt für ihn das Fachkräftegebot über § 74 Abs. 1 Ziffer 1 SGB VIII. Deshalb sind an Mitarbeiter/innen freier Träger weitgehend die gleichen Anforderungen an die Fachlichkeit hinsichtlich der Rechts- und Verwaltungskompetenz zu stellen wie an die Mitarbeiter/innen öffentlicher Träger.«[24] Diese Aussagen haben bis heute an ihrer Aktualität nichts verloren.

Wichtig ist, sich die einschlägigen Rechtskenntnisse anzueignen, nicht nur als eigenes Handlungswissen, sondern auch als Kontaktwissen für die Zusammenarbeit in der Sozialverwaltung, im Gericht, im Strafvollzug, um die »amtlichen« Verhaltensweisen der Verwaltungskollegen und die Denkart der Richter kennen zu lernen und sich kritisch darauf einstellen zu können. Zudem hat die Gesetzgebung die rechtlichen Beratungs-, Aufklärungs- und Auskunftspflichten der Sozialleistungsträger, das heißt praktisch ihrer Mitarbeiter, ausgedehnt (vgl. §§ 13-15 SGB I). Diese dienstlichen Aufgaben obliegen Verwaltungsfachleuten und Sozialarbeitern/Sozialpädagogen gleichermaßen, ohne das aber die Einstellung dazu immer die gleiche wäre. Das ist zu beklagen, obwohl dieses Problem seit langem bekannt ist.

Der Verwaltungssachbearbeiter geht vom »Amt« aus, er denkt institutionell-legalistisch und ist sich im Handeln seiner Bindung an das Interesse des Verwaltungsträgers bewusst. Er erfüllt seine Pflicht staatsbezogen getreu dem Grundsatz der Gesetzmäßigkeit der Verwaltung, die zwar Rechtssicherheit gewährleisten kann, aber andere Dimensionen ausblendet.

Der Sozialarbeiter kann in einen Gewissenskonflikt geraten, wenn die geforderte Loyalität dem Träger gegenüber seiner sozialprofessionellen Klientelorientiertheit zu widerstreiten scheint. Solche Grenzsituationen müssen gewöhnlich mit dem institutionellen und juristischen Instrumentarium bewältigt werden, aber:

»Der Sozialarbeiter wird in dieser Gesellschaft, in der soziale Beziehungen, Notlagen und Konflikte zunehmend rechtlich geregelt werden und in der die rechtlichen Regelungen für den Bürger immer komplizierter und weniger verständlich werden, in immer stärkerem Maße als Berater und Vermittler von rechtlichen Hilfen für Menschen gefordert, deren materielle Lebensgrundlage ungesichert ist oder die sich in psychosozialen Notlagen befinden. Nicht selten entscheidet er über die

---

24 Seite 8 der Empfehlungen der BAGHR.

Gewährung von Hilfen (insbesondere in der Jugendhilfe) oder bereitet durch fachlich qualifizierte Sachverhaltsermittlung und gutachtliche Stellungnahmen behördliche oder gerichtliche Entscheidungen vor (z. B. Eingriffe in das elterliche Sorgerecht zum Schutz von Minderjährigen).
Der Sozialarbeiter/Sozialpädagoge kann aufgrund seiner multidisziplinären Ausbildung, die methodische, sozialwissenschaftliche und Rechts- und Verwaltungskenntnisse und -fertigkeiten umfasst, in besonderem Maße befähigt sein, im interpersonalen Prozess mit dem Hilfesuchenden/Betroffenen die im Einzelfall angemessene Hilfe festzustellen. Er soll die rechtlichen Schutz- und Hilfemöglichkeiten kennen, die in der Rechtsordnung des sozialen Rechtsstaats für Kinder und Jugendliche bei Gefährdung des Kindeswohls und für Menschen vorgesehen sind, denen z. B. der Verlust der Wohnung oder des Arbeitsplatzes droht. Er muss wissen, wie Schutz und Hilfe im praktischen Kontext zu realisieren sind. Für viele Menschen ist der Sozialarbeiter der einzige Vermittler psychosozialer und rechtlicher Hilfen, die eine positive Entwicklung und ein menschenwürdiges Leben sichern (§ 1 Abs. 1 SGB VIII, § 1 Abs. 1 BSHG)«.[25]

Angesichts dieser Bestandsaufnahme ist es umso wichtiger, dass das Rechtsberatungsgesetz – früher Rechtsberatungsmißbrauchsgesetz – mit seinen die Rechtsberatung und Rechtsbesorgung durch Mitarbeiterinnen und Mitarbeiter sozialer Einrichtungen verhindernden restriktiven Vorgaben abgeschafft und durch ein den Bedürfnissen der sozialen Realität entsprechendes Gesetz abgelöst wird. Das Rechtsdienstleistungsgesetz, das als Nachfolgegesetz im Entwurf vorliegt, geht hier den richtigen Weg.[26]

Um an den Anfang dieses Kapitels zurückzukehren: »Fachhochschulen bzw. Fachbereiche für Sozialwesen bilden keine Juristen aus, sondern eben Erzieher, Sozialarbeiter und Sozialpädagogen und Heilpädagogen. Aber sie müssen so viele Rechtskenntnisse und Anwendungskompetenzen vermitteln, dass sich die in einem Feld sozialer Arbeit tätige Fachkraft binnen kurzem **auch rechtlich** zu dem Experten entwickeln kann, den das jeweilige Arbeitsfeld erfordert«.[27]

---

25 Seite 10 der Empfehlungen der BAGHR
26 Siehe dazu Näheres in Kapitel 20.1.1 zum Stichwort Rechtsberatung.
27 Seite 22 der Empfehlungen der BAGHR

2. Die Quellen des Rechts / Objektives Recht und subjektive Rechte

2.1 Das Europäische Recht

Mit Rechtsquellen sind alle Regelungen oder auch – anders ausgedrückt – alle Rechtsnormen gemeint, die in einer staatlichen Gemeinschaft für alle Mitglieder dieser Gemeinschaft verbindliche d. h. rechtsverbindliche Geltung beanspruchen.

Im Laufe der Zeit, die durch den europäischen Einigungsprozess geprägt ist, hat das **europäische Recht**, auch was den Bereich des Arbeits- und Sozialrechts angeht, zunehmend an Bedeutung gewonnen. Daher werden zunächst die Quellen des Europäischen Rechts dargestellt.

2.1.0 Einführung und Praxisrelevanz

2.1.0.1 Einführung

Die **Europäische Union** prägt zusehends mehr Politikbereiche der einzelnen Mitgliedsstaaten. Ob es sich um Fragen der gemeinsamen Außenpolitik, des Flüchtlingsrechts oder des Verbraucherschutzes handelt, stets werden wir als Bürger mit Kompetenzen der **Europäischen Union** konfrontiert. Es scheint ein Begriffswirrwarr zu existieren: z. B. wer kennt den Unterschied zwischen Europäischer Gemeinschaft und Union. Der folgende Beitrag erläutert deshalb die rechtlichen **Grundzüge des EU-Rechts** und die Kompetenzen der Organe der Europäischen Union und beschreibt deren Wirkungsweise. In diesem Zusammenhang ist zu bemerken, dass EU-Recht bzw. EU-Politik nichts mit dem oftmals erwähnten **Europarat**[1] zu tun hat. Rechtlich handelt es sich dabei um getrennte Bereiche.

Der **Europarat** ist eine internationale Organisation, die 1949 gegründet wurde und ihren Sitz in Straßburg hat. Die Aufgabe des Europarates ist die Schaffung einer engeren Verbindung zwischen den einzelnen ca. 50 Mitgliedsstaaten. Der Europarat hat sich durch verschiedene multilaterale Abkommen konstituiert. Das wichtigste Abkommen bildet die **Europäische Menschenrechtskonvention (EMRK)** von 1950, aber auch das **Europäische Niederlassungsabkommen (ENA)** von 1955, sowie verschiedene andere Abkommen über die friedliche Beilegung von Streitigkeiten (1947), das Europäische Abkommen zur Bekämpfung des Terrorismus von 1977 und die Europäische Sozialcharta von 1961 sind wichtig.

Die **EMRK** gewährleistet elementare Menschenrechte wie z. B. Recht auf Leben, Folterverbot, Schutz der persönlichen Freiheit, Justizgrundrechte etc. Die besondere Bedeutung der **EMRK** liegt darin, dass zum ersten Mal auf völkerrechtlicher Ebene **effektive Durchsetzungsmechanismen** für den Menschenrechtsschutz geschaffen wurden. Die Spruchpraxis der Konventionsorgane hatte damit eine völkerrechtliche Verbindlichkeit und nachhaltigen Einfluss auf die politische Entwicklung der meisten europäischen Staaten. Die **EMRK** hat zwei Organe, nämlich die **Europäische Kommission für Menschenrechte (EKMR)** und den **Europäischen Gerichts-**

---

1 Vgl. Herdegen, Europarecht, S. 8.

hof für Menschenrechte in Straßburg und bei der Europäischen Kommission (EGMR). Das Verfahren der Organe der EMRK wird durch das folgende Schaubild illustriert.[2]

Schaubild 1:

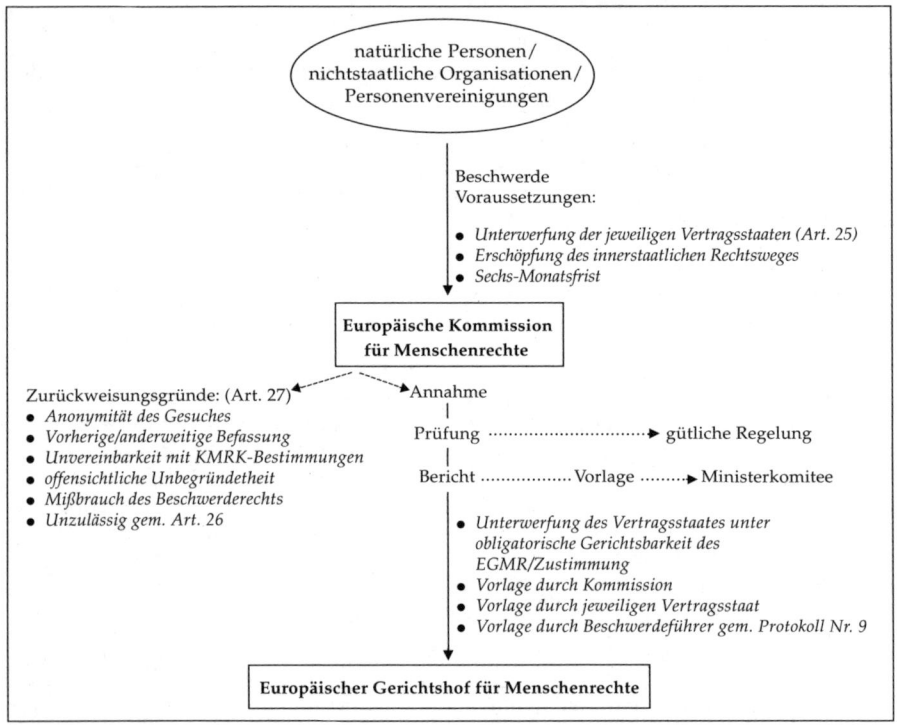

aus: Herdegen, Europarecht, S. 14.

Rechtlich ist die EMRK Teil des Völkerrechts. Das Völkerrecht bedarf in der Regel der Umsetzung in nationales Recht. In der Bundesrepublik gilt die EMRK als Bundesgesetz.
Der folgende Beitrag behandelt aber das Recht der Europäischen Union.

2.1.0.2 Relevanz für die Sozialarbeit

Das EU-Recht ist aus der Praxis der Sozialen Arbeit nicht weg zu denken. Zahlreiche Politikbereiche werden durch EU-Richtlinien bzw. durch EU-Verträge geregelt. Dies betrifft u. a. die Bereiche **Gleichheit von Mann und Frau im Arbeitsleben, Diskriminierungsverbot**, Flüchtlingsrechte, Niederlassungsfreiheit für Arbeitnehmer.[3] In all diesen Bereichen haben EU-Regelungen Vorrang vor der je-

---

2 Siehe dazu auch Kapitel 20.4.1.
3 Vgl. Papenheim, Baltes, Tiemann, Verwaltungsrecht für die soziale Praxis, S. 98 ff.

weiligen nationalen Rechtsordnung. Deshalb kann eine Beratung einschließlich eines fundierten Rechtsrates nur erfolgen, wenn die entsprechenden Regelungen des EU-Rechts bekannt sind und benutzt werden.

Kenntnisse über die rechtliche Struktur und die politischen Auswirkungen der EU und ihrer Umsetzung in den einzelnen Mitgliedstaaten sind zudem unerlässlich, um die Wahlen zum Europäischen Parlament informiert bestreiten zu können und im übrigen auch die politischen Hintergründe, Entscheidungsebenen und Kompetenzen verschiedener politischer Institutionen einordnen zu können.

2.1.1 Geschichtliches

1952 wurde die **Europäische Gemeinschaft für Kohle und Stahl (EGKS)** auch **Montanunion** genannt, gegründet.[4] Schon in der Präambel dieses Vertragswerkes war das Ziel vereinbart worden, die Beitrittsstaaten unter Bündelung ihrer wirtschaftlichen Interessen zu einer handelnden Staatengemeinschaft zu prägen.

In Rom wurden 1957 die **Europäische Wirtschaftsgemeinschaft** (EWG) und die **Europäische Atomgemeinschaft** (EAG) gegründet. Diese Verträge sind auch als Römische Verträge bekannt geworden. Die weitere Entwicklung der verschiedenen Institutionen der heutigen EU ist gekennzeichnet durch eine stärkere Zusammenarbeit auf vielen Politikfeldern und zum anderen durch eine extensive Erweiterung der Mitgliedsstaaten. Hatten die ersten Verträge die Beneluxstaaten, Deutschland, Frankreich und Italien 1952 abgeschlossen, so erweiterte sich die Europäische Gemeinschaft 1973 um Großbritannien, Dänemark und Irland. 1981 kam Griechenland hinzu, 1986 Portugal und Spanien. 1995 sind die Staaten Österreich, Schweden und Finnland beigetreten. 2004 folgte der Beitritt von Polen, Malta, Tschechien, Slowakei, Slowenien, Ungarn, Lettland, Estland, Litauen und Zypern. Mit bestimmten Neubeitrittsstaaten hat die EU Übergangsregelungen vereinbart, z. B. mit Polen betreffend der Arbeitnehmerfreizügigkeit. Beitrittsverhandlungen werden mit Rumänien, Bulgarien und der Türkei geführt.
Inzwischen sind 25 Länder der **Europäischen Union** beigetreten.

Das heißt, von den großen westeuropäischen Staaten fehlen lediglich Norwegen und die Schweiz. Die Schweiz hat mit der Europäischen Union enge kooperative Verträge geschlossen.

Dienten ursprünglich die Verträge dazu, eine Kooperation der EU-Mitgliedsstaaten auf wirtschaftlichem Gebiet und insbesondere die vier Marktfreiheiten des freien Verkehrs

– von Waren,
– Personen,
– Dienstleistungen und
– Kapital

zu erreichen, so ist durch den politischen Einigungsprozess, insbesondere durch den **Vertrag von Maastricht** 1992, das Ziel der **politischen Union** konkret ange-

---

4 Hakenberg, Grundzüge des Europäischen Gemeinschaftsrechts, S. 10.

gangen worden. Deshalb ist die **Europäische Wirtschaftsgemeinschaft** in **Europäische Gemeinschaft** umbenannt worden. Dazu wurde der Dachverband, eben die **Europäische Union**, gebildet.[5]

Durch die Verträge von **Amsterdam 1997** und den **Vertrag von Nizza 2000** ist nunmehr der Weg in die politische Union rechtlich verbindlich abgesichert worden.

Der letzte Meilenstein in diesem Prozess ist die Verabschiedung der gemeinsamen Verfassung. Die Verfassung kann dann erst in Kraft treten, wenn alle Mitgliedsstaaten diese Verfassung angenommen haben. Die Volksabstimmungen in Frankreich und den Niederlanden haben die Annahme der Verfassung verweigert. Insoweit ist ein In-Kraft-Treten der Europäischen Verfassung zurzeit nicht absehbar.

2.1.2 Völkerrecht

Völkerrecht ist internationales Recht und die Beteiligten sind in der Regel Staaten.

Es besteht aus drei möglichen Rechtsquellen, nämlich dem **Vertragsrecht,** dem **Völkergewohnheitsrecht** und den **allgemeinen Grundsätzen des Völkerrechts.** Zumindest die ersten beiden Rechtsquellen sind zumeist kodifiziert.[6]

Durch das Völkerrecht werden die beteiligten Vertragsstaaten als sog. Völkerrechtssubjekte gebunden, d. h., der einzelne Bürger kann sich normalerweise auf dieses staatliche Abkommen nicht berufen. Er ist aber möglicherweise mittelbar Begünstigter.[7] Das Völkerrecht besteht in der Regel aus geschlossenen Verträgen.

Schließen zwei Staaten einen Vertrag, spricht man von einem **bilateralen** Vertrag, sind mehr als zwei Staaten beteiligt, spricht man von einem **multilateralen** Vertrag.

Das **Völkergewohnheitsrecht** bildet den Kernbestand des Völkerrechts. Bestandteil sind die allgemeinen Regeln des Völkerrechts. Dies sind Regeln, die sich in der allgemeinen Staatenpraxis als unverzichtbare Säulen eines friedlichen Miteinander von Völkern herausgebildet haben. Die allgemeinen Regeln des Völkerrechts haben gem. Art. 25 GG Vorrang vor den Gesetzen und stehen damit in der nationalen Rechtsquellenhierarchie an zweiter Stelle. Die allgemeinen Grundsätze des Völkerrechts sind zum Teil nicht kodifiziert und ein Stück unbestimmter als die **allgemeinen Regeln**.[8]

Durch das Völkerrecht wird der einzelne Staatsbürger mediatisiert, d. h., er ist selber nicht Subjekt dieser völkerrechtlichen Verträge. Gebunden ist an das Vertragsrecht nur der betreiligte Staat. Wird der Bürger übergangen, ist er rechtlich machtlos.

Die **völkerrechtlichen Verträge** durchlaufen, genau wie Gesetze, das Gesetzgebungsverfahren und müssen dann gem. Art. 59 GG durch die zuständigen Bundesorgane genehmigt werden. Sie werden im Bundesgesetzblatt II veröffentlicht.

---

5 Ebenda S. 12 ff.
6 Vgl. Herdegen, Völkerrecht, S. 107 ff.
7 Ebenda, S. 62.
8 Siehe auch unter Kapitel 2.2.1.3 Gewohnheitsrecht.

2. Quellen des Rechts

Manche völkerrechtlichen Bestimmungen sind derart konkret in der Benennung einzelner Rechtspositionen, dass sich privat Begünstigte direkt auf diese Regelungen berufen können. Solche Bestimmungen werden als »**self executing**«, d. h. aus sich heraus eine Rechtsposition gebend, bezeichnet.

Z. B. ist die **Genfer Konvention** als Flüchtlingsrecht »self-executing«. Dies ist die **UN-Kinderschutzkonvention** nicht, da hier die Rechte der Kinder so allgemein beschrieben sind, dass daraus einzelne Rechtspositionen schwerlich herzuleiten sind.

Handelt es sich um Rechtssetzungsakte z. B. der UN-Generalversammlung oder anderer internationaler Organisationen, ist deren völkerrechtliche Einordnung z. T. umstritten. Man nennt dieses Recht auch »**soft law**«, d. h. unverbindlich (z. B. aktuelle Boykott-Debatte gegen Iran).[9]

Das Völkerrecht kennt keine übergeordnete Instanz, die mit Zwangsmitteln Vertragsverletzungen sanktionieren kann. Daher werden **Völkervertragsverletzungen** zwischen den Staaten nach jeweiligem Gutdünken und diplomatischem Geschick übersehen bzw. angeprangert.

Eine andere Qualität hat das **EU-Recht**. Das EU-Recht ist Teil des Allgemeinen Europarechts. In der Literatur wird das EU-Recht allgemein als Europarecht i. e. S. bezeichnet. Die Konstruktion des EU-Rechts ist insoweit anders als im Völkerrecht, weil gem. Art. 23 GG im EU-Recht Hoheitsrechte auf eine übergeordnete Instanz, nämlich die EU, übertragen werden. Man spricht deshalb hier von **supranationalem Recht**.

Schaubild 2: Europarecht i. w. S.

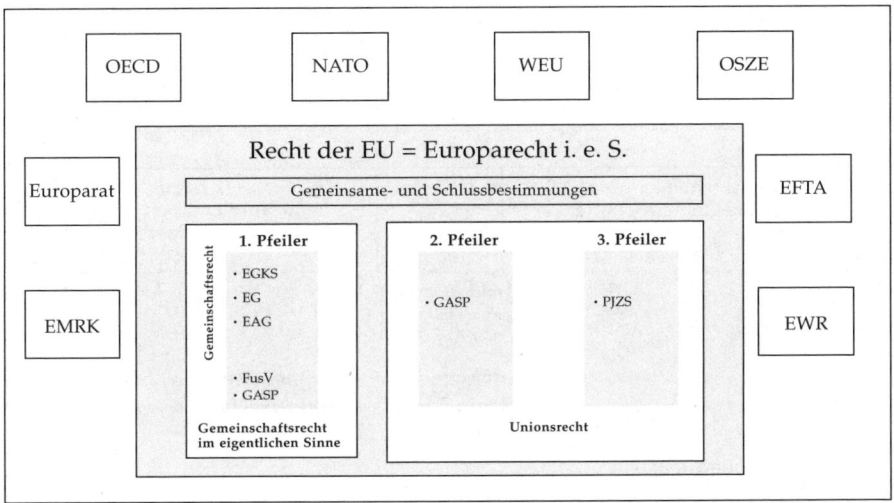

© C. Christian . M. Schim van der Loeff (2000)

---

9 Ebenda, S. 150.

Teil 1: Grundlagen von Recht und Staat

2.1.3 EU-Recht

2.1.3.1 Das Recht der **Europäischen Gemeinschaft**

Der Vertrag von Nizza lautet in Art. I:
»*Dieser Vertrag stellt eine neue Stufe bei der Verwirklichung einer immer engeren Union der Völker Europas dar, in der die Entscheidungen möglichst bürgernah getroffen werden sollen. Heutige Grundlage der Europäischen Union ist ein komplexes Vertragswerk, welches sich auf drei Säulen aufbaut*«.

Die **erste Säule** besteht aus den Europäischen Gemeinschaften, nämlich der EG, der EGKS und der EAG. Gemäß den Grundlagenverträgen und den Verträgen dieser drei Europäischen Organisationen spricht man hier vom **originären Europarecht** im **engeren Sinne**, denn nur in dieser Säule sind die nationalen Kompetenzen auf europäische Institutionen übertragen worden. In der Bundesrepublik Deutschland erfolgt diese Übertragung gem. Art. 23 GG.

Die **zweite Säule** der Europäischen Union besteht aus der **gemeinsamen Außen- und Sicherheitspolitik** (GASP). In diesem Bereich findet eine koordinierte Politik zwischen den Mitgliedsstaaten der Europäischen Union statt.

In dieser Säule, genau wie in der **dritten Säule**, der Zusammenarbeit in den **Bereichen Inneres und Justiz**, findet die Kooperation zwischen den Staaten lediglich durch allgemeines Völkerrecht statt, der intergouvernementalen Zusammenarbeit.

Schaubild 3:

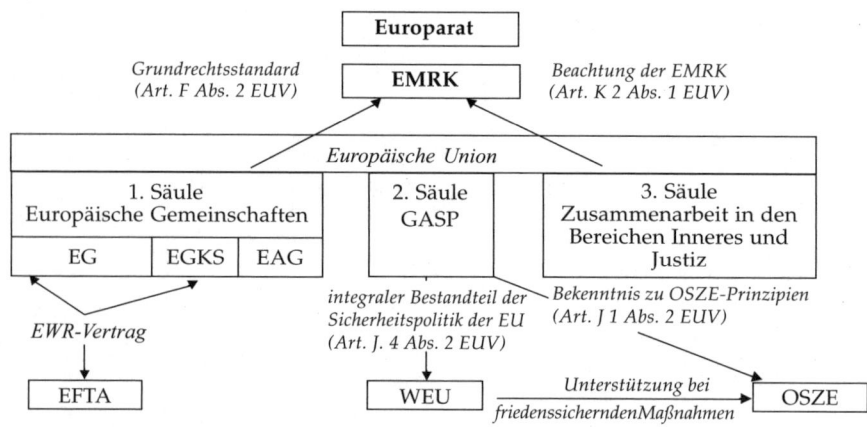

aus: Herdegen, Europarecht, S. 5.

Der völkerrechtliche Charakter der EU ist umstritten. Hat man die Auswahl zwischen Bundesstaat oder Staatenbund, kommt dies eher dem Zweiten nahe.[10]

Bei den **Gründungsverträgen** der drei Europäischen Gemeinschaften spricht man vom **primären Gemeinschaftsrecht**, welches der nationalen Verfassung gem. Art. 23 Abs. 1 GG vorgeht. Im Übrigen handeln die entsprechenden Organe der EU durch **sekundäres Gemeinschaftsrecht**. Dies sind zum einen **Verordnungen** und **Richtlinien**. Auch das sekundäre Gemeinschaftsrecht ist supranational und geht damit dem nationalen Verfassungsrecht vor.

Eine Verordnung entspricht ihrem Regelungstypus her nach eher einem innerstaatlichen Gesetz. Die **Verordnung gilt unmittelbar** in allen Mitgliedsstaaten.

Anders dagegen die **Richtlinie**. Die Richtlinie ist eine rechtlich verbindliche Empfehlung an die Mitgliedsstaaten, den Inhalt der Richtlinie in innerstaatliches Recht umzusetzen. Dazu bestimmt jede Richtlinie, innerhalb welcher Zeit sie in nationales Recht umzusetzen ist. Die Kommission wacht insoweit darüber, dass die einzelnen Nationalstaaten diese Inhalte der Richtlinie inhaltsgleich und zeitgerecht umsetzen. Sollte ein Nationalstaat dies nicht tun, kann er von der Kommission vor dem EuGH verklagt werden.

Wenn eine Richtlinie trotz Fristablauf nicht in innerstaatliches Recht umgesetzt worden ist und sie von ihrem Inhalt her hinreichend präzise formuliert wurde, kann sich der einzelne Staatsbürger eines EU-Staates **direkt** auf die Richtlinie berufen.

Lässt die Richtlinie selbst den nationalen Regierungen Umsetzungsspielräume, ist damit auch eine größere inhaltliche Rechtsetzungsbefugnis der nationalen Gesetzgebungsorgane gegeben. Die gegenwärtige Diskussion um die **Diskriminierungsrichtlinie** zeigt dies an einem aktuellen Beispiel.

Da insoweit das Ausländer- und Flüchtlingsrecht in das Recht der Europäischen Gemeinschaft überführt wurde[11], werden weite Teile des Ausländer- und Flüchtlingsrechts im Moment durch Richtlinien der EU bestimmt.

2.1.3.2 Organe der Europäischen Union
Die **fünf wichtigsten Organe der Europäischen Union** sind:
1. Das Europaparlament
2. Der Europäische Rat
3. Die Kommission
4. Der Gerichtshof der Europäischen Gemeinschaft (EuGH)
5. Der Rechnungshof

---

10 Vgl. Herdegen, Europarecht, S. 49 ff.
11 Im Vertrag von Maastricht sind Vertragsbestandteile betreffend das Ausländer- und Asylrecht in das Recht der Europäischen Gemeinschaft, also von der 3. in die 1. Säule überführt worden.

Zu 1)
Dem **Europäischen Parlament** gehören ca. 700 Abgeordnete an. Es tagt in Straßburg. Die verschiedenen nationalen Parteien haben sich zu Fraktionen zusammengeschlossen. **Die wesentlichen Befugnisse des Europäischen Parlamentes sind:**
- Haushaltskompetenz
- Mitwirkung bei der Rechtsetzung, wie
  - Anhörung
  - Verfahren der Zusammenarbeit
  - Verfahren der Mitentscheidung
- Zustimmung bei bestimmten völkerrechtlichen Abkommen
- Zustimmung zur Aufnahme neuer Mitgliedstaaten
- Kreationsfunktion
  - Zustimmung zur Benennung der Kommissionsmitglieder
- Kontrollfunktionen
  - Missbrauchsvotum gegen die Kommission
  - Untersuchungsausschüsse

Zu 2)
Der **Europäische Rat (ER)** bildet im institutionellen Gefüge der verschiedenen Institutionen der Europäischen Union eine wichtige Scharnierfunktion. Im ER treffen sich die europäischen Regierungschefs, die Fachminister treffen sich im Rat bzw. Ministerrat.

Der ER hat auch **legislative Funktionen**. Die Gesetzesinitiative geht eindeutig vom Rat aus. Die Stellung des Europäischen Parlamentes ist daher nachrangig.

Die nationalen Exekutivvertreter bilden damit auf der europäischen Ebene das entscheidende Legislativorgan. Jeder Mitgliedstaat der Europäischen Union entsendet einen Vertreter in den Rat. Die Mehrheiten im Rat erfordern in der Regel eine qualifizierte Mehrheit. Die Abstimmung erfolgt nach den in den europäischen Verträgen vereinbarten Stimmrechtsverhältnissen. Auf die vier großen Mitgliedsstaaten Deutschland, Frankreich, Italien und Großbritannien entfallen je 10 Stimmen.

Die wesentlichen Kompetenzen des Rates sind:
- Rechtsetzung
- Haushaltskompetenzen
- Mitgestaltung der Außenbeziehungen
  - Zustimmung zu völkerrechtlichen Verträgen
- Exekutivbefugnisse
- Kreationsfunktion
  - Ernennung der Mitglieder des Rechnungshofes
  - Ernennung der Mitglieder des Wirtschafts- und Sozialausschusses
  - Ernennung der Mitglieder des Ausschusses der Regionen

Zu 3)
Die **Kommission** deckt im Wesentlichen die **Exekutivfunktion** der Gemeinschaften ab. Die Kommission wirkt an der Rechtsetzung durch Rat und Parlament mit. Sie hat im Übrigen keine eigene Rechtsetzungsbefugnisse. Sie vertritt die Gemein-

2. Quellen des Rechts

schaft nach außen. Sie trifft Entscheidungen im Verwaltungsvollzug und hat Kontrollaufgaben. In der Regel entsendet ein Mitgliedsstaat ein Kommissionsmitglied, wobei bisher die vier großen Mitgliedsstaaten jeweils zwei Mitglieder entsenden.

Die wichtigsten Aufgaben der Kommission sind:
- Mitwirkung an der Rechtsetzung durch Rat und Parlament
  - Initiative
  - weitere Beteiligung
- Ausübung eigener Rechtsetzungsbefugnisse
- Erlass von Durchführungsbestimmungen einer Ermächtigung des Rates
- Außenvertretung der Gemeinschaften
- Entscheidungen im Verwaltungsvollzug
- Kontrollaufgaben
  - Vertragsverletzungsverfahren
  - Nichtigkeits- und Untätigkeitsklage
  - Genehmigung von nationalen Abweichungen von gemeinschaftsrechtlichen Regeln

Zu 4)
Der **Gerichtshof der Europäischen Gemeinschaften (EuGH)** hat seinen Sitz in Luxemburg. Die Tätigkeit des EuGH betrifft insbesondere die Auslegung von Verträgen und sonstigem Gemeinschaftsrecht, die Fortbildung des Gemeinschaftsrechts, die Kontrolle der Rechtsakte der Gemeinschaft auf ihre Vereinbarkeit mit höherrangigem Recht und die Kontrolle des Verhaltens der Mitgliedsstaaten am Maßstab des Gemeinschaftsrechts. Der Gerichtshof ist somit nur für die erste Säule der Europäischen Gemeinschaften zuständig. Er hat keine Kompetenz in der zweiten und dritten Säule. Jedes Mitgliedsland entsendet einen Richter an den EuGH. Die Arbeit des EuGH wird durch Generalanwälte unterstützt. Der Rechtsprechung des EuGH kommt seit Jahren überragende Bedeutung zu. In der Regel gelten die Urteile des EuGH als europafreundlich. Zuweilen wird dem EuGH eine kühne Rechtsfortbildung vorgeworfen.

Insbesondere bei der Auslegung des **Assoziationsvertrages** mit der Türkei ist auch in der Bundesrepublik dem EuGH große Skepsis entgegengebracht worden. Der EuGH hatte in der Assoziationsvertragsentscheidung[12] dem Assoziationsrecht quasi völkerrechtliche Verbindlichkeit zuerkannt und damit die Türkei in eine privilegierte Anwärterstellung gehoben,[13] soweit es z. B. den aufenthaltsrechtlichen Status türkischer Arbeitnehmer betrifft.

Aufgaben des Gerichtshofs sind:
- Überprüfung der Legislativakte und des Verwaltungshandelns der Organe
- Überprüfung der Einhaltung des Gemeinschaftsrechts durch die Mitgliedstaaten
- Interpretation und Normenkontrolle des Gemeinschaftsrechts

---

12 EuGH, C 192/89, Sevince-Entsch. NVwZ 91, 255.
13 Vgl. Darstellung im Kap. 16 ZuwR.

Zu 5)
Der **Rechnungshof** bildet das externe Rechnungsprüfungsorgan der Gemeinschaften. Die Mitglieder des Rechnungshofes werden vom Rat nach Anhörung des Europäischen Parlaments ernannt. Der Rechnungshof überprüft das Finanzgebaren der Europäischen Gemeinschaften. Daneben existieren eine Reihe von sonstigen Institutionen, z. B. die Europäische Investitionsbank sowie der Ausschuss der Regionen.

Die Finanzierung der EU vollzieht sich durch eigene Einnahmen. In der Regel speist sich der Haushalt der EU durch einen Anteil an der Mehrwertsteuer. Außerdem zahlen die einzelnen Mitgliedsländer gemäß ihrem Bruttosozialprodukt. Zudem stehen der EU Zollerträge aus dem Warenverkehr mit Drittstaaten sowie Agrarabschöpfungen zu.

Aufgaben des Rechnungshofes sind:

- Kontrolle von Rechtmäßigkeit und Ordnungsmäßigkeit der Verwendung von Haushaltsmitteln
- Kontrolle der Wirtschaftlichkeit der Haushaltsführung

2.2 Das nationale, deutsche Recht

2.2.0 Einführung

In unserer nationalen Rechtsordnung unterscheidet man das objektive Recht von den subjektiven Rechten. Unter dem **objektiven Recht** wird die geltende Rechtsordnung in ihrer Gesamtheit verstanden, d. h. die Summe aller geltenden Rechtsnormen, auch als Rechtsregeln, Rechtssätze, Rechtsvorschriften bezeichnet.

Das **subjektive Recht** ist die sich für den Einzelnen – als Rechtssubjekt[1] – aus dem objektiven Recht ergebende individuelle Berechtigung, die im öffentlichen Recht **subjektiv- öffentliches Recht** genannt wird.

2.2.1 Objektives Recht – formale Unterteilung

Die Rechtsquellen lassen sich unter formalen Gesichtspunkten wie folgt aufschlüsseln:

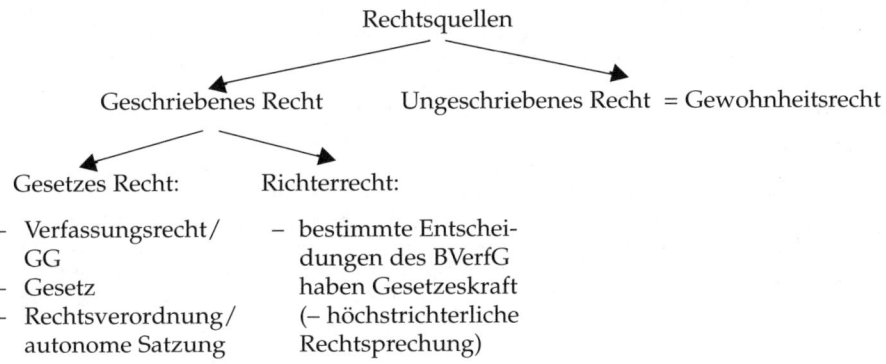

2.2.1.1 Gesetztes Recht

Im Bereich des nationalen, deutschen Rechts bedeutet dies: das von den dazu befugten staatlichen Organen oder von staatlich ermächtigten Stellen und Institutionen gesetzte Recht. Dabei sind folgende Ebenen zu unterscheiden:

- die **Verfassungsebene** – also das Grundgesetz und die Verfassungen der Bundesländer.
- die sog. **einfach gesetzliche Ebene** – also **Bundesgesetze und Landesgesetze.** Gesetze müssen **verfassungskonform** sein – über die Vereinbarkeit von Bundes- und Landesgesetzen mit dem Grundgesetz entscheidet das Bundes-

---

1 Zu den Rechtssubjekten siehe in Einzelnen in Kapitel 4 unter 4.4.

verfassungsgericht[2], über die Vereinbarkeit von Landesgesetzen mit der Landesverfassung entscheidet der Verfassungsgerichtshof[3] des Bundeslandes. Für das **In-Kraft-Treten von Gesetzen** ist die **Veröffentlichung** erforderlich – diese erfolgt bei Bundesgesetzen im Bundesgesetzblatt (BGBl.), bei Landesgesetzen im jeweiligen Gesetz- und Verordnungsblatt (GVBl.).

- die Ebene der **Rechtsverordnungen** – es gibt Rechtsverordnungen des Bundes- und Rechtsverordnungen der Bundesländer. Rechtsverordnungen haben den Sinn, im Gesetz enthaltene allgemeinere Regelungen zu konkretisieren – z. B. die Verordnung zur Berechnung von Einkommen sowie zur Nichtberücksichtigung beim Einkommen und Vermögen beim Alg II/Sozialgeld, die Eingliederungshilfeverordnung zum SGB XII – Sozialhilfe –, die Regelbetragverordnung für den Unterhalt minderjähriger Kinder oder die Informationspflichtenverordnung als Rechtsverordnungen des Bundes und die Rechtsverordnungen der Bundesländer zur Höhe der Regelsätze nach dem Sozialhilferecht des SGB XII.

Rechtsverordnungen stammen von einem Exekutivorgan und setzen voraus, dass im Gesetz eine Ermächtigung zum Erlass einer Rechtsverordnung vorhanden ist[4] – Art. 80 Abs. 1 Satz 1 GG – dabei müssen auch Inhalt, Zweck und Ausmaß der erteilten Ermächtigung im Gesetz bestimmt sein – Art. 80 Abs. 1 Satz 2 GG. Rechtsverordnungen dürfen nicht gegen gesetzliche oder verfassungsrechtliche Bestimmungen verstoßen. Weil sie materielles Recht enthalten, müssen sie, um in Kraft zu treten, veröffentlicht werden. Für Rechtsverordnungen des Bundes geschieht dies im BGBl., für Rechtsverordnungen des Landes geschieht dies im GVBl. des Landes.

- die Ebene der sog. **autonomen Satzungen:** darunter sind solche Regelungen zu verstehen, die von **Körperschaften des öffentlichen Rechts** im Rahmen des ihnen durch den Gesetzgeber eingeräumten Selbstverwaltungsrechts erlassen werden und das Rechtsverhältnis zwischen der Körperschaft und ihren Mitgliedern betreffen (z. B. die Beitragssatzung der gesetzlichen Krankenkasse, kommunale Gebührensatzungen). Auch Satzungen müssen gesetzes- und verfassungskonform sein. Auch sie bedürfen für ihr In-Kraft-Treten der Veröffentlichung.
- für das Verhältnis von Bundesrecht zu Landesrecht enthält Art. 31 GG die maßgebende Bestimmung mit dem Satz »**Bundesrecht bricht Landesrecht**«.

Die dargestellte **Normenhierarchie** ist Ausfluss des im Grundgesetz verankerten **Rechtsstaatsprinzips**, das im nächsten Kapitel zu behandeln sein wird.

- Eine Sonderstellung nehmen die als internationale Abkommen in Den Haag abgeschlossenen Abkommen und Übereinkommen ein. Bei den Haager Übereinkommen handelt es sich um multilaterale Staatsverträge, die durch Beitritt

---

2 Siehe Art. 93 I Nr. 2 Grundgesetz.
3 Auch als Landesverfassungsgericht oder Staatsgerichtshof – so in Niedersachsen – bezeichnet.
4 In den Beispielen finden sich die Verordnungsermächtigungen in § 13 SGB II, § 60 SGB XII, § 1612 a Abs. 3 BGB, §§ 312 c, 312 e BGB.

(Ratifikation) Bestandteil des innerstaatlichen Rechts werden. Als wichtigste Übereinkommen seien erwähnt:
- Haager Übereinkommen über die Zuständigkeit der Behörden und das anzuwendende Recht auf dem Gebiet des Schutzes von Minderjährigen (Minderjährigenschutzabkommen – MSA) vom 5. 10. 1961,
- Haager Übereinkommen über das auf Unterhaltsverpflichtungen anzuwendende Recht vom 2. 10. 1973,
- Haager Übereinkommen über die Anerkennung und Vollstreckung von Entscheidungen auf dem Gebiet der Unterhaltspflicht gegenüber Kindern vom 15. 4. 1958,
- Haager Übereinkommen über die Anerkennung und Vollstreckung von Unterhaltsentscheidungen vom 2. 10. 1972,
- Haager Übereinkommen über die zivilrechtlichen Aspekte internationaler Kindesentführung vom 25. 10. 1980,
- Haager Übereinkommen über den Schutz von Kindern und die Zusammenarbeit auf dem Gebiet der internationalen Adoption (Adoptionsabkommen) vom 29. 5. 1993.

Allen aufgeführten Übereinkommen ist die Bundesrepublik Deutschland beigetreten.[5] Die Übereinkommen sind im Verhältnis zwischen den Beitrittsstaaten anzuwenden, es sei denn, dass speziellere Regelungen existieren, die dann vorgehen, etwa europäisches Gemeinschaftsrecht wie die EG-Verordnung Nr. 44/2001 vom 22. 12. 2000 über die gerichtliche Zuständigkeit und die Anerkennung von Entscheidungen in Zivil- und Handelssachen.

2.2.1.2 Gewohnheitsrecht

Das Gewohnheitsrecht ist das ungeschriebene Recht, das allmählich entstanden ist; es hat sich in lang dauernder, gleichmäßiger Übung und in der Überzeugung der Gemeinschaft entwickelt, dass es sich um Recht handelt z. B. grundsätzlicher Schutz des Glockenläutens[6], die allgemeinen Verkehrssicherungspflichten in Zusammenhang mit der Deliktsregelung des § 823 BGB.[7] Gewohnheitsrecht kann es auf allen Ebenen geben, auch auf der Ebene der Verfassung – Verfassungsgewohnheitsrecht – und auch auf der Ebene des europäischen Gemeinschaftsrechts.

Nach neuerer Auffassung werden auch die jeder Rechtsordnung zugrunde liegenden allgemeinen Rechtsgrundsätze als Rechtsquellen angesehen. Dem entspricht die Rechtsprechung des BVerfG und des BGH zur Radbruch'schen Formel[8], die im Kapitel 1 zur Sprache gekommen ist.

---

5 Die Übereinkommen sind im Palandt als Anhang zu den maßgeblichen Vorschriften des EGBGB abgedruckt und von Heldrich kommentiert.
6 BVerwGE 18, 342 f. 432 – ein unrühmliches Beispiel für Gewohnheitsrecht ist ein Urteil des Bundesgerichtshofs in Strafsachen aus den Jahren 1957, in dem das Gericht ein gewohnheitsrechtliches Züchtigungsrecht von Lehrern an öffentlichen Schulen – hier im Lande Hessen – zwar maßvoll und ausschließlich zu erzieherischen Zwecken – anerkennt, trotz entgegenstehender Verwaltungsvorschriften; BGHSt 11, 241 ff.
7 S. Brox/Walker, Besonderes Schuldrecht, § 41 Rdnr. 33.
8 Siehe dazu in Kapitel 1, Fn. 11.

Vor allem vom EuGH werden allgemeine Rechtsgrundsätze als Rechtsquellen angesehen, und zwar sowohl allgemeine Rechtsgrundsätze der Gemeinschaftsrechtsordnung selbst als auch die den Rechtsordnungen der Mitgliedstaaten gemeinsamen Rechtsgrundsätze.

Der EuGH hat u. a. folgende Prinzipien anerkannt: Schutz von Persönlichkeit und Menschenwürde, Handels- und Wettbewerbsfreiheit, Berufsfreiheit, Vereinigungsfreiheit, Religionsfreiheit, Gleichheit, Eigentumsrecht, Wohnung, Privatsphäre und Briefverkehr, rechtliches Gehör, Aussageverweigerungsrecht bei Gefahr der Selbstbezichtigung. Dies ist vor dem Hintergrund zu sehen, dass im Gemeinschaftsrecht ein Grundrechtskatalog – wie im GG in Art. 1 bis 19 – fehlt.

Systematisch gesehen gehören diese Allgemeinen Rechtsgrundsätze zum Gewohnheitsrecht.

Die Ordnung, die den Rechtsquellen – dem gesetzten und dem Gewohnheitsrecht – zu entnehmen ist, bezeichnet man auch als »**positives**« **Recht** und daher »geltendes« (wirksames, verbindliches) Recht. Hier sieht man die begriffliche Verbindung zu dem in Kapitel 1 dargestellten rechtspositivistischen Erklärungsansatz für die Legitimation von Recht.

2.2.1.3 Richterrecht

Wenn laut Aussage des BVerfG[9] »die Aufstellung allgemeiner Rechtsgrundsätze ... in der Natur der Tätigkeit höherer Gerichte« liegt, die sich an gesellschaftlichen Problemfeldern orientieren, so lässt sich daraus ableiten, dass auch das Richterrecht zu den Rechtsquellen zu zählen ist. Jedoch ist beim sog. Richterrecht wie folgt zu unterscheiden:

Die **Entscheidungen des Bundesverfassungsgerichts,** die nach § 31 BVerfGG Gesetzeskraft haben, sind eindeutig den Rechtsquellen zuzuordnen. Im abstrakten und konkreten Normenkontrollverfahren und bei Verfassungsbeschwerden[10] kann das BVerfG gesetzliche Vorschriften wegen Verstoßes gegen das Grundgesetz für nichtig erklären. Solche Entscheidungen haben Gesetzeskraft, d. h. sie sind von jedermann, auch von der öffentlichen Gewalt zu beachten und zu respektieren, sie wirken also wie ein Gesetz.

Die sog. **höchstrichterliche Rechtsprechung,** auf die sich das eingangs zitierte Urteil des BVerfG bezieht, bedeutet, dass ein oberstes Bundesgericht in einer bestimmten Rechtsfrage in einem längeren Zeitraum wiederholt in bestimmter Weise entscheidet – z. B. das Bundesarbeitsgericht zu der Frage, ob ein Arbeitgeber in einem Einstellungsgespräch mit einer weiblichen Bewerberin die Frage nach der Schwangerschaft stellen darf oder nicht und welche Rechtsfolgen die wahrheitswidrige Beantwortung der Frage nach sich zieht.[11] Grundsätzlich muss man sehen, dass – abgesehen von den Entscheidungen des BVerfG mit Gesetzeskraft – alle gerichtlichen Entscheidungen, gleich auf welcher Ebene sie getroffen werden, nur Wirkung zwischen den beteiligten Streitparteien entwickeln. Wenn eine höchst-

---

9 BVerfGE 26, 327, 337.
10 Zum BVerfG und den Verfahrensarten siehe in Kapitel 20.3.1.
11 Vgl. Schaub/Koch, Arbeitsrechtshandbuch § 26 Rdnr. 22.

richterliche Rechtsprechung vorliegt, hat sie jedoch über den Einzelfall hinausgehende Bedeutung – jeder wird sich in einem neuen, gleich oder ähnlich gelagerten Fall auf diese Rechtsprechung, sofern sie für ihn günstig ist, berufen. Die unteren Gerichte haben es leicht: sie können sich in ihrer Entscheidungsfindung auf die Rechtsprechung des obersten Bundesgerichtes ihrer Gerichtsbarkeit stützen. Allerdings sind sie an diese Rechtsprechung nicht gebunden, denn Richter sind nur dem Gesetz verpflichtet, nicht der Rechtsprechung der übergeordneten Gerichte, vgl. Art. 97 Abs. 1 GG »Die Richter sind unabhängig und nur dem Gesetz unterworfen«.
Andererseits bestimmt Art. 20 Abs. 3 GG, dass die »Rechtsprechung an Gesetz und Recht gebunden« ist. Eine Bindung an die höchstrichterliche Rechtsprechung würde sich dann ergeben, wenn sie unter den Begriff »Recht« im Sinne dieses Verfassungsartikels fallen würde; das wird jedoch von der verfassungsrechtlichen Literatur zu Recht abgelehnt.[12] Wenn Richterrecht eine Rechtsquelle wäre, würde das wegen der Bindungswirkung jegliche Rechtsfortbildung und Rechtsentwicklung verhindern. Man wird also zu dem Ergebnis kommen müssen, dass die höchstrichterliche Rechtsprechung zwar beachtlich ist, dass ihr aber die Qualität einer Rechtsquelle nicht zukommt.
Der Weg zur Rechtsquelle führt jedoch über das Gewohnheitsrecht: wenn die höchstrichterliche Rechtsprechung sich durch ständige Wiederholung verallgemeinert hat und allgemein akzeptiert wird, kann sie zum Gewohnheitsrecht werden. Das ist vom BVerfG aber nicht einmal in Bezug auf die Rechtsprechung des BAG zum Arbeitskampfrecht, das diesen – gesetzlich überhaupt nicht geregelten – Rechtsbereich seit den Anfängen seiner Rechtsprechung durch kontinuierliche Entscheidungsfindung im Wege richterlicher Rechtsfortbildung ausgeformt hat[13], bejaht worden.
Als Ergebnis lässt sich festhalten, dass die höchstrichterliche Rechtsprechung im Zweifelsfall keine Rechtsquelle darstellt, wegen ihrer Beachtlichkeit und damit einhergehenden wesentlichen Bedeutung ist sie aber in die Übersicht und Darstellung mit aufgenommen worden.

2.2.2 Objektives Recht – rechtssystematisch gesehen

2.2.2.1 Öffentliches Recht und Privatrecht

In der Rechtsordnung unterscheidet man, an das römische Recht anknüpfend, öffentliches Recht und Privatrecht. Das Privatrecht ist der Bereich des Rechts, der die Rechtsbeziehungen der Einzelnen zueinander auf der Grundlage ihrer Selbstbestimmung (»Privatautonomie«) regelt. Das öffentliche Recht dagegen regelt das

---

12 Siehe Schnapp in v. Münch/Kunig, Rdnr. 44 zu Art. 20; der scheinbare Widerspruch zwischen Art. 20 Abs. 3 GG und Art. 97 Abs. 1 GG wird dadurch aufgelöst, dass das Begriffspaar Gesetz und Recht als Tautologie aufgefasst werden und dem »Recht« dadurch keine eigenständige Bedeutung zukommt – siehe Schnapp a. a. O. Rdnr. 43.
13 Siehe die Entscheidung des BVerfG in NJW 1989, 186 ff. zur Rechtmäßigkeit des Aussperrungsverbots in Art. 29 der Hessischen Verfassung, in der das Gericht ausführt, dass die ständige Rechtsprechung des BAG zur Aussperrung kein Gewohnheitsrecht erzeugt hat.

Teil 1: Grundlagen von Recht und Staat

Verhältnis des Einzelnen zum Staat, und den sonstigen Trägern öffentlicher Verwaltung sowie das Verhältnis der Träger öffentlicher Verwaltung zueinander. Im Allgemeinen ist die Abgrenzung, zu der es verschiedene Theorien gibt[14], nicht schwierig, jedoch von großer praktischer Bedeutung, weil privatrechtliche Streitigkeiten vor die Zivilgerichte gehören (§ 13 GVG = Gerichtsverfassungsgesetz), öffentlichrechtliche Streitigkeiten dagegen vor die allgemeinen bzw. die besonderen Verwaltungsgerichte (vgl. § 40 Abs. 1 VwGO = Verwaltungsgerichtsordnung).[15]

2.2.2.2 Systematischer Überblick über die Rechtsordnung
Nach dem Vorstehenden wird das Recht wird also zunächst eingeteilt in das

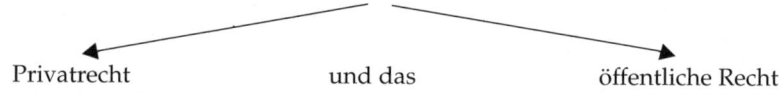

Privatrecht   und das   öffentliche Recht

Die weitere systematische Einteilung ergibt sich aus den nachstehenden Überschriften. Das Privatrecht lässt sich dabei folgendermaßen aufteilen:

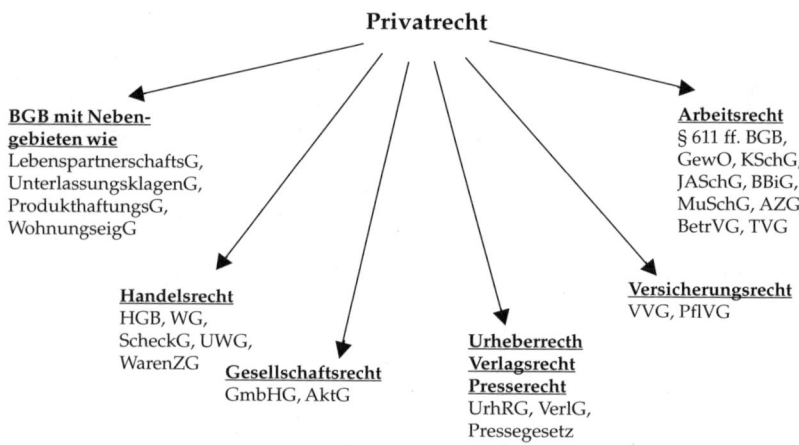

Das Privatrecht lässt sich auch anders aufteilen als hier geschehen. Beispielsweise könnten Handels- und Gesellschaftsrecht zu einem Block Wirtschaftsrecht zusammengefasst werden – oder unter dem Dach Medienrecht werden handelsrechtliche, gesellschaftsrechtliche und presserechtliche/verlagrechtliche Bestimmungen zusammengeführt. Das Arbeitsrecht wird jedoch immer seinen eigenen, selbständigen Stellenwert haben.

---

14 Vgl. Maurer, Allgemeines Verwaltungsrecht § 1 Rdnr. 5 ff.
15 Siehe dazu im Einzelnen in Kapitel 20.

Das öffentliche Recht ist wie folgt einzuteilen:

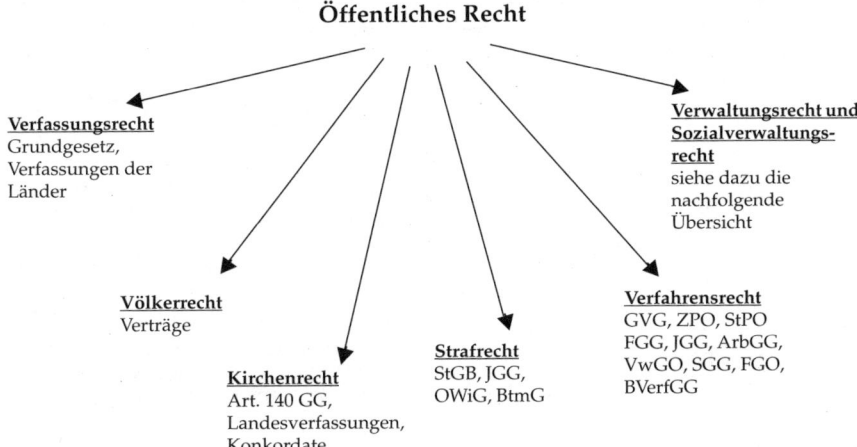

Das allgemeine und das besondere Verwaltungsrecht und Sozialverwaltungsrecht ergeben sich aus der nachfolgenden Zusammenstellung:

Zum allgemeinen Verwaltungsrecht zählen:	**Zum besonderen Verwaltungsrecht zählen z.B.:**
– Verwaltungsverfahrensgesetz des Bundes und Verwaltungsverfahrensgesetze der Bundesländer, – Verwaltungszustellungsgesetz des Bundes und Verwaltungszustellungsgesetze der Bundesländer, – Verwaltungsvollstreckungsgesetz des Bundes und Verwaltungsvollstreckungsgesetze der Bundesländer – Bundesdatenschutzgesetz und Datenschutzgesetze der Bundesländer	– Kommunalrecht, – Beamtenrecht, – Polizei- und Ordnungsrecht, – Ausländerrecht, – Baurecht, – Straßenrecht, – Naturschutzrecht, – Gewerberecht, – Wehrrecht, – Steuerrecht, – Schul- und Hochschulrecht
Zum allgemeinen Sozialverwaltungsrecht gehören: – Sozialgesetzbuch I – Allgemeiner Teil, – Sozialgesetzbuch IV – Gemeinsame Vorschriften für die Sozialversicherung,	**Zum besonderen Sozialverwaltungsrecht gehören:** – Sozialgesetzbuch II – Grundsicherung für Arbeitssuchende – Sozialgesetzbuch III – Arbeitsförderung,

– Sozialgesetzbuch IX – Rehabilitation und Teilhabe behinderter Menschen – Teil 1: Allgemeine Regelungen – Sozialgesetzbuch X – Sozialverwaltungsverfahren und Sozialdatenschutz	– Sozialgesetzbuch V – Gesetzliche Krankenversicherung, – Sozialgesetzbuch VI – Gesetzliche Rentenversicherung, – Sozialgesetzbuch VII – Gesetzliche Unfallversicherung, – Sozialgesetzbuch VIII – Kinder- und Jugendhilferecht, – Sozialgesetzbuch IX – Rehabilitation und Teilhabe behinderter Menschen – Teil 2: Schwerbehindertenrecht – Sozialgesetzbuch XI – Soziale Pflegeversicherung – Sozialgesetzbuch XII - Sozialhilfe – Besondere Teile des SGB gem. § 68 SGB I: z. B. BAföG, WoGG, BVG, BErzGG/BEEG (1. Abschnitt), UnterhaltsvorschußG

Das Sozialgesetzbuch ist noch nicht vollständig. Es gibt noch eine Reihe von sozialen Gesetzen, die inhaltlich, aber noch nicht formal zum Sozialgesetzbuch gehören, weil sie noch nicht in ein Buch des SGB überführt worden sind. Solange dies noch nicht der Fall ist, gelten diese Gesetze nach Maßgabe des § 68 als besondere Teile des SGB; einige wichtige dieser Gesetze sind oben aufgeführt.[16]

2.2.2.3 Weitere Begriffsbestimmungen

Die Rechtsnormen des Privatrechts und des öffentlichen Rechts, die Rechte begründen, Berechtigungen verleihen oder die Verpflichtungen aufstellen, die also die Rechtsbeziehungen inhaltlich regeln, werden als **materielles Recht** bezeichnet.

Die Rechtsnormen, die der Durchsetzung von Rechten, Ansprüchen und Verpflichtungen dienen, werden als **formelles Recht** bezeichnet. Dazu gehört insbesondere das Verfahrensrecht, das in den verschiedenen verfahrensrechtlichen Gesetzen wie der ZPO, der StPO, dem ArbGG und den weiteren Gesetzen enthalten ist, die in der systematischen Übersicht über die Rechtsordnung in dem Block Verfahrensrecht zu finden sind. Aus dieser Übersicht ergibt sich auch, dass das Verfahrensrecht Teil des öffentlichen Rechts ist.

Kann die rechtlich vorgesehene Regelung von den beteiligten Personen abgeändert werden, wie etwa weite Teile des Vertragsrechts des BGB, spricht man von **nachgiebigem oder dispositiven** (also zur Disposition der Beteiligten stehendem) Recht. Ist die rechtlich vorgesehene Regelung in dem Sinne vorgeschrieben, dass sie nicht zur Disposition der Beteiligten steht, handelt es sich um **zwingendes Recht**, das man auch **ius cogens** nennt. Das ist vor allem im öffentlichen Recht der Fall – im Privatrecht regelmäßig dann, wenn es sich um Vorschriften handelt, die Schutz-

---

[16] Zum Sozialrecht siehe im Einzelnen in Kapitel 20.

charakter haben, z. B. bei den in § 573 c Abs. 1 und 3 BGB geregelten Fristen für die Kündigung von Wohnraummietverhältnissen in dessen Abs. 4 »Eine zum Nachteil des Mieters von Abs. 1 oder 3 abweichende Vereinbarung ist unwirksam«.

2.2.3 Die Subjektiven Rechte

Unter subjektivem Recht ist die Befugnis zu verstehen, die sich für den Einzelnen aus dem objektiven Recht entweder unmittelbar ergibt oder die aufgrund des objektiven Rechts erworben wird. Im ersten Fall nennt man das Recht gesetzliches Recht, wie etwa das Eigentum, im zweiten Fall erworbenes Recht, wie z. B. das Forderungsrecht aus einem Kaufvertrag oder das Kündigungsrecht aus einem Arbeitsvertrag.

Bei einem subjektiven Rechten kann es sich handeln um:

- Ein **Herrschaftsrecht:** Dabei ist zu unterscheiden zwischen absoluten und relativen Herrschaftsrechten:
  Das Kennzeichen der **absoluten Herrschaftsrechte** liegt darin, dass es sich um gegenüber jedermann wirkende Rechte handelt: entweder solche an Personen z. B. Persönlichkeitsrechte oder elterliche Sorge oder solche an Sachen und sonstigen Rechtsgütern wie Eigentumsrecht und sonstige dingliche Rechte oder auch das Urheberrecht. Z. B. für die elterliche Sorge § 1632 Abs. 1 BGB »Die Personensorge umfasst das Recht, die Herausgabe des Kindes von jedem zu verlangen, der es den Eltern oder einem Elternteil widerrechtlich vorenthält« oder für das Eigentum § 903 BGB »Der Eigentümer kann, soweit nicht das Gesetz oder Rechte Dritter entgegenstehen, mit der Sache nach Belieben verfahren und andere von jeder Einwirkung ausschließen.«
  Die **relativen Herrschaftsrechte** richten sich nur gegen bestimmte Personen. Dabei handelt es sich regelmäßig um Rechte aus Schuldverhältnissen wie: Forderungen aus Kauf-, Miet-, Darlehns- oder Arbeitsverträgen. Z. B. § 433 Abs. 1 BGB »Durch den Kaufvertrag wird der Verkäufer einer Sache verpflichtet, dem Käufer die Sache zu übergeben und das Eigentum an der Sache zu verschaffen.« Durch den Kaufvertrag erwirbt der Käufer mithin das Recht, von dem Verkäufer die Übergabe der Sache und Verschaffung des Eigentums an derselben zu verlangen.

- Einen **Anspruch**: Das Recht, von einem anderen ein Tun oder Unterlassen verlangen zu können, ist als Anspruch definiert (§ 194 BGB). Z. B. kann der Eigentümer von dem Besitzer die Herausgabe der Sache verlangen – siehe § 985 BGB; der Mieter kann vom Vermieter die Einräumung des Besitzes an der Sache verlangen – siehe § 535 Abs. 1 BGB. Nach dem BGB sind schuldrechtliche, dingliche, familien- und erbrechtliche Ansprüche [17] zu unterscheiden. Siehe dazu die untenstehenden weiteren Beispiele. Der Anspruch ergibt sich aus einem Herrschaftsrecht, ist aber nicht identisch mit ihm, denn aus dem Herrschaftsrecht fließen regelmäßig mehrere Ansprüche, so ergibt sich aus dem Eigentumsrecht des § 903 BGB nicht nur der schon erwähnte Herausgabeanspruch des

---

17 Zum Aufbau des BGB siehe Kapitel 4. Das Bürgerliche Recht.

§ 985 BGB sondern auch der Anspruch aus § 1004 BGB »Wird das Eigentum in anderer Weise als durch Entziehung oder Vorenthaltung des Besitzes entzogen, so kann der Eigentümer von dem Störer die Beseitigung der Beeinträchtigung verlangen.«, so hat der Käufer aus dem Kaufvertrag nicht nur den Anspruch auf Übergabe der Sache = Besitzverschaffung, sondern auch den Anspruch auf Verschaffung des Eigentums = Übereignung der Sache. Im Übrigen deckt sich das relative Herrschaftsrecht mit dem Anspruch.

- Ein **Gestaltungsrecht:** Durch die Ausübung eines Gestaltungsrechts wird einseitig und unmittelbar auf ein bestehendes Rechtsverhältnis eingewirkt und dieses verändert. Aus dem Gestaltungsrecht fließen daher keine Ansprüche. Man unterscheidet zwischen selbständigen Gestaltungsrechten wie den Eigentumserwerb durch Aneignung (§ 958 ff. BGB) und unselbständigen Gestaltungsrechten. Bei letzteren handelt es sich um solche, die sich aus einem bereits bestehenden Rechtsverhältnis ableiten, also aus einem bereits vorher begründeten Rechtsverhältnis ergeben – als Beispiele seien die Kündigung eines Arbeitsvertrages – § 622 BGB –, die Anfechtung einer Willenserklärung z. B. nach § 123 BGB, der Rücktritt vom Vertrag – §§ 346 ff. BGB – genannt.

Weitere **Beispiele** für subjektive Rechte:
- Als schuldrechtlicher Anspruch § 535 Abs. 1 BGB; »Durch den Mietvertrag wird der Vermieter verpflichtet, dem Mieter den Gebrauch der Sache während der Mietzeit zu überlassen«, § 535 Abs. 2 BGB »Der Mieter ist verpflichtet, dem Mieter die vereinbarten Miete zu entrichten«.
- Als sachenrechtlicher Anspruch § 861 BGB: »Wird der Besitz durch verbotene Eigenmacht dem Besitzer entzogen, so kann dieser die Wiedereinräumung des Besitzes von demjenigen verlangen, welcher ihm gegenüber fehlerhaft besitzt«
- Als familienrechtlicher Anspruch § 1601 BGB: »Verwandte in gerader Linie sind verpflichtet, einander Unterhalt zu gewähren« – der Umstand der Verwandtschaft in gerader Linie berechtigt den bedürftigen Verwandten, vom leistungsfähigen Verwandten Unterhalt beanspruchen zu können
- Als erbrechtlicher Anspruch § 2018 BGB: »Der Erbe kann von jedem, der aufgrund eines ihm in Wirklichkeit nicht zustehenden Erbrechts etwas aus der Erbschaft erlangt hat (Erbschaftsbesitzer), die Herausgabe des Erlangten verlangen«.

Wie man sehen kann, formuliert der Gesetzgeber die Rechtsfolge unterschiedlich, mal in Form der Verpflichtung, aus der sich der entsprechende Anspruch der Gegenseite ergibt, mal als Möglichkeit in Form des »kann«, bei dem das Gebrauchmachen von der Möglichkeit in das Handlungsermessen des Berechtigten gestellt ist.
Schematisch lassen sich die subjektiven Rechte wie folgt darstellen:

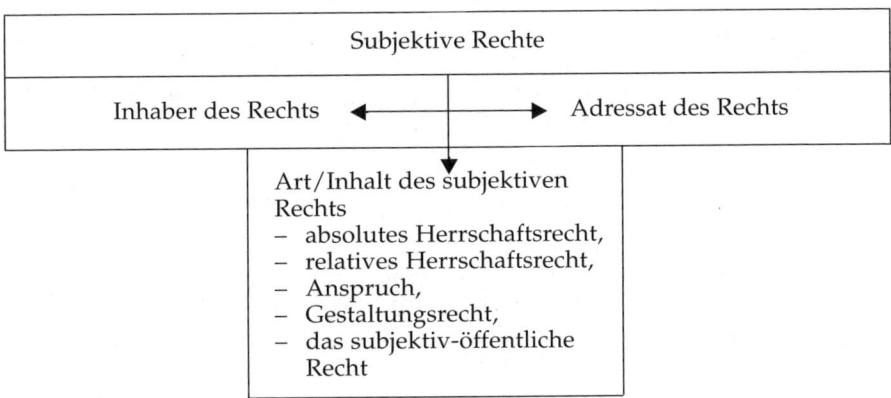

2.2.4 Das subjektiv-öffentliche Recht

Dem subjektiven Recht entspricht im öffentlichen Recht das so genannte **subjektiv-öffentliche Recht**. Mit diesem Begriff wird im öffentlichen Recht, namentlich im Verwaltungsrecht und Sozialverwaltungsrecht die dem einzelnen Bürger zustehende Befugnis genannt, vom Staat oder einem anderen Träger öffentlicher Verwaltung die Vornahme oder Unterlassung einer bestimmten Handlung zu verlangen. Das subjektiv-öffentliche Recht gibt dem Einzelnen also einen Rechtsanspruch auf ein Tun oder Unterlassen, der notfalls gerichtlich durchgesetzt werden kann.

Wenn eine öffentlich-rechtliche Rechtsnorm im überwiegenden Interesse des Einzelnen ergangen ist, ist im Zweifelsfall von einem subjektiv-öffentlichen Recht auszugehen. Ist die in der Rechtsnorm enthaltene Regelung in erster Linie dem Interesse der Allgemeinheit verpflichtet, folgt daraus im Zweifelsfall kein Rechtsanspruch des Einzelnen. In diesem Fall spricht man von einem **Rechtsreflex,** der den Bürger als Auswirkung des objektiven Rechts begünstigt, ihm aber keinen gerichtlich verfolgbaren Anspruch auf die Begünstigung verleiht.

> »Die Leistungsträger, ihre Verbände und die sonstigen in diesem Gesetzbuch genannten öffentlich-rechtlichen Vereinigungen sind verpflichtet, im Rahmen ihrer Zuständigkeit die Bevölkerung über die Rechte und Pflichten nach diesem Gesetzbuch aufzuklären« ist in § 13 SGB I bestimmt.

Die Norm enthält zwar eine gesetzliche Verpflichtung für die Leistungsträger pp., bedeutet aber nur einen Rechtsreflex, denn sie ist im Interesse der Bevölkerung, also der Allgemeinheit erlassen, wobei der einzelne Bürger bei Erfüllung der gesetzlichen Verpflichtung von entsprechenden Informationsbroschüren profitiert, aber die Herausgabe solcher Informationsbroschüren nicht einklagen kann.

Ganz anders § 14 SGB I: »Jeder hat Anspruch auf Beratung über seine Rechte und Pflichten nach diesem Gesetzbuch. Zuständig für die Beratung sind die Leistungsträger, denen gegenüber die Rechte geltend zu machen oder die Verpflichtungen zu erfüllen sind.«

Hier ist sofort sichtbar, dass es sich um ein subjektiv-öffentliches Recht handelt, denn der unmissverständliche Wortlauf formuliert einen Anspruch für den einzelnen Bürger.

Abschließend noch einige weitere Beispiele für subjektiv-öffentliche Rechte, also Rechtsnormen, in denen öffentlich-rechtliche Ansprüche geregelt sind:

§ 118 SGB III: »Anspruch auf Arbeitslosengeld bei Arbeitslosigkeit haben Arbeitnehmer, die
1. arbeitslos sind,
2. sich beim Arbeitsamt arbeitslos gemeldet haben und,
3. die Anwartschaftszeit erfüllt haben.«

§ 17 SGB VIII: »Mütter und Väter haben im Rahmen der Jugendhilfe Anspruch auf Beratung in Fragen der Partnerschaft, wenn sie für ein Kind oder einen Jugendlichen zu sorgen haben, oder tatsächlich sorgen....«

§ 36 SGB XI: »Pflegebedürftige haben bei häuslicher Pflege Anspruch auf Grundpflege und hauswirtschaftliche Versorgung als Sachleistung (häusliche Pflegehilfe)....«

§ 24 Abs. 1 SGB II: »Soweit der erwerbsfähige Hilfebedürftige Arbeitslosengeld II innerhalb von zwei Jahren nach dem Ende des Bezugs von Arbeitslosengeld bezieht, erhält er in diesem Zeitraum einen monatlichen Zuschlag....«

Bei diesen Normen ist eindeutig, dass es sich um Anspruchsnormen handelt: in den ersten drei Beispielen wird der Begriff des Anspruchs vom Gesetzgeber selbst benutzt. Das ist beim vierten Beispiel zwar nicht der Fall, aber für den Leser kann kein Zweifel bestehen, dass es sich auch hier um ein subjektiv-öffentliches Recht, einen Anspruch handelt, denn die Vorschrift verpflichtet die zuständige Behörde, dem Alg-II Bezieher bei Vorliegen der tatsächlichen Voraussetzungen – ohne wenn und aber – einen monatlichen Zuschlag zu zahlen (dessen Höhe in § 24 Abs. 3 SGB II festgelegt ist). Die Behörde ist vom Gesetzgeber gebunden, sie hat keinen Entscheidungsspielraum. Es handelt sich um eine sog. »Muss«-Vorschrift.

Das ist anders, wenn das Gesetz die Verwaltung zu einer Ermessensentscheidung ermächtigt, was durch Formulierungen wie »soll«, »kann« oder »darf« geschieht. In diesen Fällen beschränkt sich das subjektiv-öffentliche Recht darauf, dass die Verwaltung ihr Ermessen pflichtgemäß ausübt, das heißt, dem Zweck der gesetzlichen Ermächtigung entsprechend und die Grenzen des Ermessens einhält – vgl. § 39 SGB I.[18]

---

18 Siehe im Einzelnen dazu in Kapitel 17 und Kapitel 19.1.

3. Die Grundrechte

3.1 Einführung

In der Verfassungsgeschichte der Neuzeit stellen die **amerikanische Bill of Rights von 1776** und **die französische Menschen- und Bürgerrechtserklärung von 1789** die ersten vollständigen Menschenrechtserklärungen dar. In Deutschland enthielt erstmals die **Paulskirchenverfassung von 1849** einen umfassenden Grundrechtskatalog, gefolgt von der Preußischen Verfassungsurkunde von 1850. Während sich in der Verfassung des Norddeutschen Bundes und der Reichsverfassung von 1871 keine Grund- oder Menschrechte finden, bietet die Weimarer Reichsverfassung von 1919 in der deutschen Verfassungsgeschichte den umfangreichsten Grundrechtskatalog. Zum Unterschied zwischen dem Charakter der Grundrechte nach der Weimarer Verfassung und dem Grundgesetz siehe weiter unten bei 3.4.

»Die Grundrechte stellen in einem modernen, demokratischen und sozialen Rechtsstaat einen fundamentalen Faktor von zentraler, überragender Bedeutung dar. Der Grundrechtsteil ist deshalb als ein unabdingbares, unaufgebbares, zur Verfassungsstruktur gehörendes Wesensmerkmal (Essentialia) einer geltenden Verfassungsordnung anzusehen. Die in den Grundrechtsbestimmungen enthaltenen Wertentscheidungen enthalten zusammen mit den Staatszielbestimmungen die maßgeblichen und bedeutsamsten Elemente der freiheitlich demokratischen Wertordnung und bilden die wichtigste Richtschnur für die Verwirklichung der materiellen Gerechtigkeit, der sozialen Freiheit und Gleichheit«.[1]

»Das Grundgesetz stellt die Grundrechte im ersten Abschnitt an den Anfang des Verfassungstextes. Damit betont es in bewusster Abwehr von der überwiegenden staatsrechtlichen Tradition und als Reaktion auf die nationalsozialistische Missachtung des Einzelnen die grundlegende, staats- und verfassungsbegründende Bedeutung der Rechte des Individuums«.[2]

Nach übereinstimmender Auffassung besteht die wichtigste Aufgabe der Grundrechte in der Begrenzung der Staatsgewalt und in der Absage an staatliche Willkür- und Herrschaftsbestrebungen. Zwar ist durch Art. 79 Abs. 3 GG formal nicht der gesamte Grundrechtskatalog einer Verfassungsänderung entzogen, sondern nur die Grundsätze des Art. 1 GG. Im Hinblick auf die Menschenwürde als Basis aller Grundrechte, die Bezugnahme in Art. 1 Abs. 2 auf unverletzliche und unveräußerliche Menschenrechte als Grundlage jeder menschlichen Gemeinschaft, des Friedens und der Gerechtigkeit in der Welt sowie die in Art. 18 GG enthaltene Wesensgehaltgarantie der Grundrechte dürften die Grundrechte einer Verfassungsänderung gleichwohl nicht unterliegen.

3.2 Überblick über die Grundrechte nach dem GG

Der Grundrechtskatalog der Art. 1 bis 19 GG enthält keine Untergliederung. Die systematische Erfassung der Grundrechte nach ihrem Inhalt und ihrem Schutzgehalt ist schwierig und wird unterschiedlich vorgenommen. Die nachfolgende

---
1 Katz, Staatsrecht Rdnr. 545 S. 271.
2 Robbers, Einführung in das deutsche Recht, S. 47.

Zusammenstellung[3] bezieht sich auf die individuell gewährleisteten Grundrechte:

- Die Menschenwürde (Art. 1 Abs. 1 GG), das Leben, die körperliche Unversehrtheit und die Freiheit der Person (Art. 2 Abs. 2 GG) bilden die Voraussetzung menschlicher Existenz und individueller Lebensgestaltungsmöglichkeiten. *»Die Würde des Menschen ist unantastbar. Sie zu achten und zu schützen ist Aufgabe aller staatlichen Gewalt«* Art. 1 Abs. 1 GG. Abs. 2 enthält das Bekenntnis zu unverletzlichen und unveräußerlichen Menschenrechten als Grundlage jeder menschlichen Gemeinschaft, des Friedens und der Gerechtigkeit in der Welt.
- Die Lebensgestaltungsmöglichkeiten: Sie bilden den quantitativ größten Bereich der Grundrechte. Dazu gehören die Glaubens- und Gewissensfreiheit und die Freiheit der ungestörten Religionsausübung (Art. 4 Abs. 1, 2 GG), das Recht, den Kriegsdienst mit der Waffe zu verweigern (Art. 4 Abs. 3 GG), die Freiheit der Meinungsäußerung (Art. 5 Abs. 1), die Freiheit der künstlerischen und wissenschaftlichen Tätigkeit (Art. 5 Abs. 3 GG), die Versammlungsfreiheit (Art. 8 GG), Vereinigungs- und die Koalitionsfreiheit (Art. 9 Abs. 1 und 3 GG), das Recht auf Freizügigkeit im Bundesgebiet (Art. 11), das Recht, Beruf, Arbeitsplatz und Ausbildungsstätte frei zu wählen (Art. 12 GG), das Petitionsrecht (Art. 17).
  Zu diesem Bereich gehört auch die allgemeine Handlungsfreiheit, die in Art. 2 Abs. 1 GG als Recht zur freien Entfaltung der Persönlichkeit in Form eines unbenannten Handlungsrechts statuiert ist und dessen Verletzung immer dann geprüft werden muss, wenn nicht die übrigen, speziellen Handlungsfreiheitsrechte beeinträchtigt sind.[4] Aus diesem Recht hat das BVerfG i. V. m. Art. 1 Abs. 1 GG im sog. Volkszählungsurteil auch das Recht auf informationelle Selbstbestimmung abgeleitet.[5]
- Die Privatsphäre: Beide vorstehend aufgeführten Bereiche hängen eng mit dem Schutz der Privatsphäre zusammen. Hierunter lassen sich die Unverletzlichkeit der Wohnung (Art. 13 GG), das Brief-, Post- und Fernmeldegeheimnis (Art. 10 GG) und auch das allgemeine Persönlichkeitsrecht des Art. 2 Abs. 1 GG zusammenfassen.
  Zur Privatsphäre gehören auch der Schutz von Ehe und Familie und die Erziehung von Kindern (Art. 6 Abs. 1 und 2 GG), obwohl hier auch staatliche Institutionen wie das Jugendamt, das Wächteramt im Sinne von Art. 6 Abs. 2 Satz 2 ausübt oder das Schulwesen nach Art. 7 GG eine Rolle spielen.
  Nach Art. 6 Abs. 1 GG stehen Ehe und Familie unter dem besonderen Schutze der staatlichen Ordnung. Pflege und Erziehung der Kinder sind das natürliche Recht der Eltern und die ihnen zuvörderst obliegende Pflicht – Art. 6 Abs. 2 Satz 2 GG. Jede Mutter hat Anspruch auf den Schutz und die Fürsorge der Gemeinschaft – Art. 6 Abs. 4. Nach Abs. 5 sind den nicht ehelichen Kindern durch die Gesetzgebung die gleichen Bedingungen für ihre leibliche und seelische Entwicklung zu schaffen wie den ehelichen Kindern.

---

3 Die sich an Ipsen, Staatsorganisationsrecht II S. 29, orientiert.
4 BVerfGE Bd. 6, 32 ff. sog. Elfes-Urteil.
5 NJW 1984 S. 419 ff.

3. Die Grundrechte

- Nach Art. 7 GG steht ein gegliedertes staatliches Schulwesen zur Verfügung, dessen Bestandteil der Religionsunterricht als ordentliches Lehrfach ist. Letzteres gilt nicht in bekenntnisfreien Schulen und im Land Bremen – Art. 141 GG. Im Übrigen ist streitig bzw. unentschieden, ob sich nur solche Bundesländer auf Art. 141 GG berufen können, die seit dem 1. 1. 1949 kontinuierlich bestanden haben.[6]
Art. 7 Abs. 4 GG garantiert das Recht zur Errichtung privater Schulen. Dabei werden Ersatzschulen, die ein vergleichbares bzw. identisches Bildungsprogramm wie öffentliche Schulen anbieten, von Ergänzungsschulen unterschieden, die ein eigenständiges Bildungsprogramm verfolgen.
- Rechte: Schutzgüter eines Grundrechts können auch **Rechte** sein. Das Eigentum und das Erbrecht werden nach Art. 14 Abs. 1 GG gewährleistet. Dabei sind unter Eigentum nicht nur körperliche Gegenstände, sondern auch Rechte zu verstehen.[7]
- Allgemeiner Gleichheitssatz: Eine besondere Bedeutung kommt Art. 3 GG zu. Abs. 1 enthält den allgemeinen Gleichheitssatz »Alle Menschen sind vor dem Gesetz gleich.«, Abs. 2 den Gleichberechtigungsgrundsatz »Männer und Frauen sind gleichberechtigt« mit dem angefügten Verfassungsauftrag zu seiner Umsetzung und in Abs. 3 das Diskriminierungsverbot einschließlich des Benachteiligungsverbots für behinderte Menschen.
Der Allgemeine Gleichheitssatz bedeutet, dass der Gesetzgeber unterschiedliche Gruppen von Normadressaten nur dann unterschiedlich behandeln darf, wenn zwischen den Gruppen von Normadressaten Unterschiede von solchem Gewicht vorhanden sind, die eine unterschiedliche Behandlung rechtfertigen – siehe dazu als Beispiel das in Kapitel 20.3.1 dargestellte Verfahren zu den Beitragssätzen in der Pflegeversicherung.
Das Diskriminierungsverbot des Absatzes 3 ist kürzlich konkretisiert worden durch das Gesetz zur Umsetzung europäischer Richtlinien zur Verwirklichung des Grundsatzes der Gleichbehandlung vom 14. 8. 2006 – BGBl. I S. 1897 –. Ziel dieses Gesetzes ist es, Benachteiligungen aus Gründen der Rasse oder wegen der ethnischen Herkunft, des Geschlechts, der Religion oder Weltanschauung, einer Behinderung, des Alters oder der sexuellen Identität zu verhindern oder beseitigen – Art. 1 § 1 des Gesetzes.
- Rechtsweggarantie: Art. 19 Abs. 4 enthält die so genannte Rechtsweggarantie. Wenn jemand der Auffassung ist, durch die öffentliche Gewalt in seinen Rechten verletzt zu sein, steht ihm der Rechtsweg offen. Dabei ist der Begriff der öffentlichen Gewalt auf dem Hintergrund der Gewaltenteilung im Sinne von vollziehender Gewalt zu verstehen. Durch die Rechtsweggarantie ist der Rechtsweg zu den Gerichten schlechthin garantiert – zu ihrem Inhalt gehört auch der grundrechtliche Anspruch auf effektiven Rechtsschutz, was angesichts der Dauer von Hauptsacheverfahren in der Verwaltungs- und Sozialgerichtsbarkeit von besonderer Bedeutung ist. Wegen seiner umfassenden Bedeutung wird die Rechtsweggarantie auch als formelles Hauptgrundrecht verstanden.

---

6 Vgl. Zum Meinungsstand vgl. Ipsen, Staatsrecht II Rdnr. 343, 343 a.
7 Siehe dazu in Kapitel 4 zu den Rechtsobjekten.

- Justizgrundrechte: Neben den sich aus dem Grundrechtskatalog ergebenden Rechten bestehen noch die Rechte, die sich aus Art. 33 Abs. 2 GG »das Recht auf Zugang zu öffentlichen Ämtern«, und die Rechte, die sich aus Art. 101 und 103 ergeben, die man als Justizgrundrechte bezeichnet: der Anspruch auf den gesetzlichen **Richter**[8], das Recht auf rechtliches Gehör, das Verbot, jemand wegen derselben Tat zwei Mal zu bestrafen und das Verbot der Rückwirkung von Strafgesetzen. Diese Rechte werden auch als grundrechtsgleiche Rechte bezeichnet.
- Eine bestimmte Wirtschaftsordnung ist vom GG nicht vorgegeben, Art. 15 ermöglicht aber die Überführung von Grund, Boden, Naturschätzen und Produktionsmitteln in Gemeineigentum.

3.3 Die Funktion der Grundrechte

Auch bei der Frage, wie die Grundrechte nach ihrem Inhalt und ihrer Funktion einzuteilen sind, ergibt sich in der verfassungsrechtlichen Literatur kein einheitliches Bild.

Nach Katz[9] lassen sich die in der heutigen Rechtsprechung und Literatur vertretenen Dimension und Funktionen der Grundrechte im Wesentlichen in folgende sechs Bedeutungsgehalte zusammenfassen:

- Subjektiv-öffentliche Abwehrrechte,
- Elemente objektiver Wertordnung (Wertentscheidende Grundsatznormen),
- Einrichtungsgarantien,
- Teilhaberechte,
- Organisations- und Verfahrensgarantien,
- Leistungsrechte (Anspruchsnormen).

3.3.1 Subjektiv-öffentliche Abwehrrechte

Nach ihrer Entstehungsgeschichte sind Grundrechte in erster Linie Abwehransprüche gegenüber staatlichen Eingriffen – sie sollen dem Bürger ein von unberechtigter staatlicher Einflussnahme freien Bereich zur persönlichen Lebensgestaltung einschließlich der wirtschaftlichen Betätigung garantieren. Will der Staat in diesen Bereich eingreifen, muss er dies legitimieren, wozu er letztlich wieder auf aus der Verfassung selbst herzuleitende Begründungen zurückgreifen muss. Ein Eingriff in das Grundrecht auf körperliche Unversehrtheit bedarf einer gesetzlichen Grundlage – Art. 2 Abs. 2 Satz 2 GG – für einen Eingriff in die Unverletzlichkeit der Wohnung bedarf es einer richterlichen Anordnung. Siehe zur Wohnung auch bei den Organisations- und Verfahrensgarantien.

3.3.2 Wertentscheidende Grundsatznormen

»Das Bundesverfassungsgericht hat in ständiger Rechtsprechung ausgesprochen, dass die Grundrechte zugleich eine objektive Wertordnung statuieren, die als

---

8 Das Recht auf den gesetzlichen Richter wird in Kapitel 20.3.2 ausführlich dargestellt.
9 Staatsrecht S. 283 f.

verfassungsrechtliche Grundentscheidung für alle Bereiche des Rechts gilt und Richtlinien und Impulse für Gesetzgebung, Verwaltung und Rechtsprechung gibt (Grundrechte als Elemente objektiver Wertordnung). Dies spielt für die Frage der Geltung der Grundrechte im Privatrechtsverkehr eine maßgebliche Rolle, siehe dazu nachfolgend unter 3.15.

Aus den Grundrechten als Elemente objektiver Wertordnung wird die allgemeine staatliche Verpflichtung abgeleitet, dafür zu sorgen, dass die in den Grundrechten statuierten Schutzgüter im gesellschaftlichen Zusammenleben der Menschen respektiert und beachtet werden. Dies geschieht in vielfacher Weise durch die sogenannten einfachen Gesetze. Dem Schutz des Lebens und der körperlichen Unversehrtheit dienen in strafrechtlicher Hinsicht die §§ 211, 212 StGB (Strafbarkeit von Mord und Totschlag oder § 223 ff. StGB (Strafbarkeit der Körperverletzung), in zivilrechtlicher Hinsicht § 823 ff. BGB (Schadensersatzpflicht bei entsprechenden Rechtsgutverletzungen), um nur einige wenige Beispiele zu nennen.

3.3.3 Einrichtungsgarantien

Zu den Einrichtungsgarantien werden gezählt: Art. 6 Ehe und Familie, Art. 5 Presse, Art. 14 Eigentum, Art. 21 die Parteien, Art. 28 die kommunale Selbstverwaltung, Art. 33 Abs. 5 das Berufsbeamtentum, Art. 140 die Kirchen. Diese Einrichtungsgarantien haben nicht die Gewährleistung individueller Rechte im Auge, sondern beziehen sich auf die Gewährleistung einer bestimmten Institution von Verfassungs wegen. Dabei wird nur die Institution als solche und ggfs. in ihren Grundzügen verfassungsrechtlich garantiert, ihre konkrete Ausgestaltung bleibt dem Gesetzgeber überlassen, wobei dieser natürlich sonstige verfassungsrechtliche Vorgaben zu beachten hat.

3.3.4 Teilhaberechte

Umstritten ist die Funktion von Grundrechten als Teilhaberechten. Ausgangspunkt solcher Überlegungen ist der Umstand, dass z. B. das in Art. 12 Abs. 1 GG garantierte Recht auf freie Wahl der Ausbildungsstätte nicht zu realisieren ist und sozusagen leer läuft, wenn für Studienbewerber keine ausreichende Anzahl an Studienplätzen vorhanden ist. Da liegt der Gedanke nahe, aus Art. 12 GG ein Grundrecht auf Zurverfügungstellung ausreichender Studienplätze, also ein Grundrecht auf Teilhabe an staatlichen Leistungen herauszulesen. »Daraus hat das BVerfG in Einzelfällen, um einer Grundrechtsaushöhlung vorzubeugen, eine Pflicht des Staates zu positivem Handeln abgeleitet.[10] Dies aufgrund der Erkenntnis, dass Freiheitsrechte ohne die tatsächliche Voraussetzung, sie effektiv in Anspruch nehmen zu können, weitgehend wertlos wären. Dies führt dazu, dem Staat eine gewisse begrenzte Garantiestellung für die Umsetzung des grundrechtlichen Wertesystems in die Verfassungswirklichkeit zuzuschreiben. Diese Stellung nach Umfang und Grenzen festzulegen, erweist sich mehr als schwierig. Daher ist hier auch vieles

---

10   BVerfGE 33, 303 (350); 35, 79, 120.

umstritten und vom BVerfG auch offen gelassen«.[11] In jedem Falle stehen Teilhaberechte nach dem BVerfG unter dem Vorbehalt dessen, was der Einzelne vernünftigerweise von der Gesellschaft verlangen kann und unter dem Vorbehalt des Finanzierbaren. Unübersehbar ist, dass Grundrechte, vor allem wie sie in Art. 12 GG ausgestaltet sind, sich angesichts der sozialen Wirklichkeit als Leerformeln erweisen. Andererseits ist dem die Frage entgegen zu halten, ob es Aufgabe einer Verfassung sein soll und auch kann, Verteilungsprobleme, die sich in einer Gesellschaft ergeben, zu lösen.

3.3.5 Organisations- und Verfahrensgarantien

Bei den Organisations- und Verfahrensgarantien geht es um die Frage der Sicherung der Grundrechtsverwirklichung durch geeignete, angemessene Organisationsformen und Verfahrensgestaltungen. Hier spielt vor allen Dingen der aus Art. 19 Abs. 4 GG abgeleitete Anspruch auf effektiven Rechtsschutz eine Rolle, wobei sich das »effektiv« hier weniger auf den zeitlichen – also verfahrensrechtlichen – Aspekt der gerichtlichen Hilfe bzw. Klärung der **Rechtslage**[12] abzielt, als vielmehr auf einen Rechtsschutz, bei dem sonstige materiell-rechtliche grundrechtliche Verbürgungen durch Verfahren gewährleistet werden. Als Beispiele aus der Rechtsprechung seien genannt:

- Aus dem Volkszählungsurteil:»Zur Sicherung des Rechts auf informationelle Selbstbestimmung bedarf es ferner besonderer Vorkehrungen für Durchführung und Organisation der Datenerhebung und -verarbeitung, da die Information während der Phase der Erhebung – und zum Teil auch während der Speicherung – noch individualisierbar sind; zugleich sind Löschungsregelungen für solche Angabe erforderlich, die als Hilfsangaben (Identifikationsmerkmale) verlangt wurden und die eine Deanonymisierung leicht ermöglichen würden wie Name, Anschrift, Kennummer und Zählerliste«.
- Zur Rundfunkfreiheit des Art. 5 Abs. 1 Satz 2 GG: »...Denn bloße Staatsfreiheit bedeutet noch nicht, dass freie und umfassende Meinungsbildung durch den Rundfunk möglich wird; dieser Aufgabe lässt sich durch eine lediglich negatorische Gestaltung nicht gerecht werden. Es bedarf dazu vielmehr einer positiven Ordnung, welche sicherstellt, dass die Vielfalt der bestehenden Meinungen im Rundfunk in möglichster Breite und Vollständigkeit Ausdruck findet und dass auf diese Weise umfassende Information geboten wird. Um dies zu erreichen, sind materielle, organisatorische und Verfahrensregelungen erforderlich, die an der Aufgabe der Rundfunkfreiheit orientiert und deshalb geeignet sind zu bewirken, was Art. 5 Abs. 1 GG gewährleisten will«.
- Zur Unverletzlichkeit der Wohnung, Art. 13 GG: »Das Betreten einer Wohnung durch einen Sachverständigen, der vom Gericht im Rahmen eines schwebenden Zivilprozesses bestellt worden ist, darf grundsätzlich nur nach vorheriger Anhörung der Wohnungsinhaber angeordnet werden«.
- Zum Asylverfahren: »Deshalb genügt zur Feststellung der offensichtlichen Unbegründetheit einer Klage in Asylsachen ein lediglich formelhafter Hinweis

---

11 Katz a. a. O. Rdnr. 580, 581, S. 288.
12 Siehe zum einstweiligen Rechtsschutz in Kapitel 20.3.5 und 20.3.6.

auf dieses Ergebnis im Tenor oder in den Entscheidungsgründen Art. 16 Abs. 2 Satz 2, Art. 19 Abs. 4 GG nicht. Diese Gewährleistung gebietet es vielmehr, dass sich aus den Entscheidungsgründen klar ergibt, weshalb das Gericht zu einem Urteil nach § 32 Abs. 6 Satz 1 AsylVfG gekommen ist, denn durch diese Darlegungspflicht wird die Gewähr für die materielle Richtigkeit verstärkt. Warum die Klage nicht nur als (schlicht) unbegründet, sondern als offensichtlich unbegründet abgewiesen worden ist, hat sich mithin aus den die Unbegründetheit darlegenden Entscheidungsgründen des Urteils zu ergeben (vgl. BVerfGE 65, 76 [95 f.])«.

3.3.6 Leistungsrechte (Anspruchsnormen)

Bei der Frage der Funktion der Grundrechte als Leistungsrechte besteht das Problem, ob sich aus den Grundrechten finanzielle Leistungs- und Versorgungsansprüche gegen den Staat ableiten lassen. Das wird wegen der grundsätzlichen Funktion der Grundrechte als Abwehrrechte abgelehnt, weil der grundsätzliche Charakter als Abwehrrechte eine Umkehrung in Leistungsrechte nicht zulasse.[13] Gleichwohl hat die Rechtsprechung in bestimmen Fällen Ausnahmen zugelassen und unmittelbar aus dem Grundgesetz finanzielle Leistungsansprüche zuerkannt:

Dazu gehört die für das Verhältnis des Bürgers zum Staat grundlegende Entscheidung des BVerfG in Bd. 1 S. 159 ff., in der die Grundsätze des alten Fürsorgerechts für obsolet erklärt wurden und dem Bürger als einem dem Staat gegenüber stehenden, mit eigenen Rechten ausgestatteten Rechtssubjekt ein sich aus der Verfassung ergebender Anspruch auf materielle Notunterstützung zugebilligt wird.

Auch folgende Entscheidung:
»Der Staat muss Vorsorge dafür treffen, dass das Grundrecht des Art. 7 Abs. 4 GG wegen der darin enthaltenen Anforderungen praktisch kaum noch wahrgenommen werden kann. Insofern kann sich aus diesem Grundrecht ein Anspruch auf staatliche Förderung privater Ersatzschulen ergeben«.[14]

3.4 Die Grundrechte als subjektive Rechte

Die subjektiven Rechte und die subjektiv-öffentlichen Rechte sind unter 2.2.3 und 2.2.4 bereits in Kapitel 2 behandelt worden. Der Charakter der Grundrechte als subjektive Rechte ist vorstehend bereits mehrfach angeklungen, gleichwohl soll dieser Aspekt noch einmal besonders herausgestellt werden.

Wenn und soweit Grundrechte subjektiv-öffentliche Rechte beinhalten, muss für sie dieselbe Struktur gelten, wie sie bei den subjektiven Rechten skizziert worden ist – das ist unter 2.2.3 geschehen und bedeutet für die Grundrechte:

---

13 BVerwG NJW 1978, 842 f.
14 BVerfGE Bd. 90 S. 107 ff. – 1. Leitsatz – im konkreten Fall wurde der Anspruch abgelehnt.

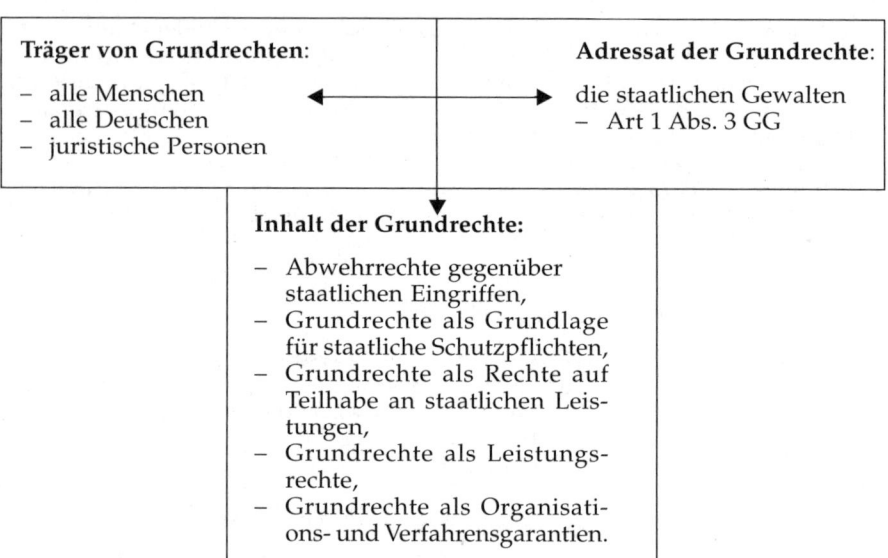

Grundrechtsfähigkeit ist zunächst die Fähigkeit, Träger von Grundrechten zu sein, sich auf Grundrechte berufen zu können. Grundrechtsträger sind zunächst die natürlichen Personen und im Rahmen des Art. 19 Abs. 3 GG die inländischen juristischen Personen, soweit die Grundrechte ihrem Wesen nach auf diese Gebilde anwendbar sind. Der Begriff der juristischen Person wird hierbei nicht formal gesehen, es fallen auch Personenvereinigungen darunter, die keine eigene Rechtsfähigkeit besitzen. So können sich Religionsgemeinschaften auf Art. 4 GG, politische Parteien und Vereinigungen i. d. R. auf Art. 3, 5, 8 und 38 GG berufen.[15]

Abgesehen von dem Sonderfall der Religionsgemeinschaften, die nach Art. 140 GG i. V. m. den kirchenrechtlichen Artikeln der Weimarer Verfassung Körperschaften des öffentlichen Rechts sind und für die Art. 4 GG von maßgeblicher Bedeutung ist, kommt mit Ausnahme von Art. 19 Abs. 4 GG die Berufung auf Grundrechte für juristische Personen des öffentlichen Rechts nicht in Betracht.

Bei den natürlichen Personen unterscheiden die Grundrechte augenfällig, ob sie für alle Menschen, für jedermann oder nur für deutsche Staatsbürger gelten. Bei den natürlichen Personen stellt sich auch das Problem der sog. **Grundrechtsmündigkeit** als der Fähigkeit, Grundrechte selbständig, also in eigener Person geltend machen zu können. Ab Erreichen der Volljährigkeit mit dem 18. Lebensjahr und für ausdrücklich geregelte Sonderfälle wie bei der Religionsmündigkeit mit dem 12. bzw. dem 14. Lebensjahr oder dem Asylrecht mit Erreichen des 16. Lebensjahres[16], ist das unproblematisch. Ansonsten wird danach differenziert, ob

---

15 Weitere Beispiele und Nachweise bei Katz, Rdnr. 603 S. 298.
16 Siehe im Anhang unter 16.6 und 18.1.

3. Die Grundrechte

und inwieweit der noch nicht 18jährige Mensch aufgrund seiner Reife, Einsichtsfähigkeit und seinem Urteilsvermögen in der Lage ist, für die Wahrnehmung des Grundrechts, um das es im Einzelfall geht, die Tragweite einer Entscheidung zu erkennen.[17] Soweit es an der Grundrechtsmündigkeit fehlt, muss der gesetzliche Vertreter für den Minderjährigen handeln.

Der Adressat der Grundrechte ergibt sich aus Art. 1 Abs. 3 GG mit der Formulierung: »Die nachfolgenden Grundrechte binden Gesetzgebung, vollziehende Gewalt und Rechtsprechung als unmittelbar geltendes Recht«. Die Grundrechte richten sich also gegen den Staat in all seinen Erscheinungsformen. **Damit ist klargestellt, dass es sich bei den Grundrechten nach dem GG um subjektiv-öffentliche Rechte handelt.**

Hierin zeigt sich der grundlegende Unterschied zur Weimarer Verfassung. Im Unterschied zum GG waren die Grundrechte der Weimarer Verfassung keine subjektiv-öffentlichen Rechte, sondern bloße Programmsätze. Während zur Zeit der Weimarer Verfassung die Grundrechte im Rahmen der Gesetze galten, gelten nach dem GG die Gesetze im Rahmen der Grundrechte.[18]

Ob und in welcher Beziehung die Grundrechte subjektive Rechte sind, ist im Wesentlichen schon oben dargestellt worden, soll hier aber noch einmal kurz zusammengefasst werden:
- Als Abwehrrechte gegenüber staatlichen Eingriffen haben die Grundrechte den klassischen Charakter von subjektiven Rechten.
- Aus der Funktion der Grundrechte als Elemente einer objektiven Wertordnung, ergibt sich zwar die staatliche Verpflichtung, dafür Sorge zu tragen, dass die Grundrechte in der staatlichen Gemeinschaft von ihren Mitgliedern gegenseitig respektiert werden, dem entspricht aber kein individueller Anspruch gegenüber staatlichen Stellen, entsprechend der Schutzverpflichtung tätig zu werden.[19]
- Grundrechte als Rechte auf Teilhabe an staatlichen Leistungen wird man in dem Umfang, wie das bisher vom Bundesverfassungsgericht zugelassen worden ist, als subjektive Rechte ansehen können.
- Dasselbe gilt für die Grundrechte als Anspruchsnormen für Fürsorge- und Versorgungsleistungen oder sonstige finanzielle Leistungen.
- Bei den Organisations-Verfahrensgarantien ergeben sich für das Verständnis der entsprechenden Rechte als subjektive Rechte keine Verständnisschwierigkeiten.

Bei den Einrichtungsgarantien und bei den Grundrechten als Elemente einer objektiven Wertordnung kann es sich – was offensichtlich ist – nicht um subjektive Rechte handeln.

---

17 Zur abgestuften Grundrechtsmündigkeit im Eltern-Kind-Verhältnis vgl. BVerfGE 59, 360 (387).
18 Katz, Rdnr. 551 S. 275.
19 Vgl. dazu Ipsen Staatsrecht II Rdnr. 89 ff.

3.5 Die »Drittwirkung« von Grundrechten

Da sich die Grundrechte gegen den Staat richten, können sie nicht im Privatrechtsverkehr d. h. nicht im Verhältnis von Rechtssubjekten des Privatrechts zueinander gelten. Diese Auffassung zur sog. Drittwirkung der Grundrechte ist inzwischen herrschende Meinung in Literatur und Rechtsprechung.

Davon gibt es eine Ausnahme, die sich im Grundgesetz selbst, und zwar in Art. 9 Abs. 3 GG findet. Artikel 9 Abs. 3 Satz 1 GG garantiert die sog. Koalitionsfreiheit; darunter ist das Recht zu verstehen, Gewerkschaften einerseits und Arbeitgeberverbände andererseits zu gründen, solchen Organisation beizutreten oder ihnen fern zu bleiben, und das Recht der Organisationen, sich entsprechend ihrer Zielsetzung zu betätigen. Nach § 9 Abs. 3 Satz 2 GG sind zwischen Rechtssubjekten des Privatrechts getroffene Absprachen, die dieses Koalitionsrecht einschränken oder zu behindern suchen, nichtig, darauf gerichtete Maßnahmen sind rechtswidrig.

Auch wenn die Grundrechte ansonsten im Verhältnis zwischen Rechtssubjekten des Privatrechts keine direkte Anwendung finden, sind sie nach der Rspr. des BVerfG und des BGH für den Privatrechtsverkehr nicht ohne Bedeutung. Wenn die Grundrechte nach der Rspr. des BVerfG eine objektive Wertordnung statuieren, die als verfassungsrechtliche Grundentscheidung für alle Bereiche des Rechts gilt und Richtlinien und Impulse auch für die Rechtsprechung gibt, müssen die Grundrechte auch für das Verhältnis von Privatpersonen zueinander, für das ja im Wesentlichen die Vorschriften des BGB maßgeblich sind, von Bedeutung sein. Nach feststehender Rechtsprechung des BVerfG und des BGH wird das dogmatisch so gelöst, dass die einfach gesetzlichen Vorschriften »im Lichte der Grundrechte«, also der Wertentscheidungen des GG auszulegen sind. Insbesondere bei der Auslegung unbestimmter Rechtsbegriffe und der so genannten Generalklauseln des BGB (§§ 138, 157, 242, 823, 826 BGB) sind diese also zu berücksichtigen. In solchen Vorschriften sind wertorientierte Begriffe wie gute Sitten und Treu und Glauben enthalten, für deren Auslegung sich grundrechtliche Wertenscheidungen eignen.

Folgende Beispiele sollen das verdeutlichen:
- Nach § 823 Abs. 1 BGB löst die rechtswidrige und schuldhafte Verletzung des Lebens, des Körpers, der Gesundheit, der Freiheit, des Eigentums oder eines sonstigen Rechts Ansprüche auf Schadensersatz aus. Das BVerfG hat aus Art. 1 und Art. 2 Abs. 1 GG – der Achtung der Menschenwürde und dem Recht auf freie Entfaltung der Persönlichkeit – ein allgemeines Persönlichkeitsrecht abgeleitet, das im Rahmen des § 823 Abs. 1 BGB als »sonstiges Recht« den anderen in der Vorschrift genannten absoluten Rechten gleichzusetzen ist.[20]
- Ein Frauenarzt schließt mit einer ledigen medizinisch-technischen Assistentin einen Arbeitsvertrag, in dem eine Klausel enthalten ist, nach der das Arbeitsverhältnis endet, sofern die Arbeitnehmerin die Ehe eingeht. Eine solche Klausel wäre nach § 138 Abs. 1 BGB nichtig: »Ein Rechtsgeschäft, das gegen die gu-

---

20 NJW 2003, 3262.

ten Sitten verstößt, ist nichtig«. Der Verstoß gegen die guten Sitten ergibt sich hier ohne weiteres aus Art. 6 Abs. 1 GG, dem Schutz von Ehe und Familie.

3.6 Die Einschränkung von Grundrechten

Die Grundrechte werden nicht uneingeschränkt gewährleistet. Dass eine uneingeschränkte Gewährleistung nicht möglich sein kann, ergibt sich aus der einfachen Überlegung, dass in einem Staatswesen eine Vielzahl von Menschen mit unterschiedlichen Interessen, Eigenschaften und interpersonalen Beziehungen zusammenleben und dass daher eine Regulierung und Ausbalancierung zwischen den Individualinteressen in ihrem Verhältnis zueinander und im Verhältnis dieser Interessen gegenüber denen der Allgemeinheit notwendig wird.

3.6.1 Die Vorbehaltsregelungen des Grundrechtskatalogs

Die aus dem Grundrechtskatalog selbst herauslesbare Systematik lässt für die Rechtfertigung von staatlichen Einwirkungen auf die Ausübung von Grundrechten folgende Möglichkeiten erkennen:

- den Eingriffsvorbehalt,
- den Schrankenvorbehalt und
- den Regelungsvorbehalt.

Zum Eingriffsvorbehalt:
Eingriffsvorbehalte finden sich in den Artikeln 2 Abs. 2 Satz 3, 10 Abs. 2, 13 Abs. 2, 3 und 7 GG.

Sprachlich lässt sich dieser Vorbehalt daran erkennen, dass nach dem Wortlaut des Grundgesetzes für einen Eingriff in oder eine Beschränkung des zuvor garantierten Rechts ein Gesetz erforderlich ist. Als vielleicht wichtigstes Beispiel lässt sich der bereits erwähnte Art. 2 Abs. 2 Satz 3 GG anführen, nach dessen Wortlaut Eingriffe in die sich aus den beiden vorhergehenden Sätzen ergebenden Rechte auf Leben und körperliche Unversehrtheit sowie das als unverletzlich qualifizierte Recht auf Freiheit nur auf Grund eines Gesetzes eingegriffen werden darf.

Allen ist geläufig, dass für den Strafvollzug in Form der Freiheitsentziehung gesetzliche Grundlagen existieren, und zwar das Strafgesetzbuch als materiell-rechtliche Grundlage und die Strafprozessordnung und das Strafvollzugsgesetz als formell-rechtlichen Grundlagen.

Zum Schrankenvorbehalt:
Solche Vorbehalte finden sich in den Artikeln 2 Abs. 1, 5 Abs. 2, 8 Abs. 2 und 14 Abs. 1 Satz 2 GG.

Als einprägsames Beispiel wird dafür Art. 5 angeführt: Abs. 1 der Vorschrift garantiert zunächst für jedermann das Recht auf Meinungsfreiheit und gewährleistet sodann die Pressefreiheit und die Freiheit der Berichterstattung durch Rundfunk und Film, mündend in das Zensurverbot. Abs. 2 dieses Artikels fährt dann fort: »Diese Rechte finden ihre Schranken in den Vorschriften der allgemeinen Gesetze, den gesetzlichen Bestimmungen zum Schutz der Jugend und in dem Recht der persönlichen Ehre«.

Zum Regelungsvorbehalt:
Beispiele für Regelungsvorbehalte finden wir in den Artikeln 4 Abs. 3, 12 Abs. 1 Satz 2 GG.

Nach Art. 4 Abs. 3 Satz 1 GG darf niemand gegen sein Gewissen zum Kriegsdienst mit der Waffe gezwungen werden. Der nachfolgende Satz 2 bestimmt, dass das Nähere ein Bundesgesetz regelt. Diese nähere Regelung ist durch das Kriegsdienstverweigerungsgesetz aus dem Jahre 1983[21] erfolgt.

Die Abgrenzung von Eingriffs-, Schranken- und Regelungsvorbehalt ist nicht immer trennscharf vorzunehmen.[22] Während bei den Eingriffs- und den Regelungsvorbehalten eher offen bleibt, wie die Regelung auszusehen hat oder was bei einem Eingriff an Kriterien oder Grenzen zu beachten ist, geben die Schrankenvorbehalte eher verbindlich Inhalt und Ausgestaltung der Beschränkung vor.

3.6.2 Die Wesensgehaltgarantie und das Übermaßverbot

Soweit nach dem Grundgesetz ein Grundrecht durch Gesetz oder aufgrund eines Gesetzes eingeschränkt werden kann, darf das Grundrecht in keinem Falle in seinem Wesensgehalt angetastet werden – Art. 19 Abs. 2 GG.

Darüber hinaus setzt das BVerfG dem grundrechtseinschränkenden Gesetzgeber Grenzen durch das sich aus dem verfassungsrechtlichen Verhältnismäßigkeitsgrundsatz ergebenden »Übermaßverbotes«. »Die Geltung des Übermaßverbotes auch für den Gesetzgeber ist angesichts der zahlreichen Gesetzesvorbehalte eine wesentliche Vorkehrung dafür, dass die Grundrechte ihre Funktion als Freiheitsgewährleistungen erfüllen können. Denkbar wäre nämlich, dass der Gesetzgeber die Vorbehalte als ›plein pouvoir‹ für sehr nachhaltige Grundrechtseingriffe und -beschränkungen verstünde und diese deshalb nur noch Rechtsproklamationen darstellten. Den schrankenziehenden Gesetzgeber seinerseits rechtlichen Bindungen unterworfen zu haben, zählt zu den großen Leistungen des Bundesverfassungsgerichts auf dem Gebiet der Grundrechtsdogmatik«.[23]

---

21 Und die dazu gehörige Verfahrensordnung von 1984.
22 So wird z. B. bei Ipsen, Staatsrecht II Art. 14 Abs. 1 Satz 2 GG sowohl bei den Schrankenvorbehalten – Rdnr. 165 – als auch bei den Regelungsvorbehalten – Rdnr. 168 – aufgeführt.
23 Ipsen, Staatsorganisationsrecht II, Rdnr. 169 mit zahlreichen Nachweisen aus der Rspr. des BVerfG.

Teil 2: Das Bürgerliche Recht

4. Das Bürgerliche Gesetzbuch – BGB

4.1 Einführung

Wichtigste und zugleich umfangreichste Quelle des Privat- oder Zivilrechts ist das am 1. 1. 1900 in Kraft getretene BGB. Nur die in ihm systematisch zusammen gefassten Rechtsnormen sind gewöhnlich gemeint, wenn man von »bürgerlichem Recht« spricht. Es stellt die Grundlage des gesamten Privatrechts dar. Innerhalb des Privatrechts ist zwischen dem **allgemeinen Privatrecht** und den **Sonderprivatrechten** zu unterscheiden. Das Bürgerliche Recht des BGB als allgemeines Privatrecht regelt die wichtigsten allgemeinen Rechtsbeziehungen zwischen Privatpersonen. Dazu gehören Nebengesetze wie das Wohnungseigentumsgesetz, das Produkthaftungsgesetz, das Lebenspartnerschaftsgesetz. Zu den Sonderprivatrechten gehören u. a. das Handels- und Gesellschaftsrecht, das Wettbewerbsrecht, das Urheberrecht und vor allem das Arbeitsrecht.

Das BGB ist im Verlaufe seiner Geschichte vielfach und teilweise grundlegend geändert worden; hervorzuheben sind die gesetzlichen Änderungen zur Umsetzung des verfassungsrechtlichen Gleichberechtigungsgebots des Art. 3 Abs. 2 GG – 1958, die Scheidungsrechtsreform 1977, die Familien- und Kindschaftsrechtsreform 2000 und nicht zuletzt das am 1. 1. 2002 in Kraft getretene Gesetz zur Modernisierung des Schuldrechts.

4.2 Die Gliederung des BGB

Das BGB besteht aus fünf Büchern mit folgenden Titeln:

- Buch 1: Allgemeiner Teil – AT
- Buch 2: Recht der Schuldverhältnisse (Schuldrecht)
- Buch 3: Sachenrecht
- Buch 4: Familienrecht
- Buch 5: Erbrecht

Maßgeblich für diese Einteilung war die sog. Pandektenwissenschaft des 19. Jahrhunderts, die das »Gemeine Recht«, d. h. das fort geltende römische Recht in einem abstrakten und in sich widerspruchsfreien System zu vereinen suchte.

Der **Allgemeine Teil** (AT) enthält die für alle folgenden Bücher **gemeinsamen Regeln**: die Vorschriften über die natürlichen und juristischen Personen – hier vor allem Vereine –, die Vorschriften über Sachen und Tiere, über Rechtsgeschäfte mit den Regeln über die Geschäftsfähigkeit, die Willenserklärung und den Vertrag, über Fristen und Termine, über Verjährung, Rechtsausübung und Sicherheitsleistung. Diese Vorschriften sind sozusagen vor die Klammer gezogen – sie gelten für alle nachfolgenden Bücher, soweit sie nicht durch dort enthaltene, speziellere Regelungen verdrängt werden. Mit der Definition rechtlicher Grundbegriffe reicht seine Bedeutung über den Rahmen des BGB hinaus. So sind z. B. die Normen des AT über Fristen, Termine, Anfechtbarkeit von Willenserklärungen von allgemeiner, grundlegender Bedeutung auch für andere Gebiete des Rechts.

Als zweites Buch folgt das **Schuldrecht** mit seinem allgemeinen und seinem besonderen Teil; der Kernbegriff dieses Buches ist das Schuldverhältnis, das immer dann vorliegt, wenn eine Person einer anderen etwas schuldet.[1] Dabei ist zwischen vertraglichen und gesetzlichen Schuldverhältnissen zu unterscheiden. In dem einen Fall ergibt sich der Inhalt der schuldrechtlichen Verpflichtung aus einer vertraglichen Abrede, in dem anderen Fall aus der gesetzlichen Regelung. Der allgemeine Teil des Schuldrechts enthält allgemeine Regelungen über Inhalt, Ausgestaltung und Rechtsfolgen von Schuldverhältnissen, im besonderen Teil hat der Gesetzgeber wichtige und typische, vertragliche und gesetzliche Schuldverhältnisse im Einzelnen geregelt, so z. B. den Kaufvertrag, den Mietvertrag, den Dienst-(Arbeits-)vertrag, den Werkvertrag, den Reisevertrag, das Darlehn, die Bürgschaft, die ungerechtfertigte Bereicherung und die unerlaubte Handlung.[2]

Das dritte Buch, das **Sachenrecht,** knüpft an den im ersten Buch definierten Begriff der Sache an (§ 90). Im Sachenrecht sind die Rechtsvorschriften zu finden, die die Beziehung einer Person zu einer Sache regeln, also das unmittelbare dingliche Recht an einer Sache. Das ist der wesentliche Unterschied zum Schuldrecht, welches das Recht auf Verschaffung einer Sache zum Inhalt hat. Das Sachenrecht unterscheidet den Besitz als die »tatsächliche Sachherrschaft« ohne Rücksicht darauf, wem die Sache gehört, vom Eigentum als dem unbeschränkt dinglichen Recht an der Sache. Es enthält die Vorschriften zur Begründung und Übertragung von Eigentum, wobei sich grundlegende Unterschiede ergeben je nachdem, ob es um das Eigentum an beweglichen oder unbeweglichen Sachen geht, und anderen beschränkt dinglichen Rechten wie dem Pfandrecht an beweglichen Sachen, dem Nießbrauch und den Grundpfandrechten (Hypothek und Grundschuld). Letztere spielen eine maßgebliche Rolle als Sicherung für Kredite.

Das **Familienrecht**[3] als viertes Buch beinhaltet die Rechtsnormen, die die Rechtsbeziehungen der Familienmitglieder zueinander sowie dieser zu außenstehenden dritten Personen regelt – und zwar in personaler und vermögensrechtlicher Hinsicht. Es behandelt zunächst die Ehe beginnend mit dem Verlöbnis über die Schließung und die Wirkungen der Ehe und das eheliche Güterrecht bis zu ihrer Scheidung und den sich daraus ergebenden Folgen. Es folgen im zweiten Abschnitt die Verwandtschaft mit den sich daraus ergebenden Unterhaltspflichten, die Regelungen über die elterliche Sorge, die Beistandschaft und die Adoption. Der dritte Abschnitt enthält die Vorschriften zur Vormundschaft (über Minderjährige), rechtlichen Betreuung (über Volljährige) und Pflegschaft.

Eine Ergänzung stellt das **Lebenspartnerschaftsgesetz** vom 16. 2. 2001 (BGBl. I S. 226) dar. Durch das umstrittene Gesetz ist es zwei Personen gleichen Geschlechts

---

1 § 241 Abs. 1 BGB »Kraft des Schuldverhältnisses ist der Gläubiger berechtigt, von dem Schuldner eine Leistung zu fordern«.
2 Siehe dazu 7. Kapitel »Ausgewählte Verträge«.
3 Siehe ausführlich Kapitel 12 Familienrecht.

möglich geworden, eine auf Lebenszeit angelegte Lebenspartnerschaft zu begründen, die in ihren Wirkungen eheähnlich ausgestaltet ist. Eine weitere Angleichung an die Regelungen über die Ehe ist durch das Gesetz zur Überarbeitung des Lebenspartnerschaftsrechts vom 15. 12. 2005 (BGBl. I S. 3396) und das Gesetz zur Änderung des Ehe- und Lebenspartnerschaftsgesetzes vom 6. 2. 2006 (BGBl. I S. 203) erfolgt.[4]

Das fünfte Buch, das **Erbrecht**[5], regelt die mit dem Tod verbundenen vermögensrechtlichen Fragen. Zur rechtlichen Stellung von Erben gehören u. a. Haftungsfragen in Bezug auf Nachlassverbindlichkeiten und das Verhältnis von mehreren Erben zueinander. Die Erbfolge, also wer was erbt, richtet sich entweder nach gesetzlichen Regeln, nach testamentarischen Verfügungen oder nach Vereinbarungen in einem Erbvertrag. Durch das Pflichtteilsrecht ist sichergestellt, dass Ehepartner und nahe Verwandte nicht vollständig leer ausgehen. Der Nachweis der Erbenstellung wird durch den vom Nachlassgericht auszustellenden Erbschein geführt.

4.3 Grundsätze des BGB

Bei der Suche nach den Hauptgrundsätzen des BGB muss wieder in Erinnerung gerufen werden, dass es seiner Entstehungszeit gemäß als ein liberalistisches Gesetzbuch verfasst wurde, das wesentlich vom römischen Recht in der Form geprägt war, die im 19. Jahrhundert als sog. »gemeines Recht« in weiten Teilen Deutschlands galt. Einfluss übten außerdem die Gesetzbücher des Aufklärungszeitalters aus. Diese Konzeption des Gesetzbuchs ist im Laufe der Zeit einem vielfachen Wandel unterworfen worden, den vor allem die sozioökonomischen Verhältnisse bedingten. Zudem hat das Verfassungsrecht zunehmend an Bedeutung gewonnen, auch für das bürgerliche Recht. In welcher Weise sich die Grundrechte auf die Regelungen des BGB und innerhalb derselben auswirken, wird im 3. Kapitel unter 3.5 dargestellt.

4.3.1 Privatautonomie

Für das BGB ist der Mensch das Maß aller Dinge.[6] Der Mensch, und das heißt jeder Mensch als Individuum, erlangt mit seiner Geburt »Rechtsfähigkeit« und wird damit zum Träger von Rechten und Pflichten. Damit beginnt das BGB in seinem § 1. Das GG stärkt diese Position, indem es an den Anfang des Grundrechtsteils in Art. 1 Abs. 1 GG die staatliche Verpflichtung zum Schutz der Menschenwürde stellt; Art. 2 Abs. 1 GG gewährt mit dem Grundrecht auf Leben und freie Entfaltung eine allgemeine Handlungsfreiheit[7], die im Bereich des Zivilrechts als Privatautonomie in Erscheinung tritt. Die Rechtsbeziehungen der Bürger werden von diesem Grundsatz beherrscht, d. h. der idealtypisch freien Gestaltung ih-

---

4 Weitere Einzelheiten dazu im Kapitel 12.
5 Siehe Kap. 11.
6 Siehe das folgende Kapitel 5.
7 Siehe dazu Katz, Staatsrecht Rdnr. 686, S. 337.

rer privaten Lebensverhältnisse, was im Einzelfall zu hinterfragen ist. Als Mittel dazu stellt die Rechtsordnung das Rechtsgeschäft und vor allem den Vertrag zur Verfügung. Die **Vertragsfreiheit** wird vom BGB stillschweigend vorausgesetzt. Sie ist die wichtigste Grundlage des Privatrechtsverkehrs und besonders des Austausches von Waren, Gütern und Dienstleistungen. Bei der Vertragsfreiheit wird zwischen der **Abschlussfreiheit** und der **Gestaltungsfreiheit** unterschieden.

Durch den Abschluss von Verkehrgeschäften (Kauf, Miete, Darlehn, Leihe usw.) stellt der Bürger nach seinem Belieben bestimmte rechtliche Beziehungen zu anderen Personen her. Durch die Ehe wird nach dem freien Willen der Brautleute eine auf Dauer angelegte Lebensgemeinschaft begründet. Durch das Testament bestimmt der Erblasser nach seinem freien Willen über das Schicksal seines Vermögens nach seinem Tod. Der Gestaltungsfreiheit, also der Freiheit, die jeweiligen vertraglichen Bedingungen nach Belieben festzulegen, sind inzwischen erhebliche Grenzen gesetzt, denn:

Die Idee der Privatautonomie, wie sie von den Schöpfern des BGB gedacht war, entsprach in erster Linie den Bedürfnissen des wirtschaftlich verhältnismäßig unabhängigen, besitzenden Mittelstands des ausgehenden 19. Jahrhunderts. Da sich die sozialen Verhältnisse seitdem grundlegend geändert haben, war es erforderlich, gesetzliche Vorkehrungen zum Schutz sozial Schwächerer zu treffen, etwa durch mieterschutzrechtliche Bestimmungen. Dieser Schutzgedanke hat seine stärkste Ausprägung im Arbeitsrecht in den Arbeitnehmerschutzgesetzen, etwa dem Kündigungsschutzgesetz, Mutterschutzgesetz, Schwerbehindertenschutz (SGB IX – 2. Teil) und im Arbeitszeitgesetz gefunden.

4.3.2 Der Gleichheitssatz

Von außerordentlicher Bedeutung – insbesondere für das Familienrecht – sind die Gleichheitsverbürgungen in Art. 3 GG, die im Verhältnis von Mann und Frau (Art. 3 Abs. 2 GG) durch das »Gleichberechtigungsgesetz« vom 18. 6. 1957 in Angriff genommen wurden, indem der Gesetzgeber die Bestimmungen der §§ 1356 Abs. 1, 1360, 1363 f., 1414-1417, 1626 BGB und andere umgestaltete. Durch das neue Scheidungsrecht von 1977 wurde das Verschuldensprinzip durch das Zerrüttungsprinzip ersetzt und der Versorgungsausgleich eingeführt. 1980 folgte auf Grund einer Richtlinie der EG das Verbot geschlechtsbezogener Benachteiligung im Arbeitsrecht (§§ 611 a, 611 b, 612 Abs. 3 BGB). Bemerkenswert ist, dass dem Gleichberechtigungsgrundsatz in Satz 1 des Art. 3 Abs. 2 GG mit Satz 2 der Verfassungsauftrag angefügt wurde, dass der Staat die tatsächliche Durchführung der Gleichberechtigung von Frauen und Männern zu fördern und auf die Beseitigung bestehender Nachteile hinzuwirken hat. Der weitere Verfassungsauftrag des Art. 6 Abs. 5 GG – für die Schaffung gleicher Lebensbedingungen für eheliche und nichteheliche Kinder zu sorgen – ist durch das Gesetz über die rechtliche Stellung der nichtehelichen Kinder vom 19. 8. 1969 sowie durch das am 1. 7. 1998 in Kraft getretene Kindschaftsrechtsreformgesetz und das Kindesunterhaltsgesetz vom 6. 4. 1998 verwirklicht worden. Durch das Betreuungsgesetz ist seit 1. 1. 1992 die Rechtsstellung psychisch kranker und behinderter Menschen u. a. durch die Abschaffung der diskriminierenden Entmündigung und Ersetzung der Vormundschaft und Gebrechlichkeitspflegschaft durch die rechtliche Betreuung gestärkt worden.

4.3.3 Familienprinzip

Das Familienprinzip des Art. 6 Abs. 1 GG wird in Abkehr von dem ursprünglich patriarchalisch beherrschten Eherecht im Rahmen der heute vorherrschenden Kleinfamilie partnerschaftlich in dem Sinne ausgestaltet, als der Gesetzgeber es den Ehepartnern überlässt, die Rollenverteilung – was Haushaltsführung und Erwerbstätigkeit angeht – in eigener Verantwortung zu bestimmen, § 1356 BGB. Aus der früheren »elterlichen Gewalt« ist seit langem die elterliche Sorge geworden mit der gesetzlichen Verpflichtung der Eltern, die wachsende Fähigkeit und das wachsende Bedürfnis der Kinder zu selbständigem, verantwortungsbewusstem Handeln zu berücksichtigen, § 1626 Abs. 2 BGB. Die gemeinsame Verantwortung der Eltern für ihre Kinder bleibt regelmäßig auch bei Scheidung der Ehe durch Fortbestand der gemeinsamen elterlichen Sorge erhalten. Auch nicht miteinander verheiratete Eltern können durch eine sog. Sorgeerklärung das gemeinsame Sorgerecht für ihr Kind erhalten, § 1626 a BGB. Das staatliche Wächteramt des Art. 6 Abs. 2 GG findet seinen Niederschlag in den nach den §§ 1666, 1666 a BGB geregelten Möglichkeiten.

4.3.4 Eigentumsfreiheit

Zu den wesentlichen Grundlagen des BGB gehört sodann die auf römisches Recht zurückgehende Eigentumsfreiheit (Art. 14 Abs. 1 GG), d. h. die rechtliche Verfügungsmacht über vermögenswerte Sachen innerhalb bestimmter, durch die Rücksicht auf das menschliche Zusammenleben und die Rechte anderer gebotenen Grenzen, ein elementares Grundrecht, das als solches nicht nur das Eigentum im bürgerlichrechtlichen Sinn des § 903 BGB an Sachen schützt, sondern auch öffentlich-rechtliche, auf eigener Leistung beruhende Rechtspositionen, wie etwa Rentenansprüche und -anwartschaften[8] sowie Anspruch auf Arbeitslosengeld. Nach liberaler Anschauung soll das Eigentum die individuelle Freiheit garantieren.

Gleichsam eine Verlängerung des Eigentums nach dem Tod des Eigentümers ist das Erbrecht, das in Art. 14 Abs. 1 des Grundgesetzes neben dem Eigentum mit gewährleistet ist. Während die Testierfreiheit das Bestimmungsrecht des Vermögensträgers über seinen Tod hinaus wirken lässt, stärken die Vererblichkeit in gesetzlicher Erbfolge und der Pflichtteilsanspruch das Familienprinzip.[9]

4.3.5 Die Soziale Frage

Lediglich geringen Niederschlag hat im BGB von 1900 die soziale Frage gefunden. Als soziale Norm wurde § 571 BGB angesehen: Kauf bricht nicht Miete, d. h. bei Verkauf (und Veräußerung) eines Grundstücks durch den Eigentümer/Vermieter bleiben die Wohnungsmietverhältnisse bestehen; §§ 616–619 BGB enthielten und enthalten einige Krankheits- und Arbeitsschutzbestimmungen zugunsten von Dienstverpflichteten/Arbeitnehmern.

---

8 BVerfG NJW 1980 S. 692; 1983 S. 2433.
9 Zum Erbrecht siehe Kap. 11.

Inzwischen ist – vor dem Hintergrund der Sozialstaatsklausel des Grundgesetzes (Art. 20 GG) und der Sozialpflichtigkeit des Eigentums (Art. 14 Abs. 2 GG) – der soziale Gedanke – Schutz des Schwächeren – in wichtigen Bereichen durch Gesetzgebung und Rechtsprechung ausgebaut worden.

Als Beispiele aus der Gesetzgebung seien genannt: die Einführung des sozialen Mietrechts, insbesondere die Verbesserung des Kündigungsschutzes – verbraucherschutzrechtliche Regelungen wie Widerrufsrecht bei Haustürgeschäften und sog. Fernabsatzverträgen §§ 312, 312 d BGB, die Regelungen über die Unwirksamkeit und die Inhaltskontrolle von Allgemeinen Geschäftsbedingungen, §§ 305-310 BGB.

Folgende Beispiele aus der Rechtsprechung: durch Interpretation des § 242 BGB wurden die vertraglichen Leistungspflichten um Schutzpflichten erweitert und der »Vertrag mit Schutzwirkung für Dritte« entwickelt:

> So sind in den Schutzbereich des Wohnungsmietvertrags grundsätzlich Familienangehörige und Hausangestellte mit einbezogen, soweit sie den Gefahren einer Leistungsstörung (z. B. Körperverletzung infolge Sturz auf schadhafter Treppe) ebenso ausgesetzt sind wie der Mieter selbst, der »für das Wohl und Wehe des Dritten mitverantwortlich« ist, weil er ihm »Schutz und Fürsorge« schuldet.[10]

Daraus wird ein eigener Ersatzanspruch des Dritten gegen den Vermieter aus dem Vertrag des Mieters hergeleitet. Der Vertrag mit Schutzwirkung für Dritte wurde entwickelt, weil sich das Recht der unerlaubten Handlung als unzureichendes Instrument zur Problemlösung erwiesen hatte. In eine ähnliche Richtung führt die richterliche Rechtsfortbildung bei der Arzt- und Produkthaftung; hat der Geschädigte nach § 823 Abs. 1 BGB normalerweise zu beweisen, dass den Arzt bzw. den Hersteller ein Verschulden trifft, hat hier die Rechtsprechung eine Beweislastumkehr vorgenommen. Inzwischen ist das Produkthaftungsgesetz von 1998 ganz von der Verschuldenshaftung abgegangen und begründet eine Gefährdungshaftung des Herstellers für fehlerhafte Produkte.[11]

4.4 Rechtsobjekte und Rechtssubjekte des Privatrechts

In diesem Abschnitt wird an die aus Kapitel 2 bekannte Unterscheidung zwischen objektivem Recht und subjektiven Rechten angeknüpft, um die Akteure der Privatrechtsordnung und die Gegenstände ihrer Rechtsbeziehungen zu beschreiben:

Bei den sich aus dem objektiven Recht ergebenden subjektiven Rechten ist der Träger/Inhaber des Rechts immer ein Rechtssubjekt; derjenige, gegen den sich das Recht richtet, der Adressat des Rechts, ist ebenfalls immer ein Rechtssubjekt. Damit sind die Akteure der Privatrechtsordnung abstrakt bezeichnet. Die absoluten und die relativen Herrschaftsrechte beziehen sich regelmäßig auf Rechtsobjekte;

---

10 Siehe BGHZ 51, 91 ff.
11 Siehe im Einzelnen in Kapitel 10 Haftung, Deliktsrecht, Schadenersatz.

Gegenstand dieser Rechte, sowie meist auch der Ansprüche, sind Rechtsobjekte. Damit sind auch die Gegenstände der Rechtsbeziehungen zwischen den Rechtssubjekten benannt. Also ist zu unterscheiden zwischen:

Rechtsobjekten und
diese werden unterteilt in:
- körperliche Gegenstände: dies sind bewegliche und unbewegliche Sachen (Immobilien)
- nicht körperliche Gegenstände:
   a) Rechte wie Eigentum, Besitz Pfandrecht, Namensrecht
   b) Forderungen wie: Kaufpreisforderung, Sparguthaben, Unterhaltsforderung,
   c) sonstige objektive Werte wie z. B. der Firmenwert

Eine Sonderstellung nehmen die teilrechtsfähigen Vereinigungen des Privatrechts ein:

- nichtrechtsfähige Vereine, § 54 BGB, z. B. Parteien (meistens), Gewerkschaften, Initiativgruppen,
- Gesellschaft bürgerlichen Rechts (GbR), §§ 705-740 BGB, z. B. Gewerbebetrieb, Anwaltssozietät, »Lottogemeinschaft«,
- Handelsgesellschaften §§ 105 ff. HGB – die Offene Handelsgesellschaft (OHG) und die Kommanditgesellschaft (KG) (=Personengesellschaften),
- Gemeinschaften, § 741-758 BGB, z. B. Erbengemeinschaft

Rechtssubjekten
dabei handelt es sich um:

Personen
und zwar

1. natürliche Personen
die Menschen

2. juristische Personen
des Privatrechts

Bei den juristischen Personen des Privatrechts (PR) handelt es sich um Folgende:

- rechtsfähiger (eingetragener) Verein, §§ 21 ff., 55-79 BGB
- Aktiengesellschaft, AktG,
- Gesellschaft mit beschränkter Haftung (GmbH), GmbHG,
- eingetragene Genossenschaft (eG), GenG, z. B. Wohnungs-Baugenossenschaft,
- Stiftung des Privatrechts, §§ 80 ff. BGB, z. B. Stiftung Volkswagenwerk, Robert-Bosch-Stiftung

Eine Sonderstellung nehmen auch die Tiere ein. Sie sind seit 1990 keine Sachen mehr; der neu eingefügte § 90 a BGB bestimmt: »Tiere sind keine Sachen. Sie werden durch besondere Gesetze geschützt. Auf sie sind die für Sachen geltenden Vorschriften entsprechend anzuwenden, soweit nicht etwas anderes bestimmt ist.« Im Zusammenhang damit steht der neue Art. 20 a GG, durch den – neben dem Schutz der natürlichen Lebensgrundlagen – auch der Tierschutz als Staatszielbestimmung eingeführt wurde.

Neben den juristischen Personen des Privatrechts kennt unsere Rechtsordnung die juristischen Personen des Öffentlichen Rechts, die Körperschaften, Anstalten und Stiftungen des Öffentlichen Rechts – diese sind Gegenstand der Darstellung in Kapitel 17.

Ein zentraler Begriff des Bürgerlichen Rechts ist der bereits erwähnte Begriff der Rechtsfähigkeit, die die natürlichen Personen nach § 1 BGB mit der Geburt erwerben, juristische Personen erlangen Rechtsfähigkeit durch Eintragung ins Vereins-, Handels-, Genossenschaftsregister oder durch staatliche Anerkennung (Stiftungen).[12]

Während die juristischen Personen eigene Rechtsfähigkeit besitzen, d. h. im Rechtsverkehr unter ihrem Namen auftreten, Ansprüche begründen und Verbindlichkeiten eingehen, klagen und verklagt werden können – was selbstverständlich auch für die natürlichen Personen gilt –, fehlt den auf der linken Seite aufgeführten Vereinigungen des Privatrechts die Eigenschaft als juristische Person, aus der sich diese Rechtswirkungen automatisch ergeben. Nach ausdrücklicher gesetzlicher Regelung oder nach der Rechtsprechung werden einige dieser Vereinigungen aber in bestimmten Beziehungen oder sogar vollständig als rechtsfähig/parteifähig behandelt: so kann der nichtrechtsfähige Verein unter seinem Namen verklagt werden (= passiv parteifähig), § 50 Abs. 2 ZPO, Gewerkschaften sind vor den Arbeitsgerichten – § 10 ArbGG – parteifähig und auch vor den ordentlichen Gerichten aktiv parteifähig[13]; eine Partei kann unter ihrem Namen klagen und verklagt werden, § 3 ParteiG; die OHG kann unter ihrer Firma Rechte erwerben und Verbindlichkeiten eingehen, Eigentum und andere dingliche Rechte an Grundstücken erwerben, vor Gericht klagen und verklagt werden, § 124 Abs. 1 HGB und § 161 Abs. 2 HGB. Nach der neueren Rechtsprechung des BGH – Grundsatzurteil vom 29. 1. 2001 – ist die Rechtsfähigkeit der Gesellschaft bürgerlichen Rechts (GbR) anerkannt worden[14], ohne dass sie eine juristische Person im Sinne des Zivilrechts darstellt; sie genießt den gleichen rechtlichen Status wie OHG und KG.

---

12 Zur Rechtsfähigkeit siehe detailliert im nächsten Kapitel 5.
13 BGHZ 50, 325.
14 BGHZ 146, 341.

5. Der Mensch – das Maß aller Dinge

5.0 Einführung

Der eigenverantwortliche Mensch als geistig-sittliches Wesen[1] mit seinen vielfältigen Verpflichtungen gegenüber der Gemeinschaft steht im Mittelpunkt der Rechtsordnung. Die Persönlichkeit des Einzelnen ist Zentralbegriff und Wertmaßstab der demokratischen Grundordnung, die Menschenwürde ein Verfassungsprinzip – Art. 1 Abs. 1 Satz 1 GG. Das BVerfG sieht in der freien menschlichen Persönlichkeit einen »obersten Wert der Verfassung«.[2]

Aus Art. 1 Abs. 1 GG – Die Würde des Menschen ist unantastbar. Sie zu achten und zu schützen ist Verpflichtung aller staatlichen Gewalt – i. V. m. Art. 2 Abs. 2 Satz 1 GG – dem Recht auf Leben – und dem Sozialstaatsgrundsatz – Art. 20 Abs. 1 GG – erwächst die Pflicht des Staates, ein menschenwürdiges Existenzminimum[3] zu gewährleisten – durch Anspruch auf Sozialhilfe, Vermeidung von Obdachlosigkeit, Anspruch auf existenzsichernde Leistungen bei Arbeitslosigkeit.[4]

5.1 Die Person – Rechts- und Parteifähigkeit

Jeder Mensch ist eine »Person« im Rechtssinn – er wird als **natürliche Person** bezeichnet, in Abgrenzung zu den sog. juristischen Personen. Natürliche und juristische Personen werden begrifflich als Rechtssubjekte zusammengefasst – siehe im vorigen Kapitel am Ende. Dem Mensch als Rechtssubjekt kommt die Rechtsfähigkeit zu. Damit ist die grundsätzlich autonome Fähigkeit gemeint, Subjekt von Rechtsverhältnissen, d. h. **Träger (Inhaber) von Rechten und Adressat von Rechtspflichten zu sein.** Dies ist unabhängig von Staatsangehörigkeit oder Herkunft – jeder Mensch ist rechtsfähig.

Juristische Personen sind ein Zusammenschluss von Personen – wie der Verein – oder ein Zweckvermögen – wie die Stiftung –, denen die Rechtsordnung rechtliche Anerkennung durch Zuerkennung der Rechtsfähigkeit verleiht (und damit auch die Parteifähigkeit). Beim Verein wird die Rechtsfähigkeit durch Eintragung ins Vereinsregister – § 21 BGB[5] –, bei der Stiftung durch behördliche Anerkennung – § 80 Abs. 1 BGB – begründet. Juristische Personen existieren unabhängig von ihren Mitgliedern, deren Bestand und Wechsel. Sie sind damit selbstständige Rechtssubjekte, die unter ihrem Namen im Rechtsverkehr agieren und als solche Ansprüche erwerben oder Verpflichtungen eingehen können.

---

1 BVerfGE 30,1, 40.
2 Katz, Staatsrecht Rdnr. 683, S. 336 – BVerfGE 7, 405.
3 BVerfGE NJW 1977, 526 Nr. 1.
4 Siehe im Einzelnen in Kapitel 14 Sozialrecht.
5 Das betrifft den sog. Idealverein, dessen Zweck nicht auf einen wirtschaftlichen Geschäftsbetrieb gerichtet ist – der wirtschaftliche Verein erlangt Rechtsfähigkeit durch staatliche Verleihung – siehe § 22 BGB – hier ist, wie bei der Stiftung, das sog. Konzessionssystem maßgeblich.

Teil 2: Das Bürgerliche Recht

»Die **Rechtsfähigkeit** des Menschen beginnt mit der Vollendung der Geburt« – so § 1 BGB. Vollendet ist die Geburt mit dem Austritt aus dem Mutterleib – die Lösung von der Nabelschnur ist dabei nicht erforderlich. Zu diesem Zeitpunkt muss das Kind leben, d. h. nach der Trennung vom Mutterleib muss das Herz geschlagen, die Nabelschnur pulsiert oder die natürliche Lungenatmung eingesetzt haben[6] – es muss also eine Lebensfunktion feststellbar sein.

Die genaue Feststellung, ob und wann ein Mensch geboren ist, hat Bedeutung für die Lebensaltersstufen und für das gesetzliche Erbrecht.

Für die Frage der Rechtsfähigkeit spielt es keine Rolle, ob das Kind nach der Geburt lebensfähig ist[7] und ob es ggf. mit Missbildungen oder körperlichen oder geistigen Behinderungen das Licht der Welt erblickt hat. Daher gibt es »lebensunwertes« menschliches Leben nicht.

Aus § 1 BGB ergibt sich im Umkehrschluss, dass die Leibesfrucht (Embryo, Fötus, nasciturus = der noch geboren werden wird) vor der Geburt nicht rechtsfähig ist. Wohl aber steht das vom 14. Tag nach der Empfängnis sich im Mutterleib entwickelnde Leben als selbstständiges Rechtsgut und potenzieller Rechtsträger unter dem Schutz der Verfassung wie auch des bürgerlichen Rechts. Es nimmt an dem Schutz teil, den Art. 2 Abs. 2, Satz 1, Abs. 1 dem Leben und der Menschenwürde gewähren.[8]

Wenn der erzeugte, aber noch nicht geborene Mensch auf diese Weise in den Schutz des objektiven Rechts einbezogen ist, kann er mangels Rechtsfähigkeit noch keine subjektiven Berechtigungen haben. Er erlangt aber in verschiedener Hinsicht Rechtspositionen für den Fall seiner Geburt:

- Der bereits Erzeugte hat nach seiner Geburt Anspruch auf eine Schadenrente für entgehenden Unterhalt gegen denjenigen, der den unterhaltspflichtigen Vater während der Schwangerschaft der Mutter getötet hat, § 844 Abs. 2 Satz 2 BGB.
- Wird ein Kind vor seiner Geburt durch eine unerlaubte Handlung geschädigt – etwa durch einen Verkehrsunfall, eine HIV-Infektion oder Strahlenschäden im Mutterleib – hat es einen Schadensersatzanspruch z. B. aus § 823 Abs. 1 BGB – wenn es lebend zur Welt kommt.[9]
- Das noch nicht geborene Kind wird in den Schutz der gesetzlichen Unfallversicherung einbezogen, wenn es im Mutterleib durch eine Berufskrankheit oder einen Arbeitsunfall seiner Mutter geschädigt worden ist – § 12 SGB VII.
- Eine Leibesfrucht erhält zur Wahrung ihrer künftigen Rechte, soweit diese der Fürsorge bedürfen, einen Pfleger – § 1912 Abs. 1 BGB. Ein Fürsorgebedürfnis liegt nicht vor, soweit die Leibesfrucht unter elterlicher Sorge stehen würde, wenn sie bereits geboren wäre.
- Auf Antrag kann der Vater eines nichtehelichen Kindes durch einstweilige Verfügung verpflichtet werden, den für die ersten drei Monate dem Kind zu ge-

---

6 So die Ausführungsverordnung zum PStG.
7 LSG Nds. NJW 1987, 2328 – allg. Meinung.
8 Siehe dazu BVerfG NJW 1975, 573 ff.
9 BGHZ 8, 243; 58, 48.

5. Der Mensch, das Maß aller Dinge

währenden Unterhalt zu zahlen; der Antrag kann bereits vor der Geburt des Kindes durch die Mutter oder einen für die Leibesfrucht bestellten Pfleger gestellt werden, § 1615 o BGB.
- Nach § 1777 Abs. 2 BGB kann der Vater »für ein Kind, das erst nach seinem Tode geboren wird, einen Vormund benennen ...«. Auf eine vor der Geburt des Kindes gestorbene Mutter ist die Vorschrift analog anzuwenden.[10]
- Ein Kind, das zur Zeit des Erbfalls noch nicht geboren, aber bereits gezeugt war, kann Erbe sein, wenn es nach dem Erbfall lebend geboren und dann rechtsfähig wird – in diesem Fall gilt das Kind als vor dem Erbfall geboren, § 1923 Abs. 2 BGB.
- Ist zur Zeit des Erbfalls die Geburt eines Kindes, das als Erbe bedacht ist, zu erwarten und ist die Mutter bedürftig, dann kann sie bis zur Entbindung angemessenen Unterhalt aus dem Nachlass bzw. Erbteil des Kindes verlangen, § 1963 BGB.

Aus den dargestellten Regelungen ergibt sich, dass die Rechtsordnung der Leibesfrucht eine beschränkte Rechtsfähigkeit zuerkennt[11]; sie ist zur Geltendmachung ihrer Rechte auch parteifähig (siehe dazu unten) und handelt durch ihre Eltern bzw. einen Pfleger nach § 1912 BGB. Voraussetzung für einen endgültigen Rechtserwerb ist immer die spätere Geburt.[12]

Auch der noch nicht erzeugte Mensch, der in der Rechtssprache nondum conceptus genannt wird, spielt in der Rechtsordnung eine Rolle. Für ihn können Rechte begründet werden z. B. durch Bestimmung zum Bezugsberechtigten bei einem Lebensversicherungsvertrag. Mit seiner Geburt kann ein Vermächtnis erlangen, wer zur Zeit des Erbfalls damit bedacht, aber noch nicht gezeugt war, § 2178 BGB. Als eingesetzter Erbe wird eine solche Person Nacherbe, § 2101 BGB.

Wer rechtsfähig ist, also Rechte und Pflichten haben kann, muss auch in der Lage sein können, sie in einem streitigen Gerichtsverfahren durchzusetzen. Umgekehrt muss man ihn in Anspruch nehmen können. Diese Fähigkeit wird **Parteifähigkeit** genannt und wird in aktive und passive Parteifähigkeit eingeteilt. Mit aktiver Parteifähigkeit ist gemeint, in einem Verfahren als Kläger oder Antragsteller auftreten zu können – passive Parteifähigkeit bedeutet, die Gegenrolle des Beklagten/Antragsgegners einnehmen zu können. Die Parteifähigkeit folgt aus der Rechtsfähigkeit – § 50 ZPO, sodass jedes Rechtssubjekt auch **aktiv und passiv parteifähig** ist. Hin und wieder gibt es Zwischenlösungen wie beim nicht eingetragenen, also nicht rechtsfähigen Verein. Wegen fehlender Rechtsfähigkeit ist er nicht aktiv parteifähig, nach ausdrücklicher Regelung in § 50 Abs. 2 ZPO kann er jedoch verklagt werden, besitzt also die passive Parteifähigkeit – siehe im vorigen Kapitel am Ende unter 4.4.

Das Lebensalter in seinem Fortschreiten spielt eine erhebliche Rolle im Rechtsleben; dazu wird auf die Lebensaltersstufen im Anhang verwiesen.

---

10 Palandt-Diederichsen, Rdnr. 1 zu § 1777 BGB.
11 Soergel/Fahse Rdnr. 13 zu § 1 BGB.
12 Palandt-Heinrichs, Rdnr. 7 zu § 1 BGB.

Mit dem **Tod des Menschen** endet seine Rechtsfähigkeit. Der Tod ist das Erlöschen der Lebensäußerungen. Durch die Fortschritte in der Medizin ist es heute möglich, die Lebensfunktionen Kreislauf und Atmung durch technische Geräte aufrechtzuerhalten. Daher kann es auf den klassischen Todesbegriff, das Erlöschen dieser Funktionen, nicht mehr entscheidend ankommen. Dadurch sind auch die Grenzen zwischen Leben und Tod fließend geworden und man ist in der medizinischen Wissenschaft dazu übergegangen, den Tod nicht mehr als punktuelles Ereignis, sondern als einen Prozess zu verstehen, an dessen Ende der Ausfall der Hirnfunktionen steht. Wenn die Gesamtfunktionen des Großhirns, des Kleinhirns und des Gehirnstamms endgültig und nicht behebbar ärztlich als ausgefallen festgestellt worden sind, ist der Tod eingetreten. Davon geht auch das am 1. 12. 1997 in Kraft getretene **Transplantationsgesetz** aus, das eine Organentnahme nur unter den genannten Voraussetzungen für zulässig erklärt. Die Kriterien sind von der medizinischen Wissenschaft nach dem Stand der naturwissenschaftlich-medizinischen Erkenntnisse zu bestimmen. Damit definiert der Gesetzgeber zwar nicht den Tod, legt aber den Gesamtgehirntod als Voraussetzung fest.

Der genaue Todeszeitpunkt kann von entscheidender rechtlicher Bedeutung sein z. B. für den Anfall einer Erbschaft, die Erbfolge, die Zulässigkeit einer Organentnahme.

5.2 Handlungsfähigkeit

Die Eigenschaft als »Rechtspersönlichkeit« sagt noch nichts darüber aus, ob jemand auch selbstständig mit Rechtswirkung handeln kann. Der Säugling sowie der geistig schwer behinderte Mensch sind dazu nicht in der Lage, obwohl sie potentiell Träger von Rechten und Verpflichtungen sind. Es bedarf einer weiteren Fähigkeit, der rechtlichen »**Handlungsfähigkeit**« als der Fähigkeit zu rechtlich erheblichem, verantwortlichem Handeln. Die Handlungsfähigkeit bestimmt sich nach Lebensalter, Einsichtsfähigkeit und Willenssteuerungsvermögen. Handeln kann man positiv oder negativ durch Tun oder Unterlassen. Diese Gesichtspunkte spielen in beiden Bereichen der Handlungsfähigkeit eine Rolle. Diese Bereiche, in die die **Handlungsfähigkeit** eingeteilt wird, sind die Geschäftsfähigkeit (§§ 104-115 BGB) und die **Verschuldens- oder Deliktsfähigkeit** (§§ 827-829 BGB).

5.2.1 Geschäftsfähigkeit

Geschäftsfähigkeit ist die Fähigkeit, allgemein zulässige Rechtsgeschäfte vorzunehmen, d. h. durch Abgabe oder Entgegennahme von Willenserklärungen Rechtsfolgen für sich oder andere herbeizuführen, seien es Rechte oder Pflichten. Voll (= unbeschränkt) geschäftsfähig ist man mit der Volljährigkeit, d. h. ab Vollendung des 18. Lebensjahres, § 2 BGB.[13] Wer dieses Alter noch nicht erreicht hat ist minderjährig. Bei Minderjährigkeit sind im Hinblick auf die Geschäftsfähigkeit zwei nach Alter gestaffelte Gruppen zu unterscheiden:

---

13 Das 18. Lebensjahr wird am 18. Geburtstag morgens 0 Uhr vollendet, da gem. § 187 Abs. 2 Satz 2 BGB bei der Berechnung des Lebensalters der Tag der Geburt mitzählt.

5. Der Mensch, das Maß aller Dinge

5.2.1.1 Geschäftsunfähigkeit

Wer unter sieben Jahre alt ist – den Beginn des 7. Geburtstags noch nicht erreicht hat – ist geschäftsunfähig (§ 104 Nr. 1 BGB). Willenserklärungen eines Geschäftsunfähigen sind nichtig, die Nichtigkeit kann nicht geheilt werden. Dies gilt uneingeschränkt – auch dann, wenn die Erklärungen des geschäftsunfähigen Kindes vernünftig sind oder rechtlich nur Vorteile bringen würden. Folgende Möglichkeiten, rechtswirksam zu handeln, gibt es bei Kindern in dieser Altersgruppe:

a) **Gesetzlicher Vertreter im Namen des Kindes**
Der gesetzliche **Vertreter**[14] **handelt anstelle** des minderjährigen Kindes in dessen Namen; die Wirkungen des Geschäfts treten dann unmittelbar für und gegen den vertretenen Minderjährigen ein, denn es ist sein Geschäft.

> **Beispiel:** Mietvertrag eines Kindes, dem ein Haus gehört, mit einem Mieter, geschlossen durch den gesetzlichen Vertreter. Rechte und Pflichten aus dem Vertrag – z. B. den Anspruch auf die Mietpreisforderung/die Verpflichtung, das Haus in einem vermietbaren Zustand zu halten – treffen allein das Kind.

b) **Gesetzlicher Vertreter handelt im eigenen Namen**
Der gesetzliche **Vertreter im eigenen Namen** mit Berechtigung für das geschäftsunfähige Kind – **Vertrag zugunsten eines Dritten, § 328 BGB** –. Verpflichtungen treffen den gesetzlichen Vertreter, weil er nicht in dieser Eigenschaft handelt, sondern ein eigenes Geschäft abschließt.

> **Beispiel:** der Vater richtet bei einem Bankinstitut auf den Namen seines 4-jährigen Kindes ein Sparkonto ein mit der Maßgabe, dass das Kind über das Sparguthaben nach Erreichen der Volljährigkeit verfügen kann.

c) **Boteneigenschaft**
Der gesetzliche Vertreter kann sich des minderjährigen Kindes als Boten bedienen. Das erklärt sich daraus, dass der Bote keine eigene rechtsgeschäftliche Erklärung abgibt, sondern die Erklärung eines anderen, also eine fremde Willenserklärung – hier die des Vertreters – überbringt. Ein solcher Vorgang hat allerdings keine große praktische Bedeutung.

d) **Realakte**
Darunter sind »rein tatsächliche Vorgänge« zu verstehen, »die vom Gesetz mit einer bestimmten Rechtsfolge verknüpft werden«[15] – z. B. Besitzerwerb an einer Sache (§ 854 BGB), Eigentumserwerb durch Aneignung einer herrenlosen beweglichen Sache § 958 BGB. Für die Vornahme solcher Realakte genügt natürliche Einsichtsfähigkeit, die auch ohne Vorliegen der Geschäftsfähigkeit gegeben sein kann. So kann ein sechsjähriges Kind mit »natürlichem« Willen zur Beherrschung den Besitz an einer Sache auch ohne Zustimmung des gesetzli-

---

14 Siehe dazu in Kap. 8.1.1.
15 Rüthers-Stadler, Allgemeiner Teil des BGB § 16 Rdnr. 31.

chen Vertreters erwerben, Kleinkinder in den ersten Lebensjahren dagegen nicht.[16]

> **Beispiel:** Der 6-jährige J findet in einer Parkanlage in einem Gebüsch zu seiner großen Freude einen Fußball, den er mit nach Hause nimmt und seinen Eltern stolz erklärt »das ist jetzt mein Ball«. Rechtlich unproblematisch ist der Besitzerwerb durch J – fraglich ist jedoch, ob J tatsächlich Eigentümer des Balles geworden ist. Aus seiner Äußerung ist zu schließen, dass er sich in den Besitz des Balles gesetzt hat, um Eigentum an dem Ball zu erwerben. Eigentumserwerb durch Aneignung ist bei einem 6-jährigen Kind möglich, der Eigentumserwerb setzt allerdings voraus, dass der Ball herrenlos war. Das ist dann der Fall, wenn der alte Eigentümer das Eigentum an dem Ball aufgegeben hat, jedoch nicht, wenn der Ball nur verloren gegangen und der alte Eigentümer sozusagen noch auf der Suche nach dem Ball ist.

Geschäftsunfähig ist auch, wer zwar das 7. Lebensjahr vollendet hat, jedoch krankhaft nicht nur vorübergehend so **geistesgestört** ist, dass seine freie Willensbestimmung ausgeschlossen ist, § 104 Nr. 2 BGB. Das ist der Fall, wenn eine Person krankheitsbedingt nicht in der Lage ist, ihren Willen frei und unbeeinflusst zu bilden und nach zutreffend gewonnener Einsicht zu handeln.[17] Der krankhafte Zustand muss dauerhaft sein. Bei nur vorübergehenden Beeinträchtigungen wie Bewusstlosigkeit oder Rauschzustand liegt keine Geschäftsunfähigkeit vor; jedoch ist eine im Zustand der Bewusstlosigkeit oder vorübergehenden geistigen Störung abgegebene Willenserklärung nach § 105 Abs. 2 BGB ist nichtig. Bei einer dauerhaft erkrankten und mithin geschäftsunfähigen Person können sog. **lichte Momente** vorkommen; wird in einem solchen lichten Moment eine Willenserklärung abgegeben, besteht Geschäftsfähigkeit mit der Folge, dass die Willenserklärung wirksam ist.

Die Ausführungen oben zu c) und d) gelten auch für den Personenkreis der Geschäftsunfähigen nach § 104 Nr. 2 BGB, d. h. auch diese können als Bote eine fremde Willenserklärung überbringen oder durch Realakte Rechtsfolgen herbeiführen.

Die fehlende Geschäftsfähigkeit kann sich auch auf einen gegenständlich abgegrenzten Kreis von Geschäften beziehen – dann spricht man von **partieller Geschäftsunfähigkeit.** Dies entspricht ständiger Rechtsprechung. Partielle Geschäftsunfähigkeit kann vorliegen bei Querulantenwahn für die Prozessführung[18], bei krankhafter Eifersucht für Fragen der Ehe.[19] Abgelehnt wird eine relative Geschäftsunfähigkeit für besonders schwierige Geschäfte, weil dies zu Abgrenzungsproblemen und zu Rechtsunsicherheit führen würde.[20]

---

16 Eckert in Hk-BGB Rdnr. 10 zu § 854.
17 BGH NJW 1996, 1919.
18 BVerwGE 30, 25.
19 BVerwGE 30, 25.
20 Siehe Dörner in Hk-BGB, Rdnr. 4 vor §§ 104 BGB.

5. Der Mensch, das Maß aller Dinge

Nach neuem Recht – § 105 a BGB[21] – ist ein volljähriger Geschäftsunfähiger in der Lage, ein Geschäft des täglichen Lebens, für das geringfügige Mittel erforderlich sind, wirksam abzuschließen; wirksam wird das Geschäft erst, wenn Leistung und Gegenleistung bewirkt sind. Eine weitere Schranke liegt bei Geschäften, die mit einer erheblichen Gefahr für die Person oder das Vermögen des Geschäftsunfähigen verbunden sind. Durch die neue Regelung soll die soziale Integration erwachsener, geistig behinderter Menschen gefördert werden.[22]

5.2.1.2 Beschränkte Geschäftsfähigkeit

In ihrer Geschäftsfähigkeit beschränkt sind die Minderjährigen in der Altersgruppe ab 7. Jahren bis zum Erreichen der Volljährigkeit – § 106 BGB. Für diesen Personenkreis gelten die §§ 107 bis 113 BGB – auch hier kommen die unter 5.2.1.1 a) bis d) dargestellten Möglichkeiten in Betracht.

a) **Rechtsgeschäfte von beschränkt geschäftsfähigen Minderjährigen**
Minderjährige im Alter von 7 bis 18 Jahren sind bereits in der Lage, selbstständig Rechtsgeschäfte zu schließen – soweit sie dadurch jedoch nicht nur einen **rechtlichen Vorteil** erlangen, bedürfen sie dazu der **Zustimmung des gesetzlichen Vertreters** – § 107 BGB[23], damit das Rechtsgeschäft wirksam wird. Geschäfte, durch die man nicht nur einen rechtlichen Vorteil erlangt, sind vor allem Austauschgeschäfte, also gegenseitige Verträge, bei denen eine Leistung für eine Gegenleistung gegeben wird, wie Kauf und Miete. So ist die Miete für den Mieter nicht lediglich vorteilhaft; denn er ist verpflichtet, die Miete zu zahlen, und Vergleichbares gilt auch für den Kauf: der Käufer erhält die Ware (= rechtlicher Vorteil), aber er muss den Kaufpreis zahlen, und darum ist das Geschäft, selbst wenn der Minderjährige für einen Spottpreis bei größter wirtschaftlicher Vorteilhaftigkeit kauft, rechtlich nicht lediglich vorteilhaft, sodass der Vertreter einwilligen (= vorherige Zustimmung geben) oder genehmigen (= nachträgliche Zustimmung geben) muss.
Ein Anspruch des beschränkt geschäftsfähigen Minderjährigen kann durch Leistung an ihn nicht erfüllt werden, weil die Erfüllung – § 362 Abs. 1 BGB – für ihn nicht lediglich rechtlich vorteilhaft ist: denn durch sie erlischt der Anspruch. Daher geht zwar durch Leistung an den Minderjährigen das Eigentum auf ihn über, aber die Annahme als Erfüllung ist zustimmungsbedürftig. Das scheint schwer nachvollziehbar zu sein, ist nach den Regeln des BGB aber korrekt:

> **Beispiel**[24]: Einem achtjährigen Kind werden 500 Euro vermacht, die ihm in Scheinen ausgezahlt werden. Macht er aus den Scheinen Wurftauben, so können die Eltern in seinem Namen von dem Verpflichteten nochmalige Zahlung verlangen, er ist nämlich durch die Leistung an den Minderjährigen nicht frei geworden.

---

21 § 105 a BGB wurde eingefügt durch das OLG-Vertretungsänderungsgesetz vom 23. 7. 2002.
22 Siehe dazu Brox, Allgemeiner Teil des BGB, Rdnr. 269 a.
23 Siehe dazu auch in Kapitel 12.3.
24 Nach Brox, Allgemeiner Teil des BGB, Rdnr. 277.

Solange die Zustimmung des gesetzlichen Vertreters nicht vorliegt, ist das Rechtsgeschäft **schwebend unwirksam.** Gibt der gesetzliche Vertreter seine Zustimmung, wird das Geschäft wirksam, verweigert der gesetzliche Vertreter seine Zustimmung, führt das zur **Unwirksamkeit** des Geschäfts. Zur Zustimmung wird auf das ausführliche Fallbeispiel in Kapitel 8.2 »Zustimmung« verwiesen.

Zustimmungsfrei sind die rechtlich nur vorteilhaften Willenserklärungen, das ist vor allem die Annahme einer Schenkung. Auch **neutrale Rechtsgeschäfte** sind nicht zustimmungsbedürftig. Dabei handelt es sich um solche Rechtsgeschäfte, die dem Minderjährigen weder einen rechtlichen Vorteil, noch einen rechtlichen Nachteil bringen, Rechtsfolgen demnach ggfs. nur für andere Personen haben. Daher darf der beschränkt Geschäftsfähige als rechtsgeschäftlich bestellter Vertreter fungieren, siehe § 165 BGB, z. B. wenn er als Verkäufer beschäftigt wird. In einem Ladengeschäft ist er sogar gesetzlich als zu Verkäufen und Empfangnahmen ermächtigt, § 56 HGB. Im Familienrecht ist jedoch die gesetzliche Vertretung durch Minderjährige nicht möglich, siehe § 1673 Abs. 2 Satz 2 BGB, nach dem ein minderjähriger Elternteil zur Vertretung des Kindes nicht berechtigt ist.[25]

b) **Taschengeld:**
Ein vom Minderjährigen ohne Zustimmung des gesetzlichen Vertreters geschlossener Vertrag gilt als von Anfang an wirksam, wenn der Minderjährige die vertragsgemäße Leistung mit Mitteln bewirkt, die ihm zur freien Verfügung von dem gesetzlichen Vertreter überlassen werden – § 110 BGB. Hauptanwendungsfälle sind das Taschengeld und das dem Minderjährigen überlassene Arbeitseinkommen oder seine Ausbildungsvergütung. In der Überlassung dieser Mittel liegt die konkludente, generelle Einwilligung des gesetzlichen Vertreters zum Abschluss von Bargeschäften.[26] Allerdings wird der zunächst schwebend unwirksame Vertrag erst durch die Erfüllung, das Erfüllungsgeschäft, wirksam. Nicht von § 110 BGB gedeckt sind jedoch solche Geschäfte, die der gesetzliche Vertreter ausdrücklich ausschließt, etwa durch die Maßgabe, dass vom Taschengeld kein Handy gekauft werden dürfe.

c) **Partielle Vollgeschäftsfähigkeit**
Ermächtigt der gesetzliche Vertreter mit Genehmigung des Vormundschaftsgerichts den Minderjährigen zum selbstständigen Betrieb eines Erwerbsgeschäftes, so ist der Minderjährige für solche Rechtsgeschäfte unbeschränkt geschäftsfähig, welche der Geschäftsbetrieb mit sich bringt – § 112 BGB.
Ermächtigt der gesetzliche Vertreter den Minderjährigen, ein Arbeits- oder Dienstverhältnis einzugehen, so ist der Minderjährige für solche Rechtsgeschäfte unbeschränkt geschäftsfähig, welche den Abschluss oder die Beendigung des Dienst- oder Arbeitsvertrages oder die Erfüllung der sich aus einem solchen Vertrag ergebenden Verpflichtungen betreffen – § 113 BGB.

---

25 Siehe auch § 1781 Nr. 1 BGB.
26 Vgl. Dörner in Hk.BGB Rdnr. 1 zu § 110.

In beiden Fällen sind solche Verträge ausgeschlossen, zu denen der Vertreter der Genehmigung des Vormundschaftsgerichts bedarf, wie z. B. Kreditaufnahme, vgl. § 1643 Abs. 1 BGB i. V. m. § 1822 Nr. 8 BGB.
Von § 113 BGB wird nicht der selbstständige Abschluss eines Ausbildungsvertrages erfasst,[27] wie sich auch aus § 4 Abs. 2 BBiG ergibt.
Soweit die unbeschränkte Geschäftsfähigkeit reicht, so weit reicht im Streitfall auch die Parteifähigkeit des Minderjährigen.

5.2.1.3 Ehefähigkeit und Testierfähigkeit

Bei der Ehefähigkeit und der Testierfähigkeit handelt es sich um Sonderfälle der Geschäftsfähigkeit. Die **Ehefähigkeit** bedeutet die Fähigkeit, wirksam eine Ehe eingehen zu können; dies setzt grundsätzlich Volljährigkeit voraus. **Testierfähigkeit** ist die Fähigkeit, wirksam ein Testament errichten zu können; diese Fähigkeit wird grundsätzlich mit der Vollendung des 16. Lebensjahres erworben.[28]

5.2.2 Verantwortlichkeit für Schadensverursachung

Wer einem anderen einen Schaden zufügt, macht sich schadensersatzpflichtig – das ist eine allgemeine, verbreitete und im Prinzip auch richtige Auffassung. Die Schadensersatzpflicht setzt voraus, dass man schuldhaft gehandelt hat – dies ist in der Form des Vorsatzes oder der Fahrlässigkeit möglich. Dieser Haftungsmaßstab ist in § 276 Abs. 1 BGB allgemein festgelegt: Der Schuldner hat, sofern nichts anderes festgelegt ist, **Vorsatz und Fahrlässigkeit** zu vertreten. **Vorsatz** ist das bewusste und gewollte Herbeiführen eines Erfolges – hier: eines Schadens. Die Fahrlässigkeit wird in § 276 Abs. 2 BGB definiert: **Fahrlässig handelt,** wer die im Verkehr erforderliche Sorgfalt außer Acht lässt – also: wer nicht aufpasst, obwohl er dazu verpflichtet war und deswegen einen Schaden verursacht, handelt fahrlässig.

Dies gilt für vertragliche Schuldverhältnisse und für sog. gesetzliche Schuldverhältnisse in gleicher Weise.

Bevor geprüft werden kann, ob jemand schuldhaft gehandelt hat, muss jedoch feststehen, dass ihm die schädigende Handlung überhaupt zugerechnet werden kann, dass er schuld- oder deliktsfähig ist – zu dieser Frage siehe Kapitel 10 Schaden und Haftung.

5.2.3 Strafmündigkeit

Von der zivilrechtlichen ist die strafrechtliche Verantwortlichkeit – auch **Strafmündigkeit** genannt – zu unterscheiden. Dazu bestimmt § 19 StGB: »Schuldunfähig ist, wer bei Begehung der Tat noch nicht vierzehn Jahre alt ist«. Soweit die strafrechtliche Verantwortlichkeit zu bejahen ist, kann eine Bestrafung erfolgen

---

27 Vgl. Dörner a. a. O. Rdnr. 2 zu § 113.
28 Einzelheiten zur Ehefähigkeit im Kap. 12 Familienrecht und Einzelheiten zur Testierfähigkeit im Kap. 11 Erbrecht.

bei Jugendlichen nach Jugendstrafrecht, bei Heranwachsenden – 18 bis unter 21 Jahre – nach Jugendstrafrecht oder allgemeinem Strafrecht, ab Vollendung des 21. Lebensjahres ausschließlich nach allgemeinem Strafrecht.[29]

---

29 Siehe im Einzelnen dazu Kap. 15 Strafrecht.

6. Rechtsgeschäfte – Entstehung, Mängel, Form

6.0 Einführung und Praxisrelvanz

6.0.1 Einführung

Rechtsgeschäfte haben zentrale Bedeutung in unserem Alltags-, Wirtschafts- und Arbeitsleben. Sie reichen von alltäglichen Handlungen – dem Kaufen einer Zeitschrift am Kiosk – bis hin zu komplexen Verträgen mit geradezu globaler wirtschaftlicher Bedeutung, wie die Fusion von Daimler und Chrysler.

Zum Schutz des Verbrauchers wurde eine ganze Reihe von Vorschriften installiert. Damit soll vermieden werden, dass der wirtschaftlich Stärkere dem wirtschaftlich Schwächeren Vertragsbedingungen aufzwingen kann, die ihn unangemessen benachteiligen. Zum **Verbraucherschutzrecht** gehört u. a. das soziale Mietrecht, das den Mieter vor ungerechtfertigten Kündigungen und überhöhten Mietzinsen schützt (§ 535 ff. BGB). Mit dem Schuldrechtsmodernisierungsgesetz, das zum 1. 1. 2002 in Kraft getreten ist, wurden wichtige Verbraucherschutzgesetze in das BGB integriert. So wurden das Gesetz über den Widerruf von Haustürgeschäften als § 312, 312 a BGB, das Fernabsatzgesetz als § 312 b bis 312 ff. BGB, das AGB-Gesetz als § 305 bis 310 BGB sowie das Verbraucherkreditgesetz als § 488 bis 507 BGB in das Bürgerliche Gesetzbuch aufgenommen.

6.0.2 Relevanz für die soziale Arbeit

Da Angehörige sozialer Berufe, besonders Mitarbeiter im Management, häufig Verträge (Rechtsgeschäfte) abschließen, sollten Grundkenntnisse über das Zustandekommen von Verträgen, etwaige Mängel und ihre Konsequenzen, die Möglichkeit der Auflösung von Rechtsgeschäften sowie Formerfordernisse vorhanden sein.

6.1 Das Prinzip der Privatautonomie

Unsere Rechtsordnung stellt den Abschluss von Verträgen unter ein liberal geprägtes Postulat, das **Prinzip der Privatautonomie.** Diese Vertragsfreiheit ist verfassungsrechtlich geschützt (Art. 2 I GG) und Ausdruck der allgemeinen Handlungsfreiheit. Man spricht von **Abschlussfreiheit:** Jeder kann sich seinen Vertragspartner aussuchen; daneben von **Gestaltungsfreiheit:** Die Parteien sind frei in der inhaltlichen Ausgestaltung ihrer Verträge.[1]

Aber nicht jeder beliebige Vertragsinhalt ist rechtlich akzeptabel. Grenzen werden gezogen, wenn ein Vertrag gegen ein gesetzliches Verbot (§ 134 BGB) oder gegen die sog. guten Sitten (§ 138 BGB) verstößt.

---

1 Brox, Allgemeiner Teil des BGB, 27. Aufl., Köln 2003, Rz. 74 f.

> **Beispiele:** In einem deutschen Standesamt kann ein Muslim keine zweite oder dritte Frau rechtswirksam heiraten. Dies würde gegen das Verbot der Polygamie verstoßen (§ 1306 BGB).
> Ein Kreditvertrag zwischen einem Geldverleiher und einem Privatmann über einen Jahreszinssatz von z. B. 35 % pro Jahr ist nichtig. Ein solcher gilt als wucherisches Rechtsgeschäft, das gegen die guten Sitten verstößt (§ 138 II BGB).

6.2 Einseitige und zweiseitige Rechtsgeschäfte

Definition: Ein Rechtsgeschäft besteht aus mindestens einer oder mehreren Willenserklärungen. Dadurch wird eine geplante Rechtsfolge herbeigeführt.

Man unterscheidet zwischen einseitigen und zweiseitigen Rechtsgeschäften.

Ein **einseitiges Rechtsgeschäft** wird durch die Willenserklärung einer Person bewirkt. Dies kann z. B. die Kündigung eines Mietverhältnisses (§ 542 BGB) oder ein handschriftliches Testament (§ 2247 BGB) sein.

Zweiseitige oder mehrseitige Rechtsgeschäfte entstehen durch übereinstimmende Willenserklärungen mehrerer Personen. Dies sind in der Regel Verträge, wie Kauf-, Miet-, Werk- oder Dienstverträge.

6.3 Abstraktionsprinzip

Die Lehre vom Rechtsgeschäft differenziert zwischen einem Verpflichtungsgeschäft (obligatorisches Geschäft) und einem Verfügungsgeschäft.

Definition: »Verpflichtungsgeschäft ist ein Rechtsgeschäft, durch das die Verpflichtung zu einer Leistung begründet wird.«[2]

> **Beispiel:** In einem schriftlichen Kaufvertrag über einen Gebrauchtwagen verpflichtet sich der Verkäufer zur Übergabe des PKW und des Kfz-Briefes. Der Käufer verpflichtet sich zur Zahlung des Kaufpreises.

Definition: »Ein Verfügungsgeschäft ist ein Rechtsgeschäft, durch das ein Recht unmittelbar übertragen, belastet, geändert oder aufgehoben wird.«[3]

> **Beispiel:** Bezogen auf den Gebrauchtwagenkauf ist die Übertragung des Eigentums an dem PKW das Verfügungsgeschäft. Dazu müssen sich der Käufer und der Verkäufer über den Eigentumsübergang einigen und der Wagen übergeben werden (§ 929 BGB).

---

2 Klunzinger, Einführung in das Bürgerliche Recht, 11. Aufl., München 2002, S. 72.
3 Klunzinger, a. a. O., S. 72.

6. Rechtsgeschäfte – Entstehung, Mängel, Form

Aus dem Blickwinkel des Rechts wird demnach ein Lebenssachverhalt (z. B. Gebrauchtwagenkauf) in mehrere Rechtsgeschäfte gesplittet. Das **Abstraktionsprinzip** besagt, dass Verpflichtung und Erfüllung voneinander unabhängig bestehen.

6.4 Willenserklärung

Eine Willenserklärung ist die zentrale Komponente eines jeden Rechtsgeschäfts. Ein Rechtsgeschäft besteht aus mindestens einer Willenserklärung; ein Vertrag aus zwei Willenserklärungen.

Definition: »Eine Willenserklärung ist eine private Willensäußerung, die auf die Erzielung einer Rechtsfolge gerichtet ist.«[4]

Charakteristisch für eine Willenserklärung sind drei Elemente:

- der Handlungswille,
- das Erklärungsbewusstsein und
- der Geschäftswille.

Hat eine Person in einer konkreten Situation kein Bewusstsein davon, zu handeln, so fehlt es am **Handlungswillen**. Dies ist in der Praxis kaum relevant. Gemeint sind unbewusste Aktivitäten unter Hypnose oder im Schlaf.

Erklärungsbewusstsein: Der Erklärende muss sich darüber klar sein, eine rechtlich relevante Äußerung abgegeben zu haben.

> **Beispiel:** Im klassischen Lehrbuchfall der Trierer Weinversteigerung hebt jemand seine Hand, um einem Freund zuzuwinken. Als Ortsfremden ist ihm die Bedeutung nicht bekannt. Er weiß nicht, dass der Versteigerer sein Handheben als Abgabe eines höheren Angebots interpretiert. Mangels Erklärungsbewusstsein ist kein wirksamer Kaufvertrag zustande gekommen.

Der **Geschäftswille** bezieht sich auf das konkrete Rechtsgeschäft. Beim Kauf zielt der Wille des Käufers darauf hin, einen bestimmten Gegenstand zu einem bestimmten Preis zu kaufen.

> **Beispiel:** Ein Uhrenverkäufer sagt zu einem Kunden: »Wenn Sie sich jetzt entscheiden, mache ich Ihnen einen guten Preis für diese Rolex-Uhr«. In seinen Taschenrechner tippt er € 450,– ein und zeigt die Summe dem Kunden. In Wahrheit meint er jedoch € 4.500,–. Er hat sich nur vertippt. In diesem Fall fehlt es am Geschäftswillen. Eine irrtümlich mit falschem Inhalt abgegebene Erklärung ist jedoch zunächst wirksam. Sie kann jedoch angefochten werden (§ 119 I BGB).

Keine Willenserklärung sind reine **Gefälligkeitszusagen**, da der Handelnde sich rechtlich nicht binden will. Das ist etwa die Zusage, beim Nachbarn während des

---

4 Brox, Allgemeiner Teil des BGB, 27. Aufl., Köln 2003, Rz. 80.

Urlaubs die Blumen zu gießen oder einen Freund im Auto mit zum Sportverein zu nehmen.

Eine Willenserklärung muss nicht unbedingt ausdrücklich, sondern kann auch **konkludent** – durch schlüssiges Verhalten – abgegeben werden. Dies geschieht etwa, wenn jemand in eine Straßenbahn einsteigt oder im Supermarkt wortlos die Waren auf das Band legt.

Willenserklärungen sind **objektiv auszulegen** (§ 133, 157 BGB). Maßstab ist ein objektiver Dritter, der nach dem wirklichen Willen und nicht nach dem buchstäblichen Ausdruck forscht. Das hat unter anderem zur Folge, dass eine versehentlich falsche Bezeichnung nicht schadet **(falsa demonstratio non nocet).**

Beispiel: Den bekannten »Haakjöringsköd-Fall« entschied damals das Reichsgericht. Die Beteiligten hatten einen schriftlichen Kaufvertrag über »Haakjöringsköd« abgeschlossen. Haakjöringsköd ist jedoch die norwegische Bezeichnung für Haifischfleisch; beide Parteien meinten jedoch Walfischfleisch. Unter diesen Umständen war ein Kaufvertrag über Walfischfleisch zustande gekommen.

Ausnahmsweise kann auch **Schweigen als Willenserklärung** angesehen werden. Dies trifft jedoch nur zu, wenn die Parteien dies entweder vereinbart haben, oder es sich aus dem Gesetz ergibt. Der klassische Fall ist das Schweigen auf ein kaufmännisches Bestätigungsschreiben. Diese verschärften Bedingungen gelten nach Gewohnheitsrecht nur zwischen Kaufleuten.

Beispiel: Wenn ein Buchclub Privatleuten unbestellt Bildbände zuschickt mit dem Hinweis, der Bürger habe innerhalb von 14 Tagen ein Rückgaberecht, ansonsten werde ein Kaufpreis von € 49,– fällig, so entsteht kein Kaufvertrag, wenn der Empfänger des Bildbandes nicht reagiert.

6.5 Willensmängel

Im Normalfall kommen Rechtsgeschäfte im Alltags- und Wirtschaftsleben zwischen Privat- und Geschäftsleuten ohne weitere Irritationen zustande. Was geschieht aber, wenn sich Fehler oder Irrtümer einschleichen? Eine Option, um sich von mangelhaften Willenserklärungen zu lösen, ist deren **nachträgliche Anfechtung** (§ 142 BGB). Das Rechtsgeschäft wird mit der wirksamen Anfechtung rückwirkend (ex tunc) beseitigt. Mögliche Anfechtungsgründe sind in den Paragraphen 119 bis 123 BGB aufgeführt.

Die wichtigsten **Anfechtungsgründe** sind:

- Inhaltsirrtum, § 119 I, 1. Alt. BGB
- Erklärungsirrtum, § 119 I, 2. Alt. BGB
- Irrtum über wesentliche Eigenschaften, § 119 II BGB
- arglistige Täuschung, § 123 BGB
- widerrechtliche Drohung, § 123 BGB

6. Rechtsgeschäfte – Entstehung, Mängel, Form

Inhaltsirrtum: Beim Inhaltsirrtum hat der Erklärende seiner Erklärung einen anderen Sinn beigemessen, als es nach objektiver Auslegung den Anschein hatte.

Beispiel: Tante Laura bestellt beim Media Markt eine Fritz-Card für ihren Neffen zum Geburtstag. Sie geht irrtümlicherweise davon aus, es handele sich um ein neues elektronisches Kartenspiel. Eine Fritz-Card ist jedoch ein Modem, um Zugang zum Internet zu bekommen. Tante Laura könnte ihre Kaufofferte nachträglich wegen Inhaltsirrtums anfechten.

Erklärungsirrtum: Verschreiben, Versprechen, Vergreifen.

Beispiel: Herr Dyba wird an der Kasse eines Supermarkts von einem Nachbarn abgelenkt und greift statt nach einer Schachtel Marlboro zu einer Schachtel Philipp Morris und bemerkt dieses Versehen erst, als er seinen Einkaufswagen ausräumt.

Irrtum über eine wesentliche Eigenschaft: Eigenschaften einer Person oder Sache sind alle tatsächlichen und rechtlichen Verhältnisse von gewisser Dauer, welche im Allgemeinen als wesentlich angesehen werden.

Dies kann z. B. der Kilometerstand und die Unfallfreiheit eines Gebrauchtwagens sein, das Alter einer antiquarischen Vase und bei einer Person z. B. deren Kreditwürdigkeit.

Beachte: Der Wert oder Preis eines Gegenstandes wird grundsätzlich von der herrschenden Rechtsprechung nicht als verkehrswesentliche Eigenschaft im Sinne von § 119 II BGB akzeptiert. Dies wird damit begründet, dass der Preis in einer freien Marktwirtschaft ständigen Schwankungen unterliegt. Wenn sich jemand über den Wert einer Sache täuscht, wird dies von der Rechtsprechung als bedeutungsloser **Motivirrtum** behandelt, der nicht zur Anfechtung berechtigt.

Beispiel: Herr Albrecht kauft von einem Teppichhändler einen wertvollen Teppich aus der Provinz Isfahan zum Preis von € 12.500,– Als er den Wert von einem unabhängigen Sachverständigen im Nachhinein schätzen lässt, kommt dieser auf einen Zeitwert von € 8.000,–. Indem sich Herr Albrecht im Wert des Teppichs getäuscht hat, liegt ein unbeachtlicher Motivirrtum vor. Ein Anfechtungsgrund für den Kaufvertrag lässt sich somit nicht herleiten. Etwas anderes wäre es, wenn sich Herr Albrecht über die Herkunft oder das Alter des Teppichs getäuscht hätte (Irrtum über eine wesentliche Eigenschaft).

Arglistige Täuschung: Eine Täuschung erfolgt meist durch Vorspiegelung oder Entstellung von Tatsachen oder durch deren Verschweigen. Daraufhin entsteht beim Vertragspartner eine Fehlvorstellung. Hinzu kommen muss ein arglistiges Verhalten des Täuschenden. Eine arglistige Täuschung kann auch durch Verschweigen von Tatsachen entstehen, wenn eine Aufklärungspflicht bestand.

Beispiel: Der Gebrauchtwagenhändler Partner-Automobile verschweigt einem Kaufinteressenten, dass der günstig angebotene Mercedes E-Klasse einen erheblichen, jetzt nicht mehr erkennbaren Unfallschaden hatte.

Widerrechtliche Drohung: Wenn jemand bedroht und unter diesem Eindruck zu einem Rechtsgeschäft bewegt wurde, und diese Drohung gegen Recht und Gesetz verstößt, kann er seine Willenserklärung anfechten.

Beispiel: Elfriede und Hermann Kujau leben in Trennung. Herr Kujau ist gut verdienender Geschäftsmann. Seine Frau legt ihm eine vorformulierte Unterhaltsvereinbarung vor. Aufgrund dieser Erklärung soll er sich verpflichten, ihr monatlich € 2.500,– Trennungsunterhalt zu zahlen. Sie weist darauf hin, dass sie ihn beim Finanzamt wegen Steuerhinterziehung anzeigen werde, wenn er nicht unterschreibe. Sollte Herr Kujau unterschreiben, liegt ein Anfechtungsgrund vor.

6.6 Zustandekommen von Verträgen

Verträge sind rechtliche Gestaltungselemente zwischen Privatpersonen und Unternehmen. Ein einmal abgeschlossener Vertrag ist verbindlich, grundsätzlich unabhängig davon, ob er schriftlich dokumentiert wurde oder mündlich zustande gekommen ist. Die Vertragsparteien sind gehalten, den Vertrag einzuhalten und zu erfüllen (pacta sunt servanda).

Ein Vertrag kommt durch ein Angebot (Antrag/Offerte) und die Annahme des Angebots zustande (§ 145 BGB). Diese Willenserklärungen **(Angebot und Annahme)** müssen deckungsgleich sein.

Angebot: Das Vertragsangebot ist eine empfangsbedürftige Willenserklärung. Sie muss inhaltlich so konkretisiert sein, dass der Empfänger sie mit einem »Ja« annehmen kann. Das Angebot muss außerdem erkennen lassen, dass der Erklärende daran gebunden sein will (§ 145 BGB).

Von einem echten, verbindlichen Angebot unterscheiden die Juristen die **Aufforderung,** ein Vertragsangebot abzugeben (invitatio ad offerendum). Dazu zählen z. B. Versandkataloge, Anzeigen auf Plakaten, eine Speisekarte im Restaurant oder im Internet angebotene Waren.[5] Auch die Auslage im Schaufenster eines Kaufhauses wird von den Juristen nicht als echtes Verkaufsangebot angesehen. Sie sind der Auffassung, dass ein Geschäftsinhaber an die Preisauszeichnung im Schaufenster nicht gebunden sei, da sie sich nicht konkret an einen Kaufinteressenten richte.

Beispiel: Der Computer-Händler Kasuro lässt mit einer Postwurfsendung Prospekte verteilen, auf denen ein hochwertig ausgestatteter PC zu einem Schnäppchen-Preis von € 799,– abgebildet ist. Schon der Hinweis, »nur solange Vorrat

---

5 Jauernig, BGB-Kommentar, 10. Aufl., München 2003, zu § 145 Rz. 3.

6. Rechtsgeschäfte – Entstehung, Mängel, Form

reicht,« weist darauf hin, dass kein verbindliches Angebot, sondern lediglich eine invitatio ad offerendum vorliegt. Auch wenn der Student Martin später im Geschäft ein »Angebot« schriftlich von einem Verkäufer ausgedruckt bekommt, wird darin noch kein echtes Angebot gesehen, wenn der Händler mit dem Zusatz »freibleibend« eine Bindung ausgeschlossen hat. Erst wenn Martin sagt: »Ich nehme den PC für € 799,–«, gibt er ein Angebot ab. Der PC-Händler nimmt danach das Angebot an, indem er Martin eine Rechnung überreicht.

Als echtes Angebot wertet die herrschende Rechtsprechung jedoch das Aufstellen von Warenautomaten oder die Freigabe einer Zapfsäule bei einer SB-Tankstelle. Hier liege ein Angebot an einen unbestimmten Personenkreis vor (ad incertas personas).

Annahme: Die Bindung an ein Angebot ist zeitlich begrenzt. Ein Angebot unter Anwesenden muss sofort angenommen werden (§ 147 I BGB). Ein unter Abwesenden gemachtes Angebot kann nur in der Frist angenommen werden, in der der Anbieter mit einer Antwort rechnen darf (§ 147 II BGB). Ein Angebot erlischt, wenn es nicht rechtzeitig angenommen wird (§ 146 BGB).

Verspätet sich die Annahme oder wird die Annahme mit Änderungen versehen, so gilt sie als neuer Antrag (§ 150 BGB). Die Annahme des Antrags erfolgt durch eine Willenserklärung, die dem Anbietenden zugehen muss.

Beispiel: Heiner sagt zu Werner: »Ich will deine Harley Davidson für € 5.000,– kaufen.« Werner entgegnet: »Du kannst sie für € 6.000,– bekommen.« In der Erwiderung von Werner liegt eine Ablehnung des Angebots verbunden mit einem neuen Antrag.

Einigungsmangel (Dissens), § 154, 155 BGB: So lange die Willenserklärungen der Parteien (Angebot und Annahme) nicht übereinstimmen, sondern voneinander abweichen, spricht man von einem sog. Dissens (Einigungsmangel). Ist den Parteien die Differenz bewusst, handelt es sich um einen offenen Dissens. Wenn wesentliche Vertragsbestandteile betroffen sind, ist kein Vertrag zustande gekommen (§ 154 I BGB).

Ein versteckter Dissens hingegen liegt vor, wenn die Parteien irrtümlich davon ausgehen, sich geeinigt zu haben.[6] Sind wesentliche Vertragsbestandteile betroffen, so gilt auch hier der Vertrag als nicht zustande gekommen. Bezieht sich der Dissens jedoch auf einen Nebenpunkt, so gilt das Vereinbarte, wenn die Parteien den Vertrag auch ohne die Nebenpunkte geschlossen hätten (§ 155 BGB).

Beispiel: Ein deutscher Fahrradhändler bestellt bei einem australischen Produzenten 50 Mountainbikes zum Preis von jeweils 320,– Dollar netto. Der australische Produzent geht davon aus, dass US-Dollar gemeint sind, da dies internationalen Handelsgepflogenheiten entspreche. Der deutsche Fahrradhändler hat

---

6 Klunzinger, Einführung in das Bürgerliche Recht, 11. Aufl., München 2002, S. 82.

> in seiner Kalkulation allerdings australische Dollar zugrunde gelegt, da er annahm, einen australischen Produzenten mit dessen einheimischer Währung zu bezahlen. Diese differierenden Auffassungen der Geschäftsleute sind als versteckter Einigungsmangel über einen wesentlichen Bestandteil ihrer Willenserklärungen zu werten, sodass kein gültiger Vertrag zustande gekommen ist.

6.7 Unwirksamkeitsgründe für Verträge

Wenn die Vertragsparteien übereinstimmende Willenserklärungen abgegeben haben, wird ein Vertrag wirksam. Wurden aber zwingende Rechtsvorschriften nicht beachtet, so führt dies zur Unwirksamkeit bzw. Nichtigkeit des Vertrages.

Unwirksamkeitsgründe für Verträge:

- Geschäftsunfähigkeit (§ 105 BGB)
  beschränkte Geschäftsfähigkeit (§ 106 ff. BGB)
- Formmangel (§ 125 BGB)
- Verstoß gegen ein gesetzliches Verbot (§ 134 BGB)
- Sittenwidrigkeit (§ 138 BGB)
- Anfechtung (§ 142 BGB)

Geschäftsunfähigkeit: Willenserklärungen von Geschäftsunfähigen sind nichtig (§ 105 BGB). Geschäftsunfähig ist, wer noch nicht 7 Jahre alt ist oder wessen freie Willensbestimmung krankhaft gestört ist (§ 104 BGB) (nähere Ausführungen Kapitel 5.2.1.1).

Beschränkte Geschäftsfähigkeit: Für Minderjährige zwischen 7 und 18 Jahren gelten die Sonderregelungen der § 107-113 BGB. Sie sind in ihrer Geschäftsfähigkeit beschränkt. Sie benötigen grundsätzlich die Zustimmung ihrer gesetzlichen Vertreter zu einem Rechtsgeschäft. Ausnahmen sind in den § 107-113 BGB geregelt (weitere Ausführungen Kapitel 5.2.1.2).

6.8 Formvorschriften für Verträge

Grundsätzlich herrscht im Zivilrecht das Prinzip der Formfreiheit. Einige Rechtsgeschäfte sind jedoch an eine Form geknüpft, um den Beteiligten die wirtschaftliche Bedeutung des Rechtsgeschäfts vor Augen zu führen oder leichter Beweis führen zu können.

6.8.1 Schriftform – § 126 BGB

Nach § 126 BGB müssen einige Rechtsgeschäfte in Schriftform abgeschlossen werden. Diese erfordert schriftliche Niederlegung des Erklärungsinhalts mit eigenhändiger Namensunterschrift des Ausstellers. Stempel, auch Faksimile-Stempel, genügen nicht. Ein Vertreter kann mit seinem Namen und dem Zusatz »in Vertretung« oder »im Auftrag«, nach der Rechtsprechung sogar mit dem Namen des

6. Rechtsgeschäfte – Entstehung, Mängel, Form

Vertretenen eigenhändig unterzeichnen.[7] Im öffentlichen Recht spielen Zeichnungsberechtigung und Form der Unterschriftsleistung eine erhebliche Rolle. Besonders Gemeindeordnungen enthalten darüber präzise Rechtssätze (etwa § 70 I, 71, 77 I 1 Hessische Gemeindeordnung). Werden sie nicht beachtet, liegt jedoch kein Formmangel vor, sondern es werden die Regeln über Vertretung ohne Vertretungsmacht angewendet.[8]

Bei der einfachen Schriftform braucht der Text der Erklärung nicht ebenfalls eigenhändig geschrieben zu sein. Der Text kann gedruckt, mit technischen Hilfsmitteln angefertigt sein. Wenn die Unterschrift eigenhändig geleistet ist, ist die Form gewahrt.[9] Die schriftliche Verkörperung einer Willensäußerung bezeichnet man als Urkunde. Diese Form kann auch vertraglich festgelegt werden.

Bei einem Vertrag muss die Unterzeichnung der Parteien auf derselben Urkunde erfolgen. Werden über den Vertrag mehrere gleich lautende Urkunden aufgenommen, so genügt es, wenn jede Partei die für die andere Partei bestimmte Urkunde unterzeichnet, § 126 II BGB.

Die schriftliche Form wird durch die notarielle Form ersetzt. Schriftform kann auch durch die elektronische Form ersetzt werden, soweit das nicht gesetzlich ausgeschlossen ist (§ 126 III und IV BGB).[10]

> **Beispiele:** § 766 Satz 1 BGB schreibt die schriftliche Abgabe einer Bürgschaftserklärung vor, um den künftigen Bürgen vor unüberlegter Verpflichtung zu schützen (vgl. § 765, 767 BGB); hier ist durch § 766 Satz 2 BGB die Erteilung der Bürgschaftserklärung in elektronischer Form ausgeschlossen.

Die Kündigung eines Mietvertrages bedarf der Schriftform, § 568 I BGB. Nicht an das Schriftformerfordernis des § 126 BGB gebunden ist der Abschluss von Mietverträgen, auch nicht der Abschluss von Mietverträgen über Wohnraum für einen längeren Zeitraum als 1 Jahr[11]; allerdings regelt § 550 BGB, dass der Mietvertrag für unbestimmte Zeit gilt, wenn er für mehr als ein Jahr nicht in schriftlicher Form geschlossen wird.

Mit der Entwicklung von Mustermietverträgen (Deutscher Einheitsmietvertrag, Musterverträge des Bundesministeriums der Justiz sowie der Hausbesitzerverbände) ist die Schriftform für Wohnungsmietverträge weithin üblich geworden; in diesen Fällen ist die Schriftform des § 126 BGB vereinbart[12] – dafür bietet § 127

---

7 Vgl. Dörner in Hk-BGB Rdnr. 7 zu § 126.
8 Siehe BGH, NJW 1980, 115 str.
9 Anders beim eigenhändigen Testament, das der Erblasser selbst schreiben und unterschreiben muss, § 2247 I BGB – zum Erbrecht siehe Kapitel 11.
10 Zur elektronischen Form siehe 6.8.2.
11 Vgl. Eckert in Hk-BGB, Rdnr. 2 zu § 550.
12 Das lässt sich auch daran ablesen, dass in diesen Verträgen geregelt ist, dass Änderungen oder Ergänzungen des Vertrages nur gültig sind, wenn sie schriftlich erfolgen.

BGB die gesetzliche Grundlage. Das gleiche gilt für zahlreiche andere Formularverträge des Wirtschaftslebens.

Weitere Beispiele für gesetzlich vorgeschriebene Schriftform:

- Nach § 1 II TVG (Tarifvertragsgesetz) müssen Tarifverträge zwischen Gewerkschaften und Arbeitgeber(verbände)n schriftlich geschlossen werden. Durch Tarifvertrag kann wiederum für Arbeitsverträge, die unter den Geltungsbereich des Tarifvertrages fallen, Schriftform vorgesehen sein[13]; die durch Tarifverträge vorgesehene Schriftform des Einzelarbeitsvertrages ist jedoch regelmäßig nicht Voraussetzung für die Wirksamkeit des Vertrages, sondern hat nur klarstellende und Beweis sichernde Funktion.[14]
- Durch das Nachweisgesetz vom 20. 7. 1995 ist die generelle Verpflichtung von Arbeitgebern eingeführt worden, spätestens einen Monat nach dem vereinbarten Beginn des Arbeitsverhältnisses die wesentlichen Vertragsbedingungen schriftlich niederzulegen, die Niederschrift zu unterzeichnen und dem Arbeitnehmer auszuhändigen.[15] Der Nachweis der wesentlichen Vertragsbedingungen in elektronischer Form ist ausgeschlossen.
- Die Beendigung von Arbeitsverhältnissen durch Kündigung oder Aufhebungsvertrag bedürfen zu ihrer Wirksamkeit der Schriftform; die elektronische Form ist ausgeschlossen, § 623 BGB.
- Das BBiG (Berufsbildungsgesetz) bestimmt, dass der Berufsausbildungsvertrag in einer von allen Beteiligten – auch den Eltern des minderjährigen Auszubildenden – zu unterzeichnenden Niederschrift mit bestimmtem Inhalt niederzulegen ist (§ 3, 10, 13 BBiG). Auch die Kündigung des Ausbildungsverhältnisses erfordert Schriftform (§ 15 BBiG).

6.8.2 Elektronische Form – § 126 a BGB

Mit der elektronischen Form – eingeführt mit Wirkung vom 1. 8. 2001 – reagiert der Gesetzgeber auf die rasante Zunahme der Kommunikation mittels elektronischer Medien im Geschäfts- und Privatrechtsverkehr.[16] Die Regelung bedeutet Folgendes: Soll die gesetzlich vorgeschriebene schriftliche Form durch die elektronische Form ersetzt werden, muss der Aussteller der Erklärung seinen Namen hinzufügen und das elektronische Dokument mit einer qualifizierten Signatur nach dem Signaturgesetz (SigG)[17] versehen (§ 126 a I BGB). Bei einem Vertrag müssen die Parteien jeweils ein gleich lautendes Dokument in der in Abs. 1 bezeichneten Weise elektronisch signieren (§ 126 a II BGB).

---

13 Z. B. § 4 IV 1 BAT.
14 BAG NZA 1989, 21; 1997, 620.
15 Zu den wesentlichen Vertragsbedingungen siehe § 2 II des Gesetzes; die Nachweispflicht besteht nicht, wenn der Arbeitnehmer nur zur vorübergehenden Aushilfe von höchstens einem Monat eingestellt ist – sie entfällt, wenn ein schriftlicher Arbeitsvertrag, in dem die wesentlichen Bedingungen enthalten sind, abgeschlossen wurde.
16 Ecommerce.
17 Vom 16. 5. 2002 – BGBl. 1876.

6. Rechtsgeschäfte – Entstehung, Mängel, Form

Mit der Regelung soll sichergestellt werden, dass die bei E-Mails oder im Internet bestehenden Risiken der Änderung oder Fälschung von Daten verringert werden. Die elektronische Form kann die gesetzlich vorgeschriebene Schrift ersetzen, soweit der Gesetzgeber das nicht ausdrücklich ausgeschlossen hat.[18]

6.8.3 Textform – § 126 b BGB

Die Textform ist mit Wirkung vom 1. 8. 2001 neu ins Gesetz eingefügt worden. Sie fasst bislang im Privatrecht verstreute Typen unterschriftsloser Erklärungen in einer einheitlichen Textform zusammen und soll die bislang geltende Schriftform ersetzen.[19] Die Regelung bedeutet Folgendes: Ist durch Gesetz Textform vorgeschrieben, so muss die Erklärung in einer Urkunde oder auf andere zur dauerhaften Wiedergabe in Schriftzeichen geeignete Weise abgegeben, die Person des Erklärenden genannt und der Abschluss der Erklärung durch Nachbildung der Unterschrift oder anders erkennbar gemacht werden (§ 126 b BGB).

Datenträger kann entweder ein Papierdokument sein wie Kopie, Fax, Telegramm, Fernschreiben (Urkunden) oder ein elektronischer Träger wie Diskette, CD-ROM, Festplatte, der die Schrift durch Ausdruck oder per Bildschirm sichtbar macht.

Die Person des Erklärenden muss erkennbar sein, damit feststeht, wer der Urheber der Erklärung ist. Der Abschluss der Erklärung kann durch Faksimile, aber auch durch den vorgedruckten Hinweis »Diese Erklärung ist maschinell gefertigt und ohne Unterschrift wirksam«[20] kenntlich gemacht werden.

Beispiele für die gesetzlich vorgeschriebene Textform:
- Widerruf eines Verbrauchervertrages (§ 355 BGB)
- Rückgaberecht bei Verbraucherverträgen (§ 356 BGB)
- Garantieerklärung beim Verbrauchsgüterkauf (§ 477 BGB)
- Ankündigung einer Mieterhöhung (§ 554 III BGB)
- Erhöhung einer Betriebskostenpauschale (§ 560 I BGB)

6.8.4 Öffentliche Beglaubigung – § 129 BGB

Einige Erklärungen müssen öffentlich beglaubigt werden. Die Beglaubigung richtet sich als Verfahren der freiwilligen Gerichtsbarkeit nach den Vorschriften des Beurkundungsgesetzes (§ 39 ff. BeurkG). Die Erklärung muss in diesem Fall schriftlich abgefasst sein. Beglaubigt wird lediglich die Unterschrift des Erklärenden[21], und zwar von einem Notar. Öffentliche Beglaubigung bedeutet demnach das Zeugnis der Urkundsperson (des Notars), dass die Unterschrift von der erklärenden Person in seiner Gegenwart abgegeben worden ist und die erklärende Person mit

---

18 Beispiele für einen solchen Ausschluss im vorhergehenden Abschnitt 6.8.1.
19 Siehe Dörner in Hk-BGB, Rdnr. 1 zu § 126 b BGB.
20 Siehe Dörner, a. a. O. Rdnr. 6 zu § 126 b BGB.
21 S. BGHZ 37, 86.

der namentlich aufgeführten identisch ist. Die amtliche Beglaubigung von Abschriften, Kopien (z. B. Zeugnisabschriften) durch eine Behörde (vgl. § 34 1 2 Nr. 2, IV VwVfG) genügt der gesetzlichen Form des § 129 BGB nicht. Eine solche amtliche Beglaubigung hat nur Beweiskraft für Verwaltungszwecke.[22]

Öffentlicher Beglaubigung bedürfen Anmeldungen zum Vereinsregister (§ 77 BGB) und Anträge auf Eintragung in das Güterrechtsregister (§ 1560 BGB). Die Beglaubigung kommt im Familienrecht z. B. noch bei Namensänderungen vor (§ 1355 BGB). Als Beglaubigungsstelle fungiert dann der Standesbeamte (§ 15 c I PStG).

6.8.5 Notarielle Beurkundung – § 128 BGB

Die notarielle Beurkundung ist gegenüber Schriftform und öffentlicher Beglaubigung, die sie ersetzt (§ 126 IV, 129 II BGB), ein noch stärkeres Formerfordernis. Es handelt sich um ein im Beurkundungsgesetz (§ 6 ff. BeurkG) geregeltes Verfahren der freiwilligen Gerichtsbarkeit. Hier bezeugt der Notar, dass die in der Urkunde genannte Person vor ihm eine Erklärung mit dem beurkundeten Inhalt abgegeben hat.

Die notarielle Beurkundung von Verträgen ist in verschiedenen gesetzlichen Vorschriften vorgesehen bzw. vorgeschrieben, z. B. für Grundstückskaufverträge (§ 311 b I BGB), für das Schenkungsversprechen (§ 518 BGB), für Rechtsgeschäfte, die die Übertragung des Eigentums an einem Grundstück, die Belastung eines Grundstücks mit einem Recht[23] oder die Übertragung eines solchen Rechts zum Inhalt haben (§ 873 II BGB), für den Erbvertrag (§ 2276 BGB), sowie den Erbverzichtsvertrag (§ 2348 BGB).

Die notarielle Beurkundung hat bei Verträgen den Vorteil, dass Angebot und Annahme zeitlich versetzt – auch durch verschiedene Notare – erfolgen kann. Dies gilt jedoch nur insoweit, als der Gesetzgeber nicht, wie beim Erbvertrag, gleichzeitige Anwesenheit der Vertragschließenden vorschreibt, § 2276 BGB.

6.8.6 Rechtsfolgen bei Nichteinhaltung der vorgeschriebenen Form

Ist eine gesetzlich vorgeschriebene Form nicht eingehalten, so ist das Rechtsgeschäft nichtig (§ 125 Satz 1 BGB). Die angestrebten Rechtsfolgen treten nicht ein. Im Zweifel gilt das auch beim Fehlen einer vereinbarten Form (§ 125 Satz 2 BGB). Zuweilen sieht das Gesetz eine Heilung der Formnichtigkeit vor, wodurch der formbedürftige Rechtsakt wirksam wird.

Beispiele: § 518 **II** BGB – Heilung durch Erfüllung des Schenkungsversprechens; § 766 Satz 2 BGB – Heilung durch Zahlung des Bürgen; § 311 I 2 BGB beim Grundstückskaufvertrag – Heilung durch Auflassung und Eigentumseintragung im Grundbuch.

---

22 Vgl. § 63, 65 BeurkG.
23 Hypothek, Grundschuld, Nießbrauch.

6. Rechtsgeschäfte – Entstehung, Mängel, Form

Nichtigkeit als Rechtsfolge der Formverletzung wird in der Rechtsprechung durch den Grundsatz von Treu und Glauben (§ 242 BGB) eingeschränkt. Der Vertrag wird in Fällen als formgerecht, wenn die Nichtigkeit zu »schlechthin untragbaren Ergebnissen führen würde«.[24] Das wird bei Vorliegen einer besonders schweren Treuepflichtverletzung oder Gefährdung der Existenz des Vertragspartners angenommen.[25]

---

24 BGHZ 48, 398; 85, 318 f; 138, 348; BGH NJW 98, 3060.
25 BGHZ 92, 172.

7. Ausgewählte Verträge

7.0 Einführung und Praxisrelevanz

7.0.1 Einführung

Im Geschäftsleben gehört der Abschluss von Verträgen zum Tagesgeschäft. In diesem Kapitel werden die in der Praxis am häufigsten vorkommenden Vertragstypen skizziert. Das sind Kauf-, Miet-, Leasing-, Dienst-, Werk- und Darlehensverträge. Rechtssystematisch finden sich die Regeln für diese Vertragsformen im BGB unter dem Titel »**Recht der Schuldverhältnisse**« in den § **433-676 h BGB**. Aus Platzgründen wurde darauf verzichtet, auf spezielle Verträge, wie Berufsausbildungs-, Behandlungs- oder Betreuungsverträge einzugehen.

7.0.2 Relevanz für soziale Berufe

Öffentliche und freie Träger sozialer Leistungen sind ebenso wie Wirtschaftsunternehmen und Privatleute in den Wirtschaftskreislauf eingebunden. Sie kaufen Waren, schließen Mietverträge als Mieter oder Vermieter, leasen Fahrzeuge oder andere hochwertige Güter, beauftragen Handwerker oder schließen Dienstverträge ab. Um liquide zu bleiben, nehmen sie Kredite auf. Für Mitarbeiter wie für Führungskräfte ist Vertragsrecht unverzichtbares Handwerkszeug, um im Tagesgeschäft zu bestehen.

7.1 Kauf

Die größte Praxisrelevanz haben wohl auch in sozialen Arbeitsfeldern Kaufverträge. Ob der Fuhrpark eines Wohlfahrtsverbandes durch den Kauf von PKWs erweitert wird, eine Kita Spielgeräte kauft, oder die Büroeinrichtung einer Behörde durch Neuanschaffungen modernisiert wird, in jedem Fall werden Kaufverträge abgeschlossen. Die häufigsten Probleme, die dabei auftreten können, sind mangelhafte Lieferungen, verspätete Vertragserfüllung oder gestörte Kommunikation zwischen Käufer und Verkäufer. Es lohnt sich zu wissen, welche Gewährleistungsansprüche bestehen oder wie Schadensersatz wegen verspäteter oder mangelhafter Lieferung realisiert werden kann.

7.1.1 Pflichten der Vertragsparteien

Ein Kauf wird als Austausch von Sachen oder Rechten gegen Geld definiert. Die Bestimmungen des **Kaufvertragsrechts** finden sich in den § **433-479 BGB**.

Ein Kaufvertrag ist ein gegenseitiger Vertrag. Gegenstand eines Kaufvertrages können Sachen sein (auch Grundstücke, § 90 BGB), aber auch Rechte (z. B. ein Patentrecht oder ein Gesellschaftsanteil, § 453 BGB).

Die Pflichten des Verkäufers bestehen beim Sachkauf darin, dem Käufer Besitz und Eigentum an der verkauften Sache zu verschaffen (§ 433 I BGB). Beim Verkauf von Grundstücken (auch Eigentumswohnungen oder Reihenhäuser) werden

7. Ausgewählte Verträge

Übergabe und Übereignung durch Auflassung[1] und Eintragung (§ 873, 925 BGB) vorgenommen. Weiterhin ist der Verkäufer verpflichtet, dem Käufer den Kaufgegenstand frei von Sach- und Rechtsmängeln zu verschaffen (§ 433 I Satz 2 BGB).

Pflichten des Käufers sind im Wesentlichen die Zahlung des Kaufpreises sowie die Abnahme der verkauften Sache (§ 433 II BGB).

> **Beispiel:** Vergangene Woche hat Alfred in seiner Stammkneipe seinen altersschwachen und lädierten 15 Jahre alten Benz 200 D zu einem symbolischen Betrag von € 1,– angeboten. Günter schlägt unter Zeugen ein. Als Alfred anbietet, den Benz bei Günter vorbei zu bringen, will dieser von dem Geschäft nichts mehr wissen. Da ein echter Kaufvertrag zustande gekommen ist, muss Günter auch das schrottreife Gefährt abnehmen (Nebenpflicht des Käufers).

Juristen legen großen Wert darauf, beim Kauf zwischen Verpflichtungs- und Verfügungsgeschäft zu unterscheiden **(Abstraktionsprinzip,** siehe Kapitel 6.3). Mit Abschluss des Kaufvertrages erwirbt der Käufer noch kein Eigentum. Erst mit der Übergabe und Übereignung des Kaufgegenstandes (Verfügungsgeschäft) wird der Kaufvertrag erfüllt.

> **Beispiel:** Bei einem ganz alltäglichen Kauf einer Zeitschrift an der Tankstelle kommen demnach drei Verträge zustande: ein Kaufvertrag (§ 433 BGB);
> - die Übereignung der Zeitschrift (§ 929 BGB);
> - die Übereignung des Geldes (§ 929 BGB).

7.1.2 Mängelhaftung

Nicht selten streiten Käufer und Verkäufer darüber, ob der Kaufgegenstand mangelhaft, fehlerhaft oder gebrauchstauglich ist. Ist es doch gesetzlich fixierte Pflicht des Verkäufers, dem Käufer die gekaufte Ware **frei von Sach- und Rechtsmängeln** zu verschaffen (§ 433 I Satz 2 BGB). Bei Lieferung mangelhafter Waren kann der Käufer sog. **Gewährleistungsansprüche,** z. B. Nachbesserung, Minderung oder Schadensersatz geltend machen.

7.1.2.1 Sach- und Rechtsmängel
Mit der Reform des Schuldrechts (1. 1. 2002) hat der Gesetzgeber die Begriffe **Sachmangel (§** 434 BGB) und **Rechtsmangel** (§ 435 BGB) näher definiert.

Es lassen sich verschiedene Kategorien des **Sachmangels (§ 434 BGB)** ableiten:

- Die Istbeschaffenheit weicht von der vereinbarten Sollbeschaffenheit ab;
- die Sache eignet sich nicht zu dem vertraglich vorausgesetzten Zweck;

---

[1] Auflassung ist die notariell beurkundete Einigung über den Eigentumsübergang eines Grundstücks.

- der Kaufgegenstand eignet sich nicht zur gewöhnlichen Verwendung oder weist nicht die übliche Beschaffenheit auf (Normabweichung); hierbei sind Werbeangaben ebenfalls relevant;
- fehlerhafte Montage;
- fehlerhafte Montageanleitung (sog. IKEA-Klausel);
- Lieferung einer anderen Sache (sog. aliud);
- Lieferung einer zu geringen Menge.

Paragraph 434 BGB lesen!

Beispiel: Frau Turek hat beim Versandhaus Quaxx eine Waschmaschine der Marke Quaxx Ecomat 1200 bestellt. Nach Lieferung und Montage durch den Kundendienst stellt sich heraus, dass die Waschmaschine beim Schleudern unrund läuft und dadurch ungewöhnlich laut ist (Normabweichung – § 434 I Satz 2 Nr. 2 BGB) und Wasser aus der Dichtung des Schlauchanschlusses austritt (fehlerhafte Montage – § 434 II Satz 1 BGB). Außerdem wird nachträglich in einem neuen Heft der Stiftung Warentest veröffentlicht, dass die im Prospekt angegebene Schleuderleistung von 1200 Umdrehungen/Minute um ca. 300 Umdrehungen/Minute unterschritten wird (Abweichung von der Sollbeschaffenheit – § 434 I Satz 1 BGB). Frau Turek kann Nacherfüllung oder Minderung des Kaufpreises verlangen oder vom Vertrag zurücktreten (§ 437 BGB).

Den Begriff **Rechtsmangel (§ 435 BGB)** hat der Gesetzgeber positiv umschrieben. Eine Sache ist frei von Rechtsmängeln, wenn sie nicht oder nur im vertraglich vereinbarten Umfang durch Rechte Dritter belastet ist.

Beispiel: Ein Filmhändler verkauft die Lizenz für einen neuen Spielfilm aus Hollywood an einen Privatsender. In Wahrheit liegen die Urheberrechte jedoch noch beim Produzenten (Rechtsmangel).

7.1.2.2 Rechte des Käufers bei Mängeln

Bei einem mangelhaften Kaufgegenstand stehen dem Käufer diverse Rechtspositionen zur Verfügung, die in den § 437 ff. BGB aufgeführt sind. Es sind dies:

- Nacherfüllung (§ 437 Nr. 1, 439 BGB);
- Rücktritt vom Kaufvertrag (§ 437 Nr. 2, 440, 323, 326 V BGB);
- Minderung des Kaufpreises (§ 437 Nr. 2, 441 BGB);
- Schadensersatz (§ 437 Nr. 3, 440, 280, 281, 283, 311 a BGB) oder
- Aufwendungsersatz (§ 437 Nr. 3, 284 BGB).

Als **Nacherfüllung** kann der Käufer wahlweise die Beseitigung des Mangels (Nachbesserung) oder Lieferung einer mangelfreien Sache (Nachlieferung) verlangen (§ 439 BGB).

Beim **Rücktritt vom Vertrag** ist grundsätzlich eine Fristsetzung erforderlich (§ 323 I BGB).

7. Ausgewählte Verträge

Auch bei der **Minderung des Kaufpreises** muss der Käufer zunächst dem Verkäufer ohne Erfolg eine Frist zur Nacherfüllung gesetzt haben. Die Minderungsabsicht ist gegenüber dem Verkäufer zu erklären (§ 441 BGB). Die Höhe der Minderung ergibt sich aus dem Verhältnis des Kaufpreises, »in welchem zur Zeit des Vertragsschlusses der Wert der Sache in mangelfreiem Zustand zu dem wirklichen Wert gestanden haben würde« (§ 441 III BGB).

Allgemein wird der geminderte Kaufpreis nach folgender Formel ermittelt[2]:

$$\text{geminderter Preis (X)} = \frac{\text{Wert mit Mangel} \times \text{vereinbarter Kaufpreis}}{\text{Wert ohne Mangel}}$$

Beispiel: Frau Turek hat die Waschmaschine Quaxx Ecomat 1200, deren Schleuderleistung geringer als angegeben war, zu einem Sonderpreis von € 400,– gekauft. Ein Gutachter stellt fest, dass der Wert der Waschmaschine mit Mangel € 300,–, ihr Marktwert ohne Mangel jedoch € 500,– betrage.

Der zu zahlende Betrag (geminderter Preis) aufgrund des Gutachtens errechnet sich nach der Minderungsformel folgendermaßen:

$$X = \frac{300 \times 400}{500} = 240,- \,€$$

Frau Turek ist nach dieser Formel besser gestellt, als wenn man von ihr den tatsächlichen Wert der Waschmaschine mit Mangel (€ 300,–) verlangen würde. Sie hat bei Kaufabschluss einen Preisvorteil gehabt (€ 400,– statt € 500,–). Dieser Preisvorteil wird durch die Formel relativ an den Kunden weitergegeben.

7.1.2.3 Verjährung

Mit Einführung der Schuldrechtsreform (2002) wurden die Verjährungsfristen deutlich verlängert. Die Gewährleistungsansprüche des Käufers (Nacherfüllung, Schadensersatz, Aufwendungsersatz) verjähren grundsätzlich in 2 Jahren (§ 438 I Nr. 3 BGB).

Es gibt drei Ausnahmen:

- Mängel an einem Bauwerk – 5 Jahre (§ 438 I Nr. 2 BGB);
- Mängel an einem dinglichen Recht, das zur Herausgabe berechtigt oder an einem im Grundbuch eingetragenen Recht – 30 Jahre (§ 438 I Nr. 1 BGB);
- Mängel, die der Verkäufer arglistig verschwiegen hat – 3 Jahre (§ 438 III BGB).

Rücktritt und Minderung sind ausgeschlossen, wenn der Anspruch auf Leistung oder Nacherfüllung verjährt ist (2 Jahre) und der Verkäufer sich darauf beruft (§ 438 IV, V BGB).[3]

---

2 Klunzinger, Einführung in das Bürgerliche Recht, 11. Aufl., München 2002, S. 345; Brox/Walker, Besonderes Schuldrecht, 28. Aufl., München 2003, S. 53.
3 Brox/Walker, Besonderes Schuldrecht, a. a. O., S. 75.

7.1.3 Besondere Kaufverträge

Das Ökonomiemodell westlicher Industrienationen ist auf kontinuierliches Wirtschaftswachstum ausgerichtet. Motor ist die stetige Steigerung des Konsums. Um Umsätze anzukurbeln, werden Verbraucher angeregt, Gebrauchs- oder Luxusgegenstände gegen Ratenzahlung zu kaufen. »Heute kaufen – morgen zahlen« lautet die Devise. Um sich gegenüber säumigen Schuldnern abzusichern, wurde das Instrument des »**Kaufs unter Eigentumsvorbehalt**« (§ 449 BGB) entwickelt.

Der Käufer kann die Kaufsache benutzen (PKW, Fernseher, Küchenzeile), ohne sie gleich vollständig zahlen zu müssen. Beim Kauf unter Eigentumsvorbehalt bleibt der Verkäufer Eigentümer der Sache, bis der Kaufpreis vollständig beglichen ist (§ 449 I BGB). Ihm ist somit ein dingliches Recht eingeräumt, das ihm als »Kreditsicherung« dient.

Verbraucher, die **Haustürgeschäfte** oder **Fernabsatzverträge** abschließen, sind aus verschiedenen Gründen besonders schutzwürdig. Entsprechende Schutznormen wurden im Jahr 2002 in das BGB integriert (§ 312-312 f. BGB).

Bei sog. **Haustürgeschäften** hat der Verbraucher ein Recht zum Widerruf des Vertrages innerhalb von 14 Tagen (§ 312, 355 BGB). Das wird z. B. relevant bei Abschluss eines Zeitschriftenabonnements während eines Vertreterbesuchs.

Fernabsatzverträge oder **Verträge im elektronischen Geschäftsverkehr** kommen entweder über den Versandhandel oder über das Internet zustande. Da der Verbraucher keine Möglichkeit hat, die Waren bei Vertragsschluss zu besichtigen, werden dem Verkäufer bestimmte Informationspflichten auferlegt. Dem Verbraucher wird ein Widerrufs- und Rückgaberecht eingeräumt (§ 312 b-312 f. BGB).

7.2 Miete

Mietverhältnisse sind ein elementarer Bestandteil unseres Wirtschaftslebens. Der überwiegende Teil der Bundesbürger wohnt zur Miete. Neben dem Arbeitsplatz ist die Wohnung Lebensmittelpunkt. Für den Mieter ist sie existenzielle Notwendigkeit, für den Vermieter Geldanlage und Einnahmequelle. Konflikte sind an der Tagesordnung. Aber auch zahlreiche Betriebe und soziale Organisationen sind auf gemietete Geschäftsräume angewiesen.

Für alle Mietverträge gilt das im BGB geregelte **Mietrecht (§ 535-580 a BGB)**.

Definition: Ein Mietvertrag ist ein gegenseitiger Vertrag, der auf zeitweilige Überlassung des Gebrauchs einer Sache gegen Zahlung des Mietzinses gerichtet ist.[4]

Er kann über Grundstücke, Räume sowie bewegliche Sachen abgeschlossen werden. Auch Sachgesamtheiten (z. B. eine möblierte Wohnung) oder Teile einer Sache (z. B. die Reklamefläche einer Straßenbahn) können Gegenstand eines Mietverhältnisses sein.[5]

---

4 Vgl. Brox/Walker, Besonderes Schuldrecht, a. a. O., S. 125.
5 Jauernig/Teichmann, BGB-Kommentar, 10. Aufl., München 2003, Vor. § 535 Rz. 1.

7. Ausgewählte Verträge

Mit der **Mietrechtsreform**, die zum 1. 9. 2001 in Kraft getreten ist, hat der Gesetzgeber das Mietrecht neu gestaltet und strukturiert. Die Systematik stellt sich folgendermaßen dar:

- Allgemeine Vorschriften (§ 535-548 BGB)
    → gelten für alle Mietverhältnisse;
- Vorschriften für Wohnraummiete (§ 549-577 a BGB)
    → soziales Mietrecht für Wohnräume;
- Sonderregelungen für andere Mietverhältnisse (§ 578–580 a BGB)
    → gilt für Grundstücke, Geschäftsräume, Schiffe und bewegliche Sachen.

Sozialarbeiter und Sozialpädagogen werden sich in der Einzelfallberatung ihrer Klienten am häufigsten mit **Mietverhältnissen über Wohnraum** auseinandersetzen müssen. Das **soziale Mietrecht für Wohnräume (§ 549-577 a BGB)** wurde der besonderen existenziellen Schutzbedürftigkeit der Mieter angepasst und ist Ausdruck der Sozialbindung des Eigentums (Art. 14 II GG). Eine Rolle spielte auch die bis vor wenigen Jahren vorhandene Wohnraumknappheit.

Ein Mietvertrag über Wohnräume, der für länger als ein Jahr abgeschlossen wird, bedarf der **Schriftform** (§ 550 BGB). In der Regel werden Formularmietverträge benutzt, die nicht gegen zwingende Vorschriften verstoßen dürfen.

Der Vermieter darf die Miete nur in dem gesetzlich vorgeschriebenen Rahmen erhöhen. Als Obergrenze wird die ortsübliche Vergleichsmiete herangezogen (§ 558 BGB). Bis zur **Mieterhöhung** muss die Miete mindestens 15 Monate stabil gewesen sein; außerdem darf die Mietanhebung innerhalb von 3 Jahren nicht mehr als 20 % betragen (§ 558 III BGB). Die Mietvertragsparteien können auch eine gestaffelte Miete (§ 557 a BGB) oder eine Miete wählen, die sich an den Lebenshaltungsindex anpasst (Indexmiete – 557 b BGB).

Eine weitere wichtige Mieterschutzvorschrift ist der Grundsatz »**Kauf bricht nicht Miete**« (§ 566 BGB). Beim Verkauf einer Wohnung tritt der neue Eigentümer an die Stelle des Vermieters in den bestehenden Mietvertrag mit allen Rechten und Pflichten.

Wesentlicher Bestandteil des sozialen Mietrechts sind ferner die **Kündigungsschutzvorschriften** (§ 568 ff. BGB). Wegen der Komplexität des Mietrechts und der unüberschaubaren Rechtsprechung ist es in vielen Fällen angebracht, Rechtsrat beim Deutschen Mieterbund oder bei einem Rechtsanwalt einzuholen.

7.3 Leasing

Der Abschluss von Leasingverträgen kommt häufig bei Geschäftswagen oder hochwertigen Maschinen, PC-Anlagen oder Einrichtungsgegenständen zum Zuge. Leasingverträge ähneln Mietverträgen und sind gesetzlich nicht gesondert geregelt.

Definition: Beim Leasingvertrag überlässt der Leasinggeber dem Leasingnehmer eine Sache gegen Zahlung von Leasingraten zum Gebrauch.

Meist bekommt der Leasingnehmer nach Ablauf einer bestimmten Zeit das Recht eingeräumt, die geleaste Sache zum Restwert zu kaufen (Kaufoption). Im Unterschied zum Mietvertrag wird die Haftung für Instandsetzung, Sachmängel, Beschädigung oder Untergang der Sache auf den Leasingnehmer verlagert.

7.4 Dienst- und Arbeitsvertrag

In der modernen Dienstleistungsgesellschaft wird ein unübersehbares Spektrum von Leistungen dienstvertraglich erfasst. In sozialen Arbeitsfeldern reicht die Palette von der ambulanten Altenpflege über die Familienberatung durch freie Wohlfahrtsverbände bis hin zur therapeutischen Betreuung verhaltensauffälliger Kinder. Auch Arbeitsverhältnisse in abhängiger Beschäftigung sind eine Form des Dienstverhältnisses. Dienstverträge können auf einmalige Leistungen oder auf Zeit angelegt sein. In ihnen kann auch die Verpflichtung zu wiederholten Leistungen begründet werden.

Das **Dienstvertragsrecht** ist im BGB in den **§ 611-630 BGB** geregelt.

Definition: Ein Dienstvertrag ist ein gegenseitiger Austauschvertrag, der zur Leistung von Diensten gegen Entgelt verpflichtet.[6]

Im Dienstvertragsrecht wird die Unterscheidung getroffen, ob der Vertrag zu

- selbstständiger, unabhängiger und eigenständiger Tätigkeit verpflichtet
  → es gilt das Dienstvertragsrecht (§ 611-630 BGB)
  oder zu
- unselbstständiger, abhängiger und weisungsgebundener Tätigkeit verpflichtet;
  → es gilt zusätzlich das Arbeitsrecht.

Bei letzterem Vertragstyp wird ein **Arbeitsverhältnis** begründet. Kriterien für das Bestehen eines Arbeitsverhältnisses können sein:

- Weisungsabhängigkeit hinsichtlich Zeit, Ort und Inhalt der Dienstleistung;
- hohes Maß wirtschaftlicher Abhängigkeit des Dienstverpflichteten;
- Eingliederung in den Betrieb des Vertragspartners.

Beispiel: Eine Psychologin führt in einer Gemeinschaftspraxis, die partnerschaftlich organisiert ist, Psychotherapiesitzungen durch. Mit den Patienten kommen »freie Dienstverträge« zustande.

Dieselbe Psychologin ist noch in einem Krankenhaus mit Halbzeitstelle zur Diagnose von Psychiatriepatienten angestellt. Dabei handelt es sich um ein abhängiges Arbeitsverhältnis, auf das zusätzlich Arbeitsrecht anwendbar ist.

Unselbstständige Dienstverhältnisse unterliegen dem **Arbeitsrecht**, für das es keine geschlossene Kodifikation, sondern Einzelgesetze gibt. Es wird aufgeteilt in:

---

6 Siehe Jauernig/Schlechtriem, BGB-Kommentar, 10. Aufl., München 2003, Vor § 611 Rz. 1.

7. Ausgewählte Verträge

- Kollektivarbeitsrecht
  (Arbeitskampf-, Koalitions-, Tarifvertrags-, Betriebsverfassungs- und Mitbestimmungsrecht)
- Individualarbeitsrecht
  (die Ordnung individueller Arbeitsverhältnisse und Arbeitsschutz)

Zum **Arbeitnehmerschutz** zählen der Arbeitszeitschutz, Kündigungsschutzvorschriften, der Mutterschaftsschutz, Jugendschutzvorschriften und Sonderregelungen für Schwerbehinderte und Heimarbeiter.

Beim **selbstständigen Dienstvertrag** wird nur die Tätigkeit als solche geschuldet. Der Vergütungsanspruch entsteht ohne Rücksicht darauf, ob ein bestimmter Erfolg eingetreten ist.

Beim **Werkvertrag** hingegen schuldet der Unternehmer das vereinbarte Ergebnis. Demzufolge wird nur der Erfolg vergütet.

> **Beispiele:** Eine Krankengymnastin, ob angestellt oder in freier Praxis, erfüllt ihre Leistung gegenüber ihren Patienten, indem sie ihre Behandlungen fachgerecht durchführt. Sie ist für den Heilungserfolg als solchen nicht verantwortlich (Dienstvertrag).
> Ein Arzt, der freiberuflich Gutachten zur Eingruppierung von pflegebedürftigen Menschen in Pflegestufen erstellt, schuldet seinem Auftraggeber, der Krankenkasse, ein bestimmtes Werk (Gutachten). Erst dann entsteht sein Vergütungsanspruch (Werkvertrag).

7.5 Werkvertrag

Definition: Ein Werkvertrag ist ein gegenseitiger Vertrag, in dem sich ein Vertragspartner, genannt Unternehmer, zur Herstellung des versprochenen Werks und der andere, genannt Besteller, zur Entrichtung der vereinbarten Vergütung verpflichtet (§ 631 I BGB).

Ein Werkvertrag ist demzufolge, wie wir schon in Abgrenzung zum Dienstvertrag gesehen haben, auf ein bestimmtes Ergebnis, einen Erfolg gerichtet.

Werkverträge spielen nicht nur im Baugewerbe oder im Handwerk eine besondere Rolle, sondern auch freie Berufe können Werkverträge eingehen. Z. B. wird die Buchführung eines Unternehmens, wenn sie extern erfolgt, per Werkvertrag geregelt, eine Gebäudereinigungsfirma wird durch einen Werkvertrag beauftragt, oder es wird die Wartung der Telefon- oder Datenverarbeitungsanlage in einem Werkvertrag vereinbart.

Werkverträge sind grundsätzlich formfrei, doch können die Parteien die Einhaltung bestimmter Formen verabreden.

Ähnlich wie beim Kaufvertrag haftet der Unternehmer dem Besteller dafür, dass das Werk **frei von Sach- und Rechtsmängeln ist** (§ 633 I BGB). Bei mangelhafter Ablieferung eines Werkes stehen dem Besteller **Gewährleistungsansprüche** zu, die im Wesentlichen darin bestehen, dass er Nacherfüllung (§ 634 Nr. 1, 635 BGB), den Mangel selbst beseitigen und Aufwendungsersatz in Rechnung stellen kann (§ 634 Nr. 2, 637 BGB), die Vergütung mindern (§ 634 Nr. 3, 638 BGB), vom Vertrag zurücktreten oder Schadensersatz verlangen kann.

7.6 Kreditverträge

Die Überschuldung privater Haushalte in Deutschland ist ein dramatisches soziales Problem. Es wird angenommen, dass etwa 3,1 Millionen Haushalte in Deutschland überschuldet sind.[7] Von einer **Überschuldung** spricht man, wenn nach Abzug der fixen Lebenshaltungskosten wie Miete, Strom, Versicherung etc. der verbleibende Rest des monatlichen Einkommens für die abzuzahlenden Raten nicht mehr ausreicht. Durch die Möglichkeit, sich seine Konsumwünsche ohne größeren Aufwand mithilfe der ec-Karte, der Kreditkarte oder über Ratenkredite zu erfüllen, geraten zahlreiche Verbraucher in die Abhängigkeit von Kreditinstituten. Die **Schuldnerberatung** ist zu einem wichtigen und sehr komplexen Arbeitsfeld der Sozialarbeit geworden.

Hinter einer Verschuldung verbergen sich meist unterschiedliche **Arten von Kreditverträgen:**

- **Der Überziehungskredit,** wenn das Girokonto in einem abgesteckten Rahmen ins Minus gerät;
- **der Ratenkredit,** der in gleich bleibenden monatlichen Raten bei einem festen Zinssatz zurückgezahlt wird; der Ratenkredit wird in der Praxis auch unter der Produktbezeichnung Privatdarlehen, Anschaffungsdarlehen, Kaufkredit oder persönliches Darlehen angeboten. Er dient der Beschaffung von Konsumgütern wie PKW's, zur Finanzierung von Urlauben, der Anschaffung von Möbeln oder der Bestellung bei Versandhäusern.
- **der Kontokorrentkredit** ist dem Dispokredit ähnlich und bezieht sich nur auf Geschäftskonten;
- **der Rahmenkredit,** der variabel verzinst wird, und der mit einer Mindestrate getilgt werden muss, wobei das Kreditinstitut dem Kunden einen Höchstbetrag einräumt;
- **die Zahlung mit einer Kreditkarte,** wie Visa-, Master- oder Barclay-Card. Es entsteht automatisch ein Rahmenkredit, wenn das Kreditkartenkonto nicht innerhalb von vier Wochen ausgeglichen wird.[8]

7.6.1 Rechtsgrundlagen für Verbraucherdarlehen

Für Verbraucherdarlehen gelten bestimmte **Schutzvorschriften,** die in den **§ 491 ff. BGB** geregelt sind. Diese lösen das Verbraucherkreditgesetz ab, das bis zum 31. 12. 2001 galt.

---

7 Material des Bundesministeriums für Familie, Senioren, Frauen und Jugend; www.bmfsfj.de.
8 Vgl. Stiftung Integrationshilfe für ehemals Drogenabhängige (Hg.), Schuldnerberatung in der Drogenhilfe, Neuwied, Loseblattsammlung, Kap. 4, S. 113.

7. Ausgewählte Verträge

Definition: Ein Verbraucherdarlehen ist ein entgeltlicher Kredit, der einem Verbraucher (§ 13 BGB) von einem Unternehmer (§ 14 BGB) gewährt wird.

Von den Kreditschutzvorschriften erfasst sind somit alle Raten-, Rahmen-, Überziehungs- und Dispokredite sowie Zahlungen mit der Kreditkarte. Zu den Verbrauchern zählen auch Existenzgründer (§ 507 BGB).

Nicht unter die Schutzvorschriften fallen:

- Bagatelldarlehen unter € 200,– (§ 491 II Nr. 1 BGB);
- Arbeitgeberdarlehen, die günstiger als der Marktzins sind (§ 491 II Nr. 2 BGB);
- Förderdarlehensverträge der Öffentlichen Hand (§ 491 II Nr. 3 BGB);
- Existenzgründerdarlehen über € 50.000,– (§ 507 BGB).

Kern der **Verbraucherschutzvorschriften (§ 492 und 494 BGB)** ist die Forderung, bestimmte Formvorschriften einzuhalten. Dies dient der Identifizierbarkeit und Vergleichbarkeit des Kreditvertrages. Alle Verbraucherkreditgeschäfte müssen schriftlich abgeschlossen werden (Schriftform; § 492 I Satz 1 BGB). Ein Verbraucherdarlehen muss folgende Angaben enthalten (§ 492 I Satz 5 BGB):

- Nettodarlehensbetrag;
- Gesamtdarlehensbetrag;
- Zahlungsplan;
- Zinssatz und alle sonstigen Darlehenskosten;
- effektiver Jahreszins;
- Kosten einer Restschuld- oder sonstigen Versicherung;
- bestellte Sicherheiten.

Werden diese Formvorschriften nicht eingehalten, hat dies nicht etwa als Normalfall die Nichtigkeit des Vertrages zur Folge. Dies gilt vielmehr nur dann, wenn der Darlehensnehmer das Darlehen gar nicht in Anspruch genommen hat (§ 494 I BGB).

Wurde das Darlehen ausgezahlt, bevor die Formmängel festgestellt werden, hat die Nichteinhaltung der Formvorschriften zur Folge, dass sich die Zinsen auf den gesetzlichen Zinssatz von 4 % (§ 246 BGB) reduzieren, wenn der Zinssatz, der Effektivzins und der Bruttokreditbetrag nicht angegeben sind (§ 494 II BGB). Nicht aufgeführte Kosten, wie Bearbeitungs- oder Vermittlergebühren werden nicht geschuldet. Ist der Effektivzins zu niedrig angegeben, muss die Höhe der fälschlich angegebenen Effektivzinsen gezahlt werden, sofern diese niedriger als die errechneten Effektivzinsen sind (§ 494 III BGB).

Beispiel: Herr Kopper hat zur Finanzierung eines gebrauchten PKW bei der Alfi-Bank in Bad Homburg einen Kredit über einen Nettodarlehensbetrag von € 15.000,– aufgenommen. In dem Kreditvertrag ist nur der Nominalzins mit 9 % p. a. angegeben, nicht jedoch der effektive Jahreszins. Wenn der Finanzierungsbetrag ausgezahlt wird, hat der Verstoß gegen die Formvorschrift (§ 492 I Satz 5 Nr. 5 BGB) zur Folge, dass der Zinssatz nachträglich auf den gesetzlichen Zinssatz von 4 % (§ 494 II, § 246 BGB) reduziert wird. Herr Kopper hat einen Anspruch darauf, dass der Kredit zu den neuen Konditionen berechnet wird und die Rückzahlungsraten somit verringert werden (§ 494 II S. 4 BGB).

7.6.2 Wucherkredite

Das Problem weit überhöhter Kreditzinsen und belastender Konditionen hat die Rechtsprechung in den siebziger und achtziger Jahren stark beschäftigt. Insbesondere Teilzahlungsbanken haben Kredite zu doppelt oder dreifach so hohen Zinsen vergeben wie Geschäftsbanken. Neben die überhöhten Zinsen traten zusätzliche Zinskosten, beispielsweise für Kreditvermittler oder teure Restschuldversicherungen. Verbraucherverbände haben sich in zahlreichen Fällen dafür stark gemacht, Darlehensverträge gerichtlich überprüfen zu lassen, um damit günstigere Konditionen für die Kreditnehmer zu erlangen.

Der Bundesgerichtshof hat in gefestigter Rechtsprechung die Fallgruppe des sog. »**wucherähnlichen Rechtsgeschäfts**« entwickelt. Rechtsgrundlage für die Überprüfung des Darlehensvertrages ist § 138 BGB. Es wird ermittelt, inwieweit der Kreditvertrag gegen die guten Sitten verstößt (**Sittenwidrigkeitsüberprüfung**).

Nach der **Rechtsprechung des BGH** ist ein **Darlehensvertrag sittenwidrig** und damit nichtig, wenn folgende Voraussetzungen vorliegen[9]:

Es ist eine Gesamtwürdigung des Vertragsinhalts vorzunehmen;

- ein auffälliges Missverhältnis zwischen Leistung und Gegenleistung liegt dann vor, wenn der effektive Jahreszins des zu beurteilenden Kreditvertrages grundsätzlich mindestens doppelt so hoch ist wie der marktübliche Zinssatz[10];
- grundsätzlich müssen neben das Missverhältnis zwischen Leistung und Gegenleistung noch weitere belastende Umstände hinzutreten, wie unzulässige Klauseln in den allgemeinen Geschäftsbedingungen, irreführende Kreditangaben oder eine falsche und den Kunden benachteiligende Beratung[11];
- der Kreditgeber muss die wirtschaftlich schwächere Lage des Kunden bewusst ausgenutzt haben (subjektives Tatbestandsmerkmal des § 138 I BGB). Dies wird jedoch bei objektiv sittenwidrigem Verhalten eines Kreditgebers vermutet, sodass es nunmehr an ihm liegt, den Nachweis zu führen, dass er die wirtschaftlich schwächere Lage des Kunden nicht ausgenutzt hat (Beweislastumkehr).

Kommt die Gesamtwürdigung des Kreditvertrages zu dem Ergebnis, dass der Vertrag gem. § 138 I BGB sittenwidrig und damit unwirksam ist, so ist der Kreditnehmer lediglich verpflichtet, an die Bank den Nettokredit (zuzüglich der Hälfte der Restschuldversicherung) zurückzuzahlen. Der Nettokredit ist aber nicht sofort in einer Summe, sondern nur in der vereinbarten Laufzeit mit entsprechend niedrigeren Monatsraten zurückzuzahlen.

---

9 BGH NJW 1981, 1206.
10 BGH NJW 1991, 835.
11 BGH NJW 1987, 2220.

8. Rechtliches Handeln mit Wirkung für andere

8.0 Einführung

Nicht immer will oder kann eine Person, die ihre Rechte geltend machen oder ihren Verpflichtungen nachkommen will, in eigener Person handeln. Das wird bei minderjährigen Kindern deutlich ebenso wie im Bereich des Geschäftslebens, soweit nicht voll Geschäftsfähige beteiligt sind oder wirtschaftliche Rationalität die Delegation von Befugnissen zur Wahrnehmung durch andere nahe legt. In solchen Fällen bedarf es einer Vertretung.[1] Überhaupt nicht handeln könnte das rechtstechnische Kunstgebilde der juristischen Person; diese benötigt Menschen – natürliche Einzelpersonen oder Personenmehrheiten –, die als Organe für sie handeln, z. B der Vorstand für den Verein.

Aus dem Familienrecht ergibt sich, wie die Eltern für die minderjährigen Kinder handeln, Entsprechendes gilt für das Kinder- und Jugendhilferecht. Freie Träger der sozialen Arbeit sind vielfach in der Form des eingetragenen Vereins oder gemeinnützigen Gesellschaft mit beschränkter Haftung (gGmbH) organisiert. Allein dieser Blick macht die Bedeutung des in diesem Kapitel behandelten Themas deutlich.

8.1 Vertretung[2]

Das Wesen der Vertretung lässt sich in einem Satz zusammenfassen: Es besteht in dem rechtsgeschäftlichen Handeln für eine andere Person – dem Vertretenen – mit der Folge, dass die Rechtsfolgen unmittelbar in der Person des Vertretenen eintreten. In diesem Kapitel werden die gesetzliche Vertretung, die Vertretung kraft gerichtlicher Bestellung und die sog. gewillkürte Vertretung sowie wegen des Sachzusammenhangs auch die Zustimmung behandelt.

8.1.1 Vertreter kraft gesetzlicher Regelung – gesetzlicher Vertreter

Die Legitimation des gesetzlichen Vertreters erfolgt durch die Rechtsordnung. So sind die miteinander verheirateten Eltern im Regelfall gesetzliche Vertreter ihrer Kinder gem. der Regelung in § 1629 Abs. 1 Satz 1 BGB i. V. m. §§ 1626-1628 BGB »Die elterliche Sorge umfasst die Vertretung des Kindes«. Beide Elternteile vertreten das Kind gemeinschaftlich, sie sind zusammen der »gesetzliche Vertreter« (Gesamtvertretung). Wenn die Eltern zum Zeitpunkt der Geburt nicht miteinander verheiratet sind, steht ihnen die elterliche Sorge – und damit das gemein-

---

1 Eine Vertretung ist ausgeschlossen, soweit der Gesetzgeber die persönliche Vornahme des Geschäfts vorschreibt, z. B ist nach § 1311 BGB die Erklärung, die Ehe eingehen zu wollen, persönlich und bei gleichzeitiger Anwesenheit abzugeben, – Entsprechendes gilt für den Abschluss von Eheverträgen § 1410 BGB, nach § 613 BGB hat der zur Dienstleistung Verpflichtete die Dienste im Zweifel in Person zu leisten – der Arbeitnehmer kann sich bei seiner Arbeitsleistung also nicht vertreten lassen.
2 Dieser Begriff hat mit der kaufmännischen Berufsbezeichnung eines Generalvertreters oder eines Handelsvertreters (§§ 84-92 c HGB) nichts zu tun.

schaftliche Vertretungsrecht – dann gemeinsam zu, wenn sie eine Sorgeerklärung[3] abgeben oder einander heiraten. Ist weder das eine noch das andere der Fall, hat die Mutter die elterliche Sorge und damit das Vertretungsrecht allein, § 1612 a Abs. 2 BGB.[4]

Ein in der Geschäftsfähigkeit beschränkter Elternteil ist zur Vertretung seines Kindes nicht berechtigt, § 1673 Abs. 2 Satz 2 2. HS BGB.

Nicht eindeutig ist, ob die sog. Schlüsselgewalt im Verhältnis von Ehegatten zueinander – § 1357 Abs. 1 BGB – einen besonderen Fall gesetzlicher Vertretungsmacht darstellt.[5]

8.1.2 Vertreter kraft gerichtlicher Bestellung

8.1.2.1 Der Vormund für minderjährige Personen

Ein Minderjähriger erhält einen Vormund, wenn er nicht unter elterlicher Sorge steht oder wenn die Eltern weder in den die Person noch in den das Vermögen betreffenden Angelegenheiten zur Vertretung des Minderjährigen berechtigt sind. Auch dann, wenn sein Familienstand nicht zu ermitteln ist, erhält ein Minderjähriger einen Vormund, § 1773 BGB.

Der Vormund hat das Recht und die Pflicht, für die Person und das Vermögen des Mündels zu sorgen, insbesondere den Mündel zu vertreten – § 1793 BGB. Für bestimmte Geschäfte, die in den §§ 1821, 1822 BGB aufgelistet sind, insbesondere Grundstücksgeschäfte, bedarf der Vormund der Genehmigung des Vormundschaftsgerichts.

Der Vormund wird vom Vormundschaftsgericht bestellt, das Vertretungsverhältnis beruht hier also auf einem hoheitlichen, gerichtlichen Akt.

Für die Bestellung als Vormund kommen in Frage: eine Einzelperson[6], ein rechtsfähiger Verein[7] und das Jugendamt; die beiden letzteren allerdings nur für den Fall, dass eine als Einzelvormund geeignete Person nicht vorhanden ist. Führt ein Verein die Vormundschaft, so bedient er sich hierzu einzelner seiner Mitglieder – § 1791 a Abs. 3 Satz 1 BGB. Das Jugendamt als Vormund überträgt die gesetzliche Vertretung eines minderjährigen Mündels einzelnen seiner Beamten und Angestellten, § 55 Abs. 2 SGB VIII.

---

3 Die Sorgeerklärung ist die Erklärung der Eltern, die elterliche Sorge gemeinsam übernehmen zu wollen; für ihre Beurkundung ist das Jugendamt zuständig – § 59 Abs. 1 Nr. 8 SGB VIII.
4 Zu den Wirkungen der Vertretung siehe nachfolgend unter 8.1.4.
5 Teilweise wird die Regelung auch als Verpflichtungsermächtigung oder als Rechtsmacht eigener Art gesehen, vgl. Kemper in Hk-BGB Rdnr. 2 zu § 1357 – gegen Stellvertretung Dörner in Hk-BGB, Vorb. vor § 164 Rdnr. 6.
6 Benannter Vormund und bestellter Vormund.
7 Soweit er vom Landesjugendamt hierzu für geeignet erklärt worden ist – § 53 SGB VIII.

8. Rechtliches Handeln für andere

Nur soweit das Jugendamt unmittelbar durch das Gesetz Vormund eines nicht ehelichen Kindes wird – siehe § 1791 c Abs. 1 BGB –, beschränkt sich die Mitwirkung des Vormundschaftsgerichts auf die Erteilung einer dem Jugendamt auszustellenden Bescheinigung über den Eintritt der Vormundschaft – § 1791 c Abs. 3 BGB. Hier handelt es sich um eine gesetzliche Amtsvormundschaft, also einen Fall der Vertretung kraft Gesetzes, die Bescheinigung des Vormundschaftsgerichts hat nur bestätigenden Charakter.

8.1.2.2 Die rechtliche Betreuung für volljährige Personen
Seit dem 1. 1. 1992 sind Gebrechlichkeitspflegschaft und Entmündigung für volljährige Personen abgeschafft. An ihre Stelle ist ein neues Rechtsinstitut, die rechtliche Betreuung getreten. Im Bundesgebiet sind für etwa 850.000 Personen Betreuer bestellt.[8]

Ein Betreuer kann nach § 1896 BGB bei Vorliegen folgender Voraussetzungen vom Vormundschaftsgericht bestellt werden:

- der Betroffene muss volljährig sein,
- er kann seine Angelegenheiten ganz oder teilweise nicht selbst besorgen,
- Ursache dafür ist eine psychische Krankheit oder eine körperliche, geistige oder seelische Behinderung,
- die Bestellung eines Betreuers muss erforderlich sein.

Nicht erforderlich ist die Einwilligung des Betroffenen oder ein Antrag irgendeiner Person oder Stelle; selbstverständlich kann ein Antrag gestellt werden, selbst von einem Geschäftsunfähigen – die Bestellung des Betreuers erfolgt aber von Amts wegen.

Nicht erforderlich ist die Betreuung, wenn die Angelegenheiten des Betroffenen durch einen von ihm selbst Bevollmächtigten erledigt werden können, § 1896 Abs. 2 Satz 2 BGB. Der Betroffene kann also anstelle des vom Gericht zu bestellenden Betreuers einen Bevollmächtigten für sich einsetzen; dies kann er auch vor oder während des Betreuungsverfahrens tun. Er muss allerdings bei der Erteilung der entsprechenden Vollmacht geschäftsfähig sein.[9]

Ein Betreuer darf nur für die Aufgabenkreise bestellt werden, in denen die Betreuung erforderlich ist, z. B für die Vertretung in vermögensrechtlichen Angelegenheiten, die Vertretung in persönlichen Angelegenheiten[10], oder die Aufenthaltsbestimmung; in Betracht kommt aber auch der Aufgabenkreis »Alle Angelegenheiten des Betroffenen«.

In seinem Aufgabenkreis vertritt der Betreuer den Betreuten gerichtlich und außergerichtlich – § 1902 BGB; dabei hat die Betreuung keinen Einfluss auf die beim

---

8   Zimmermann, Betreuungsrecht, Vorwort.
9   Wenn die Vollmacht für den Fall einer altersbedingten Geschäftsunfähigkeit gegeben wird, spricht man von einer Altersvorsorgevollmacht – §§ 168 Satz 1, 672 Satz 1 BGB.
10 Dies umfasst die Berechtigung, die ärztliche Behandlung zu veranlassen und Verträge mit sozialen Diensten zu schließen.

Betreuten vorhandene Geschäftsfähigkeit. Das bedeutet, dass es zu Doppelverpflichtungen kommen kann, wenn sowohl der Betreuer, als auch der Betreute über denselben Gegenstand unterschiedliche Geschäfte abschließen.

§ 1903 BGB sieht allerdings vor, dass bei einer unter Betreuung stehenden Person zusätzlich durch Beschluss des Vormundschaftsgerichts angeordnet werden kann, dass der Betreute zu einer Willenserklärung, die den Aufgabenkreis des Betreuers betrifft, dessen Einwilligung bedarf = **Einwilligungsvorbehalt.** Die Anordnung des Einwilligungsvorbehalts ist nur zulässig zur Abwendung einer erheblichen Gefahr für die Person oder das Vermögen des Betreuten. In einem solchen Fall hängt die Wirksamkeit der vom Betreuten abgegebenen Willenserklärung von der Zustimmung (Einwilligung oder Genehmigung) des Betreuers ab; durch Verweis auf die §§ 108 bis 113 BGB liegt eine entsprechende Situation wie bei einer von einer beschränkt geschäftsfähigen Person vor – siehe dazu nachfolgend unter 8.3.

Davon zu unterscheiden ist der **Genehmigungsvorbehalt;** dieser bedeutet, dass der Betreuer für bestimmte, den Betreuten betreffende Maßnahmen der Genehmigung des Vormundschaftsgerichts bedarf – zu Heilbehandlungsmaßnahmen und ärztlichen Eingriffen siehe § 1904 BGB, zur Sterilisation – § 1905 BGB, zur Unterbringung mit Freiheitsentziehung – § 1906 und zur Beendigung von Mietverhältnissen des Betreuten – § 1907 BGB.

Zum Betreuer kann bestellt werden:
- eine natürliche Person, die geeignet ist, in dem gerichtlich bestimmten Aufgabenkreis die Angelegenheiten des Betreuten rechtlich zu besorgen und ihn in dem hierfür erforderlichen Umfang persönlich zu betreuen, § 1896 Abs. 1 BGB,
- sofern eine solche ehrenamtliche Person nicht zur Verfügung steht, ein selbstständiger Berufsbetreuer – § 1897 Abs. 6 BGB, z. B Rechtsanwälte, Sozialarbeiter/Sozialpädagogen, Altenpfleger – eine bestimmte Ausbildung ist nicht vorgeschrieben,
- ein Vereinsbetreuer, d. h. ein Mitarbeiter eines anerkannten Betreuungsvereins – dies setzt das Einverständnis des Vereins voraus, § 1897 Abs. 2 Satz 1 BGB,
- ein Behördenbetreuer, d. h. ein Mitarbeiter einer Betreuungsbehörde – dies setzt das Einverständnis der Behörde voraus, § 1897 Abs. 2 Satz 2 BGB,
- ein anerkannter Betreuungsverein, also eine juristische Person – dies setzt voraus, dass keine natürlichen Personen – siehe die obigen vier Möglichkeiten – zur Verfügung stehen; in diesem Fall überträgt der Verein die Wahrnehmung der Betreuung einem oder mehreren seiner Mitarbeiter, § 1900 Abs. 1 und 2 BGB,
- die Betreuungsbehörde – dies setzt voraus, dass für die Betreuung weder natürliche Personen, noch ein Betreuungsverein zur Verfügung stehen; in diesem Fall überträgt die Behörde die Wahrnehmung der Betreuung einzelnen Mitarbeitern, § 1900 Abs. 4 BGB.

8.1.2.3 Der Pfleger

Ein Pfleger kommt in Betracht für Minderjährige, Volljährige und die Leibesfrucht.[11]

Ein Pfleger wird immer nur für bestimmte oder einen Kreis von Angelegenheiten bestellt und damit insoweit Vertreter der betreffenden Person. Insoweit besteht eine Parallele zum Betreuer.[12]

Für die Praxis der sozialen Arbeit spielt die **Ergänzungspflegschaft für Minderjährige** nach § 1909 BGB die wichtigste Rolle. Sie ist anzuordnen, wenn die Eltern oder der Vormund aus rechtlichen oder tatsächlichen Gründen nicht in der Lage sind, bestimmte Angelegenheiten für das minderjährige Kind zu besorgen. Rechtliche Gründe liegen vor, wenn der gesetzliche Vertreter kraft Gesetzes oder wegen (teilweiser) Entziehung des Sorgerechts von der Vertretung ausgeschlossen ist – tatsächliche Gründe können Abwesenheit, schwere Krankheit o. ä. sein. § 1630 Abs. 1 BGB sichert den Vorrang der Pflegschaft vor der elterlichen Sorge: diese erstreckt sich nicht auf die Angelegenheiten, für die ein Pfleger bestellt ist, d. h. dass die Eltern in diesen Angelegenheiten nicht vertretungsberechtigt sind.

Für Volljährige, deren Aufenthalt unbekannt ist, sieht das Gesetz zur Wahrnehmung der vermögensrechtlichen Angelegenheiten einen Abwesenheitspfleger vor, § 1911 BGB.

Das erzeugte, aber noch nicht geborene Kind erhält nach § 1912 BGB zur Wahrung seiner künftigen Rechte, soweit diese der Fürsorge bedürfen, einen Pfleger.

Die Pflegerbestellung erfolgt durch das Vormundschaftsgericht. In der Bestellung müssen die vom Pfleger wahrzunehmenden Aufgaben möglichst genau beschrieben sein. Auch im Übrigen finden die für die Vormundschaft geltenden Bestimmungen entsprechende Anwendung, soweit sich nicht aus dem Gesetz etwas anderes ergibt, § 1915 BGB.

Wenn sich ein Kind längere Zeit in Familienpflege befindet, kann das Familiengericht auf Antrag der Eltern oder der Pflegeperson Angelegenheiten der elterlichen Sorge übertragen. Für die Übertragung auf Antrag der Pflegeperson ist die Zustimmung der Eltern erforderlich. Im Umfang der Übertragung hat die Pflegeperson die Rechte und Pflichten eines Pflegers (§ 1630 Abs. 3 BGB); die auch für diesen Fall vorgeschriebene Anhörung des Kindes ist in § 50 b FGG geregelt.

---

11 §§ 1909 ff. BGB – weitere Pflegschaften sieht das Gesetz vor für unbekannte Beteiligte (§ 1913 BGB), für Sammelvermögen (§ 1914 BGB), für Nachlässe (§ 1960 BGB) sowie als besondere Verfahrensvertreter – Verfahrenspfleger – z. B in Betreuungs- und Unterbringungsverfahren gem. §§ 67, 70 b FGG; zum Verfahrenspfleger für Minderjährige siehe nachfolgend unter 8.1.2.4. Zur an die Stelle der früher in den alten Bundesländern bestehende gesetzlichen Amtspflegschaft für nichteheliche getretene Beistandschaft siehe nachfolgend unter 8.1.2.5. Im Übrigen zum Verfahrenspfleger und zur Beistandschaft im Kapitel 12 Familienrecht.

12 Abgesehen von dem Fall, dass der Betreuer für alle Angelegenheiten bestellt wird, was beim Pfleger nicht möglich ist.

8.1.2.4 Der Verfahrenspfleger für das minderjährige Kind
Mit der Kindschaftsrechtsreform ist durch § 50 FGG für minderjährige Kinder für alle Verfahren, die die Person des Kindes betreffen, z. B also Sorgerechtsverfahren, Umgangsrechtsverfahren, ein besonderer Vertreter – der Verfahrenspfleger – eingeführt worden (»**Anwalt des Kindes**«). Er kann vom Familiengericht bestellt werden, wenn das zur Wahrnehmung der Interessen des Kindes erforderlich ist. Wegen der weiteren Einzelheiten wird auf die Darstellung in Kapitel 12 Familienrecht verwiesen.

8.1.2.5 Die Beistandschaft[13]
Ab 1. 7. 1996 ist an die Stelle der in den alten Bundesländern geltenden gesetzlichen Amtspflegschaft des Jugendamts für nichteheliche Kinder die freiwillige Beistandschaft des Jugendamts getreten. Gleichzeitig mit der Neuregelung wurde die Beistandschaft alten Rechts (§§ 1685-1692 BGB a. F.) abgeschafft.

Die Beistandschaft neuen Rechts ist für alle Kinder – nichteheliche, eheliche, adoptierte Kinder – vorgesehen; sie kommt nur für Elternteile in Frage, die alleinige Sorgerechtsinhaber sind. Sie beruht auf Freiwilligkeit und kommt zustande durch einen schriftlichen Antrag an das Jugendamt, der höchstpersönlich gestellt werden muss – Vertretung ist bei der Antragstellung also ausgeschlossen.

Auch hier wird wegen der weiteren Einzelheiten auf die Darstellung in Kapitel 12 Familienrecht verwiesen.

8.1.3 Die gewillkürte Vertretung
Die rechtsgeschäftliche Vertretung beruht auf einer Vollmacht, der »durch Rechtsgeschäft erteilten Vertretungsmacht« § 166 Abs. 2 Satz 1 BGB. Der Vollmachtgeber verleiht die Vertretungsbefugnis durch einseitige empfangsbedürftige Willenserklärung – daher »gewillkürt« – gegenüber dem Vollmachtnehmer (interne Bevollmächtigung oder auch Innenvollmacht genannt), im Wege der Mitteilung an einen Dritten, dem gegenüber die Vertretung erfolgen soll (externe Bevollmächtigung oder auch Außenvollmacht genannt), § 167 Abs. 1 BGB. Die Erteilung der Vollmacht ist nicht an eine bestimmte Form gebunden. Meist wird der Geschäftsverkehr zum Nachweis der tatsächlich erteilten Vollmacht ihre schriftliche Fixierung verlangen. Eine unerwünschte Vollmacht kann die als Vertreter vorgesehene Person zurückweisen.

Die erteilte Vertretungsmacht wird – je nach ihrem Zweck – von unterschiedlichem Umfang sein; sie kann von einem einzelnen Geschäft (Spezialvollmacht) bis zu einer Generalvollmacht reichen. Der Vertreter ist nicht nur im Außenverhältnis zum Handeln für den Vollmachtgeber berechtigt, sondern meistens auch intern aufgrund eines Geschäftsbesorgungsverhältnisses dazu verpflichtet. Der Vertreter kann Weisungen erteilen (§ 166 BGB), bleibt aber auch selbst im Außenverhältnis handlungsbefugt. Die Vollmacht als solche – also die rechtliche Vertretungsbefugnis

---

13 §§ 1712-1717 BGB.

8. Rechtliches Handeln für andere

im Außenverhältnis – ist abstrakt, d. h. von dem zugrunde liegenden Rechtsverhältnis, etwa einem Auftrag, Geschäftsbesorgungsvertrag oder einem Dienstvertrag getrennt zu sehen und von ihm unabhängig.[14]

8.1.4 Das Wesen der Vertretung

Das Wesen der Vertretung ergibt sich aus §§ 164-166 BGB. Vertretung liegt vor, wenn ein Vertreter im Rahmen der ihm zustehenden Vertretungsmacht rechtsgeschäftlich oder geschäftsähnlich[15] eine Erklärung abgibt oder empfängt. Geregelt im Gesetz ist nur die »offene« Vertretung, bei der die eigene Erklärung des Vertreters oder die Umstände ergeben, dass im Namen des Vertretenen gehandelt wird.

Eine aus den Umständen zu schließende Vertretung nimmt man z. B an, wenn der Arzt für einen Kranken bestellt wird. Bei medizinischer Versorgung eines Kindes oder Ehegatten wird der Behandlungsvertrag im Zweifel den Eltern bzw. den Ehegatten zugeordnet, d. h. sie werden als die Vertragspartner des Arztes oder des Krankenhausträgers angesehen.

Alle Wirkungen des Vertreterhandelns mit Vertretungsmacht treffen unmittelbar den Vertretenen; nur er wird berechtigt und verpflichtet. Darum kann ein beschränkt Geschäftsfähiger (§§ 116-114 BGB) auch Vertreter sein, und zwar ohne dass sein gesetzlicher Vertreter zustimmen müsste; denn dem in der Geschäftsfähigkeit beschränkten Minderjährigen[16] kann kein rechtlicher Nachteil erwachsen, ja, er haftet nicht einmal, wenn ihm die Vollmacht fehlt, er also als Vertreter ohne Vertretungsmacht handelt, z. B weil er die ihm erteilte Vertretungsmacht überschritten hat – § 179 Abs. 3 Satz 2 BGB. Ergibt sich aber aus dem Zusammenhang nicht erkennbar ein Handeln »im Namen des Vertretenen«, so muss auch der beschränkt Geschäftsfähige das geschlossene Rechtsgeschäft als sein eigenes gelten lassen (§ 164 Abs. 2 BGB) und unter Umständen daraus haften; doch weil es ihm dann »nicht lediglich einen rechtlichen Vorteil« bringt, bleibt es unwirksam, falls der gesetzliche Vertreter seine Zustimmung nicht erteilt (§§ 107 ff. BGB).

Je nachdem, ob man Willenserklärungen für den Vertretenen abgeben oder entgegennehmen soll (Empfangsvertretung), spricht man von aktiver oder passiver Vertretung.

Es kann – besonders bei gesetzlicher Vertretung – vorkommen, dass der Vertreter im Namen des Vertretenen mit sich selbst ein Rechtsgeschäft vornimmt; dann spricht man von einem Insichgeschäft. Da der Vertreter hier im Zweifelsfall zugleich den eigenen und den fremden – den des Vertretenen – Vorteil verfolgt, entsteht ein Interessenkonflikt und mit ihm die Gefahr, dass der Vertreter den Konflikt zu seinen eigenen Gunsten löst. Eine vergleichbare Lage kann bei der gleichzeitigen

---

14 Vgl. Palandt-Heinrichs Rdnr. 2 vor § 164.
15 Bei geschäftsähnlichen Handlungen handelt es sich um Erklärungen – Willensäußerungen –, die sich auf einen tatsächlichen Erfolg richten und deren Rechtsfolgen kraft Gesetzes eintreten, dazu gehören Mahnungen, Fristsetzungen, Erteilung von Rechnungen.
16 Zur beschränkten Geschäftsfähigkeit Minderjähriger siehe in Kap.5 unter 5.2.1.2 und nachfolgend unter 8.2.

Vertretung mehrerer Personen eintreten, wenn jemand bei einem etwa zwischen zwei Personen zu schließenden Vertrag beide Seiten vertritt. Solche Insichgeschäfte, die durch Personenidentität und Interessenkollision gekennzeichnet sind, verbietet § 181 BGB grundsätzlich, um das Vermögen des Vertretenen zu schützen. Dem Vertreter soll es nicht möglich sein, einen Interessenkonflikt zum Schaden des Vertretenen auszunutzen; ihm fehlt es insoweit an einer Vertretungsmacht, doch kann der Vertretene einen unter Verstoß gegen § 181 BGB geschlossenen Vertrag genehmigen (§ 177 Abs. 1 BGB) und damit wirksam machen.

Es ist aber ein Verzicht auf die Beschränkungen des § 181 BGB durch eine bei der Erteilung der Vollmacht abzugebende Erklärung des Vertretenen möglich. Dann ist das Geschäft von vornherein voll wirksam. Andererseits ist das Insichgeschäft auch gültig, wenn es nur zur Erfüllung einer Verbindlichkeit dient, § 181 BGB. In einem solchen Fall liegt keine Interessenkollision vor, so wenig wie dann, wenn das Vertretergeschäft dem Vertretenen nur einen rechtlichen Vorteil im Sinne der Wertung des § 107 BGB verschafft. Der Schutzgedanke des Minderjährigenrechts lässt sich negativ verallgemeinern zu dem Grundsatz, dass es des Schutzes des Vertretenen nicht bedarf, wenn er durch das Geschäft des Vertreters lediglich einen rechtlichen Vorteil erlangt.[17]

Das gilt z. B für eine in der Familie übliche Zuwendung (Schenkung) von Eltern an ihre unter 7 Jahre alten, und damit nicht geschäftsfähigen Kinder. Hier vertreten die Eltern zugleich das Kind bei der Annahme des Zugewendeten. Handelt es sich um die Schenkung von Spielzeug, lässt sich die Gültigkeit des Geschäfts bereits unmittelbar aus § 181 BGB ableiten; denn das Geschäft dient der Erfüllung einer Verbindlichkeit der Eltern, die sich aus ihrer Erziehungsaufgabe im Rahmen der Personensorge (§ 1631BGB) ergibt. Für Geschäfte der Eltern mit ihren vertretungsbedürftigen Kindern, die außerhalb des gezeigten Rahmens liegen, muss das Familiengericht nach h. M. in aller Regel einen Pfleger nach § 1909 BGB bestellen.[18]

Einen für Eltern und Vormünder möglichen Gewissenskonflikt in der Vertretung ihres Kindes oder Mündels will der Gesetzgeber über das Insichgeschäft hinaus – §§ 1629 Abs. 2, 1795 Abs. 2 BGB – auch dann ausschalten, wenn auf der Gegenseite der Ehegatte des Vertreters oder ein Verwandter in gerader Linie steht – §§ 1629 Abs. 2 Satz 1, 1795 Abs. 1 Nr. 1 BGB. Doch macht auch hier die erweiternde Auslegung des Rechtsgedankens des § 107 BGB z. B im Fall der Schenkung des Großvaters an seinen Enkel eine Pflegerbestellung entbehrlich.[19] Ebenso kann eine Benachteiligung des vertretenen Kindes nicht eintreten, wenn ein getrennt lebender Elternteil, bei dem sich das Kind befindet, Unterhaltsansprüche nur im eigenen Namen geltend machen kann – § 1629 Abs. 3 BGB. Das bedeutet für den Unterhaltsprozess, dass der Elternteil zur Durchsetzung der Unterhaltsansprüche des Kindes den Prozess im eigenen Namen führt – ein Fall gesetzlicher Prozessstandschaft.

---

17 Vgl. Brox, Allgemeiner Teil des BGB Rdnr. 278.
18 Zum Pfleger s. u. unter 12.1.2.3.
19 Oberloskamp, Kindschaftsrechtliche Fälle, S. 19.

8.2 Zustimmung

Um »Rechtliches Handeln mit Wirkung für andere« handelt es sich in einem weiteren Sinn auch bei den Willenserklärungen, die erforderlich sind, um Geschäfte eines anderen wirksam werden zu lassen, die sich also rechtsgestaltend auswirken.

Dazu gehört vor allem die vorweg erteilte (**Einwilligung** §§ 107 und 183 BGB) oder die nachträglich erteilte Zustimmung (**Genehmigung** §§ 108, 184 BGB) des gesetzliches Vertreters des Minderjährigen, der das siebente Lebensjahr vollendet hat, zu Geschäften, die nicht nur einen rechtlichen Vorteil bringen.[20]

Anders als bei der Vertretung geht es hier nicht um eine Entlastung des minderjährigen Geschäftsherrn, sondern um seinen Schutz vor unbedachten Rechtsgeschäften. Die Zustimmung ist ein »selbstständiges Rechtsgeschäft und zugleich Hilfsrechtsgeschäft des zustimmungsbedürftigen Rechtsgeschäfts«; sie wird durch einseitige empfangsbedürftige Willenserklärung (vgl. § 108 BGB) erteilt.[21]

Umstritten ist die Reichweite der Zustimmungserklärung. Nimmt z. B der Minderjährige mit Einwilligung des gesetzlichen Vertreters an dessen Wohnort oder in der näheren Umgebung eine Berufsausbildung auf, so ist damit grundsätzlich nicht auch die Zustimmung zur selbstständigen Anmietung einer eigenen Wohnung verbunden.[22] Mietet dagegen ein Minderjähriger an seinem vom Wohnsitz der Eltern entfernten Berufsort ein Appartement, so wird die elterliche Zustimmung auf alle dieses Mietverhältnis betreffenden rechtsgeschäftlichen Handlungen und Erklärungen bezogen.[23]

Einen Generalkonsens der Eltern – also eine von vorneherein alles umfassende Zustimmung – gibt es aber im Minderjährigenrecht nicht, weil sonst die Schutzfunktion der §§ 107-109 BGB nicht erreicht werden könnte.

Auf folgende Unterscheidung ist hinzuweisen:

§ 107 BGB macht jede Willenserklärung einwilligungspflichtig, wenn sie nicht nur einen rechtlichen Vorteil bringt, ganz gleich, ob sie sich als einseitiges Rechtsgeschäft oder als Teil eines Vertrages darstellt. § 108 BGB lässt erkennen, dass die Wirksamkeit noch in der Schwebe ist, wenn es sich um einen Vertrag handelt; dann bedarf es der Genehmigung des Vertreters, um den Mangel zu heilen. § 111 BGB bestimmt dagegen, dass die Willenserklärung, wenn sie ein einseitiges Rechtsgeschäft bildet, etwa die Kündigung, ohne die erforderliche Zustimmung des gesetzlichen Vertreters von vorneherein unwirksam ist, hier ist ihre Heilung durch Nachholung ausgeschlossen. Das Interesse des Empfängers der Erklärung an klarer Rechtslage verträgt hier keinen Schwebezustand.

---

20 Flume, S. 889.
21 LG Mannheim, NJW 1969, 239.
22 LG München, NJW 1964, 456 Nr. 8.
23 Siehe dazu bereits in Kapitel 5.2.1.2.

In der Regelung des § 110 BGB (Taschengeldparagraph), der dem Erziehungsgedanken verpflichtet ist und einem Verkehrsbedürfnis Rechnung trägt, ist eine allgemeine Zustimmung des gesetzlichen Vertreters zu Geschäften des beschränkt Geschäftsfähigen zu sehen, die dieser mit überlassenen »freien« Mitteln bewirkt. Auch hier gilt indessen: Minderjährigenschutz geht vor Verkehrsschutz. Daher ist eine Zweckbindung des Taschengeldes möglich und selbst bei Überlassung zur freien Verfügung können Folgegeschäfte auszuschließen sein.

So kaufte ein Minderjähriger (im Sinne des § 106 BGB) aus seinem Taschengeld ein Lotterielos für 5 DM, aus dem Losgewinn von 5.000 DM ein Motorrad. Das Zweitgeschäft war von der Einwilligung der Eltern nicht gedeckt, entschied das RG.[24]

Auch bei zweckgebundener Mittelgewährung kann der Minderjährige aus dem Taschengeld Schenkungen – außer Pflicht- und Anstandsschenkungen – nicht vornehmen, auch nicht eine Forderung schenkungshalber erlassen, weil der gesetzliche Vertreter selbst nach § 1641 BGB dazu ebenfalls nicht berechtigt ist.[25]

Der Arbeitsverdienst, der einem Minderjährigen von seinem gesetzlichen Vertreter nicht abverlangt wird, bleibt ihm in der Regel zur freien Verfügung.[26]

Der Minderjährige hat keinen Anspruch auf Erteilung der Zustimmung, selbst dann nicht, wenn er einen unumgänglichen Arztvertrag zu seiner Behandlung geschlossen hat; sein gesetzlicher Vertreter hätte auch weitere Möglichkeiten, um seiner Unterhaltspflicht und Personensorge nachzukommen, er könnte selbst als Geschäftspartner den Vertrag – zugunsten seines Kindes – schließen (§ 328 BGB).

Ein Sonderfall der Zustimmung ist die **Ermächtigung**. Sie bezieht sich auf einen gegenständlich abgegrenzten Bereich, in dem der Minderjährige im eigenen Namen rechtsgeschäftlich tätig werden kann – in diesem Bereich besteht dann eine partielle unbeschränkte Geschäftsfähigkeit, auch Teilgeschäftsfähigkeit genannt:[27]

§ 112 BGB regelt die Ermächtigung des Minderjährigen durch den gesetzlichen Vertreter zum selbstständigen Betrieb eines Erwerbsgeschäfts und § 113 BGB die Ermächtigung für den Eintritt in »Dienst oder Arbeit« (»Arbeitsmündigkeit«). Dabei kann die Ermächtigung, geschäftskreisbezogen, verschieden weit gefasst sein, sie kann eingeschränkt oder zurückgenommen sein.

Auf die Begründung des Soldatenverhältnisses auf Zeit ist die Vorschrift des § 113 BGB entsprechend anwendbar.[28]

Die Ermächtigung zur Begründung eines Arbeitsverhältnisses ermächtigt auch zum Beitritt zu einer Gewerkschaft; der Beitritt ist wirksam, wenn die Arbeitsaufnahmeermächtigung allgemein erteilt ist, auch wegen des Grundrechts der Koalitions-

---

24 RGZ 74, 324 f.
25 OLG Stuttgart, FamRZ 1969, 39.
26 OLG Celle, NJW 1970, 1850.
27 Siehe dazu auch in Kapitel 7.2.1.2 zu b).
28 OVG Münster NJW 1962, 758.

freiheit (Art. 9 Abs. 3 GG)[29], sofern nicht der gesetzliche Vertreter seine Ermächtigung entsprechend begrenzt hat.[30]

Im Regelfall ist der minderjährige Arbeitnehmer für die Eröffnung eines Lohnkontos und für Verfügungen über den auf diesem Konto gutgeschriebenen Lohn auf Grund der Ermächtigung voll geschäftsfähig.[31]

Bei Arzt- und Krankenhausverträgen, die als entgeltliche Rechtsgeschäfte von den Eltern eines minderjährigen Kindes im eigenen Namen oder im Namen des Kindes geschlossen oder durch Zustimmung zu einem von geschäftsbeschränkten Kind selbst eingegangenen Vertrag wirksam werden, muss bei erforderlichen Eingriffen in den Körper des Patienten, vor allem bei Operationen, eine weitere Erklärung besonderer Art hinzukommen: die nicht rechtsgeschäftliche Einwilligung in das ärztliche Handeln.

Von der Zustimmung im vorstehenden Sinn ist die kraft gesetzlicher Bestimmung öfters notwendige und grundsätzlich vor der zu genehmigenden Handlung einzuholende behördliche oder gerichtliche Zustimmung zu unterscheiden, die zuweilen auch »Genehmigung« genannt wird und eine Rechtsbedingung darstellt, von deren Vorliegen die Wirksamkeit des Rechtsgeschäfts abhängt.

Als Beispiel für eine behördliche Zustimmung wird auf die vorherige Zustimmung des Integrationsamts zu einer vom Arbeitgeber beabsichtigten Kündigung eines schwerbehinderten Arbeitnehmers verwiesen, § 85 SGB IX.

Bei dem gerichtlichen Zustimmungserfordernis geht es um die Familien- und Vormundschaftsgerichte: die Zustimmung dieser Gerichte stellt sich als Kontrollmaßnahme von Eltern oder Vormund zur Wahrung der Interessen der Kinder dar.

Der Vormund bedarf für eine Reihe von Geschäften, vor allem auch Grundstücks- und Kreditgeschäfte, der vormundschaftsgerichtlichen Genehmigung, §§ 1819-1832 BGB. Für bestimmte zustimmungsbedürftige Geschäfte kann das Gericht dem Vormund jedoch eine allgemeine Ermächtigung erteilen, § 1825 Abs. 1 BGB.

§ 1643 BGB enthält für eine Reihe von Rechtsgeschäften, die die Eltern für das Kind schließen wollen, einen familiengerichtlichen Genehmigungsvorbehalt, und zwar durch Verweisung auf die entsprechenden vormundschaftsgerichtlichen Genehmigungsvorbehalte in §§ 1821, 1822 BGB.

Die vormundschaftsgerichtliche und die familiengerichtliche Genehmigung kann auch nachträglich erteilt werden, § 1829 Abs. 1 BGB, § 1643 Abs. 3 BGB.

Beide Arten der Zustimmung die private zu Rechtsgeschäften des Minderjährigen wie die gerichtliche zu Geschäften – die der gesetzliche Vertreter schließt, sind Wirksamkeitsvoraussetzungen des zustimmungsbedürftigen Rechtsgeschäfts. Solange sie nicht erfüllt sind, besteht daher ein Schwebezustand, die schwebende

---

29 LG Frankfurt FamRZ 1967, 680.
30 LG Esse, NJW 1965, 2302.
31 Vgl. Palandt-Heinrichs, Rdnr zu § 113 mit weiteren Nachweisen.

Unwirksamkeit.[32] Der Geschäftspartner des Minderjährigen oder des gesetzlichen Vertreters wird interessiert sein, sich rasch über die Realisierungsabsichten des Geschäfts zu vergewissern. Daher kann, wenn es um die Genehmigung des gesetzlichen Vertreters geht, der Geschäftspartner den Vertreter zu einer Erklärung über die Genehmigung auffordern; wird diese nicht innerhalb von 2 Wochen erklärt, gilt sie als verweigert – § 108 Abs. 2 BGB. Wenn es um die nachträgliche Genehmigung von Vormundschaftsgericht und Familiengericht geht, gilt eine vergleichbare Regelung für die Aufforderung an den Vormund bzw. die Eltern, § 1829 Abs. 2 BGB, § 1643 Abs. 3 BGB.

Handelt es sich um ein schwebend unwirksames Geschäft des Minderjährigen, so besteht folgende Situation:

> **Beispiel:** Der 16-jährige Ingo kauft ohne Wissen seiner Eltern von seinem 19-jährigen Freund Marko dessen fast neuwertiges Fahrrad, das 550 Euro gekostet hat, für nur 85 Euro. Geld und Fahrrad wechseln den Besitzer. Kurze Zeit später ärgert sich Marko über Ingo und das mit ihm abgeschlossene Geschäft und er verlangt Rückgabe des Fahrrads, weil der Kaufvertrag unwirksam sei.

Es fragt sich, wer mit seiner Meinung Recht hat und warum, und es ist zu prüfen, ob und wie die Wirksamkeit des Kaufvertrages, falls sie fehlt, herbeigeführt werden kann und wie etwa vorgenommene Erfüllungsgeschäfte zu behandeln sind.

Wenn Ingo den Kaufpreis aus seinem Taschengeld bezahlt hat, ist der Kaufvertrag trotz Minderjährigkeit und ohne Zustimmung der Eltern von Ingo wirksam geworden, § 110 BGB; Marko kann dann die Rückgabe des Fahrrads nicht verlangen.

Wenn kein Fall des § 110 BGB vorliegt: ist der Kaufvertrag mangels Zustimmung der Eltern von Ingo nicht wirksam. Er ist schwebend unwirksam bis feststeht, ob die Eltern die Genehmigung erteilen oder verweigern; Marko ist bis dahin aber an den Vertrag gebunden und kann die Eltern von Ingo nach § 108 BGB zu einer entsprechenden Erklärung auffordern. In dem Rückgabeverlangen von Marko liegt jedoch nicht die entsprechende Aufforderung an die Eltern, sondern darin kann man einen »Widerruf« des Vertrages oder einen »Rücktritt« vom Vertrag sehen. Ein Rücktritt nach § 346 BGB setzt voraus, dass ein Rücktrittsrecht vertraglich vereinbart wurde oder ein gesetzliches Rücktrittsrecht besteht, weder das eine noch das andere ist der Fall. Ein Widerrufsrecht könnte Marko nach § 109 BGB zustehen. Dieses Recht ist jedoch ausgeschlossen, wenn Marko die Minderjährigkeit von Ingo bekannt war, wovon auszugehen ist, es sei denn, dass Ingo wahrheitswidrig behauptet hätte, dass seine Eltern mit dem Fahrradkauf einverstanden waren – § 109 Abs. 2 BGB. Doch dafür gibt der Sachverhalt keine Anhaltspunkte. Ein Widerrufsrecht von Marko besteht also nicht.

---

32 Das gilt regelmäßig nicht beim behördlichen Zustimmungserfordernis – bei dem obigen Beispiel der Kündigung eines schwerbehinderten Arbeitnehmers ist die ohne vorherige Zustimmung des Integrationsamts ausgesprochene Kündigung wegen Verstoß gegen § 85 SGB IX gem. § 134 BGB nichtig und unter keinen Umständen heilbar.

8. Rechtliches Handeln für andere

Daher kommt es darauf an, ob die Eltern von Ingo das Geschäft genehmigen oder nicht; erteilen sie die Genehmigung, wird der Kaufvertrag voll wirksam – Marko kann die Rückgabe des Fahrrads nicht verlangen. Verweigern sie ihre Genehmigung, wird aus der bis dahin schwebenden Unwirksamkeit dauernde Unwirksamkeit: der Kaufvertrag ist damit nicht zustande gekommen; für die Übereignung des Fahrrads und des Geldes fehlt es an einem Rechtsgrund. Marko kann das Fahrrad von Ingo wegen ungerechtfertigter Bereicherung nach § 812 BGB herausverlangen – Entsprechendes gilt für Ingo im Hinblick auf den Kaufpreis.

9. Die Zeit im Recht

9.0 Einführung

Unsere Rechtsordnung enthält eine Fülle von Bestimmungen mit zeitlichen Vorgaben oder Aspekten, die unterschiedliche Funktionen haben. Maßgeblich sind vor allem die Lebensaltersstufen[1], angefangen mit der Bestimmung des Zeitpunktes, in dem die Rechtsfähigkeit des Menschen beginnt[2], die Verjährungsfristen[3], die Kündigungsfristen im Wohnraummietrecht und im Arbeitsrecht[4], auch Fristen, die im Zusammenhang mit dem Scheidungsverfahren eine Rolle spielen, z. B. die Jahresfrist des § 1566 Abs. 1 BGB für das Getrenntleben der Ehepartner, nach deren Ablauf das Scheitern der Ehe unwiderlegbar vermutet wird, wenn beide Ehepartner die Scheidung beantragen oder der Antragsgegner der Scheidung zustimmt.

9.1 Fristen und Termine

Grundlage und Voraussetzung für alle Regelungen, die zeitliche Aspekte betreffen, ist das Zeitgesetz vom 25. 7. 1978.[5] Dieses Gesetz bestimmt als maßgebliche Zeit die Mitteleuropäische Zeit (MEZ), die seit 1980 auf der Grundlage einer Verordnungsregelung regelmäßig durch die Sommerzeit mit ihrer Stundenverschiebung modifiziert wird. Das Maß der Zeit ist auf der Grundlage der Basiseinheit Sekunde festgelegt durch das Gesetz über Einheiten im Messwesen vom 2. 7. 1969.[6]

Das BGB enthält die grundsätzlichen Regelungen zu Fristen und Terminen im vierten Abschnitt seines Allgemeinen Teils unter dem Titel mit dieser Überschrift. Diese Regelungen gelten nicht nur für das bürgerliche Recht, sondern kraft ausdrücklicher Verweisung[7] oder aufgrund entsprechender Anwendung auch im Bereich des öffentlichen Rechts, was die grundsätzliche Natur dieser Regelungen deutlich macht.

Während der »Termin« einen bestimmten Zeitpunkt – im Verlauf eines bestimmten Tages – bezeichnet, meint »Frist« einen bestimmten oder jedenfalls bestimmbaren Zeitraum, eine Zeitspanne.[8] Die §§ 187–193 BGB bieten die wesentlichen Grundlagen für die Berechnung von Fristen. Will man das Ende einer Frist bestimmen, muss man wissen, wann sie begonnen hat. Hier kennt § 187 BGB zwei Möglichkeiten: ist für den Anfang einer Frist ein Ereignis oder ein in den Lauf des

---

1 Siehe Tabelle im Anhang.
2 Siehe im Kap. 5.1.
3 Siehe nachfolgend unter 9.2.
4 Siehe nachfolgend unter 9.5.
5 BGBl. I S. 1010 f.
6 BGBl. I S. 709 ff.
7 Z. B. durch § 57 der VwGO, der u. a. auf § 222 ZPO verweist und dieser auf die Vorschriften des BGB.
8 RGZ 120, 362.

Tages fallender Zeitpunkt maßgeblich, so wird bei der Berechnung der Frist dieser Tag nicht mit gerechnet (Abs. 1) – ist der Beginn eines Tages der für den Anfang einer Frist maßgebliche Zeitpunkt, wird dieser Tag bei der Berechnung der Frist mitgerechnet; dasselbe gilt für den Tag der Geburt bei der Berechnung des Lebensalters (Abs. 2).

Beispiele:
a) dem Arbeitnehmer A wird am 15. 1. – einem Mittwoch – mit der Post die Kündigung seines Arbeitgebers zugestellt. Dies ist ein Ereignis, durch das die dreiwöchige Klagefrist des § 4 KSchG ausgelöst wird. Bei der Berechnung der Frist zählt also der 15. 1 nicht mit – die Frist beginnt am 16. 1.
b) der Arbeitnehmer B. schließt mit dem Arbeitgeber C. einen am 1. 2. beginnenden Arbeitsvertrag ab, in dem eine drei Monate dauernde Probezeit vereinbart wird. Bei der Berechnung der Probezeit wird der 1. 2. mit gerechnet.[9]

§ 188 Abs. 2 BGB regelt für die beiden Fälle, wie das Ende der Frist zu bestimmen ist; zu den obigen **Beispielen:**

a) in diesem Fall endet die Frist drei Wochen später mit Ablauf des Tages, der seiner Benennung dem Tage entspricht, in den das Ereignis gefallen ist, das für den Fristlauf maßgebend war; das ist hier Mittwoch, der 5. 2. Spätestens an diesem Tage muss die Kündigungsschutzklage beim Arbeitsgericht eingegangen sein, und zwar bis 24.00 Uhr.
b) in diesem Fall endet die Probezeit drei Monate später mit Ablauf des letzten Tages des dritten Monats, also am 30. 4.
Entsprechend wird der am 2. 8. 1982 geborene D. mit Ablauf des 1. 8. 2000 um 24.00 Uhr achtzehn Jahre alt und damit volljährig.

Ist an einem bestimmten Tage oder innerhalb einer Frist eine Willenserklärung abzugeben oder eine Leistung zu bewirken und fällt der maßgebliche Tag oder der letzte Tag einer Frist auf einen Sonnabend, Sonntag oder einen staatlich anerkannten Feiertag, so tritt an die Stelle eines solchen Tages der nächste Werktag, (§ 193 BGB); eine Regelung, die die Sonn- und Feiertagsruhe respektiert und die der Fünf-Tage-Woche gerecht wird.

Von den unterschiedlichen Fristen sollten zwei näher erläutert werden: die Verjährungsfrist und die Ausschlussfrist. Der Berechtigte, der vor Ablauf solcher Fristen nichts unternommen hat, erleidet regelmäßig einen rechtlichen Nachteil. In beiden Fällen ist die Frist meist durch Gesetz vorgeschrieben, sie kann aber auch rechtsgeschäftlich begründet werden.[10] Auch kann es vorkommen, dass durch Auslegung ermittelt werden muss, um welche Art der Frist es sich handelt.

---

9 BAG NJW 980, 1015.
10 Siehe unter 9.2.3 und 9.3.

9.2 Die Verjährung

Die Verjährung und die für sie maßgeblichen Bestimmungen sind im BGB im Fünften Abschnitt des Allgemeinen Teils geregelt[11]; diese Regelungen haben aber, vor allem was Fragen der Hemmung und den Neubeginn der Verjährung angeht, über das BGB hinaus gehende Bedeutung, da in anderen Rechtsbereichen darauf verwiesen wird.

9.2.1 Die Verjährungseinrede

Nur Ansprüche unterliegen der Verjährung; was ein Anspruch ist, definiert § 194 Abs. 1 BGB verbindlich für das gesamte BGB: »Das Recht, von einem anderen ein Tun oder Unterlassen zu verlangen (Anspruch), unterliegt der Verjährung«; dabei kann sich der Anspruch auch auf ein Dulden beziehen.

Die Verjährung führt nicht zum Untergang des Rechts – sie begründet vielmehr ein durch so genannte Einrede geltend zu machendes Recht des Verpflichteten zur Leistungsverweigerung: »Nach Eintritt der Verjährung ist der Schuldner berechtigt, die Leistung zu verweigern« (§ 214 Abs. 1 BGB). Daher muss die Verjährung geltend gemacht werden, das bedeutet, dass sich der Verpflichtete auf sie berufen muss, damit sie vom Gericht berücksichtigt werden kann. Das gilt gemäß § 45 Abs. 2 SGB I auch für die Verjährung von Ansprüchen auf Sozialleistungen.

Mit der Ausübung der Einrede ist der Anspruch nicht erloschen, doch in seiner Durchsetzung gelähmt[12], blockiert. Auf diese Weise soll der Schuldner im Interesse des Rechtsfriedens vor veralteten Ansprüchen geschützt werden.

9.2.2 Die Verjährungsfrist

Die regelmäßige Verjährungsfrist beträgt nach § 195 BGB drei Jahre.[13] Diese Verjährungsfrist gilt für alle Ansprüche, für die keine besondere Verjährungsfrist vorgesehen ist, gleichgültig ob es sich um rechtsgeschäftliche oder gesetzliche Ansprüche handelt.[14] Der regelmäßigen Verjährung unterliegen gem. § 197 Abs. 2 BGB auch Ansprüche auf wiederkehrende Leistungen und Unterhaltsansprüche.

---

11 Das Verjährungsrecht des BGB ist durch das Gesetz zur Modernisierung des Schuldrechts vom 26. 11. 2001 – BGBl. I S. 3138 ff. – 2002 – unbeschadet der Überleitungsvorschriften gem. Art. 2 des Gesetzes – mit Wirkung zum 1. 1. fast vollständig neu geregelt worden; dazu gehören vor allem die völlige Neuordnung der Verjährungsfristen, die Umwandlung der meisten Tatbestände der Verjährungsunterbrechung in solche der Verjährungshemmung und die weitgehende Einführung der Vertragsfreiheit im Verjährungsrecht – vgl. dazu Mansel, Die Neuregelung des Verjährungsrechts in NJW 2002, 89 ff.
12 Brox, Allgemeiner Teil des BGB, Rdnr. 667.
13 Sie ersetzt die bisherige regelmäßige Verjährungsfrist von 30 Jahren.
14 Insbesondere gehen in dem jetzigen § 195 BGB die »kurzen« zwei-, drei- und vierjährigen Fristen nach altem Recht auf.

Als besondere und zwar längere Verjährungsfristen sind u. a. vorgesehen:

a) eine zehnjährige Verjährungsfrist – § 196 BGB – sie gilt für
   - Ansprüche auf Übertragung des Eigentums an einem Grundstück,
     - Ansprüche auf Begründung, Übertragung oder Aufhebung eines Rechts an einem Grundstück, sowie
     - Ansprüche auf die Gegenleistung
b) eine dreißigjährige Verjährungsfrist – § 197 Abs. 1 BGB – sie gilt für
   - Herausgabeansprüche aus Eigentum und anderen dinglichen Rechten,
   - familien- und erbrechtliche Ansprüche,
   - rechtskräftig festgestellte Ansprüche,
   - Ansprüche aus vollstreckbaren Vergleichen und vollstreckbaren Urkunden
   - Ansprüche, die durch die im Insolvenzverfahren erfolgte Feststellung vollstreckbar geworden sind.

Darüber hinaus gelten in den verschiedensten Bereichen besondere Verjährungsfristen, die teils neu geschaffen wurden, wie es bei den kaufrechtlichen Mängelansprüchen des § 438 BGB oder den reisevertraglichen Mängelansprüchen des § 651 g BGB der Fall ist, oder die weiter gelten, wie etwa bei der Verjährung des Zugewinnausgleichsanspruch nach § 1378 Abs. 4 BGB oder des Pflichtteilsanspruchs nach § 2332 BGB.

Für den Beginn der neuen regelmäßigen Verjährungsfrist von drei Jahren gilt Folgendes:

Die regelmäßige Verjährungsfrist beginnt nach § 199 I BGB mit dem Schluss des Jahres, in dem

– der Anspruch entstanden ist
und
– der Gläubiger von den, den Anspruch begründenden, Umständen und der Person des Schuldners Kenntnis erlangt hat oder ohne grobe Fahrlässigkeit erlangen müsste.

Daraus kann man ersehen, dass die neue Verjährungsfrist für den Gläubiger den Charakter einer Überlegungsfrist hat.

Die Regelung des § 199 Abs. 1 BGB kann dazu führen, dass ein Anspruch nie verjährt, z. B. der Schadensersatzanspruch aus einem Verkehrsunfall, bei dem der Schädiger Fahrerflucht begangen hat und dem Gläubiger der Schuldner nie bekannt wird.

Um solche Fälle von Unverjährbarkeit zu vermeiden, regeln die Abs. 2 bis 4 des § 199 BGB Verjährungshöchstfristen, nach deren Ablauf die Verjährung in jedem Falle eintritt, also unabhängig von der Kenntnis des Gläubigers. So verjähren z. B. nach § 199 Abs. 2 BGB Schadensersatzansprüche, die auf der Verletzung des Lebens, des Körpers, der Gesundheit oder der Freiheit beruhen, ohne Rücksicht auf ihre Entstehung und die Kenntnis oder grob fahrlässige Unkenntnis in 30 Jahren von der Begehung der Handlung, der Pflichtverletzung oder dem sonstigen, den Schaden auslösenden Ereignis an. Für die weiteren Verjährungshöchstfristen wird auf § 199 Abs. 3 und Abs. 4 BGB verwiesen.

Die **Verjährungshöchstfristen** betreffen nur die Ansprüche, die ansonsten der regelmäßigen dreijährigen Verjährung unterliegen. Im Gegensatz zu dieser beginnen sie – soweit es sich um Schadensersatzansprüche handelt – mit dem Schaden auslösenden Ereignis – die Verjährung tritt dann entsprechend der Berechnung nach §§ 187, 188 BGB zehn bzw. dreißig Jahre später auf den Tag genau ein.

Die Verjährungsfrist von anderen Ansprüchen, die nicht der regelmäßigen Verjährung unterliegen, beginnt mit der Entstehung des Anspruchs, soweit nicht ein anderer Verjährungsbeginn bestimmt ist, § 200 BGB.

Im Bereich des öffentlichen Rechts existieren für Teilbereiche wie das Soziale Leistungsrecht oder das Steuerrecht besondere Verjährungsfristen und Verjährungsvorschriften. Ansprüche auf Sozialleistungen verjähren nach § 45 Abs. 1 Sozialgesetzbuch I in vier Jahren nach Ablauf des Jahres, in dem sie entstanden sind; neben der Sonderregelung in Abs. 3 dieser Vorschrift wird für die Hemmung und den Neubeginn der Verjährung auf die entsprechende Anwendung der BGB Regelungen verwiesen.

Nach der Abgabenordnung (AO) unterliegen Ansprüche aus dem Steuerschuldverhältnis einer besonderen Zahlungsverjährung mit einer Verjährungsfrist von fünf Jahren, § 228 AO. Nach ausdrücklicher Regelung in § 232 AO hat die Verjährung hier jedoch eine andere Bedeutung als unter 9.2.1 dargestellt – durch den Verjährungseintritt erlöschen der Anspruch aus dem Steuerschuldverhältnis und die davon abhängenden Zinsen. Hier hat die Verjährung also die Wirkung einer Ausschlussfrist – siehe dazu nachfolgend unter 9.3.

Soweit im öffentlichen Recht keine Sondervorschriften bestehen, ist einzelfallbezogen auf die entsprechende Anwendung der BGB Vorschriften zurückgegriffen worden, so etwa für den Anspruch gegenüber Studierenden auf Erstattung zu unrecht geleisteter Ausbildungsförderung nach § 20 BAföG auf die frühere regelmäßige 30jährige Verjährungsfrist des § 195 BGB a. F.[15] – entsprechend auch für Ansprüche gegenüber dem Staat aus Aufopferung, Enteignung und enteignungsgleichem Eingriff.[16] Wenn man davon ausgeht, dass der Gesetzgeber durch das Schuldrechtsreformgesetz die Verjährung öffentlich-rechtlicher Ansprüche nicht reformieren wollte[17], lässt sich einerseits vermuten, dass es bei der bisherigen Rechtsprechung bleibt; andererseits bleibt jedoch abzuwarten, ob und inwieweit die Grundsätze des neuen Verjährungsrechts des BGB gleichwohl aufgrund künftiger Rechtsprechung partiell auf öffentlich-rechtliche Ansprüche übertragen werden oder der Gesetzgeber sich zu solchen Schritten entschließt.

---

15 Diese Rechtsprechung – vgl. VGH Mannheim KMKHSchR 1989, 765 – ist jedoch inzwischen durch die neuere Rspr. des BVerwG überholt, vgl. Rothe-Blanke, Anm. 12.1 zu § 20 BAföG.
16 Z. B. BGH NJW1982,1277; 1992, 1884.
17 Vgl. Mansel a. a. O. S. 91.

9.2.3 Verjährungshemmung und Neubeginn der Verjährung

Die in den §§ 203 bis 208 BGB geregelte Verjährungshemmung bedeutet, dass die Verjährungsfrist während der Zeitspanne der Hemmung nicht weiter läuft, § 209 BGB. Die Gründe für die Hemmung der Verjährung sind vielfältig:

- nach § 203 BGB ist die Verjährung gehemmt, solange zwischen dem Schuldner und dem Gläubiger Verhandlungen über den Anspruch stattfinden, bis der eine oder der andere Teil die Fortsetzung der Verhandlungen verweigert,
- § 204 BGB zählt 14 Fälle auf, in denen die Verjährung durch Maßnahmen der Rechtsverfolgung gehemmt wird; dazu gehören die Klageerhebung, die Zustellung des Mahnbescheids, die Zustellung eines Antrags auf Erlass einer einstweiligen Verfügung, die Anmeldung eines Anspruchs im Insolvenzverfahren, die Veranlassung der Bekanntgabe des erstmaligen Antrages auf Gewährung von Prozesskostenhilfe[18],
- § 207 BGB befasst sich mit der Hemmung der Verjährung aus familiären und ähnlichen Gründen: die Verjährung von Ansprüchen zwischen Ehegatten ist gehemmt, solange die Ehe besteht. Entsprechendes gilt für Lebenspartner, solange die Partnerschaft besteht. Ansprüche zwischen Eltern und Kindern sind während der Minderjährigkeit der Kinder gehemmt,
- nach § 208 BGB ist die Verjährung von Ansprüchen wegen Verletzung der sexuellen Selbstbestimmung bis zur Vollendung des 21. Lebensjahres des Gläubigers gehemmt.

Einen Sonderfall der Hemmung stellt die in §§ 210, 211 BGB geregelte Ablaufhemmung dar; dabei regelt § 210 BGB zum Schutz von nicht oder nicht voll geschäftsfähigen Personen, dass eine für oder gegen sie laufende Verjährung nicht eintritt, solange sie keinen gesetzlichen Vertreter haben.

Von der Hemmung ist der Neubeginn der Verjährung (nach altem Recht: Unterbrechung der Verjährung) zu unterscheiden. Bei einem Neubeginn ist die bis zum maßgeblichen Ereignis verstrichene Zeit unbeachtlich und es beginnt eine neue Verjährungsfrist zu laufen. Nur bei zwei Fallgestaltungen, die in § 212 BGB geregelt sind, beginnt die Verjährung neu:

- wenn der Schuldner dem Gläubiger gegenüber den Anspruch durch Abschlagszahlung, Zinszahlung, Sicherheitsleistung oder in anderer Weise, z. B. durch die Bitte um Stundung anerkennt,
- wenn eine gerichtliche oder behördliche Vollstreckungshandlung vorgenommen wird.

Nur in den im Gesetz ausdrücklich geregelten Fällen tritt eine Hemmung oder ein Neubeginn der Verjährung ein. Zum Beispiel hat eine Mahnung, d. h. eine Aufforderung, die Leistung zu erbringen und/oder die Androhung gerichtlicher Schritte, auch wenn diese schriftlich und mehrfach erfolgt, keinen Einfluss auf den Ablauf der Verjährungsfrist.

---

18 Damit sind die Fälle, die nach altem Recht – § 209 BGB a. F. – bei Rechtsverfolgungsmaßnahmen zu einer Verjährungsunterbrechung führten, erheblich erweitert worden.

Als bedeutsame Neuerung ist die Erweiterung der Vertragsfreiheit im Verjährungsrecht hervorzuheben, also die Möglichkeit der Vereinbarung vom Gesetz abweichender Verjährungsregelungen. »Gegenstand einer Verjährungsvereinbarung können nach neuem Recht alle Regelungsfragen der §§ 194 ff. BGB sein, also nicht nur die Länge der Verjährungsfrist, sondern auch ihr Beginn, die Hemmung, die Ablaufhemmung oder der Verjährungsverzicht etc.«[19]

Ob das Vorgehen gegen einen säumigen Schuldner letztendlich zur Befriedigung des Gläubigers führt, wird natürlich immer davon abhängen, ob der Schuldner Einkommen und/oder Vermögen hat, auf die ein Vollstreckungszugriff möglich ist.

9.3 Die Ausschlussfrist

Bei einer Ausschlussfrist (Präklusionsfrist) geht im Gegensatz zur Verjährung das Recht, wenn die Frist abgelaufen ist, unter. Diese Rechtsfolge tritt unabhängig von Kenntnis des durch den Fristablauf Benachteiligten und unabhängig von einer Berufung des durch den Fristablauf Begünstigten auf diesen Umstand ein. Das Gericht hat die rechtsvernichtende Präklusion daher auch **von Amts wegen** – unabhängig von einem Antrag – **zu beachten.** An Ausschlussfristen sind vor allem Gestaltungsrechte, aber auch Ansprüche gebunden.

Beispiele für Ausschlussfristen:
- § 124 I, II, III BGB: die Anfechtung einer Willenserklärung, die durch eine arglistige Täuschung oder eine Drohung im Sinne des § 123 BGB verursacht worden ist, kann nur innerhalb einer Frist von einem Jahr ab Entdeckung der Täuschung bzw. ab Beendung der Zwangslage erfolgen. Die Anfechtung ist ausgeschlossen, wenn seit der Abgabe der Willenserklärung mehr als zehn Jahre verstrichen sind.
- Das Pfandrecht (des Vermieters) erlischt innerhalb eines Monats nachdem der Vermieter von der Entfernung der Sachen Kenntnis erlangt hat, wenn er diesen Anspruch nicht vorher gerichtlich geltend gemacht hat« – § 562 b Abs. 2 Satz 2 BGB.
- Wenn eine Behörde berechtigt ist, einen begünstigenden, rechtswidrigen Verwaltungsakt für die Vergangenheit zurückzunehmen, muss sie dies innerhalb eines Jahres seit Kenntnis der Tatsachen tun, welche die Rücknahme des Verwaltungsaktes für die Vergangenheit rechtfertigen – § 45 IV 2 SGB X. Auch bei in Prüfungsordnungen und Immatrikulationsordnungen der Hochschulen festgelegten Fristen kann es sich um Ausschlussfristen handeln – ob das tatsächlich der Fall ist, muss jedoch bei der einzelnen Frist durch Auslegung ermittelt werden.
- Besondere Bedeutung haben Ausschlussfristen im Arbeitsrecht. Tarifverträge – gleichgültig, ob es sich um Manteltarifverträge oder Lohn- und Gehaltstarifverträge handelt – sehen für die Geltendmachung von Ansprüchen aus dem Arbeitsverhältnis Ausschlussfristen vor. Z. B. § 70 I des Bundesangestelltentarifvertrags (BAT) mit folgender Formulierung:

---

19 Siehe Mansel, a. a. O. S. 96.

> »Ansprüche aus dem Arbeitsverhältnis verfallen, wenn sie nicht innerhalb einer Ausschlussfrist von sechs Monaten nach Fälligkeit vom Angestellten oder vom Arbeitgeber schriftlich geltend gemacht werden, soweit tarifvertraglich nichts anderes bestimmt ist«.
>
> Die Vereinbarung von Ausschlussfristen ist auch einzelarbeitsvertraglich zulässig.

Die Berufung auf den Ablauf einer Ausschlussfrist und den damit verbundenen Verfall des Rechts ist dann nicht zulässig, wenn dies gegen Treu und Glauben (§ 242 BGB) verstößt; das kann der Fall sein, wenn der Verpflichtete den Anschein erweckt hat, er werde sich nicht auf den Fristablauf berufen und der Berechtigte darauf vertraut hat.

9.4 Die Verwirkung

Auch die – gesetzlich nicht ausdrücklich geregelte – Verwirkung ist Ausfluss des sich aus § 242 BGB ergebenden Grundsatzes von Treu und Glauben. Ein Recht ist verwirkt, wenn der Berechtigte es längere Zeit hindurch nicht geltend gemacht hat, der Verpflichtete sich darauf eingerichtet hat und sich nach dem gesamten Verhalten des Berechtigten auch darauf einrichten durfte, dass dieser das Recht in Zukunft nicht geltend machen werde.[20] Die verspätete Geltendmachung muss sich danach als unzulässige und damit gegen Treu und Glauben (§ 242 BGB) verstoßende Rechtsausübung darstellen.

Der Unterschied zur Verjährung und zur Ausschlussfrist liegt darin, dass bei diesen für den Eintritt der Rechtsfolgen ausschließlich der Zeitablauf ausreichend ist, während für die Verwirkung neben dem Zeitablauf besondere Umstände hinzukommen müssen, die die verspätete Rechtsausübung als treuwidrig erscheinen lassen. Daraus ergibt sich, dass Verwirkung bereits zu einem Zeitpunkt eintreten kann, in dem die Verjährungsfrist noch nicht abgelaufen ist. Dies ist jedoch nach der Reform des Verjährungsrechts eine eher theoretische Möglichkeit, denn die neue Regelverjährungsfrist von drei Jahren muss dem Gläubiger grundsätzlich ungekürzt zur Verfügung stehen.[21]

Das Gemeinsame von Verwirkung und Ausschlussfrist besteht darin, dass es sich in beiden Fällen um eine rechtsvernichtende Einwendung handelt, die im Prozess von Amts wegen zu beachten ist. Die Verwirkung ist nicht auf das Privatrecht beschränkt; sie hat – wegen des auch im öffentlichen Recht anzuwendenden Grundsatzes von Treu und Glauben – auch in diesem Rechtsbereich ihren Platz.

---

20 Palandt-Heinrichs, Rdnr. 87 zu § 242.
21 Palandt-Heinrichs, Rdnr. 97 zu § 242.

Beispiele:
Aus dem Arbeitsrecht:
Verwirkung des Anspruchs auf ein Arbeitszeugnis: nach Beendigung des Arbeitsverhältnisses hatte ein Arbeitnehmer den Arbeitgeber in kürzeren Zeitabständen drei Mal an die Ausstellung eines Arbeitszeugnisses erinnert, der Arbeitgeber hatte sodann ein Zeugnis ausgestellt. Der Arbeitnehmer, der mit dem ausgestellten Zeugnis inhaltlich einverstanden war, ließ 10 Monate verstreichen, bevor er den Arbeitgeber aufforderte, ein neues, seinen Vorstellungen entsprechendes neues Zeugnis auszustellen (BAG NJW 1988 S. 1616).
Verwirkung des Anspruch auf Entfernung von Abmahnschreiben aus der Personalakte (BAG NJW 1989, 2546).

Aus dem Mietrecht:
Verwirkung des Rechts auf Mieterhöhung nach § 558 BGB – Mieterhöhung bis zur ortsüblichen Vergleichsmiete (AG Albstadt NJW-RR 91, 1482).
Keine Verwirkung des Anspruchs aus § 546 BGB – Rückgabe der Mietsache nach der Beendigung des Mietverhältnisses, weil nach 6 Monaten das Zeitmoment noch nicht erfüllt ist (BGH NJW-RR 88, 78).
Auch der Anspruch aus einem rechtskräftigen Räumungsurteil unterliegt der Verwirkung (OLG Hamm NFW 1982, 341).

Aus dem Unterhaltsrecht:
Nach BGH ist die Verwirkung eines streitigen Unterhaltsanspruchs bereits nach einjähriger Untätigkeit zu bejahen (NJW 1990, 2630).

9.5 Befristete Verträge

Verträge, durch die ein sog. Dauerschuldverhältnis begründet wird, können von vorne herein zeitlich befristet, also für einen im Vertrag bestimmten Zeitraum abgeschlossen werden. Das Vertragsverhältnis endet dann, ohne dass es einer Kündigung bedarf, durch Zeitablauf. Typische Fälle dafür sind der befristete Mietvertrag und der befristete Arbeitsvertrag.

Bei Arbeitsverträgen ist die Vereinbarung einer Befristung nicht ohne weiteres zulässig. Die Rechtsprechung des BAG hatte die Zulässigkeit der Befristung stets an das Vorliegen eines sachlichen, die Befristung als solche und ihre Dauer rechtfertigenden Grundes gebunden; welche Gründe als sachliche gelten, ist inzwischen gesetzlich geregelt, und zwar in § 14 Abs. 1 des Teilzeit- und Befristungsgesetzes vom 21. 12. 2000.[22] Dazu gehören u. a. die Vertretung eines anderen Arbeitnehmers oder wenn die Vergütung aus Haushaltsmitteln stammt, die haushaltsrechtlich für eine befristete Beschäftigung bestimmt sind.

---

22 Dieses Gesetz löst das frühere Beschäftigungsförderungsgesetz, das zum 1. 1. 2001 außer Kraft getreten ist, ab. Weitere spezielle Regelungen für sachliche Gründe finden sich für den öffentlichen Dienst in der Sonderregelung 2 y zum BAT und für den Hochschulschulbereich in §§ 57 a ff. HRG.

Unter welchen Voraussetzungen ein befristetes Arbeitsverhältnis ohne einen die Befristung sachlich rechtfertigen Grund zulässig ist, ergibt sich aus § 14 Abs. 2 und 3 des genannten Gesetzes.

Auch bei Mietverträgen ist der Abschluss von Zeitmietverträgen nicht unbeschränkt zulässig, vielmehr ist er an das Vorliegen der in § 575 Abs. 1 BGB aufgeführten Gründe gebunden, z. B. wenn der Vermieter nach Ablauf der Mietzeit die Räume als Wohnung für sich, seine Familienangehörigen oder Angehörige seines Haushalts nutzen will.

9.6 Die Kündigung, insbesondere von Wohnraum und von Arbeitsverhältnissen

9.6.1 Die Kündigung

Bei der Kündigung handelt es sich um die Ausübung eines Gestaltungsrechts zwecks Beendigung des Vertragsverhältnisses. Die Kündigung erfolgt durch eine einseitige empfangsbedürftige Willenserklärung, bei der die Rechtsfolge: Beendigung des Vertragsverhältnis zum vorgesehenen Zeitpunkt – dann eintritt, wenn bestimmte Fristen eingehalten werden, so bei der ordentlichen Kündigung. Bei einer außerordentlichen Kündigung sind solche Fristen nicht zu beachten.

9.6.2 Die Kündigungsfristen bei Wohnraum

Kündigungsfristen haben den Grund, dass diejenige Partei des Mietverhältnisses, die von der Kündigung »überzogen« wird, Zeit hat, sich eine neue Wohnung bzw. einen neuen Mieter zu suchen. Nach der jetzigen Regelung in § 573 c BGB gilt für die Kündigungsfristen Folgendes:

- die Kündigung ist spätestens am dritten Werktag eines Kalendermonats zum Ablauf des übernächsten Monats zulässig – die Kündigungsfrist beträgt mithin etwa drei Monate. Diese Frist gilt für den Mieter unabhängig von der Dauer des Mietverhältnisses. Für den Vermieter verlängert sich die Kündigungsfrist in Abhängigkeit von der Dauer es Mietverhältnisses, und zwar nach fünf und acht Jahren Bestand des Mietverhältnisses um jeweils drei Monate,
- bei Wohnraum, der nur zum vorübergehenden Gebrauch vermietet worden ist, kann eine kürzere Kündigungsfrist vereinbart werden – diese Frist gilt dann für beide Seiten des Mietverhältnisses,
- bei vom Vermieter möblierten Wohnraum, der Teil der von ihm selbst bewohnten Wohnung ist, sofern der Wohnraum dem Mieter nicht zum dauernden Gebrauch mit seiner Familie überlassen ist, ist die Kündigung spätestens am 15. eines Monats zum Ablauf dieses Monats zulässig.

Vereinbarungen, die von den vorstehenden Regelungen abweichen, sind unwirksam.

9.6.3 Die außerordentliche fristlose Kündigung bei Wohnraummietverhältnissen

Schon aus dem allgemeinen Teil des Schuldrechts – § 314 Abs. 1 BGB – ergibt sich, dass jedes Dauerschuldverhältnis von jedem Vertragsteil bei Vorliegen eines sog. wichtigen Grundes ohne Einhaltung einer Kündigungsfrist gekündigt werden kann. Ein wichtiger Grund im Sinne des Mietrechts liegt vor, wenn dem Kündigenden unter Berücksichtigung aller Umstände des Einzelfalls, insbesondere des Verschuldens der Vertragsparteien, und unter Abwägung der beiderseitigen Interessen die Fortsetzung des Mietverhältnisses bis zum Ablauf der Kündigungsfrist oder bis zur sonstigen Beendigung des Mietverhältnisses nicht zugemutet werden kann – § 543 Abs. 1 Satz 2 BGB.

§ 543 II BGB und § 569 BGB enthalten Regelungen, durch die der »wichtige Grund« konkretisiert wird; dazu einige Beispiele:

- ein wichtiger Grund liegt vor, wenn dem Mieter der vertragsgemäße Gebrauch der Mietsache ganz oder zum Teil nicht rechtzeitig gewährt oder wieder entzogen wird – § 543 Abs. 2 Nr. 1 BGB,
- ein wichtiger Grund liegt vor, wenn der Mieter für zwei aufeinander folgende Termine mit der Entrichtung der Miete in Verzug ist – § 543 Abs. 2 Nr. 3 a) BGB,
- für den Mieter liegt ein wichtiger Grund vor, wenn der gemietete Wohnraum so beschaffen ist, dass seine Benutzung mit einer erheblichen Gefährdung der Gesundheit verbunden ist – § 569 Abs. 1 BGB.

Eine Vereinbarung, die zum Nachteil des Mieters von den Regelungen in §§ 543, 569 Abs. 1 bis 3 BGB abweicht oder nach der Vermieter berechtigt ist, aus anderen als den im Gesetz zugelassenen Gründen außerordentlich fristlos zu kündigen, ist unwirksam – § 569 Abs. 5 BGB.

9.6.4 Die Kündigungsfristen im Arbeitsverhältnis

Die einheitliche Regelung der Kündigungsfristen im Arbeitsverhältnis – also unabhängig davon, ob es sich um gewerbliche Arbeitnehmer oder um angestellte Arbeitnehmer handelt – findet sich in § 622 BGB. Die Fristen haben eine ähnliche Funktion wie im Wohnraummietrecht – dem von der Kündigung betroffenen Vertragsteil soll ein bestimmter Zeitraum zur Verfügung stehen, um ein neues Arbeitsverhältnis zu finden bzw. den verwaisten Arbeitsplatz neu zu besetzen. Das Wichtigste zu den Kündigungsfristen:

a) Das Arbeitsverhältnis kann mit einer Frist von vier Wochen zum Fünfzehnten oder zum Ende eines Kalendermonats gekündigt werden. Diese Grundkündigungsfrist gilt für den Arbeitnehmer und den Arbeitgeber.
b) für den Arbeitgeber verlängert sich die Kündigungsfrist in Abhängigkeit von der Dauer des Beschäftigungsverhältnisses nach Maßgabe des § 622 II BGB bis auf maximal 7 Monate zum Schluss des Kalendermonats – bei einer 20jährigen Beschäftigungsdauer. Bei deren Berechnung werden Zeiten, die vor Vollendung des 25. Lebensjahres liegen, nicht mit berücksichtigt.

c) Bei einer Probezeit, die nicht länger als 6 Monate sein darf, kann das Arbeitsverhältnis mit einer Frist von zwei Wochen gekündigt werden – dies gilt wieder für beide Seiten.

Abweichungen von den vorstehenden Regelungen sind nur durch Tarifvertrag zulässig.

9.6.5 Die außerordentliche fristlose Kündigung des Arbeitsverhältnisses

Ihre Voraussetzungen sind in § 626 BGB geregelt. Nach dessen Abs. 1 kann das Arbeitsverhältnis von jedem Vertragsteil aus wichtigem Grund ohne Einhaltung einer Kündigungsfrist gekündigt werden, wenn Tatsachen vorliegen, auf Grund derer dem Kündigenden unter Berücksichtigung aller Umstände des Einzelfalls und unter Abwägung der Interessen beider Vertragsteile die Fortsetzung des Arbeitsverhältnisses bis zum Ablauf der Kündigungsfrist oder bis zu der vereinbarten Beendigung des Arbeitsverhältnisses nicht zugemutet werden kann.

> **Beispiel:** Bei Diebstahl kommt es dabei nach der Rechtsprechung nicht auf die Höhe des wirtschaftlichen Verlustes für den Arbeitgeber an, sondern maßgeblich ist die Zerstörung des Vertrauensverhältnisses – so reichte dem Landesarbeitsgericht Düsseldorf das Abzweigen und Verzehren eines Bienenstiches durch eine Angestellte in einer Bäckerei.[23]

Im Gegensatz zum Mietrecht konkretisiert der Gesetzgeber an keiner Stelle, was er unter einem »wichtigen Grund« im Sinne der gesetzlichen Definition versteht; es bleibt daher der Rechtsprechung, insbesondere der des Bundesarbeitsgerichts vorbehalten, diesen unbestimmten Rechtsbegriff in einer umfangreichen kasuistischen Rechtsprechung mit Inhalt zu füllen.[24]

Nach § 626 Abs. 2 BGB gilt für die fristlose Kündigung eine Frist von zwei Wochen. Die Kündigungserklärung muss von dem zur Kündigung Berechtigten ausgesprochen und innerhalb von zwei Wochen dem zu Kündigenden zugehen, hierbei beginnt die Frist mit sicherer Kenntnis von den für die Kündigung maßgeblichen Tatsachen.

> **Beispiel:** Bei Aufkommen eines Verdachts der Unterschlagung gegen einen Bankangestellten beginnt die Frist erst dann zu laufen, wenn die Umstände so weit aufgeklärt sind, dass dem Angestellten tatsächlich eine strafbare Handlung nachgewiesen werden kann.

---

23 LAGE § 626 Nr. 17.
24 Siehe dazu beispielsweise im Gemeinschaftskommentar zum Kündigungsschutzrecht, zu § 626 BGB.

10. Haftung, Deliktsrecht, Schadensersatz

10.0 Einführung und Praxisrelevanz

10.0.1 Einführung

Haftung heißt, die Verantwortung für einen Schaden zu übernehmen. Eltern haften für ihre Kinder, wenn sie ihre Aufsichtspflicht verletzt haben. Ein Radfahrer haftet für den Blechschaden, den er verursacht hat, weil er rechtswidrig gegen die Einbahnstraße gefahren ist. Die Autowerkstatt haftet dafür, dass eine Reparatur sachgemäß ausgeführt wurde und kein Dritter verletzt wird. Der Arbeitgeber haftet für die Einhaltung der Arbeitsschutzvorschriften. Ein Grundstückskäufer haftet dem Verkäufer mit seinem gesamten Vermögen für die Zahlung des Kaufpreises. Diese Beispiele könnten endlos fortgesetzt werden.

Grundsätzlich ist eine Haftung an das Verschuldensprinzip geknüpft. Man braucht nur für das einzustehen, was man verschuldet hat. Dieser Grundsatz ist jedoch häufig durchbrochen. So haftet der Verkäufer bei Übergabe des Kaufgegenstandes, dass dieser mängelfrei ist (Garantiehaftung – § 433 I BGB). Oder ein Hundebesitzer haftet gegenüber dem durch einen Biss Verletzten, auch wenn er sein Tier noch so gut beaufsichtigt hat (Gefährdungshaftung – § 833 BGB).

Mit der Verursachung von Schäden, der Entstehung von Haftung, dem Umfang von Schadensersatzansprüchen und den Verantwortlichen für den Ausgleich der Schäden befasst sich dieses Kapitel.

10.0.2 Relevanz für die soziale Arbeit

Haftungsgesichtspunkte nehmen in sozialen Berufsfeldern einen hohen Rang ein. Mit vielen Arbeitsfeldern verbindet sich ein erhebliches Risiko, andere zu schädigen. So können etwa durch Fehlberatung in einer Schuldnerberatungsstelle finanzielle Einbußen beim Klienten entstehen. Oder auf einer Jugendfreizeit verletzt sich ein Kind. Oder das Essen auf Rädern ist durch Salmonellen vergiftet. Oder durch nicht ausreichend wahrgenommene Beaufsichtigung verursacht ein Kita-Kind einen Unfall etc. Es sind unzählige Konstellationen denkbar, wonach Mitarbeiter bzw. aufsichtsbedürftige Klienten einer sozialen Einrichtung Dritte schädigen und Mitarbeiter und Träger mit Schadensersatzansprüchen konfrontiert werden.

10.1 Deliktsrecht

> **Ausgangsfall: Schlag aufs Auge**
> Hans Schill, ein 18-jähriger rechtsradikal gesinnter Bauarbeiter, gerät in der Gaststätte »Zum frommen Lamm« in Streit mit dem 19-jährigen iranischen Medizinstudenten Ahmed Rafsani. Hans holt mit seiner Rechten aus und zertrümmert ein Brillenglas von Ahmed. Dessen linkes Auge wird schwer verletzt. Er büßt 90 % der Sehkraft dieses Auges ein. Mit einer weiteren Trübung und Spätkomplikationen ist zu rechnen.

10. Haftung, Deliktsrecht, Schadensersatz

Wegen dieser Tat und einer weiteren vorsätzlichen Körperverletzung wird Hans Schill zu einer Jugendstrafe verurteilt.
Der Geschädigte Ahmed Rafsani verlangt vom Schädiger Zahlung eines angemessenen Schmerzensgeldes, die Übernahme der Heilungs- und Rehabilitationskosten sowie Verdienstausfall, sofern die Ansprüche nicht auf Versicherungsträger übergegangen sind (Lösung in den entsprechenden Abschnitten dieses Kapitels).

Wer einem anderen einen Schaden zufügt, ist diesem grundsätzlich zum Ersatz des entstandenen Schadens verpflichtet. Ein Unfall, eine strafbare Handlung, wie Körperverletzungs- oder Eigentumsdelikte, können hohe Schadensersatzforderungen zur Folge haben. Um sich vor solchen unvorhersehbaren Schäden zu schützen, haben viele Bürger Versicherungen abgeschlossen (Hausrat-, Feuer-, Kranken- oder Tagegeld-, Haftpflichtversicherung etc.). Naturgemäß ist nicht jeder Schaden gedeckt. Versicherungsgesellschaften nehmen den Schädiger, sofern möglich, zum Ausgleich in Regress.

Der größte Teil des Haftungsrechts ist im BGB unter dem Titel »**Unerlaubte Handlungen**« (§ 823-853 BGB) zusammengefasst. In Lehrbüchern wird dieses Rechtsgebiet unter verschiedenen Titeln behandelt: »Recht der unerlaubten Handlungen«, »Schadensersatzrecht«, »Haftungsrecht« oder »Deliktsrecht«. Der **Begriff** »**Deliktsrecht**« leitet sich aus dem Lateinischen »**delictum-Straftat**« ab. Gemeint ist jedoch nicht das Strafrecht, sondern erfasst sind die zivilrechtlichen Konsequenzen (**Schadensersatzansprüche**) aus strafbaren Handlungen. Vom Deliktsrecht ebenfalls abzugrenzen sind Schadensersatzansprüche, die sich aus einem Vertragsverhältnis ableiten.

> **Beispiele:**
> 1. Ein Fahrradfahrer kollidiert auf dem Bürgersteig mit einem Fußgänger. Der verletzte Fußgänger fordert Schmerzensgeld (Schadensersatzansprüche aus Deliktsrecht).
> 2. Der Mieter einer Wohnung erleidet durch eine undichte Leitung einen Wasserschaden an seiner Einbauküche. Er verlangt von dem Vermieter die Instandsetzungskosten der beschädigten Küchenzeile (Schadensersatzansprüche aus einem Vertragsverhältnis, hier Mietvertrag).

Das Deliktsrecht basiert auf dem Grundsatz des »neminem laedere« – niemanden verletzen. Unterschieden werden zwei Arten der Haftungsbegründung: Verschuldenshaftung und Gefährdungshaftung.

Eine **Verschuldenshaftung** greift ein, wenn der Schädiger die schädigende Handlung rechtswidrig und schuldhaft (vorsätzlich oder fahrlässig) herbeigeführt hat (§ 823, 826, 831, 839 BGB).

Eine **Gefährdungshaftung** knüpft daran an, dass der Schädiger eine erlaubte jedoch »gefährliche Sache« in den Verkehr gebracht hat. Der Schaden braucht nicht schuldhaft verursacht worden zu sein.

Die Gefährdungshaftung basiert auf der rechtspolitischen Grundentscheidung, dass derjenige, der eine erlaubte gefährliche Betätigung ausübt und davon profitiert, für den Schaden einzustehen hat.

Beispiele:
- Haftung bei Eisenbahnunfällen (§ 1 Haftpflichtgesetz);
- Haftung des Halters eines KFZ (§ 7 Straßenverkehrsgesetz);
- Haftung für Schäden aus Kernkraftwerken (§ 25 ff. Atomgesetz);
- Haftung des Herstellers fehlerhafter Produkte (Produkthaftungsgesetz);
- Haftung des Tierhalters (§ 833 BGB).

10.1.1 Systematik

Systematisch lässt sich das Deliktsrecht in **Grundtatbestände** und **Spezialtatbestände** untergliedern. Die Grundtatbestände sind generalklauselartig umschrieben.

Schaubild 1:

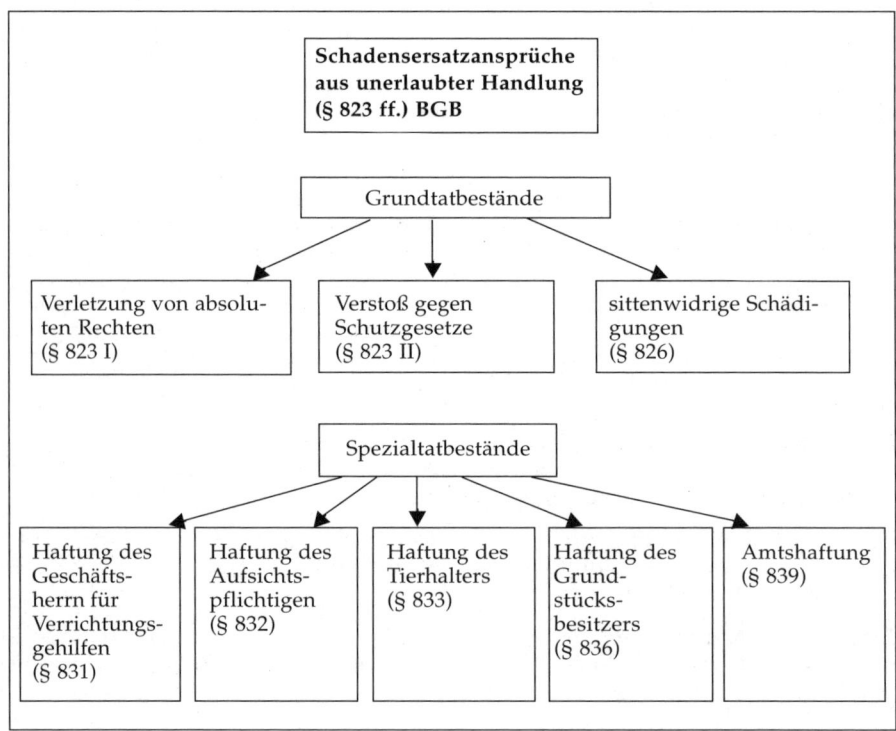

10. Haftung, Deliktsrecht, Schadensersatz

10.1.2 Die Grundtatbestände

Die rechtliche Prüfung von Schadensersatzansprüchen aus den § 823 ff. BGB folgt einem regelmäßigen **Grundschema**. Die aufgeführten Elemente sind typisch für den Aufbau eines Anspruchs aus deliktischer Haftung:

Prüfungsschema

- Der Schädiger hat eine **Verletzungshandlung** (Tun oder Unterlassen) vorgenommen, durch die ein Schaden verursacht wurde.
- Es ist ein **geschütztes Rechtsgut** verletzt worden (Rechtsgutverletzung).
- Es besteht ein ursächlicher Zusammenhang zwischen Handeln und Rechtsgutverletzung **(haftungsbegründende Kausalität)**.
- Die Verletzungshandlung muss **rechtswidrig** sein. Sofern keine Rechtfertigungsgründe vorliegen, wird die Rechtswidrigkeit angenommen (»indiziert«).
- Der Schädiger muss schuldhaft gehandelt haben. **Verschulden** setzt Deliktfähigkeit sowie Vorwerfbarkeit (Vorsatz oder Fahrlässigkeit) voraus.
- Zwischen Rechtsgutverletzung und Schaden muss ein ursächlicher Zusammenhang bestehen **(haftungsausfüllende Kausalität)**.[1]

10.1.2.1 Verletzung von absoluten Rechten (§ 823 I BGB)

Die grundsätzliche Haftungsnorm des Deliktrechts ist § 823 I BGB. Zur Begründung eines Schadensersatzanspruchs ist jeder einzelne Begriff des Gesetzeswortlauts von Bedeutung.

§ 823 I BGB: »*Wer vorsätzlich oder fahrlässig das Leben, den Körper, die Gesundheit, die Freiheit, das Eigentum oder ein sonstiges Recht eines anderen widerrechtlich verletzt, ist dem anderen zum Ersatze des daraus entstandenen Schadens verpflichtet.*«

Die Verletzungshandlung: Der Eintritt des Schadens muss auf menschliches Handeln zurückzuführen sein, wobei **positives Tun** oder ein Unterlassen in Betracht kommt. Ein Unterlassen wird nur dann relevant, wenn eine Rechtspflicht zum Tätigwerden besteht. Das ist vor allen Dingen bei »**Verkehrssicherungspflichten**« anerkannt.[2]

Beispiele:
- Der Mitarbeiter eines Fotolabors entsorgt chemische Rückstände einer Entwicklerflüssigkeit auf seinem Privatgrundstück und verunreinigt so das Grundwasser (positives Tun).
- Ein Bauträger hat eine Baustelle nicht ausreichend abgesichert. Infolgedessen stürzt ein Kind in eine Baugrube und bricht sich ein Bein (Unterlassen, einer Verkehrssicherungspflicht nachzukommen).

---

1 Zum Prüfungsschema vgl.: Brox/Walker, Besonderes Schuldrecht, München 2003, S. 441 ff.; ebenso Klunzinger, Einführung in das Bürgerliche Recht, 11. Aufl., München 2002, S. 430.
2 Klunzinger, a. a. O., S. 432; Jauernig/Teichmann, BGB, 10. Aufl., München 2003, zu § 823 Rz. 35.

Rechtsgutverletzung: In § 823 I BGB werden fünf geschützte Rechtsgüter aufgezählt: Leben, Körper, Gesundheit, Freiheit und Eigentum. Sie gelten als **absolute Rechte,** wirken also gegenüber jedermann. Der Schutzbereich wird daneben auf sog. »**sonstige Rechte**« erweitert. Zu dieser Öffnung der geschützten Rechtsgüter hat sich in den vergangenen Jahrzehnten umfangreiche Rechtsprechung entwickelt.

Als **geschützte Rechtsgüter** sind allgemein anerkannt:

- Dingliche Rechte (wie Hypotheken, eine Grundschuld oder das Erbbaurecht);
- Immaterialgüterrechte (wie Patent-, Urheber- und Markenrechte);
- der Besitz;
- das Recht am eingerichteten und ausgeübten Gewerbebetrieb;
- das allgemeine Persönlichkeitsrecht (dazu gehören Ehrverletzungen oder Verletzungen der Privatsphäre);
- Familienrecht (wie das Recht der elterlichen Sorge sowie das Recht auf eheliche Lebensgemeinschaft).[3]

Haftungsbegründende Kausalität: Ein Schadensersatzanspruch entsteht nur dann, wenn der Schädiger die Rechtsgutverletzung verursacht hat. Die Rechtsgutverletzung muss dem Schädiger zuzurechnen sein. Die Rechtswissenschaft hat dafür einen Merksatz aufgestellt, die sog. **conditio sine qua non-Formel,** auch genannt **Äquivalenztheorie.** Nach dieser Formel ist folgende Frage zu stellen: »*Kann die Handlung nicht hinweggedacht werden, ohne dass der Erfolg (gemeint ist die Rechtsgutverletzung) entfiele*«.

Da aber auch unwahrscheinliche Kausalverläufe von der Äquivalenztheorie erfasst werden, musste ein zusätzliches Zurechenbarkeitskriterium gefunden werden. Die **Adäquanztheorie** entstand. Es kommt zusätzlich darauf an, ob die Handlung des Schadensverursachers nach dem gewöhnlichen Verlauf der Dinge zur Herbeiführung der Rechtsgutverletzung geeignet war. Atypische Kausalverläufe werden somit ausgefiltert.

Beispiel: Luis und Max, beides erfahrene Bergführer, brechen zu einer gemeinsamen mittelschweren Bergtour auf. Nachdem ein Unwetter ausbricht, rutscht Max eine Geröllhalde hinab und verletzt sich schwer. Luis hatte Max zu der Bergtour überredet. Nach der Äquivalenztheorie hat Luis eine Ursache für die Verletzung von Max gesetzt, nämlich das Überreden zur Bergtour. Der Sturz von Max ist ihm nach der Adäquanztheorie jedoch nicht zuzurechnen.

Rechtswidrigkeit: Der Schädiger, der ein in § 823 I BGB aufgeführtes Rechtsgut verletzt, handelt in der Regel rechtswidrig. D. h. er hat ein Gebot, eine Vorschrift, eine Regel übertreten. Bereits die Rechtsgutverletzung indiziert (ist ein Indiz für) die Rechtswidrigkeit der Verletzungshandlung. Lediglich Rechtfertigungsgründe können eine angenommene Rechtswidrigkeit widerlegen.

---

3 Palandt/Thomas, BGB, 65. Aufl., München 2006, zu § 823 Rz. 11 ff; Brox/Walker, Besonderes Schuldrecht, 28. Aufl., München 2003, S. 451 ff.

Anerkannte **Rechtfertigungsgründe** sind:

- Notwehr (§ 227 BGB);
- Notstand (§ 228, § 904 BGB);
- Selbsthilfe (§ 229 BGB) und
- die Einwilligung des Verletzten.

Beispiel: Eine von einem Arzt durchgeführte Operation ist deshalb nicht rechtswidrig, weil der Patient vorher seine Einwilligung in den Eingriff erteilt hat. Das setzt aber voraus, dass der Patient über Tragweite und Risiken aufgeklärt wurde.[4]

Verschulden: Dem Grundsatz der Verschuldenshaftung des BGB liegt die Wertentscheidung zugrunde, dass eine Person für schädigende Handlungen nur zur Verantwortung gezogen werden kann, wenn ihr die Verletzung vorzuwerfen ist. Die Begründung eines Schadensersatzanspruches knüpft daher am Verschulden des Handelnden an.

Ein Element des Verschuldens ist die **Deliktsfähigkeit** des Handelnden. Zur Erinnerung: Deliktsunfähig sind Kinder, die jünger als 7 Jahre sind (§ 828 I BGB). Bedingt deliktsfähig sind Kinder und Jugendliche unter 18 Jahren. In Ausnahmefällen kann eine Billigkeitshaftung bei fehlender Deliktsfähigkeit eintreten (§ 829 BGB).

Nach dem Wortlaut des Gesetzes kann das Verschulden in zwei Varianten auftreten: **Vorsatz** oder **Fahrlässigkeit** (§ 823 I BGB).

Definition: Vorsatz ist Wissen und Wollen des rechtswidrigen Erfolgs.

Unbedingter Vorsatz: Der Handelnde muss den Schaden vorausgesehen und gewollt haben.

Bedingter Vorsatz: Der Handelnde hat den Schaden als möglich erkannt und billigend in Kauf genommen.

Definition: Fahrlässig handelt, wer die im Verkehr erforderliche Sorgfalt außer Acht lässt (§ 276 I Satz 1 BGB).

Grobe Fahrlässigkeit: Der Handelnde lässt einfachste und nahe liegendste Vorsichtsmaßnahmen außer Acht.

Mittlere Fahrlässigkeit: Der Handelnde lässt die objektiv erforderliche Sorgfalt außer Acht.

Leichte Fahrlässigkeit: Der Handelnde wendet zwar eine gewisse Sorgfalt an, jedoch nicht die erforderliche.

---

4 Zur umfangreichen Rechtsprechung zur Aufklärungspflicht des Arztes: Palandt/Thomas, BGB, München 2006, zu § 823 Rz. 45 ff.

> **Beispiele:** In einem an einer befahrenen Straße gelegenen Kindergarten hat die verantwortliche Erzieherin vergessen, die Haustüre zu schließen. Ein Kind rennt auf die Straße und wird angefahren (grobe Fahrlässigkeit).
>
> Ein Bankräuber sperrt seine gefesselte Geisel in den Kofferraum seines Fluchtwagens. Einige Stunden später ist die Geisel erstickt. Der Geiselnehmer hatte zwar einen Erstickungstod für möglich gehalten, aber gehofft, es werde schon gut gehen (bedingter Vorsatz).

Haftungsausfüllende Kausalität: Zwischen der Rechtsgutverletzung und dem eingetretenen Schaden muss ein ursächlicher Zusammenhang bestehen. Es gelten die gleichen Zurechnungskriterien wie bei der haftungsbegründenden Kausalität.

(Art und Umfang der Schadensersatzansprüche werden in Abschnitt 10.1.5 näher erläutert)

> **Beispiel:** Frau Alban ist beim Aussteigen aus der Straßenbahn von einem PKW angefahren worden. Der PKW-Fahrer hat, da er ein Hinweisschild übersehen hatte, den Unfall verschuldet. Der Nerzmantel von Frau Alban wurde durch den Sturz beschädigt. Demzufolge sind die Reparaturkosten (Schaden) des Mantels durch den unachtsamen PKW-Fahrer verursacht worden (haftungsausfüllende Kausalität).

> *Zum Ausgangsfall »Schlag aufs Auge«:*
>
> Es werden die einzelnen Voraussetzungen für einen Schadensersatzanspruch nach § 823 I BGB geprüft:
>
> Hans Schill hat Ahmed Rafsani geschlagen (Verletzungshandlung) und dadurch dessen Auge (Rechtsgut Körper) verletzt, wodurch eine Sehbehinderung eintrat (Rechtsgut Gesundheit; haftungsbegründende Kausalität). Hans Schill hat nicht in Notwehr gehandelt (Rechtswidrigkeit wird indiziert). Den Schlag hat er vorsätzlich ausgeführt (Verschulden). Schmerzen, Sehbehinderung, Heilbehandlungs- und Rehabilitationskosten sowie künftiger Verdienstausfall (Schäden) sind Folge der Verletzungshandlung (haftungsausfüllende Kausalität). Ahmed Rafsani's Schadensersatzansprüche gegenüber Hans Schill sind demnach nach § 823 I BGB begründet.

10.1.2.2 Verstoß gegen Schutzgesetze (§ 823 II BGB)
Mit § 823 II BGB (Verstoß gegen Schutzgesetze) wird der Haftungsbereich des § 823 I BGB (Verletzung von absoluten Rechten) erweitert. Schadensersatzpflichtig ist ebenfalls, wer gegen ein Gesetz verstößt, das Individualinteressen schützen will. Im Gegensatz zu § 823 I BGB werden auch Vermögensschäden erfasst.

10. Haftung, Deliktsrecht, Schadensersatz

Beispiel: Ein Anlagebetrüger gibt gegenüber seinen Kunden eine weitaus überhöhte Rendite für eine Immobilienbeteiligung an. Die Anleger erleiden dadurch erhebliche finanzielle Verluste. Bloße finanzielle Beeinträchtigungen fallen nicht unter die absoluten Rechtsgüter des § 823 I BGB. Da aber der Straftatbestand Betrug (§ 263 StGB) ein Schutzgesetz ist, muss der Anlagebetrüger Schadensersatz nach § 823 II BGB leisten.

Als Schutzgesetze im Sinne von § 823 II BGB gelten die meisten Normen des Strafrechts, wie Körperverletzung (§ 223 ff. StGB), Vermögensdelikte (§ 242 ff. StGB), Betrug und Untreue (§ 263 ff. StGB), Beleidigungsdelikte (§ 185 ff. StGB), daneben einige Vorschriften des Gewerbe- und Arbeitsrechts.[5]

Zum Ausgangsfall »Schlag aufs Auge«:

Aus § 823 II BGB lässt sich für Ahmed Rafsani ebenfalls ein Schadensersatzanspruch ableiten. Hans Schill hat nämlich durch die von ihm begangene Körperverletzung ein Schutzgesetz verletzt (§ 226 StGB – schwere Körperverletzung).

10.1.2.3 Sittenwidrige Schädigungen (§ 826 BGB)
Im Wirtschaftsleben hat eine weitere Schadensersatznorm Bedeutung:

§ 826 BGB: »*Wer in einer gegen die guten Sitten verstoßenden Weise einem anderen vorsätzlich Schaden zufügt, ist dem anderen zum Ersatz des Schadens verpflichtet.*«

Die Rechtsprechung hat aus dieser Generalklausel diverse Fallgruppen abgeleitet:

- Arglistiges Verhalten bei Vertragsschluss.
- Verleiten zum Vertragsbruch.
- Bewusst falsche Auskünfte.
- Ausnutzen einer formalen Rechtsstellung.
- Ausnutzen einer wirtschaftlichen Machtstellung.[6]

10.1.3 Verletzung der Aufsichtspflicht (§ 832 BGB)

Fall: Spiel mit der Pistole
Der 14jährige Achim wurde in seiner Familie schon früh mit Waffen vertraut. Sein Vater, Herr Artus, ist passionierter Jäger, der seine Urlaube gerne in Osteuropa mit der Großwildjagd verbringt. Achim hat seinen Vater mehrfach bei seinen Jagdausflügen begleitet. Er hat eine Vorliebe für kleinkalibrige Pistolen, die auch im Waffenschrank des Vaters lagern. Eines Tages nimmt Achim eine

---

5 Vgl. Brox/Walker, Besonderes Schuldrecht, München 2003, S. 479; ebenso Klunzinger, Einführung in das Bürgerliche Recht, München 2002, S. 435.
6 Siehe Brox/Walker, Besonderes Schuldrecht, München 2003, S. 477 f.

> 7,65 mm Walther mit in die Schule, um seine Mitschüler zu beeindrucken. Auf dem Pausenhof löst sich bei der Demonstration versehentlich ein Schuss und durchschlägt den Unterarm von Beate, einer Mitschülerin. Bei der polizeilichen Vernehmung stellt sich heraus, dass Achim den Schlüssel zu dem Waffenschrank seines Vaters aus dessen Nachttischschublade entwendet hatte.

In der Praxis der Sozialarbeit und -pädagogik übernehmen Mitarbeiter häufig Verantwortung für Minderjährige oder geistig Behinderte. Die daraus resultierende Aufsichtspflicht, etwa in der Jugendpflege, in Kitas oder im Heimbereich, kann zu erheblichen Schadensersatzforderungen führen, wenn der Aufsichtsbedürftige Dritte schädigt. Der rechtliche Hintergrund sollte daher bekannt sein.

Definition: Aufsichtspflicht ist die Verpflichtung, dafür zu sorgen, dass anvertraute Minderjährige oder aufsichtsbedürftige Volljährige sich nicht selbst oder Dritte schädigen (§ 832 BGB).

Die Aufsichtspflicht kann entweder auf gesetzlicher Grundlage oder auf vertraglicher Übernahme beruhen.

10.1.3.1 Gesetzliche Aufsichtspflicht

Zu den Aufsichtspflichtigen, die per Gesetz diese Verantwortung übertragen bekommen haben, gehören vor allem

- die sorgeberechtigten Eltern (§ 1631 I BGB);
- ein Vormund (§ 1793, 1800 i. V. m. § 1631 BGB);
- ein Pfleger (§ 1909, 1915 BGB);
- ein Betreuer (§ 1896, 1901 BGB);
- sowie das Personal von öffentlichen Heil- und Pflegeanstalten.[7]

10.1.3.2 Vertragliche Aufsichtspflicht

Der Inhaber der Aufsichtspflicht kann die Ausübung auch auf andere übertragen **(Delegation)**, etwa auf einen Verein, ein Jugendheim oder einen Kindergarten. Wird ein Minderjähriger in eine Einrichtung aufgenommen, schließt dies stillschweigend (konkludent) die Übernahme der Aufsichtspflicht ein.

Der Leiter einer Jugendgruppe oder sein Vertreter kann die Aufsichtspflicht durch formlosen Vertrag übernehmen, wenn er geschäftsfähig ist oder die Zustimmung seines gesetzlichen Vertreters zum Führen der Gruppe hat.

Eine vertragliche Übernahme der Aufsicht wird ebenfalls angenommen, wenn der Aufsichtsbedürftige bei Pflegeeltern oder Verwandten (z. B. Großeltern) für längere Zeit untergebracht ist. Dies setzt jedoch eine weitreichende Obhut von längerer Dauer und weitgehende Einwirkungsmöglichkeiten voraus.[8]

---

7 Vgl. Schleicher, Familie und Recht, Köln 1999, S. 52.
8 BGH NJW 85, 678.

Wird die Aufsicht an eine Einzelperson delegiert, soll im Regelfall eine persönliche Verpflichtung begründet werden, die eine Weiterübertragung an Dritte ausschließt. Dagegen sieht man es bei Übernahme der **Aufsicht durch Träger sozialpädagogischer Einrichtungen** als selbstverständlich an, dass die Aufsicht rechtlich verbindlich an Heim- und Gruppenleiter, Erzieherinnen oder Praktikanten weitergegeben wird **(Subdelegation)**. Die Rechtsprechung verlangt, dass diese Personen sorgfältig ausgewählt, unterrichtet und beaufsichtigt werden[9], besonders wenn Zivildienstleistende, ehrenamtliche Mitglieder von Organisationen und andere nicht voll ausgebildete »Berufsfremde« eingesetzt werden. Eine allgemeine Aufsichtspflicht bleibt für den Delegierenden weiterhin bestehen. So hat die Heimleitung ihre Erzieherinnen ausreichend anzuleiten, über die speziellen Anforderungen der Kinder zu informieren und zu überwachen.

10.1.3.3 Gefälligkeitsverhältnisse

Die Aufsichtspflicht darf nicht überstrapaziert werden. Das hat der Bundesgerichtshof in seiner Rechtsprechung deutlich gemacht. Wenn etwa Eltern ihr Kind kurzzeitig bei Nachbarn abgeben, um Besorgungen zu erledigen oder Bekannte ein Kind gelegentlich im Auto zum Kindergarten mitnehmen, begründet dies in der Regel nur ein Gefälligkeitsverhältnis ohne vertragliche Verpflichtungen.[10] Wird jedoch ein Honorar vereinbart, kann dies ein Indiz für das Bestehen einer Aufsichtspflicht sein. Entscheidend aber ist, wie sich die Gefälligkeit einem objektiven Beobachter bei lebensnaher Betrachtung darstellt.

10.1.3.4 Anforderungen an die Aufsicht

Minderjährige sind nach herrschender Meinung immer aufsichtsbedürftig.[11] Gesetzlich nicht definiert ist jedoch, wie und in welchem Umfang die Aufsicht wahrgenommen werden muss. Anhaltspunkte liefert die Rechtsprechung des Bundesgerichtshofs: *»Bei Kindern bestimmt sich das Maß der gebotenen Aufsicht nach Alter, Eigenart und Charakter, nach der Voraussehbarkeit des schädigenden Verhaltens sowie danach, was verständige Eltern nach vernünftigen Anforderungen in der konkreten Situation an erforderlichen und zumutbaren Maßnahmen treffen müssen, um Schädigungen Dritter durch ihr Kind zu verhindern.«*[12]

Pädagogische Erkenntnisse sollen zur Auslegung dieser unbestimmten Begriffe herangezogen werden. Die Verletzung von Erziehungspflichten begründet alleine noch keine Haftung; der Verpflichtete muss konkreten Anlass haben, bestimmte Aufsichtsmaßnahmen zu treffen.

Außer den genannten Kriterien sind der Entwicklungsstand des Kindes, Verhaltensauffälligkeiten und die von ihm ausgehenden Gefahren zu berücksichtigen.[13] Eine erhöhte Aufsichtspflicht ergibt sich bei Kindern, die in gefährlicher Umge-

---

9 BGH NJW 96, 1146.
10 Palandt/Thomas, BGB, München 2006, zu § 832 Rz. 7; OLG Hamm MDR 99, 671.
11 Palandt/Thomas, a. a. O., zu § 832 Rz. 2.
12 BGH NJW 93, 1103.
13 BGH NJW 96, 1404.

bung spielen (Gartenteich, Baustelle) oder wenn die Vorliebe für gefährliche Aktionen bekannt ist (Vorliebe des Sohnes für Waffen).[14]

Konkret kann von einem Aufsichtspflichtigen verlangt werden,

- dass er sich über die Individualität des Kindes und seine Freizeitgestaltung informiert;
- dass er es über erkennbare Gefahren (z. B. durch gefährliches Spielzeug, Sportgeräte) belehrt;
- dass er vor Fehlverhalten warnt (z. B. Verbot, einen zugefrorenen Teich zu betreten) und zu richtigem Handeln ermahnt;
- dass er sich vergewissert, dass der Aufsichtsbedürftige verstanden hat, ob Weisungen (z. B. für den Straßenverkehr) befolgt werden;
- dass er bei Kindern, die zu gefährlichen Streichen oder Straftaten neigen, erhöhte Aufsicht beachtet;
- dass er bei Gefährdung Verbote durchsetzt (Wegschließen des Dreirades eines unvorsichtigen Vierjährigen oder von Streichhölzern; Ausschluss von einer Bergtour; Verhinderung des Ballspiels auf dem Gehweg).

10.1.3.5 Beweislast

Da der Geschädigte meist keinen Einblick in Organisation und konkrete Ausgestaltung der Aufsichtspflicht hat (z. B. in einer Kita), gelten veränderte Beweisregeln. Grundsätzlich muss der Geschädigte in Haftungsfällen immer nachweisen, dass der Schädiger den Schaden verschuldet hat. Bei der Aufsichtspflichtverletzung ist die Beweislast jedoch verändert (**Beweislastumkehr**). Der Aufsichtspflichtige muss nämlich beweisen, dass ihn kein Verschulden trifft. Wenn ein Aufsichtsbedürftiger einem Dritten widerrechtlich einen Schaden zufügt, stellt das Gesetz (§ 832 I BGB) eine doppelte Vermutung auf. Die Aufsichtspflicht wurde verletzt, und dadurch ist der Schaden eingetreten. Der Aufsichtspflichtige muss hingegen den Entlastungsbeweis antreten.

Nur wenn der Aufsichtspflichtige nachweisen kann,

- dass er seiner Aufsichtspflicht genügt hat oder
- der Schaden auch bei ordnungsgemäßer Aufsichtsführung eingetreten wäre

muss er keinen Schadensersatz leisten (§ 832 I Satz 2 BGB).

Zum Ausgangsfall »Spiel mit der Pistole«:

Herr Artus, der Vater des 14-jährigen Achim, ist Inhaber einer gesetzlichen Aufsichtspflicht als sorgeberechtigter Elternteil (§ 1631 I BGB). Was den Umgang mit Pistolen angeht, kann er seine Aufsichtspflicht auch nicht stillschweigend an Mitarbeiter der Schule bzw. an den Klassenlehrer oder andere Lehrer delegieren. Nach der Rechtsprechung bestimmt sich das Maß der gebotenen Aufsicht nach dem Alter und dem Charakter des Kindes und nach der Voraussehbarkeit eines schädigenden Verhaltens. Maßstab ist, was vernünftige Eltern

---

14 OLG Ffm MDR 97, 1028.

10. Haftung, Deliktsrecht, Schadensersatz

an erforderlichen Maßnahmen hätten treffen müssen. Herr Artus wusste, dass Achim ein Waffennarr ist. Er hatte ihn selbst an den Umgang mit Pistolen herangeführt. Er hätte ihm deutlich machen müssen, dass er nur in seiner Gegenwart mit Waffen hantieren darf. Außerdem hätte er dafür Sorge tragen müssen, dass Achim nicht relativ einfach Zugang zu dem Waffenschrank bekommt. Herr Artus hat somit seine Aufsichtspflicht gem. § 832 BGB verletzt und ist damit gegenüber der Geschädigten schadensersatzpflichtig.

10.1.4 Amtspflichtverletzung (§ 839 BGB u. Art. 34 GG)

Die Haftung wegen Amtspflichtverletzung wird für soziale Berufsgruppen relevant, wenn sie hoheitliche Aufgaben ausüben. Die einschlägige Haftungsnorm für die persönliche Inanspruchnahme des Beamten ist § 839 I BGB **(Eigenhaftung).**

Definition Amtspflichtverletzung: Ein Beamter wird schadensersatzpflichtig, wenn er eine Amtspflicht verletzt, die er dem geschädigten Dritten gegenüber auszuüben hat (§ 839 I BGB).

Dabei wird ein erweiterter Beamtenbegriff zugrunde gelegt. Es kommt nicht auf den formalen Beamtenstatus an, sondern vielmehr, ob jemand eine **hoheitliche (und nicht privatwirtschaftliche) Tätigkeit** ausübt.[15] Es ist allgemein anerkannt, dass auch Angestellte der Religionsgemeinschaften und deren Wohlfahrtsverbände (Diakonie, Caritas) hoheitliche Aufgaben übertragen bekommen (z. B. Adoptionsvermittlung).[16]

> **Beispiele für die Haftung von »Beamten im erweiterten Sinne«:**
> - Lehrer bei der Ausübung der Aufsichtspflicht;
> - Angestellte oder verbeamtete Sozialpädagoginnen im Jugendamt;
> - Angestellte oder verbeamtete Sozialarbeiter des Sozialamts;
> - Angestellte oder Beamte der Religionsgemeinschaften;
> - keine öffentliche Gewalt üben aus: Vormünder und Pfleger.[17]

Hat der »Beamte« im Rahmen hoheitlicher Tätigkeit die Amtspflichtverletzung begangen, tritt an die Stelle der persönlichen Haftung des »Beamten« die **Staatshaftung.** Dieser Grundsatz – der Staat haftet anstelle des Beamten – ist in Art. 34 des Grundgesetzes verankert. Die Staatshaftung dient sowohl dem Interesse des Geschädigten als auch dem des Beamten.

10.1.5 Schadensersatz

Zur Ermittlung von Schadensersatzansprüchen gelten diverse Vorschriften. Zum einen werden die allgemeinen Schadensersatzregelungen (§ 249 ff. BGB) heran-

---

15 Palandt/Thomas, BGB, München 2006, zu § 839 Rz. 29.
16 Palandt/Thomas, a. a. O., zu § 839 Rz. 29.
17 Palandt/Thomas, a. a. O., § 839 Rz. 30.

gezogen. Zum anderen bestehen Spezialnormen für unerlaubte Handlungen (§ 842-851 BGB).

In Rechtsprechung und Lehre wird ein Schaden generell folgendermaßen definiert:

»**Ein Schaden ist jeder Nachteil, den jemand durch ein bestimmtes Ereignis an seinem Vermögen oder an seinen sonstigen rechtlich geschützten Gütern erleidet.**«[18]

Ein Vermögensschaden wird mittels der sog. »**Differenzhypothese**« festgestellt, dem Vergleich zweier Güterlagen: Erstens die Lage, die durch das schädigende Ereignis entstanden ist. Zweitens die hypothetische Lage, die entstehen würde, wenn das schädigende Ereignis nicht eingetreten wäre.[19]

Beispiel: Nach dem Wohnungseinbruch durch einen Drogenabhängigen entstehen Reparaturkosten an dem aufgehebelten Fenster (tatsächliche Lage). Ohne den Einbruch wären die Reparaturkosten nicht entstanden (hypothetische Lage).

Der Geschädigte kann sowohl Ersatz für **unmittelbare Schäden** (z. B. Reparaturkosten) als auch für **mittelbare Schäden** (z. B. Verdienstausfall infolge einer Verletzung) verlangen.

Eine weitere zentrale Unterscheidung ist die zwischen materiellem Schaden und immateriellem Schaden.

Ein **materieller Schaden** (Vermögensschaden) ist »jede in Geld bewertbare Einbuße, die jemand an seinem Vermögen erleidet«.[20]

Immaterielle Schäden (§ 253 I BGB) hingegen sind Einschränkungen an körperlichem oder seelischem Wohlbefinden durch Schmerzen, Kummer, Ängste oder Einschränkungen des Lebensgefühls.

In diese Kategorie fällt auch der **Schmerzensgeldanspruch** (§ 253 II BGB), der nach gefestigter Rechtsprechung einen Ausgleich für die Einbußen am Wohlbefinden erfüllen und der Genugtuung des Verletzten für das erlittene Unrecht dienen soll (Ausgleichs- und Genugtuungsfunktion).[21]

In der Regel richtet sich der Schadensersatzanspruch auf eine bestimmte Geldsumme (§ 249 II BGB), obwohl der Gesetzgeber noch etwas antiquiert den Grundsatz der »**Naturalrestitution**« (§ 249 I BGB) in den Vordergrund stellt. Danach soll der Schädiger den Zustand wieder herstellen, der ohne den Schaden bestehen würde.

Bei Körper- und Gesundheitsverletzungen kann der Geschädigte darüber hinaus eine angemessene Rente verlangen (§ 843 BGB).

---

18 Klunzinger, Einführung in das Bürgerliche Recht, München 2002, S. 212.
19 Palandt/Heinrichs, BGB, München 2006, vor § 249 Rz. 8.
20 Klunzinger, a.a.O., S. 213.
21 Seit BGHZ 18, 149.

10. Haftung, Deliktsrecht, Schadensersatz

Zu Art, Umfang und Berechnung von Schadensersatzansprüchen hat sich eine unübersehbare Fülle von Rechtsprechung angesammelt, die im Einzelfall am besten in einem BGB-Kommentar nachzulesen ist.

Zum Ausgangsfall »Schlag aufs Auge«:

Der Geschädigte Ahmed Rafsani kann infolge seiner Augenverletzung Schmerzensgeld (§ 253 II BGB), Heilbehandlungs- und Rehabilitationskosten (§ 249 II BGB), gegebenenfalls Verdienstausfall (§ 249, 252 BGB) sowie eine angemessene Rente (§ 843 BGB) als Schadensersatz verlangen.

10.2 Haftung von Vereinen, Dienstleistungsunternehmen, Gesellschaften

Soziale Dienstleistungen werden zunehmend in der Form von kleinen bis mittleren Unternehmen angeboten. Häufig lagern die großen Wohlfahrtsverbände einzelne Geschäftsbereiche aus und gründen Unternehmen, die vorwiegend als GmbH (Gesellschaft mit beschränkter Haftung) oder Verein gegründet werden. Das kann z. B. der Betrieb eines Seniorenwohnheims, die Einrichtung einer Familienberatungsstelle oder die Gründung eines Betreuungsvereins sein. Wenn solche Zusammenschlüsse ein soziales und/oder wirtschaftliches Ziel verfolgen, treten immer Haftungsfragen auf, die schon im Vorfeld geklärt werden sollten. Wie gestaltet sich die Verantwortung, wenn ein Mitglied, der Vorstand, ein Mitarbeiter oder ein Helfer einen Schaden verursacht?

10.2.1 Organhaftung juristischer Personen

Ansatzpunkt ist die Organhaftung juristischer Personen.

Definition: Eine juristische Person ist die Zusammenfassung von Personen zu einer gemeinsamen rechtlichen Organisation. Sie ist ein vom Gesetzgeber entwickeltes künstliches Gebilde und hat die Fähigkeit, Träger eigener Rechte und Pflichten zu sein.

Grundtyp der juristischen Person ist der Verein (§ 21 ff. BGB). Als juristische Personen gelten ferner die GmbH, die Aktiengesellschaft (AG), die Genossenschaft oder auch die Stiftung. Juristische Personen des öffentlichen Rechts sind vor allem der Staat (Bund, Länder, Kreise, Gemeinden), die Kirchen sowie Anstalten des öffentlichen Rechts.

Zentrale Haftungsnorm für juristische Personen ist § 31 BGB, die zunächst nur für den Verein gilt. Danach haftet der Verein für den Schaden, *»den der Vorstand, ein Mitglied des Vorstands oder ein anderer verfassungsmäßig berufener Vertreter«* einem Dritten zufügt. Nach gefestigter Rechtsprechung gilt der Haftungsgrundsatz des § 31 BGB nicht nur für Vereine, sondern generell für alle juristischen Personen, auch für die des öffentlichen Rechts (über § 89 BGB).[22]

---

22 Palandt-Heinrichs, BGB, 65. Aufl. 2006, § 31, Rz. 3.

So haften u. a. folgende Gesellschaften für ihre Organe:
- die Gesellschaft des bürgerlichen Rechts (GBR)
- der nichtrechtfähige Verein (§ 54 BGB)
- die Stiftung
- die Offene Handelsgesellschaft (OHG)
- die Kommanditgesellschaft (KG)
- die juristischen Personen des öffentlichen Rechts (§ 89 BGB)

Hat die juristische Person einen wichtigen Aufgabenbereich an einen Funktionsträger oder Bediensteten übertragen, ist es ihr verwehrt, einen Entlastungsbeweis (Exkulpation) anzutreten. Dieser strengen Verantwortung kann die juristische Person nicht dadurch umgehen, dass sie es unterlässt, verantwortliche Personen für bestimmte Aufgabengebiete zu benennen. Entsteht durch ein solches Versäumnis Schaden, so haftet die juristische Person wegen eines ihr anzurechnenden Organisationsfehlers.

10.2.2 Haftung für Mitarbeiter und Helfer

Mitarbeiter, etwa Arbeitnehmer in untergeordneten Positionen oder ehrenamtliche Helfer, können z. B. ein soziales Dienstleistungsunternehmen als **Erfüllungsgehilfe** (§ 278 BGB) oder **Verrichtungsgehilfe** (§ 831 BGB) zum Schadensersatz verpflichten. Für Verschulden des Erfüllungsgehilfen haftet das Unternehmen nach § 278 BGB ohne Entlastungsmöglichkeit, bei einem Fehlverhalten des Verrichtungsgehilfen kommt dagegen eine Exkulpation durch Nachweis gehöriger Auswahl und Beaufsichtigung in Frage, § 831 I 2 BGB.

Schaubild:

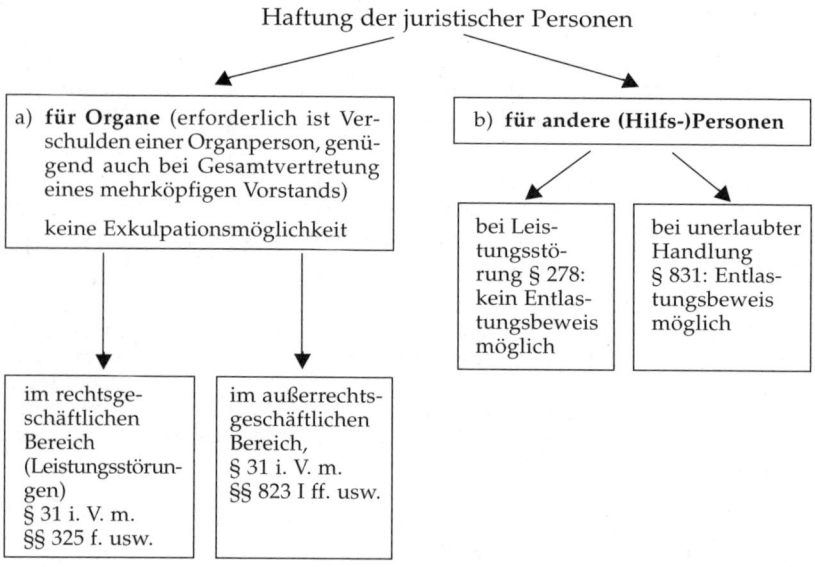

10. Haftung, Deliktsrecht, Schadensersatz

Die Mitglieder haften nicht, sondern nur die organisatorisch verbundene Gesamtheit in Gestalt der juristischen Person, aus deren Vermögen (»Vereinskasse« usw.) der Geschädigte seinen Ersatz erhält.

Beispiel: So haftet der eingetragene Trägerverein eines Bundeswehrheims, weil sein Vorstand die im Umgang mit Reinigungsmitteln nicht fachkundigen Mitarbeiter ungenügend eingewiesen und beaufsichtigt hatte, sodass einem Soldaten eine äußerlich wie Kaffee aussehende ätzende Flüssigkeit serviert wurde, wodurch er eine schwere Verletzung der Speiseröhre erlitt.[23]

Auch beim nichteingetragenen Verein, der keine juristische Person ist, beschränkt sich die Haftung faktisch auf das Vereinsvermögen; zwar haften alle Vereinsmitglieder als Gesamtschuldner[24], doch beschränkt auf ihren Anteil am Vereinsvermögen.[25]

10.2.3 Eigenhaftung des Handelnden

Damit ist noch nicht geklärt, ob der für den Zusammenschluss Handelnde nicht auch selbst haftet.

Im rechtsgeschäftlichen Bereich wird das zu verneinen sein; denn nicht die Person, die für den Fehler verantwortlich ist, sondern der Verein, die Stiftung usw. sind Geschäftspartner, etwa eines Vertrages. Dagegen wird die Organ- oder die Hilfsperson häufig gegen Entgelt bei der juristischen Person beschäftigt sein (z. B. die Kinderpflegerin beim Träger des Heims, etwa einer Gemeinde), sodass das Fehlverhalten eine Verletzung von Pflichten aus dem Arbeitsverhältnis darstellen wird, eine Leistungsstörung, die unter arbeitsrechtlichen Gesichtspunkten zu Ansprüchen und Sanktionen des Anstellungsträgers gegen die für ihn handelnde Person führen kann.

Begeht der Schädiger jedoch eine unerlaubte Handlung (Delikt), so kommt eine deliktische Eigenhaftung für schuldhaftes Verhalten in Betracht, vor allem aus § 823 BGB. Zwar wird dann, wenn es um Heilungsbehandlungskosten geht, gewöhnlich die gesetzliche Krankenversicherung, bei Kindergarten- und Schulunfällen die gesetzliche Unfallversicherung (§ 2 I Nr. 8 a und b SGB VII) leistungsverpflichtet sein, doch gehen die Ansprüche gegen Schadenersatzpflichtige auf die Krankenkasse über – § 116 I SGB X; im Falle eines Kindergarten- oder Schulunfalles bestehen dazu Sonderregelungen – hier ist die persönliche deliktische Haftung nach § 105 SGB VII beschränkt. Sie greift nur bei Vorsatz oder wenn der Unfall auf einem versicherten Weg geschehen ist. Unter welchen Voraussetzungen der Unfallversicherungsträger Rückgriff beim Unternehmen und Vorstandsmitgliedern nehmen kann, ist in § 111 SGB VII geregelt.

---

23 BGH NJW 1978, 2390 Nr. 3.
24 § 421 BGB.
25 Vgl. Palandt-Heinrichs, a.a.O., Rdnr. 12 zu § 54.

Will man sich als Berufstätiger gegen Ersatzansprüche absichern, empfiehlt es sich, eine private Berufshaftpflichtversicherung abzuschließen. Bei »gefahrgeneigten« Berufen, wozu man die Arbeit mit aufsichtsbedürftigen Kindern und behinderten Menschen rechnen kann, sollte die Fürsorgepflicht den Arbeitgeber veranlassen, eine Betriebshaftpflicht- und Vermögensschadensversicherung abzuschließen, die nicht nur das eigene Risiko, sondern auch das Risiko der angestellten Mitarbeiter und Mitarbeiterinnen abdeckt.

10.3 Die Haftung für die Tätigkeit eines Erfüllungsgehilfen (§ 278 BGB)

Definition: Erfüllungsgehilfe ist, wer mit Willen des Schuldners bei der Erfüllung von dessen Verbindlichkeit aus dem Schuldverhältnis tätig wird.[26]

Das wird meistens ein Arbeitnehmer, kann aber auch etwa der Ehegatte des Schuldners sein; erforderlich ist nur, dass der Gehilfe vom Schuldner zur Erledigung der bestehenden Verpflichtung eingesetzt worden ist.[27] Der Erfüllungsgehilfe muss in Ausübung, nicht nur bei Gelegenheit der Hilfstätigkeit schuldhaft im Sinn des § 276 BGB (also vorsätzlich oder fahrlässig) eine Anspruchsnorm verletzt haben.

> Bekanntes **Beispiel:** Der Malergehilfe schlägt mit einer Leiter aus Versehen eine Fensterscheibe ein; hier hat der Geselle im Zuge der Vertragserfüllung fahrlässig einen Schaden herbeigeführt, für den der Meister nach § 278 Abs. 1 BGB wie für eigenes Verschulden haftet.
> Den Meister träfe keine Haftung nach § 278 BGB, wenn der Gehilfe heimlich während der Malerarbeiten beim Kunden eine wertvolle Porzellanvase gestohlen hätte.

Die Regelung für den Erfüllungsgehilfen – § 278 BGB – gilt zugleich für den gesetzlichen Vertreter. So hat das vertretene minderjährige Kind, das Eigentümer eines Miethauses ist, für das Verschulden seiner Eltern bei Erfüllung der Vermieterpflichten einzustehen, wenn jene einen Mangel der Mietwohnung nicht rechtzeitig beseitigen (lassen), § 278, 538 BGB.

Unter diese Haftung für den gesetzlichen Vertreter fällt nicht die Organhaftung, die, wie erörtert, in § 31 BGB geregelt ist.

Auch ohne eigenes Verschulden haftet der Schuldner für seinen Erfüllungsgehilfen, dessen Tun er »vertreten« muss. Doch kann sich der Schuldner, wie § 278 Satz 2 BGB ergibt, im Voraus von der Haftung für vorsätzliches Handeln der Erfüllungsgehilfen befreien; dies wird aber durch § 309 Nr. 7 b BGB wieder begrenzt.

---

26 Wörlen, R., Schuldrecht AT, 7. Aufl., München 2005, Rz. 264.
27 Vgl. dazu Palandt-Heinrichs, a. a. O., Rdnr. 7 zu § 278 BGB.

10.4 Die Haftung für den Verrichtungsgehilfen (§ 831 BGB)

Definition: Grundsätzlich haftet ein Geschäftsherr auf Schadensersatz, wenn sein Verrichtungsgehilfe einem Dritten einen Schaden in Ausführung der Verrichtung widerrechtlich zufügt hat (§ 831 BGB).

Verrichtungsgehilfe ist derjenige, der vom Geschäftsherrn eine Tätigkeit übertragen bekommen hat. Außerdem muss er weisungsgebunden sein. Das ist bei Arbeitsverhältnissen regelmäßig der Fall.

> **Beispiele:** Der Hausmeister eines Seniorenwohnheims ist beim Schneekehren auf dem Parkplatz Verrichtungsgehilfe des Anstellungsträgers. Um keinen Verrichtungsgehilfen des Betreibers des Wohnheims handelt sich bei einem selbstständigen Hausmeisterservice, der unter anderem Schneeräumungsarbeiten übernommen hat.

Um die Haftung des Geschäftsherrn zu begründen, muss ein unmittelbarer innerer Zusammenhang zwischen der dem Gehilfen übertragenen Aufgabe und der schädigenden Handlung bestehen. Der Schaden darf nicht lediglich bei Gelegenheit (etwa durch Brandstiftung des Gehilfen) verursacht sein.[28] Die Schädigung muss »widerrechtlich« (rechtswidrig) sein, jedoch braucht der Verrichtungsgehilfe nicht schuldhaft gehandelt zu haben (z. B. weil er nach § 827 Satz 1 BGB oder § 828 III BGB nicht verantwortlich war). Gehaftet wird vom Geschäftsherrn für vermutetes eigenes Verschulden bei der Anstellung und Beaufsichtigung des Schädigers. Dieser selbst haftet aus § 823 BGB, wenn er zurechenbar vorsätzlich oder fahrlässig gehandelt hat. Dann müssen Geschäftsherr und Verrichtungsgehilfe nach § 840 BGB gesamtschuldnerisch für den Schaden einstehen.

Der Geschäftsherr kann die Vermutung seines Verschuldens widerlegen (= sich exkulpieren), indem er den Entlastungsbeweis führt. Dieser erfordert, dass der Geschäftsherr den Gehilfen sorgfältig ausgewählt und seine fortdauernde Eignung ständig überprüft, Handwerkszeug, Dienstwagen und Vorrichtungen ordnungsgemäß beschafft und seinen Mitarbeiter sorgsam angeleitet und überwacht hat – § 831 I Satz 2 BGB.

> **Beispiel:** Der Hausmeister des Seniorenwohnheims hat eine lose Platte auf dem Gehweg in den Park übersehen. Infolgedessen stolpert ein Angehöriger eines Pflegebedürftigen und bricht sich ein Bein. Wenn es Aufgabe des Hausmeisters ist, den Gehweg regelmäßig auf seine Sicherheit zu überprüfen, haftet in jedem Fall der Hausmeister. Der Geschäftsherr, Betreiber des Seniorenwohnheims, kann sich u. U. exkulpieren, wenn er nachweist, dass er den Hausmeister sorgfältig ausgewählt und überwacht hat. Hier zeigt sich wiederum, wie wichtig der Abschluss einer Berufshaftpflichtversicherung ist.

---

28 Siehe Palandt-Thomas, a. a. O., Rdnr. 10 zu § 831 BGB; BGH NJW 1971, 31.

11. Erbrecht

11.0 Einführung und Praxisrelevanz

11.0.1 Einführung

Durch Erbschaften werden in Deutschland jedes Jahr beträchtliche Vermögenswerte übertragen. Es ist jedem bekannt, dass das Aufteilen einer Erbschaft zu heftigen Kontroversen zwischen den Erben führen kann. Zahlreiche Erbstreitigkeiten werden vor Gericht ausgetragen. Das Erbrecht ist im **Fünften Buch des BGB (§ 1922-2385)** geregelt.

Beim Tod eines Menschen geht dessen Vermögen als Ganzes auf die Erben über (§ 1922 BGB). Der Verstorbene wird im Juristendeutsch **Erblasser** genannt, die Erbschaft **Nachlass**. Zum vererbten Vermögen zählen sowohl die positiven Vermögenswerte als auch Schulden und Verbindlichkeiten.

Wer erben soll, kann der Erblasser durch **Testament** oder durch **Erbvertrag** (sog. **Verfügungen von Todes wegen**) bestimmen. Ansonsten tritt die gesetzliche Erbfolge ein.

11.0.2 Relevanz für soziale Berufe

Für Sozialberufe ist das Erbrecht vorwiegend in Arbeitsfeldern wie Geragogik, Altenpflege und Seniorenbetreuung sowie bei der Tätigkeit von Betreuern und Vormündern von Bedeutung. MitarbeiterInnen, Pflegedienstleitungen und Heimleitungen von Altenpflegeheimen, vollstationären Pflegeeinrichtungen und Altenwohnanlagen sollten grundlegende Zusammenhänge des Erbrechts kennen.

11.1 Gesetzliche Erbfolge

Die gesetzliche Erbfolge kommt zum Zuge, wenn der Verstorbene kein Testament hinterlassen hat (§ 1937 BGB). Sie orientiert sich am Familiengedanken. Rechtsnachfolger in den Nachlass sind in einer bestimmten Rangfolge alle lebenden **Verwandten** (§ 1924-1930 BGB) sowie der **Ehegatte** (§ 1931 f., 1371 BGB). Erst wenn Blutsverwandte, ihnen durch Adoption Gleichgestellte und Ehepartner nicht vorhanden sind, wird letzter gesetzlicher Erbe der Fiskus (§ 1936, 1964-1966 BGB). Es besteht eine lückenlose gesetzliche Erbfolge. Geerbt wird in **Parentelen** (Abstammungs-»Ordnungen«), wobei die jeweils folgende Ordnung durch die vorangehende verwandtschaftsnähere ausgeschlossen wird. Nebeneinander stehende Angehörige derselben Ordnung, die in ihr »Stämme« repräsentieren, erben zu gleichen Teilen; den Anteil eines Vorverstorbenen erhalten seine Kinder, bei deren Ausfall ihre Kinder, also die Enkel des ursprünglichen Erben (Eintrittsrecht der »Unterstämme«).

Erben der ersten Ordnung sind die Abkömmlinge (die Verwandten gerader absteigender Linie, nämlich Kinder, Enkel, Urenkel usw. – § 1924 BGB).

11. Erbrecht

Beispiel:

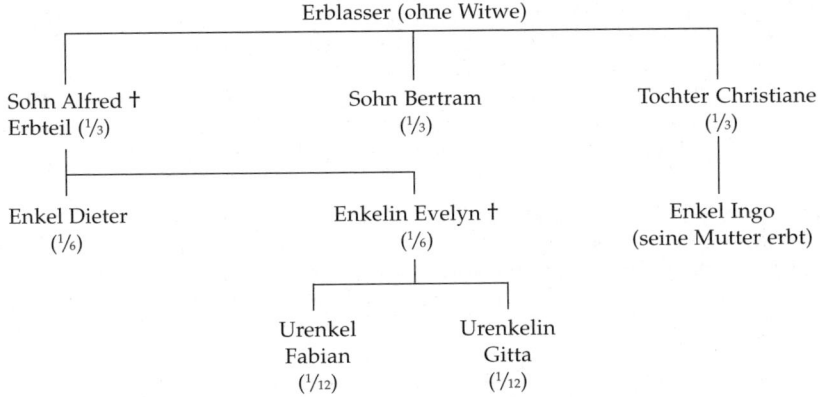

Wäre Dieter im Zeitpunkt des Erbfalls schon tot, sein Unterstamm demnach erloschen, so ginge sein Sechstel auf die Kinder seiner Schwester Evelyn über.

Erben der zweiten Ordnung kommen zum Zuge, wenn der Erblasser selbst keine Kinder, Enkel etc. hat. Dann werden seine Eltern und deren Abkömmlinge (seine Geschwister, Neffen, Nichten sowie deren Kinder usw.) berücksichtigt (§ 1925 BGB).

Gibt es auch keine Verwandten dieser Gruppe, so folgen die **Erben der dritten Ordnung.** Das sind die Großeltern und ihre sonstigen Nachkommen, also Tanten, Onkel, Cousins, Cousinen des Erblassers.

Zur **vierten Ordnung** gehören die Urgroßeltern nebst Abkömmlingen (§ 1928 BGB). Unter Umständen muss auf noch **fernere Ordnungen** zurückgegriffen werden (§ 1929 BGB).

Nichteheliche Kinder werden mit dem **Erbrechtsgleichstellungsgesetz** (in Kraft seit 1. 4. 1998) ehelichen Kindern gleichgestellt. Nichteheliche Kinder können bei gesetzlicher Erbfolge mit den ehelichen Kindern und dem Ehegatten des Verstorbenen eine Erbengemeinschaft bilden. Sie sind nicht mehr auf einen Erbersatzanspruch verwiesen.[1]

Zu geringe Bedeutung wird vielfach der Regelung beigemessen, wonach dem überlebenden Ehegatten vorweg, ohne Anrechnung auf den Erbteil, die Haushaltsgegenstände zukommen (§ 1932 BGB). In einfachen Verhältnissen sind das häufig die einzig realisierbaren Vermögensgegenstände.

---

[1] Schlüter, BGB-Familienrecht, 11. Auflage, Heidelberg 2005, S. 188.

11.2 Verfügungen von Todes wegen

Es kann genügend objektive oder subjektive Gründe geben, von der gesetzlichen Erbfolge abzuweichen. So kann es jemand für zweckmäßig halten, eine Zersplitterung seines Vermögens zu vermeiden oder die Substanz seines Unternehmens in die fähigsten Hände überzuleiten. Andere sehen es nicht ein, warum entfernte Verwandte erben sollen, während ein guter Freund nach der gesetzlichen Erbfolge leer ausgeht. Mitunter besteht das Verlangen, eine gemeinnützige Einrichtung, etwa die Kirche, zu bedenken.

Um solchen Wünschen gerecht zu werden, tritt das Familienprinzip hinter die Privatautonomie (Gestaltungsfreiheit) zurück. So bekommt jeder Erblasser die Möglichkeit eingeräumt, von der gesetzlichen Erbfolge durch **Verfügungen von Todes wegen** abzuweichen. Dazu zählen Testamente und Erbverträge. Die **gewillkürte Erbfolge** hat Vorrang vor der gesetzlichen.

11.2.1 Erbvertrag

Erbverträge (§ 1941, 2274-2302 BGB) sind Rechtsgeschäfte, in denen sich ein oder zwei Partner erbrechtlich binden. Am häufigsten werden sie in der Praxis zwischen Eheleuten abgeschlossen und meist mit einem Ehevertrag verknüpft, in dem Gütertrennung oder Gütergemeinschaft vereinbart wird. Häufig werden gleichzeitig Unterhaltsvereinbarungen getroffen.[2] Ein Erbvertrag eignet sich ebenfalls zur Sicherung der Erbfolge des nicht verheirateten Lebensgefährten.[3] Sie müssen notariell beurkundet werden (§ 2276 BGB). Wenn ein Erbvertrag einmal geschlossen ist, wird der Erblasser prinzipiell daran gehindert, die Verfügung von Todes wegen einseitig zu ändern oder aufzuheben.

11.2.2 Testament

Einfacher ist es, ein Testament (letztwillige Verfügung, § 1937, 2064 ff. BGB) zu errichten. Der Erblasser muss das Testament persönlich verfassen (§ 2064 BGB). Ein Testament kann jederzeit widerrufen werden, indem es durch ein neues Testament ersetzt, vernichtet, abgeändert oder aus der amtlichen Verwahrung zurückgenommen wird (§ 2253-2256 BGB). Ein Minderjähriger ist im Alter von 16 Jahren schon **testierfähig** (§ 2229 I, II BGB). Nicht testierfähig ist, wer »wegen krankhafter Störung der Geistestätigkeit, wegen Geistesschwäche oder wegen Bewusstseinsstörung nicht in der Lage ist, die Bedeutung einer von ihm abgegebenen Willenserklärung einzusehen und nach dieser Einsicht zu handeln« (§ 2229 IV, vgl. § 104 f. BGB). Ein Testament kann eigenhändig (§ 2247 I BGB) oder öffentlich zur Niederschrift bei einem Notar (§ 2231 Nr. 1, 2232 BGB) errichtet werden. Ein eigenhändiges Testament muss von dem Erblasser selbst geschrieben und unterschrieben sein. Es soll Zeit und Ort der Ausfertigung angeben (§ 2247 BGB). Ratsam ist eine Verwahrung beim Amtsgericht, das zur Bestätigung einen Hinterlegungsschein ausstellt (§ 2258 a-b BGB), der so aufbewahrt werden sollte, dass ihn die Erben finden

---

2 Schlüter, Erbrecht, 14. Aufl., München 2000, Rz. 261.
3 Jauernig/Stürner, BGB Kommentar, München 2003, Vorb. zu § 2274, Rz. 1.

können. Nach dem Erbfall sind noch nicht beim Nachlassgericht befindliche Testamente dort unverzüglich abzuliefern (§ 2259 BGB). Zuständig für die **Testamentseröffnung** ist das Nachlassgericht (§ 2260 BGB).

Ehegatten können ein **gemeinschaftliches Testament** in einer einheitlichen Urkunde errichten (§ 2265-2267 BGB). Bezieht sich jeder auf den letzten Willen des anderen, so sind die Erklärungen voneinander abhängig (wechselbezügliche Verfügungen § 2270 BGB). Änderung oder Widerruf sind eingeschränkt (§ 2271 BGB). Häufig setzen sich die Eheleute gegenseitig zu Erben ein und bestimmen, dass der beiderseitige Nachlass nach dem Tod des Überlebenden an einen Dritten (meist die gemeinsamen Kinder) fallen soll (§ 2269 I BGB, sog. **Berliner Testament**). Auf diese Weise kann der Verwitwete bis zu seinem Lebensende materiell sichergestellt werden. Dieses Ziel kann ebenfalls erreicht werden, indem man die Kinder gleich mit dem Tod des Erstversterbenden Erbe werden lässt und dem überlebenden Ehepartner den Nießbrauch am Nachlass einräumt. Ein anderer Weg ist es, den überlebenden Ehegatten zum Vorerben und die Kinder zu Nacherben zu bestellen (vgl. § 2100, 2105 f., 2109 f. BGB).

Sind gesetzliche Erben enterbt worden, ist deren **Pflichtteilsanspruch** zu berücksichtigen. Dies gilt für enterbte Kinder, Enkel, Urenkel, Eltern und Ehegatten. Sie haben ein Anrecht auf einen Pflichtteil in Geld gegen den oder die Erben, der dem halben Wert des gesetzlichen Erbteils entspricht (§ 2303 BGB). Eine Ausnahme besteht lediglich bei Erbunwürdigkeit (§ 2339 BGB).

11.3 Rechtsgeschäfte unter Lebenden auf den Todesfall

Das Recht des Erblassers, nach Belieben über sein Vermögen durch Rechtsgeschäft unter Lebenden zu verfügen, ist grundsätzlich unbeschränkt (vgl. § 2286 BGB).

Durch Vertrag zugunsten Dritter kann der Erblasser beispielsweise die Versicherungssumme aus einem Lebensversicherungsvertrag bei seinem Tod einem Dritten direkt zuwenden. Die Versicherungssumme fällt dann nicht in den Nachlass.

Ein Rechtsgeschäft unter Lebenden auf den Todesfall ist auch das **Schenkungsversprechen**. Diese Art der Schenkung wird unter der Bedingung vorgenommen, dass der Beschenkte den Schenker überlebt (§ 2301 BGB). Im Prinzip können mit der Schenkung auf den Todesfall die gleichen Ziele erreicht werden wie mit einem Testament.

11.4 Erbfall und Erbenhaftung

Mit dem Erbfall geht die Erbschaft von selbst auf die Erben über (§ 1922, 1942 BGB). Erben können natürliche und juristische Personen sein, z. B. auch eine Stiftung oder eine OHG.

Das Erbrecht wird mit einem **Erbschein** bewiesen, ein amtliches Zeugnis, das vor allem die Erben und die Größe des jeweiligen Erbteils aufführt. Der Erbschein wird auf Antrag vom Nachlassgericht ausgestellt (§ 2353-2370 BGB).

Zuweilen kann eine Erbschaft für die Erben eine Bürde sein. So wird ihnen das Recht eingeräumt, das Erbe innerhalb einer Frist von sechs Wochen durch Erklärung an das Nachlassgericht auszuschlagen (§ 1942 ff. BGB).

Das gesamte Vermögen des Verstorbenen geht mit allen Aktiva und Passiva auf die Erben über **(Gesamtrechtsnachfolge).** Dies schließt ebenso die Schulden des Erblassers ein. Das kann sowohl für die Erben als auch für die Gläubiger des Erblassers weitreichende Konsequenzen haben. Hat der Erbe die Erbschaft einmal angenommen, haftet er grundsätzlich mit seinem eigenen Vermögen für die Nachlassverbindlichkeiten. Diese **Erbenhaftung** kann auf den Nachlass beschränkt werden, indem eine Nachlassverwaltung angeordnet oder das Nachlassinsolvenzverfahren eröffnet wird (§ 1975 BGB).

Teil 3: Ausgewählte Rechtsbereiche für Arbeitsfelder in sozialen Berufen

12. Familienrecht

12.0 Einführung und Praxisrelevanz

12.0.1 Einführung

Trotz des expansiven Wandels familiären Zusammenlebens hat die Familie ihren Wert im Laufe der Geschichte erhalten. Unter dem Stichwort **Pluralität der Lebensformen** sind neben die Zwei- oder Drei-Generationen-Familie nichteheliche Lebensgemeinschaften, allein erziehende Eltern, Scheidungsfamilien, Stiefeltern- und sog. Patchworkfamilien, Adoptivfamilien oder eingetragene Lebenspartnerschaften getreten. Die Gesetzeslage hinkt der gesellschaftlichen Realität immer um Schritte hinterher. Die jüngsten einschneidenden Modernisierungen des Gesetzgebers waren die Reform des Kindschaftsrechts (1998), das Gesetz zur Ächtung der Gewalt in der Erziehung (2000), das Kinderrechteverbesserungsgesetz (2002) sowie das Lebenspartnerschaftsgesetz (2001), das rechtliche Diskriminierungen gleichgeschlechtlicher Partner abbaut.

12.0.2 Relevanz für soziale Berufe

Das Familienrecht ist grundlegend für sämtliche Arbeitsfelder sozialer Berufe. In vielen Beratungssituationen ist nicht nur Grundlagenwissen, sondern Detailwissen gefragt, sodass ergänzend Lehrbücher zum Familienrecht bzw. Kindschaftsrecht empfohlen werden. Dieses Kapitel Familienrecht kann nur einen groben Überblick verschaffen, um sich in dem Rechtsgebiet zu orientieren. Spezielle Beratungskompetenz im Familienrecht wird von Mitarbeitern des Jugendamtes (Allgemeiner Sozialdienst, Trennungs- und Scheidungsberatung, Pflegekinderdienst und Adoptionsvermittlung) sowie von Ehe-, Familien- und Erziehungsberatungsstellen erwartet.

12.1 Systematik

Das folgende Schaubild bietet einen Überblick über die Regelungsbereiche des Familienrechts. Die meisten Normen befinden sich im **Vierten Buch des BGB** (§ 1297-1921).

Teil 3: Recht in sozialen Berufen

Schaubild 1:

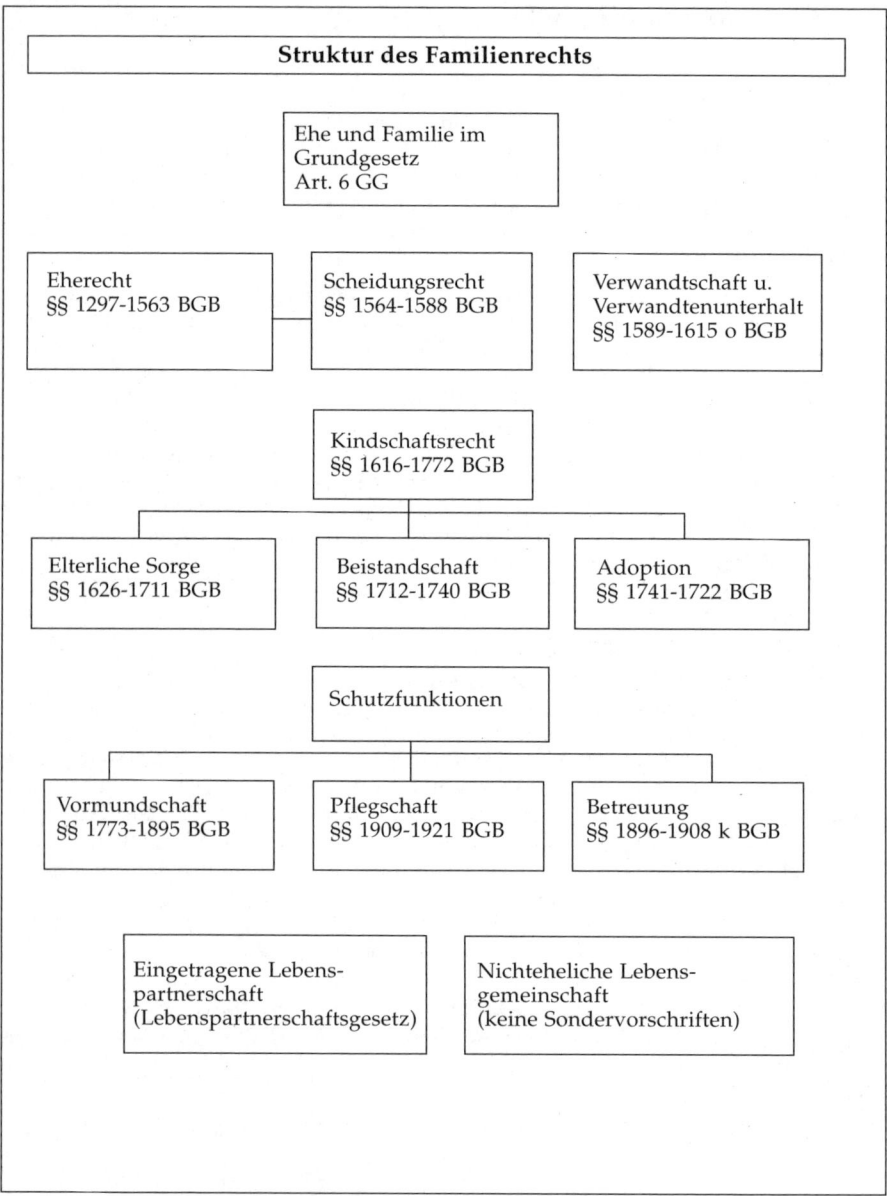

12. Familienrecht

12.2 Stellung der Familie im Grundgesetz

»Ehe und Familie stehen unter dem besonderen Schutz der staatlichen Ordnung«. So heißt es in Art. 6 I des Grundgesetzes. Verfassungsrechtler leiten aus diesem Satz drei Schutzbereiche ab. Zum einen wird die Privatsphäre von Ehe und Familie vor störenden Eingriffen des Staates geschützt **(Abwehrrecht des Einzelnen)**. Zum anderen werden Rechtsinstitute wie die bürgerliche und die (Klein-) Familie gewährleistet **(Instituts- oder Einrichtungsgarantie)**. Nach der Rechtsprechung des Bundesverfassungsgerichts zählen zur Familie auch Stief-, Adoptiv- und Pflegekinder sowie nichteheliche Kinder.[1] Drittens folgt aus der Grundsatznorm eine Wertentscheidung, die den Staat bindet und ein **allgemeines Benachteiligungsverbot** oder positiv ausgedrückt, ein **Förderungsgebot** konstatiert.[2]

In Art. 6 II und III GG wird der Freiraum des elterlichen Erziehungsrechts abgesteckt. Den Eltern wird größtmögliche Eigenverantwortung gelassen. Der Staat übt ein **»Wächteramt«** aus (Art. 6 II Satz 2 GG), vorwiegend durch Jugendämter und Familiengerichte. Wenn die Erziehungsberechtigten versagen, kann eine Trennung des Kindes von der Familie nur auf einer gesetzlichen Grundlage (§ 1666 BGB) erfolgen.

Weiterhin ist im Grundgesetz die **Gleichstellung von nichtehelichen und ehelichen Kindern** programmatisch festgeschrieben (Art. 6 V GG).

12.3 Eheschließung und -wirkungen

Das Institut der **bürgerlichen Ehe** wurde maßgeblich durch die christlich-abendländische Tradition geprägt. Zu ihren **Wesensmerkmalen** gehören die grundsätzliche, aber nicht absolute Unauflösbarkeit (§ 1553 I BGB), die durch die Scheidungsstatistik stark relativiert wird. Daneben treten die Prinzipien der Monogamie (§ 1306 BGB) sowie der Geschlechtsverschiedenheit. Eine Ehe kann nur zwischen einem Mann und einer Frau eingegangen werden.[3] Insofern hat der Gesetzgeber darauf verzichtet, die eingetragene Lebenspartnerschaft gleichgeschlechtlicher Paare als Ehe zu bezeichnen.

Eine **Heirat** erfolgt in Deutschland unter den Bedingungen der § 1306-1312 BGB. Sie muss durch einen Standesbeamten vorgenommen werden, um gültig zu sein.

Ehemündigkeit setzt Volljährigkeit voraus (§ 1303 I BGB); das Familiengericht kann von dieser Vorschrift Befreiung erteilen (§ 1303 II BGB). Geschäftsunfähigen ist es verwehrt zu heiraten (§ 1304 BGB).

Ehehindernisse sind bestimmte Verwandtschaftsverhältnisse, so zwischen Verwandten in gerader Linie und zwischen Geschwistern (§ 1307 BGB); außerdem das Verbot der Doppelehe (§ 1306 BGB).

---

1 BVerfG 24, 119, 135; siehe Schlüter, BGB-Familienrecht, 11. Aufl., Heidelberg 2005, S. 4.
2 Vgl. Schlüter, a.a.O., S. 5.
3 BVerfG FamRZ 93, 1419.

Wirkungen der Ehe: Eheleute tragen füreinander Verantwortung und sind einander zur ehelichen Lebensgemeinschaft verpflichtet (§ 1353 I Satz 2 BGB). Auf eine Konkretisierung dieses Postulats hat der Gesetzgeber bewusst verzichtet. Im allgemeinen versteht man darunter eine gemeinsame Lebensführung in gegenseitiger Achtung, Liebe und Rücksichtnahme, die Teilnahme an den Interessen des Partners, ein Sexualleben und eheliche Treue sowie die Sorge für die gemeinsamen Kinder.

Bei der Wahl eines gemeinsamen Ehenamens steht den Eheleuten weitgehende Wahlfreiheit zu (§ 1355 BGB). Jeder Partner hat ein Recht auf Erwerbstätigkeit (§ 1356 II BGB); es besteht eine Unterhaltspflicht gegenüber der Familie, wobei die Rolle als Hausfrau oder Hausmann ausdrücklich als gleichwertiger Unterhaltsbeitrag erwähnt wird (§ 1360 Satz 2 BGB).

Güterrecht: Der gesetzliche Güterstand der Eheleute ist die **Zugewinngemeinschaft** (§ 1363 BGB). Durch einen Ehevertrag können die Partner vor oder auch während der Ehe einen anderen Güterstand wählen (§ 1408 I BGB). Das BGB sieht zwei vertragliche Güterstände vor: die **Gütergemeinschaft** (§ 1415 BGB) und die **Gütertrennung** (§ 1414 BGB).

Definition: Im Güterstand der Zugewinngemeinschaft bleiben die Vermögen der Ehegatten getrennt. Jeder Partner bleibt Alleineigentümer des Vermögens, das er bei Eheschließung besitzt und das er während der Ehe erwirbt. Erst bei Beendigung (Tod, Scheidung) wird der Zugewinn ausgeglichen (§ 1363-1390 BGB).

Im Scheidungsverfahren kommt der Durchführung eines Zugewinnausgleichs häufig existenzielle Bedeutung zu, besonders wenn es um die Aufteilung eines kreditfinanzierten Eigenheims oder um einen Gewerbebetrieb geht.

Der **Zugewinnausgleich** wird in zwei Schritten ermittelt:

1. Schritt: Für jeden Partner wird einzeln der Zugewinn errechnet.

Definition: Zugewinn ist der Betrag, um den das Endvermögen (EV) (bei Scheidung, Tod) eines Partners sein Anfangsvermögen (AV) (bei Heirat) übersteigt (§ 1373 BGB).

2. Schritt: Der Zugewinn beider Partner wird miteinander verglichen. Der Partner mit dem höheren Zugewinn hat die Hälfte des Gewinnüberschusses an den anderen abzutreten (§ 1378 BGB).

> **Beispiel:** Petra besitzt bei Heirat ein Vermögen von € 40.000,–, bei Rechtshängigkeit des Scheidungsantrags sind es € 140.000,–. Das Anfangsvermögen von Hans beträgt € 20.000,–, sein Endvermögen € 60.000,–.

12. Familienrecht

1. Schritt: Berechnung des Zugewinns

	Petra	Hans
EV	140.000,– €	60.000,– €
– AV	– 40.000,– €	– 20.000,– €
= Zugewinn (Zg)	100.000,– €	40.000,– €

2. Schritt: Ermittlung des Zugewinnausgleichs (ZgA)

Zg Petra	100.000,– €
– Zg Hans	– 40.000,– €
= Gewinnüberschuss (GÜ)	60.000,– €
GÜ:2 = ZgA	60.000,– € : 2 = 30.000,– €

Hans hat gegenüber Petra einen Anspruch auf Zugewinnausgleich in Höhe von 30.000,– €.

Das oben demonstrierte Berechnungsschema für den Zugewinnausgleich ist natürlich stark vereinfacht. In der Praxis wird häufig um die Bewertung des Vermögens gestritten. Die Inflationsrate, Schulden und Erbschaften sind zu berücksichtigen; und nicht zuletzt sind oft einzelne Vermögensposten zwischen den Parteien streitig.

12.4 Ehescheidung

Im Jahr 1977 rückte der Gesetzgeber nach einer längeren öffentlichen Debatte vom Schuldprinzip bei der Ehescheidung ab und ersetzte es durch das **Zerrüttungsprinzip**. Nach Schuldzuweisungen wird im familiengerichtlichen Scheidungsverfahren nicht mehr gefragt.

Es gehört schon zum Allgemeinwissen, dass eine Ehe erst nach einem sog. »**Trennungsjahr**« geschieden werden kann. Wenn sich die Eheleute nach einem Jahr Trennung über die Scheidung und ihre wesentlichen Folgen einig sind (elterliche Sorge, Umgangsrecht, Unterhalt, Ehewohnung, Hausrat), wird die Zerrüttung der Ehe unwiderlegbar vermutet **(Konventionalscheidung)**. Das Familiengericht prüft in diesem Fall nicht das Scheitern der Ehe (§ 1566 I BGB, § 630 ZPO). Bei einer **streitigen Scheidung** hingegen untersucht das Gericht, ob die Ehe noch eine Zukunft hat (§ 1565 I BGB).

Vor Ablauf der einjährigen Trennungsfrist kann die Ehe nur in Härtefällen geschieden werden (§ 1565 II BGB). Bei einer Trennungszeit von mindestens 3 Jahren ist eine Ehescheidung auch gegen den Willen des anderen möglich (§ 1566 II BGB).

Das Scheidungsverfahren, für das das Familiengericht zuständig ist, ist ein sog. »**Verbundverfahren**«, weil neben der Scheidung als solcher über **Scheidungsfolgen** entschieden wird, die für die Partner weitreichende Bedeutung haben. Das

Gericht muss eine Entscheidung zum Versorgungsausgleich treffen (**Zwangsverbund**). Nur wenn entsprechende Anträge gestellt werden, regelt das Familiengericht die elterliche Sorge und den Umgang, Kindes- und Ehegattenunterhalt, die Aufteilung der Ehewohnung und des Hausrats sowie den Zugewinnausgleich (**Antragsverbund**).

Seit den 90er Jahren etabliert sich in Deutschland **Mediation**[4], ein alternatives Konfliktlösungsverfahren. Mithilfe eines neutralen Dritten (Mediator) können die Parteien die wesentlichen Scheidungsfolgen selbstbestimmt und ohne Streit vor Gericht regeln. Die Mediation schließt mit einer Scheidungsfolgenvereinbarung. Diese Alternative ist beziehungsschonender und häufig kostengünstiger als ein streitiges Gerichtsverfahren (nähere Erläuterungen in Kapitel 21).

Scheidungsunterhalt: Auch nach einer Scheidung sind die Ex-Partner meist über ihre Kinder (elterliche Sorge, Umgang) und finanziell über Unterhaltsleistungen miteinander verbunden. In Extremfällen ein ganzes Leben lang. Das deutsche Recht schützt den wirtschaftlich Schwachen durch Unterhaltsansprüche. Der Grundsatz der wirtschaftlichen Eigenverantwortung nach der Scheidung wird in der Realität oft in sein Gegenteil verkehrt.

Schaubild 2:

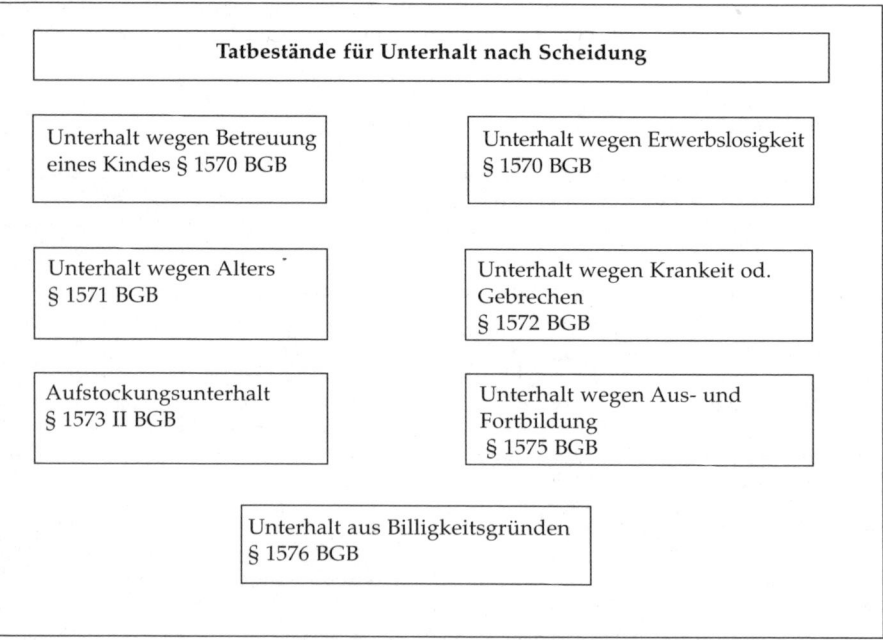

---

4 Siehe Haynes, Bastine, Link, Mecke, Scheidung ohne Verlierer, München 2002.

12. Familienrecht

Das Gesetz kennt **sieben Unterhaltstatbestände,** die es dem Bedürftigen erlauben, Geschiedenenunterhalt von dem verdienenden Ex-Partner zu verlangen. Sie werden in der Übersicht auf der vorhergehenden Seite (Schaubild 2) nur stichwortartig dargestellt.

Die Höhe des Unterhalts orientiert sich an den ehelichen Lebensverhältnissen (§ 1578 I BGB). Die Obergrenze bildet die Leistungsfähigkeit des Unterhaltspflichtigen (§ 1581 BGB). In der Gerichtspraxis wird der Unterhaltsanspruch nach Tabellen und Leitlinien (z. B. Düsseldorfer oder Berliner Tabelle) berechnet, um eine gewisse Einheitlichkeit zu wahren.

Durch den **Versorgungsausgleich** werden die während der Ehe erworbenen unterschiedlichen Renten- oder sonstigen Versorgungsansprüche ausgeglichen. Ähnlich wie beim Zugewinnausgleich wird dem Ehegatten, der während der Ehe geringere Versorgungsanwartschaften erworben hat, die Hälfte des Unterschiedsbetrags übertragen (§ 1587 ff. BGB; Gesetz zur Regelung von Härten im Versorgungsausgleich).

Die Themen elterliche Sorge, Umgang und Kindesunterhalt werden im nächsten Abschnitt behandelt.

12.5 Kindschaftsrecht

Die Architektur des Kindschaftsrechts ist in den Jahren 1997 und 1998 grundlegend umgestaltet worden. Die große Reform hat eine weitgehende Gleichstellung nichtehelicher und ehelicher Kinder erreicht. Das Recht der elterlichen Sorge, das Umgangsrecht, das Abstammungsrecht, das Unterhaltsrecht, das familienrechtliche Verfahren sowie das Adoptionsrecht wurden neu gefasst. Die gesetzliche Amtspflegschaft für nichteheliche Kinder wurde abgeschafft und durch die freiwillige Beistandschaft ersetzt. *»Es ist fast kein Stein mehr auf dem anderen geblieben.«*

Im **Abstammungsrecht** (§ 1591-1600 e BGB) sind seitdem die Statusmerkmale »Ehelichkeit« und »Nichtehelichkeit« entfallen. Um Zweifelsfragen vorzubeugen, die durch die moderne Fortpflanzungsmedizin hervorgerufen werden können, wurde die **Mutterschaft** neu definiert. Mutter ist die Frau, die das Kind geboren hat (§ 1591 BGB).

Als **Vater** eines Kindes gilt der Mann,

- der bei der Geburt mit der Mutter des Kindes verheiratet ist (§ 1592 Nr. 1 BGB);
- der die Vaterschaft anerkannt hat (§ 1592 Nr. 2 BGB);
- dessen Vaterschaft gerichtlich festgestellt ist (§ 1592 Nr. 3 BGB).

Das Verhältnis zwischen Eltern und Kindern ist geprägt durch Schutz und Fürsorge, **die elterliche Sorge.** Diese elterliche Verantwortung ist im Gesetz ausgestaltet als pflichtgebundenes Recht (§ 1626 I BGB).

Sie wird aufgeteilt in **Personensorge, Vermögenssorge** und **Vertretung des Kindes** (§ 1626 I Satz 2, 1629 BGB). Inhalt der Personensorge sind Pflege, Erziehung, Beaufsichtigung und Aufenthaltsbestimmung des Kindes (§ 1631 I BGB).

Schaubild 3:

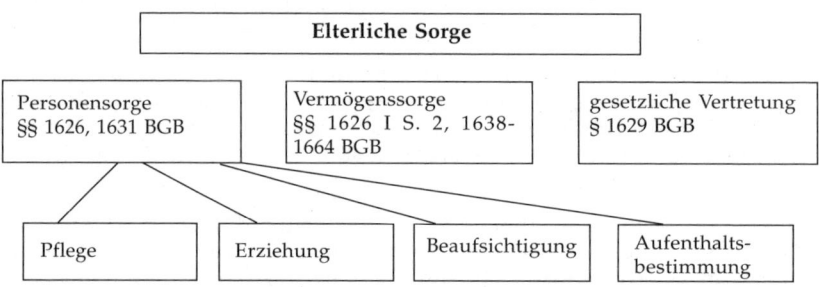

Als grobe Orientierung für ein Erziehungsziel wird ein selbstständiger und verantwortungsbewusster Mensch postuliert. Die Eltern sollen bei ihrem Umgang mit dem Kind sein wachsendes Bedürfnis nach Selbstständigkeit respektieren (§ 1626 II BGB). Zentraler Anhaltspunkt der elterlichen Sorge ist der general-klauselartige Begriff »**Wohl des Kindes**« (§ 1626 III, 1666 I BGB).

Definition: Die Kindeswohlformel will klarstellen, dass nicht die Eigeninteressen der Eltern im Vordergrund stehen, sondern die Interessen des Kindes. Eltern sind zu dem Verhalten verpflichtet, das voraussichtlich der »Integrität und der Entfaltung des Kindes am besten dient.« [5]

Verheiratete Eltern üben die elterliche Sorge gemeinsam aus (§ 1626 I BGB).

Bei **Kindern nicht miteinander verheirateter Eltern** ist die Mutter grundsätzlich Inhaberin der Alleinsorge (§ 1626 a II BGB). Durch eine öffentlich beurkundete **Sorgeerklärung** können Vater und Mutter jedoch dokumentieren, dass sie die gemeinsame Sorge übernehmen (§ 1626 a I Nr. 1 BGB).

Mit dem Gesetz zur Ächtung der Gewalt in der Familie vom 2. 11. 2000 ist für jedes Kind ausdrücklich ein **Recht auf gewaltfreie Erziehung** verankert worden (§ 1631 II BGB). Körperliche Bestrafungen, seelische Verletzungen und andere entwürdigende Maßnahmen sind unzulässig. Obwohl diese Vorschrift keine Sanktionsmöglichkeit enthält, stellt sie dennoch eine Verbesserung des Rechtsschutzes von Minderjährigen dar.[6] Gravierende Verstöße sind ggf. strafbar (§ 223 ff. StGB). Ebenso können bei Gefährdung des Kindeswohls Maßnahmen nach § 1666, 1666 a BGB veranlasst werden.

Bei **Trennung oder Scheidung** der Eltern bleibt es grundsätzlich bei der gemeinsamen Sorge. Stellt jedoch ein Elternteil einen Antrag (§ 1671 BGB) oder bei Gefährdung des Kindeswohls (§ 1666,1666 a II BGB) kann das Familiengericht einem Elternteil die Alleinsorge ganz oder in Teilen übertragen.

---

5 Schwab, Familienrecht, München 2001, S. 259.
6 Oberloskamp H./Marx, A., Kindschaftsrechtliche Fälle für Studium und Praxis, 6. Aufl. München 2006, S. 63.

12. Familienrecht

Beispiel: Barbara und Reiner sind Eltern der kleinen Laura und leben während ihres Studiums in einer Wohngemeinschaft. Sie sind unverheiratet. Da sie sich die Erziehung von Laura teilen wollen, geben sie beim Jugendamt eine Sorgeerklärung ab. Später kommt es öfter zum Streit um Erziehungsfragen. Barbara möchte die Alleinsorge für Laura wieder zurück erhalten. Die Übertragung der Alleinsorge ist jedoch an eine Trennung der Eltern geknüpft (§ 1671 BGB). So lange Barbara und Reiner zusammenleben, sind sie an ihre Sorgeerklärung gebunden. Sie können diese durch Widerruf nicht einfach aufheben.

In Anlehnung an die UN-Kinderrechtekonvention (1989) ist das **Umgangsrecht** als Recht des Kindes auf Umgang (Kontakt, Besuch) mit jedem Elternteil formuliert (§ 1626 III, 1684 I BGB). In der Praxis ist das Umgangsrecht für den nichtsorgeberechtigten Elternteil von Bedeutung. Auch Großeltern, Geschwistern, Stiefelternteilen sowie Lebenspartnern wird ein Umgangsrecht eingeräumt, wenn dies dem Kindeswohl dient (§ 1685 BGB).

Bei **Gefährdung des Kindeswohls** sind staatliche Organe verpflichtet, das Kind zu schützen und in das elterliche Sorgerecht einzugreifen (§ 1666, 1666 a, 1667 BGB). Diese Schutzfunktion ist eine Konkretisierung des staatlichen Wächteramts (Art. 6 II Satz 2 GG). Wichtigste Eingriffstatbestände sind Missbrauch des Sorgerechts, Vernachlässigung des Kindes oder unverschuldetes Versagen der Eltern (§ 1666 I BGB). Das Familiengericht ordnet vorwiegend Jugendhilfemaßnahmen an (§ 11-14 SGB VIII), im äußersten Fall die Trennung des Kindes von der Familie (§ 1666 a I BGB). Zu beachten ist der Grundsatz des geringsten Eingriffs (Verhältnismäßigkeitsgebot). Dies gilt auch, wenn einem Elternteil vorübergehend oder auf unbestimmte Zeit die Nutzung der Familienwohnung untersagt werden soll (§ 1666 a I Satz 2 BGB).[7] Grundsätzlich wird das Jugendamt um ein Gutachten ersucht (§ 49 a I Nr. 8 FGG). Das Kind erhält in der Regel einen Verfahrenspfleger (Anwalt des Kindes) (§ 50 II Nr. 2 FGG).

Beispiele:
1) Ein Kind wird körperlich misshandelt oder sexuell missbraucht (Sorgerechtsmissbrauch).
2) Die Eltern verhalten sich passiv, indem sie ihr Kind mangelhaft ärztlich versorgen oder beaufsichtigen (Vernachlässigung).
3) Ein Elternteil ist mit der Versorgung eines Kindes infolge Alkohol- oder Tablettenmissbrauchs überfordert (unverschuldetes Versagen).

Unterhaltsansprüche von Kindern gegenüber ihren Eltern sind eine Kategorie des Verwandtenunterhalts (§ 1601-1615 o BGB). Das Gleiche gilt für den umgekehrten Fall, wenn Eltern bedürftig sind und ihre Kinder für Unterhaltszahlungen in Anspruch nehmen. Bei der Berechnung von Unterhaltsleistungen wird nicht mehr zwischen ehelichen und nichtehelichen Kindern differenziert. Die Praxis orien-

---

7 Eingefügt durch das Kinderrechteverbesserungsgesetz vom 9. 4. 2002.

tiert sich an Bedarfstabellen und Unterhaltsleitlinien (z. B. Düsseldorfer und Berliner Tabelle). Das Bundesministerium der Justiz setzt in jedem ungeraden Jahr zum 1. Juli Regelbeträge fest (§ 1612 a IV BGB).

Das moderne **Recht der Adoption** basiert auf dem Grundgedanken, dass Eltern für ein elternloses Kind gesucht werden und nicht ein Kind für ein kinderloses Paar. Das Kindeswohl ist Richtschnur (§ 1741 I BGB). Das deutsche Adoptionsrecht (§ 1741-1772 BGB) folgt dem Prinzip der Volladoption. Es entsteht ein neues Eltern-Kind-Verhältnis mit sämtlichen Rechtsfolgen (§ 1754 BGB). Das Verwandtschaftsverhältnis zur bisherigen Familie erlischt (§ 1755 BGB). Die Adoption Volljähriger hat allerdings eingeschränkte Wirkungen (§ 1770 BGB).

Da die Adoption ein einschneidender zukunftsgerichteter Eingriff in das Leben eines Kindes ist, ist die Adoptionsvermittlung nur überprüften und qualifizierten Stellen erlaubt (§ 2-4 Adoptionsvermittlungsgesetz). Die Adoption als solche kommt durch einen Beschluss (Dekret) des Vormundschaftsgerichts zustande (§ 1752 BGB).

12.6 Vormundschaft, Pflegschaft, Betreuung

Eine **Vormundschaft** (§ 1773-1895 BGB) ist ein traditionelles Rechtsinstitut, das ein umfassendes Sorgeverhältnis für eine Person herstellt, die ihre Angelegenheiten nicht selbst wahrnehmen kann.[8] Seit der Abschaffung der Entmündigung von Erwachsenen im Jahr 1992 kommen Vormundschaften nur noch für Minderjährige in Betracht. Sie haben die gesamte elterliche Sorge zum Inhalt (§ 1793, 1800 BGB). Eine Vormundschaft wird gerichtlich angeordnet, wenn ein Minderjähriger nicht unter elterlicher Sorge steht oder keinen gesetzlichen Vertreter hat (§ 1773 BGB). Als Vormund kann ein Ehepaar, eine Einzelperson, ein Verein (Wohlfahrtsverband) oder das Jugendamt ausgewählt werden (vgl. § 1779 BGB).

Eine **Pflegschaft** (§ 1909-1921 BGB) ist eine begrenzte Vormundschaft. Sie ist für Minderjährige vorgesehen, wenn Sorgeinhaber partiell, rechtlich oder faktisch ausfallen (§ 1909 BGB). Deswegen wird sie auch als »**Ergänzungspflegschaft**« (§ 1909 BGB) bezeichnet. Auf eine Pflegschaft findet generell Vormundschaftsrecht Anwendung (§ 1915 BGB). Die früher bei der Geburt eines nichtehelichen Kindes automatisch eintretende Amtspflegschaft des Jugendamtes wurde 1998 durch **die freiwillige Beistandschaft** (§ 1712-1717 BGB) ersetzt. Ein allein sorgender Elternteil kann eine Beistandschaft zur Feststellung der Vaterschaft eines Kindes sowie zur Sicherung des Unterhalts beantragen (§ 1712 BGB).

> **Beispiele:**
> 1) Ein Säugling wird in der »Babyklappe« eines katholischen Krankenhauses abgelegt. Die Eltern des Kindes bleiben anonym. Der Säugling gilt als Findelkind. Da er nicht unter elterlicher Sorge steht, wird das Vormundschaftsgericht eine Vormundschaft anordnen.

---

8 Schwab, Familienrecht, München 2001, S. 371.

2) Die Eltern der krebskranken Olivia wehren sich dagegen, ihr Kind durch Schulmediziner behandeln zu lassen. Stattdessen wollen sie einen Geistheiler konsultieren. Um die dringend notwendige medizinische Behandlung durchführen zu können, muss den Eltern das Aufenthaltsbestimmungsrecht entzogen und die Einwilligung in die Operation ersetzt werden (§ 1666 BGB). Für diesen Wirkungsbereich ist die Bestellung eines Ergänzungspflegers notwendig.

Einen **Betreuer** erhält ein Volljähriger, der auf Grund einer psychischen Krankheit oder einer körperlichen, geistigen oder seelischen Behinderung seine Angelegenheiten teilweise oder ganz nicht mehr regeln kann (§ 1896 Abs. 1 BGB). Das Betreuungsrecht (§ 1896-1908 i BGB) wurde im Jahr 1992 in das BGB eingeführt und ersetzt die Entmündigung und Vormundschaft für Volljährige. Eine Betreuung wird durch das Vormundschaftsgericht angeordnet (§ 1896 I BGB) und auf die Aufgabenkreise beschränkt, für die eine Betreuung erforderlich ist (§ 1896 II BGB). Für Sozialarbeiter und Sozialpädagogen ist die Übernahme von Betreuungen ein berufliches Beschäftigungsfeld, wenn sie als selbstständige Berufsbetreuer, Vereinsbetreuer oder Behördenbetreuer tätig sind (§ 1900 BGB).

12.7 Eingetragene Lebenspartnerschaft

Nach heftigen ideologischen Kontroversen hat der Deutsche Bundestag im Jahr 2001 die rechtliche Diskriminierung homosexueller Paare, die sich in vielfältigen Lebensbereichen auswirkte, weitgehend aufgehoben. Am 1. 8. 2001 trat das **Lebenspartnerschaftsgesetz** in Kraft, das gleichgeschlechtlichen Paaren ein eheähnliches Rechtsinstitut, die Lebenspartnerschaft, verschafft. Die Rechtswirkungen sind denen der Ehe angenähert.

Eine Lebenspartnerschaft ist ebenso auf Lebenszeit angelegt (§ 1 I LPartG); sie ist von einer Behörde zu dokumentieren [9]; sie verpflichtet zur partnerschaftlichen Lebensgemeinschaft (§ 2 LPartG); es entstehen gegenseitige Unterhaltspflichten (§ 5, 12, 16 LPartG); die Lebenspartner können einen gemeinsamen Namen führen (§ 3 LPartG); sie haben sich über einen Vermögensstand zu erklären (§ 6 LPartG).

Die Lebenspartnerschaft kann, vergleichbar einer Ehescheidung, nur durch ein gerichtliches Urteil aufgehoben werden (§ 15 LPartG).

---

9 Die zuständigen Behörden bestimmen sich nach Ländergesetzen.

13. Kinder- und Jugendhilferecht

13.0 Einführung und Praxisrelevanz

13.0.1 Einführung

Das SGB VIII nimmt im Kinder- und Jugendhilfebereich die zentrale Stellung ein. Es werden zentrale rechtliche und organisatorische Festlegungen getroffen. Die Leistungen und andere Aufgaben des Jugendamtes werden beschrieben. Rechtsansprüche der Bürger werden konstituiert. Zentraler Bestandteil des bundesdeutschen Jugendrechtes ist die **Zweigleisigkeit des Jugendamtes** und die besondere Stellung der **freien Jugendhilfe**.

Die lange Geschichte der Jugendhilfe mit der Entwicklung vom Ordnungs- zum Leistungsrecht beschreibt damit auch ein Stück gesellschaftlicher paralleler Entwicklung.

Die jüngsten Diskussionen zum **Kinderschutz** zeigen aber, dass das Jugendamt nach wie vor auch Ordnungsaufgaben wahrzunehmen hat.

13.0.2 Relevanz für die Sozialarbeit

Kinder- und Jugendhilfe gehört zum Kernbereich sozialer Arbeit. Ca. 600.000 Personen arbeiten hier, darunter der größte Teil im Kindertagesstättenbereich.[1]

Nachdem über Jahre die Stellen in den Jugendämtern gewachsen sind, zeigt sich in den letzten Jahren ein umgekehrter Trend. Stellen werden gestrichen, Betreuungsdichte wird vergrößert und Verlagerungen in den Bereich der freien Träger mit Verlust an Fachlichkeit ist zu beobachten.

Deshalb haben sich neue Aufgaben für die freie Jugendhilfe gebildet. Finanzierung, Projektentwicklung, Qualifizierung, Organisationsentwicklung, Installierung von Qualitätsmanagementsystemen, Fundraising, Social Sponsoring etc. sind nur einige dieser Bereiche.

Der Bereich der Kinder- und Jugendhilfe hat sich stark ausdifferenziert. Neben den klassischen Ämteraufgaben finden Projektarbeit, aufsuchende Straßensozialarbeit und eine breite Palette von unterschiedlichen Einzelfallhilfen statt.

Allen ist gemein die Anforderung an eine hohe Fachlichkeit. Diese setzt das Wissen um Kinder- und Jugendhilferecht voraus.

13.1 Gesetzliche Regelung und Stellung im Rechtssystem

Das Kinder- und Jugendhilferecht ist im Kinder- und Jugendhilfegesetz (KJHG) vom 26. 6. 1990 geregelt, in Kraft getreten in den neuen Bundesländern mit dem

---

[1] Nachweis bei Münder, Kinder- und Jugendhilferecht, S. 195.

13. Kinder- und Jugendhilferecht

Tag des Beitritts zur Bundesrepublik Deutschland am 3. 10. 1990, in den alten Bundesländern am 1. 1. 1991. Mit dem **KJHG** als **Rahmengesetz** wurde eine Menge anderer Gesetze geändert; Herzstück des Gesetzes ist Art. 1, mit dem das Achte Buch des Sozialgesetzbuches (Kinder- und Jugendhilfe) eingeführt wurde. Bis heute wird teilweise vom KJHG gesprochen, wenn das **SGB VIII** (Kinder- und Jugendhilfe) gemeint ist. Die korrekte Bezeichnung ist also: SGB VIII. Dieses gilt in der derzeitigen Fassung der Bekanntmachung vom 8. 12. 1998, zuletzt geändert durch das Kinder- und Jugendhilfeweiterentwicklungsgesetz vom 8. 9. 2005.

Als Teil des umfassenderen Sozialgesetzbuches gelten für das Kinder- und Jugendhilferecht auch das SGB I (Allgemeiner Teil) und das SGB X (Sozialverwaltungsverfahren und Sozialdatenschutz).[2] So enthält z. B. § 8 SGB I eine knappe, aber treffende Definition der Aufgaben der Kinder- und Jugendhilfe: »Junge Menschen und Personensorgeberechtigte haben im Rahmen dieses Gesetzbuches ein Recht, Leistungen der öffentlichen Jugendhilfe in Anspruch zu nehmen. Sie sollen die Entwicklung junger Menschen fördern und die Erziehung in der Familie unterstützen und ergänzen.«

Während das Familienrecht, zu dem das Kinder- und Jugendhilferecht einen engen Bezug hat, zum Privat-/Zivilrecht gehört, ist das gesamte Sozialrecht – also auch das SGB VIII – Teil des öffentlichen Rechts. Die Unterscheidung zwischen Privat-/Zivilrecht und öffentlichem Recht hat insbesondere Bedeutung für die Frage des **Rechtsweges**. Während für familienrechtliche Entscheidungen entweder das Familiengericht oder das Vormundschaftsgericht (beide am Amtsgericht) zuständig sind, ist für die gerichtliche Prüfung von Entscheidungen des Jugendamtes das Verwaltungsgericht zuständig (§ 40 Abs. 1 VwGO).

Schaubild 1:

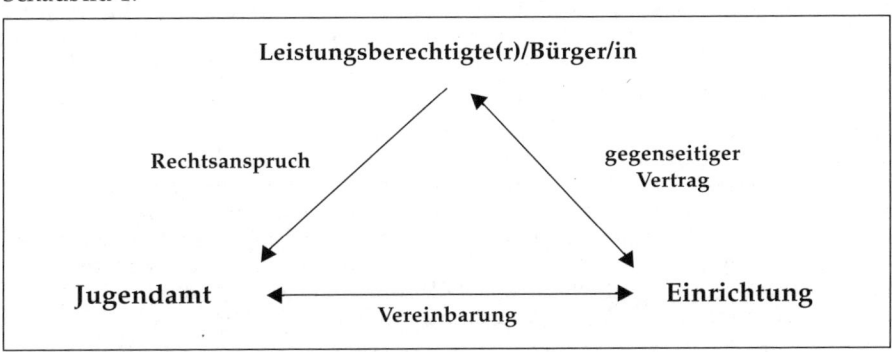

aus: Münder, Kinder- und Jugendhilferecht 2004, S. 177.

Wenn das Jugendamt (JA) z. B. eine beantragte Jugendhilfeleistung ablehnt, handelt es sich um einen belastenden Verwaltungsakt im Sinn der §§ 31 ff. SGB X. Dagegen kann nach §§ 68 ff. VwGO Widerspruch eingelegt werden und – soweit

---

2 Vgl. Kapitel 17.

dieser erfolglos bleibt – **Verpflichtungsklage** zum Verwaltungsgericht erhoben werden. Leistungen der Jugendhilfe werden jedoch vielfach von **freien Trägern** – nicht vom **öffentlichen Träger**, dem JA – erbracht. Freie Träger schließen mit dem Personensorgeberechtigten (meist: Eltern; evtl. Vormund oder Ergänzungspfleger) bei der Inanspruchnahme von Leistungen (z. B. Besuch eines Kindergartens) privatrechtliche Verträge ab. Leistungsverpflichtungen, die durch das SGB VIII begründet werden, richten sich (nur) an die Träger der öffentlichen Jugendhilfe (§ 3 Abs. 2 Satz 2 SGB VIII).

13.2 Geschichtlicher Überblick

Während gefährdete oder gefährliche Jugendliche im Mittelalter in Zwangseinrichtungen der Armenpflege untergebracht wurden, wurden mit Beginn der Neuzeit (auch) **sozialpädagogische Ziele** verfolgt. Wichtige Stationen waren etwa die Franckeschen Stiftungen mit Waisenhaus und Armenschule Ende des 17. Jh. in Halle/Saale, die Einrichtung von sog. Rettungshäusern (Vorläufern der heutigen Erziehungsheime) 1823 in Weimar, 1833 in Hamburg (**Rauhe Haus**) und die Gründung des ersten allgemeinen deutschen Kindergartens durch **Fröbel 1840** in Blankenburg/Thüringen.[3]

Gesetzliche Regelungen über die Kinder- und Jugendfürsorge wurden zu Beginn des 20. Jh. in Preußen, Sachsen und Württemberg erlassen. Die Forderung nach einer reichseinheitlichen Regelung der öffentlichen Jugendfürsorge wurde auf dem **Deutschen Jugendfürsorgetag** 1918 laut. In der Folge begannen die Gesetzgebungsarbeiten, die in der Verabschiedung des Reichsgesetzes für Jugendwohlfahrt (RJWG) 1922 endeten (das Jugendstrafrecht wurde fast zeitgleich 1923 im Jugendgerichtsgesetz geregelt). Schwerpunkte des Gesetzes waren: detaillierte Regelungen der Jugendfürsorge, während die Jugendpflege nur allgemein angesprochen wurde; die Konzentration der öffentlichen Jugendhilfe im Jugendamt aller Stadt- und Landkreise; die Beteiligung freier Träger an der Ausführung der Aufgaben und Verankerung der Zweigleisigkeit des Jugendamtes.

Die **NS-Diktatur** hatte insbesondere Auswirkungen auf die Verfassung des Jugendamtes und die stationären Einrichtungen (»Vernichtung lebensunwerten Lebens«). Das RJWG wurde 1953 weitgehend von den NS-Änderungen befreit. 1961 wurde auf der Basis der bisherigen Regelung das Jugendwohlfahrtsgesetz (JWG) geschaffen, das unter anderem die stärkere Berücksichtigung des Erziehungsrechts der Eltern, sowie den Vorrang der freien Träger vor dem öffentlichen Träger (Subsidiaritätsprinzip) enthielt. In der DDR wurde 1966 die Jugendhilfeverordnung (JHVO) erlassen, die ihre Wurzeln ebenfalls im RJWG von 1922 hatte.

Die gesetzliche Regelung im JWG entsprach den erheblichen gesellschaftlichen Veränderungen seit Ende der 60er Jahre des 20. Jh. nicht mehr: Abnahme der Kinderzahl, Erhöhung der Scheidungsraten, Zunahme von Alleinerziehenden, unverheirateten Paaren mit Kindern und erwerbstätigen Müttern, verändertes Verständnis der Rollen von Mann und Frau sowie von Erziehung. Insbesondere die Praxis der

---

3   Vgl. zur Geschichte der Jugendfürsorge Scherpner, Göttingen, 1966.

Fürsorgeerziehung (bei »Verwahrlosung«) in **geschlossenen Heimen** mit ihren teil-weise grausamen Erziehungsmethoden wurde – ausgehend von der Studentenbewegung – scharf kritisiert.

13.3 Verfassungsrechtliche Grundlagen und über-/zwischenstaatliches Recht

Die verfassungsrechtlichen Grundlagen sind insbesondere in folgenden Artikeln des Grundgesetzes zu sehen:
- **Art. 6**: besonderer Schutz von Ehe und Familie durch den Staat, Vorrang elterlicher Erziehung, Wächteramt des Staates, ob Eltern ihrer Erziehungspflicht genügen usw.
- **Art. 3**: Gleichberechtigung von männlichen und weiblichen Personen, Pflicht des Staates zur tatsächlichen Durchsetzung der Gleichberechtigung.
- **Art. 20 Abs. 1, 28 Abs. 1**: das Sozialstaatsprinzip.

Angehörige von EU-Mitgliedsstaaten genießen nach dem Freizügigkeitsgesetz/EU in Deutschland die gleichen Rechte wie deutsche Staatsangehörige. Die UN-Konvention über die Rechte des Kindes ist im SGB VIII bereits berücksichtigt. In Fällen mit »Auslandsbezug« sind von den Mitgliedsstaaten, wozu Deutschland gehört, das **Minderjährigenschutzabkommen** (MSA) und das **Europäische Fürsorgeabkommen** (EFA) zu beachten; deren Bedeutung für die Praxis ist eher gering. Im Bereich der minderjährigen Flüchtlinge erfüllt das MSA eine wichtige Funktion.

13.4 Ziele und Schwerpunkte des Gesetzes

Auf die Beschreibung der Ziele der Kinder- und Jugendhilfe im SGB I wurde bereits oben (13.1) hingewiesen. **§ 1 SGB VIII** enthält im Abs. 1 das Recht des jungen Menschen auf Förderung seiner Entwicklung und auf Erziehung zu einer eigenverantwortlichen und gemeinschaftsfähigen Persönlichkeit. Diese Ziele sollen nach Abs. 3 insbesondere durch Förderung junger Menschen in ihrer individuellen und sozialen Entwicklung, durch Vermeidung und Abbau von Benachteiligungen, durch Beratung und Unterstützung von Eltern und anderen Erziehungsberechtigten, durch Schutz von jungen Menschen vor Gefahren für ihr Wohl, durch Beiträge der Jugendhilfe zu kinder- und familienfreundlicher Gestaltung der Umwelt erreicht werden. Aus § 1 können unmittelbar **keine Rechtsansprüche** hergeleitet werden, er hat aber grundlegende Bedeutung bei der Auffüllung unbestimmter Rechtsbegriffe wie »Wohl des Kindes« oder der Ausübung von Ermessen im Einzelfall (etwa, wenn es im Gesetz heißt, eine bestimmt Leistung »kann« gewährt werden).[4]

Leitlinien, Schwerpunkte des Gesetzes sind u. a.:
- Das Gesetz stellt ganz überwiegend Leistungsrecht dar, Eingriffe in die elterliche **Erziehungsverantwortung** sind nur bei dringender Gefahr für das Wohl

---
4 Über einen möglichen Rechtsanspruch des § 1 besteht Streit, Vgl. Kunkel § 1 Lehr- und Praxiskommentar.

des Kindes und – gegen den Willen der Eltern – nur mit Zustimmung des Familiengerichts möglich.[5]
- **Elternorientierung**: Adressaten der Leistungen, Anspruchsberechtigte sind meist der Personensorgeberechtigte, z. B. § 27 Abs. 1 SGB VIII: »Ein Personensorgeberechtigter hat ... Anspruch auf Hilfe zur Erziehung ...«.
- **Wunsch- und Wahlrecht** der Leistungsberechtigten sowie Beteiligungsrechte von Kindern und Jugendlichen
- **Subsidiaritätsprinzip** bei den Leistungen: Vorrang freier Träger vor der öffentlichen Jugendhilfe, soweit ausreichende Angebote freier Träger in der Region vorhanden.
- Familienunterstützende Hilfen vor familientrennenden Hilfen, ambulante Hilfen vor stationären Hilfen.

13.4.1 Der allgemeine Teil des SGB VIII

In §§ 1-10[6] ist ein **Allgemeiner Teil** enthalten; hier finden sich Vorschriften, die »vor die Klammer gezogen«, für das gesamte Gesetz gelten. Auf die in § 1 genannten Ziele wurde bereits eingegangen (vgl. Kap. 13.4).

13.4.1.1 Aufgaben und Träger der Jugendhilfe
In § 2 werden die Aufgaben der Jugendhilfe genannt: »**Leistungen und andere Aufgaben...**« Die Leistungen werden sodann in Abs. 2 aufgezählt:

- z. B. Angebote zur Förderung der Erziehung in der Familie,
- Hilfe zur Erziehung und ergänzende Leistungen.

Die anderen Aufgaben werden in Abs. 3 benannt:

- z. B. Inobhutnahme von Kindern und Jugendlichen,
- die Erteilung, der Widerruf und die Zurücknahme der Pflegeerlaubnis.

Die wichtige **Unterscheidung** zwischen den **Leistungen** und den **anderen Aufgaben** durchzieht das ganze Gesetz, daher ist es wichtig, die grundsätzlichen Unterschiede zwischen den Leistungen und den anderen Aufgaben zu verstehen!

Die in §§ 11-14 im Einzelnen geregelten Leistungen stellen **echte Sozialleistungen** dar. Sie haben Angebotscharakter, ihre Inanspruchnahme ist freiwillig, z. B. ob die Eltern ihr Kind in den Kindergarten (Leistung nach §§ 22 ff.) schicken. Hier ist die Mitwirkung der Betroffenen notwendig. Die Leistungsberechtigten – meist die Eltern – haben nach § 5 ein Wunsch- und Wahlrecht. Die Leistungen werden nach § 3 Abs. 2 vorrangig von freien Trägern erbracht (**Subsidiaritätsprinzip**). Soweit ausreichende Angebote von freien Trägern in der Region zur Verfügung stehen, soll die öffentliche Jugendhilfe nach § 4 Abs. 2 von eigenen Maßnahmen absehen.

---

5 Ausnahme bei der Inobhutnahme gem. § 42 SGB VIII.
6 Soweit §§ in diesem Kapitel ohne Gesetz benannt sind, beziehen sie sich auf Regelungen des SGB VIII.

13. Kinder- und Jugendhilferecht

Für die in §§ 42-60 im Einzelnen geregelten **anderen Aufgaben** gelten ganz andere Grundsätze: Es handelt sich hierbei um **hoheitliche Tätigkeit**, die nicht zur Disposition der Betroffenen steht und häufig auch ohne Mitwirkung der Betroffenen vorgenommen wird. Z. B. muss die Jugendgerichtshilfe (JGH) nach § 52 auch dann Stellung nehmen, wenn der einer Straftat verdächtige Jugendliche und seine Eltern jegliche Zusammenarbeit mit der Jugendgerichtshilfe verweigern. Grundsätzlich ist für die Wahrnehmung anderer Aufgaben der öffentliche Träger zuständig; nur soweit es § 3 Abs. 3 Satz 2 i. V. m. § 76 Abs. 1 zulässt, ist die Beteiligung **anerkannter freier Träger** durch das JA möglich; so kann z. B. ein anerkannter freier Träger mit der anderen Aufgabe »Inobhutnahme« nach § 42 betraut werden, die Befugnis zur Erteilung der Erlaubnis zur Kindertagespflege nach § 43 hingegen nicht: hier muss das JA selbst entscheiden.

§ 3 nennt die Träger der Jugendhilfe: »**Freie und öffentliche Jugendhilfe**«, § 4 verpflichtet die öffentliche Jugendhilfe, mit der freien Jugendhilfe partnerschaftlich zusammenzuarbeiten und sie »nach Maßgabe dieses Buches« zu fördern. Die Trägerstruktur und Aufgaben der öffentlichen Jugendhilfe werden in §§ 69 ff. geregelt: man unterscheidet **örtliche Träger** und **überörtliche Träger**. Örtliche Träger sind nach § 69 Abs. 1 Satz 2 die **Landkreise** und die **kreisfreien Städte**. Das Bundesgesetz SGB VIII überlässt es den Ländern zu regeln, wer überörtlicher Träger ist: meist ist es das betreffende Bundesland, in einem größeren Bundesland könnten es aber z. B. die Landschaftsverbände sein. Jeder örtliche Träger muss ein JA einrichten, jeder überörtliche Träger ein Landesjugendamt (LJA). §§ 73 ff. enthalten Vorschriften über die freien Träger. Man unterscheidet **anerkannte freie Träger** nach § 75 und sonstige, wozu z. B. auch eine Elterninitiative gehören kann, die in einem Wohngebiet die Nachmittagsbetreuung der Kinder organisiert. Auch diese Elterninitiative wäre nach § 25 unter den Voraussetzungen des § 74 Abs. 1 Satz 1 zu fördern, für eine dauerhafte Förderung bedarf es nach § 74 Abs. 1 Satz 2 jedoch in der Regel der Anerkennung nach § 75.

13.4.1.2 Wunsch- und Wahlrecht der Leistungsberechtigten

Nach § 5 haben die Leistungsberechtigten »das Recht, zwischen Einrichtungen und Diensten verschiedener Träger zu wählen und Wünsche hinsichtlich der Gestaltung der Hilfe zu äußern. Sie sind auf dieses Recht hinzuweisen.« An letzterem hapert es offenbar in der Praxis häufig! Für die Hilfe zur Erziehung und die Eingliederungshilfe für seelisch behinderte Kinder und Jugendliche enthält § 36 Abs. 1 Satz 4 eine speziellere Regelung zum Wunsch- und Wahlrecht. Wenn also der jugendhilferechtliche Bedarf durch verschiedene Erziehungsheime nach §§ 27, 34 gedeckt werden kann, dann ist dem Wunsch der Eltern, das Kind in einem bestimmten Heim unterzubringen, zu entsprechen, auch wenn der Tagessatz dort höher liegt als in dem »billigsten« Heim. Der Gesetzgeber verspricht sich davon eine intensivere Zusammenarbeit – hier zwischen den Erziehern und den Eltern. Grenzen des Wunsch- und Wahlrechts sind:

- in der Regel müssen mit dem Träger der Einrichtung **Vereinbarungen (über Leistungen, Entgelt und Qualitätsentwicklung)** nach § 78 b bestehen,

– es dürfen keine unverhältnismäßigen Mehrkosten entstehen; Mehrkosten von bis zu 20 %[7] werden meist noch als verhältnismäßig anzusehen sein.

> **Beispiel:** will das JA die Unterbringung in Heim A (Tagessatz: € 100,–), die Eltern wollen Unterbringung in Heim B (Tagessatz: € 115,–), weil ihnen dort das pädagogische Konzept und die Atmosphäre am besten gefallen hat. Wenn mit beiden Heimen Vereinbarungen nach § 78 b bestehen, wird das JA Unterbringung in Heim B veranlassen müssen.

13.4.1.3 Geltungsbereich des Gesetzes
§ 6 regelt zwei Sachverhalte:

- die Gewährung von Jugendhilfeleistungen an und die Wahrnehmung von anderen Aufgaben bei **jungen Ausländern**, die sich im Bundesgebiet aufhalten, Abs. 1 und 2
- die Gewährung von Jugendhilfeleistungen an Deutsche, die ihren Aufenthalt im Ausland haben, Abs. 3.

Evtl. bestehende über- und zwischenstaatliche Regelungen sind für beide Gruppen zu beachten, Abs. 4.

Was junge Ausländer angeht, die sich im Bundesgebiet aufhalten, unterscheidet § 6 wiederum zwischen Leistungen und anderen Aufgaben.

Für die Gewährung von Leistungen ist erforderlich, dass der junge Ausländer:

- seinen **tatsächlichen** Aufenthaltsort im Bundesgebiet hat, und
- seinen **gewöhnlichen Aufenthaltsort** (§ 30 Abs. 3 Satz 2 SGB I) im Bundesgebiet hat (also: seinen Lebensmittelpunkt hier hat, was normalerweise eine gewisse Dauer bisherigen Aufenthalts – mindestens 1 Jahr – und die Prognose, dass Aufenthalt fortgesetzt wird, voraussetzt), sowie
- sich **rechtmäßig** oder aufgrund einer **ausländerrechtlichen Duldung** hier aufhält.

Wenn also das vierjährige Kind einer Asylbewerberfamilie z. B. einen Kindergarten besuchen soll, müssen die vorgenannten Voraussetzungen geprüft werden.

Für die Wahrnehmung anderer Aufgaben kann es dagegen nur auf den tatsächlichen Aufenthalt ankommen. So wird z. B. ein im Inland unbegleitetes – ohne Personensorge- oder Erziehungsberechtigten – sich aufhaltendes Kind nach § 42 Abs. 1 Nr. 3 in Obhut genommen, bei einem auf frischer Raubtat ertappten ausländischen Jugendlichen wird die JGH nach § 52 tätig, ohne dass es auf den ausländerrechtlichen Status oder den gewöhnlichen Aufenthalt ankommt.

Für unbegleitet einreisende minderjährige Flüchtlinge muss die Frage des gewöhnlichen Aufenthalts nach dem **Haager Minderjährigenschutzabkommen (MSA)** großzügig ausgelegt werden. Hier kann schon mit der Einreise in die Bundes-

---

7 Vgl. Kunkel, Lehr- und Praxiskommentar zu § 5.

republik ein gewöhnlicher Aufenthalt begründet werden, mit der Folge, dass ihnen Jugend-hilfeleistungen unter den gleichen Voraussetzungen wie Deutschen zu gewähren sind, z. B. Unterbringung im betreuten Wohnen nach §§ 27, 34.

Deutschen, die sich im Ausland aufhalten, können Jugendhilfeleistungen gewährt werden, wenn sie nicht Hilfe vom Aufenthaltsland erhalten. Sie haben also nur einen Rechtsanspruch auf ermessensfehlerfreie Entscheidung durch das JA. Es wäre z. B. ermessensfehlerhaft, wenn in allen vergleichbaren Fällen, wo die beantragte Jugendhilfeleistung, die es im Aufenthaltsland nicht gibt – etwa Erziehungsberatung nach §§ 27, 28 – Deutschen im Ausland gewährt worden ist, jetzt aber abgelehnt wird.

13.4.1.4 Definitionen, Beteiligung von Kindern/Jugendlichen, Grundrichtung der Erziehung, Gleichberechtigung von Jungen und Mädchen

§ 7 enthält **Legaldefinitionen**, z. B.:

- wer **Kind** (wer noch nicht 14 Jahre alt ist),
- wer **Jugendlicher** (wer 14, aber noch nicht 18 Jahre alt ist),
- wer **junger Volljähriger** (wer 18, aber noch nicht 27 Jahre alt ist),
- wer **junger Mensch** (wer noch nicht 27 Jahre alt ist),
- wer **Personensorgeberechtigter** (wem allein oder gemeinsam mit einer anderen Person nach den Vorschriften des BGB die Personensorge zusteht),
- wer **Erziehungsberechtigter** (der Personensorgeberechtigte und jede sonstige Person über 18 Jahre, soweit sie aufgrund einer Vereinbarung mit dem Personensorgeberechtigten nicht nur vorübergehend und nicht nur für einzelne Verrichtungen Aufgaben der Personensorge wahrnimmt, z. B. Pflegeeltern, Heimerzieher) ist.

Nach § 8 Abs. 1 sind Kinder und Jugendliche an allen sie betreffenden Entscheidungen des JA entsprechend ihrem Entwicklungsstand zu beteiligen, also der 13-Jährige stärker als der 3-Jährige. Sie sind in geeigneter Weise auf ihre Rechte im Verwaltungsverfahren (z. B. Hilfeplanverfahren nach § 36) sowie im Verfahren vor Familien-, Vormundschafts- und Verwaltungsgericht hinzuweisen (z. B. einen Verfahrenspfleger – »Anwalt des Kindes« – beigeordnet zu bekommen). Kinder und Jugendliche haben das Recht, sich in allen Angelegenheiten der Erziehung und Entwicklung an das JA zu wenden:

- normalerweise mit Kenntnis/Einverständnis der Eltern, Abs. 2
- in **Not-/Konfliktlagen** auch ohne Kenntnis/Einverständnis der Eltern, Abs. 3: z. B. ein Jugendlicher will Hilfe vom JA, weil er »wegen jeder Kleinigkeit vom Vater brutal zusammengeschlagen wird«.

§ 9 verpflichtet die Jugendhilfe, bei allen Maßnahmen die **Grundrichtung der Erziehung** (z. B. für religiös erzogenes Kind werden Pflegeeltern gesucht), die wachsende Selbständigkeit (z. B. bei älteren Jugendlichen verstärkt auf Wünsche zu achten) und kulturelle Besonderheiten (z. B. bei Freizeitmaßnahmen, an denen muslimische Mädchen zusammen mit Jungen teilnehmen) zu berücksichtigen. Die

Gleichberechtigung von Jungen und Mädchen ist zu fördern (z. B. gleiche Mitbestimmung bei der vorgenannten Freizeitmaßnahme).

13.4.1.5 Schutzauftrag bei Kindeswohlgefährdung

§ 8 a, der durch das **KICK** von 2005 in das SGB VIII eingeführt wurde, enthält die zentrale Regelung zur Wahrnehmung des Schutzauftrags bei Kindeswohlgefährdung.

Vorausgegangen waren Fälle in der Bundesrepublik von brutalen Tötungen, Misshandlungen, Vernachlässigungen von Kindern durch Eltern, den Lebensgefährten der Mutter oder Pflegeeltern. Zum Teil waren auch freie Träger bzw. Mitarbeiter des zuständigen Jugendamtes mit diesen Kindern bzw. Familien befasst. Das mögliche Versagen der Träger der Jugendhilfe ist kritisiert worden und hat zu strafrechtlichen Verurteilungen von Sozialarbeiterinnen und Sozialarbeitern geführt.[8] Mit dem § 8 a soll eine gesicherte Rechtsgrundlage für das Handeln der Fachkräfte bei Kindeswohlgefährdung geschaffen werden. Mit der Stellung im Allgemeinen Teil will der Gesetzgeber zum Ausdruck bringen, dass die Jugendhilfe in diesen Fällen Schutzmaßnahmen für Kinder und Jugendliche durch Leistungen (§§ 11 ff.) und Eingriff (§§ 42 ff.) zu ergreifen hat.

Nach Eingang eines Hinweises (auch anonym) auf eine **Kindeswohlgefährdung** haben die zuständigen Mitarbeiter/innen im JA nach folgendem Fahrplan zu verfahren:[9]

- Möglichst genauer Aktenvermerk bei mündlicher oder telefonischer Information, Überprüfen, ob bereits ein Vorgang existiert.
- Hausbesuch durch i. d. R. zwei Mitarbeiter des ASD, Information der Leitung des ASD oder JA.
- Mitarbeit der Eltern prüfen, Leistungen anbieten, u. U. schon ausreichend.
- **Einholen weiterer Informationen** nach § 62 Abs. 2 (zunächst beim Betroffenen, also Eltern und Kind), evtl. auch nach § 62 Abs. 3 Nr. 2 d) bei Dritten (Nachbarn, Erzieherin im Kindergarten usw.), um eine gesicherte Tatsachenbasis (»gewichtige Anhaltspunkte«) für das weitere Vorgehen zu schaffen, wenn Eltern nicht mitarbeiten.
- § 8 a Abs. 1 Satz 1 1. Halbsatz , **Abschätzen des Gefährdungsrisikos** durch mehrere Fachkräfte, 2. Halbsatz: sie müssen sich Klarheit darüber verschaffen, wie stark die Gefährdung des Kindes/Jugendlichen ist, dabei Einbeziehung des Personensorgeberechtigten (PSB) und des Kindes/Jugendlichen, soweit hierdurch der wirksame Schutz nicht in Frage gestellt wird, Abs. 1 Satz 2.
- Überlegung und Dokumentation, mit welchen Hilfen der Schadenseintritt voraussichtlich abgewehrt werden kann; den Eltern diese Hilfen (z. B. Hilfe zur Erziehung, §§ 27 ff.) anbieten, Abs. 1 Satz 3.
- wenn das JA einschätzt, dass diese Hilfen nicht ausreichen, die Gefahr abzuwenden, oder die Eltern diese Hilfen ablehnen: unverzügliche Anrufung des Familiengerichts erforderlich, Abs. 3 Satz 1.

---

8 Vgl. Kapitel 15, Unterlassungsdelikte in der Sozialen Arbeit.
9 Kunkel: Schutzauftrag bei Kindeswohlgefährdung, 2006, nicht veröffentlicht.

- dabei genaue Unterrichtung des FamG über die Problemlage, angebotene, erbrachte oder abgelehnte Leistungen, Vorschlag für die Entscheidung des FamG, § 50 Abs. 2.
- Entscheidung des FamG, §§ 1666, 1666 a BGB: z. B. Entzug von Teilen des Personensorgerechts (etwa Aufenthaltsbestimmungsrecht; Recht, Hilfe zur Erziehung (HzE) in Anspruch zu nehmen und am Hilfeplanverfahren beteiligt zu werden, §§ 27, 36).
- in diesem Fall: Bestellung eines Ergänzungspflegers für die entzogenen Sorgerechtsteile, § 1909 BGB: am besten JA als Ergänzungspfleger.
- Umsetzung der notwendigen Maßnahmen.

Bei Gefahr im Verzug muss von dem Fahrplan abgewichen werden. Wenn eine Entscheidung des FamG nicht abgewartet werden kann, weil sonst – mit hoher Wahrscheinlichkeit – Schaden (weitere Misshandlung, evtl. sogar Tod) schon eingetreten ist:

- ist das JA zur Inobhutnahme des Kindes/Jugendlichen verpflichtet, §§ 8 a Abs. 3 Satz 2, 42 Abs. 1 Satz 1 Nr. 2 b),
- dabei evtl. Vollzugshilfe durch Polizei, weil diese mit unmittelbarem Zwang vorgehen kann (z. B. in Wohnung eindringen), § 8 a Abs. 4 Satz 2,
- zum weiteren Verfahren bei Inobhutnahme: vgl. § 42.

Erbringen freie Träger Jugendhilfeleistungen (z. B. Kindergarten wird von Arbeiterwohlfahrt betrieben), so sind sie nach Abs. 2 in den Schutzauftrag mit einzubeziehen: das JA muss mit ihnen durch **schriftliche Sicherstellungsvereinbarungen**, also öffentlich-rechtliche Verträge nach § 53 SGB X, Schutzpflichten in der Weise begründen, dass die freien Träger den Schutzauftrag in gleicher Weise wie das JA wahrnehmen.

13.4.1.6 Verhältnis von Jugendhilfeleistungen zu anderen Leistungen/ Verpflichtungen

§ 10 regelt, wer, wenn mehrere Ansprüche, Leistungserbringer denkbar sind, vorrangig leisten muss. Absatz 1 stellt klar, dass Verpflichtungen anderer, insbesondere der Träger anderer Sozialleistungen (etwa der Krankenkasse zu medizinischen Maßnahmen nach SGB V oder SGB IX) oder der Schulen (wenn z. B. nach dem jeweiligen Schulgesetz ein Anspruch auf Besuch des Horts an der Schule existiert) bestehen bleiben. Gleiches gilt für Unterhaltsansprüche (etwa gegen den getrennt lebenden Vater nach §§ 1601 ff. BGB). Als wichtiger Grundsatz für das SGB VIII ist ohnehin zu beachten: Wirtschaftliche Jugendhilfe (also Unterhalt und Krankenhilfe nach §§ 39, 40) kommt immer nur als **Annex-Leistung** (ergänzende Leistung) zu einer Jugendhilfeleistung in Betracht, z. B. als ergänzende Leistungen zur Heimunterbringung nach §§ 27, 34 (vgl. §§ 39, 40). Wo keine Jugendhilfeleistung (§§ 11 ff.) gewährt wird, gibt es also auch keine finanziellen Leistungen vom JA! Absatz 2 regelt, dass unterhaltspflichtige Personen nach Maßgabe der §§ 90-97 b an den Kosten für Leistungen und vorläufige Maßnahmen beteiligt werden (z. B. der vermögende, getrennt lebende Vater an den Kosten der Heimunterbringung).

Die vorstehenden Grundsätze sind auch zu beachten, wenn es in Abs. 3 und Abs. 4 heißt, dass Jugendhilfeleistungen – mit einigen Ausnahmen – Leistungen nach dem SGB II und dem SGB XII vorgehen. Also: die alleinerziehende, erwerbsfähige, aber langzeitarbeitslose Mutter muss für sich Alg II und für ihr Kind (soweit es keine Jugendhilfeleistungen erhält) Sozialgeld nach SGB II beantragen. Ansonsten hat die **Konkurrenzregel** nur dann Bedeutung, wenn in beiden Gesetzen gleiche oder annähernd gleiche Leistungen in Betracht kommen. Hier können nur die wichtigsten Grundsätze dargestellt werden: für Leistungen zur Eingliederung in Arbeit an Erwerbsfähige unter 25 Jahren ist vorrangig die Arbeitsgemeinschaft (Arge) (aus Agentur für Arbeit und Kommune) nach SGB II zuständig, für junge Menschen hingegen, die länger als 6 Monate stationär (z. B. in einem Heim) untergebracht sind, ist das JA (etwa für sozialpädagogisch begleitete schulische und berufliche Bildungsmaßnahmen nach § 13 SGB VIII) zuständig.

Für körperlich oder geistig behinderte junge Menschen besteht der Vorrang der §§ 53 ff. SGB XII (also in erster Linie Sozialamt zuständig), für seelisch behinderte junge Menschen der Vorrang der §§ 35 a, 41 SGB VIII. Hilfestellung: der Begriff »Behinderung« ist in § 2 SGB IX definiert. Anhaltspunkte, wann körperliche, geistige oder seelische Behinderung vorliegt, liefern die §§ 1–3 der Verordnung nach § 60 SGB XII – Eingliederungshilfeverordnung. Bei Mehrfachbehinderung muss geprüft werden, wo das Schwergewicht liegt; wenn:

- im körperlichen und/oder geistigen Bereich: §§ 53 ff. SGB XII
- im seelischen Bereich: §§ 35 a, 41 SGB VIII.

Wenn das nicht eindeutig zu klären ist: Vorrang Jugendhilfe, also in erster Linie JA zuständig, § 10 Abs. 4 Satz 1 SGB VIII.

13.4.2 Leistungen der Jugendhilfe

Im 2. Kapitel des Gesetzes werden die **Leistungen** geregelt (§§ 11-41). Zum grundsätzlichen Unterschied zwischen **Leistungen** und **anderen Aufgaben** sowie zum Charakteristischen der Leistungen vergleiche die Ausführungen unter 13.4.1.

Die Leistungen kann man grob unterteilen in:

- Jugendarbeit, Jugendsozialarbeit, erzieherischer Kinder- und Jugendschutz (1. Abschnitt),
- Familienunterstützende Hilfen (2. Abschnitt),
- Familienergänzende Hilfen (3. und 4. Abschnitt bis § 32),
- Familienersetzende Hilfen (4. Abschnitt: §§ 33-35),
- Eingliederungshilfe für seelisch behinderte Kinder und Jugendliche (4. Abschnitt, 2. Unterabschnitt).

13.4.2.1 Jugendarbeit, Jugendsozialarbeit, erzieherischer Kinder- und Jugendschutz

Im 1. Abschnitt (§§ 11-15) ist in § 11 die Jugendarbeit angesprochen. Hier ist Ziel die Förderung der Entwicklung junger Menschen, anknüpfend an ihren Interessen und unter ihrer Mitbestimmung und Mitgestaltung mit den **Schwerpunkten:**

- außerschulische Jugendbildung,
- freizeitbezogene Jugendarbeit,
- arbeitswelt-, schul- und familienbezogene Jugendarbeit,
- internationale Jugendarbeit, Kinder- und Jugenderholung, Jugendberatung.

- in den **Formen**:
- mitgliederzentrierte Angebote,
- offene Jugendarbeit und
- gemeinwesenzentrierte Angebote.

- durch die **Träger:**
- Verbände, Gruppen und Initiativen der Jugend,
- andere Träger der Jugendarbeit,
- Träger der öffentlichen Jugendhilfe.

Nach § 12 ist die **eigenverantwortliche Tätigkeit** der Jugendverbände und Jugendgruppen unter Wahrung ihres satzungsgemäßen Eigenlebens nach Maßgabe des § 74 zu fördern. Als Kennzeichen von Jugendverbänden und Jugendgruppen werden unter anderem genannt:

- Selbstorganisation,
- gemeinschaftliche Gestaltung und Mitverantwortung,
- Anlage auf Dauer.

In § 13 ist die **Jugendsozialarbeit** angesprochen. Hier steht der **kompensatorische Charakter** im Vordergrund. Zielgruppe sind junge Menschen, die zum Ausgleich sozialer Benachteiligungen (z. B. jüngst zugezogene Spätaussiedler-Kinder) oder zur Überwindung individueller Beeinträchtigungen (z. B. Schulabbrecher) in erhöhtem Maße auf Unterstützung angewiesen sind. Ihnen sollen sozialpädagogische Hilfen zur Förderung ihrer schulischen und beruflichen Ausbildung, Eingliederung in die Arbeitswelt und sozialen Integration angeboten werden. § 13 ist – neben dem Schulrecht – auch die Rechtsgrundlage für Schulsozialarbeit. Zum Verhältnis zu Leistungen der Arbeitsagentur vergleiche 13.4.1.6. Bei Teilnahme an schulischen, beruflichen Maßnahmen oder bei beruflicher Eingliederung sollen sozialpädagogisch begleiteten Wohnformen (nur dann kann es sich überhaupt um eine Jugendhilfeleistung handeln) angeboten werden. Während schulischer oder beruflicher Maßnahmen sind nach Abs. 3 Satz 2 – als Annexleistungen – auch Unterhalt und Krankenhilfe zu leisten.

§ 14 regelt den **erzieherischen Kinder- und Jugendschutz**. Hier steht der **Präventivcharakter** im Vordergrund. Ziel ist der Schutz vor Gefahren der modernen (Konsum-)Gesellschaft wie: Drogen, Alkoholismus, Spielsucht, Gewalt, Verschuldung usw. § 14 zielt – im Gegensatz zu dem eher repressiven Jugendschutz (Kontrollen von Diskotheken, Beschlagnahmen) durch Polizei, Gewerbeaufsicht, Bundesprüfstelle nach Jugendschutzgesetz, Jugendarbeitsschutzgesetz, Gesetz über die Verbreitung jugendgefährdender Schriften und Medieninhalte – auf den pädagogisch beeinflussenden, präventiven Jugendschutz ab, etwa durch: Informationsveranstaltungen, Beratungsstellen usw.

§ 15 überlässt den **Ländern**, durch **Landesrechtsvorbehalt** das Nähere über Inhalt und Umfang der Leistungen dieses Abschnitts zu regeln.

13.4.2.2 Förderung der Erziehung in der Familie

Der 2. Abschnitt (§§ 16-21) befasst sich mit der **Förderung der Erziehung in der Familie.**

§ 16 enthält eine allgemeine Vorschrift mit den Zielen:

- bessere Wahrnehmung der Erziehungsverantwortung,
- Aufzeigen von Wegen zur Lösung gewaltfreier Konfliktsituationen in der Familie.

Dies soll geschehen durch Angebote der Familienbildung, -beratung, -freizeit und -erholung.

Die §§ 17-21 beziehen sich auf spezielle **Erziehungs-/Lebenslagen.**

So regelt § 17 die Beratung in Fragen der **Partnerschaft, Trennung und Scheidung**, soweit die Eltern oder ein Elternteil für ein Kind oder Jugendlichen zu sorgen haben.

Ziele sind:

- Aufbau eines partnerschaftlichen Zusammenlebens in der Familie,
- Bewältigung von Konflikten und Krisen in der Familie,
- im Fall der Trennung/Scheidung Schaffung günstiger Bedingungen für die weitere Wahrnehmung der elterlichen Verantwortung.

Im letzteren Fall gehört dazu die Unterstützung bei der Entwicklung eines einvernehmlichen Konzepts durch die Eltern – unter angemessener Beteiligung des betroffenen Minderjährigen – für die Wahrnehmung der elterlichen Sorge. Um das JA dazu in die Lage zu versetzen, müssen die Familiengerichte das JA über Scheidungssachen informieren, soweit gemeinschaftliche minderjährige Kinder vorhanden sind.

§ 18 beinhaltet die **Beratung und Unterstützung bei der Ausübung der Personensorge** und des Umgangsrechts. Alleinerziehende Mütter bzw. Väter haben danach einen Rechtsanspruch auf Beratung und Unterstützung in allen Fragen der Personensorge einschließlich der Geltendmachung von Unterhaltsansprüchen des Kindes/Jugendlichen, sowie eigener Unterhaltsansprüche nach § 1615 l BGB und die Abgabe einer gemeinsamen Sorgeerklärung nach § 1626 a Abs. 1 Nr. 1 BGB. Umgangsberechtigte und Kinder/Jugendliche haben Anspruch auf Beratung und Unterstützung in allen Fragen des Umgangsrechts. Diese Regelung hat zunehmende Bedeutung, weil offenbar einige Mütter nach der Scheidung das Umgangsrecht des Vaters mit dem Kind »mit fast allen Mitteln« vereiteln. Der 18- bis 20-Jährige schließlich hat einen Anspruch auf Beratung und Unterstützung bei der Geltendmachung von Unterhaltsansprüchen.

§ 19 regelt **gemeinsame Wohnformen für Mütter/Väter und Kinder**. Alleinerziehende Mütter oder Väter mit einem Kind unter 6 Jahren sollen in einer geeigneten Wohnform (z. B. einer entsprechenden Wohngruppe) zusammen mit dem Kind (und evtl. dessen älteren Geschwistern) betreut werden, wenn dies aufgrund ihrer Persönlichkeitsentwicklung notwendig ist. Die Leistungen sind:

- Unterkunft und Betreuung der Mutter oder des Vaters und des Kindes,
- Unterstützung des Elternteils bei schulischer oder beruflicher Ausbildung bzw. Arbeitsaufnahme,
- Gewährung von Unterhalt und Krankenhilfe für die betreuten Personen.

§ 20 sieht die Betreuung und Versorgung des Kindes in **Notsituationen** im bisherigen familiären Lebensraum vor. Solche Notsituationen sind etwa: der das Kind betreuende Elternteil fällt aus gesundheitlichen Gründen (Krankenhausaufenthalt, Kur usw.) oder anderen zwingenden Gründen (Inhaftierung usw.) aus, der andere Elternteil ist wegen berufsbedingter Abwesenheit (Lkw-Fernfahrer usw.) dazu nicht in der Lage. Tagesbetreuungsangebote reichen nicht aus. Gleiches gilt bei Ausfall eines Alleinerziehenden. Zu beachten ist aber, dass die Hilfe nach § 20 gegenüber der Haushaltshilfe der Krankenkasse nach § 38 SGB V (bis zum 12. Lebensjahr des Kindes oder bei behindertem Kind) nachrangig ist, § 10 Abs. 1.

§ 21 regelt die Unterstützung bei **notwendiger Unterbringung** des Kindes zur Erfüllung der **Schulpflicht**, wenn der Schulpflicht des Kindes schwierig nachzukommen ist, weil die Eltern berufsbedingt ständigem Ortswechsel unterliegen (Binnenschiffer, Artisten usw.). Hinsichtlich der Beratung und Unterstützung – etwa zur Internatsunterbringung – besteht ein Rechtsanspruch, hinsichtlich der Kostentragung der Unterbringung einschließlich Unterhalt und Krankenhilfe jedoch nur ein Anspruch auf ermessensfehlerfreie Entscheidung.

13.4.2.3 Förderung von Kindern in Tageseinrichtungen und in Kindertagespflege

Der 3. Abschnitt (§§ 22-26) ist durch das **Tagesbetreuungsausbaugesetz (TAG)** 2004 völlig neu gefasst worden. Zielsetzung ist u. a., **Tageseinrichtungen** auszubauen und die **Kindertagespflege** zu einer gleichrangigen Alternative zu entwickeln. Die Regelungen des SGB VIII sind nur Rahmenregelungen, die durch die Länder in ihren Kitagesetzen umgesetzt werden müssen. Kostenpflichtig für diese Maßnahmen sind die Landkreise, also die Länder.

Ziele von **Tageseinrichtungen** und **Kindertagespflege** sind nach § 22 Abs. 2:

- die Förderung der Entwicklung des Kindes zu einer eigenverantwortlichen und gemeinschaftsfähigen Persönlichkeit,
- die Unterstützung und Ergänzung der Erziehung in der Familie und
- die Hilfe für die Eltern, Erwerbstätigkeit und Kindererziehung besser miteinander vereinbaren zu können.

Definitionen der möglichen Unterbringung sind in § 22 Abs. 1 enthalten:

- Tageseinrichtungen zeichnen sich durch Förderung von Kindern in Gruppen in einer Einrichtung für einen Teil des Tages oder ganztags aus
- Kindertagespflege wird von einer geeigneten Tagespflegeperson (Tagesmutter) in ihrem Haushalt oder im Haushalt der Eltern erbracht.

Die Abgrenzung beider wird – insbesondere im Hinblick auf künftige Entwicklungen – dem Landesrecht überlassen.

Für die **Tageseinrichtungen** (§§ 22 Abs. 1 Satz 1, 22 a) sind folgende Unterscheidungen im Gesetz genannt oder üblich:

- **Krippe**: 0-3 Jahre
- **Kindergarten**: 3 Jahre – Schuleintritt
- **Hort**: Schuleintritt – 14 Jahre.

Die Rechtsansprüche sind je nach Altersstufe unterschiedlich:

Nur hinsichtlich des **Kindergartenbesuches** gibt § 24 Abs. 1 Satz 1 dem Kind (!) einen subjektiven Rechtsanspruch. Hinsichtlich von **Ganztagesplätzen** oder alternativer Kindertagespflege besteht nur eine objektiv-rechtliche Hinwirkungspflicht der öffentlichen Jugendhilfe.

- Für Kinder unter 3 Jahren und im schulpflichtigen Alter sieht § 24 Abs. 2 nur eine **Vorhaltepflicht eines bedarfsgerechten Angebots** an Plätzen in Tageseinrichtungen und Kindertagespflege vor.

Eine **erweiterte Vorhaltepflicht** besteht nach § 24 Abs. 3 für Kinder unter 3 Jahren, deren Eltern erwerbstätig sind, sich in Ausbildung befinden oder an Maßnahmen zur Eingliederung in Arbeit teilnehmen, oder deren Förderung sonst nicht gewährleistet ist (Problemfamilien).

Landesrechtliche Regelungen – z. B. in Brandenburg – gehen zum Teil über die bundesgesetzlichen Ansprüche hinaus. Bis zum 1. 10. 2010 müssen die Länder die Verpflichtungen aus § 24 Abs. 2-6 umsetzen, und dazu das Angebot stufenweise ausbauen und bis dahin vorrangig Kinder berücksichtigen, deren Eltern erwerbstätig, in Ausbildung usw. sind oder deren Wohl nicht gesichert ist.

§ 22 a schreibt für die Jugendämter die Erstellung von u. a.:

- ein pädagogisches Konzept,
- die Qualitätssicherung und -entwicklung,
- die Evaluation der Arbeit,
- Zusammenarbeitspflicht mit Eltern, Tagespflegepersonen, Schulen und anderen an der Erziehung bzw. dem Aufwachsen beteiligten Institutionen und
- Sicherstellung einer anderweitigen Betreuungsmöglichkeit während der Schließzeiten in den Ferien vor.

Außerdem muss das JA die Einhaltung dieser Grundsätze bei freien Trägern sicherstellen.

Kindertagespflege (§§ 22 Abs. 1 Satz 2, 23) wird durch eine nicht zur Kleinfamilie gehörende, geeignete Person erbracht:

- im elterlichen Haushalt oder
- im Haushalt der Tagespflegeperson.

Die **Förderung in Kindertagespflege** »nach Maßgabe von § 24« umfasst nach § 23 Abs. 1 die **Vermittlung** einer geeigneten Tagespflegeperson, soweit diese nicht von den Eltern selbst »beschafft« wird, die **fachliche Beratung, Begleitung und weitere Qualifizierung** sowie die Zahlung von **Pflegegeld**. Das Pflegegeld setzt sich nach § 23 Abs. 2 zusammen aus:

- dem **Sachaufwand** der Pflegeperson (bei Betreuung im Haushalt der Pflegeperson: z. B. Verpflegungs-, Verbrauchskosten; andernfalls: Fahrtkosten, Wegezeitentschädigung),
- Anerkennung der **Förderleistung** (nach zeitlichem Aufwand und evtl. nach Alter des Kindes),
- der Erstattung nachgewiesener **Aufwendungen** für Beiträge zu einer Unfallversicherung,
- der **hälftigen Erstattung** nachgewiesener Aufwendungen zu einer angemessenen **Alterssicherung.**

Die Höhe des Pflegegeldes wird in der Regel vom Landesjugendamt festgesetzt, das sich dabei an Empfehlungen des Deutschen Vereins orientieren wird. Das Pflegegeld muss vom JA aber nur gezahlt werden, wenn die Bedarfskriterien des § 24 Abs. 3 vorliegen (s. oben), § 24 Abs. 5 Satz 2. Großeltern und andere Verwandte können Tagespflegeperson sein. Da Großeltern aber – nachrangig nach den Eltern und soweit sie überhaupt leistungsfähig sind – gem. §§ 1603, 1606 II BGB unterhaltspflichtig sind, erhalten sie Pflegegeld nur nach Ermessen, § 23 Abs. 2 Satz 3.

Mit dem **KICK 2005** ist auch die **Kindertagespflege** grundsätzlich erlaubnispflichtig geworden, § 43; auch ein Führungszeugnis ist nunmehr erforderlich, § 72 a.

Die Geeignetheitskriterien für die Kindertagespflege nennt § 23 Abs. 3; unter anderem sollen sie über vertiefte Kenntnisse in der Kindertagespflege verfügen, die sie in qualifizierten Lehrgängen erworben oder in anderer Weise nachgewiesen haben. Nähere Regelungen darüber sind bereits oder werden durch Landesrecht gem. § 26 erlassen.

Nach § 25 soll die **selbstorganisierte Förderung von Kindern** (z. B. haben Eltern in einem Wohngebiet die Nachmittagsbetreuung ihrer schulpflichtigen Kinder selbst organisiert) unterstützt werden. Das Nähere regelt § 74 Abs. 1 Satz 1.

13.4.2.4 Hilfe zur Erziehung, Eingliederungshilfe für seelisch behinderte Kinder und Jugendliche, Hilfe für junge Volljährige

Der 4. Abschnitt (§§ 27-41) ist in **vier Unterabschnitte** gegliedert. Der **1. Unterabschnitt** befasst sich mit der Hilfe zur Erziehung (HzE). Es handelt sich dabei um eines der wichtigsten, vielleicht das wichtigste Arbeitsfeld für Sozialarbeiter/innen im Bereich der Jugendhilfe. § 27 nennt die Voraussetzungen für und die Grundsätze bei Gewährung von HzE. Soweit die Voraussetzungen für die Gewährung von HzE erfüllt sind, steht der Rechtsanspruch auf Gewährung dem Personensorgeberechtigten (also in der Regel den Eltern) zu. Gegen den Willen der Eltern wird keine HzE gewährt; wenn das JA HzE für erforderlich hält, die Eltern sich dagegen sträuben, muss das JA gem. § 8 a Abs. 3 das FamG anrufen (s. oben 13.4.1.5). Die Voraussetzungen für die Gewährung von HzE sind:

Eine dem Wohl des Kindes/Jugendlichen entsprechende Erziehung ist nicht gewährleistet und ein Erziehungsdefizit liegt bereits vor oder ist absehbar (»das Kind muss nicht bereits in den Brunnen gefallen sein«).

Um den Begriff »**Wohl des Kindes**« fassbarer zu machen, empfiehlt es sich, an den Komponenten des § 1666 BGB anzuknüpfen.

Zum Wohl eines Kindes gehören das **körperliche Wohl** (ausreichende, gesunde Ernährung, Gesundheitsfürsorge, angemessene Kleidung usw.), das **geistige Wohl** (Überwachung des Schulbesuchs, Hausaufgabenbetreuung usw.) und das **seelische Wohl** (Zuneigung, Geborgenheit, Vermittlung von Werten und Normen).

Weitere Voraussetzungen von § 27 sind:

- HzE ist zur Behebung der Mängellage generell **geeignet**. Der Erziehungsnotstand ist mit den sozialpädagogischen und therapeutischen Mitteln der Jugendhilfe voraussichtlich behebbar.
- HzE ist **notwendig**: gibt es Alternativen? (z. B. wenn andere Leistungen des Gesetzes, z. B. Kindertagespflege nach §§ 22 ff., ausreichen, ist HzE nicht notwendig)
- Antrag/Einverständnis des Personensorgeberechtigten.

Sind diese Voraussetzungen erfüllt, muss nach Abs. 2 die Auswahl der konkreten HzE – nach pädagogischen Aspekten, zugeschnitten auf den Einzelfall (**Einzelfallorientierung**), unter Einbeziehung des sozialen Umfelds (**Lebensweltorientierung**) und nach einem Klärungs- und Entscheidungsprozess nach § 36 – aus dem nichtabschließenden Katalog der §§ 28-35 erfolgen. Die HzE ist im Regelfall im Inland zu erbringen. Die HzE umfasst insbesondere pädagogische und damit verbundene therapeutische Leistungen.

Der Katalog der §§ 28-35 weist nun eine gewisse Steigerung auf: nach Gewicht des Erziehungsproblems, Intensität der Hilfe und entstehenden Kosten; von den **ambulanten** über die **teilstationären** bis zu den **stationären** Hilfen oder von der **familienunterstützenden**, zur **familienergänzenden** oder zur **familienersetzenden** Hilfe. Wenn z. B. die Sozialpädagogische Familienhilfe (SpFH) nach § 31 ausreicht, darf nicht zur Heimunterbringung nach § 34 gegriffen werden!

Hier sollen zunächst die **ambulanten** Hilfen dargestellt werden.

Die **Erziehungsberatung** nach § 28 will Kinder, Jugendliche, Eltern und andere Erziehungsberechtigte bei Klärung und Bewältigung individueller und familienbezogener Probleme, der Lösung von Erziehungsfragen und bei Trennung und Scheidung unterstützen, wobei Fachkräfte verschiedener Fachrichtungen mit unterschiedlichen methodischen Ansätzen zusammenwirken sollen.

§ 29 sieht als Adressaten für **soziale Gruppenarbeit** ältere Kinder und Jugendliche vor: durch soziales Lernen in der Gruppe sollen Entwicklungsschwierigkeiten und Verhaltensprobleme überwunden werden; ein sozialer Trainingskurs kommt auch für straffällige Jugendliche nach § 10 Abs. 1 Nr. 5 JGG in Betracht.

Der **Erziehungsbeistand/Betreuungshelfer** (letzteres als Weisung nach § 10 Abs. 1 Nr. 5 JGG) zielt auf Verhaltensänderung bei Kindern und Jugendlichen durch Unterstützung bei der Bewältigung von Entwicklungsproblemen und Förderung der Verselbständigung ab.

Die **Sozialpädagogische Familienhilfe** (SpFH) nach § 31 soll durch intensive Betreuung und Begleitung Familien bei Erziehungsaufgaben, der Bewältigung von Alltagsproblemen (Haushalt), der Lösung von Konflikten und Krisen, im Umgang mit Ämtern und Institutionen unterstützen und dabei Hilfe zur Selbsthilfe vermitteln; sie soll auch die drohende Fremdunterbringung der Kinder vermeiden.

§ 32 sieht als **teilstationäre Hilfe** die Erziehung in der **Tagesgruppe** oder in qualifizierter Familienpflege für Kinder und Jugendliche vor:

- durch soziales Lernen in der Gruppe,
- verlässliche Versorgung,
- Begleitung der schulischen Förderung (Hausaufgabenbetreuung usw.) und
- Elternarbeit soll die Entwicklung des Minderjährigen unterstützt und eine drohende Fremdunterbringung vermieden werden.

Die **Vollzeitpflege** nach § 33 sieht die Herausnahme des Kindes/Jugendlichen aus der Herkunftsfamilie und die Unterbringung und Erziehung über Tag und Nacht in einer Pflegefamilie vor: sie ist als Kurzzeitpflege möglich (z. B. bei Inobhutnahme nach § 42) oder ist auf Dauer angelegt. Für besonders verhaltens- und entwicklungsgestörte Kinder kommen auch **heil- oder sonderpädagogische Pflegestellen** in Betracht. Soweit überhaupt möglich, sollen in der Zwischenzeit die Erziehungsbedingungen in der Herkunftsfamilie verbessert werden.

§ 34 regelt die **Heimerziehung** und die **sonstige betreute Wohnform**.

Adressaten sind: Kinder (jedoch keine Kleinkinder) und Jugendliche.

Die Ziele sind: Förderung der Entwicklung, nach Möglichkeit Verbesserung der Erziehungsbedingungen in der Herkunftsfamilie, andernfalls Vorbereitung auf die Erziehung in einer anderen Familie oder Bieten einer auf längere Zeit angelegten Lebensform.

Die Methoden sind: Verbindung von Alltagserleben mit pädagogischen und therapeutischen Angeboten. Die geschlossene Unterbringung in einem Heim wäre nach § 1631 b BGB nur mit Genehmigung des FamG möglich; in vielen Bundesländern gibt es solche Einrichtungen nicht. Für Jugendliche kommt als Übergangsstufe zwischen Heim und selbständiger Lebensführung die **sonstige betreute Wohnform** (Wohngruppe usw.) in Betracht.

Die **intensive sozialpädagogische Einzelbetreuung** nach § 35 kommt nur für Jugendliche in besonders gefährdeten Lebenssituationen, die sich Familie, Schule und Ausbildung weitgehend entzogen haben, in Betracht: z. B. aus dem Drogen-, Prostituierten-, Nichtsesshaftenmilieu. Diese Hilfe erfordert eine hohe Betreuungsintensität durch eine erfahrene Fachkraft.

Der 2. Unterabschnitt (§ 35 a) befasst sich mit der **Eingliederungshilfe für seelisch behinderte** Kinder und Jugendliche (vgl. Ausführungen unter 14.2.1.6).

Zur Feststellung, ob ein Minderjähriger seelisch behindert oder von einer solchen Behinderung bedroht ist, bedarf es zunächst der Stellungnahme eines Facharztes oder Fachpsychologen. Danach muss das JA nach Abs. 2 entscheiden, in welcher Form die Eingliederungshilfe gewährt wird: ambulant, teilstationär, stationär oder in einer Pflegefamilie. Der Umfang der Hilfe bestimmt sich nach §§ 53 ff. SGB XII, Abs. 3. Wenn zu der seelischen Behinderung auch noch Erziehungsdefizite vorliegen, die HzE erfordern, sind nach Abs. 4 die Hilfen möglichst »aus einer Hand« zu leisten, so dass etwa in einer Einrichtung medizinische, betreuerische und therapeutische, schulische und berufliche Maßnahmen erbracht werden.

Der 3. Unterabschnitt (§§ 36-40) enthält gemeinsame Vorschriften für die Hilfe zur Erziehung und die Eingliederungshilfe für seelisch behinderte Kinder und Jugendliche.

Nach § 36 sind vor jeder Entscheidung auf HzE bzw. deren Änderung Eltern und Kind/Jugendlicher zu beraten und auf die möglichen Folgen hinzuweisen, ihr Wunsch- und Wahlrecht ist zu beachten, und bei einer langfristigen Hilfe ist – unter Beteiligung der Fachkraft einer Adoptionsvermittlungsstelle – zu prüfen, ob eine Adoption in Betracht kommt. Wenn die Hilfe für eine längere Zeit (über ein halbes Jahr hinaus) zu leisten ist, sollen mehrere Fachkräfte zusammenwirken. In jedem Fall ist zusammen mit den Eltern und dem Minderjährigen und – soweit die Hilfe durch einen freien Träger erbracht werden soll: Auch einer Fachkraft dieses Trägers – ein **Hilfeplan** zu erstellen, der folgenden Mindestinhalt haben muss:

- Feststellungen über den Bedarf,
- die Hilfeart,
- notwendige Leistungen,
- zeitliche Dauer und
- Frist für die Überprüfung.

Bei seelischer Behinderung soll auch der Facharzt oder Fachpsychologe bei der Hilfeplanerstellung mitarbeiten, bei beruflichen Maßnahmen auch ein Vertreter der Arbeitsagentur. – Nach § 36 a trägt das JA die **Steuerungsverantwortung**. Das JA trägt die Kosten der Hilfe nur dann, wenn sie auf der Grundlage seiner Entscheidung nach § 36 erbracht wird. Hat das FamG die Eltern oder das Jugendgericht den Jugendlichen/jungen Volljährigen zur Inanspruchnahme von Hilfen verpflichtet, gilt das Gleiche: häufig werden aber in der Straftat eines Jugendlichen auch erzieherische Defizite deutlich, so dass die Voraussetzungen für die Kostentragung durch das JA – etwa für Betreuungsweisung oder sozialen Trainingskurs – vorliegen.

Haben Leistungsberechtigte sich Hilfen selbst beschafft, trägt das JA die Kosten nur unter den Voraussetzungen des § 36 III.

§ 37 verpflichtet das JA, bei Hilfen außerhalb der eigenen Familie auf Zusammenarbeit zwischen den Beteiligten (Eltern, Kind/Jugendlicher, Pflegeperson/Heimerzieher, Jugendamt) hinzuwirken, nach § 38 hat das JA bei Streit zwischen Eltern und Pflegeeltern/Heimleitung zu vermitteln. Die Zuständigkeitsverteilung zwischen den sorgeberechtigten Eltern und Erziehungsperson ist in §§ 1688, 1687 Abs. 1 Satz 3 geregelt; es kommt maßgeblich darauf an, ob es sich um eine **Angelegenheit des täglichen Lebens** oder eine **grundlegende Entscheidung** für das weitere Leben des Minderjährigen handelt. §§ 39, 40 sehen – als Annexleistung zu teilstationären oder stationären Jugendhilfeleistungen (vgl. oben 13.4.2.4) – wirtschaftliche Jugendhilfe (Unterhalt, Krankenhilfe) vor. Der gesamte regelmäßig wiederkehrende Bedarf soll durch laufende Pauschalleistungen (Unterhalt, Erziehungsleistung, Taschengeld usw.), daneben kommen einmalige Beihilfen – etwa zur Erstausstattung einer Pflegestelle oder zu Ferienreisen des Minderjährigen – in Betracht. Zum Umfang der Krankenhilfe verweist § 40 auf die §§ 47 ff. SGB XII.

Der **4. Unterabschnitt** (§ 41) betrifft die Hilfe für **junge Volljährige** und **Nachbetreuung**. Danach soll Hilfe für die Persönlichkeitsentwicklung und zu einer eigenverantwortlichen Lebensführung gewährt werden, wenn und solange die Hilfe aufgrund der individuellen Situation des jungen Menschen notwendig ist: erstmalige Hilfe in der Regel nur bis zum 21. Lebensjahr, Fortsetzung der Hilfe in begründeten Einzelfällen auch über das 21. Lebensjahr hinaus. Absatz 2 verweist für die Ausgestaltung der Hilfe auf §§ 27 Abs. 3 und 4, 28-30, 33-36, 39, 40; nicht möglich sind also: SpFH; Erziehung in Tagesgruppe. Nach Abs. 3 soll der junge Volljährige auch nach Beendigung der Hilfe nachbetreut werden. Klassischer Fall wäre: Ein 19-Jähriger, wenig gefestigter junger Mann, wird nach Verbüßung einer mehrjährigen Jugendstrafe entlassen und soll im betreuten Wohnen untergebracht werden. § 41 ist im Übrigen vorrangig vor der Hilfe zur Überwindung besonderer sozialer Schwierigkeiten nach §§ 67, 68 SGB XII, § 10 Abs. 2 Satz 1 (vgl. oben 13.4.1.6).

13.4.3 Andere Aufgaben der Jugendhilfe

Das 3. Kapitel (§§ 42-60) regelt die **anderen Aufgaben** der Jugendhilfe. Zu den grundsätzlichen Unterschieden zwischen anderen Aufgaben und Leistungen vgl. Ausführungen zu 14.2.1.1.

13.4.3.1 Die Inobhutnahme

Der 1. Abschnitt »Vorläufige Maßnahmen zum Schutz von Kindern und Jugendlichen« (§ 42) befasst sich mit der **Inobhutnahme** von Kindern und Jugendlichen. Inobhutnahme ist – unter den Voraussetzungen des § 42 – die Berechtigung und Verpflichtung des JA zur vorläufigen Unterbringung eines Minderjährigen bei einer geeigneten Pflegeperson, in einer geeigneten Einrichtung oder in einer sonstigen betreuten Wohnform. Fälle der Inobhutnahme sind nach Abs. 1:

- der Minderjährige bittet um **Obhut (Selbstmelder),** Nr. 1: z. B. Kind erklärt im JA, wegen der Prügel durch den Vater gehe es nicht mehr nach Hause,
- von Amts wegen: wenn eine **dringende Gefahr** für das Wohl des Minderjährigen die Inobhutnahme erfordert und die PSB nicht widersprechen oder (im Fall des Widerspruchs) die **Entscheidung des FamG nicht rechtzeitig eingeholt** werden kann, Nr. 2: z. B. 14jährige wird an einem bekannten Ort für Drogenhandel/Jugendstrich angetroffen, es stellt sich heraus, dass sie von zu Hause seit Tagen ausgerissen ist und bei Freiern übernachtet; den Eltern ist egal,»was mit ihr passiert«.
- **von Amts wegen**, Nr. 3: unbegleiteter ausländischer Minderjähriger, insbesondere Flüchtling.

Im Fall von Nr. 2 hat das JA jetzt auch die Befugnis, den Minderjährigen aus der eigenen Familie, Pflegefamilie usw. herauszunehmen, Satz 2 letzter Halbsatz, notfalls mit unmittelbarem Zwang (Vollzugshilfe durch die Polizei), Abs. 6. Zu § 8 a Abs. 3 Satz 2 besteht ein enger Zusammenhang. Wie schon die Überschrift des 1. Abschnitts zeigt, ist § 42 nur Rechtsgrundlage für vorläufige (max. etwa 2 Wochen), nicht für langfristige Maßnahmen. Pflichten des JA bzw. des freien Trägers (wenn diesem die Aufgabe nach § 76 übertragen ist) sind:

- Unterbringung bei einer geeigneten Pflegeperson usw.,
- Sicherstellung des notwendigen Unterhalts und der Krankenhilfe,
- dem Minderjährigen ist unverzüglich Gelegenheit zur Information einer Person seines Vertrauens zu geben,
- unverzügliche Benachrichtigung des PSB bzw. Erziehungsberechtigten und bei dessen Widerspruch: entweder unverzügliche Übergabe des Minderjährigen oder – bei Gefährdung des Kindeswohls – Herbeiführen einer Eilentscheidung des FamG; letzteres auch bei Nichterreichen des PSB,
- Personensorge (Sorge für das Wohl des Kindes), Vornahme notwendiger Rechtshandlungen,
- Klärung der Situation, die zur Inobhutnahme geführt hat, Beratung, Perspektiven
- Entwicklung für Hilfen und Unterstützung, evtl. Einleitung eines Hilfeplanverfahrens und
- bei unbegleiteten ausländischem Minderjährigen: Veranlassen der Bestellung eines Vormunds.

Die Inobhutnahme selbst ist keine freiheitsentziehende Maßnahme; freiheitsentziehende Maßnahmen sind gem. § 42 V nur bei Gefahr für Leib oder Leben zulässig, und – ohne richterliche Genehmigung – spätestens um 24 Uhr des nächsten Tages zu beenden.

So z. B. im obigen Fall, wenn sich herausstellt, dass bei einer 14jährigen Drogenabhängigen heftige, mit Lebensgefahr verbundene, Entzugserscheinungen auftreten und sie – gegen ihren Willen – in die geschlossene Abteilung eines psychiatrischen Krankenhauses gebracht werden soll.

Die Inobhutnahme endet nach Abs. 4 entweder:

- mit der Übergabe des Minderjährigen an den PSB oder
- der Entscheidung über die Gewährung von Hilfen nach dem SGB (z. B. Gewährung von Vollzeitpflege, §§ 27, 33 SGB VIII).

13.4.3.2 Schutz von Kindern und Jugendlichen in Familienpflege und in Einrichtungen

Der 2. Abschnitt (§§ 43-49) befasst sich mit dem Schutz von Kindern und Jugendlichen in **Familienpflege** und in **Einrichtungen**. Nach § 43 braucht die **Tagespflegeperson** (vgl. § 23):

- die Kinder außerhalb ihrer Wohnung (z. B. im Haushalt der Tagesmutter),
- mehr als 15 Stunden/Woche,
- gegen Entgelt,
- länger als 3 Monate betreuen will,

die Erlaubnis des JA.

Die Erlaubnis darf nur bei Erfüllung der **Eignungsvoraussetzungen** erteilt werden; sie berechtigt zur Betreuung bis zu 5 fremden Kindern (durch Landesrecht einschränkbar) und ist auf 5 Jahre befristet. Die Tagespflegeperson muss das JA über wichtige Ereignisse, die für die Betreuung bedeutsam sind, informieren.

13. Kinder- und Jugendhilferecht

§ 44 befasst sich mit der Vollzeitpflege (§ 33). Die **Pflegeperson** (beachte den Unterschied in der Terminologie!) braucht grundsätzlich eine Pflegeerlaubnis. Hiervon gibt es zahlreiche Ausnahmen: für **Kurzzeitpflege**, für nahe Verwandte oder, wenn die Eignung bereits vorher durch das JA oder andere staatliche Stellen geprüft wurde, ist keine Pflegeerlaubnis erforderlich. Kriterium für die Erteilung oder Versagung der Pflegeerlaubnis ist, ob das Wohl des Minderjährigen in der Pflegestelle gesichert ist.

Absatz 2 und 3 sehen eine Überprüfungspflicht durch das JA und den Widerruf (bei rechtmäßiger Erteilung) oder die Rücknahme (bei rechtswidriger Erteilung) der Pflegeerlaubnis vor.

Die §§ 45-48 a befassen sich mit den Voraussetzungen für den Betrieb einer Einrichtung (Heimaufsicht). Grundsätzlich bedarf es für Einrichtungen (Kita, Heim, betreutes Wohnen usw.) einer **Betriebserlaubnis** des Landesjugendamtes, welches gem. § 85 Abs. 2 Nr. 6, für die Heimaufsicht zuständig ist. Vom Erfordernis der Betriebserlaubnis durch das LJA gibt es zahlreiche Ausnahmen, wenn durch eine andere Behörde (wie Schulaufsicht oder Gesundheitsbehörden) Überprüfungen stattfinden. An der Überprüfung vor Ort hat das LJA auch das örtliche JA zu beteiligen, § 46 Abs. 1. Der Träger der Einrichtung hat bestimmte Meldepflichten, § 47. Das LJA kann bei fehlender Eignung dem Leiter oder einem Mitarbeiter der Einrichtung die Tätigkeit untersagen, § 48.

§ 48 a stellt klar, dass die Vorschriften auch für betreutes Wohnen gelten, und § 49 überlässt den Ländern die Regelung des »Näheren«.

13.4.3.3 Mitwirkung in gerichtlichen Verfahren

Der 3. Abschnitt (§§ 50-52) befasst sich mit der Mitwirkung des JA bzw. von anerkannten freien Trägern (über § 76) im gerichtlichen Verfahren. § 50 betrifft die Mitwirkung in Verfahren vor den Vormundschaftsgerichten (VormG) (Vormundschaftsgerichtshilfe – VormGH) und den Familiengerichten(FamG) (Familiengerichtshilfe – FamGH). Hier besteht ein enger Zusammenhang zu den §§ 49, 49 a FGG. Nach diesen Vorschriften müssen FamG bzw. VormG das JA in Verfahren, die Minderjährige betreffen, anhören, z. B. wenn es um

- den Umgang mit dem Kind nach §§ 1632 Abs. 2, 1684, 1685 BGB,
- Maßnahmen bei Gefährdung des Kindeswohls nach §§ 1666 f. BGB oder
- die elterliche Sorge bei Getrenntleben/Scheidung der Eltern nach §§ 1671 f. BGB geht.

§ 50 verpflichtet nun das JA zur **Mitwirkung im gerichtlichen Verfahren**; das JA muss dabei über angebotene und erbrachte (auch: von den Eltern abgelehnte) Leistungen berichten, erzieherische und soziale Aspekte einbringen und dem Gericht Vorschläge machen.

§ 51 enthält **umfangreiche Beratungs- und Belehrungspflichten** des JA im Adoptionsverfahren für einen Elternteil, der nicht in die Adoption einwilligen will, bzw. des Vaters des Kindes, der mit der Mutter nicht verheiratet und auch nicht sorgeberechtigt ist.

§ 52 betrifft die **Mitwirkung in Verfahren vor dem Jugendgerichtsgesetz**, also die Tätigkeit der Jugendgerichtshilfe (JGH) in Strafverfahren gegen Jugendliche und Heranwachsende. Daneben regeln auch §§ 38, 43 Abs. 1, 50 Abs. 3 JGG die Aufgaben der JGH, wozu unter anderem gehören:

- **Ermittlungshilfe** im Jugendstrafverfahren: hinsichtlich Lebens- und Familienverhältnissen, schulischer und beruflicher Ausbildung, Persönlichkeit und Reifegrad des Beschuldigten
- **frühzeitiges Prüfen und Anbieten** von Jugendhilfeleistungen, evtl. Vermittlung an einen freien Träger zur Durchführung eines sozialen Trainingskurses oder eines Täter-Opfer-Ausgleichs,
- **Bericht** an Richter oder Staatsanwalt über die Teilnahme, um möglicherweise die Verfahrenseinstellung zu erreichen
- pädagogisch sinnvoller **Sanktionsvorschlag**
- **Überwachen von Auflagen und Weisungen** (soweit nicht ein Bewährungshelfer zuständig ist) und
- **Halten von Kontakt** während der Inhaftierung.

13.4.3.4 Beistandschaft, Pflegschaft und Vormundschaft für Kinder und Jugendliche, Auskunft über Nichtabgabe von Sorgeerklärungen

Zum Verständnis des 4. Abschnitts (§§ 52 a-58 a) sind die Ausführungen im Familienrecht über Beistandschaft (§§ 1712 ff. BGB), Pflegschaft (§ 1909 BGB) und Vormundschaft (§§ 1773 ff. BGB) einschließlich der Amtsvormundschaft des JA bei Geburt eines Kindes durch eine minderjährige ledige Mutter (§§ 1673 Abs. 2, 1773 Abs. 1, 1791 c BGB) wichtig.[10]

§ 52 a verpflichtet das JA zur **umfassenden Beratung und Unterstützung** der **nichtverheirateten Mutter** bei **Vaterschaftsfeststellung** und **Geltendmachung** von **Unterhaltsansprüchen**; vgl. dazu auch § 18 Abs. 1 und 2 SGB VIII, §§ 1712 ff. BGB!

Nach § 53 hat das JA Pfleger und Vormünder zu beraten und zu unterstützen.

§ 54 betrifft die Erlaubnis zur Übernahme von **Vereinsvormundschaften**.

Soweit das JA (selbst) **Beistand, Amtsvormund oder Amtspfleger** ist, hat es die Ausübung dieser Funktionen einzelnen Beamten oder Angestellten zu übertragen, § 55 Abs. 2, die dann eine gewisse unabhängige Stellung in ihrem Aufgabengebiet haben. Das JA hat in der Regel jährlich zu prüfen, ob im Interesse des Minderjährigen seine – des JAs – Entlassung als Amtspfleger/Amtsvormund und die Bestellung einer Einzelperson (z. B. der Großmutter des Kindes im Fall des § 1791 c BGB) oder eines Vereins angezeigt ist, § 56 Abs. 4. Das JA hat dem VormG ohnehin den Eintritt einer **gesetzlichen Amtsvormundschaft** mitzuteilen, § 57.

Die allein-sorgeberechtigte Mutter (§ 1626 a Abs. 2 BGB) kann eine schriftliche Bescheinigung darüber (Nichtabgabe der Sorgeerklärung) z. B. zur Vorlage bei Anmeldung des Kindes zur Schule, bei Einwilligung in Operation des Kindes, gem. § 58 a verlangen.

---

10 Vgl. die Ausführungen zum Familienrecht in Kapitel 12.

13. Kinder- und Jugendhilferecht

13.4.3.5 Beurkundung und Beglaubigung, vollstreckbare Urkunden

Im 5. Abschnitt (§§ 59, 60) geht es um **Beurkundung** und **Beglaubigung** sowie die Erteilung **vollstreckbarer Urkunden**.

Nach § 59 ist es möglich, beim Urkundsbeamten des JA schnell und preiswert (daneben auch beim Notar oder beim Standesamt) wichtige Erklärungen beurkunden und beglaubigen zu lassen, z. B. Vaterschaftsanerkennung, Verpflichtung zur Zahlung von Unterhalt, gemeinsame Sorgeerklärungen.

§ 60 regelt, dass aus einer solchen vollstreckbaren Urkunde, soweit die Verpflichtung zur Zahlung eines bestimmten Unterhaltsbetrages anerkannt ist, die Zwangsvollstreckung betrieben werden kann.

13.4.4 Schutz von Sozialdaten

Aus dem Grundrecht auf **informationelle Selbstbestimmung** (Art. 1, 2 GG) folgt, dass der Staat den Datenschutz weitgehend bereichsspezifisch regeln muss.[11] Die in der Jugendhilfe Tätigen erfahren sehr persönliche, oft intime Dinge ihrer Klienten: Einkommen, Schulden, Suchtprobleme, Partnerkonflikte, Erkrankungen usw.

Der Gesetzgeber hat daher in §§ 61-68 für den Bereich der Jugendhilfe solch eine gesetzliche Regelung vorgenommen, jedoch im § 61 darauf hingewiesen, dass ergänzend § 35 SGB I (**Definition Sozialgeheimnis**) und §§ 67-85 a SGB X (wichtige Definitionen für: **Datenerhebung, Verarbeiten, Betroffener** usw.; **Übermittlungsbefugnisse**: für Strafverfahren usw.) heranzuziehen sind (zur Prüfstruktur des Sozialdatenschutzes in der Jugendhilfe siehe Schaubild 1, nächste Seite).

Daneben sind auch § 203 Abs. 1 Nr. 5 StGB (Strafbarkeit wegen **unbefugten Offenbarens** von Privatgeheimnissen durch Sozialarbeiter usw.) und §§ 53, 54 StPO (**Zeugnisverweigerungsrecht** im Strafverfahren nur ausnahmsweise, Aussagegenehmigung des Dienstvorgesetzten im öffentlichen Dienst erforderlich) zu beachten. Die schwierige Problematik kann hier nur kurz erörtert werden.

Die Vorschriften gelten zunächst nur für den öffentlichen Träger. Der Gesetzgeber will aber, dass Klienten bei freien Trägern im Rahmen der Jugendhilfe datenschutzrechtlich nicht schlechter gestellt werden. Deshalb verpflichtet § 61 Abs. 3 das JA, mit den freien Trägern **Sicherstellungsvereinbarungen** über den Datenschutz abzuschließen.

Für die Datenerhebung ist § 62 zu beachten. Danach dürfen Sozialdaten nur erhoben werden, wenn ihre Kenntnis zur Erfüllung der jeweiligen Aufgabe erforderlich ist.[12]

§ 63 regelt die **Datenspeicherung** und § 64 die **Datenübermittlung und -nutzung**. Besonderer **Vertrauensschutz** besteht nach § 65 für Sozialdaten, die in der persönlichen und erzieherischen Hilfe (z. B. im Rahmen der Erziehungsberatung) anvertraut worden sind. Solche Daten dürfen nur unter ganz engen Voraussetzungen weitergegeben werden: z. B. mit Einwilligung dessen, der die Daten anvertraut

---

11 Vgl. Ausführungen zum Datenschutz in Kapitel 17.
12 Vgl. hierzu Ausführungen zum Schutzauftrag bei Kindeswohlgefährdung.

Schaubild 1:

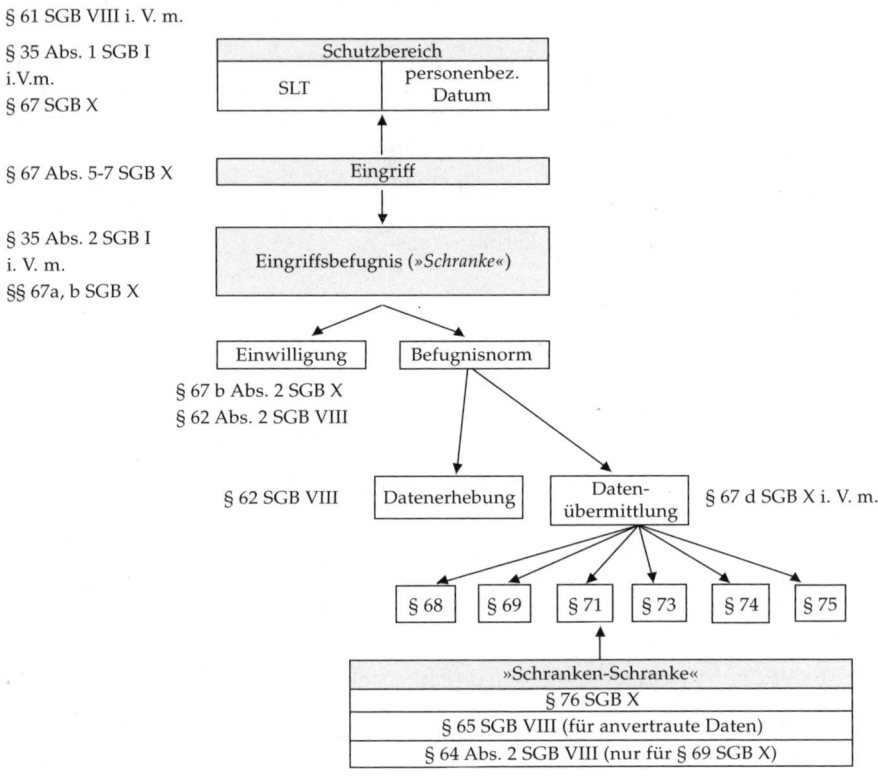

aus: Kunkel, Jugendhilferecht, 5. A. S. 275.

hat, bei Wahrnehmung des Schutzauftrags nach § 8 a ist die Weitergabe an das FamG oder VormG, bei Zuständigkeitswechsel an das neu zuständige JA, und an die Fachkräfte, die zur Abschätzung des Gefährdungsrisikos hinzugezogen werden, zulässig.

13.4.5 Träger der Jugendhilfe, Zusammenarbeit, Gesamtverantwortung

Das 5. Kapitel des SGB VIII ist untergliedert in die Abschnitte:

- **Träger der öffentlichen Jugendhilfe** (§§ 69-72 a)
- **Zusammenarbeit mit der freien Jugendhilfe, ehrenamtliche Tätigkeit** (§§ 73-78)
- **Vereinbarungen über Leistungsangebote, Entgelte und Qualitätsentwicklung** (§§ 78 a-78 g)
- **Gesamtverantwortung, Jugendhilfeplanung** (§§ 79-81).

Schaubild 2:

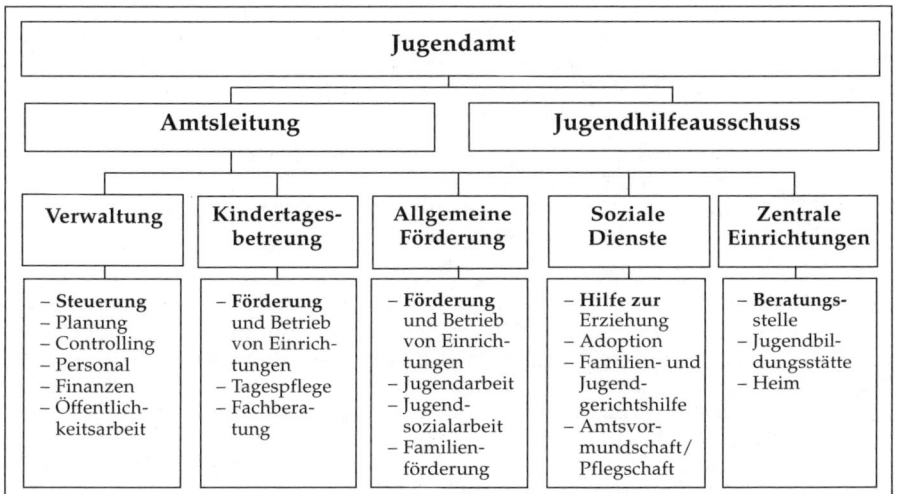

aus: Münder, Kinder- und Jugendhilferecht 2004, S. 167.

Zum Teil wurde bereits weiter oben auf einzelne Bestimmungen eingegangen, so zu den **örtlichen** und **überörtlichen** öffentlichen Trägern.

Die Organisationsstruktur des JA bzw. des LJA weist die Besonderheit auf, dass die Behörde aus dem **Jugend- bzw. Landesjugendhilfeausschuss**, der insbesondere für die Jugendhilfeplanung und die Förderung freier Träger zuständig ist, und der Verwaltung, die für die laufenden Geschäfte zuständig ist, besteht (Zweigleisigkeit des JA). Ein Teil der Mitglieder der Ausschüsse wird von anerkannten freien Trägern gestellt. Die Zuständigkeitsverteilung zwischen JA und LJA ist nach § 85 so geregelt, dass für alle Aufgaben das JA zuständig ist, soweit sie nicht nach Abs. 2 ausdrücklich dem LJA zugewiesen sind: z. B. Heimaufsicht, Fortbildung von Mitarbeitern der Jugendhilfe usw.

Das **Fachkräfteprinzip** ist in § 72 enthalten. Nach § 72 a ist durch Vorlage eines **polizeilichen Führungszeugnisses** sicherzustellen, dass in der Jugendhilfe keine Personen beschäftigt werden, die wegen Sexual- oder Gewaltstraftaten an Minderjährigen vorbestraft sind.

Hinsichtlich der **Förderung von freien Trägern** sind in § 74 Abs. 1 die Sätze 1 und 2 zu unterscheiden: nach Satz 1 kommt – unter den dort genannten Voraussetzungen (fachliche Voraussetzungen, angemessene Eigenleistung, gemeinnützige Ziele usw.) – auch die Förderung von Elterninitiativen (§ 25) und nicht-anerkannten freien Trägern in Betracht, die dauerhafte Förderung bedarf nach Satz 2 jedoch in der Regel der Anerkennung. Freie Träger können unter den in § 75 II genannten Voraussetzungen **anerkannte freie Träger** werden (drei Jahre Tätigkeit auf dem Gebiet der Jugendhilfe), wenn sie die allgemeinen Voraussetzungen des § 75 I (Arbeit auf dem Gebiet der Jugendhilfe, gemeinnützige Ziele verfolgen, nicht unwesentlicher Beitrag zur Erfüllung der Aufgaben der Jugendhilfe und Grundgesetztreue) erfüllen.

Bestimmte bundesweit tätige freie Träger sind kraft Gesetzes anerkannte freie Träger: z. B. Caritas-Verband, Diakonisches Werk, Arbeiterwohlfahrt, Deutsches Rotes Kreuz, Paritätischer Wohlfahrtsverband und Jüdische Regiestelle). Die Anerkennung hat insbesondere Bedeutung:

- wenn dauerhafte Förderung angestrebt wird (vgl. oben)
- wenn Mitgliedschaft im JHA bzw. LJHA erfolgen soll, § 71 Abs. 1 Nr. 2
- zur Beteiligung an der Jugendhilfeplanung, § 80 Abs. 3
- zur Übertragung bzw. Beteiligung an der Wahrnehmung anderer Aufgaben, § 76 Abs. 1.

Zwischen JA und freien Trägern werden – insbesondere bei kostenintensiven Leistungen der Jugendhilfe – nach §§ 78 a ff. **Vereinbarungen über Leistungen, Entgelte** und **Qualitätsentwicklung** abgeschlossen. Dies ist zur Kostenbegrenzung, Vergleichbarkeit der Leistungen und zur Qualitätssicherung und -entwicklung erforderlich. Ist eine solche Vereinbarung geschlossen und liegen die übrigen Voraussetzungen (z. B. Hilfeplan nach § 36) vor, so hat das JA dem freien Träger die Kosten zu erstatten, § 78 b. Für Streitigkeiten zwischen JA und freiem Träger gibt es in jedem Bundesland eine Schiedsstelle, § 78 g.

13.4.6 Sonstige Regelungen

Das SGB VIII enthält im 6. Kapitel Regelungen über zentrale Aufgaben der Länder und des Bundes, sowie das Bundesjugendkuratorium und den Jugendbericht, der in jeder Legislaturperiode zu erstatten ist. Im 7. Kapitel sind Regeln über die Zuständigkeit und die Kostenerstattung enthalten. Auf die sachliche Zuständigkeit (JA bzw. LJA) wurde bereits eingegangen, die örtliche Zuständigkeit richtet sich hauptsächlich nach dem gewöhnlichen Aufenthaltsort der Eltern bzw. des personensorgeberechtigten Elternteils, vgl. § 86. Lebt ein Minderjähriger längere Zeit bei Pflegeeltern, tritt ein Zuständigkeitswechsel ein. Entstehen einem unzuständigen JA Aufwendungen, so hat es gegen das zuständige JA Anspruch auf Kostenerstattung, §§ 89 ff.

Das 8. Kapitel beschäftigt sich mit der **Kostenbeteiligung** von Eltern und – soweit Vermögen vorhanden – Minderjährigen bzw. jungen Volljährigen.

§ 90 sieht eine **pauschalierte Kostenbeteiligung** – etwa bei Kita-Besuch – vor. In §§ 91 ff. sind für **bestimmte Jugendhilfeleistungen** – stationäre, teilstationäre und vorläufige Maßnahmen – Kostenbeiträge vorgesehen, soweit dies den Kostenbeitragspflichtigen nach ihrem Einkommen und Vermögen zumutbar ist. Ansonsten bleibt das JA – wie in vielen Fällen – auf den Kosten sitzen. Für einige Jugendhilfeleistungen – z. B. der ambulanten Hilfen zur Erziehung einschließlich der kostenaufwändigen SpFH – ist kein Kostenbeitrag vorgesehen.

§ 95 sieht die **Überleitung von Ansprüchen** vor, wenn eine kostenbeitragspflichtige Person für die Zeit, für die Jugendhilfe gewährt wird, Anspruch gegen einen anderen hat.

Neben Vorschriften über Kinder- und Jugendhilfestatistik sind noch **Straf- und Bußgeldvorschriften** enthalten.

14. Sozialrecht

14.1 Einführung

Das Sozialrecht ist – abgesehen von dem supranationalen Recht der Europäischen Union[1] – der historisch gesehen jüngste Rechtsbereich, der zudem in den letzten Jahrzehnten nicht nur an Umfang, sondern auch an Bedeutung zugenommen hat. Die systematische Erfassung des Sozialrechts und die Detailkenntnis in wichtigen Bereichen wie dem Kinder- und Jugendhilferecht, der Grundsicherung für Arbeitssuchende, dem Sozialhilferecht und dem Verwaltungsverfahrensrecht sind unabdingbare Voraussetzungen für die Praxis der Sozialen Arbeit.

Was unter Sozialrecht zu verstehen ist, ist nicht gesetzlich definiert und wird unterschiedlich beantwortet[2]; für den nachfolgenden Überblick wird vom Sozialrecht als dem Sozialen Leistungsrecht nach dem Sozialgesetzbuch (SGB) ausgegangen.[3] Mit dem Sozialgesetzbuch macht der Gesetzgeber seit 1975 den Versuch, das in einer Vielzahl von Einzelgesetzen zerstreute und unübersichtliche soziale Leistungsrecht unter einem Dach, dem SGB, zu vereinen und zu harmonisieren – soweit das sachlich zweckmäßig und politisch durchsetzbar erscheint, um auf diese Weise das Sozialstaatsgebot des Grundgesetzes – Art. 20 Abs. 1, Art. 28 Abs. 1 – zu konkretisieren. So orientiert sich die Zielstellung des Sozialgesetzbuches in § 1 Abs. 1 SGB I – Allgemeiner Teil – in Kraft getreten am 1. 1. 1976 – wie folgt an verfassungsrechtlichen Vorgaben:

»*Das Recht des Sozialgesetzbuches soll zur Verwirklichung sozialer Gerechtigkeit und sozialer Sicherheit Sozialleistungen einschließlich sozialer und erzieherischer Hilfen gestalten. Es soll dazu beitragen,*

- *ein menschenwürdiges Dasein zu sichern,*
- *gleiche Voraussetzungen für die freie Entfaltung der Persönlichkeit, insbesondere auch für junge Menschen zu schaffen, die Familie zu schützen und zu fördern,*
- *den Erwerb des Lebensunterhalts durch eine frei gewählte Tätigkeit zu ermöglichen und*
- *besondere Belastungen des Lebens, auch durch Hilfe zur Selbsthilfe, abzuwenden oder auszugleichen.*«

Der Erfüllung der in § 1 Abs. 1 beschriebenen Aufgaben dienen die in den §§ 3 bis 10 SGB I formulierten sozialen Rechte, die schlagwortartig wie folgt bezeichnet werden können:

§ 3 Recht auf Bildungsförderung und Arbeitsförderung einschließlich des Rechts auf wirtschaftliche Absicherung bei Arbeitslosigkeit

§ 4 Recht auf Zugang zur Sozialversicherung sowie auf Inanspruchnahme der Leistungen einschließlich der wirtschaftlichen Absicherung bei Eintritt des Risikos

---

1 Siehe hierzu im zweiten Kapitel unter 2.1.
2 Vgl. Schulin/Igl, Seite 1 ff.; Eichenhofer, S. 2 ff., S. 10; Gitter/Schmitt, S. 1 ff.
3 So auch Eichenhofer a. a. O.

§ 5 Recht auf soziale Entschädigung bei Gesundheitsschäden
§ 6 Recht auf Minderung des Familienaufwandes
§ 7 Recht auf Zuschuss für eine angemessene Wohnung
§ 8 Recht auf Förderung der Entwicklung junger Menschen und Unterstützung der Erziehung in der Familie – Kinder- und Jugendhilfe
§ 9 Recht auf Sozialhilfe
§ 10 Recht behinderter Menschen auf Rehabilitation und gleichberechtigte Teilhabe am Leben in der Gesellschaft

Zwar können aus diesen sozialen Rechten keine unmittelbaren Ansprüche hergeleitet werden, so § 2 Abs. 1 SGB I; die sozialen Rechte sind aber über ihren deklaratorischen Gehalt hinaus durchaus von rechtlich relevanter Bedeutung, denn sie sind bei der Auslegung der Vorschriften des Sozialgesetzbuchs und bei der Ausübung von Ermessen zu beachten, wobei sicherzustellen ist, dass die sozialen Rechte möglichst weitgehend verwirklicht werden – siehe § 2 Abs. 2 SGB.

Das 1975 begonnene Vorhaben, das gesamte Sozialrecht zusammenfassend in einem Gesetzbuch – dem Sozialgesetzbuch – zu kodifizieren[4], ist bis heute noch nicht zum Abschluss gekommen; dem Allgemeinen Teil des Sozialgesetzbuches, dessen Regelungen sozusagen vor die Klammer gezogen sind, folgten in chronologischer Reihenfolge:

- das Vierte Buch – SGB IV – in Kraft getreten am 1. 7. 1977 – es enthält allgemeine Vorschriften für die Versicherungszweige der Sozialversicherung und die Arbeitslosenversicherung,
- das Zehnte Buch – SGB X – in Kraft seit 1. 1. 1981 – enthält die Vorschriften über das von den Leistungsträgern durchzuführende Verwaltungsverfahren und wurde 1982 um die Vorschriften zum Sozialdatenschutz und die Zusammenarbeit der Leistungsträger untereinander ergänzt,
- das Fünfte Buch – SGB V – Gesetzliche Krankenversicherung – ist durch das Gesundheitsreformgesetz vom 20. 12. 1988 eingerichtet worden und seit dem 1. 1. 1989 in Kraft,
- das Achte Buch – SGB VIII – Kinder- und Jugendhilfe – ist durch das Gesetz zur Neuordnung des Kinder- und Jugendhilferechts vom 26. 9. 1990 in das Sozialgesetzbuch aufgenommen worden und seit dem 1. 1. 1991 in Kraft,
- das Sechste Buch – SGB VI – Gesetzliche Rentenversicherung – wurde als Art. 1 des Rentenreformgesetzes 1992 vom 18. 12. 1989 verkündet und ist im Wesentlichen seit dem 1. 1. 1992 in Kraft,
- das Elfte Buch – SGB XI – Soziale Pflegeversicherung, der vierte Zweig der Sozialversicherung – ist auf das Pflegeversicherungsgesetz vom 26. 5. 1994 zurückzuführen; die Pflegeversicherung ist – beginnend mit dem 1. 1. 1995 – stufenweise in Kraft getreten,

---

4 Siehe dazu Zacher S. 257 ff., 268-272.

14. Sozialrecht

- das Siebte Buch – SGB VII – Gesetzliche Unfallversicherung – ist mit dem Unfallversicherungs-Einordnungsgesetz vom 20. 8. 1996 eingerichtet worden und seit dem 1. 1. 1997 in Kraft,
- das Dritte Buch – SGB III – geht auf das Gesetz zur Reform der Arbeitsförderung vom 24. 3. 1997 zurück und ist seit dem 1. 1. 1998 mit dem Titel Arbeitsförderung in Kraft getreten.
- mit dem neunten Buch – SGB IX – ist das Recht der Rehabilitation und Teilhabe behinderter Menschen am 1. 7. 2001 in Kraft getreten.
- das Zweite Buch – SGB II – Grundsicherung für Arbeitssuchende – ist am 1. 1. 2005 in Kraft getreten
- mit dem ebenfalls am 1. 1. 2005 in Kraft getretenen Zwölften Buch – SGB XII – ist das Sozialhilferecht in das SGB überführt worden; in das neue SGB XII ist die Grundsicherung im Alter und bei Erwerbsminderung integriert worden.[4]

Es verbleiben weitere Sozialleistungsbereiche, die noch nicht in ein Buch des SGB eingeordnet sind; solange das noch nicht geschehen ist, gelten die entsprechenden Gesetze, in denen diese Bereiche geregelt sind, gem. § 68 SGB I als besondere Teile des Sozialgesetzbuchs; dazu gehören u. a. das Bundesausbildungsförderungsgesetz (BAföG), das Opferentschädigungsgesetz (OEG), das Wohngeldgesetz (WoGG), der 1. Abschnitt des Bundeserziehungsgeldgesetzes (BErzGG). Folglich gelten für diese Bereiche die allgemeinen Regelungen des SGB I und das SGB X.

Wie schon zu erkennen ist, weist das Sozialgesetzbuch kaum eine Binnensystematik auf; das SGB I und das SGB X enthalten zwar allgemeine Regelungen für alle weiteren Bücher, das SGB IV enthält generelle Regelungen für die Sozialversicherungszweige und die Arbeitslosenversicherung und die im I. Teil des SGB IX enthaltenen Regelungen haben generelle Bedeutung für die der Rehabilitation und Teilhabe behinderter Menschen gewidmeten Kapiteln in den weiteren Büchern bzw. den besonderen Teilen des SGB. An einer inhaltlichen Systematik fehlt es.

Während das Sozialrecht früher in die drei Bereiche Versicherung, Versorgung und Fürsorge eingeteilt wurde[5], ist es heute üblich geworden, die Materien des Sozialgesetzbuchs aus vier Säulen bestehend zu begreifen, die sich systematisch wie folgt darstellen:

---

5 So noch Witterstätter, Soziale Sicherung, S. 19 f.

Teil 3: Recht in Sozialen Berufen

Recht der sozialen Gerechtigkeit und der sozialen Sicherheit nach dem Sozialgesetzbuch

Soziale Vorsorgesysteme	Soziale Förderungssysteme	Soziale Hilfesysteme	Soziale Entschädigungssysteme
– Rentenversicherung – SGB VI – Krankenversicherung – SGB V – Unfallversicherung – SGB VII – Pflegeversicherung – SGB XI – Arbeitslosenversicherung – SGB III	– Kinder- und Jugendförderung – Arbeitsförderung – Bildungsförderung – Familienförderung[6] – Wohnungsförderung – Rehabilitation u. Teilhabe behinderter Menschen	– Grundsicherung für Arbeitsuchende nach dem SGB II[7] – Sozialhilfe nach dem SGB XII – Der Kinderzuschlag nach § 6a BKGG – Unterhaltsvorschussgesetz[8] – Asylbewerberleistungsgesetz[9]	– Kriegsopferfürsorge – BVG – Soldatenversorgung und Zivildienstversorgung – Opferentschädigung nach OEG – Infektionsschutzgesetz – DDR-Unrechtsopferentschädigung

14.2 Soziale Vorsorgesysteme

In diesem Bereich geht es um die Realisierung der sozialen Rechte aus § 4 und § 3 Abs. 2 Nr. 4 SGB I.

Der Grund für Leistungen dieser Systeme ist der Eintritt typischer sozialer Risiken wie Krankheit, Arbeitsunfall, Verlust des Arbeitsplatzes, Alter, Invalidität, Pflegebedürftigkeit; hierzu zählen die vier Zweige der Sozialversicherung: gesetzliche Kranken-, Unfall-, Rentenversicherung und die soziale Pflegeversicherung – geregelt im SGB V, VI, VII und XI – sowie die Arbeitslosenversicherung – geregelt im

---

6 Seit dem 1.1.1996 handelt es sich bei dem Kindergeld – bis auf die Ausnahmen, die vom nach wie vor existierenden Bundeskindergeldgesetz – BKGG – erfasst werden, nicht mehr um eine Sozialleistung nach dem SGB; für der Einkommenssteuerpflicht unbeschränkt unterliegende Personen ist das Kindergeld inzwischen eine steuerliche Leistung nach Einkommenssteuergesetz geworden; danach dient das Kindergeld der steuerlichen Freistellung eines Einkommensbetrages in Höhe des Existenzminimums eines Kindes – § 31 Abs. 1 Satz 1 EStG. Soweit das Kindergeld dafür nicht erforderlich ist, z. B. wenn das Einkommen aus nicht der Steuerpflicht unterliegendem Sozialeinkommen besteht, dient das Kindergeld der Förderung der Familie – § 31 Abs. 1 Satz 2 EStG.
7 Enthält zusammen mit der neuen Sozialhilfe nach dem SGB XII und dem Kinderzuschlag das neue, seit dem 1.1.2005 maßgebende System der Leistungen zur Sicherung des Lebensunterhalts.
8 Der Unterhaltsvorschuss ergänzt oder ersetzt den Unterhalt, den der unterhaltsverpflichtete Elternteil nicht zahlen kann oder will – Anspruch auf die Leistung hat das Kind, nicht der Elternteil, bei dem das Kind lebt – daher hat die Leistung existenzsichernde Funktion für das Kind und nicht unterstützende Funktion für die Restfamilie.
9 Gehört formal nicht zum SGB, sondern zum Ausländerrecht, hat aber ausschließlich Existenz sichernde Funktion wie die Hilfe zum Lebensunterhalt nach dem Sozialhilferecht.

achten Abschnitt des SGB III: Entgeltersatzleistungen. Es handelt sich um typische und damit vorhersehbare Risiken, für die überwiegend geplant d. h. durch gesetzlich geregelte Pflichtmitgliedschaft Vorsorge getroffen wird.

Die Leistungen sind prinzipiell gegenleistungsabhängig und werden aus den eingezahlten Beiträgen finanziert, die Arbeitnehmer und Arbeitgeber aufzubringen haben. Leistungsträger sind von Ausnahmen abgesehen selbstständige Körperschaften des öffentlichen Rechts mit dem Recht auf Selbstverwaltung.[10]

14.2.1 Gesetzliche Rentenversicherung

Als **Rentenversicherungsträger** fungieren in der allgemeinen Rentenversicherung die Regionalträger, die Deutsche Rentenversicherung Bund und die Deutschen Rentenversicherung Knappschaft-Bahn-See, in der knappschaftlichen Versicherung die Deutsche Rentenversicherung Knappschaft-Bahn-See und in der Alterssicherung der Landwirte die landwirtschaftlichen Alterskassen.

In diesem System geht es zunächst um Maßnahmen zur Erhaltung und Verbesserung der Erwerbsfähigkeit durch **Finanzierung medizinischer und beruflicher Rehabilitationsleistungen:**

Dieser in den §§ 9-32 SGB VI geregelte Bereich gehört systematisch zum Recht auf Rehabilitation und Teilhabe des SGB IX – die versicherungsrechtlichen Voraussetzungen für solche Teilhabeleistungen sind recht hoch: es muss eine Wartezeit von 15 Jahren[11] erfüllt sein (oder bereits eine Rente wegen verminderter Erwerbsfähigkeit bezogen werden), § 11 Abs. 1 SGB VI.[12] Daher fallen vor allem jüngere Beschäftigte aus dem Anwendungsbereich heraus.

Weiter geht es um finanzielle Absicherung, wenn eine Wiederherstellung der Erwerbsfähigkeit nicht mehr möglich ist – durch Leistung von **Erwerbsunfähigkeitsrenten:** die Berufsunfähigkeitsrente alter Art ist abgeschafft[13] und durch gestufte Erwerbsunfähigkeit ersetzt worden: volle Erwerbsminderung liegt vor, wenn jemand infolge Krankheit oder Behinderung auf nicht absehbare Zeit nicht imstande ist, unter den üblichen Bedingungen des allgemeinen Arbeitsmarkts mindestens drei Stunden täglich erwerbstätig zu sein – teilweise Erwerbsminderung liegt vor, wenn das Leistungsvermögen für drei Stunden und mehr täglich ausreicht, aber keine 6 Stunden mehr gearbeitet werden kann – ab einem Leistungsvermögen von 6 Stunden aufwärts liegt keine Erwerbsminderung vor.

---

10 Siehe dazu §§ 29 bis 66 SGB IV, §§ 367 bis 393 SGB III und Kapitel 17.
11 Siehe Fußnote 12.
12 Für Leistungen zur medizinischen Rehabilitation werden in § 11 Abs. 2 SGB VI leichtere Zugangsvoraussetzungen ermöglicht.
13 Für Personen, die vor dem 2. 1. 1961 geboren sind, gelten bei teilweiser Erwerbsminderung die Maßstäbe der früheren Berufsunfähigkeit – siehe § 240 SGB VI.

Entsprechend sieht das Gesetz Renten wegen voller Erwerbsminderung und Renten wegen teilweiser Erwerbsminderung vor – siehe § 43 SGB VI.

Sodann geht es um die finanzielle Absicherung im Falle des Alters durch verschiedene Formen von **Altersrente,** für die unterschiedlich lange Wartezeiten[14] erforderlich sind – §§ 35-40 SGB VI; die wichtigsten Rentenarten sind:

die Regelaltersrente ab Erreichen des 65. Lebensjahres – Wartezeit 5 Jahre

- die Altersrente ab Vollendung des 62. Lebensjahres, wenn eine Wartezeit von 35 Jahren erfüllt ist,
- die Altersrente für schwerbehinderte Menschen, die das 63. Lebensjahr erreicht haben und die Wartezeit von 35 Jahren erfüllt haben; hier ist auch die vorzeitige Inanspruchnahme der Rente ab Vollendung des 60. Lebensjahres möglich,
- Altersrente für langjährig unter Tage beschäftigte Bergleute, die das 60. Lebensjahr vollendet und die Wartezeit von 25 Jahren erfüllt haben.

Die Inanspruchnahme von Renten vor Erreichen des 65. Lebensjahres führt zu Versorgungsabschlägen.

Letztendlich geht es um die finanzielle Absicherung von Angehörigen (Witwen/Witwer und Waisen) im Falle des Todes der versicherten Person. **Renten wegen Todes** werden geleistet als Witwenrente oder Witwerrente, Erziehungsrente und Waisenrenten – §§ 46-48 SGB VI.[15]

Angesichts der Altersstruktur der Bevölkerung und des Rückgangs der Erwerbsarbeit steht die gesetzliche Rentenversicherung vor erheblichen Finanzierungsproblemen. Der Gesetzgeber versucht, Beitragsstabilität vor allem durch Leistungsabbau – Absenken des Rentennettoniveaus –, Erhöhung des Renteneintrittsalters auf 67 Jahre zu erreichen, flankiert von einer freiwilligen, privaten – staatlich geförderten – zusätzlichen Altersversorgung – der sog. Riester-Rente.

14.2.2 Gesetzliche Krankenversicherung

Als Träger der **Krankenversicherung** fungieren die Ortskrankenkassen (AOK), die Betriebskrankenkassen (BKK), die Innungskrankenkassen (IKK), die See-Krankenkasse, die landwirtschaftlichen Krankenkassen, die Bundesknappschaft und die Ersatzkassen (Barmer Ersatzkasse – BEK, Techniker Krankenkasse – TKK und weitere) – §§ 143 bis 171 SGB V.

---

14 Zur Erfüllung der Wartezeiten dienen vor allem Beitragszeiten, aber auch Ersatzzeiten (§ 250 SGB VI) und ggfs. Anrechnungszeiten (§ 252 SGB VI) und Versorgungsausgleich – siehe § 50-53 SGB VI und bei Pelikan, Rentenversicherung, Kap. 17 bis 19.

15 Zur Umstellung des Fälligkeitszeitpunktes bei Renten siehe im Anhang 4 unter 6 b); angesichts der ungünstigen Altersentwicklung und wirtschaftlicher Schwächen ist mit weiteren Veränderungen im Rentenrecht zu rechnen z. B. Anhebung des Regeleintrittsalters, Absenkung von Witwenrenten, Absenkung des Rentenniveaus.

Eine Besonderheit dieses Versicherungszweiges ist die in § 10 SGB V geregelte beitragsfreie Familienversicherung für Ehepartner, Lebenspartner und Kinder von Mitgliedern.[16]

Dass die Krankenversicherung das Risiko Krankheit absichert, ist eine Selbstverständlichkeit. Nach § 11 SGB V haben Versicherte Anspruch auf Leistungen:

- zur Verhütung von Krankheiten und deren Verschlimmerung sowie zur Empfängnisverhütung, bei Sterilisation und bei Schwangerschaftsabbruch,
- zur Früherkennung von Krankheiten,
- zur Behandlung einer Krankheit,
- des Persönlichen Budgets.

Bei den Leistungen zur Früherkennung ist der Anspruch auf Untersuchung von Kindern nach § 26 SGB V hervorzuheben, bei denen bis zum 6. Lebensjahr insgesamt 9 Untersuchungsschritte vorgesehen sind. Die Krankenbehandlung umfasst (§§ 27-43 a SGB V):

- ärztliche Behandlung einschließlich Psychotherapie als ärztliche und psychotherapeutische Behandlung,
- zahnärztliche Behandlung einschließlich der Versorgung mit Zahnersatz,
- Versorgung mit Arznei-, Verbands-, Heil- und Hilfsmittel,
- Häusliche Krankenpflege und Haushaltshilfe,
- Soziotherapie,
- Krankenhausbehandlung,
- Leistungen zur medizinischen Rehabilitation und ergänzende Leistungen,
- nicht ärztliche sozialpädiatrische Leistungen für Kinder.

Die Soziotherapie ist im Zuge des SGB IX als neue Leistung in das SGB V aufgenommen worden. Seit dem 1. 4. 2002 besteht unter bestimmten Voraussetzungen ein Anspruch gegenüber der Krankenkasse auf Zuschuss bei stationärer oder teilstationärer Versorgung in Hospizen.

§ 44 SGB V regelt den Anspruch auf Krankengeld für Versicherte, die wegen der Krankheit arbeitsunfähig sind oder die auf Kosten der Krankenkasse stationär in einem Krankenhaus, einer Vorsorge- oder Rehabilitationseinrichtung behandelt werden.[17]

Bei einer Reihe von Leistungen z. B. den Arznei-, Verband- und Heilmitteln und bei stationären Aufenthalten muss der Versicherte, der das 18. Lebensjahr vollendet hat, Zuzahlungen leisten; die früher vorgesehen Befreiung von diesen Zuzahlungen bei geringem Einkommen bzw. Bezug von Hilfe zum Lebensunterhalt, Arbeitslosenhilfe oder Ausbildungsförderung ist seit dem 1. 1. 2004 abgeschafft. Eine Befreiung von weiterer Zuzahlung erfolgt, wenn die sog. Belastungsgrenze erreicht

---

16 Ohne Anspruch auf Krankengeld.
17 Für die ersten 6 Wochen der krankheitsbedingten Arbeitsunfähigkeit besteht nach dem Entgeltfortzahlungsgesetz ein Anspruch auf Fortzahlung der Arbeitsvergütung gegenüber dem Arbeitgeber.

wird. Diese beträgt 2 % der jährlichen Bruttoeinnahmen zum Lebensunterhalt, bei chronisch Kranken 1 % (§ 62 ASGB V).

Angesichts der steigenden Kosten im Gesundheitswesen, gegen die bislang noch kein Mittel gefunden wurde, steht die gesetzliche Krankenversicherung vor einer grundlegenden Strukturreform, die derzeit im politischen Prozess der Partner der jetzigen Regierungskoalition ausgehandelt wird, wobei das neue Kompromissmodell der Finanzierung der Krankheitskosten über einen sog. Gesundheitsfonds die größten Durchsetzungschancen hat.

14.2.3 Soziale Pflegeversicherung

Die Träger der **Pflegeversicherung** sind die bei den Krankenkassen errichteten Pflegekassen, § 46 SGB XI.

Die Pflegeversicherung deckt das Risiko Pflegebedürftigkeit ab – es gilt für sie der Grundsatz »Pflegeversicherung folgt Krankenversicherung« und zwar folgt sie nicht nur der gesetzlichen Krankenversicherung, sondern auch der privaten Krankenversicherung. Das ist ein Novum im Bereich der Sozialversicherung und führt zur nahezu flächendeckenden Absicherung des Risikos Pflegebedürftigkeit im Rahmen und mit den Mitteln des SGB XI.

Es müssen **versicherungsrechtliche** und **persönliche** Voraussetzungen erfüllt sein, um Leistungen in Anspruch nehmen zu können. Als versicherungsrechtliche Voraussetzung muss eine Mitgliedschaft oder Familienversicherung von mindestens 5 Jahren in den letzten 10 Jahren vorliegen – § 33 Abs. 1 SGB XI – als persönliche Voraussetzung muss **Pflegebedürftigkeit** im Sinne von §§ 14, 15 SGB XI gegeben sein, d. h. der vom Gesetzgeber festgelegte Hilfebedarf für eine Einstufung in die drei möglichen Pflegestufen:

- erhebliche Pflegebedürftigkeit,
- Schwerpflegebedürftigkeit und
- Schwerstpflegebedürftigkeit.

Ob dies der Fall ist, wird durch ein Gutachten des Medizinischen Dienstes des Krankenkassen (MDK) festgestellt.

Es gilt der Vorrang der häuslichen Pflege – § 3 SGB IX – mit der Wahl zwischen Pflegesachleistung d. h. Inanspruchnahme von Leistungen ambulanter Pflegedienste oder Pflegegeld für selbst beschaffte Pflegekräfte.

Durch das In-Kraft-Treten der sog. zweiten Stufe der Pflegeversicherung, nämlich die Leistungen der stationären Pflege am 1.7.1996, sind die Kassen der Sozialämter in erheblichem Umfang entlastet worden.[18] Da aber die Kosten für Unterkunft und Verpflegung bei der stationären Pflege nicht von den Pflegekassen übernommen werden müssen, bleibt ein Teil der früheren finanziellen Belastung der

---

18 Statistisches Jahrbuch 1999 S. 465 Tabelle 19.14.

14. Sozialrecht

Sozialämter erhalten, denn eigenes Einkommen reicht regelmäßig zur Finanzierung nicht aus. Im Übrigen muss auch die Ergänzungsfunktion der Sozialhilfe mit der Hilfe zur Pflege nach den §§ 61 ff. SGB XII eingreifen, wenn zwar Pflegebedürftigkeit vorliegt, aber die Stufe der Erheblichkeit nach dem SGB XI nicht erreicht wird oder aus anderen Gründen die Leistungen des SGB XI nicht bedarfsdeckend sind. Daran wird deutlich, dass es sich bei den Leistungen der Pflegeversicherung um Versicherungsleistungen handelt, die nur bei Eintritt des Versicherungsfalls – der Pflegebedürftigkeit im Sinne des Gesetzes – in Betracht kommen und die der Höhe nach begrenzt sind.

Die nachfolgende Tabelle gibt einen Überblick über Art und Höhe der Leistungen:

---

1. bei der häuslichen Pflege
    a) Häusliche Pflegehilfe, sog. Pflegesachleistung, bei der die Grundpflege u. die hauswirtschaftliche Versorgung durch einen ambulanten Pflegedienst erbracht wird

    Pflegeeinsätze je Kalendermonat bis zum Gesamtwert von bis zu
    – in Pflegestufe I   384 Euro
    – in Pflegestufe II   921 Euro
    – in Pflegestufe III 1.432 Euro

    oder

    b) Pflegegeld – zur Bezahlung der Grundpflege und der hauswirtschaftlichen Versorgung durch selbst beschaffte Pflegekräfte

    Pflegegeld je Kalendermonat von:
    – in Pflegestufe I   205 Euro
    – in Pflegestufe II   410 Euro
    – in Pflegestufe III   665 Euro

Zwischen Pflegesachleistung und Pflegegeld besteht ein Wahlrecht; die Kombination von beidem ist möglich, § 38 SGB XI.

2. bei der vollstationären Pflege – in vollstationären Einrichtungen –, wenn häusliche oder teilstationäre Pflege nicht möglich ist oder wegen der Besonderheit des Einzelfalls nicht in Betracht kommt.
Wie bereits erwähnt, werden nur die pflegebedingten Aufwendungen – also nicht die Unterbringungs- und Verpflegungskosten – übernommen, und zwar pflegestufenunabhängig im Normalfall bis max. zu dem Gesamtbetrag von 1.432 Euro im Monat; darin sind auch die Kosten für soziale Betreuung und – bis zum 30. 6. 2007 – die Kosten für die medizinische Behandlungspflege enthalten.
Abweichend davon übernimmt die Pflegekasse – bis 30. 6. 2007 befristet – die vorstehenden Aufwendungen

- für Pflegebedürftige der Pflegestufe I   in Höhe von 1.023 Euro
- für Pflegebedürftige der Pflegestufe II   in Höhe von 1.279 Euro
- für Pflegebedürftige der Pflegestufe III   in Höhe von 1.432 Euro.

3. Daneben sieht § 41 teilstationäre Pflege (Tagespflege und Nachtpflege) mit einem Leistungsumfang wie unter 1 a) vor und § 42 Kurzzeitpflege (stationär) bis maximal 4 Wochen pro Kalenderjahr und einem Maximum von 1.432 Euro

Das SGB XI ist seit seinem In-Kraft-Treten schon mehrfach geändert worden; bei den zum 1. 1. 2002 in Kraft getretenen Änderungen geht es dem Gesetzgeber einerseits durch das Pflegequalitätssicherungsgesetz darum, die Qualität der Pflege zu sichern und andererseits durch das Pflegeleistungsergänzungsgesetz darum, zusätzliche Leistungen für Pflegebedürftige mit erheblichem allgemeinen Betreuungsbedarf – insbesondere demenzbedingt – durch Ergänzung des Gesetzes um §§ 45 a bis 45 c einzuführen.

14.2.4 Gesetzliche Unfallversicherung

Die gesetzliche Unfallversicherung gehört zu den drei klassischen Säulen der Sozialversicherung. Träger der gesetzlichen Unfallversicherung für den gewerblichen und landwirtschaftlichen Bereich sind die gewerblichen und landwirtschaftlichen Berufsgenossenschaften (§§ 114 Abs. 1 Nr. 1 u. 2 SGB VII); für die übrigen Arbeitgeber, insbesondere die des öffentlichen Dienstes, sind weitere Unfallversicherungsträger maßgeblich, etwa die Gemeindeunfallversicherungsverbände (§ 114 Abs. 1 Nr. 3-9 SGB VII).

Es handelt sich um einen Versicherungszweig, der – historisch gesehen – bei den Risiken seinen Ausgangspunkt genommen hat, denen ein abhängig beschäftigter Arbeitnehmer im Betrieb ausgesetzt ist: das Risiko **Arbeitsunfall** und das Risiko **Berufskrankheit**.

Der entscheidende Vorteil dieses Systems liegt darin, dass es für den Anspruch auf Leistungen auf die Ursache des Arbeitsunfalls nicht ankommt, insbesondere nicht auf die Frage, ob der Unfall durch ein Verhalten des Arbeitgebers oder das Verhalten eines Arbeitskollegen verschuldet wurde. Die Ansprüche, die sich aus einem Arbeitsunfall oder einer Berufskrankheit ergeben können, richten sich daher auch nicht gegen Arbeitgeber oder andere im Betrieb tätige Personen, sondern unter prinzipieller Freistellung derselben von der Haftung (vgl. §§ 104 ff. SGB VII) gegen eigene Leistungsträger, die Träger der Unfallversicherung; damit ist sicher gestellt, dass anspruchsberechtigte Arbeitnehmer nicht den Risiken ausgesetzt sind, die mit einem Anspruch gegen den Arbeitgeber oder Arbeitskollegen verbunden wären.

Der **Arbeitsunfall** ist zunächst der Unfall, der im Betrieb oder auf dem Betriebsgelände passiert; zum Arbeitsunfall gehört aber auch der sog. Wegeunfall, der Unfall, der auf dem Weg von zu Hause zur Arbeit bzw. umgekehrt geschieht. Dabei steht grundsätzlich nur der direkte Weg unter Versicherungsschutz; § 8 Abs. 2 SGB VII sieht davon Ausnahmen vor, etwa, wenn Kinder auf dem Weg zur Arbeit zum Kindergarten gebracht werden oder wenn es um Fahrgemeinschaften von Arbeitskollegen geht. Zur Frage, ob und unter welchen Voraussetzungen bei sonstigen Umwegen, Abwegen oder Unterbrechungen des Weges noch Versicherungsschutz besteht, hat sich eine umfangreiche Rechtsprechung des Bundessozialgerichts gebildet.

Berufskrankheiten sind solche Krankheiten, die nach den Erkenntnissen der medizinischen Wissenschaft durch betriebliche Einflüsse verursacht sind und denen daher die entsprechenden Betriebsangehörigen in erheblich größerem Maß als die übrige Bevölkerung ausgesetzt sind. Die anerkannten Berufskrankheiten sind in der Berufskrankheiten-Verordnung (BKVO) veröffentlicht.

Bei der gesetzlichen Unfallversicherung handelt es sich um eine Zwangsversicherung; Mitglied in dieser Versicherung sind alle Arbeitgeber der Privatwirtschaft und des öffentlichen Dienstes. D. h. versichert sind alle Arbeitnehmer einschließlich der zu ihrer Berufsausbildung Beschäftigten im gesamten Bundesgebiet, gleichgültig, bei welchem Arbeitgeber sie angestellt sind. Bestimmte Unternehmer und Gewerbetreibende sowie ihre Partner sind ebenfalls pflichtversichert oder können auf Antrag freiwillig versichert werden (§ 2 Abs. 1 Nr. 5-7, § 6 SGB VII). Nicht in diesem System sind sonstige frei beruflich Tätige wie Ärzte oder Anwälte sowie die Beamten versichert; für letztere besteht ein besonderer Anspruch auf Unfallfürsorge nach beamtenrechtlichen Vorschriften.

Bei der gesetzlichen Unfallversicherung handelt es sich um den einzigen Zweig der Sozialversicherung, bei dem die Arbeitgeber die Beiträge allein aufzubringen haben; das erklärt sich daraus, dass sie durch ihre Betriebe die Gefahrenquellen eröffnen, denen Arbeitnehmer ausgesetzt sein können. Die Höhe der Beiträge richtet sich nach bestimmten Gefahrtarifen und Gefahrklassen, die in der Satzung der Unfallversicherungsträger festgelegt sind (§§ 150 ff. SGB VII).

Im Laufe der Zeit sind weitere Personen, bei denen kein Arbeitsverhältnis besteht, in den Schutz der gesetzlichen Unfallversicherung einbezogen worden, weil der Gesetzgeber ein entsprechendes Schutzbedürfnis anerkannt hat – dazu gehört inzwischen die überwiegende Anzahl der in § 2 Abs. 1 SGB VII aufgezählten Personenkreise; als Beispiele seien genannt:

- Kinder während des Besuchs von Kindertagesstätten,
- Schüler während des Besuchs von allgemeinbildenden und berufsbildenden Schulen,
- Studierende während der Aus- und Fortbildung an Hochschulen,
- Personen, die bei Unglücksfällen Hilfe leisten,
- Pflegepersonen im Sinne des § 19 SGB XI (siehe zu diesem Stichwort).

Insoweit wird dieser Bereich der Unfallversicherung auch als »unechte« Unfallversicherung bezeichnet.[19]

Vorrangige Aufgabe der Unfallversicherungsträger ist es, mit allen geeigneten Mitteln für die Verhütung von Arbeitsunfällen, Berufskrankheiten und arbeitsbedingten Gesundheitsgefahren zu sorgen. Dies geschieht durch den Erlass von Unfallverhütungsvorschriften, durch Beratung der Unternehmer, durch Erteilung von Anordnungen ihnen gegenüber und durch Überwachung, ob die Maßnahmen zur Unfallverhütung in den Unternehmen durchgeführt werden (§§ 14 ff. SGB VII).

Tritt der Versicherungsfall ein, liegt also ein Arbeitsunfall oder eine Berufskrankheit vor, ist der zuständige Unfallversicherungsträger Kostenträger für alle Leistungen, die das SGB VII vorsieht; dabei geht es um

---

19 Vgl. z. B. Eichenhofer a. a. O. S. 225 Rdnr. 419.

- Heilbehandlung – dazu gehören: Erstversorgung, ärztliche Behandlung, zahnärztliche Behandlung, Versorgung mit Arznei-, Verband-, Heil- und Hilfsmitteln, häusliche Krankenpflege, Behandlung in Krankenhäusern und Rehabilitationseinrichtungen, Leistungen zur medizinischen Rehabilitation – §§ 27 ff. SGB VII,
- Leistungen zur Teilhabe am Arbeitsleben nach den §§ 33-38 SGB IX sowie in Werkstätten für behinderte Menschen nach §§ 40, 41 SGB IX – §§ 35 SGB VII,
- Leistungen zur Teilhabe am Leben in der Gemeinschaft – dazu gehören Kraftfahrzeughilfe, Wohnungshilfe, Haushaltshilfe und Kinderbetreuungskosten – §§ 39 ff. SGB VII,
- Leistungen bei Pflegebedürftigkeit – sie bestehen in der Zahlung von Pflegegeld, Stellung einer Pflegekraft oder Gewährung von Heimpflege – § 44 SGB VII,
- Geldleistungen während der Heilbehandlung und der Leistungen zur Teilhabe am Arbeitsleben – hier geht es um das sog. Verletztengeld und das Übergangsgeld – §§ 45 ff. SGB VII,
- Renten: wegen infolge von Arbeitsunfall oder Berufskrankheit geminderter Erwerbsfähigkeit, wenn die Minderung mindestens 20 % beträgt, an Hinterbliebene in Form der Witwen- bzw. Witwerrente und Halb- oder Vollwaisenrente – §§ 56 ff. SGB VII.

Entschädigungen für Sachschäden sind, abgesehen von den in § 13 SGB VII geregelten Sonderfällen, ebenso wenig vorgesehen wie Ersatz für immaterielle Schäden, Schmerzensgeld gibt es also nicht.

Die Leistungen der gesetzlichen Unfallversicherung sind jedoch im Unterschied zu fast allen übrigen Sozialleistungen nicht antragsabhängig, sondern müssen vom zuständigen Unfallversicherungsträger von Amts wegen erbracht werden, wenn diesem der Versicherungsfall bekannt wird und gesetzlichen Voraussetzungen für die jeweilige Leistung vorliegen.

14.2.5 Arbeitslosenversicherung

Träger der **Arbeitslosenversicherung** ist die Bundesagentur für Arbeit mit den ihr nachgeordneten Dienststellen, den Regionaldirektionen und den Agenturen für Arbeit.[20] Es geht hier um Lohnersatzleistungen bei Eintritt von Arbeitslosigkeit und ähnlichen Risiken in Form von Arbeitslosengeld, Kurzarbeitergeld, Insolvenzgeld.

Voraussetzung für einen Anspruch auf **Arbeitslosengeld** ist die Arbeitslosigkeit, die durch Beschäftigungslosigkeit und Beschäftigungssuche gekennzeichnet ist, die Arbeitslosmeldung und die Erfüllung der sog. Anwartschaftszeit. Die Ausübung einer weniger als 15 Stunden wöchentlich umfassenden Beschäftigung schließt die Beschäftigungslosigkeit nicht aus, während die Beschäftigungssuche auf eine versicherungspflichtige, d. h. mindestens 15 Stunden in der Woche um-

---

20 Durch das Dritte Gesetz für moderne Dienstleistungen am Arbeitsmarkt ist die Bundesanstalt für Arbeit mit Wirkung ab 1.1.2004 umbenannt worden – siehe dazu auch im Anhang 3 unter 2 c).

fassende Beschäftigung gerichtet sein muss. Die Anwartschaftszeit ist erfüllt, wenn der Arbeitslose in dem zurückliegenden Zeitraum von 2 Jahren (Rahmenfrist) mindestens 12 Monate versicherungspflichtig gearbeitet hat, wobei sich dieser Zeitraum auch aus mehreren Arbeitsverhältnissen zusammensetzen kann. Diese Anwartschaftszeit führt zu der Mindestanspruchsdauer von 6 Monaten Arbeitslosengeld, die sich in Abhängigkeit von der Dauer vorhergehender versicherungspflichtiger Beschäftigung und vom Alter auf maximal 18 Monate erweitern kann[21] – siehe § 127 SGB II.[22] Im Einzelnen:

Die Dauer des Anspruchs auf Arbeitslosengeld beträgt		
nach Versicherungspflichtverhältnissen mit einer Dauer von insgesamt ....Monaten	und nach Vollendung des ......Lebensjahres	.....Monate
12		6
16		8
20		10
24		12
30	55.	15
36	55.	18

Die Höhe des Arbeitslosengeldes beträgt für Arbeitslose mit mindestens einem Kind im Sinne des EStG 67 %, für die übrigen Arbeitslosen 60 % des pauschalierten Nettoentgelts – des sog. Leistungsentgelts –, das sich aus dem Bruttoentgelt ergibt, das der Arbeitslose im Bemessungszeitraum erzielt hat. Durch diese in § 129 SGB III enthaltene Regelung[23], deutet sich die Kompliziertheit der Berechnungsmethode an – siehe §§ 130 bis 136 SGB III. Ist das Leistungsentgelt ermittelt, ergibt sich die Höhe des wöchentlichen Arbeitslosengeldes in Abhängigkeit von der Steuerklasse aus der jeweiligen Leistungstabelle, die von der Bundesanstalt für Arbeit jährlich neu erstellt wird.

Durch § 150 SGB III ist das Teilarbeitslosengeld eingeführt worden, das Fälle erfasst, in denen jemand zwei versicherungspflichtige Beschäftigungen nebeneinander ausübt und eine davon verliert.

---

21 Das setzt eine versicherungspflichtige Beschäftigung von 64 Monaten und die Vollendung des 57. Lebensjahres voraus.
22 § 127 SGB ist durch Art. 3 des Gesetzes zu Reformen am Arbeitsmarkt vom 24.12.2003 so geändert worden, dass der Höchstanspruch auf 12 Monate begrenzt wird und sich nur ab dem 55. Lebensjahr nach einer Vorbeschäftigungszeit von 30 bzw. 36 Monaten auf 15 bzw. 18 Monate verlängert – siehe dazu im Anhang 3 unter 3 c).
23 Die, was das Kind angeht, vereinfacht dargestellt wurde.

Die **Arbeitslosenhilfe,** die sich bei Vorliegen von Bedürftigkeit an den Bezug von Arbeitslosengeld anschloss, ist mit Wirkung zum 1.1.2005 abgeschafft; für erwerbsfähige Hilfebedürftige und ihre Angehörigen ist seitdem an seine Stelle das Arbeitslosengeld II und das Sozialgeld nach dem SGB II – Grundsicherung für Arbeitssuchende – getreten. Siehe im Einzelnen in diesem Kapitel unter 14.4.1.

Mit Wirkung zum 1.1.2005 ist das **Unterhaltsgeld** abgeschafft worden, und zwar auf Grund des Dritten Gesetzes über moderne Dienstleistungen am Arbeitsmarkt. Seit dem besteht für Teilnehmer an von der Agentur für Arbeit geförderten Maßnahmen der beruflichen Weiterbildung unter den Voraussetzungen der §§ 117 (neu gefasst) und 124 a (neu) SBG III ein Anspruch auf Arbeitslosengeld.

Kurzarbeitergeld ist eine Sozialleistung, die in der Zahlung von Verdienstausfall durch das Arbeitsamt an die betroffenen Arbeitnehmer besteht, wenn in einem Betrieb nach vorher erfolgter Anzeige beim Arbeitsamt und entsprechender Feststellung durch das Amt, die Arbeitnehmer aus wirtschaftlichen Gründen nicht mehr voll beschäftigt werden können. Die Leistung setzt voraus, dass der Arbeitsausfall vorübergehend ist und soll so ansonsten mögliche betriebsbedingte Kündigungen von Arbeitgebern vermeiden. Zu den Einzelheiten siehe §§169 ff. SGB III.

Arbeitnehmer haben Anspruch auf sog. **Insolvenzgeld** vom Arbeitsamt, wenn sie bei Eröffnung des Insolvenzverfahrens über das Vermögen ihres Arbeitgebers[24] für die vorausgehenden drei Monate des Arbeitsverhältnisses noch Ansprüche auf Arbeitsentgelt haben, die nicht vom Arbeitgeber bedient worden sind – zu den Einzelheiten siehe §§ 183 ff. SGB III.

Den Vorsorgesystemen liegt das **Solidarprinzip** zugrunde: alle Mitglieder des jeweiligen Solidarverbandes zahlen entsprechend ihrer Leistungsfähigkeit Beiträge ein und finanzieren so die Leistungen, die für das Mitglied im Versicherungsfall zu zahlen sind. Aufgrund der ungünstigen Altersstruktur der Bevölkerung führt das zu den bekannten Problemen in der Rentenversicherung und der Krankenversicherung.

Die Vorsorgesysteme sind **Versicherungssysteme;** daraus ergibt sich, dass der Anspruch auf Leistungen, wenn das versicherte Risiko eintritt, unabhängig von der finanziellen Situation des Anspruchsberechtigten besteht.[25] Andererseits richtet sich die Höhe von Geldleistungen – beispielsweise die Höhe von Renten – nicht nach dem individuellen Bedarf – diese Leistungen folgen vielmehr dem Äquivalenzprinzip, ihre Höhe richtet sich nach der Höhe der eingezahlten Beiträge, ggfs. kann auch die Dauer der Beitragszahlung maßgeblich sein – während die Sachleistungen und Dienstleistungen regelmäßig am Bedarfsprinzip ausgerichtet sind, also die individuelle Bedarfssituation im Auge haben.[26]

---

24 Die alternativen Voraussetzungen ergeben sich aus § 183 Abs. 1 Nr. 2 und 3 SGB III.
25 Beim Arbeitslosengeld wird Nebenverdienst aus einer neben dem Leistungsbezug zulässigen Erwerbstätigkeit angerechnet, § 141 SGB III.
26 Für die Pflegeversicherung gilt das aber nur eingeschränkt, da hier die Pflegesachleistungen nach oben begrenzt, also »gedeckelt« sind.

In den Vorsorgesystemen steht die Verwirklichung sozialer Sicherheit im Sinne von § 1 SGB I im Vordergrund.

14.3 Soziale Fördersysteme

Die Leistungen in diesen Systemen erfolgen zur Verwirklichung sozialer Chancengleichheit und Chancengerechtigkeit, für die Vorsorge nicht möglich oder nicht zumutbar ist. In diesem Bereich geht es um die Realisierung der sozialen Rechte aus den §§ 3 Abs. 1, § 3 Abs. 2 Nr. 1–3, 8, 6, 7, 10 SGB I, die vorrangig der Verwirklichung sozialer Gerechtigkeit im Sinne des § 1 SGB I verpflichtet sind. Die Leistungen werden überwiegend aus Steuermitteln finanziert und sind zum Teil einkommens- und vermögensabhängig. Hierzu zählen:

14.3.1 Arbeitsförderung (Afö)

Hierbei geht es um die übrigen Leistungsbereiche des SGB III.

Das SGB III und sein Vorläufergesetz, das Arbeitsförderungsgesetz (AFG) sind soziale Leistungsgesetze, die im Vergleich zu anderen sozialen Leistungsbereichen am häufigsten, sozusagen ständig Veränderungen unterzogen worden sind, zuletzt durch die verschiedenen Gesetze für moderne Dienstleistungen am Arbeitsmarkt (Hartz-Reformen), die Ende 2003 für das SGB III einen Höhepunkt, nicht jedoch ihren Abschluss gefunden haben. Dies ist der Ausdruck davon, dass der Gesetzgeber versucht, auf strukturelle Veränderungen in der wirtschaftlichen Entwicklung und Arbeitswelt zu reagieren. Das führt dazu, dass immer größeres Gewicht auf die Schaffung und Ausgestaltung von Instrumenten der sog. aktiven Arbeitsförderung gelegt wurde, also auf Wege, Arbeitsplätze zu erhalten, Arbeitslosigkeit zu vermeiden und zu verkürzen, anstatt Arbeitslosigkeit durch Zahlung von Arbeitslosengeld zu finanzieren.

Der Träger der Arbeitsförderung ist umbenannt in »Bundesagentur für Arbeit« mit der Zentrale in Nürnberg und den Regionaldirektionen auf der mittleren und den Agenturen für Arbeit auf der örtlichen Verwaltungsebene. Bei der Bundesagentur für Arbeit handelt es sich um eine bundes-unmittelbare Körperschaft des öffentlichen Rechts mit dem Recht auf Selbstverwaltung.

Das Ziel der Afö wird § 1 Satz 1 und 2 SGB III wie folgt formuliert: »Die Leistungen der Arbeitsförderung sollen dazu beitragen, dass ein hoher Beschäftigungsstand erreicht und die Beschäftigungsstruktur ständig verbessert wird. Sie sind insbesondere darauf auszurichten, das Entstehen von Arbeitslosigkeit zu vermeiden oder die Dauer der Arbeitslosigkeit zu verkürzen«. Dabei enthalten §§ 4 und 5 SGB III den Vorrang von Vermittlung und den Vorrang der aktiven Arbeitsförderung vor den Leistungen zum Ersatz des Arbeitsentgelts bei Arbeitslosigkeit. Angesichts von knapp 5 Millionen arbeitslosen Menschen scheint dieses Ziel in weite Ferne gerückt.

Das Spektrum der in den Kapiteln 3 bis 6 des Gesetzes enthaltenen Leistungen ist wie folgt strukturiert:

Kapitel 3 enthält die Vorschriften über die Arbeitsberatung und die Arbeitsvermittlung – § 29 ff. SGB III.

Kapitel 4 enthält die Leistungen an **Arbeitnehmer**, wie

- Maßnahmen der Unterstützung, der Beratung und Vermittlung, z. B. durch Übernahme der Bewerbungskosten bis zu 260 Euro im Jahr – § 46 Abs. 1 SGB III,
- Maßnahmen der Verbesserung der Eingliederungsaussichten, z. B. Feststellung der Eignung oder Arbeitstrainingsmaßnahmen – §§ 48 ff. SGB III,
- Förderung der Aufnahme einer Beschäftigung, z. B. durch Leistungen für den Lebensunterhalt bis zur Zahlung des ersten Arbeitsentgelts, Leistungen für Arbeitskleidung und Arbeitsgerät – §§ 53 ff. SGB III,
- Förderung der Aufnahme einer selbständigen Beschäftigung durch Überbrückungsgeld – § 57 SGB III,
- Förderung der Berufsausbildung, z. B. durch Berufsausbildungsbeihilfe, Lehrgangskosten, Fahrtkosten – §§ 59 ff. SGB III,
- Förderung der beruflichen Weiterbildung, z. B. durch Zahlung von Lehrgangskosten, von Fahrtkosten und Lernmitteln – §§ 77 ff. SGB III,
- Förderung der Teilhabe behinderter Menschen am Arbeitsleben, z. B. durch Ausbildungsgeld, Übernahme von Lehrgangskosten – §§ 97 ff. SGB III,
- Entgeltersatzleistungen, siehe dazu weiter unten,
- Förderung der ganzjährigen Beschäftigung in der Bauwirtschaft, z. B. durch Winterausfallgeld bei witterungsbedingtem Arbeitsausfall in der Schlechtwetterzeit – §§ 209 ff. SGB III.

Kapitel 5 enthält die Leistungen an **Arbeitgeber,** wie

- Zahlung von Zuschüssen zum Arbeitsentgelt bei schwer vermittelbaren Arbeitnehmern – §§ 217 ff. SGB III,
- Zahlung von Zuschüssen zum Arbeitsentgelt bei Neugründungen – §§ 225 ff. SGB III,
- Zahlung von Zuschüssen für Ausbildungsvergütungen – §§ 235 ff. SGB III,
- Förderung der Teilhabe am Arbeitsleben durch Zahlung von Arbeitshilfen für behinderte Arbeitnehmer.

Kapitel 6 enthält die **institutionelle Förderung**, wie

- Förderung von Einrichtungen der beruflichen Aus- und Weiterbildung oder der beruflichen Rehabilitation zur Wiedereingliederung behinderter Menschen ins Arbeitsleben – §§ 240 ff. SGB III,
- Förderung von Arbeitsbeschaffungsmaßnahmen und Beschäftigung schaffenden Infrastrukturmaßnahmen – §§ 260 ff. SGB III.

Die Leistungen der Afö werden durch Beiträge der Versicherungspflichtigen, der Arbeitgeber und Dritter, Umlagen und Mitteln des Bundes finanziert. Versicherungspflichtig sind Arbeitnehmer, die sich in einem Arbeitsverhältnis befinden, das sie zu einer Arbeitsleistung von wöchentlich 15 Stunden oder mehr verpflichtet; der Beitragssatz beträgt z. Zt. 6,5 % des Bruttoarbeitsverdienstes – er wird zur Hälfte vom Arbeitgeber und zur anderen Hälfte vom Arbeitnehmer getragen. Der Beitragssatz wird mit Wirkung zum 1.1.2007 um 2 Prozentpunkte gesenkt.

14.3.2 Bildungsförderung

Die Leistungen zur Bildungsförderung haben ihre gesetzliche Grundlagen im Bundesausbildungsförderungsgesetz (BAföG) und im Aufstiegsfortbildungsförderungsgesetz (AFBG-»Meister-BAföG«).

Nach dem **Bundesausbildungsförderungsgesetz** BAföG besteht für eine der Neigung, Eignung und Leistung entsprechende Ausbildung ein Rechtsanspruch auf individuelle Förderung der Ausbildung, wenn dem Auszubildenden die für seinen Lebensunterhalt und seine Ausbildung erforderlichen Mittel anderweitig nicht zur Verfügung stehen – § 1 des Gesetzes. Die förderungsfähigen Ausbildungen, in § 2 Abs. 1 aufgelistet, gehen von allgemeinbildenden Schulen ab Klasse 10 über die meisten Formen der berufsbildenden Schulen bis hin zu Hochschulen. Die Schülerförderung, die im Wesentlichen Opfer einer gesetzlichen Sparmaßnahme aus dem Jahre 1982 geworden ist[27], wird zum Teil durch landesrechtliche Regelungen mit unterschiedlich hohem Leistungsniveau aufgefangen.[28]

Die Förderung ist abhängig vom Einkommen und Vermögen des Auszubildenden, vom Einkommen eines ggfs. vorhandenen Ehepartners und vom Einkommen der Eltern. Nach Maßgabe des § 11 Abs. 3 Nrn. 1 bis 4 BAföG bleibt das Einkommen der Eltern außer Betracht – elternunabhängiges BAföG – dabei geht es im Wesentlichen um Fallgestaltungen, bei denen die Eltern ihre Ausbildungsunterhaltspflicht erfüllt haben.

Durch das Ausbildungsförderungsreformgesetz vom 19. 3. 2001[29], durch das die Bedarfssätze und die Freibeträge für Eltern deutlich angehoben worden sind, sind die Leistungen des Gesetzes wieder einem größeren Kreis von Auszubildenden zugänglich.

Grundsätzlich wird nur eine Ausbildung bis zu deren berufsqualifizierenden Abschluss gefördert – Ausnahmen, in denen auch eine weitere Ausbildung gefördert wird, finden sich in § 7 Abs. 2 BAföG. Bei Studiengängen erfolgt die Förderung grundsätzlich nur bis zum Ende der gesetzlich in § 15 a festgelegten Förderungshöchstdauer. Bis auf die Förderung beim Besuch von Höheren Fachschulen, Akademien und Hochschulen handelt es sich um Zuschussförderung. Beim Besuch von höheren Fachschulen, Akademien und Hochschulen besteht die Förderung zu 50 % aus Zuschuss und zu 50 % aus einem zinslosen Darlehn, für dessen Einzug nach Beendigung der Ausbildung das Bundesverwaltungsamt zuständig ist. § 18 b BAföG und die Darlehnsverordnung sehen verschiedene Möglichkeiten für einen Teilerlass dieser auch als Staatsdarlehn bezeichneten Darlehnsschuld vor. In bestimmten, wenigen Fällen, die in § 17 Abs. 3 des Gesetzes geregelt sind, erfolgt die Förderung ausschließlich als Darlehn, und zwar als sofort verzinsliches Bankdarlehen, das von der Kreditanstalt für Wiederaufbau verwaltet und eingezogen wird – siehe §§ 18 c, 18 d BAföG.

---

27 Und zwar durch das Haushaltsbegleitgesetz 1983 vom 20. 12. 1982 – begründet wurde die Maß nahme damit, es sei grundsätzlich und originär Sache der Eltern, die allgemeine schulische Ausbildung bis zu ihrem Abschluss zu finanzieren.
28 Z. B. das Landesausbildungsförderungsgesetz von Berlin.
29 BGBl. I S. 390.

Ziel des **Aufstiegsfortbildungsförderungsgesetzes** ist es, Teilnehmerinnen und Teilnehmer an Maßnahmen der beruflichen Aufstiegsfortbildung durch Beiträge zu den Kosten der Maßnahme und zum Lebensunterhalt finanziell zu unterstützen. Fortbildungsziel ist die Meisterprüfung oder ein vergleichbarer Abschluss.

Die Förderung erfolgt für Maßnahmen in Vollzeitform für 24 Monate, für Maßnahmen in Teilzeitform für 48 Monate; die Lehrgangsgebühren und Prüfungsgebühren werden bis zu 10.226 Euro über ein Darlehn der Deutschen Ausgleichsbank gefördert. Für den Unterhaltsbedarf, der sich an der BAföG-Regelung orientiert, gilt mit Ausnahme der von den familiären Verhältnissen abhängigen Erhöhungsbeträgen, die, soweit sie 103 Euro übersteigen, als Zuschuss geleistet werden, dasselbe – §§ 12 Abs. 2, 10 Abs. 2 des Gesetzes.

14.3.3 Kinder- und Jugendhilfe

Das im SGB VIII geregelte Kinder- und Jugendhilferecht ist im vorhergehenden Kapitel 13 ausführlich dargestellt worden, so dass sich an dieser Stelle weitere Ausführungen erübrigen.

14.3.4 Familienförderung

Die **Familienförderung** ist ein Thema, das u. a. durch verschiedene Entscheidungen des BVerfG in Bewegung geraten und von eminenter sozialpolitischer Bedeutung ist. Wenn man sich auf die zum SGB gehörenden gesetzlichen Grundlagen beschränkt, geht es um das **Bundeskindergeldgesetz** (BKGG), für einen Übergangszeitraum noch um das **Bundeserziehungsgeldgesetz** (BErzGG) und sodann um das neue **Bundeselterngeld- und Elternzeitgesetz** (BEEG).

Das Bundeskindergeldgesetz, das nur noch für den aus seinem § 1 Abs. 1 ersichtlichen sehr eingeschränkten Personenkreis und nach § 1 Abs. 2 für in Deutschland lebende Vollwaisen, die nicht bei einer anderen Person als Kind zu berücksichtigen sind, gilt, stellt Kindergeld unter denselben Voraussetzungen, in derselben Höhe und für denselben Zeitraum zur Verfügung wie nach der Regelung im EStG.[30] Mit Wirkung ab 1.1.2005 ist durch Einfügung eines neuen § 6a in das BKGG ein Kinderzuschlag eingeführt worden, der dazu dienen soll, Hilfebedürftigkeit für Kinder, die ansonsten nach dem SGB II anspruchsberechtigt wären, zu vermeiden.[31]

Das Bundeserziehungsgeldgesetz wird durch das am 1. 1. 2007 in Kraft tretende Bundeselterngeld- und Elternzeitgesetz abgelöst. Das Bundeserziehungsgeldgesetz wird am 31. 12. 2007 außer Kraft treten. Beide Gesetze wollen durch Elternzeit und Erziehungsgeld bzw. Elterngeld die Versorgung, Betreuung und Erziehung von Kindern durch Eltern oder Elternteile in den ersten Lebensjahren erleichtern. Das

---

30 Siehe dazu in diesem Kap. Fn. 7.
31 Siehe dazu den Exkurs Kindeszuschlag in diesem Kapitel unter 14.4.3.

neue BEEG übernimmt in seinem zweiten, arbeitsrechtlichen Abschnitt nahezu unverändert die Regelungen des BErzGG über die Elternzeit, die von Arbeitnehmern und Arbeitnehmerinnen bis zur Vollendung des dritten Lebensjahres des Kindes genommen werden kann, und zwar von jedem Elternteil allein, auch anteilig, oder von beiden Elternteilen. Bei mehreren Kindern ist die Elternzeit auf drei Jahre pro Kind begrenzt. Die Inanspruchnahme der Elternzeit setzt also ein Arbeitsverhältnis voraus.

Auch der für den Bezug von Elterngeld anspruchsberechtigte Personenkreis ist nach dem BEEG nahezu identisch mit dem des BErzGG. Zu den Anspruchsvoraussetzungen gehört u.a., dass keine oder keine volle Erwerbstätigkeit ausgeübt wird. Dabei liegt keine volle Erwerbstätigkeit vor, wenn die wöchentliche Arbeitszeit 30 Stunden nicht übersteigt oder es sich um eine Beschäftigung zur Berufsbildung handelt, jetzt § 1 Abs. 6 BEEG.

Die maximale Dauer des Anspruchs auf Erziehungsgeld beträgt 24 Monate; das Erziehungsgeld beträgt der Höhe nach, wenn es für 24 Monate in Anspruch genommen wird, maximal 300 Euro im Monat (Regelbetrag), wenn es nur für 12 Monate beantragt wird, beträgt es maximal 450 Euro monatlich (Budget). Erziehungsgeld ist einkommensabhängig. Es kommt bei zusammen lebenden Eltern auf das gemeinschaftliche Einkommen an. Dabei ist für den Ausschluss bzw. die Minderung des Anspruchs in den ersten 6 Monaten eine fast doppelt so hohe Einkommensgrenze maßgeblich wie für den Folgezeitraum.

Das neue Elterngeld kann für die ersten 14 Lebensmonate eines Kindes bezogen werden. Das setzt voraus, dass bei einem Elternteil eine vor der Geburt ausgeübte Erwerbstätigkeit unterbrochen oder eingeschränkt wird – ansonsten besteht Anspruch grundsätzlich nur für die Dauer von 12 Monaten – § 4 BEEG. Die Berechtigten haben die Möglichkeit, den Auszahlungszeitraum auf bis zu 28 Monate zu verlängern, allerdings bei gleichzeitiger Halbierung des monatlich zustehenden Betrages – § 5 BEEG.

Die Berechtigten – im Regelfall die Eltern – bestimmen, für welchen zeitlichen Anteil der insgesamt zustehenden Bezugsdauer sie das Elterngeld in Anspruch nehmen wollen. Dabei richtet sich die Höhe des Elterngeldes nach dem individuell in den letzten 12 Monaten vor der Geburt des Kindes durchschnittlich erzielten monat-lichen Nettoeinkommens. Danach beträgt das Elterngeld 67 % dieses Einkommens bis maximal 1.800 Euro für volle Monate, in denen kein Einkommen erzielt wird – § 2 BEEG.

Lag das Einkommen vor der Geburt unter 1.000 Euro, erhöht sich der Prozentsatz von 67 % um 0.1 Prozentpunkte für je 2 Euro, um den das Einkommen den Betrag von 1.000 Euro unterschreitet, auf bis zu 100 %.[32] Wird die Arbeitszeit eingeschränkt und verringert sich dadurch das Einkommen im Vergleich zu dem vorher erzielten Verdienst, beläuft sich das Elterngeld auf 67 % bzw. den sich aus dem Vorsatz ergebenden Prozentsatz des Unterschiedsbetrages. Der Mindestbetrag des Elterngeldes beträgt 300 Euro – das trifft regelmäßig die Fälle, in denen zuvor kein Einkommen erzielt wurde.[33]

---

32 § 2 Abs. 2 BEEG.
33 § 2 Abs. 5 BEEG.

Das neue Elterngeld ist an dem Ziel ausgerichtet, einen Einkommensausfall zu kompensieren. Es begünstigt daher eher besser verdienende Schichten der Bevölkerung, während das Erziehungsgeld eher einkommensschwache Bevölkerungsteile begünstigte.

14.3.5 Wohnungsförderung

Wohnungsförderung erfolgt im Sozialgesetzbuch durch das Wohngeldgesetz (WoGG) – zur wirtschaftlichen Sicherung angemessenen und familiengerechten Wohnens wird Wohngeld als Miet- oder Lastenzuschuss zu den Aufwendungen für den Wohnraum geleistet.

Gesetzliche Grundlage für das Wohngeld ist das Wohngeldgesetz (WoGG) vom 14.12.1970, das seitdem mehrfach geändert wurde. Das Wohngeldgesetz gilt als besonderer Teil des Sozialgesetzbuchs (SGB) – siehe § 68 SGB I – und soll demnächst in ein Buch des Sozialgesetzbuches überführt werden. Für das Wohngeldrecht gelten daher die allgemeinen Bestimmungen des SGB I und des SGB X, hier vor allem die Vorschriften über das Verwaltungsverfahren und den Sozialdatenschutz. Zur Ausführung des Wohngeldgesetzes dient die Wohngeldverordnung und die »Allgemeine Verwaltungsvorschrift zur Durchführung des Wohngeldgesetzes 2001«.

Die Höhe des Wohngelds ist von drei Faktoren abhängig, und zwar:

a) der Miethöhe
b) der Anzahl der Familienmitglieder, die im Haushalt wohnen, und
c) dem Jahreseinkommen dieser Familienmitglieder, dem sog. Gesamteinkommen

zu a): zur Miete zählen neben der Kaltmiete auch die üblichen, auf den Mieter vertraglich abgewälzten Nebenkosten, nicht aber die Kosten für zentrale Heizungs- und Wasserversorgungsanlagen. Die Mietkosten werden nicht in beliebiger Höhe, sondern nur bis zu bestimmten Höchstgrenzen bezuschusst, die in § 8 WoGG festgelegt sind; dabei sind diese Höchstgrenzen in 6 Mietstufen eingeteilt, die aufgrund der durchschnittlichen Mieten im jeweiligen Wohngebiet ermittelt werden, so dass für jede Gemeinde bzw. jeden Landkreis eine bestimmte Mietstufe maßgeblich ist, innerhalb derer dann noch einmal nach Alter und Ausstattung der Wohnung unterschieden wird.

zu b): wer als Familienmitglied zählt, ist in § 4 WoGG definiert; dazu zählen neben Ehepartnern und Verwandten sowie Verschwägerten in gerader Linie auch Verwandte und Verschwägerte zweiten und dritten Grades in der Seitenlinie; Familienmitglieder zählen auch, wenn sie vorübergehend nicht im Haushalt leben.

zu c): steht fest, wer Familienmitglied ist und wie viele es sind, ist das Jahreseinkommen dieser Familienmitglieder zu ermitteln; zusammengerechnet ergibt sich das Gesamteinkommen. Das Gesetz bestimmt in § 10 die Einkommensarten, die zum Gesamteinkommen zählen und legt in § 13 Freibeträge und Abzugsbeträge fest, z. B. für Kinder oder für schwerbehinderte Menschen.

Für die Höhe des Zuschusses hält § 2 des Gesetzes eine Formel vor, deren Anwendung sich in normalen Fällen erübrigt. Denn wenn die vorstehenden Faktoren ermittelt sind, lässt sich die Höhe des zustehenden Wohngelds aus zum Gesetz gehörenden Tabellen ablesen:

Als Beispiel aus Berlin für Wohnraum, der 1990 bezugsfertig geworden ist: für einen Haushalt mit vier Familienmitgliedern, die über ein monatliches Gesamteinkommen von € 1.015 verfügen, und einer zu berücksichtigenden Miete von € 482 – die Mietobergrenze liegt hier bei € 490 – beträgt der Mietzuschuss monatlich € 222.

Zum Verfahren: Für die Bewilligung von Wohngeld ist ein Antrag erforderlich; welche Stelle für die Bearbeitung des Antrags und die Bewilligung des Wohngelds zuständig ist, richtet sich nach Landesrecht, § 23 WoGG. Die Länder haben die Wohnungsämter bei den Landkreisen und kreisfreien Städten, teilweise auch bei den Gemeinden, angesiedelt. Die Entscheidung über den Antrag muss schriftlich erfolgen (§ 26 Abs. 3 WoGG) und soll sich im Falle der Bewilligung auf einen Zeitraum von 12 Monaten beziehen (§ 27 Abs. 1 WoGG).

Seit dem 1. 1. 2005 sind Empfänger von Leistungen des Arbeitslosengeldes II und des Sozialgeldes nach dem SGB II sowie Empfänger von Hilfe zum Lebensunterhalt und Grundsicherung im Alter und bei Erwerbsminderung nach dem SGB XII (sowie noch weitere Personengruppen – siehe § 1 Abs. 2 WoGG) vom Wohngeld ausgeschlossen. In diesen Fällen übernimmt der für die jeweilige Sozialleistung zuständige Leistungsträger die angemessenen Kosten der Unterkunft und Heizung in voller Höhe. Angesichts des durch § 4 WoGG weit gezogenen Kreises der Familienmitglieder sah sich der Gesetzgeber gezwungen, Regelungen für Mischhaushalte vorzusehen; damit sind Haushalte gemeint, in denen vom Wohngeld ausgeschlossene und nicht ausgeschlossene Familienmitglieder zusammen wohnen (§ 7 Abs. 4).

Durch § 1 Abs. 5 WoGG ist aber inzwischen praktisch eine Wahlmöglichkeit zwischen dem Wohngeld und der Leistung zur Sicherung des Lebensunterhalts eingeführt worden: das vom Wohngeld ausgeschlossene Familienmitglied kann im Zusammenhang mit der Beantragung von Wohngeld unschädlich auf die andere Lebensunterhaltsleistung verzichten. Das ergibt nur dann einen Sinn, wenn das Wohngeld höher ist als die ergänzende Lebensunterhaltsleistung z. B. das Alg II.

Das Wohngeldgesetz ist nach seinem § 41 Abs. 3 Satz 1 nicht auf Haushalte anzuwenden, zu denen ausschließlich Familienmitglieder rechnen, denen Leistungen zur Förderung der Ausbildung nach dem BAföG oder nach § 59 SGB III dem Grunde nach zustehen oder im Falle eines Antrags zustehen würden. Da dies nach § 41 Abs. 3 Satz 3 nicht für Mischhaushalte gilt, findet das Gesetz auf eine allein erziehende Studentin mit einem zweijährigen Kind Anwendung, und zwar unabhängig davon, ob die Studentin BAföG-Bezieherin ist oder nicht. Im Übrigen sind die Fälle, in denen trotz Studiums, also dem Vorliegen einer dem Grunde nach förderungsfähigen Ausbildung, und Fehlens eines individuellen Förderungsanspruchs nach dem BAföG Anspruch auf Wohngeld besteht, in der Verwaltungsvorschrift Nr. 41.3 zum Wohngeldgesetz aufgeführt.[34]

---

34 Z. B. bei einer weiteren Ausbildung, die nach § 7 Abs. 2 BAföG nicht förderungsfähig ist oder bei Abbruch eines Studiums nach Ende des dritten Semesters und Aufnahme eines neuen Studiums – § 7 Abs. 3 BAföG.

14.3.6 Förderung der Eingliederung von Menschen mit Behinderungen

Das Recht der **Teilhabe und Förderung der Eingliederung behinderter Menschen** ist seit dem 1. 7. 2001 durch das SGB IX auf neue gesetzliche Grundlagen gestellt worden. Das SGB IX besteht aus zwei Teilen:

- der 2. Teil enthält das bis dahin im Schwerbehindertengesetz (SchwbG) geregelte Schwerbehindertenrecht; entscheidende Neuerungen sind mit der Aufnahme dieses Rechtsbereichs in das SGB IX nicht verbunden, da maßgebliche Änderungen des Schwerbehindertenrechts bereits durch das Gesetz zur Bekämpfung der Arbeitslosigkeit Schwerbehinderter von Oktober 2000 noch im damaligen SchwbG ihren Niederschlag gefunden hatten und nur übernommen werden mussten,
- der 1. Teil des SGB IX löst das Rehabilitationsangleichungsgesetz (Reha-AnglG) aus dem Jahre 1975 ab, das sich damals und erstmalig der Aufgabe gestellt hatte, die rehabilitativen Rechtsvorschriften in den einzelnen Leistungsgesetzen zu harmonisieren und zu vereinheitlichen. Diese Aufgabe führt das SGB IX – 1. Teil – fort, verbunden mit entsprechenden Änderungen in den Leistungsgesetzen, soweit erforderlich; das SGB IX – 1. Teil – ist damit selbst kein Leistungsgesetz und entspricht damit nicht entsprechenden Forderungen von Behindertenverbänden – das Gesetz enthält vielmehr nur allgemeine Regelungen, die für alle Reha-Träger und für alle Leistungsbereiche maßgeblich sind. An den unterschiedlichen Zuständigkeiten der Leistungsträger und den unterschiedlichen Zugangsvoraussetzungen für Leistungen zur Teilhabe, je nach Leistungsbereich, hat sich damit nichts geändert.

Es handelt sich um einen Rechtsbereich, der wegen seines Querschnittcharakters Schwierigkeiten bei der systemischen Erfassung bereitet, in dem aber Grundkenntnisse für alle Fachkräfte, die in entsprechenden Arbeitsfeldern tätig sind, unerlässlich sind.

»**Menschen sind behindert,** wenn ihre körperliche Funktion, geistige Fähigkeit oder seelische Gesundheit mit hoher Wahrscheinlichkeit länger als sechs Monate von dem für das Lebensalter typischen Zustand abweichen und daher ihre Teilhabe am Leben in der Gesellschaft beeinträchtigt ist«. Diese, in § 2 Abs. 1 SGB IX enthaltene Definition von Behinderung, die sich an die der WHO anlehnt, ist nunmehr die für die gesamte Rechtsordnung maßgebliche Definition.[35]

Die in § 5 SGB IX aufgeführten Leistungsgruppen sind gleich geblieben, jetzt verbindlich aufgeschlüsselt in den Kapiteln 4, 5, 6 und 7:

1. Leistungen zur medizinischen Rehabilitation, das Leistungsspektrum ergibt sich im Einzelnen aus §§ 26 bis 31 SGB IX (Kap. 4), z. B. Heilbehandlung, Früherkennung, Arznei- und Verbandmittel, Heil- und Hilfsmittel,
2. Leistungen zur Teilhabe am Arbeitsleben mit dem sich aus §§ 33-43 SGB IX (Kap. 5) ergebenden Leistungsspektrum im Einzelnen, z. B. Berufsvorbereitung, berufliche Ausbildung, berufliche Anpassung und Weiterbildung,

---

[35] Und löst damit den früheren Rechtszustand ab, in dem eine einheitliche Definition des Behindertenbegriffs nicht existierte.

3. Unterhaltssichernde und andere ergänzende Leistungen mit dem sich aus §§ 44 bis 54 SGB IX (Kap. 6) ergebenden Leistungen im Einzelnen, vor allem Krankengeld und vergleichbare Leistungen anderer Träger bei Arbeitsunfähigkeit sowie Übergangsgeld bei Maßnahmen der Teilhabe am Arbeitsleben z. B. berufliche Fortbildung, Umschulung,
4. Leistungen zur Teilhabe am Leben in der Gemeinschaft, im Einzelnen: §§ 55 bis 58 SGB IX (Kap. 7), z. B. Heilpädagogische Leistungen, Hilfen zur Teilhabe am gemeinschaftlichen und kulturellen Leben.

Zur Klarstellung sei noch einmal darauf hingewiesen, dass der Anspruch auf entsprechende Leistungen nicht auf die vorstehend angeführten Vorschriften des SGB IX gestützt werden kann, sondern sich immer nur aus insoweit maßgeblichen Vorschriften des jeweiligen Leistungsgesetzes ergeben kann. Rehabilitationsträger sind nach § 6 SGB IX:

- die gesetzlichen Krankenkassen – und zwar für die Leistungen zu 1 und 3,
- die Bundesanstalt für Arbeit – und zwar für die Leistungen zu 2 und 3
- die Träger der gesetzlichen Unfallversicherung – und zwar für Leistungen zu 1 bis 4
- die Träger der gesetzlichen Rentenversicherung – und zwar für Leistungen zu 1 bis 3
- die Träger der Kriegsopferversorgung im Rahmen des Rechts der sozialen Entschädigung bei Gesundheitsschäden – und zwar für Leistungen nach 1 bis 4
- die Träger der öffentlichen Jugendhilfe – und zwar für Leistungen nach 1, 2 und 4,
- die Träger der Sozialhilfe – und zwar für Leistungen nach 1, 2 und 4

Damit sind die Träger der öffentlichen Jugendhilfe und die Träger der Sozialhilfe in den Kreis der Reha-Träger aufgenommen worden.

Die gesetzliche Aufgabe, Selbstbestimmung und gleichberechtigte Teilhabe am Leben in der Gesellschaft (§ 1 SGB IX) unter Verwirklichung der Ziele gem. § 4 des Gesetzes im Einzelfall zügig, bedarfsgerecht und umfassend zu erreichen, dienen vor allem die Vorschriften der §§ 10-14 SGB IX; sie enthalten Koordinierungspflichten und Pflichten zur Zusammenarbeit der Reha-Träger sowie in § 14 ein neuartiges verfahrensrechtliches Instrument, das eine schnelle Entscheidung über Leistungen gewährleisten soll.

Zur wirksamen Information und Beratung behinderter Menschen über ihre Rechte sowie zur Unterstützung bei ihrer Realisierung sieht das Gesetz die Einrichtung gemeinsamer örtlicher Servicestellen der Rehabilitationsträger vor.

Bei der Ausführung von Leistungen sieht das Gesetz neben den traditionellen Möglichkeiten in § 17 Abs. 2-4 SGB IX das persönliche Budget vor, das auch als trägerübergreifendes Budget konzipiert ist. Das persönliche Budget bedeutet die Leistung eines pauschalen Geldbetrages durch den bzw. die Reha-Träger, mit dessen Hilfe der behinderte Mensch Sach- und Dienstleistungen in eigener Verantwortung am Markt einkauft mit dem Ziel, in eigener Verantwortung ein möglichst selbstbestimmtes Leben führen zu können. Zurzeit handelt es sich noch um eine Ermessensleistung, bei denen bis zum 31. 12. 2007 eine Erprobung in Modellvorhaben stattfindet. Anschließend besteht bei entsprechenden Anträgen ein Anspruch auf die Leistung.

§ 63 SGB IX statuiert ein Verbandsklagerecht, das es Behindertenverbänden erlaubt, im Falle der Rechtsverletzung von behinderten Menschen für diese Menschen und mit deren Einverständnis zu klagen.

Aus dem **Schwerbehindertenrecht** des SGB IX – 2. Teil – gilt es Folgendes hervorzuheben:

Zum Schwerbehindertenrecht gehören weiterhin die Verordnungen, die ursprünglich ihre Grundlage im SchwbG hatten: die **Ausweisverordnung**, die **Ausgleichsabgabeverordnung**, die **Werkstättenverordnung**, die **Werkstätten-Mitwirkungsverordnung** und die **KFZ-Hilfe-Verordnung**.[36]

Die Definition der Schwerbehinderung findet sich am Anfang des Gesetzes in § 2 Abs. 2: es muss ein Behinderungsgrad von 50 oder höher vorliegen. Zuständig für die Feststellung des Behinderungsgrads und für die Ausstellung von Ausweisen ist die Versorgungsverwaltung, also die Versorgungsämter auf der unteren Ebene.

Um die Stellung schwerbehinderter Menschen im Arbeitsleben zu sichern und ihre Integration ins Arbeitsleben zu fördern, sieht das Gesetz verschiedene Instrumente vor; dazu gehören:

Es besteht für die privaten und öffentlichen Arbeitgeber mit mindestens 20 Arbeitsplätzen eine gesetzliche Pflicht, schwerbehinderte Menschen als Arbeitnehmer zu beschäftigen: die Pflichtquote beträgt 5 % der vorhandenen Arbeitsplätze.[37] Für nicht besetzte Pflichtplätze muss eine Ausgleichsabgabe gezahlt werden, deren Mindesthöhe 105 Euro pro Monat beträgt und bei geringerer Besetzung von Pflichtplätzen auf bis zu 260 Euro steigt – siehe § 77 SGB IX.

Schwerbehinderte Arbeitnehmer dürfen wegen ihrer Behinderung nicht benachteiligt werden – § 81 SGB IX; bei Verstößen gegen das Benachteiligungsverbot haben sie einen Entschädigungsanspruch – § 81 Abs. 2 Nr. 4 SGB IX. Schwerbehinderte Arbeitnehmer haben Anspruch auf einen Zusatzurlaub von 5 Tagen im Jahr – § 125 SGB IX – und sie genießen einen besonderen Kündigungsschutz nach Maßgabe der §§ 85 ff. SGB IX: ein Arbeitgeber darf einem schwerbehinderten Arbeitnehmer nur kündigen, wenn er zuvor die Zustimmung des Integrationsamtes zur beabsichtigten Kündigung beantragt und das Amt seine Zustimmung erteilt hat.

Zur Wahrung der Rechte schwerbehinderter Beschäftigter in der Privatwirtschaft und im öffentlichen Dienst sieht das Gesetz Schwerbehindertenvertretungen vor, siehe §§ 93 f. SGB IX.

Die Aufgaben des **Integrationsamtes** sind in § 102 SGB IX beschrieben: neben dem Kündigungsschutz gehört dazu (neben der Erhebung) die Verwendung der Ausgleichsabgabe für begleitende Hilfen im Arbeitsleben – an Arbeitnehmer und an Arbeitgeber – nach Maßgabe der Ausgleichsabgabeverordnung, z. B. auch zur finanziellen Unterstützung von Integrationsprokjekten – § 134 SGB IX.

---

36 Die KFZ-Hilfe-Verordnung gilt auch in den anderen Leistungsbereichen, die sich auf die Teilhabe am Arbeitsleben beziehen.
37 Das hängt von der Gesamtbeschäftigungsquote schwerbehinderter Menschen ab, vgl. § 71 Abs. 2 SGB IX.

Integrationsfachdienste sind Dienste Dritter, die im Auftrag der Bundesagentur für Arbeit, der Rehabilitationsträger und der Integrationsämter bei der Durchführung der Maßnahmen zur Teilhabe schwerbehinderter Menschen am Arbeitsleben beteiligt werden. Ihre wesentliche Aufgabe besteht in der Beratung und Unterstützung schwerbehinderter Menschen, ihrer Vermittlung in geeignete Arbeitsplätze sowie Information, Beratung und Hilfeleistung für Arbeitgeber – siehe im Detail §§ 109-115 SGB III.

Integrationsprojekte nach Maßgabe von §§ 132 ff. SGB IX – sind rechtlich und wirtschaftlich selbstständige Unternehmen = Integrationsunternehmen – des ersten Arbeitsmarkts, die mindestens 25 % bis maximal 50 % u. a. besonders benachteiligte schwerbehinderte Menschen beschäftigen und ihnen arbeitsbegleitende Betreuung anbieten mit dem Ziel der weiteren Befähigung und der Vermittlung in eine Beschäftigung auf dem allgemeinen Arbeitsmarkt außerhalb eines Integrationsprojekts.

Leistungen in **Werkstätten für behinderte Menschen** werden erbracht, um die Leistungs- oder Erwerbsfähigkeit der behinderten Menschen zu erhalten, zu entwickeln, zu verbessern, wiederherzustellen, die Persönlichkeit dieser Menschen weiterzuentwickeln und ihre Beschäftigung zu ermöglichen oder zu sichern (§ 39 SGB IX). Die Werkstatt gliedert sich in das Eingangsverfahren, den Berufsbildungsbereich und den Arbeitsbereich. Die gesetzlichen Regelungen, die sich im 1. Teil des SGB IX in §§ 39 bis 43 und im 2. Teil des SGB IX in §§ 136 bis 144 befinden, werden durch die Werkstättenverordnung und die Werkstätten-Mitwirkungsver-ordnung ergänzt.

Das **Eingangsverfahren** dient dazu, die Werkstattfähigkeit festzustellen, und zur Beurteilung, welche Angebote der Werkstatt im Einzelfall in Betracht kommen (Gesamtplanerstellung).

Der **Berufsbildungsbereich,** der sich in einen Grund- und Aufbaukurs gliedert, dient dazu, die Fähigkeiten und Fertigkeiten der behinderten Menschen so zu fördern und zu entwickeln, dass sie in der Lage sind, ein Mindestmaß an wirtschaftlicher verwertbarer Arbeitsleistung zu erbringen.

Der **Arbeitsbereich** bedeutet behindertengerechte Beschäftigung, gehört nach dem SGB IX aber gleichwohl zu den Maßnahmen des Leistungsbereichs »Teilhabe am Arbeitsleben«.

Für die meisten behinderten Menschen handelt es sich, was die Teilnahme am Berufsbildungsbereich angeht, um eine berufliche Erstausbildung, sodass sie Anspruch auf Ausbildungsgeld nach dem SGB III haben[38]; im Arbeitsbereich haben die dort beschäftigen Menschen einen **arbeitnehmerähnlichen Status** – § 138 Abs. 1 SGB IX. Es muss ein **Werkstattvertrag** abgeschlossen werden, in dem insbesondere die Vergütung, die sich aus einem Grundbetrag in Höhe des Ausbildungsgeldes und einem leistungsangemessenen Steigerungsbetrag zusammensetzt – § 138 Abs. 2 SGB IX. Eine neu durch das SGB IX eingeführte Leistung im Arbeitsbereich ist das

---

38 Nach § 107 SGB III im ersten Jahr 57 Euro und im zweiten Jahr 67 Euro monatlich.

Arbeitsförderungsgeld von 26 Euro, das die Werkstätten vom zuständigen Rehabilitationsträger zur Weiterleitung an die behinderten Menschen erhalten.

Während der Tätigkeit in einer anerkannten Werkstatt für behinderte Menschen besteht – unabhängig von jeweiligen Stadium – Pflichtmitgliedschaft in der gesetzlichen Renten-, Unfall- und Kranken-/Pflegeversicherung.

Schließlich regelt das Gesetz in §§ 145 ff. den Anspruch schwerbehinderter Menschen, die in ihrer Bewegungsfähigkeit im Straßenverkehr erheblich beeinträchtigt sind, auf unentgeltliche Beförderung im Nahverkehr. Dies schlägt sich im Merkzeichen G im Schwerbehindertenausweis nieder.

Die sozialen Fördersysteme sind dem Bedarfsprinzip verpflichtet – dies gilt grundsätzlich für die Sachleistungen, nicht jedoch für die Geldleistungen mit unterhaltssichernder Funktion; das Bedarfs- und gleichzeitig das Finalprinzip zeigen sich exemplarisch bei der Regelung des § 4 SGB IX. Die sozialen Fördersysteme sind daher der sozialen Gerechtigkeit verpflichtet.

14.4 Soziale Hilfesysteme

Soziale Hilfesysteme stellen Leistungen zur finanziellen Absicherung des Existenzminimums zur Verfügung. Dieser Leistungsbereich ist zum 1. 1. 2005 durch Abschaffung des Bundessozialhilfegesetzes (BSHG) und Einführung des neuen SGB II – Grundsicherung für Arbeitssuchende – und des neuen SGB XII – Sozialhilfe – völlig neu strukturiert worden, ergänzt durch den neuen Kinderzuschlag nach § 6 a des Bundeskindergeldgesetzes. Zu diesem Leistungsbereich zählt auch das Unterhaltsvorschussgesetz (UVG) und letztlich auch das Asylbewerberleistungsgesetz, obwohl es kein besonderer Teil des SGB ist, sondern formal zum Ausländerrecht gehört.

14.4.1 Der Systemwandel bei den Leistungen zur Sicherung des Lebensunterhalts nach dem SGB II und dem SGB XII

Überblick über die neue Rechtslage
Das neue SGB II und das neue SGB XII sind das Ergebnis einer sich auf die letzten Tage des Jahres 2003 konzentrierenden gesetzgeberischen Tätigkeit. Das SGB II ist als Art. 1 des Vierten Gesetzes für Moderne Dienstleistungen am Arbeitsmarkt vom 24. 12. 2003 im Bundesgesetzblatt I 2003 vom 29. 12. 2003 S. 2954 ff. verkündet worden, wobei es seine erste abschließende Fassung erst durch das sog. Kommunale Optionsgesetz vom 5. 8. 2004 erhalten hat und seitdem bereits mehrfach geändert wurde, zuletzt durch das Gesetz zur Änderung des SGB II und anderer Gesetze vom 24. 3. 2006 (BGBl. I S. 558) und das SGB II – Fortentwicklungsgesetz vom 20. 7. 2006 (BGBl. I S. 1706). Das SGB II beruht auf Vorschlägen der so genannten Hartz-Kommission; daher werden die mit dem Gesetz eingeführten neuen Regelungen auch abgekürzt als Hartz-IV bezeichnet. Das Gesetz ist am 1. 1. 2005 in Kraft getreten. Durch das SGB II wird die Arbeitslosenhilfe und die Sozialhilfe – Hilfe zum Lebensunterhalt für Erwerbsfähige – zusammengeführt.

14. Sozialrecht

Das Bundessozialhilfegesetz (BSHG) und das Gesetz über eine bedarfsorientierte Grundsicherung im Alter und bei Erwerbsminderung (GSiG) sind mit Ablauf des 31. 12. 2004 außer Kraft getreten. Durch Artikel 1 des Gesetzes zur Einordnung des Sozialhilferechts in das Sozialgesetzbuch vom 27. 12. 2003 ist das Sozialgesetzbuch XII – Sozialhilfe – geschaffen worden. Die Grundsicherung im Alter und bei Erwerbsminderung – zuvor für die Dauer von 2 Jahren im Gesetz über eine bedarfsorientierte Grundsicherung im Alter und bei verminderter Erwerbsfähigkeit – GSiG – geregelt, ist als Kapitel 4 in das SGB XII integriert worden. Die Hilfe in besonderen Lebenslagen – früher in den §§ 27-75 BSHG enthalten – sind mit den Kapiteln 5-9 in das neue Sozialhilferecht des SGB XII übernommen worden. Mit geringen Ausnahmen ist das SGB XII ebenfalls am 1. 1. 2005 in Kraft getreten.

Bei der Schaffung dieser beiden neuen Gesetze geht es um die größte Sozialreform der vergangenen Jahrzehnte:

Der grundlegende Systemwandel wird an Folgendem deutlich:

- War bislang das Sozialhilferecht – Hilfe zum Lebensunterhalt nach dem BSHG – die viel zitierte unterste Ebene im sog. Netz der sozialen Sicherung, gibt es nun auf der untersten Ebene zwei Systeme, die existenzsichernde Leistungen vorsehen: das System SGB II Grundsicherung für Arbeitssuchende – und das System SGB XII (Kapitel 3 und 4) Hilfe zum Lebensunterhalt sowie Grundsicherung im Alter und bei Erwerbsminderung.
- Die Leistungen zur Sicherung des Lebensunterhalts nach dem SGB II orientieren sich nicht mehr, wie das bei der bedürftigkeitsabhängigen Arbeitslosenhilfe der Fall war, an der Höhe des vor Eintritt der Arbeitslosigkeit erzielten Arbeitsverdienstes.
- Die Leistungen zur Sicherung des Lebensunterhalts nach dem SGB II – Arbeitslosengeld II für die erwerbsfähigen Hilfebedürftigen und Sozialgeld für die mit diesen in einer Bedarfsgemeinschaft lebenden nicht erwerbsfähigen Personen – entsprechen der Höhe nach der Hilfe zum Lebensunterhalt nach dem neuen SGB XII.
- Das System SGB II tritt neben das System Hilfe zum Lebensunterhalt – 3. Kapitel des SGB XII: die Hilfe zum Lebensunterhalt nach dem SGB XII hat aber keine ergänzende Funktion im Hinblick auf nicht bedarfsdeckende Leistungsprofile nach dem SGB II – beide Systeme schließen sich gegenseitig aus.
- Die Zuordnung zum jeweiligen System wird über die Frage des Vorliegens der Erwerbsfähigkeit und der Zugehörigkeit zu einer Bedarfsgemeinschaft gesteuert. Erwerbsfähige Personen und die mit ihnen in einer Bedarfsgemeinschaft lebenden Personen fallen unter das System SGB II; das gilt auch für solche der Bedarfsgemeinschaft angehörenden Personen, die nicht erwerbsfähig sind – nur bei dauerhafter voller Erwerbsminderung greifen die dem Sozialgeld des SGB II vorgehenden Leistungen der Grundsicherung im Alter und bei voller Erwerbsminderung nach Kapitel 4 des SGB XII. Hilfe zum Lebensunterhalt neuer Art nach Kapitel 3 des SGB XII kommt neben anderen, vergleichsweise seltenen Fallgestaltungen nur für Personen in Betracht, die zwar, aber nicht dauerhaft erwerbsgemindert sind und nicht mit einer erwerbsfähigen Person in Bedarfsgemeinschaft leben. Bereits dies macht deutlich, dass die Hilfe zum Lebensun-

terhalt nach Kapitel 3 des SGB XII ein tendenziell in die Bedeutungslosigkeit absinkender Leistungsbereich ist.
- Dazu ein erster Überblick, wobei die Begriffsbestimmungen, die jetzt die entscheidende Bedeutung für die Zuordnung zu den Leistungsbereichen haben, anschließend zitiert werden:

Sozialgesetzbuch II – Grundsicherung für Arbeitssuchende	Sozialgesetzbuch XII – Sozialhilfe – Kapitel 3 und Kapitel 4
Leistungsberechtigt sind bei Hilfebedürftigkeit:	Leistungsberechtigt sind bei Hilfebedürftigkeit:
1. **Erwerbsfähige** Personen, die das 15. aber noch nicht das 65. Lebensjahr erreicht haben, sie erhalten **Arbeitslosengeld II.**	1. nach Kapitel 3 – und erhalten **Hilfe zum Lebensunterhalt:** Alle Personen, die nicht unter das SGB II oder Kapitel 4. des SGB XII fallen.
2. Personen, die mit einem erwerbsfähigen Hilfebedürftigen in einer **Bedarfsgemeinschaft** zusammenleben, diese erhalten, wenn sie nicht erwerbsfähig sind, **Sozialgeld**.	2. nach Kapitel 4 – und erhalten **Grundsicherung im Alter und bei verminderter Erwerbsfähigkeit:** Personen, die das 65. Lebensjahr erreicht haben, und Personen die das 18. Lebensjahr erreicht haben und dauerhaft voll erwerbsgemindert im Sinne der gesetzlichen Rentenversicherung sind.

Die **Erwerbsfähigkeit** wird in § 8 Abs. 1 SGB II wie folgt definiert: »Erwerbsfähig ist, wer nicht wegen Krankheit oder Behinderung auf absehbare Zeit außerstande ist, unter den üblichen Bedingungen des allgemeinen Arbeitsmarktes mindestens drei Stunden täglich erwerbstätig zu sein.«
Die volle **Erwerbsminderung** wird in § 43 SGB VI wie folgt definiert: »Voll erwerbsgemindert sind Versicherte, die wegen Krankheit oder Behinderung auf absehbare Zeit außerstande sind, unter den üblichen Bedingungen des allgemeinen Arbeitsmarkts mindestens drei Stunden täglich erwerbstätig zu sein.«

Es ist offenkundig, dass alle in Feldern der sozialen Arbeit tätigen Personen von dem System- und Paradigmenwechsel betroffen sind.

14.4.2 Das SGB II und seine Leistungen zur Sicherung des Lebensunterhalts

Nach § 1 Abs. 1 des SGB II ist es Aufgabe der Grundsicherung für Arbeitssuchende, die Eigenverantwortung von erwerbsfähigen Hilfebedürftigen und Personen, die mit ihnen in einer Bedarfsgemeinschaft leben, zu stärken und dazu beizutragen, dass sie ihren Lebensunterhalt unabhängig von der Grundsicherung aus eigenen

14. Sozialrecht

Mitteln und Kräften bestreiten können. Dabei gilt der Grundsatz des Forderns (§ 2) und der Grundsatz des Förderns (§ 14).

Der Grundsatz des Forderns besagt im Wesentlichen, dass erwerbsfähige Hilfebedürftige und die mit ihnen in Bedarfsgemeinschaft lebenden Personen alle Möglichkeiten zur Beendigung oder Verringerung ihrer Hilfebedürftigkeit ausschöpfen müssen. Es greifen die verschärften Zumutbarkeitsregelungen des § 10 SGB II und Arbeitslose müssen im öffentlichen Interesse liegende Arbeitsgelegenheiten mit Mehraufwandsentschädigung (die sog. 1,5 Euro-Jobs) annehmen. Es ist nicht mehr von Hilfe zur Arbeit die Rede, wie es im BSHG in §§ 18-20 der Fall war, vielmehr beinhaltet der Grundsatz des Forderns ein Sanktionssystem, das bei den in § 31 SGB II näher beschriebenen Pflichtenverstößen zu stufenweisen Absenkungen der Geldleistungen zur Sicherung des Lebensunterhalts führt bis zu deren gänzlichem Wegfall. Nicht nur an dieser Stelle wirft das Gesetz Fragen über seine Vereinbarkeit mit verfassungsrechtlichen Grundsätzen, wie dem Gleichheitssatz oder dem Übermaßverbot aus.

Der Grundsatz des Förderns bedeutet, dass die im Einzelfall für die Eingliederung in Arbeit erforderlichen Leistungen erbracht werden sollen. Dies geschieht mit den Instrumenten der Arbeitsförderung des SGB III, auf die in § 16 Abs. 1 SGB II verwiesen wird. Hier hat auch die Eingliederungsvereinbarung – ein öffentlich-rechtlicher Vertrag zwischen der Bundesagentur für Arbeit und dem erwerbsfähigen Hilfebedürftigen – ihren Platz, in der zu regeln ist, welche Leistungen der Erwerbsfähige zur Eingliederung in Arbeit erhält. Da andererseits in der Vereinbarung auch zu regeln ist, welche Bemühungen der Erwerbsfähige in welcher Häufigkeit zur Eingliederung in Arbeit mindestens unternehmen muss, kommt jedoch auch hier der Grundsatz des Forderns zur Geltung, denn die Nichterfüllung der insoweit festgelegten Pflichten ist über § 31 SGB II mit einer Absenkung des Arbeitslosengeldes II um 30 % sanktioniert.

Das Wichtigste zu den Leistungsausschlüssen und dem Verhältnis zu anderen Leistungen:

- Aufgrund des allgemeinen Nachranggrundsatzes sind Leistungen zur Sicherung des Lebensunterhalts ausgeschlossen, wenn und soweit die Hilfebedürftigkeit anders beseitigt werden kann; Leistungen erhält nicht, wer sich selbst helfen kann oder die Hilfe von Angehörigen oder Trägern anderer Sozialleistungen erhält.
- Bestimmte Leistungen anderer, auch Sozialleistungsträger, sind nicht als Einkommen anzurechnen, z. B. das Erziehungsgeld nach dem BErzGG (§ 8 BErzGG) oder das Pflegegeld nach dem SGB XI (§ 12 Abs. 5 SGB XI).[39]
- Anspruchsberechtigte nach dem Asylbewerberleistungsgesetz haben keine Ansprüche.
- Leistungen erhält nicht, wer länger als 6 Monate stationär untergebracht ist oder wer eine Rente wegen Alters bezieht.
- Auszubildende, deren Ausbildung im Rahmen des BAföG oder der §§ 60-62 SGB III dem Grunde nach förderungsfähig ist, haben – abgesehen von der Aus-

---

[39] Weitere Einzelheiten bei Brühl in LPK-SGB II, Rdnr. 40 ff.

nahme gem. § 7 Abs. 6 SGB II – keinen Anspruch auf Leistungen zur Sicherung des Lebensunterhalts.
- Der Anspruch auf Leistungen zur Sicherung des Lebensunterhalts schließt Leistungen nach dem 3. Kapitel des SGB XII – Hilfe zum Lebensunterhalt aus – das gilt auch für den Fall der Absenkung oder des Wegfalls von Arbeitslosengeld II oder Sozialgeld.
- Empfänger von Arbeitslosengeld II oder Sozialgeld, bei deren Berechnung Kosten der Unterkunft berücksichtigt worden sind, sind vom Wohngeld ausgeschlossen – § 1 Abs. 2 WoGG. Siehe aber die Möglichkeit des Verzichtes – unter 14.3.5 am Ende.
- Neben dem Bezug von Arbeitslosengeld II oder Sozialgeld kommen Leistungen der Hilfe in besonderen Lebenslagen nach den Kapiteln 5 bis 9 des SGB XII in Betracht.

Solange und soweit die Eingliederung in Arbeit mit der Folge des Wegfalls der Hilfebedürftigkeit noch nicht erreicht ist und kein Leistungsausschluss vorliegt, sind Leistungen zur Sicherung des Lebensunterhalts vorgesehen. Dabei stellen sich die Anspruchsvoraussetzungen wie folgt dar:

---

1. Leistungen erhalten Personen,
   - die das 15. Lebensjahr vollendet und das 65. Lebensjahr noch nicht vollendet haben,
   - die erwerbsfähig sind,
   - die hilfebedürftig sind und
   - die ihren gewöhnlichen Aufenthalt in der Bundesrepublik Deutschland haben

   (das sind die erwerbsfähigen Hilfebedürftigen – § 7 Abs. 1 SGB II)

---

2. Leistungen erhalten auch Personen, die mit dem erwerbsfähigen Hilfebedürftigen in einer **Bedarfsgemeinschaft** leben. Zur Bedarfsgemeinschaft gehören – § 7 Abs. 3:
   - die erwerbsfähigen Hilfebedürftigen,
   - die im Haushalt lebenden Eltern oder der im Haushalt lebende Elternteil eines unverheirateten erwerbsfähigen Kindes, welches das 25. Lebensjahr noch nicht vollendet hat und der im Haushalt lebende Partner dieses Elternteils
   - als Partner der erwerbsfähigen Hilfebedürftigen:
     – der nicht dauernd getrennt lebende Ehegatte,
     – der nicht dauernd getrennt lebende Lebenspartner,
     – eine Person, die mit dem erwerbsfähigen Hilfebedürftigen in einem Haushalt so zusammenlebt, dass nach verständiger Würdigung der wechselseitige Wille anzunehmen ist, Verantwortung füreinander zu übernehmen und füreinander einzustehen.
   - die dem Haushalt angehörenden unverheirateten Kinder der vorgenannten Personen, wenn sie das 25. Lebensjahr noch nicht vollendet haben, soweit sie nicht aus eigenem Einkommen oder Vermögen die Leistungen zur Sicherung ihres Lebensunterhalts beschaffen können.

Die Hilfebedürftigkeit – § 9 SGB II

Hilfebedürftig ist, wer seine Eingliederung in Arbeit und den Lebensunterhalt der mit ihm in einer Bedarfsgemeinschaft lebenden Personen nicht oder nicht ausreichend aus eigenen Mitteln und Kräften, vor allem nicht

- durch Aufnahme einer zumutbaren Arbeit
- aus dem zu berücksichtigenden Einkommen oder Vermögen

sichern kann und die erforderliche Hilfe nicht von anderen, insbesondere von Angehörigen oder von Trägern anderer Sozialleistungen erhält.

Bei Personen, die in einer Bedarfsgemeinschaft leben, sind auch Einkommen und Vermögen des Partners zu berücksichtigen. Bei unverheirateten Kindern, die mit ihren Eltern oder einem Elternteil in einer Bedarfsgemeinschaft leben (also Kinder bis zur Vollendung des 25. Lebensjahres) sind auch das Einkommen und Vermögen der Eltern oder des Elternteils und dessen in Bedarfsgemeinschaft lebenden Partners zu berücksichtigen; letzteres gilt nicht bei einem Kind, das schwanger ist oder sein Kind bis zur Vollendung des 6. Lebensjahres betreut. Insoweit übernimmt das SGB II die Einsatzgemeinschaft, die im BSHG in § 11 Abs. 1 Satz 2 geregelt war.

Leben Hilfebedürftige in Haushaltsgemeinschaft mit Verwandten oder Verschwägerten, so wird vermutet, dass sie von ihnen Leistungen erhalten, soweit dies nach deren Einkommen oder Vermögen erwartet werden kann – § 9 Abs. 5 SGB II.

Art und Umfang der Leistungen zur Sicherung des Lebensunterhalts stellen sich wie folgt dar:

1. **für erwerbsfähige Hilfebedürftige:**

    a) das **Arbeitslosengeld II** als Leistung zur Sicherung des Lebensunterhalts einschließlich der angemessenen Kosten für Unterkunft und Heizung
    b) einem **befristeten Zuschlag** nach vorherigem Bezug von Arbeitslosengeld

2. **für nicht erwerbsfähige Angehörige:**

    Soweit diese mit erwerbsfähigen Angehörigen in einer Bedarfsgemeinschaft leben (und soweit kein Leistungsausschluss besteht) das **Sozialgeld** als Leistung zur Sicherung des Lebensunterhalts einschließlich der angemessenen Kosten für Unterkunft und Heizung

---

Die Leistungen zur Sicherung des Lebensunterhalts setzen sich zusammen aus:

- der Regelleistung
- Leistungen für Mehrbedarfe
- Leistungen für Unterkunft und Heizung
- Leistungen für einmalige Bedarfe
- Leistungen für Sonderbedarfe

Die Regelleistung – § 20 Abs. 1 SGB II
ie Regelleistung zur Sicherung des Lebensunterhalts umfasst insbesondere Ernährung, Kleidung, Körperpflege, Hausrat, Haushaltsenergie ohne die auf die Heizung entfallenden Anteile, Bedarfe des täglichen Lebens sowie in vertretbarem Umfang auch Beziehungen zur Umwelt und eine Teilnahme am kulturellen Leben.

Neu ist, dass abgesehen von den einmaligen Bedarfen des § 23 Abs. 3 (siehe unten) aus der Regelleistung sämtliche einmaligen Bedarfe zu finanzieren sind.

Die Regelleistung Ost, die ursprünglich geringer war (sie betrug 331 Euro), ist inzwischen, und zwar seit dem 1. 7. 2006, an die Regelleistung West angeglichen,[40] so dass einheitliche Werte gelten. Tabellarisch stellen sich die Beträge der Regelleistung wie folgt dar:

	Höhe der Regelleistung von Arbeitslosengeld II bzw. Sozialgeld			
	für – Alleinstehende – Alleinerziehende – Personen, deren Partner minderjährig ist	für Angehörige der Bedarfsgemeinschaft		
		Kinder bis zur Vollendung des 14. Lebensjahres	Kinder ab Beginn des 15. Lebensjahres bis zur Vollendung des 25. Lebensjahres	Partner ab Beginn des 19. Lebensjahres
Prozentsatz	100 %	60 %	80 %	90 %
Betrag in Euro	345 €	207 €	276 €	311 €

Leistungen für Mehrbedarfe sind nach §§ 21, 28 Abs. 1 Nrn. 2, 3 und 4 für fünf verschiedene Fallgestaltungen vorgesehen:

- für werdende Mütter ab der 12. Schwangerschaftswoche in Höhe von 17 % der maßgeblichen Regelleistung,
- für Alleinerziehende in unterschiedlicher Höhe in Abhängigkeit von Anzahl und Alter der minderjährigen Kinder,

---

40 Durch Gesetz vom 24. 3. 2006 – BGBl. I S. 558.

- für behinderte Hilfebedürftige, die Leistungen zur Teilhabe am Arbeitsleben nach dem SGB IX erhalten, in Höhe von 35 % des maßgeblichen Regelsatzes,
- für Hilfebedürftige, die aus medizinischen Gründen einer kostenaufwendigen Ernährung bedürfen, in angemessener Höhe,
- für nicht erwerbsfähige Personen, wenn sie Inhaber eines Schwerbehindertenausweises mit dem Merkzeichen G sind, in Höhe von 17 % der maßgebenden Regelleistung.

Mehrere Mehrbedarfe werden nebeneinander gewährt. Das gilt nicht für behinderungsbedingte Mehrbedarfe – § 28 Abs. 1 Nr. 4. Im Übrigen darf die Summe der Mehrbedarfe die Höhe der für erwerbsfähige Hilfebedürftige maßgeblichen Regelleistung nicht übersteigen – § 21 Abs. 6.

Leistungen für Unterkunft und Heizung – § 22 SGB II:
Leistungen für Unterkunft und Heizung werden in Höhe der tatsächlichen Aufwendungen erbracht, soweit sie angemessen sind – § 22 Abs. 1 Satz 1; unangemessen hohe Kosten sind in der Regel längstens für 6 Monate zu übernehmen. Bei Wohnungswechsel soll zuvor die Zusicherung des kommunalen Trägers eingeholt werden, die dieser nur geben muss, wenn der Umzug erforderlich und die neue Miete angemessen sind. Wohnungsbeschaffungs-, Umzugkosten und Mietkautionen können bei vorheriger Zusicherung übernommen werden.
Erhöhen sich nach einem nicht erforderlichen Umzug die Mietkosten, werden nur die bisherigen Mietkosten übernommen, auch wenn die neuen, höheren angemessen sind – § 22 Abs. 1 Satz 2.

Einem Wohnungswechsel einer noch nicht 25 Jahre alten Person muss der kommunale Träger zustimmen, damit die Unterkunfts- und Heizungskosten übernommen werden. Zur Zustimmung ist er nur unter bestimmten Voraussetzungen verpflichtet. Beim Wohnungswechsel ohne die Zustimmung werden bis zum Erreichen des 25. Lebensjahres keine Unterkunfts- und Heizungskosten übernommen (§ 22 Abs. 2 a)). Außerdem wird für diesen Fall die Regelleistung auf 80 % abgesenkt – § 20 Abs. 2 a).
Leistungen für Unterkunft und Heizung werden Personen, die das 25. Lebensjahr noch nicht vollendet haben, nicht erbracht, wenn diese vor der Beantragung von Leistungen in der Absicht umziehen, die Voraussetzungen für die Gewährung der Leistungen herbeizuführen – § 22 Abs. 2 a) Satz 2.

Sofern Leistungen für Unterkunft und Heizung übernommen werden, können auch Schulden übernommen werden, soweit dies zur Sicherung der der Unterkunft oder zur Behebung einer vergleichbaren Notlage gerechtfertigt ist. Sie sollen übernommen werden, wenn dies gerechtfertigt und notwendig ist und sonst Wohnungslosigkeit einzutreten droht. Geldleistungen sollen als Darlehn erbracht werden – § 22 Abs. 5.

Leistungen für einmalige Bedarfe nach § 23 Abs. 3 SGB II:
Solche Leistungen sind nur noch für drei Fallgestaltungen vorgesehen:

- Erstausstattungen für Bekleidung und Erstausstattungen bei Schwangerschaft und Geburt
- Erstausstattungen für die Wohnung einschließlich Haushaltsgeräten
- mehrtägige Klassenfahrten im Rahmen der schulrechtlichen Bestimmungen

Die Leistungen für Erstausstattungen können als Sachleistung oder Geldleistung, letztere auch in Form von Pauschalbeträgen erbracht werden.

Leistungen für Sonderbedarfe – § 23 Abs. 1 SGB II:
Kann im Einzelfall ein von den Regelleistungen umfasster und nach den Umständen unabweisbarer Bedarf weder durch Vermögen nach § 12 Abs. 2 Nr. 4 noch auf andere Weise gedeckt werden, erbringt die Agentur für Arbeit bei entsprechendem Nachweis den Bedarf als Sachleistung oder als Geldleistung und gewährt ein entsprechendes Darlehn. Das Darlehn wird durch monatliche Aufrechnung in Höhe von bis zu 10 % der an den erwerbsfähigen Hilfebedürftigen und die mit ihm in Bedarfsgemeinschaft lebenden Angehörigen jeweils zu zahlenden Regelleistung getilgt.

Befristeter Zuschlag nach Bezug von Arbeitslosengeld – § 24 SGB II:
Um den Abstieg auf Sozialhilfeniveau nach Auslaufen des am zuvor erzielten Arbeitsentgelt orientierten Arbeitslosengelds sanfter zu gestalten, sieht § 24 SGB II nach Vorbezug von Alg einen befristeten Zuschlag zum Alg II vor:

Der Zeitraum für den Zuschlag beträgt maximal 2 Jahre nach Ende des Bezugs von Alg I und wird nach Ablauf eines Jahres auf die Hälfte reduziert.

Die Höhe des Zuschlags beträgt $^2/_3$ der Differenz von zuletzt bezogenem Alg I und erhaltenem Wohngeld – sowie des an die Bedarfsgemeinschaft zu zahlenden Alg II und Sozialgelds, jedoch maximal im ersten Jahr 160 Euro für den erwerbsfähigen Hilfebedürftigen, bei Partnern maximal 320 Euro und maximal 60 Euro pro Kind der Bedarfsgemeinschaft – im zweiten Jahr vermindern sich diese Höchstbeträge um die Hälfte.

Einstiegsgeld – § 29 SGB II:
Das Einstiegsgeld ist eine im Ermessen der Bundesagentur für Arbeit stehende Geldleistung, die der Gesetzgeber zwar als Leistung zur Sicherung des Lebensunterhalts versteht, aber systematisch im dritten Unterabschnitt »Anreize und Sanktionen« regelt. In der Begründung des Gesetzes wird diese Geldleistung auch als Arbeitnehmerzuschuss bezeichnet. Das Einstiegsgeld als Ermessensleistung soll der Überwindung von Hilfebedürftigkeit bei arbeitslosen Personen dienen, wenn sie eine sozialversicherungspflichtige Erwerbstätigkeit aufnehmen; das Einstiegsgeld wird dabei als Zuschuss zum Alg II gezahlt.

Einkommens- und Vermögensanrechnung:
Der SGB II-Bedarf setzt sich regelmäßig aus den Positionen: Regelleistung, Kosten der Unterkunft und Heizung und ggfs. Mehrbedarf nach § 21 zusammen. Aufgrund des Nachranggrundsatzes ist auf diesen Bedarf anzurechnen eigenes Einkommen und Vermögen, soweit es nicht geschont ist, sowie überschüssiges Einkommen und nicht geschontes Vermögen von Mitgliedern der Bedarfsgemeinschaft,

soweit das nach den Regeln der Einsatzgemeinschaft – § 9 Abs. 2 Satz 1 u. 2 SGB II – zu geschehen hat.

Das zu berücksichtigende und anrechenbare Einkommen ist in § 11 SGB II, das zu berücksichtigende Vermögen ist in § 12 SGB II geregelt. Ergänzt werden diese Regelungen durch § 30 SGB II und die Alg-II-Verordnung.

Die Sanktionen:
§ 31 SGB II enthält ein ausgeklügeltes Sanktionsinstrument. Angefangen von der Weigerung, eine Eingliederungsvereinbarung abzuschließen und sich aus dieser ergebende Pflichten zu erfüllen, eine zumutbare Arbeit, Ausbildung oder Arbeitsgelegenheit aufzunehmen oder fortzuführen, über Meldeversäumnisse bis zum unwirtschaftlichen Verhalten oder Veranlassung für eine Sperrzeit geben wird Verhalten durch Wegfall des befristeten Zuschlags nach § 24 und durch eine Absenkung der Regelleistung sanktioniert. Dies gilt auch bei Meldeversäumnissen und Nichterscheinen bei ärztlichen oder psychologischen Untersuchungsterminen, und zwar um 10 %, in den übrigen Fällen um 30 % – jeweils für die Dauer von drei Monaten.

Bei zwei oder mehr Verstößen innerhalb eines Jahres, die für sich genommen eine Absenkung um 30 % zu Folge haben, wird die Regelleistung beim zweiten Verstoß um 60 %, beim dritten und jedem weiteren Verstoß um 100 % abgesenkt – bei Personen, die das 15. Lebensjahr, aber noch nicht das 25. Lebensjahr vollendet haben, entfällt bereits bei einem ersten Verstoß die Regelleistung in voller Höhe.

Im letzteren Fall und bei einer Absenkung um mehr als 30 % kann der zuständige Träger ergänzende Sachleistungen oder geldwerte Leistungen erbringen. Ergänzende Leistungen nach dem 3. Kapitel des SGB XII – Hilfe zum Lebensunterhalt – sind ausgeschlossen.

Die Leistungsträger:
Die Träger dieser Leistungen sind die Bundesagentur für Arbeit und die kommunalen Träger (Landkreise und kreisfreie Städte). Und zwar müssen die kommunalen Träger die Leistungen für Unterkunft und Heizung sowie die Leistungen für die einmaligen Bedarfe tragen, während die Bundesagentur für Arbeit Träger der übrigen Leistungen ist – § 6 SGB II. Als einheitliche Anlauf-, Antrags- und Entscheidungsstelle sowie auch Widerspruchsstelle dienen die bei den Job-Centern gebildeten Arbeitsgemeinschaften, zu deren Errichtung die Bundesagentur für Arbeit und die kommunalen Träger gem. § 44 b SGB II gesetzlich verpflichtet sind. Dies gilt nicht für die 69 kommunalen Träger, die aufgrund der Experimentierklausel des § 6 a SGB II als Leistungsträger für alle Leistungen nach dem Gesetz zugelassen sind (sog. Optionskommunen).

Verfahrensrechtliches:
Die Leistungen nach dem SGB II sind antragabhängig. Der Antrag kann von erwerbsfähigen Hilfebedürftigen für alle Mitglieder der Bedarfsgemeinschaft gestellt werden – § 38 SGB II.

Widerspruch und Anfechtungsklage gegen einen Verwaltungsakt, der über Leistungen der Grundsicherung für Arbeitsuchende entscheidet, haben keine aufschiebende Wirkung. Zuständig für Streitigkeiten aus dem SGB II sind die Gerichte der

Sozialgerichtsbarkeit (§ 51 Abs. 1 Nr. 4 a SGG), so dass wegen der fehlenden aufschiebenden Wirkung nur vorläufiger Rechtsschutz über ein Verfahren nach § 86 b Abs. 1 Nr. 1 SGG – Anordnung der aufschiebenden Wirkung – in Betracht kommt.[41]

Ausblick:
Mit dem SGB II und dem SGB XII hat der Gesetzgeber in einer Zeit der Massenarbeitslosigkeit – nach Inkrafttreten des Gesetzes gab es mehr als 5 Millionen Arbeitslose – einen ersten Schritt zum viel geforderten Umbau des Sozialstaats gemacht. Das SGB II hat viele Betroffene in die Armut geführt und wird das voraussichtlich weiter tun. Es verursacht mehr Kosten als die frühere Arbeitslosenhilfe und Hilfe zum Lebensunterhalt des BSHG, was in Zukunft zu weiteren Verschärfungen führen wird. Durch dieses Gesetz ist ein neuer Sozialleistungsbereich eröffnet worden, bei dem man vergeblich nach einer Menschenwürdeorientierung sucht, der das BSHG verpflichtet war und die immerhin im SGB XII fortgeschrieben worden ist. Das SGB II wirft viele verfassungsrechtliche Fragen auf, die einer Entscheidung durch zukünftige Rechtsprechung harren. Es hat zu einer von der Politik nicht erwarteten Kostensteigerung geführt mit der Folge, dass diese versuchen wird, dem durch weitere Einschränkungen gesetzlicher Rechte entgegenzusteuern.

14.4.3 Der neue Kinderzuschlag nach § 6 a BKGG

a) Grundsätzliches:
In der Gesetzesbegründung zum Vierten Gesetz über moderne Dienstleistungen am Arbeitsmarkt[42] hieß es auf den Seiten 1 und 2 zur Zielsetzung dieser neuen Sozialleistung: »Der erste Armuts- und Reichtumsbericht der Bundesregierung kommt u. a. zu dem Ergebnis, dass insbesondere Familien von Armut bedroht sein können. Die Bundesregierung hat sich deshalb zum Ziel gesetzt, alle Anstrengungen zu unternehmen, um Armut von Kindern zu vermindern. Allein rd. 1.000.000 Kinder sind im heutigen Sozialhilfebezug und werden mit ihren Familien in Zukunft i. d. R. Anspruch auf das neue »Arbeitslosengeld II« haben. Zusätzlich zu diesen werden nach der geplanten Zusammenführung von Arbeitslosenhilfe und Sozialhilfe weitere Familien und Kinder aus der Sozialhilfe in das Arbeitslosengeld II wechseln. Es soll jedoch verhindert werden, dass Familien allein wegen der Unterhaltsbelastung für die Kinder auf Arbeitslosengeld II angewiesen sind. Ergänzend hierzu ist ein Arbeitsanreiz durch eine gezielte Förderung einkommensschwacher Familien erforderlich«.

Der neue Kinderzuschlag ist als Sozialleistung zwar im BKGG geregelt, der Sache nach handelt es sich jedoch um eine Leistung, die ihrem Wortlaut nach nur im Zusammenhang mit dem SGB II in Betracht kommen kann.[43] Der neue § 6 a BKGG ist durch Art. 46 des Vierten Gesetzes für moderne Dienstleistungen am Arbeitsmarkt vom 24. 12. 2003[44] eingeführt worden, ist durch das Kommunale Options-

---
41 Zum vorläufigen Rechtsschutz siehe dazu in Kapitel 20 unter 20.3.5 und 20.3.6.
42 BT-Drucksache 15/1516 vom 5. 9. 2003.
43 Zur Frage der Anwendbarkeit im Rahmen des SGB XII siehe weiter unten.
44 BGBl. I 2003 S. 2954 – Art. 46 S. 2994.

gesetzes vom 30. 7. 2004[45] geändert und hat seine jetzige Fassung durch das SGB-Fortentwicklungsgesetz vom 20. 7. 2006[46] erhalten.

Wenn durch den Kinderzuschlag vermieden werden soll, dass Familien allein deshalb Leistungen nach dem SGB II beanspruchen müssen, weil das elterliche Einkommen zwar zur eigenen Bedarfsdeckung ausreicht, der Bedarf von Kindern aber nicht vollständig daraus gedeckt werden kann, ergeben sich aus der gesetzlichen Regelung folgende Konsequenzen:

- reicht das elterliche Einkommen nicht aus, um den Bedarf nach dem SGB II zu finanzieren, bleibt es unter dem sog. Mindesteinkommen, besteht kein Anspruch auf den Kinderzuschlag,
- ergibt sich rechnerisch ein Kinderzuschlag, reicht dieser aber mit anderen beim Kind zu berücksichtigenden Einkommen nicht aus, um dessen Bedarf vollständig zu decken, besteht kein Anspruch auf den Kinderzuschlag[47],
- führt der Kinderzuschlag mit anderem, beim Kind zu berücksichtigendem Einkommen zur vollständigen Bedarfsdeckung des Kindes, besteht kein Anspruch auf Leistungen nach dem SGB II,
- überschreitet das elterliche Einkommen eine bestimmte Höchstgrenze – siehe dazu weiter unten – entfällt der Anspruch auf den Kinderzuschlag.

b) **Zuständigkeit und Verfahrensrechtliches**
- Zuständige Stelle für die Bewilligung des Kinderzuschlags ist die Familienkasse der örtlichen Agentur für Arbeit – § 13 BKGG.
- Der Kinderzuschlag ist schriftlich zu beantragen; im Falle seiner Ablehnung ist ein schriftlicher Bescheid zu erlassen.
- Für das Verfahren gelten die Vorschriften des SGB X – Verwaltungsverfahren – und des SGB I – Allgemeiner Teil – hier insbesondere die Mitwirkungsobliegenheiten nach §§ 60 ff. Für Streitigkeiten über den Kinderzuschlag sind die Gerichte der Sozialgerichtsbarkeit zuständig – § 15 BKGG.

c) **Höhe und Dauer des Kinderzuschlags**
- Der Kinderzuschlag beträgt für jedes zu berücksichtigende Kind bis zu 140 Euro monatlich.
- Sind mehrere berücksichtigungsfähige Kinder vorhanden, führt der Gesetzgeber den neuen Begriff des **Gesamtkinderzuschlags** als Summe der einzelnen Kinderzuschläge an.
- Der Gesamtkinderzuschlag wird längstens für 36 Monate gezahlt. Mit dieser zeitlichen Begrenzung – so die Gesetzesbegründung – sollen Mitnahmeeffekte vermieden werden.[48]
- Er soll – in Anlehnung an die Regelung in § 41 Abs. 1 SGB II für jeweils 6 Monate bewilligt werden.

---

45 BGBl. I 2004 S. 2014.
46 BGBl. I 2006 S. 1706.
47 Dies ergibt sich aus der Logik der Regelung, dürfte aber eine nur theoretische Überlegung sein, da eine entsprechende Überprüfung nach Informationen des BMFSFJ nicht vorgesehen ist.
48 BT-Drucksache 15/1516 S. 84.

d) Die maßgeblichen Voraussetzungen für den Kinderzuschlag und seine Berechnung:
Kindbezogene Voraussetzungen:
- Sie dürfen das 25. Lebensjahr noch nicht vollendet haben,
- sie müssen mit der bezugsberechtigten Person in einem Haushalt leben,
- sie müssen bedürftig im Sinne des SGB II sein, d. h. sie dürfen nicht über Vermögen verfügen, das nach Maßgabe von § 12 SGB II – ggfs. in Verbindung mit der dazu ergangenen Verordnung – nicht geschont ist und sie dürfen nicht über berücksichtigungsfähiges Einkommen im Sinne des § 11 SGB II – in Verbindung mit der dazu ergangenen Verordnung – verfügen, das höher als ihr Bedarf nach dem SGB II ist.
- Verfügen sie über berücksichtigungsfähiges Einkommen, wird dieses Einkommen auf den Kinderzuschlag angerechnet, d. h. dieser mindert sich entsprechend. Wohngeld ist hierbei nicht als Einkommen anzusetzen und Kindergeld bleibt ebenfalls außer Betracht.

Voraussetzungen bei der bezugsberechtigten Person:
- Sie muss für das Kind oder die Kinder Anspruch auf Kindergeld nach dem X. Abschnitt des Einkommensteuergesetz oder eine vergleichbare Leistung im Sinne des § 4 BKGG haben,
- es muss ein bestimmtes Mindesteinkommen vorliegen, andererseits darf eine bestimmte Einkommensgrenze nicht überschritten sein,
- durch den Kinderzuschlag soll Hilfebedürftigkeit nach § 9 SGB II vermieden werden; die Hilfebedürftigkeit ist in § 9 Abs. 1 Satz 1 SGB II wie folgt definiert: »Hilfebedürftig ist, wer seinen Lebensunterhalt, seine Eingliederung in Arbeit und den Lebensunterhalt der mit ihm in einer Bedarfsgemeinschaft lebenden Personen nicht oder nicht ausreichend aus eigenen Kräften und Mitteln vor allem nicht ... sichern kann und ....«. Dies bedeutet, dass infolge des Kinderzuschlags, der als Einkommen des Kindes anzurechnen ist, für das Kind keine Zahlung von Alg II oder Sozialgeld erforderlich ist. Der Kinderzuschlag soll somit den Bezug von Geldleistungen zur Sicherung des Lebensunterhalts nach dem SGB II ausschließen.

e) Die Höhe des Kinderzuschlags:
- Ob der Kinderzuschlag in voller Höhe von 140 Euro oder in geminderter Höhe zusteht, hängt – abgesehen von eigenem Einkommen des Kindes (s. oben) von der **Höhe des elterlichen Einkommens** ab:
- Als elterliches Einkommen gilt dabei dasjenige mit dem Kind im gemeinsamen Haushalt lebenden
  - allein erziehenden Elternteils,
  - Ehepaares oder
  - als eingetragene Lebenspartner oder
  - in einer eheähnlichen Gemeinschaft zusammen lebenden Paares.
- Soweit nicht eigenes Einkommen des Kindes den Kinderzuschlag mindert, wird der Kinderzuschlag in voller Höhe, also in Höhe von 140 Euro gezahlt, wenn: das nach den §§ 11, 12 SGB II mit Ausnahme des Wohngelds zu berücksichtigende elterliche Einkommen oder Vermögen einem Betrag in Höhe des ohne die Berücksichtigung von Kindern jeweils maßgeblichen Arbeitslosengelds II

nach § 19 Abs. 1 Nr. 1 SGB II oder des Sozialgelds nach § 28 SGB II entspricht; bei diesem Einkommen handelt es sich um das **Mindesteinkommen**.

f) **Das Mindest- und das Höchsteinkommen an einem Berechnungsbeispiel und die Minderung des Kinderzuschlags**

Ein Berechnungsbeispiel: Es soll um ein Ehepaar in Berlin mit einem Kind gehen, bei dem beide Ehepartner erwerbsfähig im Sinne des SGB II sind und die angemessene Warmmiete 490 Euro betragen soll. Das Mindesteinkommen setzt sich zusammen aus der Regelleistung und der auf die Eltern entfallenden anteiligen Warmmiete. Bei der Regelleistung geht es um zwei Mal 90 % von 345 Euro, also zwei Mal 311 Euro = 622 Euro. Die auf die Eltern entfallenden anteiligen Kosten der Unterkunft und Heizung werden nach dem Verhältnis der Kosten für Unterkunft und Heizung, die sich für Eltern bzw. Kinder aus dem Fünften Existenzminimumbericht der Bundesregierung für das Jahr 2005[49] ergeben, aufgeteilt; aus diesem Existenzminimumbericht ergibt sich ein für Ehepaare ermittelter monatlicher Betrag von 332 Euro als durchschnittliche Bruttokaltmiete und ein durchschnittlicher monatlicher Betrag von 64 Euro für Heizung, zusammen also 396 Euro als Warmmiete. Für Kinder ergibt sich als Kaltmiete ein Betrag von 67 Euro und für Heizung ein Betrag von 13 Euro, zusammen also 80 Euro. Bei dieser Familienkonstellation beträgt der auf die Eltern entfallende Prozentsatz an der zusammengerechneten Warmmiete 83,2 %, denn 83,2 % von 476 Euro (396 + 80) ergeben 396 Euro.[50] Also entfallen im Beispiel 83,2 % von 490 Euro als Mietanteil auf die Eltern, das sind 407,70 Euro, gerundet 408 Euro; mithin beträgt das Mindesteinkommen 622 + 408 = 1.030 Euro. Das bereinigte elterliche Einkommen muss also mindestens diesen Betrag erreichen, damit eine Anspruchssituation für den Kinderzuschlag entstehen kann.

Das Höchsteinkommen besteht aus der Summe von Mindesteinkommen und Gesamtkinderzuschlag; wird das Höchsteinkommen überschritten, entfällt der Anspruch auf den Kinderzuschlag.

Im obigen Beispiel beträgt die Höchstgrenze 1.030 + 140 = 1.170 Euro; siehe dazu das Berechnungsbeispiel unter 5.3.5.

Soweit sich das elterliche Einkommen zwischen Mindesteinkommen und Höchstgrenze bewegt, wird der Kinderzuschlag in Abhängigkeit von dem das Mindesteinkommen übersteigenden Betrag gemindert.

Dabei hängt die Höhe der Minderung zusätzlich von der Zusammensetzung des elterlichen Einkommens ab, wobei Erwerbseinkommen privilegiert behandelt wird:

- gehören zu den Einkommensquellen auch Einkünfte aus Erwerbstätigkeit – damit ist selbständige oder nicht selbständige Erwerbstätigkeit gemeint – er-

---

49 BT – Drucksache 15/2462.
50 Da sich die Rundungsvorschrift des § 41 Abs. 2 SGB II ausdrücklich nur auf Euro-Beträge bezieht, wird in dem Berechnungsbeispiel bei den Prozentsätzen hinter dem Komma nicht gerundet.

folgt für jede Überschreitung des maßgeblichen Mindestbetrages um 10 Euro eine Minderung des Kinderzuschlags um 7 Euro, anders ausgedrückt: der übersteigende Betrag wird nicht in voller Höhe, sondern nur in Höhe von 70 % angerechnet.
- Die Privilegierung entfällt dann, wenn die Einkommensquellen, die sich nicht aus Erwerbstätigkeit speisen, für sich genommen bereits das maßgebliche Mindesteinkommen überschreiten.
In diesem Fall erfolgt eine 100 %ige Anrechnung, genauso wie bei der Konstellation, bei der zu den Einkünften keine Einkünfte aus Erwerbstätigkeit gehören. In diesen Fällen erfolgt pro Überschreitung des Mindesteinkommens um 10 Euro eine Absenkung des Kinderzuschlags um 10 Euro.
- Im obigen Beispiel bliebe bei Erreichen der Höchstgrenze noch ein Kinderzuschlag von 42 Euro (30 % von 280 Euro) übrig, wenn das Einkommen ganz oder zum überwiegenden Teil aus Erwerbseinkommen bestünde – bei Einkommen aus anderen Einkommensarten würde der Kinderzuschlag zu 100 % abgeschmolzen.

g) Ausblick:
Ob der Kinderzuschlag in der Lage ist oder sein wird, den gesetzgeberischen Zweck – Vermeidung von Kinderarmut – zu realisieren, darf bezweifelt werden. Neben vielen anderen mit dem Kinderzuschlag verbundenen Problemen[51] besteht eine Hauptproblematik darin, dass die Kosten für Unterkunft und Heizung im System SGB II anders berechnet werden als im System Kinderzuschlag. Das Berechnungsprogramm der Bundesagentur für Arbeit und dieser Umstand erschweren jedenfalls das Erkennen von Ansprüchen auf den Kinderzuschlag. Immerhin hat der Gesetzgeber inzwischen erkannt, dass die Durchsetzung des Kinderzuschlags in Fällen, in denen ansonsten ein Anspruch auf den befristeten Zuschlag nach § 24 SGB II besteht, zu einer finanziellen Schlechterstellung führen kann[52] und durch Anfügung eines Abs. 5 an § 6 a BKGG durch das SGB II – Fortentwicklungsgesetz die Möglichkeit eröffnet, auf den Kinderzuschlag zu verzichten.

14.4.4 Sozialhilfe – Sozialgesetzbuch XII[53]

14.4.4.1 Allgemeines
a) Der Aufbau des SGB XII
Das neue SGB XII ist am 1. 1. 2005 in Kraft getreten. In ihm wird die Unterscheidung zwischen den beiden großen unterschiedlichen Hilfearten »Hilfe zum Lebensunterhalt« und »Hilfe in besonderen Lebenslagen« aufgegeben; die Grundsicherung im Alter und bei verminderter Erwerbsfähigkeit, vorher im eigenstän-

---

51 Siehe dazu Winkel, Rolf, Der neue Kinderzuschlag: eine familienpolitische Seifenblase, in: Soziale Sicherheit 12/2004 S. 402; Kievel, Winfried, Der Kinderzuschlag nach § 6 a BKGG – Zugleich ein Beitrag zur Berechnung von Ansprüchen auf Alg II und Sog, ZfF 2005 S. 97 ff.
52 Siehe dazu das entsprechende Berechnungsbeispiel bei Kievel.
53 Die in diesem Abschnitt ohne besondere Kennzeichnung angeführten Paragraphen sind solche des SGB XII.

digen GSiG geregelt, ist in das SGB XII integriert und als Kapitel 4 des Gesetzes zu einem Leistungsbereich der Sozialhilfe geworden.

Kapitel 1 enthält allgemeine Vorschriften wie die Aufgabe des Gesetzes und den Nachranggrundsatz. Im Kapitel 2 sind weitere Leistungsgrundsätze zusammengefasst und Regelungen zum Leistungsanspruch enthalten. Nach § 8 des Gesetzes umfasst die Sozialhilfe nunmehr:

Kap. 3	Hilfe zum Lebensunterhalt – §§ 27-40
Kap. 4	Grundsicherung im Alter und bei Erwerbsminderung §§ 41-46
Kap. 5	Hilfen zur Gesundheit – §§ 47-52
Kap. 6	Eingliederungshilfe für behinderte Menschen – §§ 53-60
Kap. 7	Hilfe zur Pflege – §§ 61-66
Kap. 8	Hilfe zur Überwindung besonderer sozialer Schwierigkeiten – §§ 67-69
Kap. 9	Hilfe in anderen Lebenslagen – §§ 70-74, dahinter verbergen sich: Hilfe zur Weiterführung des Haushalts, Altenhilfe, Blindenhilfe und Hilfe in sonstigen Lebenslagen sowie die jeweils gebotene Beratung und Unterstützung

Im 11. Kapitel finden sich die Regelungen über den Einsatz des Einkommens und Vermögens und im 12. Kapitel die Regelungen über die örtliche und sachliche Zuständigkeit der Sozialhilfeträger.

b) Funktion und persönlicher Anwendungsbereich der Leistungsbereiche des Gesetzes im Überblick

Hilfe zum Lebensunterhalt (HLU) – Kapitel 3

Die Hilfe zum Lebensunterhalt, die nach wie vor nicht antragsabhängig ist, hat existenzsichernde Funktion, im Gegensatz zu den anderen Leistungsbereichen ist der Personenkreis, für den HLU in Betracht kommen kann, jedoch nicht im Gesetz beschrieben; er kann sozusagen nur im Ausschlussverfahren ermittelt werden. Danach müssen in Abgrenzung zum Anwendungsbereich des SGB II und zum Anwendungsbereich des 4. Kapitels des SGB XII – Grundsicherung im Alter und bei verminderter Erwerbsfähigkeit – folgende Kriterien erfüllt sein:

- es darf keine Erwerbsfähigkeit im Sinne des SGB II vorliegen,
- das 65. Lebensjahr darf noch nicht erreicht sein,
- es darf ab Erreichen des 18. Lebensjahres keine dauerhafte volle Erwerbsminderung im Sinne der gesetzlichen Rentenversicherung vorliegen,
- es darf kein Zusammenleben in einer Bedarfsgemeinschaft vorliegen, in der sich ein erwerbsfähiger Hilfebedürftiger nach dem SGB II befindet

Weitere Fallgestaltungen sind nicht ausgeschlossen. Insgesamt gesehen ist der Anwendungsbereich der Hilfe zum Lebensunterhalt neuer Art jedenfalls tendenziell zur Bedeutungslosigkeit verurteilt.

Grundsicherung im Alter und bei verminderter Erwerbsfähigkeit – Kapitel 4

Auch die Grundsicherung hat existenzsichernde Funktion und bezieht sich auf Personen mit gewöhnlichem Aufenthalt im Inland, und zwar auf Personen:

1. die das 65. Lebensjahr vollendet haben,
2. die das 18. Lebensjahr vollendet haben und dauerhaft voll erwerbsgemindert im Sinne der gesetzlichen Rentenversicherung sind.

Dies gilt, auch soweit sie sich in einer Bedarfsgemeinschaft im Sinne des SGB II befinden, in der ein erwerbsfähiger Hilfebedürftiger im Sinne des SGB II lebt; denn die Grundsicherung nach diesem Kapitel des SGB XII geht dem Sozialgeld im Sinne des SGB II vor – § 5 Abs. 2 Satz 2 SGB II.

Die Leistungen dieses Leistungsbereichs sind antragsabhängig.

Leistungsbereiche der Kapitel 5-9, die weiter als Hilfe in besonderen Lebenslagen bezeichnet werden soll
Nach diesen Kapiteln wird eine Unterstützung durch Dienst-, Geld- und Sachleistungen in besonders schwierigen Lebenssituationen festgelegt, unabhängig von der Frage, aus welchen Quellen sich der Finanzbedarf zur Sicherung des Lebensunterhalts speist. Das setzt voraus, dass sich personenbezogen die im Gesetz in den Kapiteln 5 bis 9 abstrakt und allgemein beschriebene, besondere Lebenslage realisiert.

Die Regelungen in den Kapiteln 5 bis 9 übernehmen im Wesentlichen die Regelungen der Hilfe in besonderen Lebenslagen, wie sie sich im BSHG in den § 27-75 fanden. Neu ist bei der Eingliederungshilfe für behinderte Menschen und bei der Hilfe zur Pflege die mit den entsprechenden Änderungen des SGB IX einhergehende Einführung eines trägerübergreifenden persönlichen Budgets – § 57 und § 61 Abs. 2 Satz 2 SGB XII.

Die Leistungen dieses Leistungsbereiches sind nicht von einem Antrag abhängig – es gilt, wie bei der Hilfe zum Lebensunterhalt der Kenntnisgrundsatz – siehe § 18 SGB XII.

c) Allgemeine Regelungen und allgemeine Leistungsgrundsätze
Aufgabe der Sozialhilfe ist es nach wie vor, die Führung eines menschenwürdigen Lebens zu ermöglichen – und ebenso ihr Ziel, Leistungsempfänger zu befähigen, unabhängig von ihr zu leben – ist nach wie vor gültig – siehe § 1. Allerdings gibt es bereits an dieser Stelle eine stärkere Betonung der Mitwirkungspflichten durch § 1 Satz 3.

Das Nachrangprinzip der Sozialhilfe bleibt im Prinzip in der bekannten Fassung erhalten – § 2 – aber mit der Modifikation, dass als konkrete Selbsthilfemöglichkeit jetzt an erster Stelle der **Einsatz der Arbeitskraft** aufgeführt wird.

Auch das Subsidiaritätsprinzip im Verhältnis zu freien Trägern – § 5 – und das Fachkräfteprinzip – § 6 sind aus dem BSHG übernommen worden. Der Einzelfallgrundsatz findet sich jetzt in § 9 Abs. 1 des Gesetzes.

Das Wunsch- und Wahlrecht ist in § 9 Abs. 2 und 3 im Wesentlichen erhalten geblieben, jedoch mit der Modifikation, dass Wünschen des Leistungsempfängers, den Bedarf stationär oder teilstationär zu decken, nur entsprochen werden soll, wenn dies zur individuellen, ausreichenden Bedarfsdeckung erforderlich ist – § 9 Abs. 2 Satz 2.

§ 11 enthält eine Verstärkung von Mitwirkungsverpflichtungen unter der Überschrift »Beratung und Unterstützung, Aktivierung«.

Die Beratung nach § 11 Abs. 2 und die Unterstützung nach § 11 Abs. 3 beziehen sich vor allem auf die Stärkung der aktiven Teilnahme am Leben in der Gemeinschaft unter Einschluss eines gesellschaftlichen Engagements.

Die Arbeitsverpflichtung nach dem früheren § 18 Abs. 1 BSHG findet sich im § 11 Abs. 3 Satz 3 in folgender veränderter Fassung: »Können Leistungsberechtigte durch Aufnahme einer zumutbaren Tätigkeit Einkommen erzielen, sind sie hierzu sowie zur Teilnahme einer erforderlichen Vorbereitung verpflichtet«.

Die Ablehnung einer Tätigkeit oder der einer Vorbereitungsmaßnahme wird auch bei der Hilfe zum Lebensunterhalt sanktioniert – siehe § 39.

Nach § 11 Abs. 3 Satz 2 umfasst, soweit Leistungsberechtigte zumutbar einer Tätigkeit nachgehen können, die Unterstützung auch das Angebot einer Tätigkeit sowie die Vorbereitung und Begleitung.

Durch § 12 wird eine sog. **Leistungsabsprache** eingeführt:
Vor oder spätestens bis zu vier Wochen nach Beginn fortlaufender Leistungen sollen in einer schriftlichen Leistungsabsprache die Situation der leistungsberechtigten Personen sowie ggfs. Wege zur Überwindung der Notlage und zu gebotenen Möglichkeiten der aktiven Teilnahme in der Gemeinschaft gemeinsam festgelegt und die Leistungsabsprache unterzeichnet werden – § 12 Satz 1.

Im Unterschied zur Eingliederungsvereinbarung des SGB II handelt es sich dabei nicht um einen Vertrag im Sinne des § 53 SGB X; das Gesetz belegt Verweigerung der Mitwirkung, einschließlich der Verweigerung der Unterschriftsleistung, nicht mit Sanktionen.

Eingetragene Lebenspartnerschaften nach LPartG werden in allen Leistungsbereichen des Gesetzes der Ehe gleichgestellt, § 19 Abs. 1, 2 und 3.

Die alte Regelung des § 122 BSHG, nach der Personen, die in eheähnlicher Gemeinschaft leben, hinsichtlich der Voraussetzungen und des Umfangs der Sozialhilfe nicht besser gestellt werden dürfen als Ehegatten, gilt weiterhin in allen Leistungsbereichen des Gesetzes und zwar mit der Ergänzung, dass lebenspartnerschaftsähnliche Gemeinschaften mit einbezogen sind – § 20.

Bei einer Person, die schwanger ist oder ihr leibliches Kind bis zur Vollendung des 6. Lebensjahres betreut, werden Einkommen und Vermögen der Eltern oder eines Elternteils nicht berücksichtigt. Dies gilt bei Zusammenleben mit Eltern oder Elternteil – § 19 Abs. 4 – aber auch bei eigenem Haushalt des Kindes. § 94 Abs. 1 Satz 4 gilt für alle Leistungsbereiche.

d) Allgemeine Leistungsausschlüsse und allgemeine Leistungseinschränkungen sowie Verhältnis zu anderen Leistungen

Leistungsausschlüsse
- **Aufgrund des allgemeinen Nachranggrundsatzes** – § 2 Abs. 1 SGB II: Leistungen der Sozialhilfe erhält nicht, wer sich vor allem durch Einsatz seiner Arbeits-

kraft, seines Einkommens oder Vermögens selbst helfen kann oder soweit die Hilfebedürftigkeit anderweitig beseitigt werden kann.

- **Personenbezogene Ausschlussgründe:**
  - Leistungsberechtigte, die nach § 1 Asylbewerberleistungsgesetz Anspruch auf Leistungen haben erhalten keine Leistungen der Sozialhilfe – § 23 Abs. 2,
  - mit Sozialhilfebezugsabsicht eingereiste Ausländer haben keinen Anspruch auf Sozialhilfe – § 23 Abs. 4,
  - Deutsche, die ihren gewöhnlichen Aufenthalt im Ausland haben, erhalten keine Leistungen – § 34 Abs. 1 Satz 1 – Ausnahmen davon im Einzelfall unter den in § 34 Abs. 1 Satz 2 aufgeführten Voraussetzungen.

Leistungseinschränkungen
- Ausländern, die sich im Inland tatsächlich aufhalten, ist – soweit kein Leistungsausschluss greift – Hilfe zum Lebensunterhalt, Hilfe bei Krankheit, Schwangerschaft und Mutterschaft sowie Hilfe zur Pflege zu gewährleisten – § 23 Abs. 1 Satz 1; diese Einschränkung entfällt unter den Voraussetzungen des Satzes 3.
- Von der Einschränkung nach Satz 1 sind die Leistungen nach dem 4. Kapitel – Grundsicherung im Alter und bei verminderter Erwerbsfähigkeit – nicht betroffen, wie § 23 Abs. 1 Satz 2 klarstellt.

e) **Verhältnis zu anderen Leistungen und zwischen den Leistungsbereichen des SGB XII**
- Leistungen nach dem 4. Kapitel des SGB XII – Leistungen der Grundsicherung im Alter und bei Erwerbsminderung – sind gegenüber dem Sozialgeld nach dem SGB II vorrangig – § 5 Abs. 2 Satz 3 SGB II.
- Personen, die nach dem SGB II als Erwerbsfähige oder als Angehörige dem Grunde nach leistungsberechtigt sind, erhalten keine Leistungen für den Lebensunterhalt – § 21 Satz 1; das gilt auch bei Absenkung oder Wegfall von Arbeitslosengeld II oder Sozialgeld nach §§ 31, 32 SGB II, denn die Anspruchsberechtigung entfällt durch die Absenkung oder den Wegfall nicht.
- Leistungen der Grundsicherung im Alter und bei verminderter Erwerbsfähigkeit gehen zwar der Hilfe zum Lebensunterhalt nach dem 3. Kapitel vor – siehe § 19 Abs. 2 Satz 3; bei den Leistungen der Grundsicherung handelt es sich aber jetzt um Hilfe zum Lebensunterhalt für den unter das 4. Kapitel fallenden Personenkreis mit einer Reihe von Besonderheiten, die das Verfahren und die Einkommens- und Vermögensberücksichtigung unterhaltsverpflichteter Eltern und Kinder betreffen.
- Nach § 1 Abs. 2 Nr. 2 u. 3 Wohngeldgesetz sind Empfänger von Leistungen der Grundsicherung und der Hilfe zum Lebensunterhalt nach dem SGB XII, bei deren Berechnung Kosten der Unterkunft berücksichtigt worden sind, von Wohngeld ausgeschlossen. Siehe aber die Möglichkeit des Verzichtes auf Hilfe zum Lebensunterhalt oder Grundsicherung, um Wohngeld zu erhalten – unter 14.3.5 am Ende.

14.4.4.2 Hilfe zum Lebensunterhalt (HLU)
a) Notwendiger Lebensunterhalt außerhalb von Einrichtungen

Der notwendige Lebensunterhalt umfasst nach wie vor insbesondere Ernährung, Unterkunft, Kleidung, Körperpflege, Hausrat, Heizung und persönliche Bedürfnisse des täglichen Lebens (§ 27 Abs. 1 Satz 1). Die Hilfe wird jedoch weitgehend pauschaliert. Sie bildet das Referenzsystem zum SGB II und zur Grundsicherung im Alter und bei Erwerbsminderung. Folgende wesentliche Veränderungen ergeben sich bei der Bedarfsermittlung:

- **Regelsätze:** aus den Regelsätzen ist wie im SGB II aus der Regelleistung der gesamte laufende und einmalige Bedarf zu bestreiten, außer:
  - Kosten für Unterkunft und Heizung,
  - Mehrbedarfe,
  - Einmalige Bedarfe und zwar:
    - Erstausstattung für die Wohnung einschließlich Haushaltsgeräten,
    - Erstausstattungen für Bekleidung und Erstausstattungen bei Schwangerschaft und Geburt,
    - mehrtägige Klassenfahrten im Rahmen der schulrechtlichen Bestimmungen,
  - Beiträge für die Kranken- und Pflegeversicherung, sowie ggfs. Altersvorsorgebeiträge

Im Gegensatz zur Regelleistung des SGB II ist nach § 28 Abs. 1 Satz 2 SGB XII eine abweichende Festsetzung der Regelsätze möglich; dies setzt voraus, dass ein Bedarf ganz oder teilweise anderweitig gedeckt ist, oder unabweisbar seiner Höhe nach von einem durchschnittlichen Bedarf abweicht.

---

§ 3 Abs. 2 der Regelsatzverordnung reduziert die bisherigen 4 Gruppen von Haushaltsangehörigen auf zwei, und zwar wie folgt:
- Eckregelsatz/Haushaltsvorstand 100 %
- Haushaltsangehörige bis zur Vollendung des 14. Lebensjahres 60 % des Eckregelsatzes
- alle übrigen Haushaltsangehörigen 80 % des Eckregelsatzes

Die Höhe der Regelsätze wird von den Landesregierungen durch Rechtsverordnung auf der Grundlage der tatsächlichen, statistisch ermittelten Verbrauchsausgaben von Haushalten in unteren Einkommensgruppen festgesetzt (Statistik-Warenkorbmodell). Die Eckregelsätze in den ostdeutschen Bundesländern dürfen nicht mehr als 14 Euro unter dem durchschnittlichen Eckregelsatz in den übrigen Bundesländern liegen.[54]

§ 2 Abs. 2 und 3 der Verordnung sehen detaillierte Bestimmungen zur Ermittlung des Eckregelsatzes durch die Bundesländer vor. Die Regelsätze 2005 sind in den neuen Bundesländern auf 331 Euro, in den alten Bundesländern einschließlich Berlin auf 345 Euro festgesetzt worden (bis auf Bayern, das den Landesregelsatz auf 341 Euro festgesetzt hat verbunden mit der Ermächtigung an die Sozialhilfe-

---

[54] So die derzeit noch geltende Regelung, siehe dazu Spindler, Helga, Das Existenzminimum stirbt in Prozentschritten, info also 2004 S. 184 ff.

träger, regionale höhere Regelsätze festzulegen). Die im Bereich des SGB II erfolgte Angleichung der Regelleistung Ost an die Regelleistung West ist zurzeit im Sozialhilferecht für den Eckregelsatz noch nicht nachvollzogen. Die Grundlage für eine solche Angleichung wird durch das Gesetz zur Änderung des SGB XII und anderer Gesetze, das im Entwurf vorliegt – BR-Drucksache 617/06 vom 31. 8. 2006 – geschaffen. Nach Verabschiedung dieses Gesetzes, die noch im Jahr 2006 erfolgen wird, ist mit einer Angleichung zum 1. 1. 2007 zu rechnen.

- **Mehrbedarfe:**

Der bisherige Mehrbedarf nach § 23 Abs. 1 BSHG für über 65 Jahre alte Personen oder für voll erwerbsgeminderte Personen unter 65 Jahren, jeweils mit Schwerbehindertenausweis mit dem Merkzeichen G, ist dem Grunde nach erhalten, die Höhe beträgt 17 % des maßgeblichen Regelsatzes.

Die Regelungen für die weiteren Mehrbedarfe, wegen Schwangerschaft, Alleinerziehung, für behinderte Menschen, krankheitsbedingter, kostenaufwendiger Ernährung, sind mit den Regelungen des SGB II identisch, so dass darauf verwiesen werden kann.

- **Kosten für Unterkunft und Heizung – § 29 SGB XII**

Die Regelung in § 29 überträgt die Regelung des § 3 der früheren Regelsatzverordnung ins Gesetz, modifiziert und erweitert sie. Leistungen für die Unterkunft werden in Höhe der tatsächlichen Aufwendungen erbracht, soweit diese Aufwendungen angemessen sind, Entsprechendes gilt für die Heizungskosten. Sozialhilferechtlich unangemessene Kosten für die Unterkunft sollen in der Regel längstens für 6 Monate übernommen werden. Beim Wechsel in eine unangemessen teure Wohnung ist der Sozialhilfeträger zur Übernahme der Unterkunftskosten nur verpflichtet, wenn er dem Wohnungswechsel und den damit verbundenen zu hohen Kosten vorher zugestimmt hat. Ist dies nicht der Fall, ist er nur zur Übernahme der angemessenen Unterkunftskosten verpflichtet. Bei vorheriger Zustimmung können Wohnungsbeschaffungskosten, Umzugskosten und Mietkautionen übernommen werden. Es handelt sich also um eine im Wesentlichen dem SGB II inhaltsgleiche Regelung.

Die Zustimmung des Sozialhilfeträgers zum Wohnungswechsel soll erteilt werden, wenn der Umzug durch den Sozialhilfeträger veranlasst wird oder aus anderen Gründen notwendig ist und wenn ohne die Zustimmung eine Unterkunft in einem angemessenen Zeitraum nicht gefunden werden kann.

Leistungen für die Unterkunft und für die Heizung können durch eine monatliche Pauschale abgegolten werden. Es handelt sich hier um eine Ermessensentscheidung des Sozialhilfeträgers, die einen entspannten Wohnungsmarkt und Zumutbarkeit im Einzelfall voraussetzt.

- **Hilfe zum Lebensunterhalt in Sonderfällen – § 34 SGB XII:**

Hier geht es um Schuldenübernahme, insbesondere Übernahme von Mietschulden zur Vermeidung von Wohnungslosigkeit. Schulden können nur übernommen werden, wenn dies zur Sicherung der Unterkunft oder Behebung einer vergleichbaren Notlage gerechtfertigt ist. Sie sollen übernommen werden, wenn dies gerechtfertigt und notwendig ist und sonst Wohnungslosigkeit einzutreten droht. Geldleistungen können als Beihilfe oder als Darlehen übernommen werden.

§ 34 gilt auch für Personen, die nicht hilfebedürftig im Sinne des SGB II – § 9 SGB II – sind.

b) Notwendiger Lebensunterhalt in Einrichtungen – § 35 SGB XII:
Der notwendige Lebensunterhalt in Einrichtungen umfasst den darin erbrachten Lebensunterhalt sowie in stationären Einrichtungen zusätzlich den weiteren notwendigen Lebensunterhalt. Der notwendige Unterhalt in Einrichtungen entspricht dem Umfang der Leistungen der Grundsicherung nach § 42 Satz 1 Nr. 1 bis 3. Der weitere notwendige Lebensunterhalt umfasst insbesondere:

1. Kleidung und
2. einen angemessenen Barbetrag (Taschengeld) zur persönlichen Verfügung.

Der Barbetrag beträgt mindestens 26 % des Eckregelsatzes; für unter 18jährige wird der Barbetrag landesbehördlich festgesetzt.

§ 39 bedeutet im Vergleich zum alten Sozialhilferecht eine entscheidende Veränderung: nach dem damaligen § 27 Abs. 3 BSHG war der in einer Einrichtung gewährte Lebensunterhalt Bestandteil der Hilfe in besonderen Lebenslagen. Das ist nach § 39 SGB XII nicht der Fall mit der Folge, dass bei Zusammentreffen von Maßnahmekosten und Lebensunterhaltskosten die Einkommensanrechnung getrennt und nach unterschiedlichen Maßstäben zu erfolgen hat.

c) Darlehn
Ergänzende Darlehn – § 37 SGB XII:
Kann im Einzelfall ein von den Regelsätzen umfasster und nach den Umständen unabweisbar gebotener Bedarf auf keine andere Weise gedeckt werden, sollen auf Antrag hierfür notwendige Leistungen als Darlehen gewährt werden.

Bei Empfängern von Hilfe zum Lebensunterhalt kann die Rückzahlung des Darlehns in monatlichen Teilbeträgen in Höhe von bis zu 5 % des Eckregelsatzes von der Leistung einbehalten werden.

Darlehn bei vorübergehender Notlage:
Sind Regelsatzleistungen, Leistungen für Unterkunft und Heizung, Mehrbedarf, Übernahme von Kranken-, Pflegeversicherungs- und Altersvorsorgebeiträge voraussichtlich nur für kurze Dauer zu erbringen, können sie als Darlehn gewährt werden.

d) Berücksichtigung von Einkommen und Vermögen anderer Personen bei der Bedarfsermittlung:
Im Rahmen der **Einsatzgemeinschaft**, nun geregelt in § 19 Abs. 1 Satz 2 SGB XII (entspricht dem früheren § 11 Abs. 1 Satz 2 BSHG) jetzt aber unter Einbeziehung nicht dauernd getrennt lebender Lebenspartner.
Im Rahmen der **Haushaltsgemeinschaft nach § 36** – Vermutung der Bedarfsdeckung:

Die im früheren § 16 BSHG enthaltene Regelung, die sich nur auf Verwandte und Verschwägerte bezog, ist auf alle Wohngemeinschaften ausgedehnt worden. Bei Zusammenwohnen von Personen in einer Wohnung wird gemeinsames Wirtschaften vermutet mit der Folge, dass die bedürftige Person von den anderen Personen Leistungen erhält, soweit das nach deren Einkommen und Vermögen erwartet werden kann.

Die Vermutung greift nicht:

- bei bedürftigen Personen, die schwanger sind oder ihr leibliches Kind bis zum 6. Lebensjahr betreuen,
- bei behinderten oder pflegebedürftigen Menschen in Bezug auf die mit ihnen zusammen wohnenden und sie betreuenden Personen.

Im Übrigen kann die Vermutung widerlegt werden: Wenn kein gemeinsames Wirtschaften vorliegt oder die bedürftige Person von den anderen keine oder keine ausreichenden Leistungen erhält, hat sie Anspruch auf Hilfe zum Lebensunterhalt.

e) Einschränkung von Leistungen

Lehnen Leistungsberechtigte entgegen ihrer Verpflichtung die Aufnahme einer Tätigkeit oder die Teilnahme an einer erforderlichen Vorbereitung ab, vermindert sich der maßgebende Regelsatz in einer ersten Stufe um bis 25 %, bei wiederholter Ablehnung in weiteren Stufen um jeweils 25 %. Die Leistungsberechtigten sind vorher entsprechend zu belehren.

Abs. 2 verweist auf § 26 Abs. 1 Satz 2, nach dem so weit wie möglich zu verhüten ist, dass unterhaltsberechtigte Angehörige oder andere mit ihnen in Haushaltsgemeinschaft lebende Leistungsberechtigte durch die Einschränkung der Leistung mitbetroffen werden.

14.4.4.3 Grundsicherung im Alter und bei Erwerbsminderung

Durch die Integration in das neue Sozialhilferecht wird die Grundsicherung als eigenständiger Leistungsbereich mit eigenen Leistungsträgern aufgegeben – Streichung des § 28 a SGB I –. Die »Eigenständigkeit« wird aber insofern aufrechterhalten, als in diesem Leistungsbereich des SGB XII ein Unterhaltsrückgriff gegenüber Kindern und Eltern nicht stattfindet, die Grundsicherungsleistungen also weiterhin grundsätzlich vom Einkommen und Vermögen von Kindern und Eltern unabhängig sind.

a) Die Leistungsvoraussetzungen im Überblick

Nach dem Recht der Grundsicherung besteht Anspruch auf die Leistungen nach dem Gesetz, wenn:

1. die persönlichen Voraussetzungen und
2. die sachlichen Voraussetzungen

vorliegen.

Die persönlichen Voraussetzungen sind erfüllt, wenn die Leistungsberechtigung vorliegt. Die sachlichen Voraussetzungen liegen vor, wenn der Leistungsberechtigte einen individuellen Grundsicherungsbedarf hat.

14. Sozialrecht

b) Die Leistungsberechtigung
Um Leistungen der Grundsicherung erhalten zu können, muss ein **Antrag** gestellt werden: Das setzt voraus, dass als persönliche Voraussetzung die **Leistungsberechtigung** vorliegt – bei der Leistungsberechtigung handelt es sich um eine materielle Leistungsvoraussetzung für die Grundsicherung.

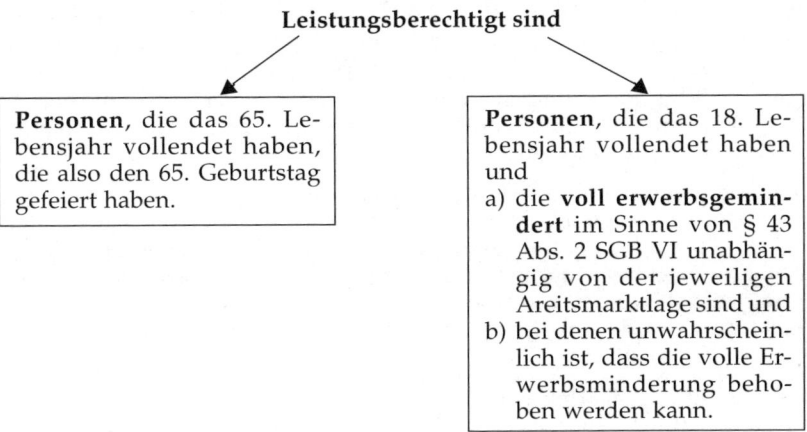

Leistungsberechtigt sind

Personen, die das 65. Lebensjahr vollendet haben, die also den 65. Geburtstag gefeiert haben.

Personen, die das 18. Lebensjahr vollendet haben und
a) die **voll erwerbsgemindert** im Sinne von § 43 Abs. 2 SGB VI unabhängig von der jeweiligen Areitsmarktlage sind und
b) bei denen unwahrscheinlich ist, dass die volle Erwerbsminderung behoben werden kann.

Bei Personen, die das 65. Lebensjahr vollendet haben, ist die Leistungsberechtigung **unabhängig** davon, ob sie rentenberechtigt sind, d. h., ob sie die versicherungsrechtlichen Voraussetzungen für den Bezug von Altersruhegeld nach dem SGB VI erfüllen.

Bei Personen, die voll erwerbsgemindert sind, ist die Leistungsberechtigung **unabhängig** davon, ob sie eine Rente wegen voller Erwerbsunfähigkeit beziehen und ob die versicherungsrechtlichen Voraussetzungen für diese Rente vorliegen.

c) Wer ist voll erwerbsgemindert?
1. Personen, die wegen Krankheit oder Behinderung auf nicht absehbare Zeit nicht in der Lage sind, unter den üblichen Bedingungen des allgemeinen Arbeitsmarktes mindestens 3 Stunden täglich erwerbstätig zu sein – § 43 Abs. 2 Satz 2 SGB VI.
2. Behinderte Menschen,
    a) die in anerkannten Werkstätten für behinderte Menschen tätig sind,
    b) die in Anstalten, Heimen oder gleichartigen Einrichtungen in gewisser Regelmäßigkeit eine Leistung erbringen, die einem Fünftel der Leistung eines voll erwerbsfähigen Beschäftigten in gleichartiger Beschäftigung entspricht,

und die wegen Art und Schwere der Behinderung nicht auf dem allgemeinen Arbeitsmarkt tätig sein können – § 43 Abs. 2 Satz 3 i. V. m. § 1 Abs. 1 Nr. 2 SGB VI.

Leistungsberechtigt sind nur Personen, die ihren **gewöhnlichen Aufenthalt** im Inland (Bundesrepublik Deutschland) haben. Dabei bestimmt § 98 Abs. 1 Satz 2, dass der Träger der Sozialhilfe örtlich zuständig ist, in dessen Bereich der gewöhnliche Aufenthaltsort des Leistungsberechtigten liegt.

d) Der Antrag und besondere Verfahrensregelungen
Der Antrag
Grundsicherungsleistungen sind im Gegensatz zur Hilfe zum Lebensunterhalt nach dem 3. Kapitel und den Leistungen nach den Kapiteln 5 bis 9 von einem Antrag abgängig.

Der Antrag ist bei dem nach § 98 örtlich zuständigen Sozialhilfeträger zu stellen. Dies ist der Sozialhilfeträger, in dessen Bereich der Antragsteller seinen gewöhnlichen Aufenthalt hat – § 98 Abs. 1 Satz 2. Bei stationären Leistungen ist dies der Sozialhilfeträger, in dessen Bereich der Antragsteller seinen gewöhnlichen Aufenthalt zum Zeitpunkt der Aufnahme in die Einrichtung hat oder in den zwei Monaten vor der Aufnahme zuletzt gehabt hat.

Beginn von Leistungen und Bewilligungszeitraum
Die Grundsicherungsleistung wird nach § 44 Abs. 1 Satz 1 in der Regel für 12 Kalendermonate bewilligt. Bei einer Erstbewilligung oder einer Änderung zugunsten des Leistungsberechtigten beginnt die Leistung mit Beginn des Monats, in dem der Antrag gestellt worden oder die Änderung eingetreten ist. Führt eine Änderung nicht zu einer Begünstigung, beginnt der neue Bewilligungszeitraum am Ersten des Folgemonats.

Feststellung der dauerhaften vollen Erwerbsminderung
Die Feststellung der dauerhaften vollen Erwerbsminderung im Verwaltungsverfahren erfolgt durch den zuständigen Träger der Rentenversicherung. Seine Feststellung ist für den Sozialhilfeträger bindend. Voraussetzung dafür ist ein Ersuchen des Sozialhilfeträgers, das dieser an den Rentenversicherungsträger stellt, wenn es auf Grund der Angaben und Nachweise des Antragstellers als wahrscheinlich erscheint, dass die medizinischen Voraussetzungen erfüllt sind und das zu berücksichtigende Einkommen und Vermögen nicht ausreicht, um den Lebensunterhalt vollständig abzudecken – § 45 Abs. 1 Satz 1.

Ein Ersuchen des Sozialhilfeträgers findet nicht statt, wenn

1. der Träger der Rentenversicherung die dauernde volle Erwerbsminderung bereits in einem Antragsverfahren auf eine Rente wegen Erwerbsminderung festgestellt hat.	2. der Fachausschuss einer Werkstatt für behinderte Menschen über die Aufnahme in eine Werkstatt oder eine Einrichtung eine Stellungnahme nach §§ 2, 3 der Werkstättenverordnung abgegeben hat und der Antragsteller kraft Gesetzes nach § 43 Abs. 2 Satz 3 Nr. 1 SGB VI als voll erwerbsgemindert gilt.

14. Sozialrecht

Bei Personen, die in Werkstätten für behinderte Menschen tätig sind, wird durch die gesetzlichen Regelungen sowohl die volle Erwerbminderung als auch deren Dauerhaftigkeit fingiert.

e) Der Grundsicherungsbedarf

Der Grundsicherungsbedarf ergibt sich aus § 42 des Gesetzes, der bis auf die Kosten für Unterkunft und Heizung bei stationärer oder teilstationärer Unterbringung auf die Regelungen der Hilfe zum Lebensunterhalt verweist. Danach ermittelt sich der Bedarf nach folgenden Positionen:

1. der Regelsatz, der nach § 28 für die antragstellende Person maßgeblich ist; da im Leistungsbereich der Grundsicherung eine Einsatzgemeinschaft nur im Verhältnis von Partnern zueinander besteht – siehe die nachfolgenden Ausführungen zur Berücksichtigung von Einkommen und Vermögen – kommt nur ein Eckregelsatz/Haushaltsvorstand oder der Regelsatz für Haushaltsangehörige ab 14 Jahren mit 80 % des Eckregelsatzes in Betracht. Ggfs. kommt auch ein Mischregelsatz mit jeweils 90 % des Eckregelsatzes in Betracht.
Nach den Ausführungsvorschriften des Landes Berlin zum GSiG[55] ist bei einer Unterbringung in Einrichtungen für Heimbewohner immer ein Regelsatz von 80 % des Eckregelsatzes anzuwenden.
2. die angemessenen tatsächlichen Aufwendungen für Unterkunft und Heizung entsprechend § 29.

> Unterkunfts- und Heizungskosten bei Leistungen in einer stationären oder teilstationären Einrichtung:
> Bei Leistungen in einer stationären oder teilstationären Einrichtung sind als Kosten für Unterkunft und Heizung Beiträge in Höhe der durchschnittlichen Aufwendungen für die Warmmiete eines Einpersonenhaushalts im Bereich des örtlich zuständigen Sozialhilfeträgers zugunde zu legen – das sind nach der eben erwähnten AV des Landes Berlin zum GSiG monatlich 360 Euro.

3. Mehrbedarfe entsprechend § 30 sowie die einmaligen Bedarfe entsprechend § 31.
4. Übernahme von Kranken- und Pflegeversicherungsbeiträgen entsprechend § 32.
5. Hilfe zum Lebensunterhalt in Sonderfällen nach § 34 – d. h. Schuldenübernahme, insbesondere Mietschuldenübernahme.
6. Reichen die vorstehenden Leistungen zu 1. bis 5. nicht aus, um den entsprechenden Bedarf des Antragsberechtigten zu decken, können weitere Leistungen als ergänzende Darlehn nach § 37 erbracht werden.
7. Da Kapitel 3 des Gesetzes Ergänzungsfunktion hat und entsprechende Vorschriften im 4. Kapitel fehlen, kommen bei Aufenthalt in Einrichtungen die in § 35 SGB XII geregelten Leistungen hinzu.

---

[55] Amtblatt Berlin 2006 S. 1375 unter 7 a.

f) Berücksichtigung von Einkommen und Vermögen und spezielle Leistungsausschlüsse

Berücksichtigung von Einkommen und Vermögen

1. Aus dem in § 19 Abs. 2 enthaltenen Nachranggrundsatz ergibt sich, dass ein Anspruch auf Grundsicherungsleistungen nur insoweit besteht, als die antragsberechtigten Personen ihren notwendigen Lebensunterhalt nicht oder nicht ausreichend aus eigenen Kräften und Mitteln, insbesondere aus ihrem Einkommen und Vermögen beschaffen können. Dabei sind Einkommen und Vermögen des nicht getrennt lebenden Ehepartners, des Lebenspartners oder des Partners in einer eheähnlichen Gemeinschaft insoweit zu berücksichtigen, als der Partner Einkommen oder Vermögen zur Bestreitung des eigenen notwendigen Lebensunterhalts nicht benötigt – § 19 Abs. 2 Satz 2, § 43 Abs. 1.
2. Bei Zusammenleben mit verwandten oder verschwägerten Personen:
Soweit diese Personen tatsächlich Leistungen erbringen, sind diese als Einkommen anzurechnen, es sei denn, die Leistungen bleiben nach Maßgabe von § 84 Abs. 2 unberücksichtigt.
Bei Zusammenleben mit verwandten oder verschwägerten Personen oder auch mit anderen Personen greift jedoch die Vermutung der Bedarfsdeckung nach § 36 Satz 1 **nicht** – § 43 Abs. 1 zweiter HS.
3. Vermögen unterhaltsverpflichteter Kinder oder Eltern:
Solches Vermögen bleibt vollständig unberücksichtigt – hier wird vermögenden Kindern bzw. Eltern also nicht zugemutet, den Stamm ihres Vermögens zur Unterhaltssicherung von Eltern bzw. Kindern anzugreifen oder aufzubrauchen – und zwar unabhängig von der Höhe des Vermögens.
4. Einkommen unterhaltsverpflichteter Kinder oder Eltern:
Solches Einkommen bleibt ebenfalls, hier aber nur grundsätzlich unberücksichtigt, weil von Gesetzes wegen zunächst vermutet wird, dass solches Einkommen unter 100.000 Euro im Jahr liegt. Wenn das Einkommen diese Grenze nicht überschreitet, spielt es für den Anspruch auf Grundsicherungsleistungen keine Rolle – es wird nicht berücksichtigt, es findet kein Unterhaltsrückgriff gegen die unterhaltsverpflichteten Personen statt.

Spezielle Leistungsausschlüsse

1. Wenn die gesetzliche Vermutung, dass das Einkommen unter der Grenze von 100.000 Euro liegt, widerlegt ist, wenn also feststeht, dass das Einkommen höher als 100.000 Euro im Jahr ist, führt das zum **Untergang des Anspruchs** auf Grundsicherungsleistungen – § 43 Abs. 2 Satz 6. Zur Widerlegung der Vermutung kann der zuständige Träger der Sozialhilfe von den Leistungsberechtigten Auskünfte verlangen, die Rückschlüsse auf die Einkommensverhältnisse der unterhaltsverpflichteten Kinder bzw. Eltern zulassen – § 43 Abs. 2 Satz 3. Damit sind etwa Angaben zur Berufsausübung oder zur sonstigen Art der Einkommenserzielung gemeint.
Liegen im Einzelfall hinreichende Anhaltspunkte für das Überschreiten der Einkommensgrenze vor, sind die unterhaltsverpflichteten Kinder bzw. Eltern gegenüber dem Träger der Sozialhilfe verpflichtet, über ihre Einkommensverhältnisse Auskunft zu geben, soweit das zur Durchführung des Gesetzes erforderlich ist – § 43 Abs. 2 Satz 4. Die Pflicht zur Auskunft umfasst die Verpflichtung, auf Verlangen des Trägers der Sozialhilfe Beweisurkunden vorzulegen oder ihrer Vorlage zuzustimmen – § 43 Abs. 2 Satz 5.

2. Ein weiterer spezieller Ausschlussgrund ist in § 41 Abs. 3 geregelt: keinen Anspruch auf Grundsicherungsleistungen haben Personen, die in den letzten 10 Jahren ihre **Bedürftigkeit vorsätzlich oder grob fahrlässig** herbeigeführt haben. Nach richtiger Ansicht muss es sich dabei um ein sozialwidriges Verhalten gehandelt haben, wie es nach der Rechtsprechung des BVerwG bei § 92 a BSHG erforderlich war.[56]

14.4.4.4 Kapitel 5 bis 9 des SGB XII – Hilfe in besonderen Lebenslagen

Die **Hilfe in besonderen Lebenslagen (HbL)** umfasst nach §§ 47-74 folgende Hilfen:

- Hilfen zur Gesundheit, §§ 47-52: Vorbeugende Gesundheitshilfe, Hilfe bei Krankheit, Hilfe zur Familienplanung, Hilfe bei Schwangerschaft und Mutterschaft sowie Hilfe bei Sterilisation
- Eingliederungshilfe für behinderte Menschen, §§ 53-60
- Hilfe zur Pflege, §§ 61-66
- Hilfe zur Überwindung besonderer sozialen Schwierigkeiten, §§ 67-69
- Hilfe in anderen Lebenslagen, §§ 70-74: Hilfe zur Weiterführung des Haushalts, Altenhilfe, Blindenhilfe, Hilfe in sonstigen Lebenslagen, Bestattungskosten.

Die wichtigsten Hilfearten davon sind: Hilfe zur Gesundheit, Eingliederungshilfe für behinderte Menschen, Hilfe zur Pflege und Hilfe zur Überwindung besonderer sozialer Schwierigkeiten. Die gesetzlichen Regelungen werden bei der Eingliederungshilfe ergänzt durch die Rechtsverordnung zu § 60 (Eingliederungshilfeverordnung), und bei der Hilfe zur Überwindung besonderer sozialer Schwierigkeiten durch die Verordnung zur Durchführung der §§ 67 und 68.

Die Eingliederungshilfe für behinderte Menschen ist andererseits systematischer Bestandteil des Rechts auf Rehabilitation und Teilhabe am Leben in der Gemeinschaft nach dem SGB IX.[57] Der Leistungskatalog des SGB XII ergibt sich aus § 54 und wird durch die EingliederungshilfeVO ergänzt. Hierbei wird der Teilhabe am Leben in der Gemeinschaft ein vergleichsweise größerer Stellenwert als in Leistungsbereichen anderer Rehabilitationsträger zugesprochen.

Eine vergleichbare Funktion hat die Hilfe zur Pflege nach §§ 61 ff. im Verhältnis zur Pflegeversicherung nach dem SGB XI. Soweit pflegebedürftige Personen die versicherungsrechtlichen oder persönlichen Voraussetzungen für Leistungen nach dem SGB XI nicht erfüllen oder soweit die Leistungen der Pflegeversicherung nicht bedarfsdeckend sind, greift die Ergänzungsfunktion der Hilfe zur Pflege nach §§ 61 ff. – typischerweise also bei der stationären Pflege, bei der die Kosten für Unterkunft und Verpflegung nicht zum Leistungsbereich des SGB XI gehören und das eigene Einkommen regelmäßig zur Bestreitung dieser Kosten nicht ausreicht.

---

56 Siehe dazu BVerwG in: NDV 1977, 198.
57 Siehe dazu in diesem Kapitel unter 14.3.6.

14.4.4.5 Einkommens- und Vermögensfragen nach dem SGB XII
Berücksichtigung von Einkommen und Vermögen
Es ist daran zu erinnern, dass für die Einkommens- und Vermögensberücksichtigung nach dem 4. Kapitel Besonderheiten gelten, die bei der Behandlung der Grundsicherung im Alter und bei verminderter Erwerbsfähigkeit dargestellt worden sind. An dieser Stelle kann es also nur um die Fallkonstellationen gehen, in denen Einkommen und Vermögen eine Rolle spielen. Dabei muss sich die Darstellung auf einige grundsätzliche Ausführungen beschränken.

Die Einkommensberücksichtigung:
Die maßgeblichen Vorschriften finden sich in den §§ 82 bis 89 SGB XII. Ganz allgemein gilt: wenn Einkommen vorhanden ist, muss zunächst geprüft werden, ob es berücksichtigungsfähig ist, denn bestimmtes Einkommen wird nicht auf einen Sozialhilfebedarf angerechnet (z. B. das Erziehungsgeld nach dem BErzGG). Im zweiten Schritt muss das berücksichtigungsfähige Einkommen, soweit dazu Möglichkeiten bestehen, bereinigt werden. Dafür muss auf § 82 Abs. 2 und die dazu gehörige Rechtsverordnung zurückgegriffen werden. Mit Bereinigung ist die Reduzierung auf das anrechenbare Einkommen gemeint. Welche Bereinigungsmöglichkeiten bestehen, hängt vom Einzelfall ab.

Für das 3. und das 4. Kapitel gilt:
Das anrechenbare Einkommen ist in voller Höhe auf den Bedarf anzurechnen.

Für die Kapitel 5 bis 9 gilt:
Einkommen ist nur in zumutbarer Höhe einzusetzen. Dazu ist zunächst eine Einkommensgrenze zu ermitteln, für deren Berechnung § 85 maßgeblich ist. Übersteigt das anrechenbare Einkommen diese Grenze, ist der übersteigende Teil nur in zumutbarem Umfang für die Finanzierung der Sozialhilfeleistung heranzuziehen – § 87 SGB XII. Liegt das Einkommen unter dieser Grenze, darf sein Einsatz nur unter den Voraussetzungen, die sich aus § 88 SGB XII ergeben, verlangt werden.

Die Vermögensberücksichtigung:
Soweit keine Sonderregelungen bestehen, gelten für die Vermögensberücksichtigung für alle Leistungsbereiche des Gesetzes einheitliche Maßstäbe, für die §§ 90, 91 SGB XII maßgeblich sind:

Einzusetzen ist zunächst das gesamt verwertbare Vermögen, es sei denn, es ist geschont. Was zum Schonvermögen gehört, ergibt sich aus § 90 Abs. 2 und 3 SGB XII.

Als Beispiel sollen die sog. kleineren Barbeträge oder sonstigen Geldwerte angeführt werden, die nach § 90 Abs. 2 Nr. 9 SGB XII geschont sind. Geschontes Vermögen:

> 1.600 Euro bei der Hilfe zum Lebensunterhalt nach dem 3. Kapitel.
> 2.600 Euro wenn der Anspruchsteller das 60. Lebensjahr vollendet hat oder wenn der Anspruchsteller voll erwerbsgemindert im Sinne der gesetzlichen Rentenversicherung ist.
> 2.600 Euro bei der Hilfe in besonderen Lebenslagen, Kap. 5-9.
> Als Erhöhungsbeiträge für Partner ergeben sich 614 Euro und als Erhöhungsbeträge für Kinder 256 Euro.

Für Menschen mit Behinderungen enthält § 92 SGB XII – soweit für diese die dort näher aufgeführten Leistungen erhalten, vergünstigende Sonderregelungen, was sowohl Einkommen als auch Vermögen betrifft.

b) Der Übergang von zivilrechtlichen Unterhaltsansprüchen gilt nur für Kapitel 3 und die Kapitel 5 bis 9

Es geht hier um die Konstellation, dass der Leistungsbezieher Unterhaltsansprüche nach BGB gegenüber Personen hat, mit denen er nicht in Haushaltsgemeinschaft lebt, diese Unterhaltsansprüche aber nicht bedient werden, so dass Sozialhilfeleistungen erforderlich sind. Zur nachträglichen Herstellung der richtigen Rangverhältnisse tritt § 94 SGB XII die Nachfolge des früheren § 91 BSHG an.

Die Grundsatzregelung bedeutet, dass im Falle der Leistung der Unterhaltsanspruch einschließlich des Auskunftsanspruchs kraft Gesetzes auf den Sozialhilfeträger übergeht. Dadurch wird letzterer Gläubiger des Unterhaltsanspruchs und in die Lage versetzt, diesen gegenüber dem Unterhaltsschuldner geltend zu machen, letztendlich auch gerichtlich.

Von diesem Grundsatz ergeben sich aufgrund der Regelung in § 94 Abs. 1 und Abs. 3 SGB XII einige wichtige Ausnahmen, die mit Nuancen aus dem BSHG übernommen worden sind.

§ 94 Abs. 2 beschränkt den Übergang von Unterhaltsansprüchen volljähriger, behinderter oder pflegebedürftiger Kinder gegenüber ihren Eltern wegen Leistungen nach dem 3. Kapitel auf monatlich 20 Euro, wegen Leistungen nach dem 6. und 7. Kapitel auf 26 Euro im Monat.

14.4.5 Unterhaltsvorschussgesetz (UVG)

Das Unterhaltsvorschussgesetz hat den Fall der Alleinerziehung im Auge, der häufig genug dadurch gekennzeichnet ist, dass für ein Kind keine ausreichenden finanziellen Mittel zur Bestreitung seines Lebensunterhalts zur Verfügung stehen. Nach dem Gesetz sind die Ursachen für die Alleinerziehung eines Kindes durch einen Elternteil unerheblich. Auch der Fall, dass ein Elternteil verstorben ist, fällt darunter.

Anspruchsberechtigt ist das Kind bis zum Erreichen des 12. Lebensjahres, wenn der unterhaltsverpflichtete Elternteil Unterhalt nicht, nicht regelmäßig oder nicht in der vom Gesetz vorgesehenen Mindesthöhe zur Verfügung stellt oder im Falle seines Todes die Waisenrente nicht diese Mindesthöhe erreicht. Die Leistung kann maximal für 72 Monate = 6 Jahre beansprucht werden.

Die vom Gesetz vorgesehene Mindesthöhe ergibt sich aus § 2 UVG: Ausgangsbetrag ist der sich aus der Regelbetragverordnung nach § 1612 a Abs. 3 BGB ergebende Unterhaltsbetrag in der ersten bzw. zweiten Altersstufe. Davon ist regelmäßig die Hälfte des für ein erstes Kind zu zahlenden Kindergeldes – also zurzeit 77 Euro – abzuziehen sowie ggfs. tatsächlich gezahlter Unterhalt/gezahlte Waisenrente. Die Regelbetragverordnung sieht für das alte und das neue Bundesgebiet unterschiedlich hohe Unterhaltsbeträge vor. Abgesehen davon hat jede Erhöhung des Kindergeldes zu einer Entlastung der Unterhaltsvorschusskassen geführt.

In § 7 sieht das Gesetz einen gesetzlichen Übergang des Unterhaltsanspruchs auf die Unterhaltsvorschusskasse vor, der diese in die Lage versetzt, vom unterhaltsverpflichteten Elternteil, dessen Leistungsfähigkeit vorausgesetzt, gezahlte Leistungen zurückzufordern.

14.5 Soziale Entschädigungssysteme

Sie stellen Leistungen zum Ausgleich eines Gesundheitsschadens zur Verfügung, den jemand infolge eines Geschehens erleidet, das im Interesse der Allgemeinheit liegt oder für das die Allgemeinheit eine besondere, sie treffende Verantwortung anerkennt.

Dazu zählt die Kriegsopferversorgung nach dem Bundesversorgungsgesetz (BVG) sowie alle sonstigen Entschädigungstatbestände, die in anderen Gesetzen geregelt sind, die aber wegen der Folgen (= Entschädigungsansprüche) auf das BVG verweisen, z. B. Entschädigung der Wehrdienst-Zivildienstopfer für in Ausübung des Dienstes erlittene Gesundheitsschäden, Entschädigung der Opfer von Impfschäden, Entschädigung der Opfer von kriminellen Gewalttaten, Entschädigung der Opfer rechtsstaatswidriger Strafverfolgungsmaßnahmen und Verwaltungsentscheidungen der DDR.

Federführend ist das Bundesversorgungsgesetz aus dem Jahre 1950, das neben anderen Gesetzen der alten Bundesrepublik die Aufgabe hatte, die sozialen Folgen des zweiten Weltkriegs zu bewältigen.

§ 1 Abs. 1 BVG enthält mit der Formulierung: »Wer durch eine militärische oder militärähnliche Dienstverrichtung oder durch einen Unfall während der Ausübung des militärischen oder militärähnlichen Dienstes oder durch die diesem Dienst eigentümlichen Verhältnisse eine gesundheitliche Schädigung erlitten hat, erhält wegen der gesundheitlichen und wirtschaftlichen Folgen der Schädigung auf Antrag Versorgung« den Grundversorgungstatbestand. § 1 Abs. 2 BVG stellt weitere Vorgänge wie Gesundheitsschäden durch unmittelbare Kriegseinwirkung oder durch Kriegsgefangenschaft einer Schädigung im Sinne des Absatzes 1 gleich.

Im Laufe der Zeit sind auf gesetzlicher Grundlage weitere Entschädigungstatbestände geschaffen worden, wobei die entsprechenden Gesetze die Rechtsfolgen, also die Ansprüche nicht selbst regeln, sondern deswegen auf das BVG verweisen. Daher werden die sich ergebenden Ansprüche nach Nennung der wichtigsten weiteren Entschädigungstatbestände dargestellt:

14. Sozialrecht

- das Soldatenversorgungsgesetz (SVG) und das Zivildienstgesetz (ZDG) enthalten solche Entschädigungstatbestände; sie setzen voraus, dass Personen in Ausübung des jeweiligen Dienstes Gesundheitsschäden erlitten haben,
- das Infektionsschutzgesetz (InfektionsschutzG) sieht als Entschädigungstatbestand die gesundheitliche Schädigung (einschließlich Tod) infolge einer gesetzlich vorgeschriebenen Impfung vor [58],
- das Opferentschädigungsgesetz (OEG) enthält als Entschädigungstatbestand das Vorliegen eines tätlichen, rechtswidrigen und vorsätzlichen Angriffs und einer dadurch bedingten gesundheitlichen Schädigung. Die vorsätzliche Beibringung von Gift steht einem tätlichen Angriff gleich und auch die wenigstens fahrlässige Herbeiführung für Leib oder Leben eines anderen durch ein mit gemeingefährlichen Mitteln begangenes Verbrechen, z. B. Brandstiftung – § 1 Abs. 1 und Abs. 2 OEG.

Bis auf den gerade erwähnten Fall fallen alle sonstigen Fahrlässigkeitsdelikte, wie fahrlässige Körperverletzung oder fahrlässige Tötung aus dem Anwendungsbereich des Gesetzes heraus. Ebenso lösen tätliche Angriffe, die von dem Angreifer durch den Gebrauch eines Kraftfahrzeuges (oder eines Hängers) verursacht worden sind, keine Entschädigungspflicht aus. Das Gesetz kennt einige Versagungsgründe; der wichtigste findet sich in § 2 Abs. 1: Leistungen sind zu versagen, wenn der Geschädigte die Schädigung selbst verursacht hat oder es aus sonstigen Gründen, insbesondere in dem eigenen Verhalten des Anspruchsstellers liegenden, unbillig wäre, Entschädigung zu gewähren.

- Personen, die durch rechtsstaatswidrige Strafverfolgungsmaßnahmen oder rechtsstaatswidrige Verwaltungsentscheidungen der DDR einen Gesundheitsschaden erlitten haben, haben Anspruch auf Entschädigung – Rechtsgrundlage ist das Strafrechtliche Rehabilitationsgesetz (StrafRehaG) und das Verwaltungsrechtliche Rehabilitationsgesetz (VerwRehaG).

Die vom BVG geregelten Leistungsansprüche:
Hier ist zu unterscheiden, ob es um Ansprüche geht, durch die die gesundheitlichen Folgen oder durch die die durch die gesundheitliche Beeinträchtigung bedingten wirtschaftlichen Folgen ausgeglichen werden sollen. Zum Ausgleich der gesundheitlichen Folgen sieht das Gesetz **Versorgungsleistungen** vor, zum Ausgleich der wirtschaftlichen Folgen **Fürsorgeleistungen**.

Die **Versorgungsleistungen** bestehen in:

- Heilbehandlung und Krankenbehandlung einschließlich medizinischer Leistungen zur Rehabilitation und Anspruch auf Versorgungskrankengeld, §§ 10-24 a BVG
- Pflegezulage, § 35 BVG
- Beschädigtenrenten, §§ 29-34 BVG
- Grundrenten in Abhängigkeit von der Höhe der Minderung der Erwerbsfähigkeit (MdE) beginnend mit einer MdE von 30 %
    - bei außergewöhnlicher Betroffenheit eine Schwerstbeschädigtenzulage
    - zusätzlich eine Ausgleichsrente unter bestimmten Voraussetzungen ab einer MdE ab 50 %

---

58 Da zurzeit keine Impfungen gesetzlich vorgeschrieben sind, hat die Regelung keine aktuelle Bedeutung.

- Bestattungsgeld, § 36 BVG, Sterbegeld § 37 BVG
- Hinterbliebenenrenten, also Witwen- und Waisenrenten einschließlich Elternrente, §§ 38-52 BVG

Zuständiger Leistungsträger für die Versorgungsleistungen ist die Versorgungsverwaltung, also die Versorgungsämter und die Landesversorgungsämter.

Bei den wirtschaftlichen Folgen ist zu prüfen, ob und inwieweit die gesundheitliche Schädigung die wirtschaftlichen Lage des Geschädigten/der Hinterbliebenen so beeinträchtigt hat, dass er/sie nicht mehr in der Lage ist/sind, den nach den Vorschriften der Kriegsopferfürsorge anzuerkennenden Bedarf aus den Versorgungsleistungen und dem sonstigen Einkommen und Vermögen abzusichern. Unter dieser Voraussetzung kommen als **Fürsorgeleistungen** in Betracht, § 25 b BVG:

- Hilfen zur Teilhabe am Arbeitsleben (berufliche Rehabilitation) und ergänzende Leistungen, §§ 26 und 26 a
- Krankenhilfe, § 26 b
- Hilfe zur Pflege, § 26 c
- Hilfe zur Weiterführung des Haushalts, § 26 d
- Altenhilfe, § 26 e
- Erziehungsbeihilfe, § 27
- Ergänzende Hilfe zum Lebensunterhalt, § 27 a
- Erholungshilfe, § 27 b
- Wohnungshilfe, § 27 c
- Hilfen in besonderen Lebenslagen, § 27 d.

Die Leistungen der Kriegsopferfürsorge zuständigen Leistungsträger werden durch Landesrecht bestimmt. Es handelt sich vorwiegend um die Landkreise und kreisfreien Städte. Dies erscheint sinnvoll, da die Leistungen der Kriegsopferfürsorge sachlich mit vielen Leistungen nach dem BSHG vergleichbar oder sogar identisch sind und das BVG, z. B. was den Einkommens- und Vermögenseinsatz angeht, auf das BSHG verweist (§§ 25 e, 25 f.) und der örtliche Träger der Sozialhilfe am fachkundigsten erscheint, um die vom BVG vorgesehen Leistungen umzusetzen. So kommt es vor, dass örtliche Sozialhilfeträger denselben Antragsvordruck für Leistungen nach dem BSHG bzw. Leistungen der Kriegsopferfürsorge verwenden.

Die Leistungen des sozialen Entschädigungsrechts sind steuerfinanziert und dienen der Verwirklichung des sozialen Rechts nach § 5 SGB I. Der Leistungsbereich ist bei den Sachleistungen am Bedarfs- und Finalprinzip orientiert, aber auch bei den der wirtschaftlichen Absicherung dienenden Leistungen kommt letztlich das Bedarfsdeckungsprinzip zum Tragen.

15. Strafrecht

15.0 Einführung und Praxisrelevanz

15.0.1 Einführung in das Strafrecht

Das Strafrecht nimmt in der Gesellschaft eine wichtige Funktion wahr. Das Interesse der staatlichen Gemeinschaft an der Erhaltung des **Grundfriedens** in der Gesellschaft kann nur dadurch gesichert werden, dass die Rechtsordnung bestimmte **sozialschädliche Verhaltensweisen** bei Strafe verbietet.[1] Dies zeigt die doppelte Bedeutung der Wichtigkeit des Strafrechts. Zum einen hat die Gesellschaft ein großes Interesse an der **Bewahrung des Rechtsfriedens** und zum anderen haben die Beteiligten im Strafverfahren, allen voran der Angeklagte, ein massives Interesse an der Einhaltung **rechtsstaatlicher Garantien**.

Das Strafrecht ist Teil des Öffentlichen Rechts, da es die hoheitlichen Beziehungen zwischen Staat und Bürger regelt. Die hohe Bedeutung des Rechtsgebietes gegenüber anderen Rechtsgebieten, z. B. dem Baurecht liegt auf der Hand. Im Strafverfahren steht der Einzelne unter hohem psychischem Druck. Das Strafrecht betrifft die gesamte Person in ihrem Lebensbereich mit familiärem Umfeld. Der Mensch selber ist Gegenstand behördlichen Handelns. Einerseits geht es um die Einhaltung verfassungsrechtlicher Garantien, aber auch u. U. um eine Güterabwägung mit den Grundrechten anderer Bürger, z. B. denen der Geschädigten. Diese Güterbalance unterliegt auch politischen Erwägungen und Stimmungen in der Gesellschaft.[2]

15.0.2 Relevanz für die Sozialarbeit

Strafrecht ist ein wichtiges Arbeitsfeld für Sozialarbeiter und Sozialpädagogen. Die sozialen Dienste der Justiz, mit der **Bewährungshilfe**, der **Gerichtshilfe**, den Sozialarbeitern in **Justizvollzugsanstalten**, bei den Gerichten und anderen öffentlichen Institutionen und freien Trägern erfüllt eine wichtige Funktion in der Befriedung gesellschaftlicher Bedürfnisse und in der konkreten Resozialisierung.

Auch die **Jugendgerichtshilfe** erfüllt mit ihren Arbeitsaufträgen im Jugendstrafverfahren eine wichtige Funktion. Aber auch die eigene Rechtsposition von Sozialarbeitern steht im Focus der folgenden Erörterungen, z. B. in den Bereichen Zeugnisverweigerungsrecht, Strafanzeigepflicht, Strafbarkeit durch Unterlassen etc.

---

1 Vgl. BVerfGE 51, 324, 343.
2 Vgl. die Äußerung des früheren Bundeskanzlers Schröder, Sexualtäter gehörten weggesperrt.

Schaubild 1:

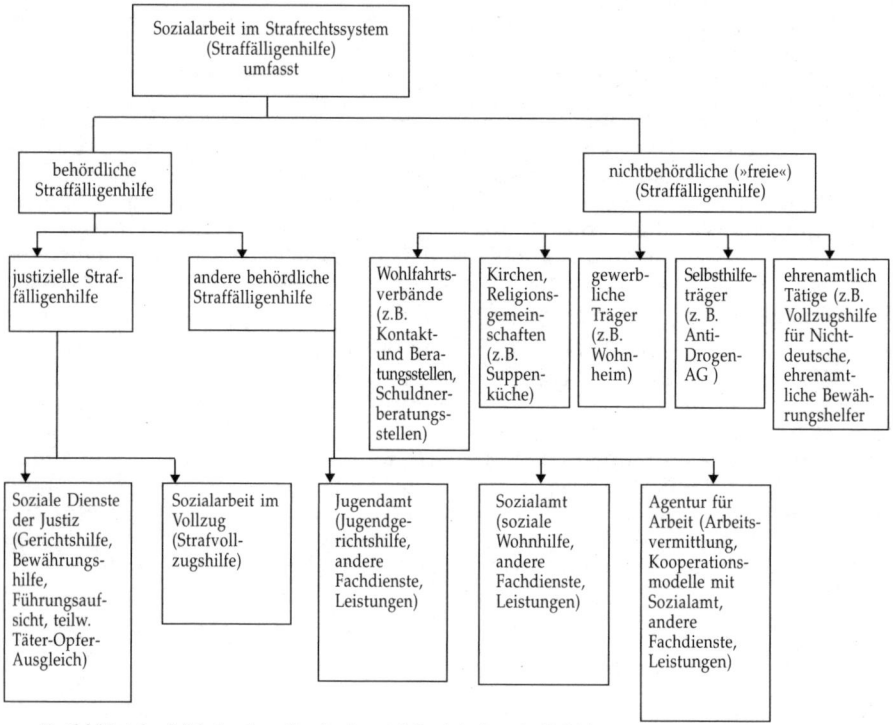

aus: Brühl/Deichsel/Nothacker, Strafrecht und Soziale Praxis, S. 314.

15.1 Einleitung

Durch die Strafrechtsnormen bestimmt der Gesetzgeber, welche sozial unerwünschten Handlungen von Menschen er unter Strafe stellen will und durch die jeweils angedrohte Strafhöhe, welchen kriminalpolitischen Stellenwert er diesem Verstoß beimisst. Sicher ist unhöfliches Benehmen oder Ehebruch sozial unerwünscht, aber eben nicht strafrechtsbewehrt.

Ein Blick in die Geschichte zeigt, dass vor allem die Gebiete des Sexual- und des politischen Strafrechts gesellschaftlichen Veränderungen unterworfen sind. Ehebruch war bis 1969 strafbar, Homosexualität zwischen Männern ebenfalls bis 1973.[3]

Das Gleiche gilt natürlich auch für neue Deliktstypen, wie z. B. Manipulation technischer Geräte zwecks Geldauszahlung oder der gesamte Bereich der Computerkriminalität.

---

3 Wesel 1997, S. 338.

15. Strafrecht

Die **Strafrechtsnormen** sind alle **formellen Gesetze**, also vom Gesetzgeber erlassene Gesetze. Die folgt u. a. schon aus dem Grundsatz der Gesetzmäßigkeit der Verwaltung (**Vorrang und Vorbehalt des Gesetzes**), weil staatliche Eingriffe in Grundrechte der Bürger einer gesetzlichen Grundlage bedürfen. Im Übrigen wird dies auch durch die Justizgrundrechte (vgl. Art. 101 ff. GG) abgesichert, weil gem. Art. 103 II GG »eine Tat nur bestraft werden (kann), wenn die Strafbarkeit gesetzlich bestimmt war, bevor die Tat begangen wurde«.

Die meisten Strafrechtsnormen sind im Strafgesetzbuch (StGB) enthalten, aber es existieren zahlreiche Gesetze, in denen weitere Strafrechtsnormen enthalten sind, z. B. Aufenthaltsgesetz, Betäubungsmittelgesetz, Kinder- und Jugendhilfegesetz (SGB VIII), Luftverkehrsgesetz etc. (das so genannte Nebenstrafrecht).

Weil der Unwertgehalt einer Tat manchmal gering ist, hat der Gesetzgeber bestimmt, dass manche Gesetzesverstöße »nur« mit einer Ordnungswidrigkeit bedroht werden (z. B. Falschparken). Verstöße, die mit einem Verwarnungsgeld und einer Geldbuße geahndet werden, können auch in einer Rechtsverordnung geregelt werden. Genaueres zum Verfahren ist im **Ordnungswidrigkeitengesetz** (OwiG) geregelt.

Das Strafrecht zählt zum Gebiet des öffentlichen Rechts, weil hier der Staat dem Bürger als Inhaber des Gewaltmonopols in einem **Über- bzw. Unterordnungsverhältnis** gegenübertritt. Den Bürgern ist die Ausübung von Strafgewalt untereinander verboten. Dies wird als Selbstjustiz bestraft. Weil der Staat aber das Strafmonopol besitzt, müssen die Bürger eine gerechte, zeitnahe, effektive Strafgerichtsbarkeit erfahren, weil ansonsten ein Legitimitätsverlust staatlicher Machtausübung droht und damit die Selbstjustiz zunehmen könnte bzw. ein Rückzug bürgerschaftlichen Engagements zunähme.

Das Verhältnis Staat-Bürger wird darüber hinaus als allgemeines Gewaltverhältnis bezeichnet. Das heißt natürlich nicht, dass der Bürger rechtlos gestellt ist, sondern durch Art. 19 Abs. 4 GG ist garantiert, dass er sich gegenüber diesen staatlichen Maßnahmen wehren kann.

Der schon in anderen Kapiteln angesprochene Dualismus zwischen materiellen und prozessualen Regelungen (formelles Recht) besteht auch im Strafrecht. Während das StGB und andere Gesetze die Strafbarkeit eines Tuns, also das »**ob**« regeln, wird in der Strafprozessordnung (StPO) normiert, »**wie**« ein justizförmiges Strafverfahren abzulaufen hat.

Untrennbar ist mit dem Strafrecht die Frage nach dem **Sinn und Zweck** von Strafe verknüpft. Aus dem Altertum ist die Theorie der Vergeltung bekannt. Sie fußt auf der Idee von Gerechtigkeit getreu dem Motto: »Auge um Auge, Zahn um Zahn«. Der Schuldausgleich hat zu erfolgen, ohne dass damit z. B. eine Besserung des Täters beabsichtigt ist. In Deutschland stehen für diese **absolute Straftheorie** u. a. die Klassiker Kant und Hegel.[4]

---

4 Vgl. Schwind, 1995, S. 84.

Im Unterschied dazu stellt die Theorie der **Generalprävention** die Abschreckung der Allgemeinheit durch die Androhung und Vollstreckung von Strafen in den Mittelpunkt und will gleichzeitig die rechtstreue Einstellung der Bevölkerung bestärken.[5]

Dagegen nimmt die Theorie der **Spezialprävention** den Täter in den Blickpunkt und will ihn mittels Strafe resozialisieren, bessern, wiedereingliedern bzw. erziehen. Dementsprechend ist die Gesellschaft vor nicht resozialisierbaren Tätern zu schützen (Sicherungszweck). In Deutschland steht Franz v. Liszt, ein berühmter Strafrechtslehrer, für diese Theorie.

In der Diskussion in der Bundesrepublik hat sich eine Verbindung dieser Theorien durchgesetzt, nämlich die **Vereinigungstheorie**. Sie nimmt Elemente aller anderen Strafrechtszwecke auf und ist vom Gesetzgeber u. a. in das Strafvollzugsgesetz (StVollzG) und in die §§ 46 f. StGB (Strafzumessungsregelungen) eingeflossen. Der Bundesgerichtshof (BGH) und das Bundesverfassungsgericht (BVerfG) haben wiederholt in ihren Urteilen auf die Vereinigungstheorie verwiesen.[6] Zusätzlich existiert eine Reihe anderer weiterer Meinungen zum Zweck von Strafe, wie z. B. die Theorie der präventiven Risikobegrenzung und Integrationsprävention und die Lehre vom Rechtsgüterschutz. Vor allem die letzte Theorie hat sich verstärkt mit den Folgen der Strafrechtspraxis auseinander gesetzt und radikal den Sinn und Zweck vieler Straftatbestände (z. B. Drogendelikte, § 218 StGB etc.) in Frage gestellt.

Angesichts der heutigen gesellschaftlichen Realität und der hohen internationalen Mobilität von Straftätern erscheint die generelle Abkehr von Strafbarkeit undenkbar. Ohne die Androhung und Vollstreckung von Strafen wäre m. E. ein gedeihliches Zusammenleben in dieser Gesellschaft nicht möglich. Dies schließt Diskurse von Veränderungen, Verbesserungen, Einbeziehung anderer Strategien zur Verbrechensbekämpfung notwendigerweise mit ein.

Mit dem Strafrecht ist eine Reihe weiterer Fachgebiete eng verknüpft, u. a. die **Kriminalistik, Kriminologie** etc. In der Fachöffentlichkeit wird oft der Begriff »Delikt« synonym für den Begriff Straftat verwandt. Mit dem Begriff der Kriminalität wird die Gesamtheit/das Erscheinungsbild aller strafbaren Handlungen bezeichnet. Die **juristische Kriminalwissenschaft** befasst sich also mit dem kriminellen Verhalten von Menschen unter dem Aspekt des Strafrechts.

Die **Kriminologie** als nichtjuristische Kriminalwissenschaft befasst sich u. a. mit der Ursachenforschung, den Erscheinungsformen von Straftaten, der Lehre vom Opferverhalten (Viktimologie), der Wirkung von Strafe, mit der Kriminaltherapie, mit gerichtspsychologischen und -psychiatrischen Fragen. Die Strafrechtswissenschaft ist also eine normative Wissenschaft, während es sich bei der Kriminologie eher um eine empirische Wissenschaft handelt.[7]

---

5 Riekenbrauk, 2004, S. 16.
6 BGH, 24, S. 4 m. w. N.
7 Riekenbrauk, 2004, S. 22.

15. Strafrecht

Schaubild 2:

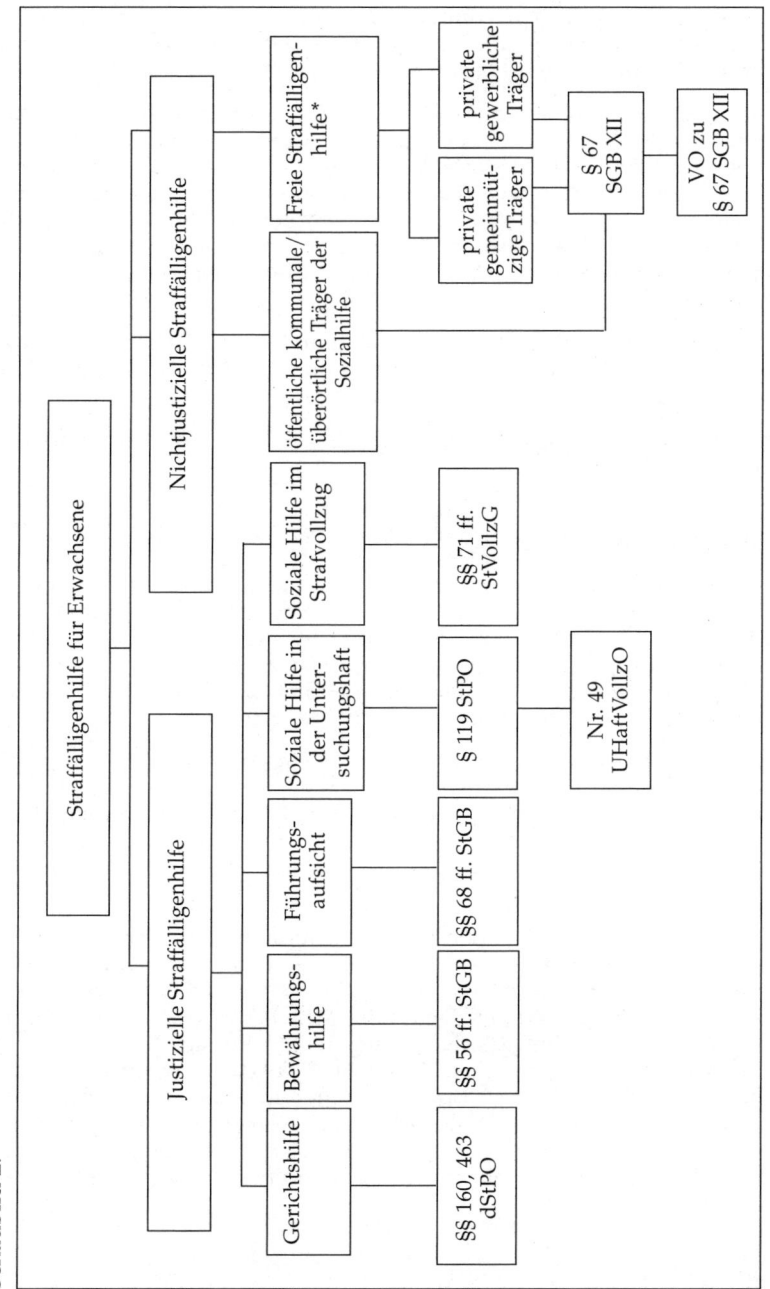

* Wir sprechen hier von der Freien Straffälligenhilfe und schreiben dies als Eigenname mit Bedacht groß.

aus: Corel u.a. Resozialisierung, 2003.

Schließlich und endlich will die **Kriminalistik** die Tat entdecken und den Täter fassen, kurzum das Verbrechen aufklären. Dazu bedient sie sich der Kriminaltaktik, der Kriminaltechnik und wird bestimmt durch die Kriminalpolitik.

Die **Kriminologen** wollen dagegen die Ursachen der strafbaren Handlung erklären. Damit sind die Bereiche der Psychologie, Soziologie und Psychiatrie eng verwoben. Nicht nur in den letztgenannten Bereichen liegt der enge Bezug zur Sozialarbeit auf der Hand. Die **Jugendgerichtshilfe** als ein wichtiger Teil des Jugendstrafverfahrens muss sich zwangsläufig mit Fragen der Entstehung von Straftaten, der Sozialisation von Jugendlichen, den sozialen, wirtschaftlichen und kulturellen Rahmenbedingungen vom Aufwachsen der Jugend, den Folgen von Bestrafung etc. auseinandersetzen.

Die Bezüge des Strafrechts zur Sozialarbeit sind mannigfach. Tausende von Sozialarbeitern haben ihren beruflichen Schwerpunkt im Bereich der Straffälligenhilfe für Jugendliche und Erwachsene.

Darauf wird in den weiteren Erörterungen jeweils abschnittsspezifisch eingegangen werden.

15.2 Geschichte des Strafrechts

Schon in frühen Gesellschaftsformationen (Mesopotamien, Ägypten etc.) existierten strafrechtliche Regelungen. Diese Regelungen dienten zum einen der zivilrechtlichen Wiedergutmachung und zum anderen der allgemeinen Abschreckung bzw. Genugtuung. Deshalb spricht man hier vom **Privatstrafrecht**. Aus der Geschichte Griechenlands sind allgemein die drakonischen Strafen bekannt. Diese waren äußerst hart, z. B. existierten Todesstrafe, Verstümmelungen etc.[8]

Erst durch die Herausbildung staatsähnlicher Gemeinschaften und deren gesellschaftliche Entwicklung fand eine Ausdifferenzierung der Vorschriften statt. Zum einen ergab sich eine Trennung zwischen Zivil- und Strafrecht und zum anderen wurden genauere Straf- und Verfahrensrechtsvorschriften aufgeschrieben. Diese beiden Tendenzen lassen sich gut aus der **Geschichte des Römischen Rechts** nachzeichnen.

Auch im frühen deutschen Reich existierte bei den **Germanen** das Privatstrafrecht. Diebe und Ehebrecher durften auf der Stelle getötet werden, wenn sie auf frischer Tat ertappt wurden. Das Stammesrecht der Franken (lex salica) verzeichnet noch keine weitere Entwicklung. Erst mit Beginn des Mittelalters (ca. 1200) nahm die rechtsgeschichtliche Entwicklung (**Sachsenspiegel**) im deutschen Reich einen ähnlichen Verlauf wie z. B. in der römischen Geschichte.[9] Mit der Herausbildung staatlicher Ordnung wird das eigentliche Strafrecht differenzierter. Das Gericht selbst eröffnet nun das Strafverfahren und will die Wahrheit feststellen. Der **Inquisitionsprozess** wird eingeführt. Die Bestrafung steht im engen Zusammenhang mit den kirchlichen Einflüssen im Recht selbst und vor allem in den Rechtsinstitutionen.

---

8 Wesel, 1997, S. 78, 119.
9 A. a. O., S. 166 ff., 317.

15. Strafrecht

Mit dem Beginn des 16. Jahrhunderts werden die grausamen Behandlungs- und Bestrafungsmethoden eingeschränkt. Im 17. Jahrhundert wird das Strafrecht auch als eigene Wissenschaftsdiziplin an den Universitäten gelehrt. Durch das **Naturrecht** werden jetzt weltliche Strafrechtsziele wie Besserung und Abschreckung zum Strafzweck erhoben. In diesen Zeitabschnitt fällt auch der Beginn der Verhängung der Freiheitsstrafe. Trotz der allgemeinen milderen Strafrechtsanwendung fallen in diese Zeit zahlreiche Tötungen, verhängt in den **Hexenprozessen**, die bisher in ihrer Massenanwendung und als hysterisches Gesellschaftsphänomen nicht ausreichend untersucht sind.[10]

1794 wird in Preußen das **Allgemeine Preußische Landrecht** in Kraft gesetzt. In 1577 Paragraphen wird das Strafrecht geregelt.

Im 19. Jahrhundert beginnt die geistige Blütezeit der Diskussion um Sinn und Zweck der Strafe. Anselm von Feuerbach gilt als der große Inspirator dieser Zeit. Bedingt durch die Französische Revolution werden wichtige Reformen im Strafprozess umgesetzt, u. a. das **Mündlichkeitsprinzip**, die öffentliche Verhandlung und durch die Schaffung der Staatsanwaltschaft eine **Trennung** von Ermittlungs- und Entscheidungsinstanz.

1851 wurde das Preußische StGB formuliert, welches als Vorbild für das Reichsstrafgesetzbuch von 1871 gilt. Ende des 19. Jahrhunderts konnten Freiheitsstrafen zur Bewährung ausgesetzt werden. Bei der Bestrafung eines Täters wurde bereits die Tatbestandsmäßigkeit, die Rechtswidrigkeit und die Schuld seiner Handlung – genau wie heute – geprüft. Weitere Reformen auf dem Gebiet der Strafrechtspflege sind in Deutschland eng mit dem Namen Franz von Liszt verknüpft, der soziale Ursachen für die Entstehung von Kriminalität verantwortlich machte.[11]

1923 trat das **Jugendgerichtsgesetz** und das Geldstrafengesetz in Kraft. Die Strafjustiz geriet besonders durch die politischen Auseinandersetzungen während der Weimarer Zeit in große Legitimationszwänge, war doch der Justizapparat überwiegend konservativ und reaktionär.

Deshalb fiel Teilen der Rechtswissenschaft, des Justizapparates und der Richterschaft der Übergang in den nationalsozialistischen Machtbereich nicht schwer. Nach der Machtübernahme 1933 wurden binnen kurzem die politischen Strukturen so verändert, dass von einer nahezu vollständigen Gleichschaltung des Justizsektors auszugehen ist. Durch neue auslegbare Gesetze und Gerichte schufen die Nazis die Voraussetzungen hierfür. 1939 wurde das Rechtsmittel des **außerordentlichen Einspruchs** und 1940 die **Nichtigkeitsbeschwerde** eingeführt. Die neu geschaffene Position des Oberreichsanwaltes hatte damit die Instrumente in der Hand, jedes Urteil aufzuheben bzw. rechtskräftig werden zu lassen.

1934 wurde der Volksgerichtshof gegründet, 1936 das Reichskriegsgericht.[12] Neuere Schätzungen gehen davon aus, dass ca. 50.000 Todesurteile durch diese grausamen Gerichte verhängt wurden. Zum Teil regte sich Widerstand in der Richter-

---

10 A. a. O., S. 391.
11 A. a. O., S. 457.
12 A. a. O., S. 479.

schaft gegen diesen Terror und es gelang sicher in Einzelfällen, Personen vor dem Schlimmsten zu bewahren. Da jedoch der Terror, auch außergesetzlich, durch die Gestapo und andere Gruppen ausgeübt wurde, war das justizförmige Verfahren oft nur ein zeitliches Zwischendrama.

In der DDR wurden ebenfalls der Justizapparat und die Richterschaft nach politischen Vorgaben neu geordnet. Auch hier versuchte das politische System durch gezielte Eingriffe eine Verfügbarkeit zu erreichen. Die Ziele dieser Interventionen lagen darin, politisch Andersdenkende auszusondern. Bis 1987 gab es in der DDR die Todesstrafe, die zuletzt äußerst selten vollstreckt wurde.

In den Siebziger Jahren wurden neue Tatbestände geschaffen, um gesellschaftliche Veränderungen auszuschalten. Mit z. T. drakonischen Strafen wurde auf politische Oppositionelle reagiert.

In anderen Bereichen des Strafrechts waren viele Regelungen liberaler als in der Bundesrepublik, z. B. war die Strafaussetzung einer höheren Freiheitsstrafe zur Bewährung möglich (Bundesrepublik nur bis zu zwei Jahren). Man hatte ferner ein System **gesellschaftlicher Regularien** geschaffen, die dem justizförmigen Verfahren vorgeschaltet waren.[14]

Die Bundesrepublik hatte zunächst das Problem, dass weite Teile der Richterschaft und des Justizapparates mit ehemaligen Nazis besetzt waren. Eine juristische Aufarbeitung dieses Unrechts fand nicht statt. In extremen Fällen wurden Einzelne aus dem Dienst entfernt, andere Personen hatten sich demokratisch gewandelt.[15]

Durch weitere Liberalisierungen der Strafgesetze und eine konsequent rechtsstaatlich orientierte Rechtsprechung des BVerfG[16] näherte man sich den Vorstellungen des **sozialen Rechtsstaates**. Die Grundstruktur und wesentliche Teilelemente hatten sich zuvor in der langen rechtsgeschichtlichen Entwicklung herausgebildet.

15.3 Strafverfahren

15.3.1 Beteiligte

15.3.1.1 Prozessorgane
Die **Polizei**, die **Staatsanwaltschaft (StA)** und die **Gerichte** sind als staatliche Organe an der Strafverfolgung beteiligt. Grundlage und Ausgangspunkt staatlichen Handels ist der Mensch und dessen grundrechtlicher Schutz. Zwischen Ausübung staatlicher Macht, hier dem Strafverfolgungsinteresse, und den Rechten der Beteiligten gebietet die rechtsstaatliche Ordnung (Art. 20 III GG, Art. 28 I GG) den beteiligten staatlichen Behörden, ein fein ausbalanciertes System von staatlichem Eingriff einerseits und Menschenwürde, Unschuldsvermutung mit zahlreichen

---

13 A. a. O., S. 507.
14 A. a. O., S. 533.
15 A. a. O., S. 525 m. w. N.

15. Strafrecht

rechtsstaatlichen Garantien (Richtervorbehalt, Rechtsmittel etc.) andererseits einzuhalten.

Dazu gehört auch die **strenge Aufgabenverteilung** und **gegenseitige Kontrolle** der staatlichen Prozessorgane. Durch die Einschaltung unabhängiger Gerichte will man die Machtbefugnisse der Exekutive (Polizei und StA) bewusst begrenzen. Dies ist u. a. eine Folge der Erfahrungen aus der Nazizeit. Die Notwendigkeit hat sich auch aus dem Umgang der Verwaltung mit Menschen in der DDR als unumgänglich erwiesen.

Abgesichert durch das **Legalitätsprinzip** (§ 163 StPO) muss die Polizei in allen Fällen ermitteln, in denen sie das Vorliegen einer Straftat vermutet. Dies wird auch als Anfangsverdacht bezeichnet.

Schaubild 3:

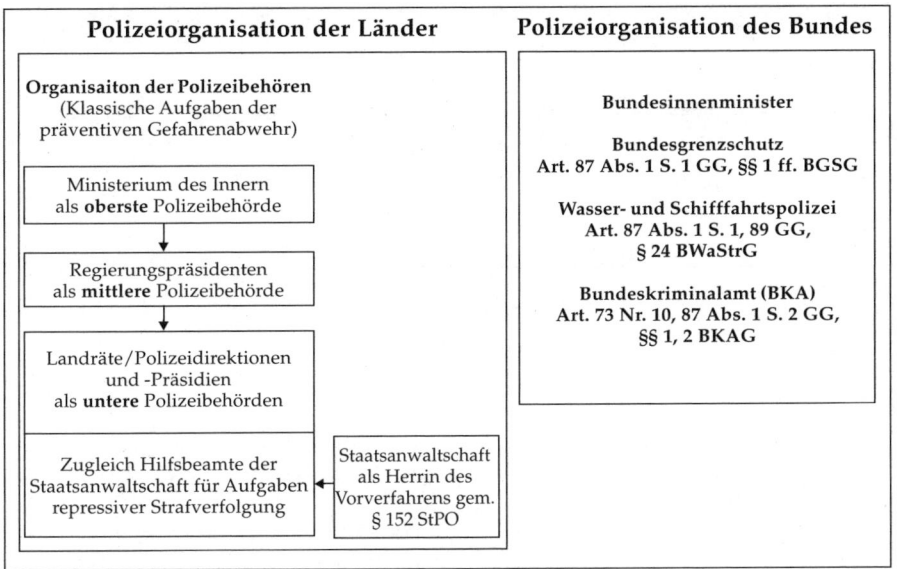

aus: Peter-Alexis Albrecht, Kriminologie, S. 143.

Die Polizei wird als **Hilfsbeamte der Staatsanwaltschaft** tätig. Sie hat gem. § 163 StPO das Recht des »ersten Zugriffs«. An sich setzt die StPO eine enge Kooperation und jederzeitige Kontrolle zwischen Polizei und StA voraus. Aufgrund von technischen und personellen Möglichkeiten hat sich in der Praxis eine – oft beklagte – Verschiebung der Ermittlungstätigkeiten zur Polizei hin vollzogen. Die Zuständigkeit für den Bereich der Polizei liegt bei den Ländern. Die Polizeibehörden nehmen neben der Strafverfolgung weitere Aufgaben wie z. B. die der Gefahren-

Teil 3: Recht in sozialen Berufen

Schaubild 4:

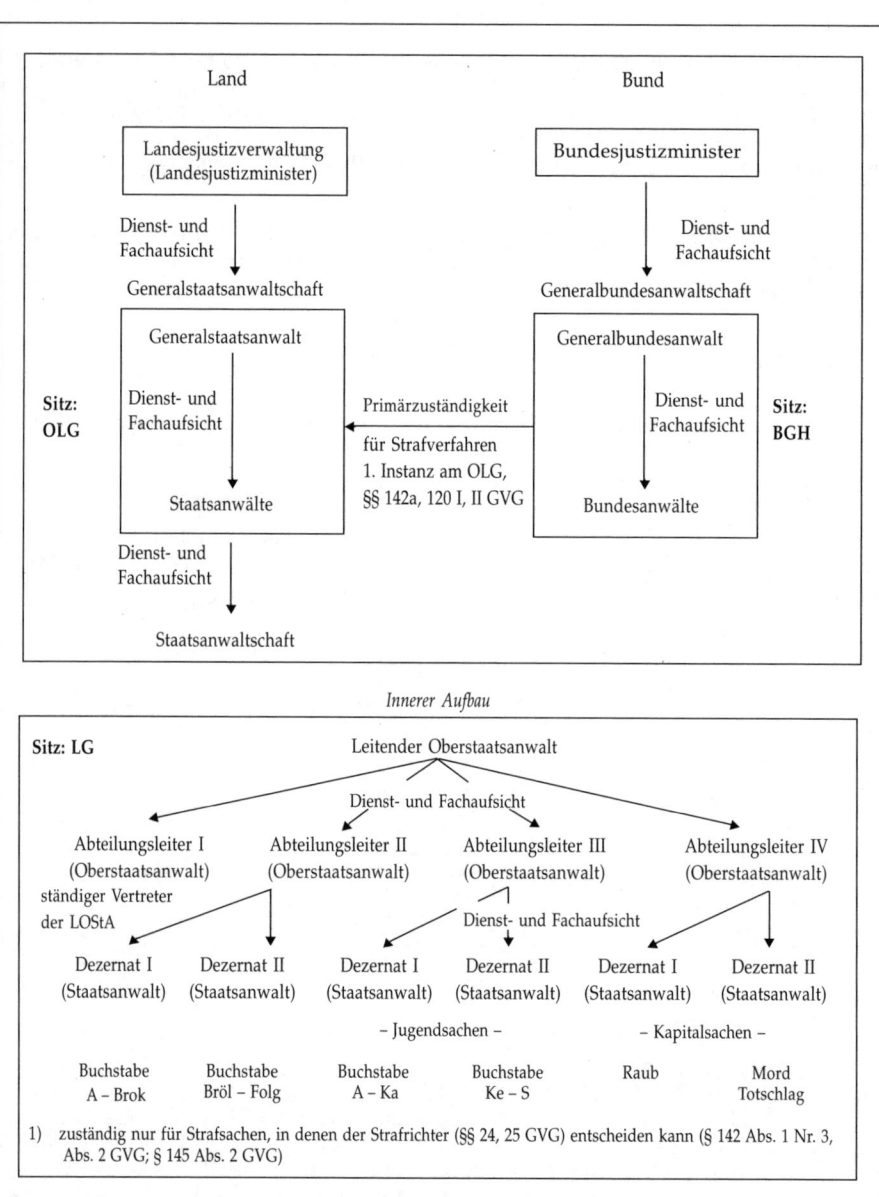

aus: Peter-Alexis Albrecht, Kriminologie, S. 178.

abwehr durch Schutz-, Verkehrs- und Bereitschaftspolizei, wahr.[16] Zum Aufbau der Polizei siehe Abb. 2, zum Aufbau der Staatsanwaltschaft siehe Abb. 3.

Herr des Ermittlungsverfahrens ist jedoch die **Staatsanwaltschaft**, die als monokratische Behörde gem. § 150 Gerichtsverfassungsgesetz (GVG) von den Gerichten unabhängig ist. Ihre Hauptaufgaben sind die Führung der Ermittlungen (§ 160 StPO), im Falle des hinreichenden Tatverdachtes Anklage gegen den Beschuldigten zu erheben (§ 152 StPO), in der Hauptverhandlung die Anklage zu vertreten und letztlich im Falle der Verurteilung die Vollstreckung durchzuführen.

Die StA hat die Ermittlungen objektiv durchzuführen, d. h., es gilt der **Amtsermittlungsgrundsatz**, wonach alle Aspekte der Tat, die gegen und für den Beschuldigten sprechen, ermittelt werden müssen.

Die Staatsanwaltschaft kann im Eilfall strafprozessuale Zwangsmittel selbstständig anordnen, muss aber im Normalfall die richterliche Genehmigung einholen.

Die Gerichte wiederum sind im Kern keine Behörden, weil sie gem. **Art. 97 GG** als Justizorgane unabhängig und nur dem Gesetz unterworfen sind.[17] Dies ist zusätzlich durch die Bestimmung der Rechtsbeugung gem. § 339 StGB abgesichert. Bis auf die obersten Bundesgerichte, also Bundessozialgericht, -arbeitsgericht, -verwaltungsgericht, -finanzhof und dem -gerichtshof (Zivil- und Strafrecht) und natürlich Bundesverfassungsgericht (BVerfG) ist die Einrichtung der Gerichte Ländersache.[18]

Die **Justizgrundrechte** sichern dem Beschuldigten gem. Art. 101 GG sein Recht auf seinen gesetzlichen Richter zu, d. h, es bestehen gerichtsinterne organisatorische Regelungen, die eine unumgängliche feste Zuordnung des Beschuldigten zu seinem Richter (z. B. durch Name, Delikt, Eingangszahlen etc.) vorsehen.

Im Ermittlungsverfahren wird für richterliche Handlungen der Ermittlungsrichter eingeschaltet. Mit Erhebung der Anklage gilt das Gebot des gesetzlichen Richters. Je nach Deliktstypus, Straferwartung wird dann das zuständige Gericht ermittelt. Die Strafgewalt des Amtsgerichts endet bei 4 Jahren, sodass Delikte wie z. B. Mord etc. gleich vor dem Landgericht verhandelt werden.

Für Jugendliche existieren beim Amts- und Landgericht besondere Gerichtsabteilungen, eben die Jugendgerichte.

Die Belastung der Gerichte oder der StA erkennt man oft an den Aktenzeichen, z. B. 86 Js 12397/03 oder 215-1234/03. Die erste Zahl gibt die Abteilung der StA oder des Gerichts wieder, die nächste Zahl die Anzahl der Verfahren und am Ende steht die Jahreszahl.

15.3.1.2 Beschuldigte

Für den Beschuldigten (B.) gilt bis zur rechtskräftigen Verurteilung die Unschuldsvermutung, das bedeutet u. a., dass sich kein B. selbst belasten muss. Ihm stehen

---

16 Albrecht, 1999, S. 178.
17 Vgl. aber § 11 I Nr. 7 StGB.
18 Vgl. Kapitel 19.

eine Reihe von prozessualen Rechten zu, u. a. sich einen Verteidiger zu nehmen, einzelne Beweisanträge zu stellen, bei der Polizei und der StA Aussagen zu machen oder zu verweigern. Der Anspruch auf **rechtliches Gehör** gem. Art. 103 I GG ist besonders wichtig.

Polizei und StA dürfen keine **verbotenen Vernehmungsmethoden** anwenden (§ 136 a StPO). Der B. ist u. a. auf seine gesetzlichen Rechte hinzuweisen und vor jedem Verhör zu belehren. Fehler im Verfahren können zu Verwertungsverboten führen. Der B. hat die Pflicht, im Falle einer Ladung bei der StA und dem Gericht zu erscheinen.

15.3.1.3 Verteidiger

Der **Verteidiger** als Organ der Rechtspflege kann jederzeit vom Beschuldigten zur Wahrnehmung seiner Rechte gewählt werden. Der Verteidiger nimmt die Verfahrensrechte des Beschuldigten einseitig zu dessen Gunsten wahr. Er verteidigt nicht dessen Taten oder dessen Persönlichkeit, sondern achtet auf die Einhaltung der Verfahrensvorschriften. Nur der Verteidiger hat **Akteneinsichtsrecht** (§ 147 StPO) und kann so maßgeblich zur Verteidigung des B. beitragen. Der B. hat den Verteidiger zu bezahlen, es sei denn, dieser wird vom Gericht als **Pflichtverteidiger** (§ 140 StPO) bestellt, wenn ein Fall der notwendigen Verteidigung vorliegt. Dies geschieht z. B. wenn der Beschuldigte sich mindestens drei Monate in U-Haft befunden hat, er eines Verbrechens angeklagt wird oder er in der Hauptverhandlung mit einer ca. einjährigen Freiheitsstrafe zu rechnen hat.

Prozesskosten- und Beratungshilfe gibt es also für den Angeklagten im Strafprozess nicht.

Insbesondere beim Vollzug der U-Haft kommt dem Verteidiger eine – auch menschlich – wichtige Rolle zu, denn der Umgang des B. mit möglichen Besuchern ist i. d. R. auf 30 Minuten vierzehntägig beschränkt.

Wenn der B. also kein Geld hat und kein Fall der notwendigen Verteidigung vorliegt, muss und kann er sich vor den Gerichten selbst verteidigen.

Im Übrigen wird der B. zum **Angeklagten** (A.), wenn das Hauptverfahren durch das zuständige Gericht eröffnet wird.

15.3.1.4 Zeugen

Da es im Strafprozess um die Rekonstruktion von vergangenen Geschehnissen geht, sind die Beteiligten u. a. auf **Zeugen** angewiesen. Weitere Beweismittel können **gerichtlicher Augenschein**, **Urkunden** und **Sachverständige** sein. Zeugen sollen eigene Wahrnehmungen bekunden, haben sie diese von Dritten erfahren, sind sie nur Zeuge vom Hörensagen. Der Zeuge muss im Falle der Ladung nur bei der STA und dem Gericht erscheinen. Er hat dann eine uneingeschränkte Wahrheitspflicht, es sei denn, ihm steht ein **Zeugnis- bzw. Auskunftsverweigerungsrecht** zu.

Diese **Zeugnisverweigerungsrechte** (auf die verzichtet werden kann) können sich gem. §§ 52 f. StPO aufgrund verwandtschaftlicher bzw. beruflicher Stellung ergeben. U. a. haben eben die Verlobte, der Ehegatte bzw. alle in gerader Linie Verwandte ein Zeugnisverweigerungsrecht. Dies wird mit dem Loyalitätskonflikt dieses Personenkreises begründet.

Geistliche, Rechtsanwälte, Steuerberater, Ärzte, Psychologen etc. haben aus verständlichen Gründen ein beruflich begründetes Zeugnisverweigerungsrecht (§ 53 StPO).

Wie noch ausführlich unter Abschnitt 15.7. dargestellt wird, hat der Sozialarbeiter bzw. Sozialpädagoge nur dann bezüglich seines Klienten ein **Zeugnisverweigerungsrecht**, wenn er Mitglied oder Beauftragter einer anerkannten Schwangerschaftskonflikt- bzw. Drogenberatungsstelle ist. Diese Regelung ist vom BVerfG[19] bestätigt worden und wird in der Wissenschaft und Praxis heftig kritisiert.[20]

Die Zeugen sind über ihre Rechte zu belehren. Sie haben notfalls die Pflicht, ihre Aussagen beeiden zu müssen. Falsche uneidliche und eidesstattliche Aussagen (§§ 153, 154 StPO) werden bestraft.

Wer sich bei einer Zeugenaussage der Gefahr einer eigenen strafrechtlichen Verfolgung aussetzt, hat gem. § 55 StPO ein **Auskunftsverweigerungsrecht**.[21]

15.3.1.5 Opferrechte und Nebenklage
Ein oft erhobener Vorwurf im geltenden Strafrecht gilt der Vernachlässigung der Opfer. Diese sind i. d. R. Zeugen im Strafverfahren und müssen ansonsten mit den materiellen und ideellen Folgen der Tat klarkommen. Auf die Möglichkeit des TOA wurde schon hingewiesen. Außerdem besteht die Möglichkeit, durch das Adhäsionsverfahren (vgl. § 403 StPO) eine mögliche Verfahrensart im Strafverfahren, den Täter durch das Strafgericht zu zivilrechtlichen Schadensersatzleistungen verurteilen zu lassen. Natürlich kann der Geschädigte den Täter auch zivilrechtlich auf Schadensersatz verklagen. Dies scheitert oft am Aufwand und an der Mittellosigkeit des Schuldigen.

Daneben kann sich auch ein Geschädigter im Strafprozess als **Nebenkläger** der von der StA verfassten Anklage anschließen. Dies setzt allerdings die Anklage wg. bestimmter Delikte (vgl. § 395 StPO) voraus. Wird der Nebenkläger vom Gericht zugelassen, hat er umfangreiche Rechte, u. a. Akteneinsichts-, Frage-, Beweisantrags-, Erklärungs-, Rechtsmitteleinlegungsrechte etc. Natürlich kann sich der Geschädigte auch der Dienste eines Rechtsanwaltes versichern, dessen Kosten sogar der Verurteilte tragen muss.

---

19 BVerfG 33, S. 367 ff.
20 Papenheim u. a., 2002, S. 230.
21 Riekenbrauk, 2004, S. 46.

15.3.2 Ablauf des Strafverfahrens

15.3.2.1 Verfahrensabschnitte
Das Strafverfahren untergliedert sich in drei Verfahrensabschnitte, auch Erkenntnisverfahren genannt:

a. **Ermittlungs- oder Vorverfahren**
b. **Gerichtliches Zwischenverfahren**
c. **Hauptverhandlung incl. Rechtsmittelverfahren**

(siehe hierzu Schaubild 5)

Schaubild 5: Das Strafverfahren von der Anzeige bis zum Urteil

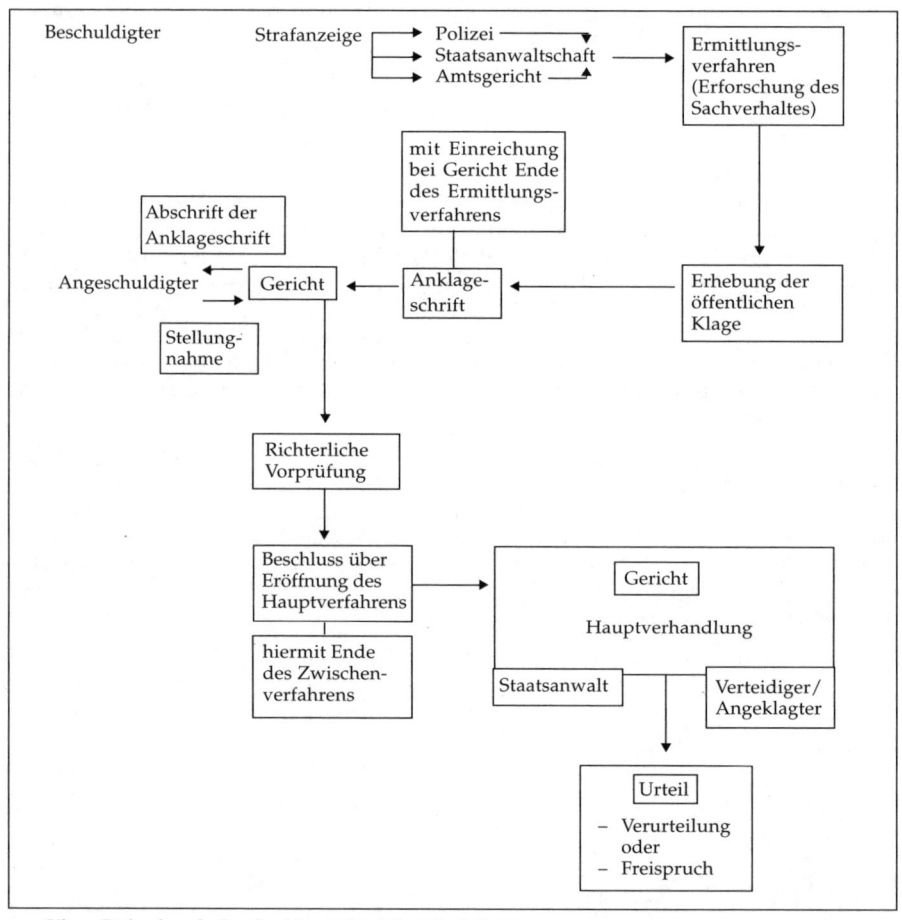

aus: Klaus Riekenbrauk, Strafrecht und Soziale Arbeit, S. 48.

15.3.2.2 Grundsätze und Prinzipien

In allen drei Verfahrensabschnitten sind die Grundrechte des Beschuldigten zu beachten, u. a. auch die Unschuldsvermutung (Art. 6 II Menschenrechtskonvention, MRK).

Ihm stehen ferner die schon erwähnten Justizgrundrechte, wie z. B. der Anspruch auf **rechtliches Gehör, Recht auf den gesetzlichen Richter, Grundrechte vor Gericht gem. Art. 103 GG** etc. zur Seite.

Der aus dem Verfassungsrecht stammende **Grundsatz der Verhältnismäßigkeit** entfaltet auch im Strafrecht seine Bedeutung. Danach dürfen staatliche Zwangsmittel nicht außer Verhältnis zum angestrebten Zweck stehen und müssen zudem geeignet und notwendig sein.

Weitere Grundsätze und Prinzipien sind das **Offizialprinzip**. Danach steht der Strafanspruch nur dem Staat (Strafmonopol) zu. Durch das **Akkusationsprinzip** wird die Trennung von Anklagebehörde und Gericht festgelegt. Dies war z. Z. der Inquisitionsprozesse anders, wo Ermittler, Staatsanwalt und Richter oft eine Person waren. Mit der französischen Revolution ist dieses Verfahren aufgegeben worden. Durch die französische Revolution hat sich ebenfalls das Beweisrecht geändert und der **Öffentlichkeitsgrundsatz** ist zum tragenden Eckpfeiler einer transparenten Strafjustiz geworden.

Durch das **Legalitätsprinzip** sind vor allem StA und Polizei gezwungen, jedem Verdacht auf Vorliegen einer Straftat nachzugehen. Ansonsten macht sich der Beamte u. U. wegen einer Strafvereitelung im Amt strafbar. Das Legalitätsprinzip wird durch das **Opportunitätsprinzip** begrenzt, d. h. der staatliche Strafanspruch tritt zurück und das Verfahren (Delikt muss Vergehen sein) kann bei geringer Schuld (§§ 153, 153 a StPO) eingestellt werden. Damit will man Kleinstkriminalität ohne justizförmiges Verfahren erledigen.

Das gleiche Ziel wird mit der Durchführung des **Täter-Opfer-Ausgleichs (TOA)** angestrebt. Dem Strafrecht, als Teil des Öffentlichen Rechts, ist an sich die Einfügung zivilrechtlicher Elemente wesensfremd. Jedoch hat das Strafrecht auch eine den Rechtsfrieden herstellende Funktion. Dies kann durch materielle und ideelle Schadenswiedergutmachung erreicht werden. Dazu wurde u. a. der TOA eingeführt. Er sieht eine Aussöhnung zwischen Täter und Opfer vor. Verkürzt dargestellt, finden unter Leitung eines Vermittlers Gespräche zwischen den Beteiligten statt. Der Vermittler berichtet dem Gericht und der StA von dem Ergebnis des TOA und prüft selbst die Einhaltung der ggf. vereinbarten Leistungen des Täters. Die StA und das Gericht sind beide verpflichtet, in jedem Stadium des Verfahrens (auch im Jugendstrafverfahren) die Möglichkeit der **Einstellung** wegen Durchführung des TOA zu prüfen (vgl. §§ 153 b, 155 a, 155 b StPO, §§ 46 a StGB, §§ 45, 47 JGG). Der TOA wird in Trägerschaft der JGH im Jugendstrafverfahren sowie durch die sozialen Dienste der Justiz und damit von der Gerichts- bzw. Bewährungshilfe durchgeführt.

Schließlich besagt der Grundsatz der **materiellen Wahrheit,** dass die strafrechtliche Entscheidung nur auf Tatsachen gestützt werden darf, die nach Ansicht des Gerichts als wahrheitsgemäß feststehen (§ 244 II StPO).

15.3.2.3 Ermittlungs- oder Vorverfahren

Das Ermittlungsverfahren beginnt i. d. R. mit einer **Strafanzeige**. Die Strafanzeige, die jedermann – ohne dass er selbst direkt beteiligt sein braucht – erstatten kann, wenn er glaubt, dass eine Straftat vorliegt, ist von dem Strafantrag zu unterscheiden. Wer bewusst in einer Strafanzeige Falsches behauptet bzw. unterstellt, jemand habe eine Straftat begangen, der macht sich u. U. gem. §§ 145 d, 164 StPO (Vortäuschen einer Straftat, bzw. der falschen Verdächtigung) selbst strafbar. Weil aber die StA und die Polizei zur Verfolgung der Straftat verpflichtet sind, kann eine angezeigte Strafanzeige nicht zurückgenommen werden. Der Volksglaube hält unverbesserlich an dieser Irrmeinung fest.

Es gibt allerdings bestimmte Delikte (absolute Antragsdelikte), die nur aufgrund eines **Strafantrages des Verletzten bzw. seiner Angehörigen** verfolgt werden, z. B. Hausfriedensbruch (§ 123 StGB), Beleidigung (§ 185 StGB), Verletzung von Privatgeheimnissen (§ 203 StGB) etc. Die relativen Antragsdelikte können auch ohne Strafantrag verfolgt werden, wenn das besondere öffentliche Interesse an der Strafverfolgung bejaht wird (z. B. Diebstahl geringwertiger Sache gem. § 248 a StGB oder Sachbeschädigung gem. § 303 StGB).

Der **Strafantrag** ist innerhalb von drei Monaten nach Kenntnis der Tat (§ 77 StGB) zu stellen.

Die meisten Antragsdelikte sind neben einer kleinen Anzahl weiterer Delikte auch **Privatklagedelikte** (vgl. § 374 StPO). Wie der Name schon sagt, soll hier der Geschädigte an Stelle der StA nach Erfüllung einiger Voraussetzungen (z. B. Schiedsverfahren gem. § 380 StPO etc.) selbst das Verfahren gegen den Täter bei dem Amtsgericht betreiben.

Die Polizei ermittelt (§ 163 StPO) in Kooperation bzw. unter der Kontrolle der Staatsanwaltschaft. Zeugen werden u. U. gehört, Beweismittel gesichert und bei bestimmten Ermittlungstätigkeiten (z. B. Durchsuchung von Person und Wohnung, Beschlagnahme, Beantragung von Haftbefehlen) bedarf es i. d. R. der Anordnung durch das Ermittlungsgericht, d. h. durch den Ermittlungsrichter.

Schließlich wird dem Beschuldigten **rechtliches Gehör** gewährt. Während des Ermittlungsverfahrens befindet sich der Beschuldigte regelmäßig in Freiheit, und wartet das Ergebnis der Ermittlungen, die jahrelang andauern können, ab. Die Ermittlungen können mit der Einstellung des Verfahrens bzw. mit der Anklageerhebung enden.

Eine Ausnahme bildet die Verhängung von **Untersuchungshaft** (§§ 112 ff. StPO).

Diese wird vom Gericht verhängt, wenn ein

a. dringender Tatverdacht,
b. ein Haftgrund vorliegt und
c. der Grundsatz der Verhältnismäßigkeit beachtet wird.

Der Haftgrund könnte bei einer möglichen Fluchtgefahr des Beschuldigten bestehen (häufigster Grund für Haftbefehle = 90 %) bzw. in einer Beeinflussung von

Zeugen liegen.[22] Bei der richterlichen Haftentscheidung muss auch der **Verhältnismäßigkeitsgrundsatz** angewendet werden. Oft lässt sich trefflich über das Vorliegen von Haftgründen streiten, denn die Rechtsprechung (Rspr.) neigt bei gewisser zu erwartender Strafhöhe automatisch zur Annahme von Fluchtgefahr.[23] Dies hat oft zur Folge, dass Beschuldigte monatelang auf ihre Hauptverhandlung in der Untersuchungshaftanstalt warten müssen. Ein Haftbefehl kann auch außer Vollzug gesetzt werden, dies geschieht häufig, wenn feste soziale Bindungen bzw. ein fester Wohnsitz vorliegt und dann die Fluchtgefahr durch Meldeauflagen, Kaution bzw. Passeinzug gemildert werden kann. Ein klassisches Arbeitsfeld für Sozialarbeiter stellt hier die **Haftentscheidungshilfe** dar, die erreichen könnte, Untersuchungshaft zu vermeiden bzw. zu verkürzen[24] (vgl. Cornel, 2003, 264 ff.).

Es braucht nicht besonders hervorgehoben zu werden, dass der Vollzug von U-Haft einschneidende Folgen für den Beschuldigten hat. Beziehungs-, Arbeitsplatzverlust, Kündigung der Wohnung etc. sind nur einige der gravierenden Folgen von Verhängung von U-Haft. Der Sozialarbeit kommt hier auch in der U-Haft besondere stützende Funktion zu.

Das Ermittlungsverfahren endet mit einer **Verfahrenseinstellung** gem. § 170 II StPO (mangels Tatverdacht etc.) oder der **Anklageerhebung** (§ 170 I StPO).

Es gibt weitere Sondervorschriften (§ 154 StPO) nach denen auch eine Einstellung möglich ist. Auch die StA kann mit Zustimmung des für den Beschuldigten zuständigen Gerichts das Verfahren gem. §§ 153, 153 a StPO einstellen (vgl. 19.3.2.2. Opportunitätsprinzip). U. U. kommt hier die Einstellung nach Auflagenerfüllung (z. B. Bußgeldzahlung) in Betracht.

Ein Sonderfall ist die Erledigung des Verfahrens durch die Beantragung des Erlasses eines **Strafbefehls** (§ 407 StPO). Der Strafbefehl steht einem Urteil gleich und ist nur bei einfach gelagerten Fällen möglich. Die Strafsanktionen sind auf die Verhängung von Geldstrafe, Nebensanktionen (Fahrverbot etc.) und auf die Verhängung einer einjährigen Freiheitsstrafe, deren Vollstreckung zur Bewährung ausgesetzt wird, beschränkt. Insoweit spart sich das Gericht die Hauptverhandlung. Ist der B. mit dem Vorschlag nicht einverstanden, kann er binnen zwei Wochen Einspruch dagegen einlegen und muss dann sein Glück in der Hauptverhandlung suchen. Das **Verschlechterungsverbot** (§ 331 StPO) gilt dann allerdings nicht. Verschlechterungsverbot bedeutet, dass bei Einlegung eines Rechtsmittels **nur** durch den Angeklagten die höhere Gerichtsinstanz kein schärferes Urteil gegen den Angeklagten verhängen darf.

15.3.2.4 Gerichtliches Zwischenverfahren

Im gerichtlichen **Zwischenverfahren** überprüft das Gericht, ob es überhaupt zuständig ist und ob die Ermittlungen den hinreichenden Tatverdacht gegen den Beschuldigten rechtfertigen. Das Gericht kann die Eröffnung des Hauptverfah-

---

22 Cornel u. a., 2003, S. 231 ff.
23 Ebd., m. w. N.
24 Cornel u. a., 2003, S. 264 ff.

rens ablehnen oder Nachermittlungen verlangen. Dies ist sehr selten und meistens wird die Eröffnung des Hauptverfahrens dem Angeklagten, nach Gewährung rechtlichen Gehörs, mit der Anklageschrift und dem Termin zur Hauptverhandlung zugestellt. Die Hauptverhandlung muss durch den Richter nicht nur inhaltlich gut vorbereitet werden, sondern es sind auch umfangreiche organisatorische Dinge zu erledigen. Angefangen von der Saalbestellung, über die Ladung (§ 214 StPO) aller Verfahrensbeteiligten, (Zeugen, Sachverständige, Beschuldigter, der jetzt Angeklagter gem. § 157 StPO genannt wird) sind eine Menge Dinge zu erledigen. Insbesondere abwesende Zeugen (Urlaub, Krankheit etc.) und Terminkollisionen bei Verteidigern sind die Hauptverlegungsgründe bei Gericht.

15.3.2.5 Hauptverhandlung

Der **Gang der Hauptverhandlung** ist gem. § 243 ff. StPO dezidiert geregelt und hat folgenden Ablauf:

a. Aufruf der Strafsache
b. Feststellung der Erschienenen
c. Vernehmung des Angeklagten zur Person
d. Verlesung der Anklage durch StA
e. Belehrung des Angeklagten und Vernehmung zur Sache
f. Beweisaufnahme mit Zeugen und Sachverständigen
g. Schlussvorträge der StA und Verteidigers bzw. Angeklagten
h. Letztes Wort des Angeklagten
i. Urteilsverkündung mit Rechtsmittelbelehrung

Wie bereits dargelegt, besteht im Strafprozess das **Mündlichkeits- und Unmittelbarkeitsprinzip**. Dies bedeutet, der Angeklagte (Anwesenheitspflicht), alle Zeugen, Sachverständige etc. müssen selbst im Prozess anwesend sein und dort gehört werden. Verweise auf Aussagen, Dokumente etc. sind nur in Ausnahmefällen möglich. Dies ist eine hohe rechtsstaatliche Hürde und oft nur mit intensivem organisatorischem Aufwand zu erreichen. Hauptverhandlungen können unterbrochen und fortgesetzt werden. Die Unterbrechung darf längstens 10 Tage betragen.

Die Verfahren finden auch – bis auf wenige Ausnahmen – öffentlich statt, d. h. jeder kann zuhören. Film, Fernseh- und Rundfunkaufnahmen im Gerichtssaal sind während der Verhandlung unzulässig und während der Gerichtspausen, wenn der/die Angeklagte(n) oder andere Beteiligte gezeigt werden.

Über die Rechte des Angeklagten wurde bereits unter Punkt 15.3.1.2. referiert. Zusammengefasst hat der Angeklagte folgende Rechte:

a. Schweigerecht
b. Recht auf Anwesenheit
c. Recht auf Verteidiger, Dolmetscher
d. Zeugen und Sachverständigenbefragungsrecht
e. Beweisantragsrecht
f. Anhörungsrechte, vor allem zu prozessualen Fragen
g. Erklärungsrechte einschließlich Schlussvortrag und »letztem Wort«.

15. Strafrecht

Der Angeklagte kann selbst schweigen oder sich zur Sache einlassen. Er darf auch lügen, allerdings Dritte nicht zu Unrecht belasten, da ansonsten mögliche Straftaten drohen. Das Gericht darf das **Schweigen des Angeklagten** nicht zu seinen Ungunsten bewerten. Das Gericht spricht das Urteil aufgrund der in der Hauptverhandlung vorgebrachten Beweismittel aufgrund seiner freien Überzeugung (§ 261 StPO). Sind mehrere Richter/Schöffen im Spruchkörper vorhanden, bedarf es im Falle der Verurteilung einer ⅔ Mehrheit der Stimmen, die alle gleichberechtigt sind.

Mit dem Urteil kann das Gericht den Angeklagten freisprechen, ihn verwarnen oder verurteilen.

Im Falle eines **Freispruchs** entstehen dem Angeklagten keine Kosten, d. h., die Staatskasse übernimmt Gerichtskosten und notwendige Auslagen des Freigesprochenen. War dieser in Haft oder hat aufgrund der Strafverfolgungsmaßnahmen einen Schaden erlitten, ist dieser gem. dem Gesetz über die Entschädigung für Strafverfolgungsmaßnahmen (StrEG) ebenfalls entsprechend zu entschädigen.

Mit der Verurteilung trifft das Gericht zugleich eine Entscheidung über die Kosten des Verfahrens und ggf. auch über weitere Nebenstrafen bzw. Nebenfolgen (U-Haft, Fahrverbot, Einziehung von Gegenständen) etc. War der Angeklagte während des Ermittlungsverfahrens in Haft, muss in der Hauptverhandlung zwingend über die Aufhebung bzw. Fortdauer der Haft entschieden werden. Manchmal kann auch der Verurteilte erstmals in der Hauptverhandlung verhaftet werden, wenn Gründe vorliegen, z. B. er wolle sich wegen der Verurteilung dem weiteren Verfahrensgang entziehen.

Mit der **Rechtsbehelfsbelehrung** (Rechtsmittelfrist eine Woche bei Urteilen des AG/LG) endet die mündliche Verhandlung. Der Angeklagte und die StA können auf die Einlegung von Rechtsmitteln verzichten.

Das Sanktionssystem im Strafrecht ist in der Bundesrepublik zweigleisig aufgebaut. Während einerseits die bekannten Strafen **(Geld- bzw. Freiheitsstrafe)** verhängt werden können, existieren andererseits die **Maßregeln der Besserung und Sicherung**. Sie reagieren nicht wie die Strafen, auf die Schuld des Täters, sondern auf dessen Sozialgefährlichkeit (zum Sanktionensystem siehe auch Abb. 5).

Gem. § 61 StGB existieren sechs unterschiedliche Maßnahmen:

a. die Unterbringung in einem psychiatrischen Krankenhaus
b. die Unterbringung in einer Entziehungsanstalt
c. die Unterbringung in der Sicherungsverwahrung
d. die Führungsaufsicht
e. die Entziehung der Fahrerlaubnis
f. das Berufsverbot.

Die ersten drei Sanktionen sind mit einer Freiheitsentziehung verbunden. Ihre Vollstreckung kann auch neben einer Freiheitsstrafe erfolgen. Da alle Maßnahmen aufgrund schwieriger Persönlichkeitsfeststellungen getroffen werden, kommt den Gutachtern und ihren Gutachten eine hohe Wichtigkeit zu.

Teil 3: Recht in sozialen Berufen

Schaubild 6:

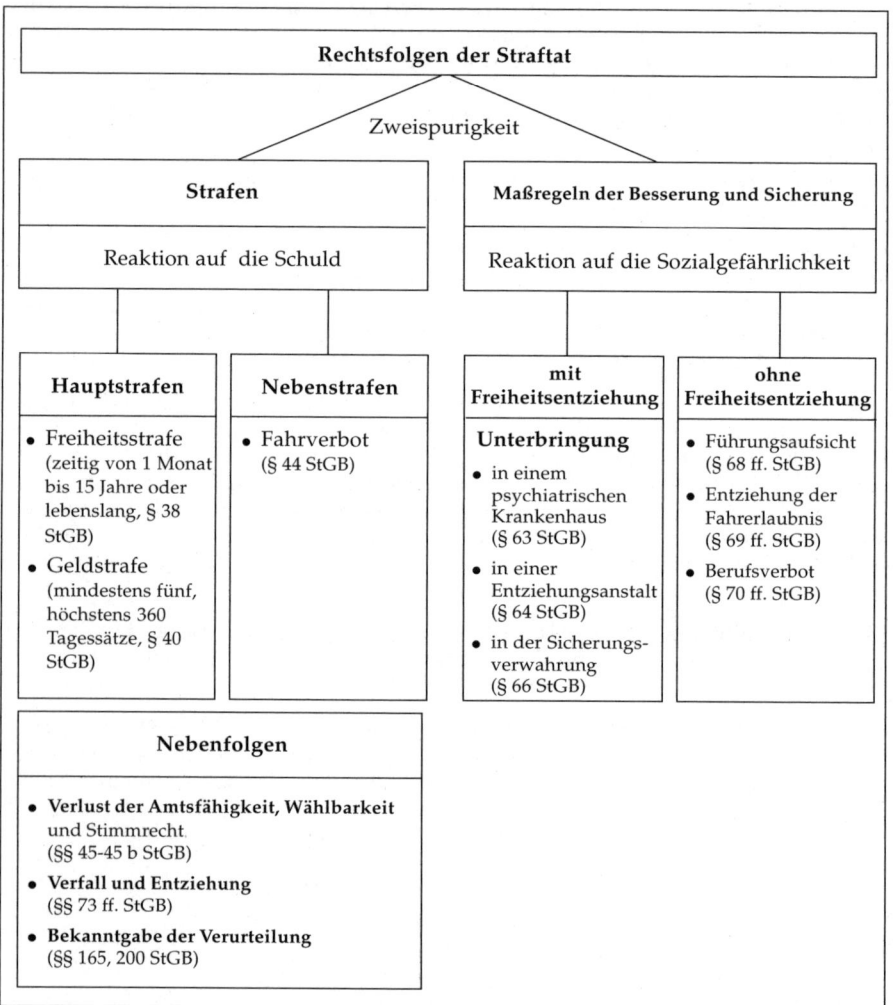

aus: Klaus Riekenbrauk, Strafrecht und Soziale Arbeit, S. 82.

15. Strafrecht

Schaubild 7:

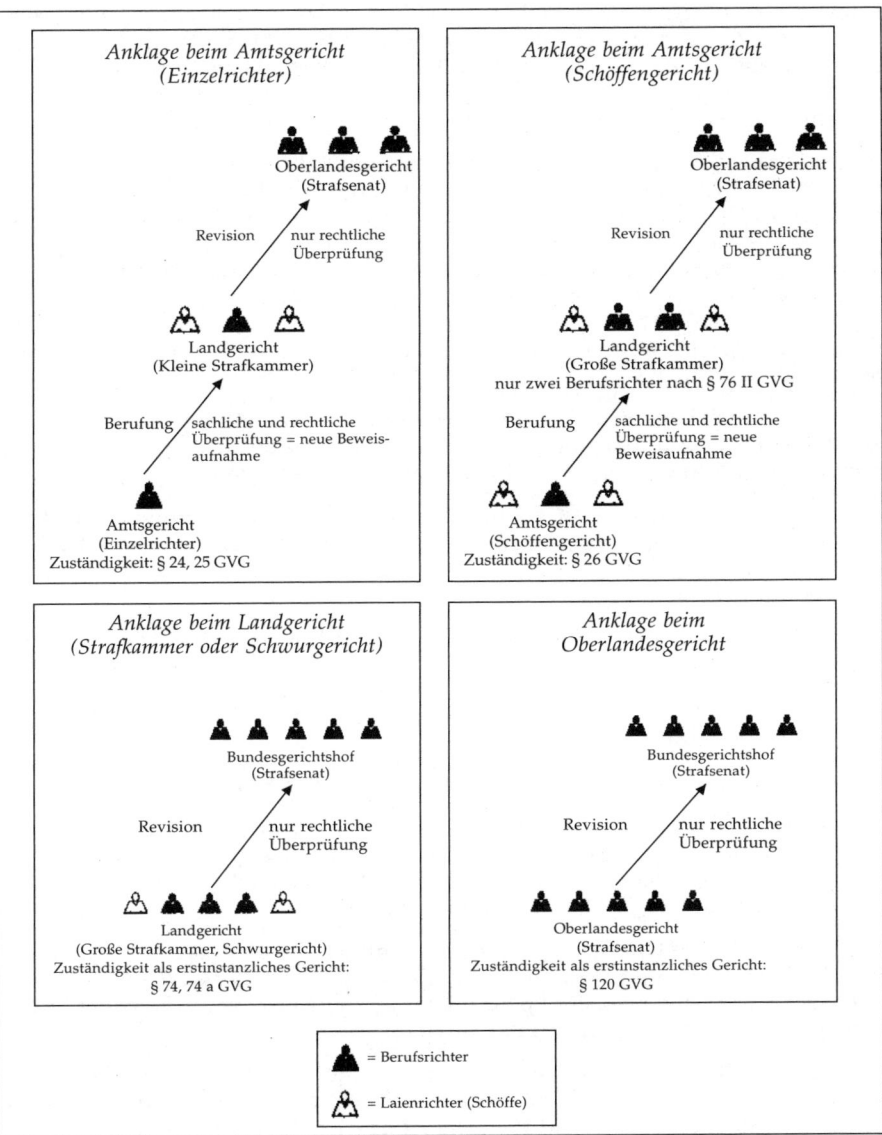

aus: Heinrich Hannover, Die Republik vor Gericht, 1975-1995, S. 469.

Je nach **Deliktsverstoß** kann der Angeklagte im Falle der Strafverurteilung zu einer Geld- bzw. Freiheitsstrafe verurteilt werden. Die Freiheitsstrafe kann bei einer Dauer bis zu höchstens zwei Jahren gem. § 56 StGB zur Bewährung ausgesetzt werden. Die Bewährungszeit besteht zwischen zwei und fünf Jahren. Im Falle der Bewährungsverurteilung können Bewährungsauflagen (Bewährungshelfer etc.) verhängt werden. Sozialarbeiter können in diesem Berufsfeld als Bewährungshelfer tätig sein.

Gegen Urteile des Amtsgerichts ist als Rechtsmittel die **Berufung** zulässig. Diese wird vor dem Landgericht verhandelt. Dagegen ist die **Revision** vor dem Oberlandesgericht zulässig. Findet die erstinstanzliche Hauptverhandlung direkt vor dem Landgericht statt, ist das zulässige Rechtsmittel die Revision, die von dem BGH entschieden wird. Das oft für den Laien unverständliche Ergebnis der Rechtsmittelinstanzen bedeutet, dass die erstinstanzlichen Urteile des Landgerichts (Strafgewalt bis zu lebenslänglich) nicht mit der Berufung, sondern nur mit der Revision angegriffen werden können (zum Instanzenweg sowie zur Besetzung siehe Schaubild 7).

In der **Berufungsinstanz** wird die komplette Hauptverhandlung nochmals durchgeführt. Auch neue Beweismittel sind zulässig. Die Revisionsinstanz prüft das Urteil nur auf Rechtsfehler, z. B. Verletzung bestimmter Vorschriften.

Andere Entscheidungen des Gerichts können mit dem Rechtsmittel der (sofortigen) Beschwerde angegriffen werden. Nach einer rechtskräftigen Entscheidung kann auch eine – in der Praxis äußerst seltene – Wiederaufnahme des Verfahrens durchgeführt werden.

Die strafrechtlichen Verurteilungen werden in das **Bundeszentralregister** (BZRG) eingetragen.

15.3.3 Vollstreckung

An das **Erkenntnisverfahren** schließt sich das **Vollstreckungsverfahren** an.

Die StA ist Vollstreckungsbehörde (§ 451 ff. StPO) und prüft im Falle der rechtskräftigen Verurteilung u. a. die Einhaltung der Urteilsfolgen durch den Angeklagten (bei Bewährungsauflagen etc. das erkennende Gericht selbst) bzw. ist auch für Zwangsmaßnahmen (U-Haft, Strafhaft) zuständig.

Bei der Verhängung von Geldstrafe ist dies natürlich die Überwachung der Bezahlung und ggf. Einziehung des Geldbetrages einschließlich der Gerichtskosten. Ein wichtiger Unterschied besteht im Strafrecht im Gegensatz zum Zivilrecht bezüglich der Beitreibung der Geldstrafen durch die StA.

Erfüllt ein Schuldner zivilrechtliche Forderungen nicht, kann der Gläubiger allenfalls die Abgabe der Eidesstattlichen Versicherung (Vollstreckungstitel) verlangen und geht im Falle der Mittellosigkeit des Schuldners ggf. leer aus.

Anders im Strafrecht. Hier gilt der Grundsatz: Für Strafen hat der Bürger Geld zu haben. Hat er keines, muss er die entsprechenden Tagessätze in Haft verbringen oder die Geldstrafe durch Ersatzleistungen (**gemeinnützige Arbeit**) tilgen. Die

15. Strafrecht

Organisation und Durchführung der gemeinnützigen Arbeit zur Vermeidung der Vollstreckung der Ersatzfreiheitsstrafe stellt ebenfalls ein wichtiges Arbeitsfeld für Sozialarbeiter dar.

Bei Geldstrafen ist eine Tilgung der Strafe in Raten auf Antrag i. d. R. möglich.[25]

Im Falle der Verurteilung zu einer Freiheitsstrafe, deren Vollstreckung zur Bewährung ausgesetzt wurde, prüft die StA bzw. der Bewährungshelfer im Einvernehmen mit dem Gericht[26] die Einhaltung und den Ablauf der Bewährungszeit. Ggf. wird auch die Einhaltung der Auflagen und Nebenstrafen geprüft. Bei Nichteinhaltung der **Bewährungsauflagen** kann das Gericht nach Information durch die StA mit der Androhung des Widerrufs der Bewährung die Einhaltung der Auflagen erzwingen.

Im Falle der Verhängung von Freiheitsstrafe ohne Bewährung wird der Angeklagte, so er nicht in der U-Haft ist, zum **Strafantritt** geladen. Dies könnte sowohl in den offenen – als auch in den geschlossenen Strafvollzug geschehen.

Mit der Frage der Vollstreckung sind weitere – oft komplizierte – Rechtsfragen, wie z. B. **nachträgliche Gesamtstrafenbildung, Strafaufschub** bzw. Unterbrechung etc. verknüpft. Technische Fragen entscheiden Rechtspfleger in der StA, inhaltliche Fragen werden von Staatsanwälten entschieden.

Entzieht sich ein Angeklagter nach der Verurteilung der Vollstreckung, wird er per **Haftbefehl** gesucht.

Auch ausländische Verurteilte müssen i. d. R. ihre Strafe in der Bundesrepublik verbüßen. Eine frühzeitige Entlassung aus deutscher Strafhaft und eine ggf. folgende Verbüßung im Heimatstaat kommt nur unter den engen Voraussetzungen des § 456 a StPO in Betracht.

15.4 Straftat

Im Mittelpunkt des Strafprozesses steht die Frage, ob der Angeklagte eine Straftat begangen hat. Bei den möglichen Straftaten könnte es sich gem. § 12 StGB um ein Vergehen bzw. **Verbrechen** handeln. Verbrechen (z. B. Raub gem. § 249 StGB) sind Delikte, deren Strafandrohung bei einem Jahr Freiheitsstrafe – und darüber – liegt. **Vergehen** stehen im Mindeststrafrahmen darunter und können höchstens bei einer Qualifizierung höher bestraft werden.

Qualifizierung beschreibt eine bestimmte Begehungsform, z. B. »gemeinschaftlich« oder unter »Mitführung von Waffen«.

Weitere Fragen sind, ob der Täter die Tat allein begangen hat, ob die Tat vollendet oder im Versuchsstadium stecken geblieben ist und ob der Täter die Tat bewusst (vorsätzlich) oder aus Unachtsamkeit (Fahrlässigkeit) begangen hat.

---

25 Vgl. Cornel u. a., 2003, S. 291 ff.
26 Vgl. §§ 56 d III 2 StGB, 24 III 2 JGG.

Diese Prüfung vollziehen die Juristen anhand der drei Voraussetzungen einer Tat, nämlich der

a. Tatbestandsmäßigkeit
b. Rechtswidrigkeit und
c. Schuld.

Alle drei Merkmale müssen erfüllt sein, ehe eine Straftat vorliegt.[27]

15.4.1 Tatbestandsmäßigkeit

In den einzelnen Tatbeständen der Strafnormen werden die vom Gesetzgeber normierten Tatbestandsmerkmale aufgeführt, z. B. das Delikt des Diebstahls gem. § 242 StGB:

»Wer eine fremde bewegliche Sache einem anderen in der Absicht wegnimmt, die Sache sich oder einem Dritten rechtswidrig zuzueignen, wird mit Freiheitsstrafe bis zu fünf Jahren oder mit Geldstrafe bestraft«.

> **Beispiel:** Ein wegen Ladendiebstahls z. B. eines Eises angeklagte Person, der das Eis im Laden bereits verzehrt hat und dies nicht an der Kasse angegeben und bezahlt hat, müsste nun alle Tatbestandsmerkmale des § 242 StGB erfüllt haben.

Das Eis war fremd, beweglich und unstreitig eine Sache. Der Täter müsste sich die Sache rechtswidrig zugeeignet haben. Nach den allgemeinen Interpretationen der Diebstahlsmerkmale bedeutet dies, den Bruch fremden Gewahrsams und die Begründung eigenen Gewahrsams mit der Eingliederung der Sache in den eigenen Wirkungskreis. Dies ist durch das Verzehren des Eises unstreitig erfolgt.

Meist steht im Mittelpunkt der Straftat ein positives Tun, Schlagen, Unterschlagen, Rauben etc. Aber man kann auch durch Unterlassen (§ 13 StGB) eine Straftat begehen, z. B. wenn jemand durch seine Dogge ein Kind verletzen lässt. Das Tun steht dem Unterlassen gleich, wenn jemand die Pflicht hat, wie z. B. der Hundebesitzer, den Erfolg zu verhindern. Diese Pflicht wird auch als Garantenstellung bezeichnet. Unstreitig ist z. B. die Garantenstellung des Jugendamtes für die ihm anvertrauten Kinder und Jugendliche. Diese Form der Tatbegehung und die damit verwirklichten Delikte werden als **unechte Unterlassungsdelikte** bezeichnet.

Echte Unterlassungsdelikte sind dagegen z. B. §§ 138, 323 c StGB, weil hier der Gesetzgeber ein positives Tun von jedem Bürger fordert. (Vgl. zur Anzeigepflicht des Sozialarbeiters den Abschnitt 15.7.1)

15.4.2 Rechtswidrigkeit

Das menschliche Tun ist nur rechtswidrig, wenn es die Rechtsordnung verbietet und damit der Handelnde nicht durch Rechtfertigungsgründe gerechtfertigt ist.

---

27 Riekenbrauk, 2004, S. 72 ff.

15. Strafrecht

Die bekanntesten Rechtfertigungsgründe sind die **Notwehr** (§ 32 StGB) und der **Notstand** (§ 34 StGB). Außerdem existiert noch als Rechtfertigungsgrund die **Einwilligung oder gesetzliche Erlaubnisse**.

Im o. g. Eisfall liegen keine Rechtfertigungsgründe vor.

15.4.3 Schuld

In der Schuld wird die Tat in Beziehung zum Täter gesetzt, d. h. dem Täter muss das Tun vorwerfbar sein. Er hat sich nicht rechtmäßig verhalten, obwohl ihm dies möglich gewesen wäre. Damit berührt die Feststellung der Schuld weitere Bereiche menschlicher Existenz, wie die Moral, die Ethik, die Philosophie oder gar die Psychologie. Wenn dem Einzelnen etwas vorzuwerfen ist, muss er auch die Möglichkeit gehabt haben, sich hätte anders verhalten zu können.

Die wichtigsten **Schuldausschließungsgründe** sind:

a. Strafunmündigkeit des Kindes bis 14 Jahren gem. § 19 StGB
b. Verbotsirrtum gem. § 17 StGB
c. Entschuldigender Notstand gem. § 35 StGB
d. Schuldunfähigkeit wg. seelischer Störungen gem. § 20 StGB
e. verminderte Schuldfähigkeit gem. § 21 StGB (nur Schuldmilderungsgrund).

Bezogen auf den Eisfall könnte der Täter behaupteten, er müsse zwanghaft immer stehlen. Dann lägen vielleicht Anhaltspunkte für §§ 20/21 StGB vor. Dies hätte dann die Einschaltung eines Sachverständigen zur Folge. Beruft sich der Täter auf einfaches Vergessen, dann wird das Gericht dies als Ausrede bzw. ebenso vorwerfbar behandeln.

Da im Zentrum der Frage der Schuldfeststellung die Beziehung des Täters zur Tat steht, ist sein Verhalten, d. h. die Art der Verwirklichung der Tatbestände von entscheidender Bedeutung.

Es wird hier zwischen **Vorsatz und Fahrlässigkeit** unterschieden. Vorsatz bedeutet, der Täter kannte die Tatbestandsmerkmale und er hat sie mit Wissen und Wollen begangen. Es gibt unterschiedliche Vorsatzformen, was hier nicht ausgeführt werden braucht. Der Bankräuber handelt meistens bzw. immer vorsätzlich. Der Regelfall der Tatbegehung ist der Vorsatz.

Fahrlässiges Tun bezeichnet man gem. § 276 BGB als Außerachtlassung der im Verkehr erforderlichen Sorgfaltspflichten. Der fahrlässige handelnde Täter verwirklicht den Tatbestand rechtswidrig und schuldhaft, ohne dies zu erkennen oder zu wollen.

Fahrlässiges Handeln wird gem. § 15 StGB nur bestraft, wenn dies ausdrücklich im Delikt selbst unter Strafe gestellt ist.

Wer ein Delikt (nur wenn der **Versuch** strafbar ist, bei Verbrechenstatbeständen immer, Vergehen nur wenn gesetzlich bestimmt) begeht, ohne dies zu vollenden, kann entweder wegen Rücktritt vom Versuch gem. § 24 StGB straffrei ausgehen, oder dessen Strafe wird zumindest gem. § 49 StGB gemildert.

Bei der **Strafzumessung** spielt ebenfalls die Begehungsform des Täters eine Rolle. Er könnte die Tat als **Alleintäter, Mittäter oder in Form der Anstiftung bzw. Beihilfe** begehen.

Die Begehungsform des **Alleintäters** bzw. **Mittäters** ist in § 25 StGB definiert. Während der Alleintäter eben allein handelt, liegt im Falle der Mittäterschaft eine gemeinschaftliche Tatbegehung vor. Dies setzt nicht zwangsläufig voraus, dass alle Mittäter die Durchführung der Straftat gemeinsam erledigen. Oft werden einzelne Tatbeiträge anderen Mittätern zugerechnet, z. B. zwei Täter verabreden sich zum Banküberfall. Einer fährt das Auto, der andere geht in die Bank.

Der **Anstifter**, dessen Tun in § 26 StGB normiert ist, bestimmt einen Anderen zur Tatbegehung, ohne selbst an der direkten Tatausführung beteiligt zu sein. Der A weist den B darauf hin, dass bei Schlecker nur eine Kassiererin während der Mittagszeit arbeitet und sich ein Überfall bestimmt lohnt.

Der **Gehilfe** leistet gem. § 27 StGB **Beihilfe** zu einer anderen vorsätzlichen rechtswidrigen Tat, d. h. er leistet Hilfe, ohne aber mangels Tatherrschaft Mittäter zu sein. Der A stellt dem Bankräuber B sein Fahrrad zur Flucht zur Verfügung. Die Strafe des Gehilfen kann gem. § 27 II StGB gemildert werden, weil sein Gesamttatbeitrag i. d. R. geringer ausfällt.

In der Praxis treten in der Frage der Täterschaft oft komplizierte Abgrenzungsfragen auf.

15.5 Jugendstrafrecht

Die rechtlichen Grundlagen des Jugendstrafrechts sind im **Jugendgerichtsgesetz (JGG)** normiert. Dies betrifft sowohl die Frage des Verfahrens als auch die Frage der Bestrafung.

Das Gesetz trägt der Lebensphase »Jugend« durch diese besonderen Regelungen Rechnung.

Die **Strafmündigkeit** beginnt mit dem 14. Geburtstag. Zwischen 14 und 18 ist der Täter zur Tatzeit Jugendlicher, zwischen 18 und 21 **Heranwachsender**. Allerdings reicht die Altersfeststellung des Jugendlichen zur Tatzeit für eine mögliche Ahndung der Tat nicht aus, vielmehr muss das Gericht gem. § 3 JGG positiv feststellen, dass der Jugendliche zur Tatzeit die sittliche und geistige Reife besaß und somit das Unrecht seiner Tat einsehen konnte und nach dieser Erkenntnis hätte handeln können. Anders ausgedrückt, auch Jugendliche könnten trotz Strafmündigkeit im Einzelfall wg. § 3 JGG nicht bestraft werden.

Kern des Jugendstrafrechts ist der **Erziehungsgedanke**, die **Spezialprävention**, mit deren Hilfe das Jugendstrafrecht auf eine Erziehung der Persönlichkeit setzt.

15.5.1 Besonderheiten im Verfahren

Da der Jugendliche noch unter der elterlichen Sorge gem. § 1626 BGB steht, wird er auch bis zum 18. Geburtstag durch seine Eltern gem. § 1629 BGB vertreten. Sämt-

15. Strafrecht

Schaubild: 8

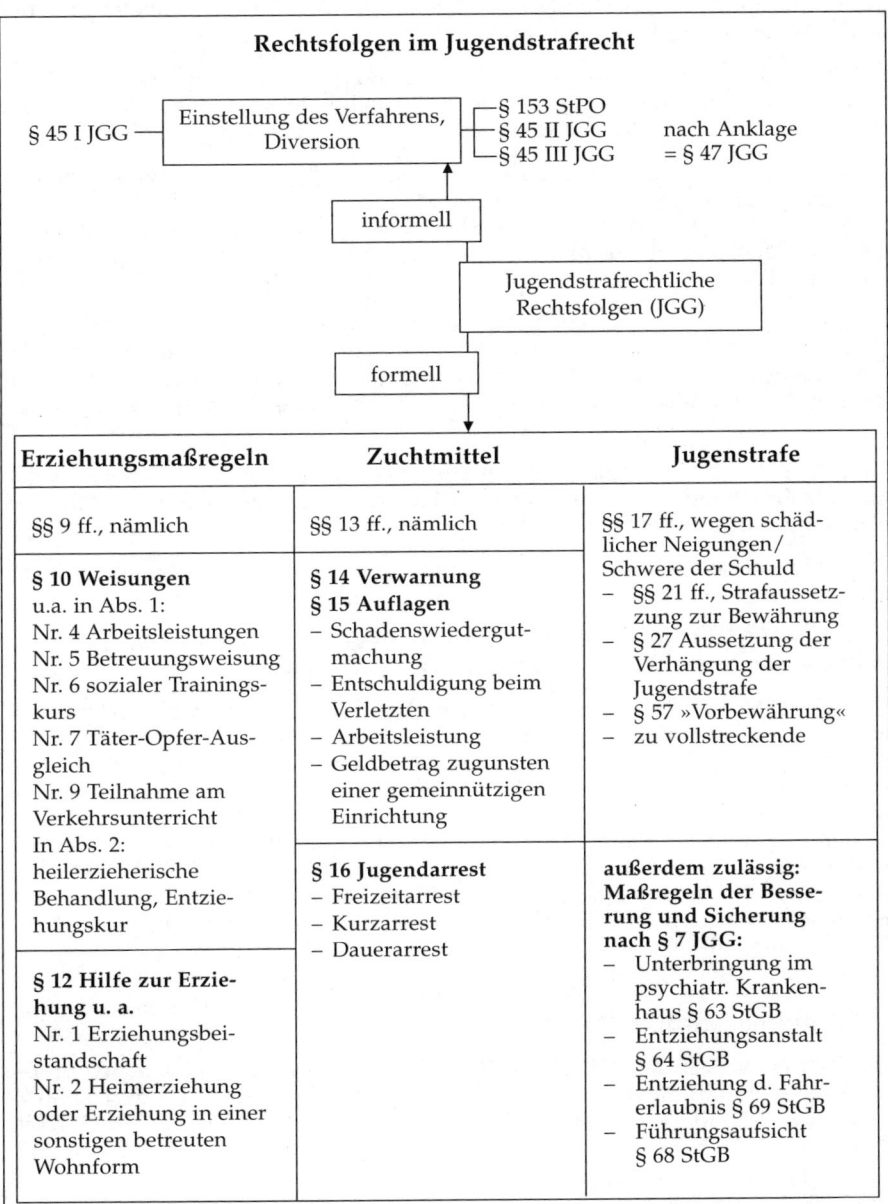

aus: Cornel u.a. Resozialisation, 2003.

liche Ladungen, Anhörungen etc. sind daher immer an die Eltern zuzustellen. Die Eltern und Erziehungsberechtigte sind gem. § 67 JGG **Verfahrensbeteiligte**, die an der Hauptverhandlung teilnehmen.

Für Jugendliche existieren eigene Abteilungen der Staatsanwaltschaft (§ 37 JGG) und der Jugendgerichte (§ 33 JGG). Die Jugendschöffen werden vom Jugendhilfeausschuss vorgeschlagen und sind daher i. d. R. besonders engagiert.

Gem. § 68 JGG hat das Gericht eine erweiterte Kompetenz, dem Jugendlichen einen **Pflichtverteidiger** beizuordnen. Die Möglichkeit der freien Beauftragung eines Wahlverteidigers durch den Jugendlichen scheitert genauso an der beschränkten Geschäftsfähigkeit, wie an den oft fehlenden Mitteln zur Bezahlung (Ausnahme § 110 BGB).

U-Haft sollte bei Jugendlichen selten verhängt werden, weil hier gem. § 72 JGG ein milderes Mittel Vorrang hat. Als milderes Mittel kommt insbesondere die Unterbringung im Heim bzw. die Anwendung anderer Jugendhilfemaßnahmen in Betracht. Der Sozialarbeit kommt hier im Arbeitsfeld der Haftentscheidungshilfe (JGH) große Bedeutung zu.

Gem. § 71 JGG hat der Jugendrichter die Möglichkeit, vorläufige Anordnungen über die Erziehung anzuordnen. Dies sind dann oft Weisungen gem. § 10 JGG und pädagogische Hilfen nach dem KJHG.

Die Hauptverhandlung gegen Jugendliche ist gem. § 48 JGG nicht öffentlich. Gem. § 80 JGG sind weder Privat- noch Nebenklage zulässig.

Gem. § 55 II JGG hat jeder Anfechtungsberechtigte (auch Eltern) nur ein Rechtsmittel, also entweder Berufung oder Revision, einzulegen.

War der Täter zur Tatzeit **Heranwachsender**, findet die öffentliche Hauptverhandlung auch vor dem Jugendgericht statt. Unter Beteiligung der JGH entscheidet das Gericht (§ 105 JGG), ob der Täter eher einem Jugendlichen (dann Jugendstrafrecht) oder eher einem Erwachsenen (dann Erwachsenenstrafrecht durch das Jugendgericht) gleichsteht. Dies ist dann der Fall, wenn gem. § 105 I Nr. 1 die Gesamtwürdigung der Persönlichkeit des Täters ergibt, dass er zur Tatzeit sittlich und geistig eher einem Jugendlichen gleichstand, oder gem. § 105 I Nr. 2 JGG es sich bei der Tat eher um eine Jugendverfehlung handelt.[28] Durch die hohe **sozialpädagogische Kompetenz** kommt dem Bericht und der Empfehlung der JGH große Bedeutung zu.

15.5.2 Jugendgerichtshilfe (JGH)

Die **JGH** ist das zentrale Tätigkeitsfeld für Sozialarbeiter und Pädagogen im Bereich der Jugendkriminalität. Die Stellung der JGH im Verfahren ist gem. § 52 KJHG i. V. m. §§ 38, 50 III JGG wichtig. Ihr kommt eine bedeutende Rolle zu. Die **JGH ist**

---

28 Vgl. zur Auslegung der Begriffe Nothacker in Brühl, Deichsel, Nothacker, Strafrecht und Soziale Praxis, Rdnr. 508 ff.

ein **Fachdienst des JA** und hinsichtlich ihrer Organisation und inhaltlichen Entscheidungen von Gericht und StA unabhängig und autonom. Die Aufgaben der JGH können auch durch anerkannte freie Träger der Jugendhilfe erledigt werden.

Die Aufgaben der JGH lassen sich in vier Bereiche gliedern:

1. Ermittlungshilfe und Haftentscheidungshilfe
2. Überwachungstätigkeit
3. Jugendhilfeleistungen erbringen
4. Betreuungstätigkeit während des Verfahrens

Gem. § 38 II JGG unterstützt die JGH das Jugendgericht durch die »Erforschung der Persönlichkeit, der Entwicklung und der Umwelt des Beschuldigten.« Dieser **Unterstützungsauftrag** beinhaltet keine Tataufklärung. Dem Jugendlichen steht es frei, das Angebot der JGH anzunehmen. Die **JGH** nimmt an jeder Hauptverhandlung teil und berichtet über die o. g. Punkte und fertigt insbesondere einen Bericht über mögliche **Sanktionsvorschläge**.[29] Außerdem hat die JGH die Aufgabe, die Einhaltung von Weisungen und Auflagen zu überprüfen, soweit kein Bewährungshelfer zuständig ist. Daneben hat die JGH in U-Haftfällen die Aufgabe, zur Haftvermeidung andere pädagogische Maßnahmen vorzuschlagen und anzubieten. Dies könnten verschiedene Leistungen der Jugendhilfe wie Einzelbetreuung, soziale Gruppenarbeit, betreutes Wohnen oder Heimunterbringung sein.

Ein weiteres wichtiges Arbeitsfeld ist die Betreuung des Jugendlichen während des gesamten Verfahrens.

15.5.3 Rechtsfolgen des JGG

Der größte Unterschied zwischen dem Erwachsenen- und Jugendstrafrecht besteht in der Andersartigkeit und Differenzierung der Sanktionen. Gem. § 5 JGG gibt es drei Arten von Sanktionen (siehe hierzu auch Abb. 7 sowie Ablauf-Schaubild, Abb. 8):

1. Erziehungsmaßregeln (§ 9 ff. JGG)
2. Zuchtmittel (§ 13 ff. JGG)
3. Jugendstrafe (§ 17 ff. JGG)

Erziehungsmaßregeln gem. § 10 JGG beinhalten das Recht, den Jugendlichen Weisungen zu erteilen, Anordnungen zu treffen oder z. B. Hilfe zur Erziehung in Anspruch zu nehmen. Als **Weisungen** kommen alle Arten von Geboten und Verboten in Betracht, z. B. besetzte Häuser zu meiden, bestimmte Orte nicht aufzusuchen, für das Opfer 6 Wochen lang einzukaufen etc. Die Weisungen müssen natürlich verhältnismäßig sein, dürfen einen bestimmten Zeitrahmen nicht überschreiten und sollen möglichst passgenau auf die Täterpersönlichkeit zugeschnitten werden. Der Zuarbeit der Jugendgerichtshilfe für das Jugendgericht kommt große

---

29 Cornel u. a., 2003, S. 95.

Teil 3: Recht in sozialen Berufen

Schaubild 9:

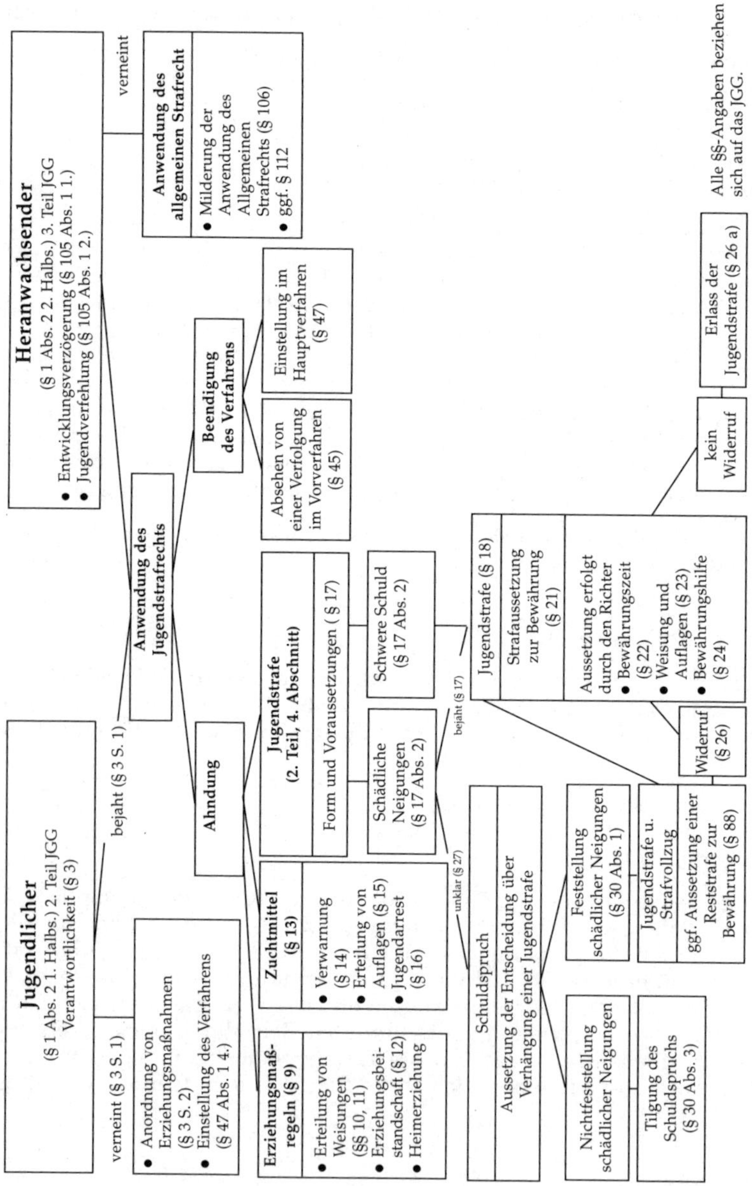

aus: Riekenbrauk, Strafrecht und Soziale Arbeit, S. 169.

15. Strafrecht

Bedeutung zu. Zur Einhaltung von Weisungen kann der Täter durch Arrestverhängung gem. § 11 III JGG gezwungen werden.[30]

Die **Zuchtmittel** stellen die zweite Sanktionsstufe dar. Sie beinhalten die Verwarnung, die Erteilung von Auflagen oder beinhalten die Verhängung von Jugendarrest. Die Verwarnung ist eine förmliche Zurechtweisung.

Die **Auflagen** sollen einen Bezug zwischen Täter, Tat und Opfer herstellen. Sie sind anders als bei den Weisungen abschließend im Gesetz (§ 15 JGG) aufgeführt. Als Auflage käme in Betracht:

a. Schadenswiedergutmachung
b. persönliche Entschuldigung beim Verletzten
c. Erbringung von Arbeitsleistungen
d. Zahlung eines Geldbetrages zugunsten einer gemeinnützigen Einrichtung.

Jederzeit kann das Gericht, genau wie im Falle der Weisung, die Auflagen ändern, und den Jugendlichen davon teilweise bzw. ganz befreien.

Der **Jugendarrest** (§ 16 JGG) stellt eine freiheitsentziehende Maßnahme dar. Es wird zwischen **Freizeit-, Kurz- und Dauerarrest** unterschieden. Der **Freizeitarrest** beträgt höchstens zwei Freizeiten und diese wiederum höchstens 48 Stunden pro Freizeiteinheit (eine Woche). Der **Kurzarrest** beträgt höchstens 2-4 Tage, wobei alle Tage zusammenhängend vollstreckt werden.

Der **Dauerarrest** beträgt mindestens eine Woche und höchstens vier Wochen.

Der Arrest wird in geschlossenen Einrichtungen vollzogen. Angesichts der geringen pädagogischen Intervention während des Arrestes ist dieses Sanktionsmittel in der Praxis umstritten und wird deshalb zusehend geringer verhängt.

Die **Jugendstrafe** (§ 17 JGG) ist die härteste Sanktion im Jugendstrafrecht.

Ihre Verhängungsvoraussetzungen sind entweder das »**Vorliegen schädlicher Neigungen**« beim Täter oder die »**Schwere der Schuld**«. Schädliche Neigungen sind Verfestigungen krimineller Gefährdungsmomente. Nach BGH zeigt ein Täter schädliche Neigungen, wenn: «bei dem erhebliche Anlage- oder Erziehungsmängel die Gefahr begründen, dass er ohne längere Gesamterziehung ...durch weitere Straftaten die Gemeinschaftsordnung stören wird.«[31] Die genaue Feststellung dieser Tatbestandsmerkmale ist ebenfalls in der Praxis umstritten. Die **Rückfallquote** der zu einer Jugendstrafe Verurteilten ist hoch. Die Dauer der Jugendstrafe beträgt 6 Monate bis zu 10 Jahren. Auch hier kann die Jugendstrafe bis zu einer Höhe von zwei Jahren zur Bewährung ausgesetzt werden. Neben der Jugendstrafe dürfen auch Weisungen und Auflagen verhängt werden.

---

30 Vgl. dazu Schleicher, 2003, S. 314.
31 BGHSt 11, 169 f., Vgl. zur Auslegung des Begriffes Nothacker in Brühl, Deichsel, Nothacker, Strafrecht und Soziale Praxis, Rdnr. 560.

Der kurze Überblick über das Sanktionssystem des JGG hat gezeigt, dass sowohl das Ziel der Verhängung, als auch die Bandbreite möglicher Sanktionen im Verhältnis zum Erwachsenenstrafrecht sehr viel differenzierter ist.

Darüber hinaus muss ein weiterer wichtiger Aspekt berücksichtigt werden. Im Verhältnis zum Erwachsenenstrafrecht werden viele Jugendstrafverfahren bereits nach Abschluss des Ermittlungsverfahrens durch die Jugendstaatsanwaltschaft eingestellt. Dieser Vorgang wird als **DIVERSION**, d. h. Ablenkung/Umleitung bezeichnet. Man sieht Jugendkriminalität als normale Begleiterscheinung des Erwachsenwerdens und will deshalb jugendliche Rechtsverstöße nicht kriminalisieren, indem alle Verfahren mit einer Gerichtsverhandlung enden. Deshalb kann die Staatsanwaltschaft jedes Ermittlungsverfahren, in dem es sich um ein Vergehen handelt, die Schuld des Täters gering ist und kein öffentliches Interesse an der Strafverfolgung besteht, gem. §§ 45/47 JGG einstellen.

Diese Einstellungsmöglichkeiten bestehen in der Hauptverhandlung auch für das Jugendgericht, die dann allerdings die Zustimmung der Jugendstaatsanwaltschaft benötigt.

Das Strafverhalten der Jugendgerichte bestätigt das Ergebnis dieses Abschnitts, erste Strafverfahren von Jugendlichen, soweit es sich um geringfügige Delikte handelt, werden i. d. R. immer eingestellt. Setzt sich trotz diverser Sanktionsbreite die strafrechtliche »Karriere« des Jugendlichen fort, enden weitere Taten und Strafverfahren, je nach Schwere des Delikts, bei dem dritten oder vierten Verstoß, mit der Verhängung von Jugendstrafe.

15.6 Strafvollzug

1977 ist – bedingt durch ein Urteil des BVerfG[32] – in der Bundesrepublik das **Strafvollzugsgesetz** (StVollzG) in Kraft getreten. Als Vollzugsziel benennt das Gesetz gem. § 2 1 StVollzG die Resozialisierung des verurteilten Straftäters, indem er es unterlässt, in Zukunft weitere Straftaten zu begehen. Sühne und Abschreckung sind keine Vollzugsziele. Die Freiheitsstrafe wird in Justizvollzugsanstalten vollzogen, wobei zwischen geschlossenem und offenen Vollzug zu unterscheiden ist. Vollzugsaufgabe ist der Schutz der Allgemeinheit gem. § 2 2 StVollzG.

Gerade im Strafvollzug ist ein erheblicher Unterschied zwischen rechtlicher Sollvorstellung und tatsächlichen Verhältnissen zu verzeichnen. Zahlreiche Darstellungen in Medien machen deutlich, dass die Einhaltung der Vollzugsziele ungeheure Anstrengungen verschiedenster Beteiligter erfordert. Dazu sind manche nicht bereit. Da der Strafvollzug gewaltige Kosten aufwirft (ca. 100 Euro pro Tag, pro Gefangenem), hängen die Realisierung von **Vollzugszielen** auch an der personellen Ausstattung mit Vollzugs- und Sozialdienstpersonal und an der Ausstattung mit Sachmitteln. Wo gespart wird, gibt es zwangsläufig Defizite.

Für Ersttäter und solche, die aus der Freiheit heraus selbst den Strafantritt vornehmen, wird der offene Vollzug (§ 10 StVollzG) praktiziert. Die Voraussetzung

---

32 BVerfGE, 33, 1.

15. Strafrecht

hierfür ist die Zustimmung des Gefangenen, seine persönliche Eignung, sowie kein Vorliegen von Entweichungs- bzw. Missbrauchsgefahr.

Der **offene Vollzug** lässt verschiedene Vollzugslockerungen zu, u. a. die außeranstaltliche Arbeitsaufnahme. Nach einem abgestuften System können dann Straftäter gegen Ende des Vollzuges Freigang, Urlaub etc. erhalten. Justizvollzug ist Ländersache. Je nach Bundesland und den dort praktizierten Regelungen ist der Anteil des offenen Vollzuges am Gesamtvollzug sehr unterschiedlich.[33]

Im **geschlossenen Vollzug** sind nach einem abgestuften System auch Vollzugslockerungen vorgesehen, die jedoch nicht den Freiheitsgrad, wie im offenen Vollzug, vorsehen. Strafvollzug ist teuer und hat erhebliche Auswirkungen auf die Verurteilten, sodass gesellschaftlich und justizpolitisch nach Alternativen gesucht wird.

Das StVollzG sah bereits 1977 die Einführung eines **Vollzugsplanes** vor, der zwischen Anstalt und Gefangenen durch Festlegung von kurz-, mittel- und langfristigen Behandlungsmaßnahmen klare Rechtsgrundlagen schaffen wollte und so zur Erreichung der Resozialisierungsziele bzw. der Vollzugsziele beitragen wollte.

Diese erste im Gesetz festgelegte **Aushandlungsvariante** als Strukturprinzip ist inzwischen in weitere Gesetze (z. B. KJHG) übernommen worden. Angesichts der erheblichen Eingriffe, die der Strafgefangene durch den Vollzug der Freiheitsstrafe in der Justizvollzugsanstalt hinzunehmen hat, sind durch das StVollzG unzählige Abwägungen zwischen staatlichem Vollzugsinteresse und den Grundrechten der Gefangenen vorzunehmen.

Ob es um die Bereiche und Aspekte wie z. B. Haftträume, Kleidung, Arbeit, Verpflegung, Schriftwechsel, Arbeit, Besuchsrecht, Ferngespräche, Urlaub, wichtige Ausgangsinteressen, Verhängung von Disziplinarmaßnahmen, Religionsausübung, Arbeitspflicht etc. geht, immer ist eine Entscheidung zu treffen, die eben diesen Kompromisscharakter in sich trägt.

Der Strafgefangene kann Rechtsmittel gem. § 109 StVollzG (Gerichtliche Entscheidung) gegen ihn belastende Strafvollzugsmaßnahmen einlegen.

Die gesamte Organisation eines Ersatzlebensraumes für derart viele Menschen erfordert einen erheblichen Einsatz von Sach- und Personalmitteln. Angesichts der Bandbreite der Täterpersönlichkeiten und der Verschiedenheit ihrer Deliktsverstöße geht es im Strafvollzug auch um eine Diversifizierung. Dies umfasst u. a. unterschiedliche Unterbringungs- und Behandlungskonzepte. Man denke z. B. an inhaftierte Sexualtäter bzw. Drogentäter. U. a. sollen Sexualstraftäter in sozialtherapeutische Anstalten behandelt werden.

Für die Organisation der sozialen Hilfe im Strafvollzug ist der **Sozialdienst** zuständig. Ein Mitarbeiter kommt auf ca. 100 Gefangene.[34] Jeder Gefangene hat gem. § 71 StVollzG einen Anspruch auf soziale Hilfe. Für den Gefangenen geht es in

---

33 Riekenbrauk, 2004, S. 145.
34 A. a. O., S. 177.

erster Linie um die Aufrechterhaltung seiner sozialen Beziehungen, die Erledigung notwendiger organisatorischer Dinge und um die Stärkung sozialer Handlungskompetenz.

Zu den wichtigen Schwerpunkten der sozialen Arbeit gehört die Beratung zu verschieden Aspekten wie z. B. dem Strafverfahren, dem Strafvollzug, der Schuldnerberatung, Miet- und Arbeitsrechtsproblemen, Drogentherapie und ausländerrechtliche Fragen.

Schließlich muss auch die **Entlassung** (§ 74 StVollzG) vorbereitet werden.

Generell ist hier anzumerken, dass gegen jeden Gefangenen im Strafvollzug durch sein Strafurteil die Freiheitsstrafe in einer bestimmten Höhe verhängt wurde. Diese Strafhöhe wird selten komplett verbüßt, weil jeder Gefangene gem. § 57 StGB das Recht hat, nach **Halb- bzw. Zweidrittelstrafverbüßung** die Aussetzung des Restes zur Bewährung zu beantragen. Der Tat und dem Verhalten des Täters, (nebst seinen familiären und beruflichen Verhältnissen) in der Strafanstalt kommt damit eine hohe Bedeutung zu, da die Anstalt und die Staatsanwaltschaft der Strafvollstreckungskammer jeweils eine Stellungnahme zuleitet.

Vor der Entlassung hat der Sozialdienst mit der Bewährungshilfe und den Einrichtungen der Straffälligenhilfe zu kooperieren.

15.7 Soziale Arbeit und Strafrecht

Beschäftigte in der Sozialen Arbeit haben häufig Bezüge zu strafrechtlichen Fragen. Dies betrifft u. a. die drei Bereiche, die hier exemplarisch vertieft werden.

15.7.1 Anzeigepflicht von Sozialarbeitern

Wie bereits oben dargelegt, kann jeder, der den Verdacht hat, eine Straftat liegt vor, Strafanzeige bei der Staatsanwaltschaft bzw. Polizei stellen. In Geltung des **Legalitätsprinzips** haben die Stellen der Anzeige nachzugehen (Anfangsverdacht) und bei hinreichendem Tatverdacht Anklage zu erheben. Die Fragen aus der Praxis kreisen um das Problem, ob denn der Sozialarbeiter, der von einer Straftat erfahren hat, Strafanzeige erstatten muss.[35]

Folgendes ist zu unterscheiden:

a. Wer als Sozialarbeiter von einer **geplanten Straftat** erfährt, muss diese gem. § 138 StGB[36] nur anzeigen, wenn bestimmte Delikte wie Mord, Geldfälschung, Hochverrat, Raub etc. im Raume stehen. Dies wird in den seltensten Fällen akut sein.
b. Wer dagegen von einer bereits **geschehenen Straftat** erfährt, braucht diese nicht anzuzeigen. Er macht sich deswegen auch nicht gem. §§ 257 (Begünstigung)/ 258 StGB (Strafvereitelung) strafbar. Wegen **Begünstigung** wird nur derjenige

---

35 Papenheim u. a., 2002, S. 187 ff.
36 Bitte lesen!

bestraft, der dem Täter aktiv Hilfe leistet, um ihm die Vorteile der Tat zu sichern. Eine Nichtanzeige erfüllt dieses Tatbestandsmerkmal nicht.[37]

Wegen **Strafvereitelung** wird verurteilt, wer aktiv verhindert, dass ein Täter bestraft wird. Dies gilt sowohl bei der Verfolgungs- als auch bei der Vollstreckungsvereitelung. Eine Nichtanzeige erfüllt diesen Tatbestand nicht. Zwar können beide Delikte durch Unterlassen (§ 13 StGB) verwirklicht werden, jedoch hat der Sozialarbeiter keine Garantenpflicht zur Anzeigenerstattung.

Als Hindernis zur Strafanzeigenerstattung könnte sich § 203 StGB erweisen, der die Verletzung von Privatgeheimnissen unter Strafe stellt. Dies gilt dann, wenn ein fremdes Geheimnis dem Sozialarbeiter anvertraut bzw. sonst bekannt geworden ist und er dies unbefugt offenbart.

Jedoch kollidiert hier u. a. die Wahrung des Privatgeheimnisses einerseits mit dem **Strafverfolgungsinteresse** andererseits. Allerdings geht es nicht nur um die Wahrung von Privatgeheimnissen, sondern auch um die Funktionsfähigkeit des **Beratungswesens** in Ausprägung des Sozialstaatsgebotes. Denn wer lässt sich noch auf eine Beratung ein, wenn er befürchten muss, dass seine vertraulichen Angaben zur Anzeigenerstattung benutzt werden.

Allerdings tritt § 203 StGB im Falle der Anzeigenpflicht gem. § 138 StGB zurück.

Liegen die Voraussetzungen des § 138 StGB nicht vor, kann der Geheimnisverpflichtete nur dann eine Strafanzeige erstatten, wenn dies durch den § 34 StGB (rechtfertigender Notstand) gebilligt würde. Dies erfordert besondere Gründe zur Wahrung anderer Rechtsgüter, die im Normalfall nicht vorliegen. Deshalb ist insoweit das Recht zur Anzeigenerstattung eingeschränkt.

Zusammengefasst: Im Falle des § 138 StGB muss der Sozialarbeiter eine Anzeige erstatten, im Übrigen kann er eine Anzeige erstatten, wenn die Voraussetzungen des § 34 StGB vorliegen.

15.7.2 Zeugnisverweigerungsrecht von Sozialarbeitern

Eine andere in diesem Zusammenhang oft aufgeworfene Frage ist die der **Zeugnisverweigerung** durch den Sozialarbeiter. Dürfte der Sozialarbeiter als Zeuge vor Gericht ein ihm anvertrautes privates Geheimnis offenbaren?

Festzuhalten ist zum einen, dass Sozialarbeiter im öffentlichen Dienst von ihrem Dienstherrn eine Aussagegenehmigung benötigen. Zum anderen hängt dies von dem jeweiligen Gericht, also der Gerichtsbarkeit ab. Wie oben bereits dargelegt, haben wir in der Bundesrepublik fünf Gerichtszweige, nämlich die Sozial-, die Verwaltungs-, die Finanz-, die Arbeits- und die ordentliche (Zivil- und Straf-) Gerichtsbarkeit. Nach der Zivilprozessordnung (ZPO) gem. § 383 I ZPO/dem Gesetz über die Angelegenheiten der Freiwilligen Gerichtsbarkeit/FGG) gem. § 15 FGG, dem Arbeitsgerichtsgesetz (ArbGG) gem. § 46 II ArbGG, der Verwaltungsge-

---

37 Für Bewährungshelfer und Sozialarbeiter im Strafvollzug können Ausnahmen bestehen, §§ 25 4 JGG, 56 d III 4 StGB, 182 II 2 StVollzG.

richtsordnung (VwGO) gem. § 98 VwGO und dem Sozialgerichtsgesetz (SGG) gem. § 118 SGG haben alle Sozialarbeiter/Sozialpädagogen, unabhängig ob öffentlicher Dienst oder freier Träger, ein Zeugnisverweigerungsrecht.

Die einzige Ausnahme bildet die Strafgerichtsbarkeit.

Gem. § 53 StPO steht dem Sozialarbeiter **kein Zeugnisverweigerungsrecht** zu. Ausnahmen bestehen für Sozialarbeiter in einer anerkannten Schwangerenkonfliktberatungsstelle oder anerkannten Drogenberatungsstelle gem. § 53 I Nr. 3 a u. 3 b stopp. Das BVerfG hat diese gesetzgeberische Ungleichbehandlung gebilligt.[38]

Deshalb muss der Sozialarbeiter vor den Strafgerichten aussagen und die zwangsläufig damit verbundene Offenbarung von Privatgeheimnissen des Klienten ist wegen der Zeugenaussagepflicht gerechtfertigt.

Die Konsequenz ist, dass der Beratende den Ratsuchenden auf diese rechtliche Folge hinweisen muss.

15.7.3 Garantenstellung von Sozialarbeitern

Ein in jüngerer Zeit oft diskutiertes Thema ist die **strafrechtliche Verantwortung** von Sozialarbeitern für ihr berufliches Handeln. Dabei ist nicht die vorsätzliche Straftat gemeint, die so gut wie nie aus der sozialarbeiterischen Praxis bekannt wird. Es geht um die strafrechtlich zu bewertende Frage, ob denn der Sozialarbeiter bei dem von ihm betreuten Klientel für eingetretene Rechtsgutverletzungen strafrechtlich zur Verantwortung zu ziehen ist.

> Dazu ein kleiner **Beispiel**fall:
> Eine Familienhelferin betreut eine Familie. Die beiden Kleinstkinder werden von dem allein erziehenden Vater nicht ausreichend versorgt. An der Verbesserung der Versorgung arbeitet die Familienhelferin. Trotz ihres Einsatzes verdurstet ein Kind. Hat sich S. strafbar gemacht?

Wie bereits oben dargelegt, kann eine Straftat durch aktives Tun oder durch Unterlassen (§ 13 StGB) begangen werden. Wird ein Delikt durch Unterlassen begangen, muss der Täter eine Verpflichtung zum Verhindern des Erfolges haben, nämlich eine **Garantenstellung**, aus der seine **Garantenpflicht** resultiert.

Herkömmlich ergibt sich die Garantenpflicht aus **Gesetz, Vertrag, vorangegangenem gefährdendem Tun** oder aus **enger Lebensgemeinschaft**. Die Rechtsprechung und die Literatur vertreten z. T. unterschiedliche Auffassungen zum Entstehen und zum Umfang der Garantenpflicht.[39]

In diesem Zusammenhang ist festzuhalten, dass sich jeder Bürger wegen unterlassener Hilfeleistung gem. § 323 c StGB zu verantworten hat, wenn er bei Unglücksfällen, gemeiner Gefahr oder Not nicht die erforderliche und zumutbare Hilfe leis-

---

38 BVerfG 33, S. 367 ff.
39 Papenheim v. a., 2002, S. 92 f.

tet. Diese Fälle sind gemeinhin von der o. g. Fallkonstellation zu unterscheiden, weil es sich meistens um unterschiedliche Lebenssachverhalte handelt.

Auf den o. g. Fall bezogen bedeutet dies, die Sozialarbeiterin hat den Tod des Kindes nicht durch aktives Tun verschuldet, sondern allenfalls durch Unterlassen. Das Jugendamt hat unstreitig sowohl in Ausübung des **Wächteramtes** gem. Art. 6 II 2 GG, sowie durch diverse Regelungen des KJHG als auch durch die mögliche vertragliche Regelung mit dem Klienten eine Garantenpflicht.[39] Auch Freie Träger haben durch Verträge etc. die gleiche Verantwortung für das Wohl ihrer Klienten.

Nunmehr kommt es für die Frage der Strafbarkeit des Einzelnen entscheidend darauf an, ob den handelnden Sozialarbeiter im konkreten Einzelfall eine **Pflichtverletzung** trifft. Handelt er dagegen sachgerecht, fachlich korrekt und sozialarbeiterisch vertretbar, liegt keine strafrechtlich vorwerfbare Pflichtverletzung vor. Es geht also in den Strafprozessen meistens darum festzustellen, ob die konkreten Handlungen des Sozialarbeiters den im Einzelfall gebotenen fachlichen Anforderungen genügt haben. Dies wird meist durch langwierige und schwierige jugendrechtliche/pädagogische/psychologische Gutachten, die ja einen in der Vergangenheit liegenden Fall betreffen, festgestellt.

Wie oft in der sozialen/pädagogischen Arbeit mit Menschen kommen u. U. zur Lösung von Problemlagen mehrere gleichwertig anzuwendende Methoden und Maßnahmen in Betracht.

Wichtig ist als Ergebnis die Feststellung, dass sich die gebotenen sozialarbeiterischen Handlungspflichten und die strafrechtliche Verletzung der Garantenpflicht ausschließen. Anders ausgedrückt, handelt ein Sozialarbeiter **fachgerecht**, begeht er keine Straftat.

Dies müsste dann im o. g. Fall anhand der einzelnen getroffenen Maßnahmen festgestellt werden. Als Delikt käme fahrlässige Tötung gem. § 222 StGB begangen durch Unterlassen gem. § 13 StGB in Betracht.

In diesem Zusammenhang kommt damit der **Dokumentation** fachlicher Sozialarbeit und der Kooperation verschiedener Fachdienste und Kollegen erhöhte Bedeutung zu.

Außerdem ist zu diskutieren, ob sich nicht auch andere Personen (Jugendamtsleiter, Jugendhilfeausschussmitglieder) etc. strafrechtlich zu verantworten haben, wenn infolge von Mittelkürzungen und Personalknappheit eine fachliche soziale Arbeit nicht zu leisten ist.

---

40 A. a. O., S. 93 m. w. N.

16. Zuwanderungsrecht

16.0 Einführung und Praxisrelevanz

16.0.1 Einführung in das Thema

Im folgenden Kapitel werden die Grundzüge des **Zuwanderungsrechts** dargestellt. Das Recht der Zuwanderung ist äußerst zersplittert, weil das wesentliche Merkmal des Status eines Ausländers durch den Zweck seines Aufenthalts und sekundär durch seine Staatsangehörigkeit bestimmt wird. Als Beispiel sei hier der rechtliche Status eines EG-Staatsangehörigen genannt, der sich visafrei in der Bundesrepublik u. a. zwecks Arbeitssuche aufhalten darf. Demgegenüber ist der Status eines Asylbewerbers völlig anders, weil er den Restriktionen des **Asylverfahrensgesetzes** (AsylVerfG) mit einem temporär begrenzten Status unterworfen ist und insoweit auch über einen sozialrechtlich und arbeitserlaubnisrechtlich schlechteren Aufenthaltsstatus verfügt.

Das **Zuwanderungsrecht** zersplittert damit in eine Vielzahl von unterschiedlichen Gesetzen. Das Kerngesetz[1] ist das seit dem 1. 1. 2005 in Kraft getretene **Aufenthaltsgesetz**(AufenthG), welches das Ausländergesetz von 1990 (AuslG 90) abgelöst hat. Damit wurden auch die alten Rechtsverordnungen durch die Durchführungsverordnung zum AufenthG, die **Beschäftigungsverordnung** (BeschV), die **Beschäftigungsverfahrensordnung** (BeschVerfV) und die **Integrationsverordnung** (IntV) ersetzt. Allerdings liegen noch keine Verwaltungsvorschriften vor, so dass das Bundesministerium des Innern vorläufige Anwendungshinweise(Vorl.AH-AufenthG) erlassen hat. Diese sind rechtlich unverbindlich, entfalten aber für mit dem Vollzug des Gesetzes nicht vertraute Ausländerbehörden faktische Bindungskraft.

Mit dem Zuwanderungsgesetz, welches ein Rahmengesetz ist und zahlreiche andere ausländerrechtlich relevante Gesetze geändert hat, ist außerdem das **Freizügigkeitsgesetz/EU** (FreizügG/EU) in Kraft getreten. Dieses Gesetz regelt den rechtlichen Aufenthalt von EG-Staatsangehörigen. Ferner beinhaltet das Zuwanderungsgesetz auch Änderungen im **AsylVerfG**, welches die Grundzüge des Asylverfahrens regelt.

Darüber hinaus ist im Zuwanderungsrecht auch das **Staatsangehörigkeitsgesetz** (StAG) und das **Bundesvertriebenengesetz** (BVFG) sowie das SGB III geändert worden.

Für die 7.3 Mio. Ausländer, die in der Bundesrepublik leben, ist außerdem das Sozialrecht von besonderer Bedeutung, weil zahlreiche Sozialleistungen bei Migranten ein Daueraufenthaltsrecht voraussetzen. Für bestimmte Gruppen von Ausländern, zumeist bei unsicherem, bzw. zeitlich befristetem Aufenthalt, bestimmt das Asylbewerberleistungsgesetz (AsylbLG) deren Sozialleistungsberechtigung.

Im Folgenden werden also die wichtigsten Gruppen von Migranten nach ihrem rechtlichen Status gesondert diskutiert und dargestellt. Das Schema folgt insoweit

---

1 BGBl. I S. 1950.

16. Zuwanderungsrecht

den Hauptgliederungspunkten **Einreise, Aufenthalt, Aufenthaltsbeendigung und Sonstiges**.

Weitere kurze Erläuterungen zum Sozialleistungsrecht, zum Status von EU-Angehörigen, zum Asylverfahren und zum materiellen Asylrecht, sowie zu StAG schließen sich an.

Das Kapitel endet mit einer kurzen Erwähnung des gegenwärtig so intensiv diskutierten Begriffs der Interkulturalität.

16.0.2 Relevanz für die Sozialarbeit

Das Migrationsrecht und die besondere Lebenssituation von Migranten haben für Studentinnen und Studenten der sozialen Arbeit besondere Bedeutung.

Zum einen steht der rechtliche Status der Ausländer und die damit verknüpften Rechtsfragen im Mittelpunkt vieler Beratungen. Zum anderen sind Ausländer überproportional von Arbeitslosigkeit bedroht, sie sind überproportional krank und überproportional auf Sozialleistungen angewiesen.[2] Das heißt, Ausländer füllen einen wesentlichen Anteil von Anspruchstellern innerhalb der Arbeitsfelder der sozialen Arbeit. Deshalb müssen sich Sozialarbeiterinnen und Sozialarbeiter mit dieser spezifischen Beratungsnachfrage auseinander setzen.

Aufgrund verschiedener Faktoren stehen Ausländer oft im Mittelpunkt politischer Diskussion. Ausländerpolitik ist innenpolitisch ein wichtiges, kontrovers diskutiertes Thema. Dies zeigt sich gegenwärtig z. B. an der Diskussion um Integration mit Stichworten wie »Fördern und Fordern«, Parallelgesellschaften, Integrationsunwilligkeit, Mindestalter für heiratswillige Ausländer etc. Sie zeigt sich z. B. im Bereich der Terrorismusabwehr u. a. an den Diskussionen über Straffälligkeit, besonders der ausländischen Jugendlichen in den Großstädten.

Es geht bei den politischen Bezügen der sozialen Arbeit auch immer darum, die Partizipation von Ausländern zu ermöglichen und auf die ausländerpolitischen Bezüge dieser sozialen Arbeit hinzuweisen. Letztlich spielt in diesem Zusammenhang auch die Frage der Ausländerfeindlichkeit und des Rassismus gegenüber Ausländern eine große Rolle. Sozialarbeit ist aufgefordert, Menschenrechte für und mit Migranten durchzusetzen und auf die Einhaltung der Rechtsordnung bei Migranten zu pochen. Die Bekämpfung der Ursachen von Ausländerfeindlichkeit und Rassismus ist zu einem wesentlichen Bestandteil der Ausländerarbeit geworden.

16.1 Geschichte der Migration und rechtliche Grundlagen

Migration in und aus der Bundesrepublik Deutschland besteht seit vielen Jahrhunderten. Erst durch die Bildung der Nationalstaaten bekommt dieses Thema

---

2 Vgl. Karsten, Sozialarbeit mit Ausländern, S. 27, Bericht der Beauftragten für Migration, Flüchtlinge u. Integration, 2005, S. 102 ff.

ein höheres Gewicht. Bereits im 19. Jahrhundert werden die ersten Regelungen über die Zulassung von Ortsfremden wichtig.[3]

Gesetzlich wird dies in besonderer Weise aber erst durch die allgemeine **Preußische Polizeiverordnung** von 1932 geregelt, die dann 1938 durch die **Allgemeine Polizeiordnung** unter dem Naziregime geändert wird.[4] Die Situation der Fremdarbeiter/Kriegsgefangenen unter dem Naziregime ist u. a. durch ausdrücklich gewollte Vernichtungspraxis bei Zwangsarbeit geprägt.[5]

Millionen von Fremdarbeitern, Kriegsgefangenen, Inhaftierten haben im Nazireich unter zum Teil verheerenden Bedingungen arbeiten müssen.

In der weiteren Migrationsgeschichte der Bundesrepublik fand in den folgenden Jahren eine starke Ausdifferenzierung der verschiedenen Ausländergruppen statt. Stand zuerst die Arbeitsmigration im Mittelpunkt, folgen später vor allem Asylbewerber, Bürgerkriegsflüchtlinge und andere Flüchtlingsgruppen.

Daneben ist die Entwicklung der EWG von einer Wirtschaftsgemeinschaft zur politischen Union ebenfalls von zentraler Bedeutung.

Mit Gründung der Bundesrepublik Deutschland galt die Allgemeine Polizeiverordnung unter Löschung des nationalsozialistischen Gedankengutes bis 1965 weiter. 1952 wurde bereits das **Bundesamt für die Anerkennung ausländischer Flüchtlinge (BA)** gegründet. Sitz war Zirndorf in Bayern.

Der rechtliche Status von Flüchtlingen war maßgeblich durch die Unterzeichnung der **Genfer Flüchtlingskonvention** (GFK) geprägt. Das Grundgesetz der Bundesrepublik Deutschland enthielt außerdem in Art. 16 Abs. 2 Satz 2 GG a.F. die Garantie: »Politisch Verfolgte genießen Asylrecht.«

Als 1955 die Migration in die BRD mit der Anwerbung ausländischer Arbeitnehmer begann, stellte sich rasch die Notwendigkeit zur Schaffung einer fundierteren, demokratisch legitimierten, gesetzlichen Grundlage für die vermehrt erfolgende Arbeitsmigration.

1965 wurde das **Ausländergesetz 65** (AuslG 65) erlassen. Dieses Gesetz regelte sehr lückenhaft den Aufenthalt von ausländischen Arbeitskräften in der Bundesrepublik. So war seinerzeit in § 7 AuslG 65 die lakonische Formulierung enthalten: »Eine befristete Aufenthaltserlaubnis kann verlängert werden.« Wesentliche Bereiche wie Familiennachzug, Ausländerstatistik, differenzierte Ausweisungsregelungen etc. waren in diesem Gesetz nicht enthalten.

Nachdem 1973 ca. 4 Millionen Ausländer in der Bundesrepublik lebten, zumeist Sozialversicherungspflichtige, waren weitere differenziertere Regelungen vonnöten. Diese wurden zum Teil durch Verwaltungsvorschriften und Vereinbarungen zwischen den Bundesländern geschlossen.

---

3 Vgl. die vorzügliche Gesamtdarstellung von Bade, Migration in Geschichte und Gegenwart.
4 Renner, Ausländerrecht in Deutschland, S. 17 ff.
5 Vgl. Herbert, Geschichte der Ausländerbeschäftigung in Deutschland 1880-1980.

16. Zuwanderungsrecht

Zur Durchsetzung fundamentaler Rechte spielte in dieser Phase die **Rechtsprechung des Bundesverfassungsgerichts** eine wichtige Rolle.[6]

Erst mit dem **AuslG 90** begann die komplette Erfassung vieler ausländerrechtlicher Regelungen und Fallgestaltungen. Das Gesetz regelte durch ca. 120 Paragrafen die kompletten Bereiche Einreise, Aufenthalt, Aufenthaltsverfestigung, Aufenthaltsbeendigung, Ausländerstatistik, Strafvorschriften etc. für diverse Gruppen von Ausländern.

Allerdings hatten sich andere Spezialmaterien bereits herausgebildet. 1982 war für den Bereich der Asylverfahren das **AsylVerfG** erlassen worden. Für den Bereich der Aussiedler galt und gilt das **BVFG**.

Das Recht der Asylberechtigten war im GG und in der GFK verankert. Neue völkerrechtliche Verträge traten hinzu.

Nachdem in den ersten 20 Jahren des Bestehens der Bundesrepublik die Anzahl der Asylbewerber von geringer Bedeutung war, nahm in den 70er und insbesondere in den 80er Jahren die Zahl der Asylbewerber kontinuierlich zu.[7] Deshalb wurden anderweitige Regelungen und ab 1982 auch das AsylVerfG wiederholt geändert. Mit dem Anstieg der Asylbewerber 1992 auf über 450.000, wurde das Asylgrundrecht durch die kontrovers diskutierten Regelungen des Art. 16 a GG 1993 einschränkend neu gefasst.

1973 bildete für den Bereich der Migrationspolitik einen besonderen Schnittpunkt, weil seit dem ein bis heute bestehender Anwerbestopp verkündet wurde, der allerdings in bestimmten Berufsbereichen nach wie vor eine gezielte Anwerbung und Zuwanderung zulässt. In der Migrationsforschung nennt man die Phase von 1955-1973 die **Anwerbephase**, an die sich bis 1982 die **Integrationsphase** anschließt.

Das AuslG 90 differenzierte die bestehenden **Aufenthaltstitel**, indem nunmehr neben der unbefristeten bzw. befristeten **Aufenthaltserlaubnis**, der **Aufenthaltsberechtigung** auch die **Aufenthaltsbefugnis** bzw. **-bewilligung** geschaffen wurde.

Das AuslG 90 löst auch die ausländerrechtlichen Regelungen der DDR ab.[8] Durch den Zusammenschluss der beiden deutschen Staaten wurden die ca. 250.000 Ausländer, die in der DDR lebten, in das Aufenthaltssystem der Bundesrepublik überführt, mit z. T. unbefriedigenden Lösungen. In der DDR lebten nur ca. 50.000 Ausländer mit einem verfestigten Status. Der Rest bestand aus Werkvertragsarbeitnehmer, die insbesondere aus den Staaten Kuba, Mosambik, Angola und Vietnam stammten. Viele dieser Personen mussten in der Wendezeit die DDR verlassen. Andere Gebliebene hatten hier eine unsichere Zukunft und deren rechtliche Behandlung löste großen sozialen und politischen Schaden aus.

---

6 · BVerfGE 49, 168 ff.(Inder-Entsch.), 35, 382 ff. (Palästinenser-Entscheidung).
7 Vgl. Bade, Politisch Verfolgte genießen...Asyl bei den Deutschen – Idee und Wirklichkeit in Migration in Geschichte und Gegenwart, S. 411 ff.
8 Vgl. zur Geschichte der Ausländer in der DDR, Renner, Ausländerrecht in Deutschland, S. 26.

Die mit dem AuslG 90 eingeführten verschiedenen Aufenthaltstitel sind mit Geltung des AufenthG 2005 erneut geändert worden.

Im Aufenthaltsgesetz 05 existieren nur drei Aufenthaltstitel, nämlich die

Aufenthaltserlaubnis,
das **Visum** und
die **Niederlassungserlaubnis.**

Durch die immer voranschreitende Integration der europäischen Staaten hatte sich die rechtliche Situation der EG-Staatsangehörigen in den 60er und 70er Jahren permanent verbessert. Das frühere Aufenthaltsgesetz/EWG sah für hier arbeitende EG-Staatsangehörige eine Aufenthaltserlaubnis/EG vor. Das Gleiche erhielten Anbieter und Nachfrager von Dienstleistungen.

Die EG hatte mit der Türkei Beitrittsverhandlungen geführt und ein **Assoziationsratsbeschluss** Nr. 3/80 geschlossen. Dieser sah u. a. die Erteilung einer AE vor, wenn sich türkische Staatsangehörige ein Jahr rechtmäßig im regulären Arbeitsverhältnis befunden haben. Die EG sah diesen Vertrag als unverbindlich an. Der **Europäische Gerichtshof** (EuGH) hat diesem Vertragswerk verbindlichen Charakter zugebilligt, so dass türkische Staatsangehörige, die sich bereits in EU-Staaten aufhalten, durch dieses Abkommen besondere Rechte herleiten können.[9]

Allerdings war und ist für neu eingereiste EG-Bürger der Bezug von Sozialleistungen ausgeschlossen. Vgl. zu den Einzelheiten der Inhalte des neuen FreizügG/EU Kap. 16.2.6.

Zu der Neuregelung des Zuwanderungsgesetzes haben **vier** Hauptfaktoren geführt.

Zum einen trat in der Bundesrepublik Deutschland seit Ende der 90iger Jahre, bedingt auch durch den Wechsel in der Regierungskoalition, ein **Paradigmenwechsel** ein. Die Rot-Grüne-Koalition hatte mehrere Male das AuslG 90 geändert und u. a. die Ehebestandszeit für nachgezogene Eheleute von vier auf zwei Jahre verkürzt. In das AuslG 90 waren seinerzeit bereits erleichterte Einbürgerungstatbestände eingeführt worden. Außerdem zeigte sich trotz der hohen Arbeitslosigkeit in der Bundesrepublik, dass weiterhin ein großer Arbeitskräftemangel existierte, der durch Fort- und Weiterbildung von Arbeitslosen nicht zu schließen war.[10] Deshalb schuf die Rot-Grüne-Regierung Regelungen, die erleichterte Einwanderung von Spezialarbeitskräften wie z. B. Arbeitnehmer aus dem IT-Bereich erlaubten. Bekannt wurde deren Aufenthaltsstatus als green card.[11]

Zum anderen machte auch eine Verlagerung der **Gesetzgebungszuständigkeit** vom Nationalstaat zur EU (vgl. Art. 23 GG) die Gesetzesänderung nötig. Während früher die EU lediglich eine koordinierende Aufgabe in den Bereichen Migration und Asylangelegenheiten hatte, war durch den **Maastrichter Vertrag** diese Koordinie-

---

9 Vgl. Bericht der Beauftragten für Migration, Flüchtlinge u. Integration 2005, S. 461 ff.
10 Vgl. Bericht der Süssmuth-Kommission »Zuwanderung gestalten – Integration fördern« Juli 2001.
11 Vgl. Kolb, ZAR 2003, S. 231.

rungszuständigkeit in die erste Säule übertragen worden, d. h. die EU ist nunmehr für Ausländerpolitik und Ausländerrecht originär zuständig.[12] Dies führt dazu, dass die Anzahl der Richtlinien der EU permanent zunehmen und bereits das erst kurz bestehende Aufenthaltsgesetz erneut geändert werden musste.[13]

Zudem mussten Änderungen des AuslG 90 durch den **11. September 2001** erfolgen. Für die Einreise und den Aufenthalt von Ausländern sind deshalb zahlreiche Klauseln eingeführt worden, die u. a. der Abwehr des Zuzugs und der Einreise von möglichen terroristischen Gewalttätern dienen. Mit der Schaffung der Abschiebungsanordnung gem. § 58 a ist auch eine erleichterte Aufenthaltsbeendigung im AufenthG normiert worden.

Letztlich ist die Rot-Grüne-Koalition unter der Federführung des früheren Innenministers Schily angetreten, mit dem AufenthG eine **überschaubarere und lesbarere** Version eines Ausländerrechts zu schaffen. Auch die Reduzierung der Aufenthaltstitel soll diesem Ziel dienen. Ein Blick ins Gesetz mag genügen, um zu zeigen, dass es dem Gesetzgeber nicht gelungen ist, seinem gesetzten Ziel näher zu kommen.

Das ZuwG a. F. ist am 20. 6. 2002 im Bundesrat verabschiedet worden und sollte am 1. 1. 2003 in Kraft treten.[14] Wegen der fehlerhaften Zustimmung des Landes Brandenburg hat das BVG die Rechtswidrigkeit des ZuwG a. F. bestätigt.[15]

Erst durch intensive politische Verhandlungen zwischen der Regierungskoalition und der CDU-Opposition wurde dann das vorliegende Gesetz im Bundestag und Bundesrat verabschiedet.

16.2 Das Aufenthaltsgesetz (AufenthG)

16.2.1 Allgemeines

Das **AufenthG** regelt die **Einreise und den Aufenthalt von Ausländern** in die Bundesrepublik. Nicht in diesen Bereich fallen die **Aussiedler**, für die das **BVFG** gilt.

Für **EU-Staater** gilt das **FreizügG**/EU.

Nicht unter das AufenthG fallen die **Asylbewerber**, denn für sie gilt das in **Art. 16 a GG** garantierte Asylrecht, die **GFK** und insbesondere das AsylVfG.

Das AufenthG hat die generelle Beschränkung der Zuwanderung in die BRD aufrechterhalten. Es besteht nach wie vor ein **generelles Einreiseverbot** mit **Erlaubnisvorbehalt**. Das heißt, das AufenthG benennt die erlaubten Einreisezwecke und die jeweils besonderen Umstände der Erteilung der Erlaubnis.

---

12 Vgl. Darstellung des EU-Rechts in Kapitel 2.
13 Erstes Änderungsgesetz, BGBl. 2005 I S. 721.
14 BGBl. 2002 I, S. 1946.
15 BVerfGE 106, S. 310 ff.

Insbesondere sind dies:

- Ausbildung
- Erwerbstätigkeit
- völkerrechtliche, humanitäre und politische Gründe
- familiäre Gründe
- besondere Aufenthaltsrechte.[16]

Die **wesentlichen Änderungen** des AufenthG:

- nur noch drei Aufenthaltstitel: Visum, Aufenthaltserlaubnis, Niederlassungserlaubnis
- einheitliche Entscheidung über Aufenthalt (Einreise) und Arbeitserlaubnis der Ausländerbehörde
- Einreise zur Erwerbstätigkeit in bestimmten Fällen
- Einreise aus humanitären, politischen und rechtlichen Gründen
- Einheitliche Behandlung von Asylberechtigten nach Art. 16 a GG und GFK
- Schaffung von Integrationskursen
- Aufenthaltsbeendigung durch Abschiebungsanordnung
- Ausweitung der Ausweisungsregelungen
- Erweiterung der Abschiebungshindernisregelungen
- Länderermächtigungsregelung für Härtefallkommission
- Schaffung des Amtes für Migration und Flüchtlinge
- Umbenennung der Amtes der Ausländerbeauftragten in Beauftragte für Migration, Flüchtlinge und Integration
- Erweiterung der Straftatbestände

16.2.2 Einreise und Aufenthalt

§ 2 AufenthG enthält Legaldefinitionen der Begriffe **Erwerbstätigkeit, Sicherung des Lebensunterhaltes**, Definitionen der Begriffe »**ausreichender Wohnraum**« und **Schengenvisum**, sowie den Hinweis auf eine europäische Flüchtlingsrichtlinie (01/55/EG).

§ 3 AufenthG normiert für einreisewillige Ausländer die **Passpflicht**.

§ 4 AufenthG schreibt für die Einreise und den Aufenthalt in der Bundesrepublik den Besitz eines **gültigen Aufenthaltstitels** vor, es sei denn, es liegt ein Befreiungstatbestand vor.

Der Aufenthalt kann als zeitlich befristeter oder Daueraufenthalt vorgesehen sein.

Im Folgenden nun werden einzelne Einreisegruppen kurz skizziert.

16.2.2.1 Touristen

Touristen streben einen zeitlich befristeten Aufenthalt an. Das AufenthG differenziert zwischen einem **nationalen Visum**, welches länger als 3 Monate gilt und

---

16 Vgl. Frings/Knösel, Das neue Ausländerrecht, S. 24 ff.

16. Zuwanderungsrecht

dem **EU=Schengenvisum**, welches nur für einen touristischen Aufenthalt bis zu 3 Monaten gilt. Entsprechend der Regelung der Positivliste der DV-AuslG 90 unterscheidet die **EU Visumverordnung** in Ausprägung des Schengener Durchführungsübereinkommens zwischen Negativ- und Positivstaaten, d. h. **Negativ-Staater** bedürfen zur Einreise ein Visum, **Positivstaater** nicht.

Im **Anhang 1** der Verordnung sind die ca. **130 Negativstaaten** aufgeführt u. a. die Staaten Türkei, Mazedonien, Rußland, Ukraine, Kolumbien sowie die Mehrzahl der asiatischen und afrikanischen Staaten.

Im **Anhang 2** finden sich ca. **45 Positivstaaten**, deren Staatsangehörige sich bis zu 3 Monaten visumfrei im Schengengebiet aufhalten können. Dies betrifft u. a. die Staatsangehörigen von Israel, Japan, den USA, sowie die Mehrzahl der lateinamerikanischen Staaten.

Ein türkischer Staatsangehöriger, der in die Bundesrepublik Deutschland als Tourist einreisen will, benötigt ein EU-Visum, welches er bei der Deutschen Botschaft in Ankara bzw. in einem deutschen Generalkonsulat oder in einer anderen diplomatischen Vertretung eines EU-Staates beantragen muss. Mit diesem Schengenvisum, welches in der Regel ein Monat innerhalb von 3 Monaten gültig ist, kann er dann in die entsprechenden EU-Länder einreisen. Da das Visum stets für alle EU-Staaten gilt, könnte auch die litauische Botschaft ein Schengenvisum erteilen und der Betreffende dann nach Spanien reisen. Das transnationale Visum der EU-Staaten kann auch bis zu einer Gesamtdauer von 3 Monaten gem. § 6 Abs. 3 AufenthG verlängert werden.

Generell wird vor der Erteilung eines Visums ein automatischer Registerabgleich beim **Ausländerzentralregister** gemacht, um festzustellen, ob eine nationale Einreisesperre gegen den Ausländer vorliegt. Ebenso erfolgt eine Abfrage der Daten des **Schengeninformationssystems** (SIS). Damit führen auch sämtliche Ausweisungen bzw. Abschiebungen bzw. Aufenthaltsverbote anderer Schengenstaaten zu einem Einreiseverbot des entsprechenden um Visum nachsuchenden Antragstellers.

16.2.2.2 Arbeitskräfte

Das AufenthG hat die Einreise von Arbeitskräften neu geordnet. Die ursprünglich vorgesehene Punkteregelung für erstmalig in die Bundesrepublik einreisende Migranten ist in der zweiten Version des AufenthG nicht enthalten.

Nunmehr sieht § 18 die erstmalige Beschäftigung von **nichtselbstständigen Arbeitskräften** vor. § 19 regelt die Erteilung von Niederlassungserlaubnisse für **Höchstqualifizierte**. § 21 regelt die Aufnahme und die Einreise von **selbstständigen Erwerbstätigen**.

Für alle Zuzugsberechtigten gilt, dass in Zukunft der Aufenthaltstitel bereits erkennen lassen muss, ob der Einreisende auch eine Erwerbstätigkeit ausüben darf.

Gegenüber dem einreisewilligen Ausländer ergeht eine einheitliche Entscheidung, die sowohl die Erlaubnis zur Einreise als auch die Möglichkeit der Erwerbstätigkeit umfasst. Die Bundesagentur für Arbeit wird somit im **internen Verwaltungsverfahren** beteiligt.

Entweder hat die Bundesagentur für Arbeit eine Generalermächtigung zur Arbeitsaufnahme erteilt oder die Bundesagentur muss im Einzelfall bei einem Einreiseantrag ihre Zustimmung erteilen.

Die Voraussetzungen der **Generalermächtigung** sind in § 39 I AufenthG in Verbindung mit der **BeschV** bzw. **BeschVerfV** geregelt.

Gem. §§ 2-16 der Beschäftigungsverordnung hat die Bundesagentur ihre generelle Zustimmung zur Arbeitsaufnahme bei entsprechenden Antragstellern erklärt. Dies betrifft u. a. Aus- und Weiterbildung, die Beschäftigung von Hochqualifizierten, die Beschäftigung von Führungskräften, die Beschäftigung von Personen in Wissenschaft, Forschung und Entwicklung, für Personen mit kaufmännischen Tätigkeiten, für besondere Berufsgruppen wie Festspielpersonal, Tagesdarbietungen, Fotomodelle, Journalisten, für Ferienbeschäftigung, Sportveranstaltungen, für Saisonbeschäftigungen, für Schaustellergehilfen, für Aupairmädchen, für Haushaltshilfen und für Haushaltsangestellte. Für weitere andere Berufsgruppen muss die Bundesagentur für Arbeit im Einzelfall, i. d. R. vorher, beteiligt werden.

Die gesetzlichen Erteilungsvoraussetzungen im **Einzelfall** ergeben sich aus § 39 Abs. 2 AufenthG. Danach darf insbesondere die Erteilung einer Arbeitserlaubnis durch die Bundesagentur für Arbeit keine nachteiligen Auswirkungen auf den Arbeitsmarkt haben. Wichtig ist in diesem Zusammenhang der bevorrechtigte Vermittlungsbeschäftigungsanspruch eines deutschen Arbeitnehmers und des ihm gleichgestellten ausländischen Arbeitnehmers.

Vor der Erteilung einer Arbeitserlaubnis findet in der Regel eine Prüfung der Lage und Entwicklung am Arbeitsmarkt statt. Es werden offene Stellen gegen Bewerberzahlen gewichtet. Wenn die Bewerberzahlen die offenen Arbeitsplätze übertreffen, ist die Erteilung einer Arbeitserlaubnis an ausländische Erstbewerber nahezu ausgeschlossen. Für ausländische Arbeitnehmer gilt das Verbot der Beschäftigung zu ungünstigeren Arbeitsbedingungen, d. h. Höhe des Lohnes, Arbeitszeit etc. müssen den deutschen Arbeitsrechtsbestimmungen entsprechen.

Beispiel: Eine albanische Krankenschwester beabsichtigt in der BRD zu arbeiten. Albanien gehört nicht zur EU, daher sind andere vorrangig anzuwendende Rechtsvorschriften (Freie Einreise zwecks Arbeitssuche nach § 2 II 1 FreizügG/EU) nicht einschlägig. Außerdem bestehen zwischen der BRD und der EU und Albanien in diesem Punkt keine zwischenstaatlichen Abkommen, die zu berücksichtigen wären. Die albanische Krankenschwester hat bei der deutschen Botschaft in Tirana um ein Visum zwecks Beschäftigung in der BRD nachzusuchen. Die Voraussetzungen sind im § 18 AufenthG geregelt. Die Botschaft würde den Antrag an die entsprechende Ausländerbehörde weiter reichen. Die Ausländerbehörde hat die Bundesagentur für Arbeit zu beteiligen. Diese nimmt die Prüfung nach § 39 Abs. 2 AufenthG vor. Sind mehr offene Stellen als derzeitige Bewerber (auch Geförderte) vorhanden und sind die Arbeitsbedingungen gleich, kommt eine Erteilung in Betracht.

Hochqualifizierte, die nach § 19 AufenthG einreisen dürfen, erhalten in der Regel einen besseren Aufenthaltstitel, nämlich die Niederlassungserlaubnis, und bedürfen keiner Zustimmung der Bundesagentur für Arbeit zur Beschäftigung.

Einem **Selbstständigen** darf auch eine Aufenthaltserlaubnis zur Selbstständigkeit erteilt werden, wenn gem. § 21 Abs. 1 AufenthG ein übergeordnetes wirtschaftliches Interesse oder ein besonderes regionales Bedürfnis dafür besteht, oder die Tätigkeit positive Auswirkungen auf die Wirtschaft erwarten lässt, oder die Finanzierung der Umsetzung durch Eigenkapital oder durch eine Kreditzusage gesichert ist. In der Regel wird vom Selbständigen eine Investition von mindestens 1 Mio. Euro und die Schaffung von 10 Arbeitsplätzen verlangt.

16.2.2.3 Studenten

Einen temporären Aufenthalt streben ebenfalls Studenten an. Deren Einreise ist gem. § 16 AufenthG geregelt. Studenten müssen vor Studienbeginn eine Sprachprüfung absolvieren und reisen deshalb zuerst zu einem Sprachunterricht ein. Zum Studium bedürfen sie der allgemeinen Hochschulreife, der Sicherung ihres Lebensunterhaltes sowie ausreichenden Krankenversicherungsschutzes.[17]

Der Studienplatz kann nach der Einreise gesucht werden. Außerdem ist eine besondere arbeitserlaubnisfreie Beschäftigung für Studierende während der Semesterferien in Höhe von 90 Tagen bzw. 180½ Tagen vorgesehen.

Nunmehr haben ausländische Studierende nach erfolgreichem Abschluss des Studiums bis zu einem Jahr Zeit, einem angemessenen Arbeitsplatz zu finden. Eine Promotion gilt als Teil des Studiums.

16.2.2.4 Familiennachzug

Familiennachzug stellt das Hauptkontingent (ca. 200-300.000) der jährlichen Zuzugsfälle.[18] Der Familiennachzug kann zu einem hier lebenden Ehegatten, zu hier lebenden Eltern oder einem Kind bzw. zu sonstigen Familienangehörigen erfolgen. Dem Ehegattennachzug ist die eingetragene Lebenspartnerschaft gleichgestellt.

Der **Nachzug zu Deutschen** ist privilegierter geregelt als zu hier lebenden Ausländern.

Bei **Ausländern wird der Nachzug** von einem bestimmten Aufenthaltsstatus des hier lebenden Ausländers und der Sicherung des Lebensunterhaltes abhängig gemacht. Der Zuzug ausländischer Ehegatten zu Deutschen kann aus verfassungsrechtlichen Gründen gem. Art. 6 GG nicht von der Sicherung des Lebensunterhalts abhängig gemacht werden. Die allgemeinen Nachzugsvoraussetzungen nach §§ 3, 4, 5, 11 AufenthG müssen immer vorliegen, u. a. Erfüllung der Passpflicht, kein Einreiseverbot, Sicherung des Lebensunterhaltes und ausreichender Wohn-

---

17 Vgl. zur Sicherung des Lebensunterhaltes § 2 III AufenthG. Es wird der Satz des ALG II plus Wohnkosten gefordert.
18 Vgl. Bericht der Beauftragten für Migration, Flüchtlinge u. Integration 2002, S. 271.

raum. Die Ausländerbehörden legen hierzu die Grundlagen des AlG II nebst den Wohnungskosten zugrunde.

Abweichungen ergeben sich dann aus den Regelungen der §§ 27-36 AufenthG.

§ 27 AufenthG regelt die generellen Voraussetzungen des **Familiennachzuges**, § 28 den Familiennachzug zu **Deutschen**, § 29 den Familiennachzug zu **Ausländern**, § 30 den **Ehegattennachzug** zu Ausländern, § 31 normiert die Voraussetzungen des eigenständigen Aufenthaltsrechts des Ehegatten.

16.2.2.4.1 Familiennachzug zu Deutschen

Gem. § 28 AufenthG ist dem Ehegatten, dem ledigen Kind oder dem ausländischen sorgeberechtigten Elternteil eines minderjährigen ledigen Deutschen eine Aufenthaltserlaubnis (AE) zu erteilen. Stiefkinder fallen nicht unter diese Regelung, können aber durch die Richtlinie 2003/86/EG auf Verbesserung der Rechtslage hoffen. Die Richtlinie hätte bis zum 3. 10. 2005 in nationales Recht umgesetzt werden müssen. Dem nichtsorgeberechtigten Elternteil kann eine AE erteilt werden, wenn die familiäre Lebensgemeinschaft mit dem Kind gelebt wird. Diese restriktive Regelung reicht m.E. nicht aus. Das BVerfG hat sich schon im Rahmen des Umgangsrechtes von Ausländern zu dieser Problematik geäußert.[19] Die AE berechtigt zur uneingeschränkten Erwerbstätigkeit.

Nach Ablauf von drei Jahren besteht dann für den ausländischen Elternteil ein Anspruch auf Erteilung einer Niederlassungserlaubnis (NE) gem. § 28 II AufenthG.

Hinsichtlich des Anspruches auf Sozialleistungen sind die nachgezogenen Ausländer den Deutschen gleichgestellt.

Im Wege des Familiennachzugs zu Deutschen kommen im Jahr ca. 100.000 Ausländer in die Bundesrepublik Deutschland. Die letzten veröffentlichten Zahlen aus dem Jahre 2001 weisen nach, dass ca. 85.000 Ausländer im Wege des Familiennachzugs in die Bundesrepublik gekommen sind.[20]

16.2.2.4.2 Ehegattennachzug zu Ausländern

Das AufenthG bestimmt in § 30 fünf Fälle des Rechtsanspruchs auf Ehegattennachzug. Dies sind

a. der Nachzug zum Ausländer, der im Besitz einer Niederlassungserlaubnis gem. § 30 I AufenthG ist,
b. Nachzug zum Asylberechtigten bzw. anerkannten GFK-Flüchtling,
c. Nachzug zum Ausländer, der seit 5 Jahren im Besitz einer Aufenthaltserlaubnis ist,
d. Nachzug zum Ausländer, deren Ehe bereits zum Zeitpunkt der Einreise bestanden hat und
e. Nachzug zu Ausländern, die unter europäischem Schutz stehen.

---

19   ANA-ZAR 04, S. 14.
20   Vgl. Bericht der Beauftragten für Migration, Flüchtlinge u. Integration 2002, S. 272.

Daneben existieren einige Ermessensvorschriften, u. a. der Nachzug bei humanitärem Aufenthalt gem. § 29 III AufenthG.

Im Erteilungsverfahren muss der nachzugswillige Ehegatte bei der jeweiligen deutschen Auslandsvertretung unter Vorlage der entsprechenden Urkunden, insbesondere der Heiratsurkunde, vorsprechen und die durch das Auswärtige Amt eingeschaltete örtliche Ausländerbehörde prüft dann die vorher genannten gesetzlichen Voraussetzungen. Die Ausländerbehörde stimmt dann der Erteilung des Visums gem. § 6 AufenthG zum Zwecke des Ehegattennachzugs zu bzw. nicht zu. Im Falle eines negativen Bescheides steht dem Ausländer natürlich die Klagemöglichkeit in der Bundesrepublik (VG Berlin) offen.

16.2.2.4.3 Kindernachzug

Der **Kindernachzug** ist im § 32 AufenthG geregelt, danach können Kinder zu den hier lebenden Eltern nachziehen. Das Gesetz differenziert z. T. je nach Alter des Kindes.

Entweder erfolgt der Kindernachzug zu einem Elternteil, der als Asylberechtigter oder Flüchtling nach der GFK anerkannt wurde(§§ 25 I o. II, 26 III AufenthG).

Oder der Zuzug erfolgt als minderjähriges lediges Kind gemeinsam mit den Eltern, die im Besitz einer Aufenthaltserlaubnis oder Niederlassungserlaubnis sind.

Bis zum Alter von 16 Jahren kann das Kind nachziehen, wenn beide oder der sorgeberechtigte Elternteil im Besitz einer AE oder NE ist. Ein Jugendlicher, der bereits 16 Jahre alt ist, kann nur bei positiver Integrationsprognose einreisen.

Ermessensansprüche auf Nachzug bestehen gem. § 32 IV AufenthG nur zur Vermeidung einer **besonderen Härte**.

16.2.2.4.4 Sonstige Familienangehörige

Sonstige Familienangehörige können gem. § 36 AufenthG dann nachziehen, wenn es zur Vermeidung einer **außergewöhnlichen Härte** erforderlich ist. Dies wird immer dann der Fall sein, wenn Eltern bzw. volljährige Kinder bzw. Großeltern im Heimatstaat über keinerlei weitere Aufenthaltsmöglichkeit verfügen. In all diesen Fällen muss natürlich der Lebensunterhalt, ausreichender Wohnraum und Krankenversicherung für den nachziehenden Familienangehörigen gesichert sein.

16.2.2.5 Zuzug aus humanitären, politischen und völkerrechtlichen Gründen

Das Aufenthaltsgesetz hat die Einreise aus diesen genannten Gründen in § 22 ff. AufenthG geregelt.

Gem. § 22 AufenthG kann einem Ausländer aus **völkerrechtlichen** oder **dringenden humanitären Gründen** eine Aufnahme aus dem Ausland durch die deutschen Ausländerbehörden bzw. durch das Bundesministerium des Innern garantiert werden.

Wenn eine oberste Landesbehörde die Aufnahme aufgrund einer **politischen Entscheidung** gem. § 23 AufenthG anordnet, kann ebenfalls eine Aufenthaltserlaubnis erteilt werden.

Oft wird die Erteilung von der Übernahme der Kosten des Lebensunterhaltes durch Dritte (§ 68 AufenthG) abhängig gemacht. Zudem muss die Aufnahmeentscheidung im Einvernehmen mit dem Bundesinnenminister erfolgen.

Nach § 23 II AufenthG kann eine Niederlassungserlaubnis an **bestimmte Flüchtlingsgruppen** vergeben werden. Diese Regelung ersetzt das bisherige Kontingentflüchtlingsgesetz.

Danach waren in den achtziger Jahren »boat-people« in die Bundesrepublik gekommen. **Jüdische Zuwanderer** sind bisher analog dieser Regelungen in der Bundesrepublik nach Beschluss der Innenminister aufgenommen worden.

Gem. § 23 a AufenthG kann eine **Aufenthaltserlaubnis in Härtefällen** erteilt werden. Dies setzt die Bildung einer Härtefallkommission voraus. Dazu besteht keinerlei Verpflichtung für die Länder.

Bundesländer wie Berlin, Brandenburg, Rheinland-Pfalz und Nordrhein-Westfalen haben gute Erfahrungen mit diesen Kommissionen gemacht.[21]

Gem. § 24 AufenthG ist einem Ausländer das Aufenthaltsrecht aufgrund der EU-Regelung **Richtlinie 01/55/EG** zu gewähren. Die der sonstigen deutschen Ausländerrechtsystematik nicht folgende Regelung steht damit allein im Gewährungsrecht der EU. Dies setzt den Gesichtspunkt des »burden sharing« um, wonach EG-Länder die Kosten bei Aufnahme von Bürgerkriegsflüchtlingen gegenseitig in Anrechnung bringen und somit ein Ausgleich erfolgt.

§ 25 regelt die Erteilung einer Aufenthaltserlaubnis unter verschiedenen Voraussetzungen u. a. an **Asylberechtigte** i. S. d. Art. 16 a I GG gem. § 25 I AufenthG.

Gem. § 25 II AufenthG trifft dies auch auf Berechtigte nach der **Genfer Flüchtlingskonvention** (GFK) gem. § 60 I AufenthG zu. Das AufenthG hat die völkerrechtlichen Regelungen der GFK um die geschlechtsspezifische Verfolgung (»Eine Verfolgung wegen der Zugehörigkeit zu einer bestimmten sozialen Gruppe kann auch dann vorliegen, wenn die Bedrohung des Lebens, der körperlichen Unversehrtheit oder der Freiheit **allein an das Geschlecht anknüpft**«) erweitert.

Der Verfolgungsbegriff ist zudem um **nichtstaatliche Akteure** gem. § 60 I 4 AufenthG erweitert worden. Damit sind anerkannte Asylberechtigte gem. Art. 16 a I GG und nach der GFK hinsichtlich ihrer Rechte in der Bundesrepublik gleichgestellt.

Außerdem soll aus humanitären Gründen gem. § 25 III AufenthG eine Aufenthaltserlaubnis erteilt werden, wenn **Abschiebehindernisse** gem. § 60 II, III, V o. VII AufenthG vorliegen.

---

21 Vgl. Bericht der Beauftragten für Migration, Flüchtlinge u. Integration 2005, S. 408 ff.

Dies betrifft u. a. das Verbot der Abschiebung bei **Foltergefahr,** bei Gefahr auf Verhängung einer **Todesstrafe** und bei unzulässiger Abschiebung wegen **Verstoßes** gegen die **EMRK.** [22]

Gem. § 25 IV AufenthG kann auch ein **vorübergehender humanitärer Aufenthalt** durch die Erteilung einer AE genehmigt werden. Gründe könnten die Beendigung einer Heilbehandlung, eine unmittelbar bevorstehende Eheschließung oder das Bleiben von Zeuginnen in Opferverfahren wegen Menschenhandels sein.

Nach § 25 IV 2 AufenthG kann aus **humanitären Gründen** eine AE verlängert werden, wenn das Verlassen der BRD für den Betroffenen eine **außergewöhnliche Härte** darstellt.

§ 25 V AufenthG sieht die Erteilung einer AE im Falle **rechtlicher** oder **tatsächlicher** Abschiebehindernisse vor.

In diesen Fällen müssen die Betroffenen vollziehbar ausreisepflichtig sein und es muss ein zielstaatsbezogenes Abschiebehindernis von gewisser Dauer vorliegen. Die Erteilung ist ausgeschlossen, wenn zuvor ein Asylverfahren bestandskräftig als »offensichtlich unbegründet« gem. § 10 III AufenthG abgeschlossen wurde. Zudem darf keine Erteilungssperre wegen Ausweisung, Abschiebung gem. § 11 AufenthG bestehen.

Gem. § 26 AufenthG kann, sofern die Gründe für die Erteilung der Aufenthaltserlaubnis nicht weggefallen sind, diese verlängert werden und ggf. über Abs. 4 zu einem Daueraufenthaltsrecht führen.

16.2.2.6 Sonstiger Nachzug

Das AufenthG räumt Jugendlichen, die als Minderjährige die Bundesrepublik (z. T. unfreiwillig wg. Elternentschluss) verlassen mussten, ein **Rückkehrrecht** gem. § 37 ein. Dazu muss sich der Jugendliche vor der Ausreise

- 8 Jahre lang in der Bundesrepublik rechtmäßig aufgehalten haben
- sein Lebensunterhalt gesichert sein und
- der Antrag zwischen 15 und 21. Geburtstag gestellt werden.

Ähnliches gilt für **ausländische Rentner**, wenn sie in der Bundesrepublik eine Rente beziehen.

16.2.3 Aufenthaltsverfestigung

16.2.3.1 Aufenthaltstitel

Das Visum und die AE sind als Aufenthaltstitel zeitlich befristet. Der Ausländer benötigt zur Einreise in der Regel ein **Visum** gem. § 6 AufenthG. Dieses Visum wird dann nach der Einreise zu einer, entsprechend dem Zweck des Aufenthalts, in eine zeitlich befristete Aufenthaltserlaubnis umgewandelt.

---

22 Vgl. Ausführungen im Kapitel 2 zum Völkerrecht.

Im Falle eines temporär begrenzten Aufenthalts (z. B. Aupairtätigkeit für sechs Monate) ist die Verlängerung ausgeschlossen.

Ansonsten kann eine **Aufenthaltserlaubnis** entsprechend dem jeweiligen Erteilungszweck verlängert werden, z. B. bei Studenten oder Familiennachzug.

Gem. § 31 AufenthG erhält der nachgezogene Ehegatte ein **eigenständiges Aufenthaltsrecht**, wenn die Ehe zwei Jahre lang rechtmäßig bestanden hat und der Ehegatte im Besitz einer Aufenthaltserlaubnis war. Da die Trennungszeit im Falle einer Scheidung gem. § 1566 I BGB ein Jahr beträgt, müssen die Eheleute i. d. R. drei Jahre zusammenleben, ehe der nachgezogene Ehegatte ein eigenes unabhängiges Aufenthaltsrecht erwirbt.

Die jeweilige zeitliche Dauer der zu erteilenden befristeten Aufenthaltserlaubnis, z. B. beim Familiennachzug, ergibt sich nicht aus dem Gesetz. Bisher erfolgte eine Erteilung nach dem Muster 1 Jahr, 2 Jahre und 2 Jahre und bei Deutschverheiratung zunächst drei Jahre und dann unbefristet.

Unterschiedlich ist für alle zum Zuzug berechtigten Gruppen die jeweilige sozialrechtliche Situation und die Berechtigung zur **Erwerbstätigkeit**.

Im Falle des Familiennachzuges sind Deutschverheiratete unbeschränkt sozialleistungsbezugsberechtigt. Dies trifft auch auf Asylberechtigte gem. Art. 16 a I GG und anerkannte Flüchtlinge nach der GFK zu. Wurde die AE z. B. aber aus humanitären Gründen gem. § 25 III, IV, V AufenthG erteilt, wird der Bezug **bestimmter Sozialleistungen** (Kindergeld, Wohngeld etc.) ausgeschlossen.

Ähnlich verhält es sich mit der Möglichkeit der Erwerbstätigkeit. Deutschverheiratete dürfen jede Erwerbstätigkeit ausüben, Asylberechtigt im Übrigen auch, Ehegatten im Falle des Familiennachzugs von Ausländern dagegen erst nach einer **Wartezeit** von zwei Jahren gem. § 29 V AufenthG.

Diese dezidierten zersplitterten Regelungen sind also entsprechend dem jeweiligen Aufenthaltszweck nachzuvollziehen.

Das AufenthG hat die unbefristete Aufenthaltserlaubnis abgeschafft. Für den Daueraufenthalt wurde der Titel der **Niederlassungserlaubnis** (NE) gem. § 9 AufenthG geschaffen.

Diese ist unbefristet, zeitlich und räumlich unbeschränkt und darf nicht mit einer Nebenbestimmung versehen werden.

Sie wird erteilt, wenn der Ausländer

- seit fünf Jahren eine AE besitzt,
- sein Lebensunterhalt gesichert ist,
- er mindestens 60 Monate Pflichtbeiträge in die Rentenversicherung gezahlt hat,
- er in den letzten drei Jahren nicht zu einer höheren Jugend- oder Freiheitsstrafe als sechs Monate oder zu einer höheren Geldstrafe als 180 Tagessätze verurteilt wurde,
- er im Besitz einer Gewerbeerlaubnis ist,
- ausreichende Kenntnisse der deutschen Sprache hat,

- Grundkenntnisse der Rechts- und Gesellschaftsordnung der Bundesrepublik hat und
- über ausreichenden Wohnraum für sich und die Familie verfügt.

Liegen also die Erteilungsgründe vor, erhält der Ausländer im Falle des Daueraufenthaltsrechts diese NE.

16.2.3.2 Förderung der Integration

Eine der wichtigsten Änderungen des AufenthG ist die Förderung der Integration. Dazu werden gem. § 43 AufenthG **Integrationskurse** angeboten, deren Inhalt dem Erwerb der deutschen Sprache und der Vermittlung von Grundkenntnissen der Rechtsordnung, der Kultur, der Geschichte und der Lebensverhältnisse in Deutschland dienen.

Dazu existieren vier Gruppen von Anspruchsberechtigten nach dem AufenthG und der IntV. Es sind die Personen, deren Aufenthalt auf mehr als ein Jahr ausgelegt ist.

Diese bestehen aus

- den **unselbständigen Beschäftigen** und den **Selbstständigen**,
- den Berechtigten nach dem **Familiennachzug**,
- den anerkannten **Flüchtlingen** nach Art. 16 a GG und der GFK und
- den Personen, die direkt eine **NE** bei Einreise bekommen, z. B: jüdische Bürger aus der Sowjetunion.

Ebenso haben **Spätaussiedler** nach dem BVFG einen Anspruch.

Andere Personen können durch die Ausländerbehörden zur Teilnahme an einem Integrationskurs verpflichtet werden. Die Nichtteilnahme kann zu Leistungskürzungen beim Alg II führen (§ 44 a III AufenthG) und bei der Entscheidung über die Verlängerung der AE gem. § 8 III AufenthG berücksichtigt werden.

Insgesamt umfassen die **drei Kurse 630 Stunden**, nämlich 300 Stunden **Basissprachkurs**, 300 Stunden **Aufbausprach-** und 30 Stunden **Orientierungskurs**.

Die Kurse schließen mit einer Prüfung. Nach erfolgreicher Prüfung wird der Kurs im Rahmen der Spracherfordernisse gem. § 9 II NE angerechnet.

Zudem kann ein erfolgreicher Kursteilnehmer bereits nach sieben Jahren gem. § 10 III StAG eingebürgert werden.

16.2.4 Aufenthaltsbeendigung

16.2.4.1 Arten der Aufenthaltsbeendigung

Ein Ausländer ist gem. § 50 AufenthG verpflichtet, die Bundesrepublik Deutschland zu verlassen, wenn er über **keinen Aufenthaltstitel** verfügt oder wenn er nicht mehr über einen Aufenthaltstitel verfügt.

Gem. § 51 AufenthG kann ein Ausländer aus mehreren Gründen seinen **rechtmäßigen Status verlieren,** z. B. weil sein Aufenthaltstitel zeitlich abgelaufen ist und nicht mehr verlängert wird bzw. der Aufenthaltstitel nur unter einer auflösenden Bedingung erteilt wurde, oder der Aufenthaltstitel durch die Ausländerbehörde zurückgenommen wurde, weil möglicherweise der Ausländer bei der Erteilung falsche Angaben gemacht hat.

Im Übrigen kann ein Aufenthaltstitel gem. § 52 AufenthG **widerrufen** werden, wenn der Ausländer

- keinen gültigen Pass mehr besitzt,
- seine Staatsangehörigkeit verliert oder wechselt,
- er noch nicht eingereist ist oder
- er seine Stellung als Asylberechtigter verliert.

Die wichtigste Form der **Aufenthaltsbeendigung** ist die **Ausweisung**.

Ist eine Ausweisung erfolgt, besteht gem. § 11 ein Einreise- und Aufenthaltsverbot.

Das AufenthG kennt drei unterschiedliche Formen der Ausweisung, nämlich die **Ermessensausweisung** gem. § 55, die **Regelausweisung** gem. § 54 und die **zwingende Ausweisung** gem. § 53.

Eine **Ermessensausweisung** kann u. a.

- bei einem Verstoß gegen Rechtsvorschriften der Bundesrepublik Deutschland,
- bei einer Verurteilung wegen Verbrauchs von Heroin, Cocain oder vergleichbarer Betäubungsmittel,
- bei Gefährdung der öffentlichen Sicherheit und Ordnung,
- bei Sozialhilfebezug für sich, seine Familienangehörigen oder sonstige Haushaltsangehörige,
- bei Inanspruchnahme von Hilfe zur Erziehung außerhalb der eigenen Familie unter bestimmten Bedingungen oder
- wenn Billigung von Terrorismus in der Öffentlichkeit oder Anstachelung zum Rassenhass vorliegt.

Zu den Ermessensabwägungskriterien zählen die Schwere des Verstoßes, seine Folgen, die Dauer des Aufenthalts des Ausländers und seine schutzwürdigen persönlichen, wirtschaftlichen und sonstigen Bindungen, die Ausweisungsfolgen für seine Familie und mögliche Abschiebungshindernisse.

Wurde der Ausländer rechtskräftig zu einer Freiheitsstrafe verurteilt und diese nicht zur Bewährung ausgesetzt, liegt der Fall der **Regelausweisung** gem. § 54 AufenthG vor.

Gleiches gilt, wenn Betäubungsmittel angebaut, hergestellt, eingeführt etc. wurden, Terrorismusunterstützung vorliegt oder der Ausländer die freiheitliche demokratische Grundordnung der Bundesrepublik gefährdet hat.

Durch die Verwirklichung der Tatbestände erfolgt i. d. R. die Ausweisung, es sei denn, der Ausländer legt besondere Gründe dar, die ein Absehen ermöglichen. Dies läge u. a. vor, wenn besondere humanitäre Gründe (Behinderung), schwere Folgen der Tat (Eigenschädigung) oder andere gewichtige Gründe bestünden.

Ist der Ausländer zu einer Freiheitsstrafe von mindestens drei Jahren verurteilt worden, oder wegen vorsätzlicher Straftaten innerhalb von fünf Jahren von mindestens drei Jahren verurteilt worden, dann ist er gem. § 53 AufenthG **zwingend auszuweisen**.

Gleiches gilt für vorsätzliche Straftaten nach dem Betäubungsmittelgesetz oder wegen Landfriedensbruches von mindestens zwei Jahren oder einer Strafe, auch im Falle des Einschleusens von Ausländern, die nicht zur Bewährung ausgesetzt wurde.

Gem. § 56 AufenthG sind bestimmte Ausländergruppen, die z. B. mit einem deutschen Staatsangehörigen verheiratet sind bzw. eine Niederlassungserlaubnis besitzen oder als Asylberechtigter anerkannt wurden, insoweit **privilegiert**, als in ihrem Fall sich die jeweilige Rechtsfolge durch ein Verschieben in die nächst untere Ausweisungskategorie erschwert.

Beispiel: Wird ein tunesischer Staatsangehöriger, der mit einer Deutschen verheiratet ist, wegen Hehlerei zu einer Freiheitsstrafe von drei Jahren verurteilt, ist er gem. § 53 AufenthG zwingend auszuweisen. Da er aber die besonderen Voraussetzungen des § 56 AufenthG (Deutschverheiratung) erfüllt, verwandelt sich seine zwingende Ausweisung insoweit zur Regelausweisung. Er müsste jetzt besondere humanitäre Gründe anführen, um einer Regelausweisung zu entgehen.

16.2.4.2 Verfahren der Aufenthaltsbeendigung

Reist ein Ausländer illegal ein und verfügt er nicht über einen Aufenthaltstitel oder hat er früher einen Aufenthaltstitel besessen, der erloschen ist, unterliegt der Ausländer der **Ausreisepflicht** gem. § 50 AufenthG.

In den anderen Fällen (z. B. Ausweisung, Nichterteilung bzw. -verlängerung einer AE, Abschiebungsanordnung) erfolgt die Aufenthaltsbeendigung per Verwaltungsakt.

Die Aufenthaltsbeendigung setzt in der Regel eine Anhörung voraus. Per Grundverwaltungsakt ist der Beendigungsgrund mitzuteilen. Ferner ist eine Ausreisefrist gem. § 50 II AufenthG einzuräumen. Nach den Regeln der Verwaltungsvollstreckung (**Grundverwaltungsakt, Androhung von Zwangsmitteln, Festsetzung und Vollziehung**) wird mit dem Grund-VA auch die Abschiebungsandrohung gem. § 59 AufenthG verknüpft.

In der Regel kann der Ausländer gegen diese Verwaltungsakte binnen eines Monats **Widerspruch** einlegen. Der Widerspruch hat in der Regel aufschiebende Wirkung, es sei denn, das Gesetz schließt diese Wirkung aus bzw. die Ausländerbehörde ordnet die sofortige Vollziehung gem. § 80 II VwGO an. Gegen diese Entscheidung der Ausländerbehörde sind Rechtsmittel bei der Ausländerbehörde nach § 80 IV VwGO oder beim zuständigen Verwaltungsgericht möglich. In der Regel ist dies entweder die Anfechtungsklage bzw. ein Antrag gem. § 80 Abs. 5 bzw. § 123 (Einstweilige Anordnung) VwGO.

Im Verfahren einer Aufenthaltsbeendigung sind Abschiebehindernisse gem. § 60 AufenthG zu berücksichtigen.

Diese liegen u. a. insbesondere dann vor, wenn einem Ausländer in seinem Heimatstaat eine **politische Verfolgung** droht. Sie könnte ferner vorliegen, wenn der Ausländer in seinem Heimatstaat der **konkreten Gefahr** einer **Folter** unterworfen wird. Außerdem darf ein Ausländer nicht abgeschoben werden, wenn in seinem Heimatstaat die Gefahr der Verhängung einer **Todesstrafe** besteht. Außerdem soll von einer Abschiebung eines Ausländers abgesehen werden, wenn für ihn im Heimatstaat eine **erhebliche konkrete Gefahr für Leib, Leben und Freiheit** besteht.

Liegen Abschiebungshindernisse vor, kommt es u.U. nicht zur Abschiebung. Liegen sie nicht vor oder ist die Aufenthaltsbeendigung gerichtlich gebilligt, muss der Ausländer innerhalb der eingeräumten **Ausreisefrist freiwillig ausreisen**.[23]

Generell ist es möglich, verschiedene **Aufenthaltsanträge nacheinander** zu stellen, z. B. nach einem studentischen Aufenthalt einen Asylantrag zu stellen. Allerdings verbietet § 11 AufenthG die Erteilung einer Aufenthaltserlaubnis, solange ein Asylverfahren nicht bestandskräftig abgeschlossen ist, es sei denn, der Ausländer hat einen gesetzlichen Anspruch auf Erteilung einer AE.

Reist der Ausländer nicht freiwillig aus, weil er krank ist oder weil der Heimatstaat ihn nicht aufnimmt, könnten **Duldungsgründe** gem. § 60 a AufenthG vorliegen. Duldung bedeutet somit die Aussetzung der Abschiebung. In der Bundesrepublik werden ca. 150.000 Ausländer z. T. über mehrere Jahre geduldet.[24] Das ZuwG sollte diese Duldungen abschaffen. Da viele Ausländerbehörden aber die Erteilung der AE gem. § 25 AufenthG verweigern, hat sich die breite Erteilung der Duldung weiter fortgesetzt. Gem. § 60 a AufenthG können die Länderinnenminister auch **bestimmte Ausländergruppen** bzw. Staatsangehörige bestimmter Länder dulden, z. B. gegenwärtig libanesische Staatsangehörige, Palästinenser, Kongolesen etc. Die Duldung ist ein begünstigender VA und muss ggf. per Einstweiliger Anordnung gem. § 123 VwGO vor dem VG erstritten werden.

Bei Ausländern, die die Bundesrepublik Deutschland verlassen müssen, aber innerhalb der Ausreisefrist dem Gebot nicht nachkommen, besteht die Möglichkeit der **Direktabschiebung** oder der **Verhängung von Abschiebungshaft** gem. § 62 AufenthG.

Die **Abschiebung** ist die zwangsweise Beendigung eines unrechtmäßigen Status in der Bundesrepublik Deutschland. Der Abschiebung unterliegen damit diejenigen Ausländer, die über kein Aufenthaltsrecht in der Bundesrepublik Deutschland verfügen, aber die Bundesrepublik Deutschland nicht freiwillig verlassen.

Nach Art. 104 II GG ist die Bundesrepublik gezwungen, in Freiheitsrechte nur verhältnismäßig einzugreifen. Deswegen sind Ausländer, deren Aufenthaltsort bekannt ist, direkt nach richterlicher Genehmigung, meist auf dem Flugweg, abzuschieben.

---

23 Vgl. Frings/Knösel, Das neue Ausländerrecht, S. 84 ff.
24 Vgl. Bericht der Beauftragten für Migration, Flüchtlinge und Integration 2005, S. 381 f.

In anderen Fällen, wo dies aufgrund tatsächlicher oder rechtlicher Hindernisse nicht möglich ist, (fehlende Papiere, fehlende Genehmigung des Heimatstaates etc.), wird **Abschiebungshaft** verhängt.

Die Abschiebehaft dient dann entweder der **Vorbereitung der Abschiebung** (§ 62 I AufenthG) bzw. der **Sicherung der Abschiebung** (§ 62 II AufenthG) durch die Festnahme des Ausländers. Das Verfahren bei Freiheitsentziehung richtet sich nach dem Gesetz über gerichtliche Verfahren bei **Freiheitsentziehungen** (FEVG).

Die Abschiebehaft darf höchstens 18 Monate betragen. Sie wird in der Regel zeitlich befristet und jeweils nach Vorliegen der Haftgründe verlängert. Das Verfahren der Abschiebehaft ist wiederholt starker Kritik ausgesetzt worden, weil sowohl das Verfahren als auch die Feststellung der verschiedenen Haftgründe in der Praxis nicht dem hohen Gut der Grundrechte der Betroffenen gerecht wurden.[25]

Ist ein Ausländer abgeschoben, ausgewiesen oder zurückgeschoben worden, unterliegt er einem **Einreiseverbot** gem. § 11 AufenthG, welches durch die Schengenbestimmungen in der ganzen EU gilt.

Auf Antrag kann die zuständige Ausländerbehörde dieses Einreiseverbot **nachträglich** zeitlich **befristen**. Maßgeblich ist der Grund der Aufenthaltsbeendigung bzw. die Grund der Befristung (z. B. Heirat).

16.2.5 Weitere Regelungen des AufenthG

Das AufenthG enthält ferner eine Reihe weiterer wichtiger Regelungen, z. B. für die Kostenschuldner und **Sicherheitsleistungen** Dritter, um den Aufenthalt von Ausländern in der BRD finanziell abzusichern.

Ferner sind die Zuständigkeiten der Ausländerbehörden sowie die Beteiligung des Bundes geregelt. In § 75 AufenthG werden die Aufgaben des **Bundesamtes für Migration** und **Flüchtlinge** definiert.

Das Verwaltungsverfahren ist gem. § 77 ff. AufenthG aufgeführt, ebenso Datenschutzregeln. Die Stellung der **Beauftragten für Migration, Flüchtlinge und Integration** und deren dienstliche Aufgaben ergeben sich aus den § 92 ff. AufenthG.

Die schon bisher vorhandenen **Strafvorschriften** des AuslG 90 sind nunmehr gem. §§ 95 AufenthG erweitert und ergänzt worden. Insbesondere das **Einschleusen** von Ausländern gem. § 96 II u. III AufenthG wird mit hoher Strafe bedroht.

Das AufenthG endet mit umfangreichen **Übergangsregelungen,** wonach z. B. vor dem Januar 2005 gestellte Anträge auf Erteilung einer unbefristeten Aufenthaltserlaubnis oder -berechtigung nach dem AuslG 90 zu entscheiden sind.

---

25 Vgl. Knösel, Freiheitlicher Rechtsstaat und Abschiebung, S. 82 ff.

16.2.6 Freizügigkeitsgesetz/EU (FreizügG/EU)

Die Regeln für die Einreise und den Aufenthalt von EU-Staatsangehörigen sind im neuen **FreizügG/EU** enthalten.

Dieses kurze Spezialgesetz regelt somit maßgeblich den Aufenthalt von über 2 Mio. in der Bundesrepublik Deutschland befindlichen EU-Staatsangehörigen.

Über § 11 FreizügG finden die Regelungen des AufenthG ergänzende Anwendung.

Der Grundsatz des ausländerrechtlichen Grundprinzips bei Einreisen, nämlich der **Verbotsnorm mit Erlaubnisvorbehalt** kehrt sich im EU-Recht zur **Erlaubnisnorm mit Verbotsvorbehalt** um.

Danach haben Unionsbürger sowohl als **Arbeitnehmer** als auch als **Dienstleistungsempfänger** und -erbringer Recht auf Einreise und Aufenthalt in den einzelnen EU-Staaten. Sie dürfen hierfür ihre Familienangehörigen mit einreisen lassen. EU-Bürger dürfen sich auch in anderen EU-Staaten dauerhaft aufhalten, wenn sie nicht dort arbeiten, aber über die nötigen Existenzmittel und einen ausreichenden Krankenversicherungsschutz besitzen.

Die EU-Bürger sind nicht aufenthaltserlaubnispflichtig. Vielmehr folgt ihr Aufenthaltsrecht direkt aus dem Gemeinschaftsrecht (Richtlinie 2004/38/EG), welches gem. Art. 23 GG über dem deutschen Verfassungsrecht steht. Die EU-Ausländer erhalten eine Bescheinigung über ihr gemeinschaftsrechtliches Aufenthaltsrecht (gem. § 5 AufenthG bzw. Familienangehörige gem. § 5 II FreizügG/EU), was somit rein deklaratorischen Charakter hat.

EU-Staatsangehörige können nur aus **besonderen spezialpräventiven Gründen ausgewiesen** werden. Dabei müssten Verletzungen der Rechtsordnung erfüllt sein, die eine gegenwärtige Gefährdung der öffentlichen Ordnung darstellen. Es muss gem. § 6 II FreizügG/EU eine tatsächlich hinreichende **schwere Gefährdung** vorliegen, die ein Grundinteresse der Gesellschaft berührt. Somit werden in der Praxis EU-Staatsbürger entsprechend wenig ausgewiesen.

Innerhalb der EU ist eine wichtige Diskussion über die Rechte von **Drittstaatsangehörigen** entbrannt. Drittstaatsangehörige sind diejenigen Ausländer, die nicht Staatsangehörige der EU-Staaten sind, aber über ein Aufenthaltsrecht in einem EU-Staat verfügen, also z. B. der Nigerianer, der sich als Arbeitskraft erlaubt in den Niederlanden aufhält. Bisher ist ein Wechsel des Aufenthaltsstaates in die anderen EU-Staaten verboten. Ein Drittstaatsangehöriger darf sich nur visafrei für drei Monate in einem anderen EU-Staat aufhalten. Die EU-Kommission beabsichtigt, die Rechte der Drittstaatsangehörigen den Rechten der EU-Staatsangehörigen weitestgehend anzugleichen. Dies wird eine erhebliche Veränderung der gegenwärtigen ausländerpolitischen Diskussion nach sich ziehen.

16.2.7 Asylverfahrensgesetz (AsylVfG)

16.2.7.1 Verfahren

Flüchtlinge, die einen Antrag auf **Anerkennung als politisch Verfolgte** gem. Art. 16 a GG stellen oder Schutz vor Abschiebung begehren, müssen ein Asylverfahren in der Bundesrepublik Deutschland durchlaufen. Die Einzelheiten des Asylverfahrens sind im AsylVfG geregelt. Maßgebliche Impulse werden jetzt durch EU-Regelungen gegeben, z. B. **Qualifikationsrichtlinie** v. 29. 4. 2004, **Aufnahmerichtlinie** v. 27. 1. 2003 oder der **Asylverfahrensrichtlinie** v. 29. 4. 2005. Alle Richtlinien sind noch nicht in nationales Recht umgesetzt.[26] Zuständig für die Anerkennung ist das **Bundesamt für Migration und Flüchtlinge**. Das Bundesamt hat Zweigstellen in allen Bundesländern. Jedes Bundesland hat eine **zentrale Aufnahmeeinrichtung**, in der jeder Flüchtling persönlich seinen Asylantrag stellen muss. Die zahlenmäßige Verteilung der Flüchtlinge unter den Ländern erfolgt aufgrund von prozentual festgelegten **Aufnahmequoten** gem. § 45 AsylVfG.

Aufgrund des grundrechtlichen Schutzes der Flüchtlinge hat jeder Flüchtling während des Asylverfahrens das Recht auf menschenwürdige Unterbringung und Versorgung und gem. Art. 19 IV GG darauf, dass sein Asylbegehren durch eine zuständige Behörde bearbeitet wird und im Falle einer Negativbescheidung durch ein unabhängiges Gericht überprüft wird.[27]

Sobald ein Flüchtling einen Asylantrag stellt, muss er seinen Wohnsitz in der **Aufnahmeeinrichtung** nehmen. Hat der Flüchtling Kinder, bezieht sich die Asylantragstellung gem. § 14 a AsylVfG auch auf unter 16jährige Kinder. Jugendliche sind im Übrigen im Asylverfahren mit 16 Jahren nach § 12 AsylVfG handlungsfähig. Gem. § 15 AsylVfG hat der Flüchtling in der Aufnahmeeinrichtung, die eine Landesbehörde ist, **umfangreiche Mitwirkungspflichten**. U. a. hat der Flüchtling seinen Pass und sonstige Urkunden auszuhändigen, sämtliche Flugscheine, sonstige Beweismittel für seine Fluchtroute vorzulegen und in einem Interview umfangreich darzustellen, weshalb er sich durch seinen Heimatstaat politisch verfolgt fühlt.

---

26 Vgl. Kapitel 2 zum EU-Recht.
27 Vgl. zu den Rechten des Flüchtlings im Asylverfahren, BVerfGE 54, 341, 357.

Schaubild 1:

Zugang zum Asylverfahren	
Behörde	**Befugnisse**
Grenzbehörde	**Pflicht zur Zurückweisung, § 18 Abs. 2*:** • bei Einreise aus sicherem Drittstaat (§ 26 a) • bei offensichtlicher anderweitiger Verfolgungssicherheit (§ 27 Abs. 1 und 2) • bei Gefahr für die Allgemeinheit **Pflicht zur Zurückschiebung, § 18 Abs. 3:** • im grenznahen Raum und • in unmittelbarem zeitlichen Zusammenhang • mit der unerlaubten Einreise ansonsten: **Pflicht zur Weiterleitung, § 18 Abs. 1**
Ausländerbehörde	**Zurückschiebung nach Ermessen, § 19 Abs. 3:** bei Einreise aus sicherem Drittstaat (§ 26 a) ansonsten: **Pflicht zur Weiterleitung, § 19 Abs. 1**
Polizeidienststelle	**Pflicht zur Weiterleitung, § 19 Abs. 1**
Erstaufnahmeeinrichtung	**Pflicht zur Aufnahme bzw. Weiterleitung, § 22 Abs. 1 Satz 2**

* §§ sind solche des AsylVfG

aus: Duchrow/Spieß, Flüchtlings- und Asylrecht, S. 193.

16.2.7.2 Erreichen der Bundesrepublik

Problematisch ist das Erreichen des Gebietes der Bundesrepublik Deutschland durch Flüchtlinge. Solange Flüchtlinge nicht das Gebiet der Bundesrepublik Deutschland erreicht haben, unterliegen sie den allgemeinen Bestimmungen des Ausländerrechts, insbesondere des AufenthG. Gem. § 4 AufenthG benötigen Ausländer in der Regel zur Einreise in die Bundesrepublik eine Aufenthaltserlaubnis. Diese Aufenthaltserlaubnis ist bei der deutschen Botschaft bzw. diplomatischen Vertretung im jeweiligen Heimatstaat zu beantragen. Da die offizielle Politik der Bundesrepublik Deutschland die **Abwehr von Flüchtlingen** ist, wird an Flüchtlingen in der Regel keine Aufenthaltserlaubnisse bzw. Visa erteilt. Der Flüchtling ist deshalb auf illegale Erreichung der Bundesrepublik bzw. der Zielstaaten angewiesen. Die Flüchtlingsdramen auf den Kanarischen Inseln und an den Küsten von Italien 2006 zeigen die erschreckenden Auswirkungen dieser Politik. Erreicht der Flüchtling die Bundesrepublik Deutschland, und wird ihm nachgewiesen, dass er einen **sicheren Drittstaat** passiert hat, so schiebt ihn die Bundesrepublik Deutschland in diesen sicheren

Drittstaat gem. § 26 a AsylVfG zurück. Sichere Drittstaaten sind alle Mitgliedsstaaten der europäischen Gemeinschaft sowie Norwegen und die Schweiz.

Kommt der Flüchtling aus einem **sicheren Herkunftsstaat**, so muss er gem. § 29 a AsylVfG sein Asylverfahren besonders gründlich betreiben und seine Asylgründe besonders intensiv darlegen.

War der Flüchtling auf seiner Reise bereits in einem Drittstaat **sicher vor Verfolgung** (§ 27 AsylVfG) und hat damit seine Flucht unterbrochen, kommt eine Anerkennung als Asylberechtigter nicht in Frage.

Im Klartext bedeutet dies, dass Flüchtlinge, die sich aufgrund verschiedener Umstände für den Aufnahmestaat Bundesrepublik Deutschland entschieden haben, **illegal einreisen** und dann ihren Fluchtweg verschleiern müssen, damit sie in den Genuss des Asylverfahrens bzw. der Anerkennung kommen. In der Regel überschreiten Flüchtlinge deshalb illegal die Außengrenzen oder benutzen für die Einreise falsche Papiere. Dies kann eine Straftat darstellen. Allerdings ist eine **legale Einreise** für Flüchtlinge in die Bundesrepublik Deutschland im Regelfall überhaupt nicht möglich. Deshalb haben sich die Asylbewerberzahlen in den letzten Jahren kontinuierlich nach unten bewegt. Im Moment stellen ca. 25.000 Personen pro Jahr einen Asylantrag.

16.2.7.3 Weiteres Verfahren

Hat der Flüchtling bei der Außenstelle in der **zentralen Aufnahmeeinrichtung** das **Interview** mit dem Bundesamt für Migration und Flüchtlinge geführt, so muss er in der **Aufnahmeeinrichtung** wohnhaft bleiben. Während dieser Zeit wird er umfassend versorgt, auch medizinisch. Arbeiten darf er nicht. Angestrebt ist, dass das Bundesamt für Migration und Flüchtlinge zeitnah über den Asylantrag entscheidet. Dauert das Asylverfahren länger, werden die Flüchtlinge in dem jeweiligen Bundesland nach § 50 AsylVfG auf die anderen Landkreise und kreisfreien Städte verteilt. Deshalb hat in der Regel jede kreisfreie Stadt und jeder Landkreis **Asylbewerberunterkünfte**. Jedes Bundesland hat deshalb auch ein Asylbewerberverteilungs- bzw. -aufnahmegesetz.

Das Bundesamt für Migration und Flüchtlinge entscheidet nunmehr durch einen rechtsmittelfähigen Bescheid gem. § 31 AsylVfG über das Asylbegehren des Flüchtlings. Dazu ergehen drei gesonderte Entscheidungen.

Zum einen betrifft dies die **Asylanstragstellung gem. Art. 16 a GG**. Zum anderen betrifft dies die **Flüchtlingseigenschaft gem. GFK** (§ 60 I AufenthG). Und zum dritten betrifft dies mögliche **Abschiebehindernisse gem. § 60 II-VIII AufenthG**.

Aufgrund der vorgenannten Erwägungen können einzelne Anträge des Flüchtlings präkludiert sein. U.U. kann eine Asylanerkennung gem. Art. 16 a GG wg. Passieren eines sicheren Drittstaates ausgeschlossen sein, aber eine Anerkennung nach GFK, eben weil ein völkerrechtliches Abkommen nicht unter diese Einschränkungen fällt, ausgesprochen werden. Der gesamte Antrag kann als **offensichtlich unbegründet** gem. §§ 30, 36 AsylVfG zurückgewiesen werden. In diesen Fällen unterliegt der abgelehnte Asylbewerber der Ausreisepflicht.

Schaubild 2:

Entscheidungsmöglichkeiten des Bundesamtes für Migration und Flüchtlinge

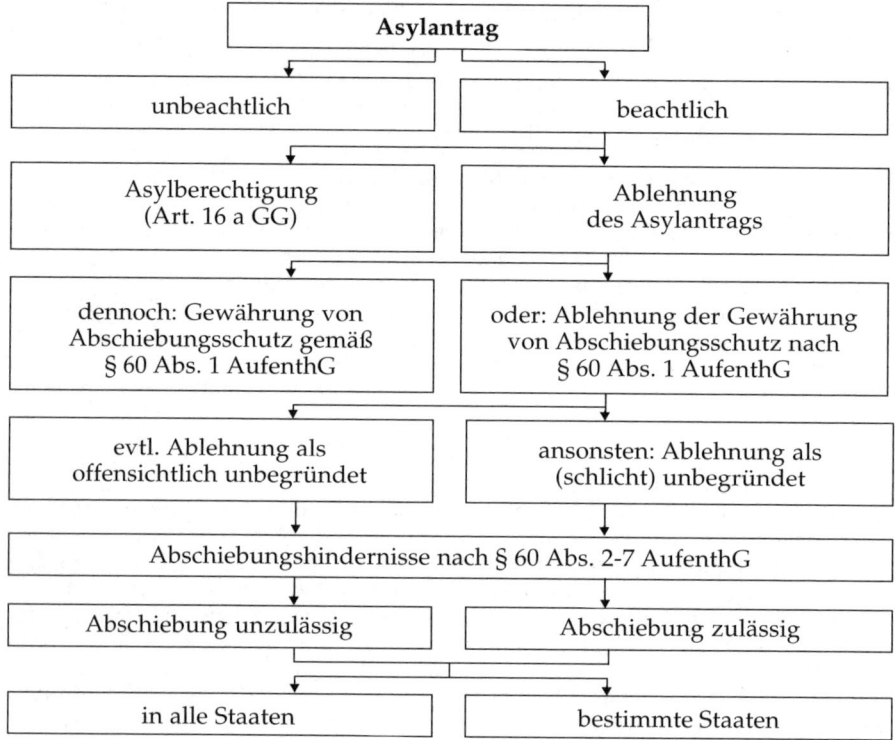

Im Übrigen kann dem gesamten Antrag aber auch **stattgegeben** werden, mit der Folge der AE-Erteilung gem. § 25 AufenthG.

Ist die Entscheidung **negativ,** kann der Flüchtling beim zuständigen Verwaltungsgericht klagen. Die Klagefrist beträgt nach § 74 AsylVfG **zwei Wochen**, bei **unbeachtlicher** bzw. offensichtlich unbegründeter Ablehnung des Antrages **eine Woche**. In den letztgenannten Fällen entscheidet das Verwaltungsgericht dann in einem einstweiligen Rechtschutzverfahren.

Berufung ist i. d. R. nicht **möglich** (§ 78 AsylVfG).

Schaubild 3:

Frist für	Entscheidung des Bundesamts		
	Unbeachtlich	Offensichtlich unbegründet	Unbegründet
Antrag gem. § 80 Abs. 5 VwGO	Innerhalb **einer Woche** nach Bekanntgabe	Innerhalb **einer Woche** nach Bekanntgabe	Nicht erforderlich
Klageantrag	Innerhalb **einer Woche** nach Bekanntgabe	Innerhalb **einer Woche** nach Bekanntgabe	Innerhalb von **zwei Wochen** nach Bekanntgabe
Klagebegründung	Innerhalb **eines Monats** nach Bekanntgabe	Innerhalb **eines Monats** nach Bekanntgabe	Innerhalb **eines Monats** nach Bekanntgabe

In den anderen Fällen der normalen Ablehnung entscheidet das Gericht aufgrund **mündlicher Hauptverhandlung**. Die Gerichtsverfahren dauern zwischen ein und drei Jahren, so dass in dieser Zeit der Flüchtling in einer schwierigen körperlichen und psychischen Situation ist. Durch das Zuwanderungsrecht ist das Asylverfahren geändert und insoweit noch restriktiver ausgestaltet worden. Dem Flüchtling sind insbesondere erhöhte Mitwirkungspflichten sowie negative Rechtsfolgen im Falle der Nichtbefolgung behördlicher Auflagen auferlegt worden.

Während der Dauer des Asylverfahrens bekommt der Flüchtling gem. § 55 AsylVfG einen eigenen Aufenthaltstitel, die **Aufenthaltsgestattung**. Mit dieser Aufenthaltsgestattung darf sich der Flüchtling nur im **räumlichen Bezirk** seiner Ausländerbehörde aufhalten. In der Regel ist das Verlassen dieses Aufenthaltsbezirkes nur in Ausnahmefällen möglich, u. a. zum Besuch eines Rechtsanwalts. Zudem können dem Flüchtling gem. § 60 AsylVfG **Auflagen** erteilt werden. Er darf während dieser Zeit gem. § 61 AsylVfG nicht arbeiten. Wenn er sich länger als ein Jahr in der Bundesrepublik Deutschland aufhält, kann er mit Zustimmung der Bundesagentur für Arbeit arbeiten, wenn dies der Arbeitsmarkt zulässt. Aufgrund der massiven Fluchterfahrung und strukturellen Veränderung der Familiensituation des Flüchtlings ist in der Regel das mehrjährige Asylverfahren **psychisch außerordentlich belastend**. Während dieser Zeit ist der Flüchtling zum Nichtstun gezwungen. Die Bundesrepublik Deutschland verweigert Integrationsmaßnahmen, da ja der endgültige Verbleib des Flüchtlings in der Bundesrepublik Deutschland noch nicht feststeht. Die Kinder haben ein Recht auf Schulbesuch gem. Regelungen des **Haager Minderjährigenschutzabkommens (MSA)**.

16.2.7.4 Asylbewerberleistungsgesetz

Sozialleistungen erhält der Flüchtling gem. den Regelungen des **Asylbewerberleistungsgesetzes (AsylbLG)**. Die Leistungen des AsylbLG sind gegenüber den normalen Sozialhilfeleistungen um 20 % herabgesetzt. Insbesondere erhält der Flüchtling nur ein Taschengeld, in der Regel monatlich 40,00 Euro. Nahrungsmittel, Kleidungen etc. werden dem Flüchtling gem. § 3 AsylbLG **unbar** zur Verfügung gestellt. Dies wird von vielen Flüchtlingen als **Eingriff in die Menschenwürde** angesehen. Leistungen bei Krankheit gem. § 4 AsylbLG werden eingeschränkt gewährt. Sonderleistungen wie z. B. Feste, Klassenreisen etc. können gem. § 6 AsylbLG übernommen werden. Die Praxis der Behörden ist eher restriktiv. Den Flüchtlingen ist gem. § 5 AsylbLG Gelegenheit zur Arbeit in ihren Heimen zu geben. Dies wird pro Stunde mit einem Euro bezahlt. I. d. R. reichen die Arbeitsgelegenheiten nicht aus.

16.2.8 Asylrecht

nach dem Grundgesetz nach Art. 16 a Abs. I und der Genfer Konvention (GFK)
Mit in Kraft treten des GG der Bundesrepublik Deutschland 1949 ist das Recht für politisch Verfolgte auf **Asylanerkennung** im GG verankert worden. Früher war dies die Regelung des Art. 16 II 2 GG a. F. Seit 1993 ist nunmehr das Asylrecht durch die Neufassung gem. Art. 16 a Abs. I-V GG geregelt worden.[28] Die Einschränkungen beziehen sich vor allem auf die Definition **sicherer Drittstaaten**, der **Einschränkung der Rechtsweggarantie** bei **sicheren Herkunftsstaaten** und der **möglichen EU-Zuständigkeit** für Anerkennungsverfahren. Dies bedeutet, dass Flüchtlinge, die über andere Staaten der Europäischen Gemeinschaft einreisen bzw. die durch sichere Drittstaaten reisen, ihres Asylrechts gem. Art. 16 a Abs. II präkludiert sind. Daneben könnten sie aber ihr Recht auf Asyl nach der GFK geltend machen. Die GFK enthält in Art. 1 Abschn. A Nr. 2 eine eigene Definition des Flüchtlingsbegriffs. In Art. 33 Nr. 1 GFK wird Abschiebeschutz zugesichert. Danach darf von einem Staat: »*... ein Ausländer nicht in einen Staat abgeschoben werden, in dem sein Leben oder seine Freiheit wegen seiner Rasse, Religion, Staatsangehörigkeit, seiner Zugehörigkeit zu einer bestimmten sozialen Gruppe oder wegen seiner politischen Überzeugung bedroht ist*«.

Die deutschen Gesetze enthalten keine Feststellung der Flüchtlingseigenschaften nach Art. 1 A 2 GFK, sondern nur nach Art. 33 GFK, der im Übrigen mit § 60 Abs. I AufenthG übereinstimmt. Mit dem Zuwanderungsrecht ist der § 60 AufenthG (s.o. Abschnitt **Abschiebehindernisse** 16.2.4.2) geändert worden und damit die Regelungen der GFK in der Bundesrepublik Deutschland erweitert worden.

Im Kern sind die Voraussetzungen des Flüchtlingsbegriffs und der Feststellung der politischen Verfolgung zwischen Art. 16 a Abs. I GG und Art. 33 Abs. I GFK gleich. Das BVG hat dazu entschieden, dass einem Flüchtling eine Rückkehr in seinen Heimatstaat nicht zuzumuten ist, wenn er sich dort in »**aussichtsloser Lage**« befindet.[29]

---

[28] Vgl. BVerfGE 94, 49, 103: Das Gericht hat die Grundrechtsänderung für verfassungsmäßig erklärt.
[29] BVerfGE 83, 216, 230.

Die **Feststellung der Flüchtlingseigenschaft** erfolgt erstmals durch das **Bundesamt für Migration und Flüchtlinge** bzw. dann bei Rechtsmitteleinlegung durch die **Verwaltungsgerichte, Oberverwaltungsgerichte und das Bundesverwaltungsgericht**, sowie in letzter Instanz durch das **Bundesverfassungsgericht**.

Die Fallkonstellationen zur Feststellung der Flüchtlingseigenschaft sind sehr vielfältig und die Rechtsprechung ist immens umfangreich. Zudem muss ja der Vortrag des Flüchtlings glaubhaft und in sich widerspruchsfrei sein.

Im Groben lässt sich die Feststellung der Flüchtlingseigenschaft am einfachsten durch die Anwendung folgender **sieben Punkte** klären:
1. **Wer** ist der Verfolger?
2. **Wen** verfolgt der Verfolger?
3. **Was** stellt die Verfolgung dar?
4. **Wie** intensiv erfolgt die Verfolgung? (Schweregrad)
5. **Wann** hat die Verfolgung stattgefunden? (Wahrscheinlichkeit, Vor- und Nachfluchtgründe)
6. **Wo** hat die politische Verfolgung stattgefunden?
7. **Warum** verfolgt der Verfolger die Person, d. h. erfolgt dies aus politischen Motiven?

Zu 1) In der Regel findet die **Verfolgung** durch den **Staat** statt. Dies kann auch durch staatliche Behörden, Geheimdienst, Armee etc. erfolgen. Die Verfolgung von Flüchtlingen durch private Organisationen ist in der Regel nur dann asylrelevant, wenn sie dem Staat in irgendeiner Weise zurechenbar ist. Hierzu trifft § 60 I 3 AufenthG genauere Festlegungen.[30]

Zu 2) Die Verfolgten können als **Einzelperson** verfolgt werden bzw. als **Gruppe**. Dies wird besonders deutlich bei Religionsgemeinschaften wie Yeziden in der Türkei oder Tamilen in Sri Lanka.[31]

Zu 3) Wenn es um die Frage geht, »Was« hat der Verfolgte erlitten, muss ein **Eingriff** in die **Rechtsgüter des Verfolgten** erfolgen. Insbesondere sind Leben, Leib und persönliche Freiheit geschützt. Aber auch die ungehinderte Religionsausübung, sowie die berufliche und wirtschaftliche Betätigung werden gesichert.

Zu 4) Bei der Auslegung des Begriffes »Wie« hat die Verfolgung stattgefunden, wird insbesondere der **Schweregrad der Verfolgung** festgestellt. Nach der Rechtsprechung des BVG müssen **die Eingriffe ihrer Intensität und Schwere** nach die **Menschenwürde** des Flüchtlings verletzen, und sie müssen zudem über das hinausgehen, was die Bewohner des Verfolgerstaates aufgrund des dort **herrschenden Systems allgemein hinzunehmen** haben.[32] Dies bedeutet im Klartext, dass, wenn alle Bewohner eines Staates mit Verfolgung, d. h. z. B. Folter etc. zu rechnen haben, die Anerkennungschancen für Flüchtlinge besonders herabgesetzt werden.[33]

---

30 BVerfG 2 BuR 260/98.
31 BVerwGE 96, 200, 206, 210.
32 BVerwGE 54, 341, 357.
33 BVerfGE 80, 315, 335.

Zu 5) Bei der Prüfung des Merkmales »Wann« geht es um die Feststellung des **Zeitpunktes** der **Verfolgung** bzw. deren Wahrscheinlichkeit, wenn keine Vorverfolgung stattgefunden hat.

Ist insoweit der Flüchtling bereits im Heimatstaat verfolgt (**Vorverfolgung**), muss mit an **Sicherheit grenzender Wahrscheinlichkeit** ausgeschlossen sein, dass er erneut verfolgt wird.[34]

Ist der Flüchtling nicht verfolgt worden, muss zum Zeitpunkt der Entscheidung über den Asylantrag eine in die Zukunft gerichtete **Verfolgungsprognose** getroffen werden, d. h., die Verfolgung muss mit beachtlicher, d. h. **überwiegender Wahrscheinlichkeit** drohen.[35]

Zwischen Flucht und Verfolgung muss ein kausaler Zusammenhang bestehen.

Hat sich der Flüchtling vor seiner Flucht aus seinem Heimatstaat nicht politisch betätigt, sondern erst im Aufnahmestaat seiner exilpolitischen Betätigung Ausdruck gegeben, dann verlangt die Rechtsprechung des BVerwG für diese nunmehr bekundete politische Meinung eine hinreichende **plausible Begründung**.[36] Man spricht hier von gewillkürten Nachfluchttatbeständen.

Schaubild 4:

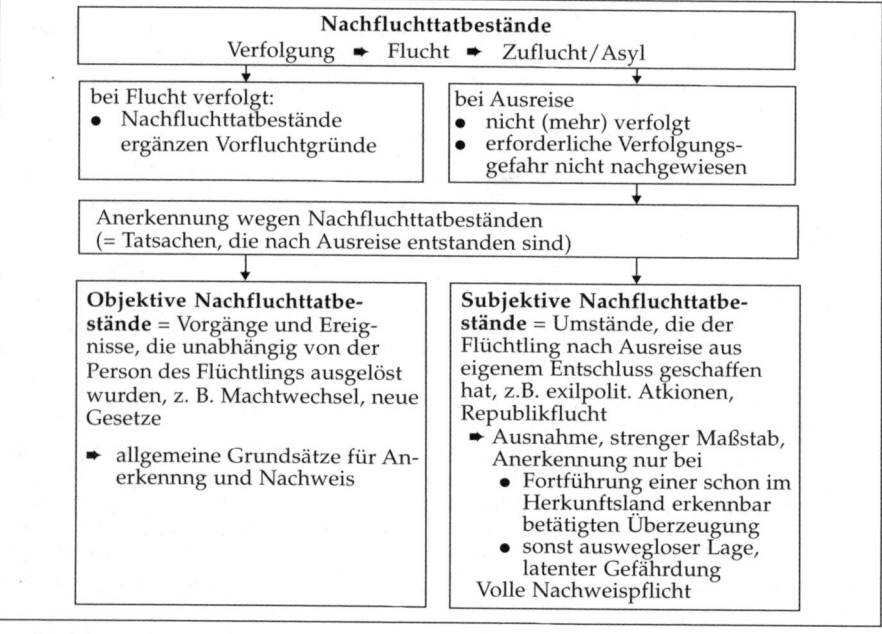

aus: Duchrow/Spieß, Flüchtlings- und Asylrecht, S. 43.

---

34 BVerGE 84, 565.
35 BVerwG DVBl. 86, S. 102 f.
36 BVerwG, NVwZ 94, 789 f.

Zu 6) Zur Erläuterung des Begriffes »**Wo**« spielt der **Ort der Verfolgung** die zentrale Rolle. Verfolgt der Staat unmittelbar direkt durch seine Organe, kommt es auf den Ort der Verfolgung nicht an, denn es wird davon ausgegangen, dass ein Staat in seinem gesamten Staatsgebiet den Flüchtling verfolgen wird. Allerdings wird bei jeder Verfolgung, sei sie staatlich oder privater Natur geprüft, ob für den jeweiligen Flüchtigen eine **inländische Fluchtalternative** existiert. Danach liegt dann keine politische Verfolgung vor, wenn z. B. ein Kurde in der Osttürkei verfolgt wird, aber nicht an einem anderen Ort in der Türkei, z. B. in Izmir. Allerdings muss sich der Flüchtling diese inländische Fluchtalternative nur entgegenhalten lassen, wenn er auch in diesem anderen Landesteil über eine **Lebensgrundlage** verfügt.[37]

Zu 7) Bei der Feststellung einer Flüchtlingseigenschaft wird geprüft, »**Warum**« der Verfolgerstaat in die Rechte des Verfolgten eingreift. Man prüft also die **möglichen Motive** des Verfolgers. Die Verfolgung eines Flüchtlings seitens des Staates oder privater Dritter ist nur dann **politisch**, wenn sie aufgrund der Merkmale **Rasse, Religion, Volkszugehörigkeit, Zugehörigkeit zu einer bestimmten gesellschaftlichen Gruppe oder politischer Überzeugung** erfolgt. D.h., die deutschen Gerichte haben die schwierige Aufgabe, aufgrund äußerer Verfolgungstatsachen auf innere Motive des Verfolgerstaates zu schließen. Anders ausgedrückt: Werden in einer Diktatur viele Staatsbürger aufgrund staatlicher Maßnahmen gefoltert oder repressiv behandelt, und trifft dies nun auch politische Oppositionelle, müssen diese darlegen, dass ihre Verfolgung aus politischen Motiven erfolgt. Dies kann im Einzelfall durchaus zu schwierigen Feststellungsmöglichkeiten führen.[38]

16.2.9 Staatsbürgerschaft

In der Bundesrepublik leben ca. 7,3 Mio. Ausländer. Nach der Definition sind gem. Art. 116 GG diejenigen Ausländer, die nicht die deutsche Staatsangehörigkeit besitzen oder auch nicht als Flüchtling oder Vertriebener deutscher Volkszugehörigkeit Aufnahme gefunden haben.

Ein Ausländer kann demnach die deutsche Staatsbürgerschaft aufgrund zweier Tatbestände erwerben: Er kann sich zum einen nach dem StAG **einbürgern** lassen. Hierfür normiert das Gesetz in § 8 StAG besondere Umstände, z. B. die Dauer des Aufenthalts, i. d. R. 8 Jahre, berufliche, persönliche und wirtschaftliche Integration.

Umstritten sind im Moment die Sprachkenntnisse des jeweilig Einzubürgernden und das Maß der geforderten Integrationsbemühungen bzw. die Möglichkeiten, dies gerichtsfest festzustellen. Aus dem AufenthG sind die Einbürgerungsvorschriften, die früher im AuslG 90 enthalten waren, entfernt und in das StAG überführt worden.

Das Prinzip, dass deutsche Eltern deutsche Kinder gebären und türkische Eltern unabhängig vom Aufenthaltsstaat türkische Kinder, folgt dem **Abstammungsprinzip** »ius sanguinis«. Das Prinzip »ius soli«, wonach die **Territorialität**, also der Ort der Geburt, entscheidend ist, gab es bisher in Deutschland nicht.

---

37 BVerwG 94, 1123/4.
38 BVerfGE 80, 315, 334f.

Die Rot-Grüne Regierung hat Elemente des »ius soli« eingeführt. Nunmehr ist gem. § 4 StAG auch ein Erwerb der deutschen Staatsbürgerschaft **durch Geburt** in Deutschland bei Ausländern möglich. Dies setzt voraus, dass ein Elternteil **seinen gewöhnlichen Aufenthalt** in der Bundesrepublik Deutschland hat und in der Regel sich **hier acht Jahre lang integriert** aufhält.[39]

Ein **Vergleich des Ausländeranteils** zwischen verschiedenen Staaten muss diese beiden Prinzipien stets berücksichtigen. Wird in den USA ein Kind geboren, hat es automatisch eine amerikanische Staatsangehörigkeit. Diesem »ius soli-Prinzip« folgt auch Großbritannien.

In der Bundesrepublik haben türkische Eltern, die seit mehr als 30 Jahren in der Bundesrepublik Deutschland leben, bisher immer noch ein Ausländerkind geboren und insoweit hat die **Ausländeranteilstatistik** die mögliche soziale, wirtschaftliche und kulturelle Integration nicht widergespiegelt. Durch die Einführung des »ius soli-Prinzips« hat die Bundesrepublik Deutschland diesem Nachteil Rechnung getragen.

Haben Eltern unterschiedliche Staatsangehörigkeit, erhält das Kind i. d. R. eine doppelte Staatsangehörigkeit.

Nicht eingebürgert werden Personen, die wegen gravierender Straftaten verurteilt wurden bzw. die man terroristischer Untriebe verdächtigt (vgl. § 10 StAG). Will ein Ausländer die deutsche Staatsangehörigkeit annehmen, muss er seine ausländische Staatsbürgerschaft aufgeben. Dies hat in der Vergangenheit z. B. zu Irritationen zwischen der Bundesrepublik und der Türkei geführt, da einige türkische Staatsangehörige, die sich in der Bundesrepublik Deutschland haben einbürgern lassen, dennoch ihre türkische Staatsangehörigkeit erneut angenommen haben.

16.3 Interkulturelle Kompetenz, interkulturelles Lernen bzw. interkulturelle Kommunikation

Seit mehreren Jahren werden diese Begriffe z. T. strittig in der wissenschaftlichen Diskussion und Politik betreffend Ausländer und ihrem Aufenthalt in der Bundesrepublik Deutschland diskutiert. Ursprünglich ging es darum, Beratungsstellen und Beratungsinstitutionen, deren Mitarbeiter ausschließlich Deutsche waren, **für ausländische Berater** zu öffnen. Man ging davon aus, dass ausländische Flüchtlingsberater aufgrund ihres Wissens, ihrer Empathie und der gleichen Sitten, Gebräuche und Religionszugehörigkeit den Beratungsprozess effektiver gestalten könnten. Hierbei spielt auch eine Rolle, dass Ratsuchende sich möglicherweise gegenüber deutschen Beratern hemmend und verschlossen gefühlt haben.

Im Zuge der **Integrationsdiskussion** ist dieser ursprüngliche restriktive Ansatz der **interkulturellen Öffnung** der Beratungsdienste erweitert worden. Nunmehr soll die interkulturelle Öffnung auch auf staatliche Instanzen und gesellschaftli-

---

39 Vgl. Thränhardt, Integration und Staatsangehörigkeitsrecht in Bade/Münz, Migrationsreport 2000, S. 141 ff.

che Gruppen zutreffen. Ein Staat und seine Institutionen wie die gesellschaftlichen Gruppen haben sich im Zuge der Globalisierung tolerant und offen zu zeigen, um so ein optimales Zusammenwirken und Leben verschiedener Staatsangehöriger, die sich in der Bundesrepublik privat oder beruflich aufhalten bzw. aufhalten müssen, freundlich zu begegnen. Dies ist ein Gebot der Menschenrechte, der Menschlichkeit aber auch der Wirtschaftlichkeit.

Interkulturelles Lernen wird sehr unterschiedlich definiert. Eine grundlegende Definition ist die von Breitenbach:»Interkulturelles Lernen ist eine Form des sozialen Lernens, das durch die Erfahrungen kultureller Unterschiede und in Form kultureller Vergleiche sowohl zu einer genauen Analyse und Relativierung der eigenen kulturellen Normen und Sozialsysteme als auch zum Abbau kultureller (nationaler) Vorurteile führt, wenn es zu Metakommunikation über kulturelle Normen und Unterschiede kommt.« (1979,40)[40]

Interkulturelles Lernen baut auf **interkultureller Kommunikation** auf. Gemeint ist dabei jede Kommunikation von Personen aus unterschiedlichen Kulturen. Problematisch ist interkulturelle Kommunikation dann, wenn der eine Kommunikationspartner durch seine Zugehörigkeit zu einer Mehrheitsgruppe diese Kommunikation bestimmt, nach seinen kulturellen Codes interpretiert und damit die **Deutungshoheit** besitzt und auch durchsetzt. Aus diesem Grund ist interkulturelle Kommunikation oft **asymetrisch**. Die Kommunikationspartner haben unterschiedliche Wertvorstellungen und unterschiedliches Hintergrundwissen, andere Formen von Sprache und nonverbaler Kommunikation, die sozialen Regeln der Kommunikation sind andere. Wird keine Verständigung über diese unterschiedlichen Regeln der Kommunikation hergestellt, kann das zu Missverständnissen führen, die dann wiederum Konflikte nach sich ziehen können. »Probleme der interkulturellen Verständigung entstehen demnach nicht allein durch die Konfrontation mit Unbekanntem, sondern durch die Einordnung, Interpretation und Bewertung des Fremden nach den eigenkulturellen Erwartungsstrukturen«.[41]

Interkulturelle Öffnung von Institutionen bedeutet, die Grundsätze der interkulturellen Kommunikation auch auf Institutionen anzuwenden. Interkulturelle Öffnung zielt laut Hinz – Rommel vor allem auf die Herstellung bzw. Gewährleistung von Rechtssicherheit, sozialer Gerechtigkeit und sozialem Ausgleich für die gesamte Bevölkerung – unabhängig von ihrer kulturellen Herkunft und Prägung.[42] Dafür muss die Institution nicht nur ein interkulturelles Leitbild erstellen und verfolgen, sondern selbst **interkulturelle Kompetenz** erwerben insofern, als dass nicht nur die Mitarbeiter in interkultureller Kompetenz geschult werden, sondern auch institutionelle Prozesse nach den Grundsätzen kultureller Gleichheit gestaltet werden.

---

40 Diether Breitenbach (Hrg): Kommunikationsbarrieren in der Internationalen Jugendarbeit. Ergebnisse und Empfehlungen. Bd. 5, Saarbrücken. 1979.
41 Bundeszentrale für Politisch Bildung, Interkulturelles Lernen. Bonn 2000, S. 32.
42 Hinz – Rommel, interkulturelle Kompetenz: ein neues Anforderungsprofil für die Soziale Arbeit, 1994, S. 113.

Teil 4: Leistungsträger und Leistungserbringer für soziale Leistungen

17. Träger öffentlicher Verwaltung und öffentlich-rechtliches Verwaltungshandeln

17.0 Einführung

Soziale Arbeit findet sowohl außerhalb als auch innerhalb des öffentlichen Dienstes statt. Außerhalb des öffentlichen Dienstes vor allem bei den freien gemeinnützigen Trägern im Bereich des öffentlichen Dienstes, vor allem bei den Sozialen Diensten von Jugendämtern, Sozialämtern und Gesundheitsämtern, bei den Sozialen Diensten der Justiz.

Daher erscheint es sinnvoll, die Träger öffentlicher Verwaltung, deren Handlungsgrundlagen, sowie Handlungsinstrumente darzustellen: als im öffentlichen Dienst Beschäftigter ist man in das öffentlich-rechtliche Verwaltungshandeln eines Verwaltungsträgers eingebunden, als nicht im öffentlichen Dienst Beschäftigter ist man aus rechtlichen oder tatsächlichen Gründen gehalten, mit Verwaltungsträgern zu kooperieren, wobei tatsächliche und rechtliche Konfrontationen eingeschlossen sind.

17.1 Die Träger öffentlicher Verwaltung

Die Vielfalt öffentlich-rechtlicher Institutionen, Ämter, Behörden lässt sich – rechtlich gesehen – auf eine überschaubare Anzahl von Typen und Strukturen reduzieren. Als Träger öffentlicher Verwaltung kommen in Betracht:

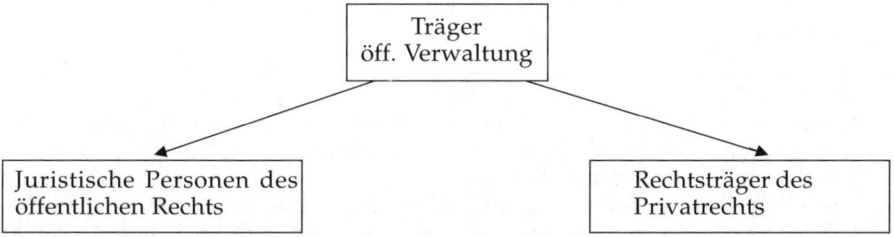

Das Schwergewicht öffentlich-rechtlichen Verwaltungshandelns liegt bei den juristischen Personen des öffentlichen Rechts und nicht bei Privatrechtsträgern. Abgesehen von Einzelfällen wie dem TÜV, der als eingetragener Verein für die öffentliche Aufgabe – Überprüfung technischer Anlagen auf Verkehrs- und Betriebssicherheit – zuständig ist, und dem Schornsteinfeger, der als natürliche Person die öffentliche Aufgabe – Überprüfung der Betriebs- und Brandsicherheit von Feue-

rungsanlagen – wahrnimmt, ist das Kinder- und Jugendhilferecht ein weites Feld für die Wahrnehmung öffentlicher Aufgaben durch Träger des Privatrechts:
Nach § 3 Abs. 2 SGB VIII werden die Leistungen der Jugendhilfe (§ 2 Abs. 2 SGB VIII) von Trägern der freien Jugendhilfe und von Trägern der öffentlichen Jugendhilfe erbracht. Dabei soll die öffentliche Jugendhilfe von eigenen Maßnahmen absehen, soweit geeignete Einrichtungen, Dienste und Veranstaltungen von anerkannten Trägern der freien Jugendhilfe betrieben oder rechtzeitig geschaffen werden können. Über dieses in § 4 Abs. 2 SGB VIII zum Ausdruck kommende Subsidiaritätsprinzip wird zwar das Schwergewicht auf die Träger der freien Jugendhilfe gelegt. Werden die Leistungen von freien Trägern erbracht, handeln sie jedoch im Auftrag des öffentlichen Trägers, wobei diesen auch die Letztverantwortung trifft.[1]

Mit den juristischen Personen des öffentlichen Rechts wird das Bild der Akteure des Rechtslebens, die für das Privatrecht in Kapitel 2 dargestellt worden sind, vervollständigt. **Die juristischen Personen des öffentlichen Rechts werden wie folgt unterteilt:**

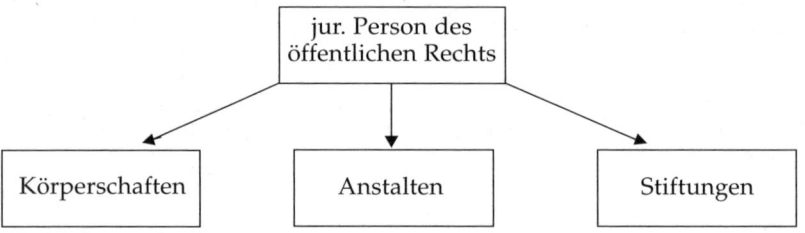

Für die Körperschaften, Anstalten und Stiftungen des öffentlichen Rechts bedarf es einer gesetzlichen Grundlage. Es handelt sich bei diesen Gebilden um Verwaltungseinheiten, für die die nach Gesetz oder Satzung dazu berufenen Organe handeln. Dabei kommt den Körperschaften des öffentlichen Rechts die größte Bedeutung zu.

- **Stiftungen des öffentlichen Rechts:** die Stiftung des öffentlichen Rechts ist ein öffentlich-rechtlicher, mit Rechtsfähigkeit ausgestatteter Vermögensbestand, der einem bestimmten Zweck gewidmet worden ist. Beispiele für den sozialen Bereich: Stiftung »Mutter und Kind – Schutz des ungeborenen Lebens«[2], »Conterganstiftung für behinderte Menschen«.[3]
- **Anstalten des öffentlichen Rechts:** § 41 des Allgemeinen Verwaltungsgesetzes für das Land Schleswig-Holstein definiert wie folgt: »Rechtsfähige Anstalten des öffentlichen Rechts sind von einem oder mehreren Trägern öffentlicher Verwaltung errichtete Verwaltungseinheiten mit eigener Rechtspersönlichkeit, die

---

1 Siehe dazu in Kapitel 13 unter 13.4.5.
2 Gesetz zur Errichtung der Stiftung BGBl. I 1993 S. 406.
3 Gesetz zur Errichtung der Stiftung BGBl. I 2005 S. 2967 – hat die frühere Stiftung »Hilfswerk für behinderte Kinder« abgelöst.

mit einem Bestand an sachlichen Mitteln und Dienstkräften Aufgaben der öffentlichen Verwaltung erfüllen.«[4] Die rechtsfähige Anstalt des öffentlichen Rechts unterscheidet sich von der Körperschaft dadurch, dass sie keine Mitglieder hat, sondern regelmäßig durch einen Benutzungszweck gekennzeichnet ist. Beispiele für rechtsfähige Anstalten des öffentlichen Rechts sind: die Rundfunk- und Fernsehanstalten, die Studentenwerke, die Zentralstelle für die Vergabe von Studienplätzen, die Deutsche Bundesbank. Jedenfalls bei den Rundfunk und Fernsehanstalten sowie bei den Studentenwerken ist der Benutzungszweck augenscheinlich.

Neben den rechtsfähigen Anstalten des öffentlichen Rechts existieren eine Vielzahl von rechtlich unselbständigen Anstalten des öffentlichen Rechts. Diese befinden sich – wie die Badeanstalt oder die Krankenanstalt – in der Trägerschaft meist einer kommunalen Gebietskörperschaft.
- **Körperschaften des öffentlichen Rechts**: Sie sind rechtsfähige, mitgliedschaftlich organisierte Verwaltungseinheiten, wobei die Mitglieder natürliche Personen oder juristische Personen sein können. Dazu weiter unten ausführlicher.

Neben diesen drei Arten der juristischen Personen des öffentlichen Rechts können auch Sonderformen vorkommen z. B. die Arbeitsgemeinschaft (ARGE), die nach § 44 b SGB II zur einheitlichen Wahrnehmung der Aufgaben der Grundsicherung für Arbeitsuchende geschaffen worden ist, soweit diese Arbeitsgemeinschaften ihre Grundlage in öffentlich-rechtlichen Verträgen haben, die zwischen der Bundesagentur für Arbeit und dem jeweiligen kommunalen Träger abgeschlossen worden sind.[5]

Die Körperschaften des öffentlichen Rechts bedürfen näherer Betrachtung – bei ihnen ist zu unterscheiden zwischen:

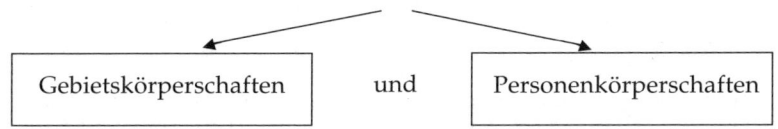

Gebietskörperschaften   und   Personenkörperschaften

Kennzeichen der Gebietskörperschaft ist die Hoheitsgewalt über das jeweilige räumliche Gebiet. Zur Gebietskörperschaft gehören die in diesem räumlichen Gebiet wohnenden Personen.

Gebietskörperschaften sind:
- die Bundesrepublik,
- die Bundesländer,
- die Landkreise,
- die Gemeinden (kreisangehörige Gemeinden und Städte sowie kreisfreie Städte).

---

4 Vgl. Suckow, RdNr. 15.
5 Die Rechtsform der ARGEN ist umstritten. Nach dem Ausführungsgesetz NRW zum SGB II können sie in der Rechtsform einer rechtsfähigen Anstalt des öffentlichen Rechts errichtet werden. Ohne eine solche gesetzliche Grundlage wird das aber nicht möglich sein. Unstreitig ist, dass die ARGE im Verfahren vor den Sozialgerichten parteifähig im Sinne von § 70 SGG ist.

Die Mitgliedschaft zu einer Personenkörperschaft, die keine kommunale Personenkörperschaft ist[6], wird durch eine berufliche Tätigkeit oder eine sonstige persönliche Eigenschaft hergestellt. Die Personenkörperschaften haben öffentlich-rechtliche Befugnisse, deren Art und Umfang sich aus den gesetzlichen Grundlagen ergeben, die für die jeweilige Körperschaft maßgeblich ist. Mit diesen Personenkörperschaften ist regelmäßig das Recht auf Selbstverwaltung verbunden. Das bedeutet, dass die Mitglieder der Körperschaft durch Wahlen Einfluss auf die Zusammensetzung der Organe haben, die das Selbstverwaltungsrecht gestaltend ausüben.

Zu diesen sonstigen Personenkörperschaften gehören zum Beispiel:

- die staatlichen Hochschulen (soweit das Hochschulrecht des Landes nicht auch Stiftungen zulässt),
- die Studierendenschaften (als Teilkörperschaft der Hochschule),
- die gesetzlichen Krankenkassen und die Pflegekassen,
- die Träger der gesetzlichen Rentenversicherung,
- die gewerblichen und landwirtschaftlichen Berufsgenossenschaften,
- die Bundesagentur für Arbeit mit der Zentrale in Nürnberg, den Agenturen für Arbeit auf der örtlichen Ebene und den Regionaldirektionen auf der mittleren Ebene,
- Anwaltskammer, Notarkammer, Architektenkammer, Ärztekammer, Tierärztekammer,
- Industrie- und Handelskammer, Handwerkskammer, Landwirtschaftskammer, Handwerksinnung, Kreishandwerkerschaft.

17.2 Der Aufbau der Behörden

Für die Träger öffentlicher Verwaltung handeln die bei ihnen eingerichteten Behörden. Das führt zu der Frage, wie der Behördenaufbau aussieht, wie die Verwaltung strukturiert ist. Für den Verwaltungsaufbau in der Bundesrepublik gelten drei übergeordnete Prinzipien:

- **das föderalistische Prinzip:** aus dem Staatsaufbau als Bundesstaat ergibt sich, dass es einerseits Bundesbehörden, also Bundesverwaltung gibt, andererseits Landesbehörden, also Landesverwaltung.
- **das hierarchische Prinzip:** ein Bereich der Bundes- oder Landesverwaltung kann aufgrund gesetzlicher Vorgaben oder aus Zweckmäßigkeitsgesichtspunkten vertikal gegliedert sein. Dabei ist u. a. ein dreistufiger Aufbau – Zentralbehörde, Mittelbehörde und Unterbehörde – denkbar oder ein zweistufiger – Zentralbehörde und Unterbehörde. Der jeweils höheren Behörde kommt die Dienst und Fachaufsicht zu und die nachgeordnete Behörde ist weisungsabhängig.

---

6 Kommunale Personenkörperschaften sind solche, deren Mitglieder aus Gebietskörperschaften bestehen z. B. die Samtgemeinden in Niedersachsen, die aus mehreren Gemeinden bestehen, die Zweckverbände, die von mehreren Gemeinden gebildet werden, um z. B. die Wasserversorgung sicherzustellen.

17. Träger öffentlicher Verwaltung/Verwaltungshandeln

Eine Behörde in diesen Verwaltungsbereichen ist rechtlich nicht selbständig, sie handelt für den Verwaltungsträger als juristische Person des öffentlichen Rechts, zu dessen Bereich sie gehört, namentlich Bund oder Land. Daher kann eine Behörde auch nicht bei Gericht verklagt werden oder klagen.[7] Dieser Behördenbereich wird als unmittelbare Staatsverwaltung bezeichnet.

- **das Dezentralisierungsprinzip:** bestimmte öffentliche Aufgaben sind aus dem Bereich der unmittelbaren Staatsverwaltung ausgegliedert und auf gesetzlicher Grundlage eigenen, rechtlich selbständigen Verwaltungsträgern – Anstalten, Stiftungen oder Körperschaften des öffentlichen Rechts – übertragen worden. Dieser Bereich wird als mittelbare Staatsverwaltung bezeichnet. Es wäre denkbar, das Gesundheitswesen rein staatlich zu organisieren, also durch unmittelbare Staatsverwaltung. Dies ist jedoch nicht der Fall, sondern Träger der gesetzlichen Krankenversicherung sind die in der Rechtsform der Körperschaft des öffentlichen Rechts organisierten Krankenkassen.[8] Zu diesem Bereich der mittelbaren Staatsverwaltung gehören sämtliche unter 17.1 dargestellten Träger öffentlicher Verwaltung bis auf die kommunalen Gebietskörperschaften.

Aufbau der Bundesverwaltung

```
            Oberste Bundesbehörden
                  Aufsicht
    ↙              ↓              ↘
Obere Bundes-   Bundesmittelbe-   Mittelbare Staats-
behörde         hörde             verwaltung
                  ↓
                untere Bundesbe-
                hörde
```

Hinter den **obersten Bundesbehörden** verbergen sich vor allem die Bundesministerien. Sie sind räumlich für das Gebiet der Bundesrepublik und sachlich für ein bestimmtes Ressort – z. B. Arbeit und Soziales – zuständig. Ihnen nachgeordnet, also einer obersten Bundesbehörde unterstehend sind die oberen Bundesbehörden, die räumlich auch für die ganze Bundesrepublik zuständig sind und einen bestimmten Aufgabenbereich haben. Als Beispiele aus einer Fülle solcher Behörden seien genannt: das Bundeskriminalamt, das Bundesamt für Statistik und das Bundesverwaltungsamt. Letzteres ist u. a. zuständig für den Darlehnseinzug nach

---

7 Für die Verwaltungs- und Sozialgerichtsbarkeit kann Landesrecht Behörden die Beteiligtenfähigkeit verleihen, § 61 Nr. 3 VwGO, § 70 Nr. 3 SGG.
8 Nach § 29 SGB IV sind die Träger der Sozialversicherung rechtsfähige Körperschaften des öffentlichen Rechts mit Selbstverwaltung.

Teil 4: Leistungsträger und -erbringer

dem BAföG (§ 39 Abs. 2 BAföG). Die oberen Bundesbehörden sind nicht weiter untergliedert, haben also keinen Verwaltungsunterbau.

Im Übrigen verhält es sich so, dass die in bundeseigener Verwaltung mit eigenem Verwaltungsunterbau geführten Bereiche im Grundgesetz abschließend aufgeführt sind – siehe Art. 87 ff. GG. Dazu gehört u. a. die Wehrverwaltung mit der Wehrbereichsverwaltung als Mittelbehörde und den Kreiswehrersatzämtern als untere Behörde oder die Zollverwaltung mit der Oberfinanzdirektion als Mittelbehörde und den Hauptzollämtern auf der unteren Ebene.

Zur mittelbaren Staatsverwaltung auf Bundesebene gehören nach Art. 87 Abs. 2 GG die als Körperschaften des öffentlichen Rechts geführten sozialen Versicherungsträger, deren Zuständigkeitsbereich sich über das Gebiet eines Landes hinaus erstreckt. Das sind vor allem die Bundesagentur für Arbeit, die Deutsche Rentenversicherung Bund und die Deutsche Rentenversicherung Knappschaft-Bahn-See.

Da die meisten Bundesgesetze durch die Bundesländer ausgeführt werden – entweder als eigene Angelegenheit oder im Auftrag des Bundes – muss auch ein Blick auf die Landesverwaltung geworfen werden. Weil – soweit keine bundesrechtlichen Vorgaben existieren – der Aufbau der Landesverwaltung Sache der Länder ist, kann das nur sehr schematisch und vereinfachend in Anlehnung an den Aufbau der Bundesverwaltung geschehen:

Aufbau der Landesverwaltung

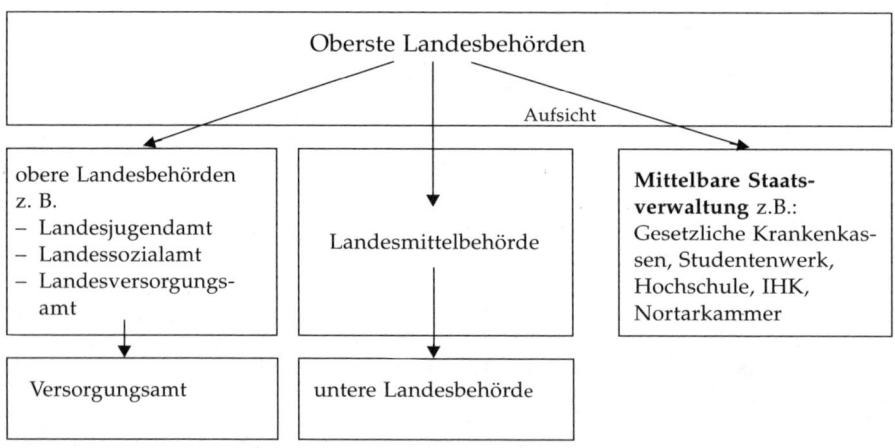

Hinter den obersten Landesbehörden verbergen sich die Landesregierungen bzw. die Ministerien der Bundesländer. Ihnen nachgeordnet sind die oberen Landesbehörden, von denen die für den sozialen Bereich wichtigen in die Übersicht aufgenommen wurden. Hier besteht die Tendenz, diese Behörden unter einem Dach zusammenzufassen etwa als »Landesamt für zentrale soziale Aufgaben«. Wie auf der Bundesebene, sind die oberen Landesbehörden nicht weiter untergliedert bis

17. Träger öffentlicher Verwaltung/Verwaltungshandeln

auf eine Ausnahme: die Versorgungsverwaltung. Hier existieren als untere Landesbehörden die Versorgungsämter.

Ob die unmittelbare Landesverwaltung im Übrigen einen dreistufigen oder einen zweistufigen Aufbau aufweist, hängt vom Bundesland ab. Bei einem dreistufigen Aufbau ist das Land in Regierungsbezirke unterteilt, für die als allgemeine Mittelbehörde der Regierungspräsident fungiert. Von den sog. neuen Bundesländern haben nur Sachsen und Sachsen Anhalt den dreistufigen Aufbau übernommen, im alten Bundesgebiet waren alle Länder bis auf das Saarland und Schleswig-Holstein dreistufig organisiert, während Niedersachsen vor kurzem die Regierungsbezirke abgeschafft und zum zweistufigen Aufbau übergegangen ist.

Bei der mittelbaren Landesverwaltung sind nur einige wenige Körperschaften bzw. Anstalten beispielhaft in die Übersicht aufgenommen worden.

Eine besondere Stellung nehmen die **kommunalen Gebietskörperschaften**, namentlich die Gemeinden ein. Ihnen wird durch Art. 28 Abs. 2 GG das Recht gewährleistet, alle Angelegenheiten der örtlichen Gemeinschaft im Rahmen der Gesetze in eigener Verantwortung zu regeln. In diesem Bereich der Selbstverwaltungsangelegenheiten handeln die Gemeinden selbständig neben dem Staat. Zu diesen Selbstverwaltungsangelegenheiten zählen auch die vom Bundesgesetzgeber übertragenen, aber als eigene Aufgaben wahrzunehmenden Angelegenheiten der Kinder- und Jugendhilfe sowie der Sozialhilfe. Örtliche Träger der öffentlichen Jugendhilfe sind die Landkreise und kreisfreien Städte – § 69 Abs. 1 SGB VIII – örtliche Träger der Sozialhilfe sind die kreisfreien Städte und Kreise, soweit nicht durch Landesrecht etwas anderes bestimmt wird – § 3 Abs. 2 SGB XII. So erklärt es sich, dass zur Verwaltung eines Landkreises oder einer kreisfreien Stadt das Jugendamt und das Sozialamt gehören.

Andererseits nehmen die Kommunen **Auftragsangelegenheiten** wahr. Dies sind staatliche Aufgaben, deren Wahrnehmung ihnen durch Bundes- oder Landesgesetz vorgeschrieben ist – es geht hier mithin um Länderauftragsangelegenheiten oder Bundesauftragsangelegenheiten. Bei der Wahrnehmung solcher Auftragsangelegenheiten ist die Gemeinde funktionell in den Verwaltungsaufbau des Landes eingegliedert, sie fungiert als untere Landesbehörde. Zu den **Länderauftragsangelegenheiten** zählen z. B. solche aus dem Sicherheits- und Ordnungsrecht, zu den **Bundesauftragsangelegenheiten** zählen u. a. das Zuwanderungsrecht, die Ausbildungsförderung nach dem BAföG und das Wohngeld. Nach § 40 Abs. 1 BAföG errichten die Länder für jeden Kreis und für jede kreisfreie Stadt ein Amt für Ausbildungsförderung, wobei ein gemeinsames Amt für mehrere Kreise und/oder kreisfreie Städte möglich ist.[9] Welche Stelle für Wohngeld zuständig ist, richtet sich nach Landesrecht. Dabei sind durchgängig die Landkreise und kreisfreien Städte als zuständige Stellen bestimmt, zum Teil auch kreisangehörige Gemeinden, zuweilen ab einer bestimmten Größe. So findet sich regelmäßig in der Ver-

---

9 Für die Förderung beim Besuch von Hochschulen richten die Länder Ämter für Ausbildungsförderung bei den staatlichen Hochschulen oder den Studentenwerken ein – § 40 Abs. 2 BAföG.

waltung einer Kreisfreien Stadt bzw. eines Landkreises ein Ausbildungsförderungsamt und ein Wohngeldamt.

Die für Sozialleistungen zuständigen Leistungsträger ergeben sich aus §§ 18-29 SGB II – sie sind im jeweiligen Absatz 2 dieser Vorschriften aufgeführt.[10] Die vorstehenden Ausführungen bieten die Grundlage dafür, diese Leistungsträger rechtlich richtig ein- und zuzuordnen.

17.3 Öffentlich-rechtliches Verwaltungshandeln

In diesem Abschnitt geht es um die Frage, welcher Handlungsformen sich die Träger öffentlicher Verwaltung bedienen, um die staatlichen Aufgaben zu erfüllen. Dabei ist zunächst das öffentlich-rechtliche Verwaltungshandeln von dem privatrechtlichen Verwaltungshandeln abzugrenzen. Handelt die Verwaltung in den Formen des öffentlichen Rechts, verfolgt sie damit immer staatliche Aufgaben. Bedient sie sich der Formen des Privatrechts, ist das häufig nur indirekt der Fall. Hier ist zu unterscheiden zwischen:

| Fiskalischen Hilfsgeschäften | und | Verwaltungsprivatrecht |

Um ihre öffentlichen Aufgaben wahrnehmen zu können, ist die Verwaltung auf Sachmittel angewiesen, also auf Räume, Einrichtungsgegenstände, technische Ausstattung, Verbrauchsmaterial u. ä. Für die Beschaffung dieser Mittel stehen nur die Formen des Privatrechts zur Verfügung wie Kaufvertrag, Mietvertrag, Pachtvertrag. Entsprechendes gilt für die Dienstkräfte, soweit sie nicht im Beamtenverhältnis stehen. Mit ihnen müssen Arbeitsverträge abgeschlossen werden wie in der Privatwirtschaft. Die entsprechenden Rechtsgeschäfte werden als fiskalische Hilfsgeschäfte bezeichnet.

Von Verwaltungsprivatrecht spricht man, wenn die Verwaltung sich privatrechtlicher Handlungsformen bedient, dabei aber öffentliche Aufgaben unmittelbar gegenüber dem Bürger erfüllt.

> **Beispiel:** Die Stadtwerke der kreisfreien Stadt S wird in der Form einer Aktiengesellschaft, deren einziger Aktionär die Stadt S ist, betrieben. Die Stadtwerke beliefern die Bürger mit Wasser, Strom bzw. Erdgas.

Die Daseinsvorsorge, die Bereitstellung von Wasser und Energie, ist eine öffentliche Aufgabe der Kommune, für die im Beispiel eine juristische Person des Privatrechts verantwortlich ist. Der Träger öffentlicher Verwaltung – die Stadt S –, die Eigentümerin der Stadtwerke ist, genießt bei der Belieferung der Bürger keine Vertragsfreiheit wie sonst im Privatrechtsverkehr, sondern unterliegt öffentlich-rechtlichen Bindungen, sie muss insbesondere die Grundrechte – hier vor allem Art. 3 GG – beachten. Darin liegt die Besonderheit des Verwaltungsprivatrechts.

---

10 Bitte unbedingt nachlesen.

17. Träger öffentlicher Verwaltung/Verwaltungshandeln

Beim **öffentlich-rechtlichen Verwaltungshandeln** ist wie folgt zu unterscheiden.

Hoheitliches Verwaltungshandeln:	Schlichtes Verwaltungshandeln:
Die Verwaltung wird in der Form des Verwaltungsaktes – (VA) tätig – sie regelt einen Fall damit einseitig und verbindlich, entweder im Wege des Eingriffs – z. B. Entziehung einer Betriebserlaubnis im Sinne von § 45 SGB VIII – oder im Wege der Leistungsgewährung – z. B. Bewilligung von Eingliederungshilfe nach § 53 SGB XII	Der Träger öffentlicher Verwaltung bedient sich nicht der Form des VA, sondern nimmt seine Aufgaben mit anderen Mitteln wahr, z. B. durch Beratung und Unterstützung – § 11 SGB XII – durch Erteilung einer Auskunft, Belehrung, Bereitstellung öffentlicher Einrichtungen

Das hoheitliche Handeln in der Form des Verwaltungsakts:

Die Definition des VA findet sich für das SGB in § 31 SGB X, für den übrigen Bereich öffentlicher Verwaltung in § 35 VwVfG:

»*Verwaltungsakt ist jede Verfügung, Entscheidung oder andere hoheitliche Maßnahme, die eine Behörde zur Regelung eines Einzelfalls auf dem Gebiet des öffentlichen Rechts trifft und die auf unmittelbare Rechtswirkung nach außen gerichtet ist*«.

Danach müssen 5 Merkmale erfüllt sein, damit ein VA vorliegt:

- **Maßnahme einer Behörde**: damit erfolgt eine Abgrenzung zu gerichtlichen oder legislativen Maßnahmen sowie Handlungen von Privatpersonen. Behörde ist dabei gem. § 1 Abs. 2 SGB X jede Stelle, die Aufgaben der öffentlichen Verwaltung wahrnimmt,
- **auf dem Gebiet des öffentlichen Rechts**: bei privatrechtlichen Verwaltungshandeln kann kein VA vorliegen,
- **Regelung**: dadurch kommt die Einseitigkeit des behördlichen Handelns zum Ausdruck – schlichtes Verwaltungshandeln und öffentlich-rechtlicher Vertrag scheiden aus,
- **Einzelfall**: ist von generellen Regelungen abzugrenzen und zu unterscheiden,
- **auf unmittelbare Rechtswirkung nach außen gerichtet:** die Maßnahme darf nicht nur verwaltungsinterne Wirkung haben, sondern muss auf Veränderung der Rechtsposition des der Verwaltung gegenüber stehenden Adressaten des VA gerichtet sein. Die Mitteilung der Absicht, demnächst in die Rechtsposition einzugreifen, kann daher noch kein VA sein.

Verwaltungsakte kann man nach unterschiedlichen Gesichtspunkten kategorisieren. Dies ist bedeutsam für die Frage der nachträglichen Änderung und des Rechtsschutzes.

Unterscheidung nach dem **Inhalt der im VA** enthaltenen Regelung:

- **berechtigender VA**: durch ihn wird ein Recht eingeräumt oder ein Anspruch begründet, Beispiele: Erteilung einer Pflegeerlaubnis nach § 44 SGB VIII, Bewilligung einer Verletztenrente nach dem SGB VII – der berechtigende VA deckt sich mit dem begünstigenden VA – siehe weiter unten,
- **verpflichtender VA**: durch ihn entsteht eine Verpflichtung des Bürgers, Beispiele: Bescheid wegen Erstattung überzahlter Leistungen, Gebot, eine Hecke zurückzuschneiden, die für Verkehrsteilnehmer eine Sichtbehinderung bedeutet,
- **feststellender VA**: durch ihn wird die Eigenschaft einer Person oder Sache, die im Rechtsleben erheblich ist, festgestellt, Beispiel: der Bescheid des Versorgungsamts, durch den ein Behinderungsgrad von 50 und damit die Schwerbehinderteneigenschaft des Antragstellers festgestellt wird,
- **gestaltender VA**: durch einen solchen VA wird ein Rechtsverhältnis begründet, inhaltlich geändert oder aufgehoben, z. B. die Beamtenernennung, die Entziehung der Fahrerlaubnis.

Nach der **Wirkung für den Adressaten** des VA ist zu unterscheiden:

- **begünstigender VA:** dieser VA verbessert die Rechtsposition, Beispiele: eine Baugenehmigung wird erteilt, eine Sozialleistung wird bewilligt,
- **nicht begünstigender VA**: ein solcher VA bedeutet vielfach eine Verschlechterung der Rechtsposition, weil in Rechte eingegriffen oder diese entzogen werden, Beispiele: Entziehung der Reisegewerbekarte, Absenkung des Arbeitslosengeldes II – Regelleistung – um 30 % wegen eines Pflichtenverstoßes. In diesen Fällen spricht man auch von einem belastenden VA. Nicht begünstigend ist aber auch die Ablehnung einer beantragten Sozialleistung.
- **VA mit Doppelwirkung**: hierbei liegt sowohl eine Begünstigung als auch eine Nicht-Begünstigung vor – Beispiel: das Versorgungsamt stellt im Bescheid einen Behinderungsgrad von 40 fest – dies stellt eine Begünstigung dar, da der Behinderungsgrad aber nicht 50 beträgt und damit die Schwerbehinderteneigenschaft nicht vorliegt, hat der VA insoweit für den Adressaten nicht begünstigende Wirkung.
- **VA mit Drittwirkung**: diese VA betreffen notwendigerweise eine dritte Person in der Weise, dass sie entweder die eine Person begünstigen und die andere belasten bzw. umgekehrt – Beispiel: der Arbeitgeber, der einem bei ihm angestellten schwerbehinderten Menschen kündigen will, muss zuvor beim Integrationsamt die Zustimmung zu der beabsichtigten Kündigung beantragen. Die vom Integrationsamt erteilte Zustimmung begünstigt den Arbeitgeber und belastet den Arbeitnehmer. Im Falle der Versagung der Zustimmung treten die umgekehrten Wirkungen ein.

Sodann ist in **zeitlicher Hinsicht** zu unterscheiden:

- **Einmaliger VA**: darunter ist ein VA zu verstehen, der sich in einer einmaligen Regelung oder Anordnung erschöpft – Beispiel: Bewilligung einer einmaligen Leistung für eine mehrtätige Klassenfahrt nach § 23 Abs. 3 Nr. 3 SGB II, ein Aufhebungs- und Erstattungsbescheid wegen überzahlten Arbeitslosengeldes,

- **VA mit Dauerwirkung**: die in solchen VAen enthaltenen Regelungen sind auf unbestimmte oder bestimmte Zeit angelegt – Beispiele: die Fahrerlaubnis ist so lange gültig, wie sie nicht entzogen ist oder der Inhaber nicht verstorben ist, der Bescheid über die Bewilligung von Altersruhegeld in der gesetzlichen Rentenversicherung gilt zeitlich begrenzt nur durch den Tod des Berechtigten – die Rente wird bis zum Ende des Kalendermonats gezahlt, in dem der Berechtigte verstorben ist – § 102 Abs. 5 SGB VI. Bei der Bewilligung von zeitlich begrenzten Leistungen liegt das Kennzeichen des VA mit Dauerwirkung darin, dass das Vorliegen der Leistungsvoraussetzungen im Rahmen des Antragsverfahrens geprüft worden ist, nach Bewilligung der zeitlich begrenzten Leistung – etwa das Arbeitslosengeld für die Dauer von einem Jahr – während der Laufzeit des Bewilligungsbescheides von Amts wegen keine erneute Prüfung erfolgt, ob die Leistungsvoraussetzungen weiterhin gegeben sind.

Wie schon andeutungsweise zu erkennen war, wird der Verwaltungsakt – völlig legitim – auch als Bescheid bezeichnet und häufig mit einem Zusatz versehen, um den Regelungsgehalt erkennbar zu machen wie z. B. Bewilligungsbescheid, Ablehnungsbescheid, Aufhebungs- und Erstattungsbescheid.

17.4 Grundzüge des Verwaltungsverfahrens nach dem SGB X und der Erlass des VA

17.4.1 Grundzüge des Verwaltungsverfahrens

Der Verwaltungsakt ist das Ergebnis eines Verwaltungsverfahrens. Daher ist es erforderlich, das Verwaltungsverfahren nach dem SGB X in seinen Grundzügen darzustellen.

Nach der Definition des § 8 SGB X[11] ist das Verwaltungsverfahren »die nach außen wirkende Tätigkeit der Behörden, die auf die Prüfung der Voraussetzungen, die Vorbereitung und den Erlass eines Verwaltungsaktes oder auf den Abschluss eines öffentlich-rechtlichen Vertrages gerichtet ist; es schließt den Erlass des Verwaltungsakts oder den Abschluss des öffentlich-rechtlichen Vertrages ein«.

Dabei gilt der funktionale Behördenbegriff des § 1 Abs. 2 SGB X: »Behörde im Sinne dieses Gesetzbuchs ist jede Stelle, die Aufgaben der öffentlichen Verwaltung wahrnimmt«.

Der öffentlich-rechtliche Vertrag – geregelt in §§ 53 bis 61 SGB X – soll hier nicht weiter verfolgt werden, obwohl er von erheblicher praktischer Bedeutung ist – siehe in Kapitel 18 beim sozialrechtlichen Dreiecksverhältnis – und in der Form der Eingliederungsvereinbarung nach § 15 SGB II alle Alg II-Bezieher davon betroffen sind.

Für den Beginn eines Verwaltungsverfahrens ist entweder ein Antrag erforderlich oder das Verfahren wird von Amts wegen eingeleitet. Für die Bewilligung von Sozialleistungen ist – von zwei Ausnahmen abgesehen – ein Antrag erforderlich.

---

11 Entsprechend § 9 VwVfG.

Hilfe zum Lebensunterhalt nach Kapitel 3 des SGB XII und die Hilfen in besonderen Lebenslagen nach Kapitel 5 bis 9 des SGB XII sind nicht antragabhängig, maßgeblich für die Einleitung eines Verwaltungsverfahrens in diesen Bereichen ist die Kenntnis des Sozialhilfeträgers von den anspruchsbegründenden Umständen; entsprechendes gilt für die Leistungen der gesetzlichen Unfallversicherung.

Andere Amtsverfahren sind regelmäßig solche, bei denen es um eine Belastung oder einen Eingriff geht z. B. Verfahren, die eine Leistungsversagung oder -einschränkung wegen Nichterfüllung von Mitwirkungspflichten oder wegen Verletzung sonstiger Obliegenheiten zum Ziel haben.

Die wichtigsten für das Verwaltungsverfahren maßgeblichen **Grundsätze** und **Regelungen** sind:

- **Grundsatz der Nichtförmlichkeit und Beschleunigung:**
  Das Verwaltungsverfahren ist an bestimmte Formen nicht gebunden, soweit keine besonderen Rechtsvorschriften für die Form bestehen. Es ist einfach, zweckmäßig und zügig durchzuführen – § 9 SGB X.
- **Beteiligtenfähigkeit:**
  Fähig, am Verfahren beteiligt zu sein, sind natürliche und juristische Personen, Behörden sowie Vereinigungen, soweit ihnen ein Recht zustehen kann – § 10 SGB X.
- **Bevollmächtigte und Beistände:**
  Am Verwaltungsverfahren Beteiligte können sich durch einen Bevollmächtigten vertreten lassen – § 13 Abs. 1 SGB X. Das kann typischerweise eine Anwältin oder ein Anwalt sein, ist aber eher nicht üblich. Ist ein Bevollmächtigter bestellt, muss die Behörde das Verfahren prinzipiell über diesen abwickeln – § 13 Abs. 3 SGB X.
  Zu Verhandlungen und Besprechungen in der Behörde kann ein Beistand mitgenommen werden – § 13 Abs. 4 SGB X. Der Beistand leistet psychische oder auch verbale Unterstützung und steht im Streitfall als Zeuge zur Verfügung.
- **Besorgnis der Befangenheit:**
  Liegt ein Grund vor, der geeignet ist, Misstrauen gegen eine unparteiische Amtsausübung zu rechtfertigen, oder wird von einem Beteiligten das Vorliegen eines solchen Grundes behauptet, so hat der/die für das Verfahren zuständige Sachbearbeiter/Sachbearbeiterin den Behördenleiter zu informieren und sich nach dessen Weisung der Mitwirkung zu enthalten – § 17.
- **Untersuchungsgrundsatz:**
  Die Behörde ermittelt den Sachverhalt von Amts wegen. Sie bestimmt Art und Umfang der Ermittlungen; an das Vorbringen und die Beweisanträge der Beteiligten ist sie nicht gebunden – § 20 Abs. 1 SGB X.
  § 21 SGB X führt die Beweismittel auf, derer sich die Behörde nach pflichtgemäßem Ermessen bedienen kann und bestimmt, dass die Beteiligten bei der Ermittlung des Sachverhalts mitwirken sollen. Die Mitwirkungspflichten im Verfahren sind erheblich genauer und verbindlicher in den Vorschriften der §§ 60-65 SGB I geregelt, dabei enthält § 66 SGB I die Möglichkeit, fehlende Mitwirkung durch vollständige/n oder teilweise/n Versagung oder Entzug von Leistungen zu sanktionieren.

- **Anhörung:**
Bevor ein VA erlassen wird, der in die Rechte eines Beteiligten eingreift, ist diesem Gelegenheit zu geben, sich zu den für die Entscheidung erheblichen Tatsachen zu äußern – § 24 Abs. 1 SGB X – Ausnahmen davon in Abs. 2. Die Norm, die den Grundsatz des rechtlichen Gehörs – Art. 103 GG – für das Sozialverwaltungsverfahren konkretisiert, hat Hinweis- und Rechtsschutzfunktion. Im Rahmen der Anhörung vorgetragene Umstände können dazu führen, dass die Behörde von dem vorgesehenen Eingriff absieht. Eine vorgeschriebene, aber unterbliebene Anhörung führt zur Rechtswidrigkeit des VA; dieser Fehler kann jedoch von der Behörde durch Nachholung bis zur letzten Tatsacheninstanz[12] eines sozial- oder verwaltungsgerichtlichen Verfahrens geheilt werden – § 41 Abs. 2 SGB X.
- **Akteneinsicht:**
Die Behörde hat den Beteiligten Einsicht in die das Verfahren betreffenden Akten zu gestatten, soweit deren Kenntnis zur Geltendmachung oder Verteidigung ihrer rechtlichen Interessen erforderlich ist – § 25 Abs. 1 Satz 1 SGB X. Die Akteneinsicht ist bei der Behörde durchzuführen. Mit ihr verbunden ist das Recht, Kopien anfertigen zu lassen, ggf. gegen Bezahlung – § 25 Abs. 5 SGB X
- **Fristen und Termine:**
Nach § 26 Abs. 1 SGB X gelten für Fristen und Termine die §§ 187-193 BGB.[13] § 26 Abs. 2 bis 6 enthalten einige Sonderbestimmungen. Nach Abs. 7 können behördliche Fristen verlängert werden. Dies gilt auch für bereits abgelaufene Fristen, insbesondere dann, wenn es unbillig wäre, die durch den durch Fristablauf eingetretenen Rechtsfolgen bestehen zu lassen.

17.4.2 Der Erlass des VA

Soweit der Sachverhalt abschließend ermittelt worden ist, Beweis- und ggfs. Rechtsfragen geklärt sind, ist die Behörde in der Lage, den das Verfahren abschließenden Verwaltungsakt zu erlassen.

Dabei ist zunächst Folgendes zu beachten:

Der VA, d. h. die in ihm enthaltene Regelung muss hinreichend bestimmt sein – § 33 Abs. 1 SGB X. Nach § 33 Abs. 2 SGB X kann er schriftlich, elektronisch, mündlich oder in anderer Weise erfolgen, er ist also nicht an eine bestimmte Form gebunden, es sei denn, die Form ist an anderer Stelle gesetzlich vorgeschrieben, wie z. B. in § 50 Abs. 3 SGB X oder § 50 Abs. 1 Satz 1 BAföG. Ein schriftlicher, schriftlich bestätigender – § 33 Abs. 2 Satz 2 SGB X – oder elektronischer VA ist mit einer Begründung zu versehen: es sind die wesentlichen tatsächlichen und rechtlichen Gründe mitzuteilen, Ermessensentscheidungen[14] müssen die Gesichtspunkte erkennen lassen, von denen die Behörde bei der Ausübung des Ermessens ausgegangen ist – § 35 Abs. 1 SGB X. Eine fehlende Begründung führt zur Rechtswidrigkeit des VA – auch dieser Fehler kann durch Nachholung bis zur letzten Tatsacheninstanz geheilt werden – § 41 Abs. 2 SGB X.

---

12 Siehe dazu in Kapitel 20.3.3.
13 Siehe dazu in Kapitel 9.1.
14 Siehe dazu in Kapitel 19.1.

Ein schriftlicher oder schriftlich bestätigender VA ist nach § 36 SGB X mit einer Rechtsbehelfsbelehrung zu versehen.

Der VA ist erlassen, wenn er auf den Weg zum Adressaten gebracht worden ist, also den Behördenbereich verlassen hat; bei mündlichen VAen oder schriftlichen, im Amt ausgehändigten VAen fallen Erlass und Bekanntgabe zusammen.

Mit dem Erlass tritt die sogenannte **materielle Bestandskraft** des VA ein, dies bedeutet, dass die Behörde an die von ihr im VA getroffene Regelung gebunden ist und nur aufgrund ausdrücklicher gesetzlicher Regelung zu nachträglichen Änderungen berechtigt ist.

Der VA ist demjenigen bekannt zu geben, für den er bestimmt ist, oder der von ihm betroffen ist. Bei schriftlichen, auf dem Postwege übermittelten VAen ist die Bekanntgabefiktion des § 37 Abs. 2 SGB X zu beachten.

Mit der Bekanntgabe tritt die **Wirksamkeit** des VA ein, d. h. die durch den VA getroffene Regelung ist für den oder die Adressaten bindend = Eintritt der materiellen Bestandskraft für den Adressaten. Dies gilt auch dann, wenn der VA wegen Verstoßes gegen Form- oder Verfahrensvorschriften rechtswidrig ist oder deswegen, weil er inhaltlich mit dem geltenden Recht nicht übereinstimmt. Die **formelle Bestandskraft** des VA tritt ein, wenn er mit Rechtsbehelfen nicht mehr anfechtbar ist. Bei ordnungsgemäßer Rechtsbehelfsbelehrung beträgt die Frist zur Einlegung des Widerspruchs ein Monat ab Bekanntgabe, bei fehlender oder nicht korrekter Rechtsbehelfsbelehrung kann bis zu einem Jahr ab Bekanntgabe Widerspruch eingelegt werden.

Die Wirksamkeit des VA bleibt bestehen – § 39 Abs. 2 SGB X – solange und soweit er nicht von der Behörde zurückgenommen oder widerrufen worden ist, anderweitig aufgehoben worden oder durch Zeitablauf oder auf andere Weise erledigt ist. Der VA ist also in seinem Bestand geschützt. Nur unter den Voraussetzungen, die sich im Einzelnen aus den §§ 44, 45, 46, 47 oder 48 SGB X ergeben, ist es zulässig, dass eine Behörde einen VA im Nachhinein, auch wenn er unanfechtbar geworden ist, ganz oder teilweise ändert oder aufhebt.

Wer sich durch einen VA in seinen Rechten beschwert fühlt[15], kann nicht sogleich Klage beim Sozial- oder Verwaltungsgericht erheben, sondern muss seine Rechte zunächst im Widerspruchsverfahren verfolgen[16], erst nach erfolglosem Widerspruchsverfahren ist der Weg zu den Gerichten frei.

17.5 Der Sozialdatenschutz

Der Sozialdatenschutz ist in § 35 SGB I und den §§ 67-78 SGB X geregelt. Er ist in allen Feldern sozialer Arbeit von herausgehobener Bedeutung. Für einzelne Sozialleistungsbereiche gelten spezielle Regelungen, die die allgemeinen Regelungen

---

15 Zur Lehre von der Fehlerhaftigkeit von Verwaltungsakten wird auf Suckow/Wiedemann S. 97 ff. und Papenheim/Baltes/Tiemann S. 303 ff. verwiesen.
16 Siehe dazu auch in Kapitel 20.3.5 und 20.3.6.

des SGB I und X ergänzen bzw. ihnen vorgehen. Solche bereichspezifischen Regelungen finden sich vor allem im Kinder- und Jugendhilferecht – §§ 61-68 SGB VIII.[17] Der Sozialdatenschutz ist Ausfluss des durch das GG gewährleisteten Rechts auf informationelle Selbstbestimmung.[18]

17.5.1 Der Anspruch auf Wahrung des Sozialgeheimnisses als subjektiv-öffentliches Recht

»**Jeder hat Anspruch darauf, dass die ihn betreffenden Sozialdaten (§ 67 Abs. 1 Zehntes Buch) von den Leistungsträgern nicht unbefugt erhoben, verarbeitet oder genutzt werden (Sozialgeheimnis)**«.

Der Anspruch steht jedem Menschen zu, aber nicht juristischen Personen, und bezieht sich auf Sozialdaten. Dies sind nach der Definition in § 67 Abs. 1 Satz 1 SGB X »*Einzelangaben über persönliche und sachliche Verhältnisse einer bestimmten oder bestimmbaren natürlichen Person (Betroffener), die von einer in § 35 des Ersten Buches genannten Stelle im Hinblick auf ihre Aufgaben nach diesem Gesetzbuch erhoben, verarbeitet oder genutzt werden*«.

Zu den Sozialdaten gehören:
- Zunächst alle fest stehenden Eigenschaften und Merkmale von Betroffenen wie Geburtsdatum, Name, Geschlecht, Anschrift, Familienstand, Arbeitgeber, Einkommen und dergleichen,
- Sodann alle in der Lebenssphäre von Betroffenen vorkommenden oder anzutreffenden Angaben über ihre Person, ihre Eigenschaften und Lebensverhältnisse, sei es, dass diese Angaben von den Betroffenen selbst oder von dritten Personen stammen wie z. B. ärztliche oder psychologische Gutachten,
- Betriebs- oder Geschäftsgeheimnisse wie Umsatz/Gewinn stehen den Sozialdaten gleich – § 35 Abs. 4 SGB I.

Gegner des Anspruchs sind die Sozialleistungsträger, die sich in §§ 18-29 SGB I – jeweils im zweiten Absatz – finden. Diese haben das Sozialgeheimnis zu wahren. Dies umfasst nach § 35 Abs. 1 Satz 2 SGB I die Verpflichtung, auch innerhalb des Leistungsträgers sicherzustellen, dass die Sozialdaten nur Befugten zugänglich sind oder nur an diese weitergegeben werden. Dies bedeutet u. a., dass in einem Landkreis Sozialdaten vom Jugendamt an das Sozialamt bzw. umgekehrt nur dann weitergegeben werden dürfen, soweit §§ 67 ff. SGB X die Weitergabe erlauben.

Den Leistungsträgern sind nach § 35 Abs. 1 Satz 3 SGB I die dort aufgezählten Stellen gleichgestellt, d. h. auch diese sind zur Wahrung des Sozialgeheimnisses verpflichtet.

Freie Träger[19] sind keine Leistungsträger im Sinne des SGB. Sie sind also nicht an § 35 SGB I und die §§ 67 ff. SGB X gebunden.[20]

---

17 Zum bereichsspezifischen Datenschutz im SGB VIII siehe in Kapitel 13 unter 13.4.4.
18 Siehe dazu in Kapitel 3.2 und 3.4.
19 Siehe Kapitel 18.1.
20 Zum Datenschutz durch freie Träger einschließlich kirchlicher Regelungen siehe bei Papenheim/Baltes/Tiemann Kapitel 35, S. 227 ff.

Bei freien Trägern der Jugendhilfe gilt folgende Besonderheit: Werden Einrichtungen und Dienste solcher Träger in Anspruch genommen, hat der öffentliche Träger sicherzustellen, dass die freien Träger einen entsprechenden Schutz der Sozialdaten, wie er im SGB I, SGB X und SGB VIII vorgesehen ist, gewährleisten.

17.5.2 Der Gegenstand des Anspruchs

Unzulässig ist die unbefugte:
- **Erhebung**
- **Verarbeitung**
- **Nutzung**

von Sozialdaten. Die Erhebung, Verarbeitung und Nutzung ist nur unter den in §§ 67-78 SGB X geregelten Voraussetzungen zulässig – § 35 Abs. 2 SGB I.

> **Erheben** ist das Beschaffen von Daten über den Betroffenen – § 67 Abs. 5 SGB X.

> **Verarbeiten** ist das Speichern, Verändern, Übermitteln, Sperren und Löschen von Sozialdaten – § 67 Abs. 6 Satz 1 SGB X.

> **Nutzen** ist jede Verwendung von Sozialdaten, soweit es sich nicht um Verarbeitung handelt, auch die Weitergabe innerhalb der verantwortlichen Stelle – § 67 Abs. 7 SGB X

17.5.2.1 Für das Erheben von Sozialdaten gelten folgende Grundsätze

- Das Erheben von Sozialdaten durch die in § 35 SGB I genannten Stellen ist zulässig, wenn ihre Kenntnis zur Erfüllung einer Aufgabe der erhebenden Stelle nach dem Sozialgesetzbuch erforderlich ist. Das Wohngeldamt muss u. a. Kenntnis von der Miethöhe und der Höhe des Einkommens der zum Haushalt rechnenden Familienmitglieder haben, sonst kann es über einen Wohngeldantrag nicht entscheiden. Das Studentenwerk muss Kenntnis über den bisherigen schulischen und beruflichen Werdegang haben, sonst kann es nicht entscheiden, ob Anspruch auf elternunabhängige Förderung – § 11 Abs. 3 BAföG – besteht. Sozialdaten, die für die Durchführung eines Verwaltungsverfahrens oder die Erfüllung einer sonstigen öffentlich-rechtlichen Aufgabe nicht erforderlich sind, dürfen danach nicht erhoben werden.

- Sozialdaten sind **beim Betroffenen** zu erheben; dies geschieht z. B. durch Führen eines Gesprächs, Befragung, Ausfüllen-Lassen von Vordrucken. Die Erhebung von Sozialdaten ohne die Mitwirkung des Betroffenen ist eine Ausnahme. Ohne seine Mitwirkung dürfen Sozialdaten bei dritten Personen oder Stellen nur unter den in § 67 a Abs. 2 SGB X aufgeführten Voraussetzungen erhoben werden.
Der Prüfdienst des Grundsicherungsamtes eines kommunal optierten Landkreises darf sich nicht in der Nachbarschaft erkundigen, ob Frau A häufig Männer-

besuch hat, um herauszufinden, ob eine Partnerschaft im Sinne von § 7 Abs. 3 Nr. 3 c) SGB II vorliegt.

- Werden Sozialdaten beim Betroffenen erhoben, ist er einerseits über die **Zweckbestimmung** der Erhebung, Verarbeitung oder Nutzung zu informieren (es sei denn, dass er bereits auf andere Weise davon Kenntnis erhalten hat) und andererseits über die Rechtsgrundlage zur Auskunftserteilung und die Folgen bei Weigerung bzw. bei fehlender Rechtsgrundlage auf die Freiwilligkeit von Angaben hinzuweisen.
Wer Wohngeld beantragt hat, aber nur über geringes Einkommen verfügt, das unterhalb des Sozialhilfeniveaus liegt, muss von der Wohngeldstelle auf § 20 SGB X und §§ 60 und 66 SGB I hingewiesen werden, wenn das Wohngeldamt vermutet, dass weiteres Einkommen vorhanden ist und den Antragsteller auffordert, entsprechende Angaben zu machen und Unterlagen vorzulegen.

- Werden Sozialdaten statt beim Betroffenen bei einer nicht-öffentlichen Stelle erhoben, so ist die Stelle auf die **Rechtsvorschrift**, die zur Auskunft verpflichtet, sonst auf die Freiwilligkeit ihrer Angaben hinzuweisen.

17.5.2.2 Für das Verarbeiten von Sozialdaten und deren Nutzung gelten folgende Grundsätze

- Das Verarbeiten und die Nutzung von Sozialdaten sind nur zulässig
  - soweit eine Rechtsvorschrift des Sozialgesetzbuchs das erlaubt oder anordnet,
  - soweit der Betroffene eingewilligt hat – § 67 b Abs. 1 Satz 1 SGB X.

- Einwilligung ist die vorherige Einverständniserklärung; damit ist klargestellt, dass die nachträgliche Zustimmung – die Genehmigung – nicht ausreichend ist. Die Einwilligung beruht auf der freien Entscheidung des Betroffenen – sie ist nur wirksam, wenn sie auf seiner freien Entscheidung beruht. Geschäftsfähigkeit im Sinne des BGB ist angesichts der Regelung in § 36 SGB I dafür nicht erforderlich. Es dürfte die sozialrechtliche Handlungsfähigkeit, die mit der Vollendung des 15 Lebensjahres eintritt, ausreichen.[21]

- Wird die Einwilligung beim Betroffenen eingeholt, ist er hinzuweisen
  - auf den Zweck der vorgesehenen Verarbeitung oder Nutzung
  - auf die Folgen bei Verweigerung der Einwilligung – § 67 b Abs. 2 Satz 1 SGB X
  Die Einwilligung und der entsprechende Hinweis bedürfen der Schriftform – § 67 b Abs. 2 Satz 3 SGB X. Das Landesamt für Gesundheit und Soziales – Versorgungsamt Berlin hält in seinen Antragsvordrucken gleich drei – inhaltlich identische – Einverständniserklärungen vor und verweist am Ende des Vordrucks auf die Mitwirkungspflichten nach § 60 Abs. 1 Nr. 1 SGB I und die möglichen Folgen bei Nichterfüllung nach § 66 SGB I.

---

21 Siehe zum Meinungsstand Biersborn in von Wulffen, RdNr. 6 zu § 67 b SGB X.

17.5.3 Zulässigkeit der Übermittlung von Sozialdaten

Aus dem Bereich der Verarbeitung und Nutzung wird die Übermittlung von Sozialdaten als wichtigste der vorgesehenen Möglichkeiten herausgegriffen. Dabei ist von dem Grundsatz des § 67 d Abs. 1 SGB X auszugehen: »Eine Übermittlung von Sozialdaten ist nur zulässig, soweit eine gesetzliche Übermittlungsbefugnis nach den §§ 68 bis 77 oder nach einer anderen Rechtsvorschrift in diesem Gesetzbuch vorliegt«. Bei den wichtigsten Übermittlungsbefugnissen handelt es sich um Folgende:

- **Übermittlung für Aufgaben der Polizeibehörden, der Staatsanwaltschaften und Gerichte, der Behörden der Gefahrenabwehr oder zur Durchsetzung öffentlich-rechtlicher Ansprüche – § 68 SGB X**
  Es handelt sich um eine Übermittlungsbefugnis im Rahmen der Amtshilfe, die ansonsten in §§ 3-7 SGB X, §§ 4-8 VwVfG so geregelt ist, dass jede Behörde einer anderen Behörde Amtshilfe leistet, und bedeutet insoweit eine Beschränkung auf bestimmte Behörden und bestimmte Daten.
  Zur Erfüllung von Aufgaben der Polizeibehörden, der Staatsanwaltschaften und Gerichte, der Behörden der Gefahrenabwehr, der Justizvollzugsanstalten oder zur Durchsetzung von öffentlich-rechtlichen Ansprüchen in Höhe von mindestens 600 Euro ist es zulässig, im Einzelfall auf Ersuchen bestimmte Sozialdaten an die entsprechenden Stelle zu übermitteln.
  Die Übermittlungsbefugnis ist beschränkt auf die Angabe von: Name, Vorname, Geburtsdatum, Geburtsort, derzeitige Anschrift des betroffenen, seinen derzeitigen oder zukünftigen Aufenthaltsort, Namen und Anschriften seiner derzeitigen Arbeitgeber. Eine analoge Anwendung auf andere Daten ist nicht zulässig.
  Die Übermittlungsbefugnis steht unter dem Vorbehalt, dass kein Grund zu der Annahme besteht, dass durch sie schutzwürdige Interessen des Betroffenen beeinträchtigt werden.

- **Übermittlung für die Erfüllung sozialer Aufgaben – § 69 SGB X**
  Nach dieser Vorschrift ist eine Übermittlung von Sozialdaten zunächst zulässig
  – für die Erfüllung eigener gesetzlicher Aufgaben oder
  – für die Erfüllung einer gesetzlichen Aufgabe eines anderen Leistungsträgers
  – § 69 Abs. 1 Nr. 1.
  Eine gesetzliche Aufgabe des Jugendamtes ist die Familiengerichtshilfe nach § 50 SGB VIII – daher ist das Jugendamt berechtigt, im Rahmen der Erstellung von Gutachten Sozialdaten an das Familien- oder Vormundschaftsgericht weiter zu leiten.
  Der Rentenversicherungsträger teilt dem Studentenwerk auf dessen Ersuchen mit, ob ein Student, der einen BAföG-Antrag gestellt hat, eine Halbwaisenrente und in welcher Höhe bezieht – die Waisenrente ist nach Maßgabe von § 23 Abs. 4 Nr. 1 BAföG auf den Förderungsanspruch anzurechnen.
  Weiterhin ist die Übermittlung von Sozialdaten zulässig für die Durchführung eines gerichtlichen Verfahrens einschließlich Strafverfahrens, das mit der Erfüllung einer gesetzlichen Aufgabe nach dem SGB zusammenhängt – § 69 Abs. 1 Nr. 2 SGB X. Das bedeutet, dass ein Leistungsträger, der in einem gerichtlichen Verfahren als Kläger oder Beklagter beteiligt ist, dem Gericht die für die Durch-

führung des Verfahrens erforderlichen Sozialdaten mitteilen darf, z. B. dem Sozialgericht, wenn es in dem Verfahren um die Überprüfung der Rechtmäßigkeit eines Aufhebungs- und Erstattungsbescheids des Sozialhilfeträgers geht. Schließlich ist auch für die Richtigstellung unwahrer Tatsachenbehauptungen eines Betroffenen im Zusammenhang mit einem Verfahren zur Erbringung von Sozialleistungen die Übermittlung von Sozialdaten zulässig, soweit das für die Richtigstellung erforderlich ist – § 69 Abs. 1 Nr. 3 SGB X.

- **Übermittlung für die Erfüllung besonderer gesetzlicher Pflichten und Mitteilungsbefugnisse – § 71 SGB X**
  Nach dieser Vorschrift ist die Übermittlung von Sozialdaten zulässig, soweit sie für die Erfüllung bestimmter gesetzlicher Mitteilungspflichten und Befugnisse erforderlich ist: z. B. für die Erfüllung der Mitteilungspflichten
  – zur Abwehr geplanter Straftaten nach § 138 StGB,
  – zum Schutz der öffentlichen Gesundheit nach § 8 Infektionsschutzgesetz,
  – zur Wehrüberwachung nach § 224 Abs. 8 des Wehrpflichtgesetzes.
  Die Übermittlungsbefugnisse sind auf die in der Vorschrift aufgeführten Fälle beschränkt und nicht auf andere Fälle erweiterbar.

- **Übermittlung für die Durchführung eines Strafverfahrens – § 73 SGB X**
  Eine Übermittlung von Sozialdaten ist zulässig, soweit sie zur Durchführung eines Strafverfahrens wegen eines Verbrechens oder wegen einer anderen Straftat von erheblicher Bedeutung erforderlich ist.
  Verbrechen sind Straftaten, die im Mindestmaß mit Freiheitsstrafe von einem Jahr oder mehr bedroht sind (§ 12 StGB). Im Übrigen muss es sich um eine Straftat von erheblichem Gewicht handeln. In erster Linie ist auf die Tat selbst und die Auswirkungen (Schaden, Opfer) abzustellen. Häufig werden sie bei Wirtschaftsdelikten und bei Straftaten gegen die sexuelle Selbstbestimmung vorliegen.[22]
  Soweit es sich um ein Strafverfahren handelt, in dem es weder um ein Verbrechen, noch um eine Straftat von erheblicher Bedeutung handelt, ist die Übermittlung von Sozialdaten beschränkt auf:
  Name und Vorname sowie früher geführte Namen, Geburtsdatum, Geburtsort, derzeitige und frühere Anschriften sowie Namen und Anschriften der derzeitigen und früheren Arbeitgeber des Betroffenen und schließlich Angaben über erbrachte oder demnächst zu erbringende Geldleistungen – § 73 Abs. 2 SGB X i. V. m. § 72 Abs. 1 Satz 2 SGB X.
  In allen Fällen ist nur der Richter zuständig für die Anordnung der Datenübermittlung – § 73 Abs. 3 SGB X. Kriminalpolizei und Staatsanwaltschaft haben keinen Auskunftsanspruch.

- **Übermittlung bei Verletzung der Unterhaltspflicht und beim Versorgungsausgleich – § 74 SGB X**
  Nach dieser Vorschrift ist die Übermittlung von Sozialdaten zulässig soweit sie erforderlich ist für die Durchführung
  – eines gerichtlichen Verfahrens oder Vollstreckungsverfahrens wegen eines gesetzlichen oder vertraglichen Unterhaltsanspruchs oder
  – eines Verfahrens über den Versorgungsausgleich

---

22 Vgl. Bieresborn in von Wulffen, Rdnr. 3 zu § 73 SGB X.

für die Geltendmachung
von gesetzlichen oder vertraglichen Unterhaltsansprüchen oder Versorgungsausgleichsansprüchen außerhalb von Gerichtsverfahren an die zur Auskunft berechtigten Personen.

- **Einschränkung der Übermittlungsbefugnis bei besonders schutzwürdigen Daten – § 78 SGB X**
  Die Übermittlung von Sozialdaten, die einer in § 35 SGB I genannten Stelle von einem Arzt oder einer anderen in § 203 Abs. 1 und 3 StGB genannten Person zugänglich gemacht worden sind, ist nur unter den Voraussetzungen zulässig, unter denen diese Person selbst übermittlungsbefugt wäre.

> Soweit eine Übermittlung nicht zulässig ist, besteht keine Auskunftspflicht, keine Zeugnispflicht und keine Pflicht zur Vorlegung oder Auslieferung von Schriftstücken, nicht automatisierten Dateien und automatisiert erhobenen, verarbeiteten oder genutzten Sozialdaten – § 35 Abs. 3 SGB I.
> Ist eine Übermittlung nicht zulässig, darf keine Aussagegenehmigung erteilt werden.»Die Erteilung einer Auskunft oder einer Aussagegenehmigung bzw. die Herausgabe einer Akte ist demnach nur zulässig, wenn eine entsprechende Übermittlungsbefugnis besteht. Darüber entscheidet die in der Organisation des zuständigen Leistungsträgers bestimmte Stelle bzw. Person wie z. B. der Sozialdezernent oder der Fachbereichsleiter für Jugend und Familie, nicht etwa der Strafrichter, Verwaltungsrichter oder Familienrichter, der eine Übermittlung von Sozialdaten verlangt (LG Frankfurt, DAVorm 1993 Spalte 210)«.[23]

17.5.4 Rechtsfolgen bei Verletzung des Sozialgeheimnisses

17.5.4.1 Die Rechte Betroffener – §§ 84 ff. SGB X

- Ist jemand der Ansicht, bei der Erhebung, Verarbeitung oder Nutzung seiner personenbezogenen Sozialdaten in seinen Rechten verletzt worden zu sein, kann er sich an den Bundesbeauftragten oder den Landesbeauftragten für den Datenschutz wenden.

- Fügt eine in § 35 SGB I genannte Stelle dem Betroffenen durch eine nach dem SGB oder nach anderen Vorschriften über den Datenschutz unzulässige oder unrichtige Erhebung, Verarbeitung oder Nutzung seiner personenbezogenen Sozialdaten einen Schaden zu, ist ihr Träger dem Betroffenen zum Schadensersatz verpflichtet – § 82 Satz 1 SGB X i. V. m. § 7 BDSG.
  Bei einer Verletzung durch automatisierte Erhebung, Verarbeitung oder Nutzung der Daten tritt die Schadensersatzpflicht ohne Verschulden ein – § 82 Satz 2 SGB X i. V. m § 8 Abs. 1 BDSG. Bei schweren Verletzungen des Persönlichkeitsrechts erstreckt sich die Schadensersatzpflicht auch auf den immateriellen Schaden – es ergibt sich in solchen Fällen also eine Verpflichtung zu Schmerzensgeld-

---

[23] Papenheim/Baltes/Tiemann, S. 213.

17. Träger öffentlicher Verwaltung/Verwaltungshandeln

zahlungen – § 8 Abs. 2 BDSG. Allerdings sind die Ansprüche nach § 82 Abs. 1 und 2 BDSG auf insgesamt einen Betrag von 130.000 Euro beschränkt.

- Dem Betroffenen ist auf Antrag Auskunft zu erteilen über
  - die zu seiner Person gespeicherten Sozialdaten, auch soweit sie sich auf die Herkunft dieser Daten beziehen,
  - die Empfänger oder Kategorien von Empfängern, an die Daten weitergegeben werden, und
  - den Zweck der Speicherung – § 83 Abs. 1 Satz 1 SGB XII.

- Sozialdaten sind zu berichtigen, wenn sie unrichtig sind – § 84 Abs. 1 Satz 1 SGB X. Sozialdaten sind zu löschen, wenn ihre Speicherung unzulässig sind. Sie sind auch zu löschen, wenn ihre Kenntnis für die verantwortliche Stelle nicht mehr erforderlich ist und kein Grund zu der Annahme besteht, dass durch die Löschung schutzwürdige Interessen von Betroffenen verletzt werden.

17.5.4.2 Bußgeld- und Strafvorschriften

§§ 85 und 86 SGB X enthalten Bußgeldvorschriften und Strafvorschriften. Nach § 85 Abs. 1 und 2 SGB X sind bestimmte vorsätzliche oder fahrlässige Verstöße gegen den Sozialdatenschutz, die in einer unzulässigen oder unrichtigen Erhebung, Verarbeitung oder Nutzung liegen, bußgeldbewehrt. Bei Ordnungswidrigkeiten nach § 85 Abs. 1 liegt die Obergrenze für das Bußgeld bei 25.000 Euro, bei Verstößen im Sinne des § 85 Abs. 2 bei 250.000 Euro.

Wer eine in § 85 Abs. 2 SGB X bezeichnete vorsätzliche Handlung gegen Entgelt oder in der Absicht, sich oder einen anderen zu bereichern oder einen anderen zu schädigen begeht, wird mit Freiheitsstrafe bis zu zwei Jahren oder Geldstrafe bestraft.

18. Die Leistungserbringer und das sozialrechtliche Dreiecksverhältnis

18.1 Die Leistungserbringer

Sozialleistungen werden gem. § 11 SGB I als Dienst- Sach- und Geldleistungen erbracht. Adressat dieser Leistungen ist der **Leistungsempfänger**.

Zu den Dienstleistungen gehören alle menschlichen Handlungen, die an oder gegenüber dem Leistungsempfänger vorgenommen werden und ihm unmittelbar zugute kommen – kurz gefasst: alle Formen persönlicher Hilfe und Beratung.[1] Dass persönliche und erzieherische Hilfe zu den Dienstleistungen gehören, ist durch Satz 2 des § 11 SGB I ausdrücklich klargestellt. Sachleistungen sind solche Leistungen, die auf die Hingabe von Sachen, d. h. körperlichen Gegenständen i. S. d. § 90 BGB gerichtet oder vom Leistungsträger in Natur zu erbringen sind.[2] Geldleistungen werden ausschließlich durch den öffentlich-rechtlichen **Leistungsträger** erbracht, während er sich zur Erbringung von Dienstleistungen sowie von Sachleistungen vielfach und regelmäßig eines Dritten, des so genannten **Leistungserbringers** bedient.

> **Beispiele:** Der Landkreis X lässt die sozialpädagogische Familienhilfe nach § 31 SGB VIII vom Sozialdienst katholischer Frauen (SKF) – einer Untergliederung des Caritas-Verbandes – durchführen.
> Eingliederungshilfe für behinderte Menschen – hier: betreutes Wohnen für geistig behinderte Menschen – § 54 Abs. 1 SGB XII i. V. m. § 55 SGB IX – wird vom Kreisverband der Arbeiterwohlfahrt (AWO) e. V. erbracht.

Leistungserbringer sind natürliche oder juristische Personen des Privatrechts, auch teilrechtsfähige Vereinigungen des Privatrechts[3], und, soweit es um den Bereich Kirchen geht, juristische Personen des öffentlichen Rechts.

Den Kirchen zugeordnet sind der Deutsche Caritasverband einerseits und das Diakonische Werk andererseits – jeweils mit ihren Untergliederungen. Zusammen mit der AWO, dem Deutschen Roten Kreuz (DRK), dem Deutschen Paritätischen Wohlfahrtsverband (DPWV) und der Zentralwohlfahrtsstelle der Juden in Deutschland (ZWST) sind sie als die 6 Spitzenverbände der freien Wohlfahrtspflege in der Bundesarbeitsgemeinschaft der freien Wohlfahrtpflege e. V. zusammengeschlossen.

Der DPWV ist ein Dachverband, in dem mehr als 9.500 regional oder überregional tätige freie Träger zusammengeschlossen sind; er ist besonders geprägt durch den hohen Anteil von Selbsthilfe- und Alternativgruppen.

---

1 Richter in LPK-SGB I, Rdnr. 10 zu § 11.
2 Richter a. a. O. Rdnr. 12 zu § 11.
3 Siehe dazu in Kapitel 4 unter 4.4.

Ergänzt wird das Bild der Leistungserbringer durch eine zunehmende Anzahl von Unternehmen, die sich gewinnorientiert auf dem Markt platziert haben, insbesondere im Bereich der Pflegeversicherung

Als Formen, in denen Leistungserbringer organisiert sind, kommen insbesondere in Betracht:

- der eingetragene Verein,
- die BGB – Gesellschaft,
- die GmbH,
- die Stiftung.

Beim Verein und bei der GmbH stehen der gemeinnützige Verein und die gemeinnützige GmbH (gGmbH) im Vordergrund.

Zum Verein:
In der Bundesrepublik Deutschland gewährleistet das Grundrecht der Vereinigungsfreiheit (Art. 9 I GG) allen Deutschen die Vereinigungsfreiheit; dieses Grundrecht umfasst:

1. das Individualrecht, Vereine und Gesellschaften zur Verfolgung gemeinsamer erlaubter Zwecke zu bilden und ihnen beizutreten, aber auch
2. die negative Vereinigungsfreiheit, das Recht, privatrechtlichen Vereinigungen nach Belieben fernzubleiben,
3. das Recht der Zusammenschlüsse als solcher auf ihr Entstehen, ihre Betätigung und ihren Fortbestand.

Ein Verein ist »eine auf die Dauer berechnete Verbindung einer größeren Anzahl von Personen zur Erreichung eines gemeinsamen Zweckes, die nach ihrer Satzung körperschaftlich organisiert ist, einen Gesamtnamen führt und auf einen wechselnden Mitgliederbestand angelegt ist«. Körperschaftlich verfasst, das heißt, mit Organen (Vorstand, Mitgliederversammlung) ausgestattet.

Nicht rechtsfähig ist der nicht ins Vereinsregister eingetragene **Ideal-Verein** (§ 54). Oft bildet der nichtrechtsfähige Verein das Vorstadium für eine noch zu gründende juristische Person z. B. den eingetragenen Verein, stellt dann sozusagen eine juristische Person im Werden dar. Die historische Rolle des nicht eingetragenen Vereins liegt darin, dass er vom Staat nicht kontrollierte Zusammenschlüsse zu Parteien und Gewerkschaften ermöglichte.

Der rechtsfähige Verein (§§ 21-79 BGB) ist der Haupttypus der rechtsfähigen Personenvereinigung.

aa) Der wirtschaftliche (»eigennützige«) Verein verfolgt Vermögensvorteile für den Verein als solchen oder seine Mitglieder. Sein Zweck ist »auf einen wirtschaftlichen Geschäftsbetrieb gerichtet« (§ 22 Satz 1 BGB). Der wirtschaftliche Verein erlangt die Rechtsfähigkeit durch staatliche Verleihung (Konzessionsprinzip). Er kommt praktisch selten vor. Beispiele sind Inkasso-, Konsum- und Sparvereine; Verwertungsgesellschaft Wort, München.

bb) Der Ideal- (nichtwirtschaftliche) Verein (häufig gemeinnützig) ist ein Verein, dessen Zweck nicht auf einen wirtschaftlichen Geschäftsbetrieb gerichtet ist. Er verfolgt meist politische, religiöse, wohltätige, künstlerische, wissenschaftliche Zwecke; oft ist Geselligkeit sein Anliegen. Der Idealverein wird rechtsfähig mit der Eintragung im beim Amtsgericht geführten Vereinsregister. Man spricht vom Normativsystem, weil die Eintragung erfolgen muss, wenn den Erfordernissen bestimmter Normen (§§ 56-59 BGB: sieben Mitglieder, gewisse Inhalte der Satzung, Anmeldung) genügt ist (§ 55 Abs. 1 BGB, arg. § 60 BGB). »Mit der Eintragung erhält der Name des Vereins den Zusatz eingetragener Verein« (»e. V.«), § 65 BGB.

Beispiele: Arbeiterwohlfahrt Bezirksverband Weser-Ems e. V., Evangelische Stadtmission Darmstadt e. V., Aktion Bildungsinformation e. V., Stuttgart; Interessenverband der Gemeindepädagogen im Bereich der EKHN (Evangelischen Kirche in Hessen und Nassau) e. V.; Kunstschule in Bad Essen e. V.; VAMV e. V. Verband allein erziehender Mütter und Väter.

Zur BGB-Gesellschaft:
Die BGB-Gesellschaft[4] ist ein vertraglich begründetes Rechtsverhältnis, durch das mehrere Personen einander zur Förderung eines gemeinsamen Zwecks verpflichtet sind. Jeder Gesellschafter hat allen anderen gegenüber die Pflicht, seine Beitragszusage einzuhalten, die sich auf Einbringung z. B. von Geld, Sachwerten oder tätiger Mitarbeit bezieht. Nach § 706 Abs. 1 BGB haben die Gesellschafter mangels anderer Abrede gleiche Beiträge zu leisten. Träger des Gesellschaftsvermögens als eines Sondervermögens ist die Gemeinschaft der Gesellschafter. Seine Gegenstände gehören allen gemeinsam und nicht jedem einzelnen anteilig. Daher können die Gesellschafter nur gemeinschaftlich über das Gesellschaftsvermögen oder einzelne ihm zugehörende Objekte verfügen (§ 719 BGB Gesamtzuständigkeit). Dritten gegenüber haften die Gesellschafter für Gesellschaftsschulden als Gesamtschuldner. Die Gesellschaft bürgerlichen Rechts dient vielfältigen Zielen. Genannt seien Gewerbebetriebe, Interessen-, Wett- und Wohngemeinschaften, Gemeinschaftspraxen von Ärzten, Anwälten.

Die Gesellschaft kann jederzeit gekündigt werden (§§ 724, 723 Abs. 1 Satz 1 BGB). Die Vermögensauseinandersetzung nach der Auflösung der Gesellschaft erfolgt nach den Grundsätzen der §§ 731-735 BGB, das heißt, es werden zunächst die Gegenstände zurückgegeben, die ein Gesellschafter dem anderen zur Mitbenutzung überlassen hat. Sodann werden aus dem Gesellschaftsvermögen die gemeinschaftlichen Schulden (Gesellschaftsschulden) berichtigt und darauf die Einlagen erstattet. Reicht das Gesellschaftsvermögen für die erforderliche Auseinandersetzung nicht aus, so hat jeder Gesellschafter im Zweifel eine Nachschusspflicht zu gleichem Anteil (§ 722).[5]

Nach der neueren Rechtsprechung des BGH wird die BGB-Gesellschaft als parteifähig im Zivilprozess behandelt[6], was auch zur Anwendung des § 31 BGB auf

---

4 Auch GbR – Gesellschaft bürgerlichen Rechts – abgekürzt.
5 Siehe KG NJW 1982, 1886 f.
6 BGHZ 145, 341 ff.

den oder die Geschäftsführer der Gesellschaft führt.[7] Dies bedeutet, dass die Gesellschaft als solche für den Schaden verantwortlich ist, den ein Mitglied der Geschäftsführung durch eine im Rahmen seiner Zuständigkeit liegende Handlung einem Dritten zufügt. Für den Schaden haftet damit nur das Gesellschaftsvermögen, nicht die Gesellschafter mit ihrem Vermögen.

Zur GmbH:
Die GmbH ist eine Vereinigung des Handelsrechts, in deren Form nicht selten soziale Einrichtungen betrieben werden, sind:

Für GmbH gilt das GmbH-Gesetz (Gesetz betreffend die Gesellschaften mit beschränkter Haftung). Die Eintragung der GmbH erfolgt im Handelsregister, wenn die vom Gesetzgeber verlangten Voraussetzungen vorliegen; Beispiele für GmbHs, in denen sich ein sozialer Aspekt verwirklicht:

Beispiele: Otto-Fricke-Krankenhaus »Paulinenberg«, Lungen-Heil- und Forschungsstätte GmbH; Katholische Fachhochschule – gemeinnützige GmbH, als Trägerin der Katholischen Fachhochschule Nordrhein-Westfalen.

Zur Stiftung:
Selbstständige Stiftungen mit eigener Rechtspersönlichkeit sind Zusammenfassungen von Vermögensmassen, die einen vom Stifter bestimmten Zweck als selbstständige Rechtsträger dauernd fördern sollen. Zu ihrer Entstehung ist einerseits das sog. Stiftungsgeschäft erforderlich, für das Schriftform vorgeschrieben und in der die Verfassung der Stiftung zu regeln ist, und andererseits die staatliche Genehmigung – §§ 80 ff. BGB.[8] Werden testamentarisch die »Armen« bedacht, ohne dass eine Stiftung entstehen soll, so werden die vorgesehenen Mittel beim Fehlen ergänzender Hinweise den Sozialbehörden zur Verteilung übergeben, siehe § 2078 BGB.

Beispiele: Heilerziehungs- und Pflegeanstalt Scheuern (Stiftung privaten Rechts), Carl-Zeiß-Stiftung, Robert-Bosch-Stiftung.
Der Homepage der Bezirksregierung Braunschweig kann man Folgendes entnehmen: »Im Regierungsbezirk Braunschweig gibt es eine alte, reiche und vielfältige Stiftungskultur. Ca. 215 rechtsfähige, privatrechtliche Stiftungen zeugen vom 13. Jahrhundert an vom Einsatz der Bürger und ihres Vermögens für das Allgemeininteresse, sei es auf kirchlichem, sozialem oder kulturellen Gebiet.«

Zur Gemeinnützigkeit:
Als gemeinnützige Körperschaften – mitgliedschaftliche Zusammenschlüsse – im Sinne des Abgabenrechts kommen am häufigsten die eingetragenen Vereine, aber auch die Gesellschaft mit beschränkter Haftung vor.

---

7 Siehe Sänger in: Hk-BGB, Rdnr. 19, 20 zu § 705.
8 Zuständig für die Genehmigung ist das Bundesland, in dem die Stiftung ihren Sitz hat.

Eine Körperschaft verfolgt gemeinnützige Zwecke, wenn aus ihrer Satzung oder sonstigen Verfassung hervorgeht, dass ihre Tätigkeit darauf gerichtet ist, ausschließlich und unmittelbar die »Allgemeinheit auf materiellem, geistigem oder sittlichem Gebiet selbstlos zu fördern«. Mildtätige und kirchliche Zwecke sind gleichgestellt. Das Gesetz nennt ausdrücklich als allgemeinheitsfördernd ein Tätigwerden für Wissenschaft und Forschung, Bildung und Erziehung, Kunst, Kultur, Heimatgedanken und Sport; nicht »Skat-«, nicht »Denk-«, nicht »Hundesport«, wohl aber Schachspiel, Umwelt-, Landschafts- und Denkmalschutz, Jugend- und Altenhilfe, öffentliches Gesundheitswesen, *Wohlfahrtswesen*.[9] Die gemeinnützige Körperschaft kann vom Staat Zuschüsse erhalten. Sie ist im Endergebnis zu Lasten der Steuerzahler befreit von der Körperschafts-, Gewerbe-, Vermögens-, Erbschafts-, und Grund- und Grunderwerbsteuer. Mitgliedsbeiträge, öffentliche Zuschüsse und Spenden bleiben für die gemeinnützige Körperschaft steuerfrei. Der Spender kann seine Zuwendung als Sonderausgabe von seinem steuerpflichtigen Einkommen abziehen.[10]

Die gemeinnützige Körperschaft ist verpflichtet, sich beim Finanzamt anzumelden, das einen Steuerfreistellungsbescheid erteilt (Anerkennung).

Gemeinnützige Aufgaben können mit gewissen steuerlich unschädlichen wirtschaftlichen Geschäftstätigkeiten verbunden sein (»Nebenzweckprivileg«.[11] Man spricht dann von einem »Doppelleben« der Körperschaft. Das Nebenzweckprivileg setzt aber voraus, dass der wirtschaftliche Geschäftsbetrieb den nichtwirtschaftlichen Vereinszwecken und den ihnen angemessenen Betätigungen untergeordnet ist, dass also der ideelle Zweck überwiegt.[12]

Steuerfrei sind die Verwaltung des Vermögens der Körperschaft und die Entgelte aus damit verbundenen Verträgen, so aus Betriebspacht, Überlassung von Sportanlagen an ein Werbeunternehmen, das seinerseits die Sportplatzflächen auf eigenes Risiko vermietet, oder des Anzeigengeschäfts einer eigenen Zeitung.

Einnahmen aus laufenden Geschäften, die die Körperschaft unmittelbar selbst betreibt, wie die Unterhaltung einer Gaststätte, die Vermietung von Sportplatzflächen zur Werbung oder das Inseratengeschäft, die keine Zweckbetriebe sind, unterliegen der Körperschaftssteuer und der Gewerbesteuer – dies aber erst dann, wenn die Einnahmen einschließlich Umsatzsteuer den Betrag von € 30.678,– im Jahr übersteigen.[13]

---

9 Siehe zu allem III. Abschnitt AO (Abgabenordnung) und Anlage 1 zu § 48 der Einkommensteuer-Durchführungsverordnung (EStDV) »Verzeichnis der Zwecke, die allgemein als besonders förderungswürdig im Sinne des § 10 b EStG anerkannt sind«.
10 § 10 b EStG, § 48 EStD.
11 BGH NJW 1983, 571.
12 Vgl. Burhoff, Vereinsrecht, Rdnr. 42.
13 Siehe § 64 Abs. 3 der AO.

18.2 Das sozialrechtliche Dreiecksverhältnis

Voraussetzung dafür, dass ein Leistungserbringer für an anspruchsberechtigte Personen erbrachte Leistungen eine Vergütung erhält, ist grundsätzlich das Bestehen von Vereinbarungen zwischen dem öffentlich-rechtlichen Leistungsträger und dem Leistungserbringer oder seinem Verband.

§ 75 Abs. 3 S. 1 SGB XII:
»Wird die Leistung von einer Einrichtung erbracht, ist der Träger der Sozialhilfe zur Übernahme der Vergütung nur verpflichtet, wenn mit dem Träger der Einrichtung oder seinem Verband eine Vereinbarung über
1. Inhalt, Umfang und Qualität der Leistungen (Leistungsvereinbarung),
2. die Vergütung, die sich aus Pauschalen und Beträgen für einzelne Leistungsbereiche zusammensetzt (Vergütungsvereinbarung),
3. die Prüfung der Wirtschaftlichkeit und Qualität der Leistungen (Prüfungsvereinbarung)
besteht«.

Vgl. die entsprechende Regelung für die Kinder- und Jugendhilfe in § 78b Abs. 1 SGB VIII und für die Grundsicherung für Arbeitssuchende in § 17 SGB II. Bei diesen Vereinbarungen handelt es sich um öffentlich-rechtliche Verträge im Sinne der §§ 53 ff. SGB X.[14]

Es bestehen also insgesamt drei unterschiedliche Rechtsbeziehungen:

- die öffentlich-rechtliche, im SGB wurzelnde Rechtsbeziehung zwischen Leistungsträger und Leistungsbezieher,
- die öffentlich-rechtliche, ebenfalls im SGB wurzelnde Rechtsbeziehung zwischen dem Leistungsträger und dem Leistungserbringer und
- die privatrechtliche Rechtsbeziehung zwischen dem Leistungserbringer und dem Leistungsbezieher.

Diese Rechtsbeziehungen, die man als **sozialrechtliches Dreiecksverhältnis** bezeichnet, sollen am Beispiel der Pflegeversicherung nach dem SGB XI weiter veranschaulicht werden.

Das Rechtsverhältnis zwischen Pflegekassen, Pflegebedürftigen und Pflegeeinrichtungen:

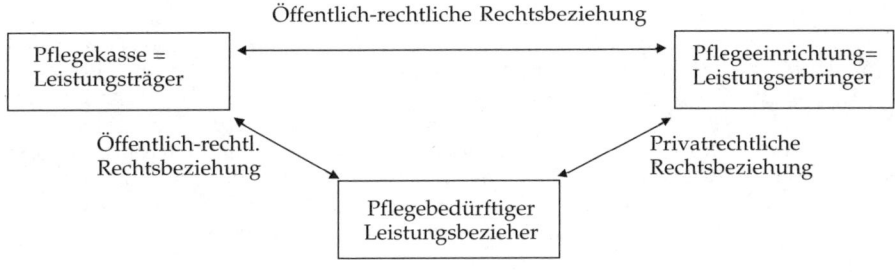

---

14 Vgl. Schoenfeld in Grube/Wahrendorf, Rdnr. 25 zu § 75 SGB XII.

Als Leistungsträger ist die Pflegekasse Kostenträger der Pflegemaßnahmen. Der Pflegebedürftige, der die Leistungen bezieht, ist Mitglied der Pflegekasse. Das Rechtsverhältnis zwischen der Pflegekasse und dem Pflegebedürftigen ist ein öffentlich-rechtliches – es beinhaltet den Anspruch auf die Versicherungsleistungen nach §§ 36-43 SGB XI, die dem Pflegebedürftigen durch Verwaltungsakt bewilligt werden.

Die Pflegeeinrichtung bzw. der Träger der Pflegeeinrichtung ist im Rahmen ambulanter oder stationärer Pflege Leistungserbringer für folgende Leistungen nach dem SGB XI[15] ambulante Pflege (Pflegesachleistung),

- Kurzzeitpflege,
- teilstationäre Pflege,
- vollstationäre Pflege – diese umfasst auch die medizinische Behandlungspflege und soziale Betreuung; mit ihr verbunden sind Verpflegung und Unterkunft

Zulassung:
Die **Zulassung** der Pflegeeinrichtung erfolgt durch den sog. **Versorgungsvertrag**. Dieser regelt Art, Inhalt und Umfang der allgemeinen Pflegeleistungen, § 72 Abs. 2 SGB XI. Der Versorgungsvertrag wird zwischen dem Träger der Pflegeeinrichtung und den Landesverbänden der Pflegekassen im Einvernehmen mit dem überörtlichen Träger der Sozialhilfe abgeschlossen.

Pflegevergütung:
Die Einrichtungsträger erhalten eine Pflegevergütung

a) bei **ambulanter Pflege** auf der Grundlage einer **Vergütungsvereinbarung (Vertrag)** zwischen dem Träger des Pflegedienstes und der Pflegekasse sowie dem örtlichen oder überörtlichen Träger der Sozialhilfe, § 89 SGB XI oder auf der Grundlage einer **Gebührenordnung**, für die § 90 SGB XI die Ermächtigungsgrundlage enthält,
b) bei **stationärer Pflege** auf der Grundlage einer **Pflegesatzvereinbarung (Vertrag)** zwischen dem Träger des Pflegeheimes und der Pflegekasse sowie dem örtlichen oder überörtlichen Träger der Sozialhilfe, §§ 84-86 SGB XI.

Bei den genannten Verträgen handelt es sich um öffentlich-rechtliche Verträge.

Privatrechtliche Rechtsbeziehungen:
Bei der Rechtsbeziehung zwischen dem Träger der Pflegeeinrichtung und dem Pflegebedürftigen handelt es sich um eine privatrechtliche Rechtsbeziehung. Bei ambulanter Pflege besteht ein **Pflegevertrag**, bei stationärer Pflege besteht ein **Heimvertrag** auf der Grundlage des Heimgesetzes. Besonderheiten bei der stationären Pflege: die Kosten für Unterkunft und Verpflegung werden zwar bei den Pflegesatzvereinbarungen mit ausgehandelt, sie gehören jedoch nicht zum Leistungskatalog der Pflegekassen. Diese sog. Hotelkosten sind vom Pflegebedürftigen selbst zu übernehmen bzw. bei Bedürftigkeit vom Sozialhilfeträger. § 88 SGB XI ermöglicht bei stationärer Pflege die Vereinbarung von Zusatzleistungen.

---

15 Zur Höhe der Leistungen siehe in Kapitel 14 unter 14.2.3.

Teil 5: Die Rechtsanwendung und die Rechtsverwirklichung

19. Rechtsdurchsetzung mithilfe der Gerichte

19.1 Beratungshilfe, Prozesskostenhilfe und sonstige Hilfen zur Rechtsdurchsetzung

Unkenntnis, Angst und geringes Einkommen stellen bei vielen Menschen Zugangssperren – intellektuelle, emotionale und kostenrechtliche Zugangssperren – für die Inanspruchnahme gerichtlicher Hilfe dar. Die erste Hürde stellt sich bei der Frage der Beratung, die Aufklärung über die Rechtslage bringen soll und Klarheit darüber, ob eine beabsichtigte Rechtsverfolgung oder Rechtsverteidigung Aussicht auf Erfolg haben. Die weitere Hürde stellt sich bei der Frage des mit der Rechtsverfolgung oder Rechtsverteidigung verbundenen Kostenrisikos und den Möglichkeiten, dieses möglichst gering zu halten. Bei diesen beiden Punkten setzen vor allem Beratungs- und Prozesskostenhilfe an.

19.1.1 Beratungshilfe

Zum Wesen der Beratung
Unter »Beratung ist der bewusste und gezielte Ausgleich eines Wissens und Einsichtsgefälles zwischen Personen mit der Tendenz zur Einwirkung auf das Verhalten der Personen mit dem geringeren Wissens- und Einsichtsstand im Wege der Kommunikation. Die wesentlichen Erscheinungsformen der Beratung in der sozialen Arbeit sind die Rechts- und die Lebensberatung. Die Rechtsberatung ermittelt die für den Ratsuchenden in Bezug auf seine besondere Situation und seine erkennbaren Anliegen geltenden Rechtsvorschriften und weist ihm die Möglichkeiten auf, im Recht vorgesehene Vorteile oder Nachteile zu erlangen oder zu vermeiden oder in sonstiger Weise seine Rechts- und damit Lebenssituation zu klären und zu verbessern. Die Lebensberatung zielt auf kommunikativem Wege auf die Vermittlung neuer Einsichten (und Einstellungen) bei den Beratenen, die es ihnen ermöglichen, ihre Lebensprobleme zu lösen. Eine enge Verbindung von Rechtsberatung mit Lebensberatung besteht bei der Schuldnerberatung«.[1] Rechts- und Lebensberatung nehmen einen breiten Raum ein. Hier soll es nur um die Rechtsberatung gehen. Die Mediation nimmt eine Sonderstellung ein – siehe dazu Kapitel 21.

Die Rechtsberatung
Sie vermittelt lagebezogene Kenntnisse des Rechts sowie der Vorteile, die es verschafft, und der Nachteile, die zu vermeiden sind. Darin sehen vor allem Rechtsanwälte, Notare, Rechtsbeistände, Rentenberater ihre Aufgabe.

---

[1] B. Steinke in Fachlexikon der sozialen Arbeit zum Stichwort »Beratung«.

Die Frage wer unter welchen Voraussetzungen Rechtsberatung und Rechtsbesorgung durchführen darf, ist zurzeit noch im Rechtsberatungsgesetz (RBerG) geregelt. Danach dürfen Behörden im Rahmen ihrer Zuständigkeit Rechtsberatung betreiben.[2]

Aufgrund gesetzlicher Vorschriften sind Behörden und Sozialleistungsträger, wie Jugend- und Sozialämter und sonstige öffentlich-rechtliche Stellen zur Beratung verpflichtet – siehe § 25 VwVfG, § 14 SGB I, § 11 Abs. 1 und 2 SGB XII, §§ 17 Abs. 1, 18 Abs. 1 bis 4 SGB VIII, § 22 SGB IX. Nach § 36 SGB I i. V m. §§ 11, 14 SGB I können auch Minderjährige ab dem vollendeten 15. Lebensjahr auf ihren Antrag beraten werden.

Unter das Rechtsberatungsprivileg des § 3 Abs. 1 Nr. 1 RBerG fällt auch die rechtsberatende Tätigkeit von Caritas und Diakonie als den Kirchen als Körperschaften des öffentlichen Rechts zugeordneten Institutionen.[3]

Das aus dem Jahr 1935 stammende RBerG soll vollständig aufgehoben und durch eine zeitgemäße gesetzliche Regelung abgelöst werden. Dazu liegt ein Gesetzentwurf der Bundesregierung – BR-Dr. 623/06 vom 1.9.2006 – über ein Gesetz zur Neuregelung des Rechtsberatungsgesetzes (Rechtsdienstleistungsgesetz – RDG) vor. Nach § 8 Abs. 1 Nr. 5 dieses Entwurfs sind u. a. Rechtsdienstleistungen, die Träger der freien Wohlfahrtspflege im Sinne des § 5 SGB XII, anerkannte freie Träger der Jugendhilfe im Sinne von § 75 SGB VIII und anerkannte Verbände zur Förderung der Belange behinderter Menschen im Sinne von § 13 Behindertengleichstellungsgesetzes im Rahmen ihre Aufgaben und Zuständigkeitsbereichs erbringen, erlaubt. Dabei definiert § 2 Abs. 1 des Entwurfs die Rechtsdienstleistung als »jede Tätigkeit in konkreten fremden Angelegenheiten, die nach der Verkehrsanschauung oder der erkennbaren Erwartung des Rechtssuchenden eine vertiefte Prüfung der Rechtslage unter Berücksichtigung der Umstände des Einzelfalls erfordert.«

Beratungshilfe nach dem BerHG
Nach § 1 BerHG (Gesetz über Rechtsberatung und Vertretung für Bürger mit geringem Einkommen) von 1980 erhält der Rechtsuchende auf Antrag nicht behördliche »Hilfe für die Wahrnehmung von Rechten außerhalb eines gerichtlichen Verfahrens (Beratungshilfe)«, wenn er die erforderlichen Mittel nach seinen Lebensverhältnissen nicht aufbringen, andere zumutbare Möglichkeiten nicht ergreifen kann und wenn seine Rechtsverfolgung nicht mutwillig ist. Über den Antrag entscheidet das Arbeitsgericht des Wohnorts des Ratsuchenden; es stellt bei positiver Entscheidung einen Berechtigungsschein aus, der Grundlage für die anwaltliche Rechtsberatung ist[4], wobei der Anwalt berechtigt ist, vom Rat Suchenden eine Gebühr von € 10,– (§§ 3 f., 6, 8 BerHG) zu verlangen; im Übrigen rechnet der Anwalt mit der Staatskasse ab.

Die Beratungshilfe besteht in **Beratung** sowie erforderlichenfalls in **außergerichtlicher Vertretung** auf den Gebieten des Verfassungs- und Verwaltungsrechts, des Sozialrechts und des Zivilrechts einschließlich der Angelegenheiten, für deren Entscheidung die Gerichte für Arbeitssachen zuständig sind; in Angelegenhei-

---

2 § 3 Abs. 1 Nr. 1 Rechtsberatungsgesetz.
3 Siehe dazu das rechtskräftig gewordene Urteil des Landgerichts Stuttgart, info also 2001, S. 167 ff.
4 Auch eine nachträgliche Antragstellung, die über den Anwalt erfolgt, ist möglich.

ten des Strafrechts und des Ordnungswidrigkeitenrechts wird nur Beratung gewährt (§ 2 BerHG).

Für die Inanspruchnahme von Beratungshilfe sind die **Einkommensgrenzen** maßgebend, die für Gewährung von Prozesskostenhilfe ohne Ratenzahlung maßgeblich sind (§ 1 Abs. 2 BerHG).

Wegen der geringen Gebühren ist die Beratungshilfe ein ungeliebtes Kind der Anwaltschaft.

19.1.2 Prozesskostenhilfe (PKH)

Prozesskostenhilfe wird nach einer seit 1. 1. 1981 geltenden Novellierung der ZPO **auf Antrag** geleistet, um die »Rechtswegsperre« zu beseitigen, die durch die Gefahr hoher Gerichts- und Anwaltskosten vor allem im Zivilprozess regelmäßig für wirtschaftlich und sozial Schwache besteht. Prozesskostenhilfe ist an die Stelle des früheren »Armenrechts« getreten, das schon wegen der als diskriminierend empfundenen Bezeichnung von »verschämten Armen« häufig nicht in Anspruch genommen wurde. Prozesskostenhilfe kommt nicht in Betracht, soweit anderweitiger Rechtsschutz – siehe dazu nachfolgend unter 20.1.3 – besteht.

Die Prozesskostenhilfe, in §§ 114-127 ZPO geregelt, wird auch für arbeitsrechtliche Streitfälle (§ 11 a Abs. 3 ArbGG), für Angelegenheiten der freiwilligen Gerichtsbarkeit (§ 14 FGG), für das Verfahren bei den Sozialgerichten (§ 73 a SGG) sowie für das Verwaltungsgerichtsverfahren (§ 166 VwGO) und für das Verfahren vor den Finanzgerichten (§ 142 FGO) gewährt. Sie ist beim Gericht zu beantragen; dem Antrag sind eine Erklärung über die persönlichen und wirtschaftlichen Verhältnisse und entsprechende Belege beizufügen (§ 117 ZPO). Die beabsichtigte gerichtliche Rechtsverfolgung oder Rechtsverteidigung muss hinreichende Aussicht auf Erfolg bieten und darf nicht mutwillig erscheinen (§ 114 Satz 1 ZPO). Im Rahmen des Verfahrens auf Bewilligung der PKH erfolgt also eine sachliche Vorprüfung der Erfolgsaussichten durch das Gericht. Die Bewilligung der Hilfe durch das Gericht befreit entweder ganz von Gerichtskosten, Kosten eines beigeordneten Anwalts oder Zwangsvollstreckungskosten oder sie führt hinsichtlich dieser Kosten zur Ratenzahlung.[5] Ob die PKH mit oder ohne Ratenzahlung bewilligt wird, hängt von der Höhe des zu berücksichtigenden Einkommens ab; die Einkommensberücksichtigung ist im einzelnen in § 115 ZPO geregelt. Die vom Einkommen absetzbaren Beträge werden jährlich aktualisiert[6] und in welcher Höhe Raten bei welchem Einkommen zu zahlen sind, ergibt sich aus der Tabelle zu § 115 ZPO. Die Vermögensberücksichtigung erfolgt in entsprechender Anwendung von § 90 SGB XII. Wenn sich die bei Bewilligung der PKH vom Gericht angenommene hinreichende Erfolgsaussicht im Verlauf des Verfahrens nicht bestätigt und der Empfänger der PKH unterliegt, muss er die Kosten der gegnerischen Partei tragen (§ 123 ZPO).[7]

---

5 An die Staatskasse; dies kann zwar eine Zahlungserleichterung sein, eine Ersparnis von Kosten ist damit jedoch nicht verbunden.
6 Zuletzt durch die Prozesskostenhilfebekanntmachung 2006 vom 6.6.2006 – BGBl. I S. 1292.
7 Als Gesetzentwurf des Bundesrates – BT-Dr. 16/1994 vom 8. 6. 2006 – liegt das Prozesskostenhilfebegrenzungsgesetz vor, dessen Zielsetzung in seinem Namen zum Ausdruck kommt: Einsparung der in der Vergangenheit für die PKH angeblich zu viel verausgabten Kosten.

In Unterhaltssachen kann das Prozessgericht = Familiengericht auf Antrag durch einstweilige Anordnung die Verpflichtung des Unterhaltsschuldners zur Leistung eines Prozesskostenvorschusses unter den Parteien regeln (§ 127 a ZPO).

19.1.3 Sonstiger Beratungs- und Rechtsschutz

Verbandsmitgliedschaft:
Die Mitgliedschaft in bestimmten Verbänden beinhaltet kostenlose Beratung und Vertretung vor Gericht durch Verbandsvertreter bzw. Anwältinnen/Anwälte – jeweils beschränkt auf sachlich eingegrenzte Rechtsbereiche. Als wichtige Beispiele seien genannt:

- Das **Mitglied einer Gewerkschaft** hat Anspruch auf kostenlose Rechtsberatung und Vertretung in gerichtlichen Verfahren, soweit es um arbeitsrechtliche oder sozialrechtliche Fragen oder Streitigkeiten geht. Bei arbeitsrechtlichen Angelegenheiten ist Zugehörigkeit zu der Gewerkschaft, die im Betrieb vertreten ist, erforderlich. Die Beratung bzw. Vertretung wird durch Rechtssekretäre der Gewerkschaft oder des Deutschen Gewerkschaftsbundes durchgeführt. Die Vertretung erstreckt sich auch auf die zweite Instanz in der Arbeits- und Verwaltungsgerichtsbarkeit, bei der ansonsten Anwaltszwang besteht (§ 11 Abs. 2 ArbGG, § 67 Abs. 1 Satz 4 VwGO).
- Der Sozialverband Deutschland e.V. – SoVD – , der sich insbesondere für kranke, chronisch kranke, behinderte und ältere Menschen einsetzt, gewährt seinen Mitgliedern Beratung und Rechtsschutz bei der Durchsetzung sozialer Leistungsansprüche vor den Sozial- und Verwaltungsgerichten; auch hier erstreckt sich die Vertretung auf die zweite Instanz in der Verwaltungsgerichtsbarkeit (in der Sozialgerichtsbarkeit besteht in der zweiten Instanz noch kein Anwaltszwang).
- Mitglieder von Mietervereinen haben regelmäßig nach der Satzung des Vereins und unter den dort näher bezeichneten Voraussetzungen Anspruch auf gerichtliche Wahrnehmung der rechtlichen Interessen aus Miet- und Pachtverhältnissen durch anwaltliche Vertretung. Beginn und Ende des Versicherungsschutzes richten sich nach den für Rechtsschutzversicherungen maßgebenden Bestimmungen – siehe nachfolgend.

Rechtsschutzversicherungen:
Rechtsschutzversicherungen bieten Rechtsschutz für Beratung und die anwaltliche Vertretung vor Gericht. Sie können für bestimmte Risiken bzw. Sachbereiche abgeschlossen werden, z. B. nur als Verkehrsrechtsschutz oder umfassender: Privat- und Berufsrechtsschutz für Nichtselbständige, wobei hierbei der Mietrechtsschutz nicht eingeschlossen ist. Welche Risiken versicherbar sind bzw. nicht versicherbar sind, ergibt sich aus den Allgemeinen Rechtsschutz-Versicherungsbedingungen (ARB/2000). Nicht versichert sind Versicherungsfälle, die vor Abschluss des Versicherungsvertrages oder innerhalb einer Wartezeit von drei Monaten ab Abschluss des Versicherungsvertrages eingetreten sind.

> **Beispiel:** Wegen Schimmelbildung im Schlafzimmer mindert der Mieter M die Miete nach vorheriger Abmahnung und schriftlicher Ankündigung. Gleichzeitig schließt er eine Rechtsschutzversicherung einschließlich Mietrechtsschutz

ab. Nach 9 Monaten kündigt der Vermieter V das Mietverhältnis wegen des aus seiner Sicht eingetretenen Mietrückstands. Da der Versicherungsfall als in dem Zeitpunkt eingetreten gilt, in dem der Gegner begonnen hat oder begonnen haben soll, gegen Rechtsvorschriften zu verstoßen, besteht kein Versicherungsschutz, da der Verstoß des V – Nichtbeseitigung des Mangels – vor Beginn des Versicherungsvertrages lag.

Rechtsschutzversicherungen sind nicht unbedingt billig, aber sie empfehlen sich zur Entlastung derjenigen Menschen, die zwar wegen ihres Einkommens nicht Prozesskostenhilfe erhalten können, gleichwohl aber nicht so hohe Einkünfte haben, um einen längeren Rechtsstreit als Prozesspartei ohne Not durchzustehen. Insbesondere kann es sich für Arbeitsrechtsstreitigkeiten empfehlen, rechtsschutzver sichert zu sein, weil wegen der besonderen Regelung gem. § 12 a ArbGG für die erste Instanz auch der Arbeitnehmer, der sein Verfahren gewinnt, seine eigenen Kosten, zu denen auch die Anwaltskosten gehören, zu tragen hat.

19.2 Der Justizgewährungsanspruch

Es ist Aufgabe der Gerichte, die öffentliche Gewalt in allen ihren Erscheinungsformen auf Rechtsverletzungen zu kontrollieren und so für die Einhaltung und Beachtung rechtsstaatlicher Grundsätze zu sorgen. Dies ist ein bedeutsamer Ausschnitt aus der Tätigkeit der Justiz. Noch weit häufiger werden Gerichte in Anspruch genommen zur Wahrung und Durchsetzung von Ansprüchen im Verhältnis zwischen Personen des Privatrechts, z. B. bei Streitigkeiten aus Anstellungsverhältnissen, aus Mietverträgen, um Reparaturrechnungen, wegen Schadenersatzforderungen nach Unfall und Auseinandersetzung mit Haftpflichtversicherern oder bei Scheidung der Ehe, womit nur einige Beispiele genannt sind. Was die Rechtsordnung an materiellen Rechten gewährt, muss der Anspruchsinhaber angesichts minimaler Selbsthilfemöglichkeiten in einem formellen Rechtsverfahren mithilfe staatlicher Stellen durchsetzen können. Soweit es sich um hoheitliche Maßnahmen handelt, beruht der Anspruch auf gerichtlichen Rechtsschutz auf Art. 19 Abs. 4 GG; im Übrigen lässt sich der Anspruch auf Gewährleistung eines effektiven und wirksamen Rechtsschutzes und damit der Anspruch des Bürgers auf Zugang zu den Gerichten aus dem Rechtsstaatsgebot und aus Art. 103 Abs. 1 GG ableiten.[8]

Unabhängige Richter haben die Aufgabe, die Rechte des Bürgers gegenüber seinen Mitbürgern und staatlichen Einrichtungen zu sichern.[9] Für diese Aufgabe steht ein ausgebautes System von Gerichten zur Verfügung. Es kennt verschiedene Gerichtsbarkeiten, und damit verschiedene Rechtswege, die bei Einlegung zulässiger Rechtsbehelfe ggfs. über mehrere Instanzen begangen werden können. Deshalb spricht man auch von einem »Rechtswegestaat«. Damit Mittellosigkeit nicht zu Rechtlosigkeit wird, ist für Menschen mit geringem Einkommen die Beratungs-

---

8 Vgl. dazu Wassermann in Alternativ-Kommentar zum GG, Rdnr. 12 zu Art. 103 GG mit ausführlicher Darstellung der dazu ergangenen Rechtsprechung des BVerfG.
9 BVerfG, NJW 1983, 1307.

hilfe und die Prozesskostenhilfe geschaffen worden. Dazu wird auf den Unterpunkt 19.3 verwiesen.

19.3 Der Aufbau der deutschen Gerichtsbarkeit[10]

19.3.1 Die Verfassungsgerichtsbarkeit des Bundes

Oberstes Gericht des Bundes und Hüter der freiheitlich demokratischen Ordnung ist das Bundesverfassungsgericht (BVerfG). Es entscheidet z. B. mit Gesetzeskraft über die Vereinbarkeit von Gesetzen mit dem Grundgesetz – Art. 31 Abs. 2 BVerfGG – und legt z. B. Streitigkeiten zwischen Verfassungsorganen bei. Von großer Bedeutung für den Bürger ist die Möglichkeit, das BVerfG mit einer Verfassungsbeschwerde anzurufen, wenn er der Auffassung ist, durch die öffentliche Gewalt in einem seiner Grundrechte oder in einem seiner in Art. 20 Abs. 4, 33, 38, 101, 104 GG enthaltenen Rechte – den grundrechtsähnlichen Rechten – verletzt zu sein. Allerdings ist dieses Verfahren regelmäßig erst dann zulässig, wenn der gesamte Instanzenzug einer der fünf speziellen, weiter unten dargestellten Gerichtszweige ausgeschöpft ist; aber auch dann ist noch nicht sicher, dass die Verfassungsbeschwerde von einem der beiden mit je acht Richtern besetzten Senate verhandelt wird, weil wegen der großen Zahl von Fällen zunächst ein sog. Dreierausschuss darüber entscheidet, ob die Verfassungsbeschwerde überhaupt angenommen wird. Bei Unzulässigkeit der Verfassungsbeschwerde oder bei fehlender hinreichender Erfolgsaussicht kann ihre Annahme abgelehnt werden. (§§ 90, 93 a Abs. 1 bis 3 BVerfGG).

Allerdings ist das BVerfG kein »Superrevisionsgericht« – es entscheidet in ganz bestimmten Verfahrensarten; die Tabelle auf S. 333 gibt einen Überblick über die Wichtigsten davon.

Als **Beispiele** erfolgreicher Verfassungsbeschwerden seien genannt:

> Durch Entscheidung vom 13. 4. 1983 setzte das BVerfG die Durchführung der auf den 27. 4. 1983 festgesetzten Volks-, Berufs-, Wohnungs- und Arbeitsstättenzahlung gem. dem sog. Volkszählungsgesetz bis zur Entscheidung über die Verfassungsbeschwerden aus, weil das Gesetz möglicherweise die Grundrechte aller auskunftspflichtigen Bürger verletze.[11] In seiner Entscheidung vom 15. 12. 1983 über die Verfassungsbeschwerden hob des Gericht das aus Art. 2 Abs. 1 GG abgeleitete Recht auf »informationelle Selbstbestimmung« aus der Taufe und erklärte die Weitergabe von Personendaten an die Meldeämter der Gemeinden für verfassungswidrig, weil sie in den Persönlichkeitsschutz eingreife.[12]
> Im Jahre 2001 entschied das BVerfG, dass der generelle Beitragssatz in der sozialen Pflegeversicherung in Höhe von 1,7 % der beitragspflichtigen Einnahmen

---

10 Zu europäischen Gerichten siehe oben unter 21.5.
11 Urteil des ersten Senats, BVerfGE Bd. 64 (1983) S. 67 ff.
12 Urteil des ersten Senats, DVBl. 1984 S. 128 ff. – zum Recht auf informationelle Selbstbestimmung siehe auch in Kap. 9 unter 9.3.1.1 d).

19. Rechtsdurchsetzung mithilfe der Gerichte

Verfahrens-art	Antragsberech-tigung	Gegenstand des Verfahrens	Entscheidung/Wirkung
1. Abstrakte Normenkontrolle	Bundesregierung, Landesregierung, 1/3 der Mitglieder des Bundestages	Vereinbarkeit von Bundesrecht und Landesrecht mit dem GG	Feststellung der Vereinbarkeit oder Nichtigkeit = Entscheidung hat Gesetzeskraft
2. Konkrete Normenkontrolle	Jedes Gericht durch einen sog. Aussetzungs- und Vorlagebeschluss	Vereinbarkeit förmlicher Gesetze mit dem GG	wie bei 1. – Entscheidung hat Gesetzeskraft
3. Organstreitigkeit	Bundespräsidente, Bundestag, Bundesrat, Bundesregierung, Teile dieser Organe	Kompetenzverletzung der antragsberechtigten Organe	Feststellung, ob Kompetenzverletzung vor-liegt, Bindungswirkung
4. Bunde-Länder-Streitigkeit	Bundesregierung, Landesregierung	Kompetenzverletzungen im Verhältnis zwischen Bund und Ländern	wie bei 3.
5. Verfassungsbeschwerde	Jeder Bürger »Jedermann«	Verletzung von Grundrechten und grundrechtsähnlichen Rechten durch die öffentliche Gewalt	Feststellung, ob Verletzung vorliegt, Aufhebung zugrunde liegender Gerichtsentscheidungen, Nichtigerklärung des entsprechenden Gesetzes, Entscheidung hat Gesetzeskraft

– siehe § 55 SGB XI – gegen den Gleichheitssatz des Art. 3 Abs. 1 GG i. V. m. Art. 6 Abs. 1 verstoße: »Es ist mit Art. 3 I i. V. m. Art. 6 I GG nicht zu vereinbaren, dass Mitglieder der sozialen Pflegeversicherung, die Kinder betreuen und erziehen und damit neben dem Geldbetrag einen generativen Beitrag zur Funktionsfähigkeit eines umlagefinanzierten Sozialversicherungssystems leisten, mit einem gleich hohen Pflegeversicherungsbeitrag wie Mitglieder ohne Kinder belastet werden«.[13] Das Gericht setzte dem Gesetzgeber eine Frist zur verfassungskonformen Anpassung des Gesetzes, die inzwischen erfolgt ist – siehe in Kapitel 14.2.3.

---

13 So der Leitsatz des Urteils vom 3. 4. 2001 – BVerfGE, Bd. 103 (2001) S. 242 ff.

19.3.2 Verfassungsgerichtsbarkeit der Bundesländer

Auch die Bundesländer verfügen über eine eigene Verfassungsgerichtsbarkeit, denn die oberste landesrechtliche Rechtsquelle ist die Landesverfassung. In den Bundesländern wachen daher Staatsgerichtshöfe bzw. Verfassungsgerichtshöfe über die Einhaltung der Länderverfassungen, die durchweg auch einen Grundrechtsteil enthalten, z. B. der Hessische Staatsgerichtshof in Wiesbaden oder der Niedersächsische Staatsgerichtshof in Bückeburg.

19.3.3 Der gesetzliche Richter

Unterhalb der Verfassungsgerichtsbarkeit existieren – durch Art. 95 Abs. 1 GG vorgegeben – fünf selbstständige Gerichtszweige: ordentliche Gerichtsbarkeit, Arbeits-, Verwaltungs-, Sozial- und die Finanzgerichtsbarkeit. Durchweg sind drei Instanzen[14] vorgesehen, deren oberste jeweils ein Gericht des Bundes ist, während Aufgaben der mittleren und unteren Instanz von Gerichten der Länder wahrgenommen werden. Die obersten Bundesgerichte sind: der Bundesgerichtshof (BGH) mit Sitz in Karlsruhe, das Bundesverwaltungsgericht (BVerwG) mit Sitz in Leipzig, das Bundesarbeitsgericht (BAG) mit Sitz in Erfurt, das Bundessozialgericht (BSG) mit Sitz in Kassel und der Bundesfinanzhof (BFH) mit Sitz in München. Zur Wahrung der Einheitlichkeit der Rechtsprechung ist gemäß dem Auftrag in Art. 95 Abs. 3 GG ein Gemeinsamer Senat dieser fünf obersten Bundesgerichte gebildet. Einen Überblick über die Gerichtsbarkeiten einschließlich der Verfassungsgerichtsbarkeit gibt die nachstehende Übersicht:

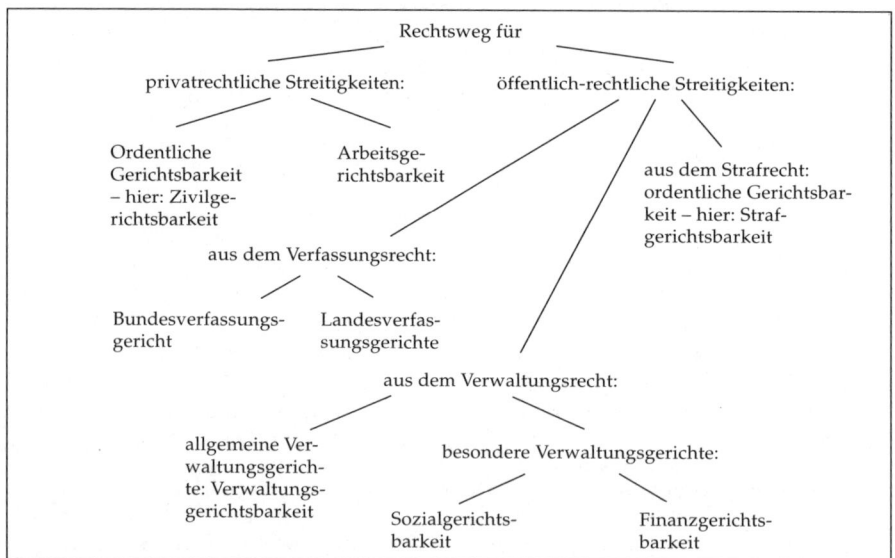

14 Ausnahmen davon, also nur zwei Instanzen, in der Finanzgerichtsbarkeit – siehe unter 19.3.7 –, oder, wenn in der Strafgerichtsbarkeit in erster Instanz das Landgericht entscheidet – siehe Kap. 15.

19. Rechtsdurchsetzung mithilfe der Gerichte

Die Regeln für das Verfahren in den einzelnen Gerichtsbarkeiten sind in den verschiedenen Verfahrensgesetzen enthalten.[15] Dazu gehören auch Bestimmungen über den Aufbau der Gerichtsbarkeit, über die Frage, für welche Art von Streitigkeiten die Gerichte dieser Gerichtsbarkeit zuständig sind – **sachliche Zuständigkeit** – und über **die funktionelle Zuständigkeit**. Diese bezieht sich darauf, welches Rechtspflegeorgan in ein- und demselben Rechtsstreit tätig zu werden hat, also z. B. die Frage, welche Instanz der Gerichtsbarkeit für welche Art von Entscheidungen zuständig ist oder in welchen Fällen der Richter und in welchen Fällen der Rechtspfleger zuständig ist.

> **Beispiele:** Aus § 40 der VwGO ergibt sich, dass der Verwaltungsrechtsweg in allen öffentlich-rechtlichen Streitigkeiten nicht verfassungsrechtlicher Art gegeben ist, soweit die Streitigkeiten nicht durch Bundesgesetz einem anderen Gericht ausdrücklich zugewiesen sind (sachliche Zuständigkeit). Aus § 23 Nr. 1 GVG i. V. m. § 71 Abs. 1 GVG ergibt sich, dass die Landgerichte in Zivilsachen in vermögensrechtlichen Streitigkeiten erstinstanzlich zuständig sind, wenn der Streitwert 5.000 Euro übersteigt (funktionelle Zuständigkeit).

Außer der funktionellen und sachlichen Kompetenz der Gerichte kommt es im Einzelfall noch auf die **örtliche Zuständigkeit** an, den sog. **Gerichtsstand**. Der allgemeine Gerichtsstand einer natürlichen Person für alle gegen sie zu erhebenden Klagen ist in der Zivilgerichtsbarkeit grundsätzlich das **Gericht ihres Wohnsitzes** (§§ 12 f. ZPO), das heißt des Ortes, an dem die Person nicht nur vorübergehend ihren hauptsächlichen räumlichen Mittelpunkt ihrer Lebensverhältnisse hat, also der Wohnsitz des Schuldners. Das gilt auch für die Arbeitsgerichtsbarkeit – hier ist aber der in § 21 ZPO geregelte besondere Gerichtsstand der Niederlassung von größerer Bedeutung. Danach muss der Angestellte, der in einer Geschäftsstelle der Deutschen Bank in Berlin beschäftigt ist, seine Kündigungsschutzklage nicht beim Arbeitsgericht Frankfurt, dem für den Sitz seines Arbeitgebers zuständigen Arbeitsgerichts, anhängig machen, sondern kann das beim Arbeitsgericht Berlin als dem für seine Geschäftsstelle zuständigen Arbeitsgericht tun.

Daneben gibt es sog. ausschließliche Gerichtsstände, die vorgehen, z. B. ein **ausschließlicher Gerichtsstand** bei Miet- oder Pachträumen: für Streitigkeiten über Ansprüche aus **Miet- oder Pachtverhältnissen über Räume** oder über das Bestehen solcher Verhältnisse ist das Gericht ausschließlich zuständig, in dessen Bezirk sich die Räume befinden, § 29 a ZPO – für Klagen aus **Haustürgeschäften** (§ 312 BGB) ist das Gericht zuständig, in dessen Bezirk der **Verbraucher** zur Zeit der Klageerhebung seinen Wohnsitz, in Ermangelung eines solchen seinen gewöhnlichen Aufenthalt hat. Für Klagen gegen den Verbraucher ist dieses Gericht ausschließlich zuständig, § 29 c ZPO.

Für die **Verwaltungsgerichtsbarkeit** ist die örtliche Zuständigkeit in § 52 der VwGO differenziert geregelt, für die Sozialgerichtsbarkeit ergibt sich aus § 57 SGG, dass örtlich zuständig das Sozialgericht ist, in dessen Bezirk der Kläger zur Zeit der Klageerhebung seinen Wohnsitz oder seinen Aufenthalt hat.

---

15 Siehe dazu die in Kapitel 2 enthaltene Übersicht über die Rechtsordnung.

Schließlich gehören zur Vervollständigung dieses Systems noch die **Geschäftsverteilungspläne** der Gerichte; diese werden vom Präsidium des jeweiligen Gerichts für jeweils ein Jahr erlassen und regeln genau, welche Einzelrichter oder Richterkollegien (Kammern oder Senate) für welche Rechtsgebiete und Arten von Verfahren mit welchen Richtern (oder Vertretern) zuständig sind.

Die auf diese Weise im Voraus bestimmten Einzelrichter, Schöffengerichte, Kammern und Senate bezeichnet man als den sog. »**gesetzlichen Richter**«, dem niemand entzogen werden darf (Art. 101 Abs. 1 Satz 2 GG). Jedermann kann die Geschäftsverteilungspläne in einer Geschäftsstelle des Gerichts bzw. inzwischen via Internet auf der Homepage des Gerichts einsehen.[16] Der gesetzliche Richter ist Ausfluss des verfassungsrechtlichen Rechtsstaatsgebots (Art. 20 Abs. 1 GG), denn durch die sachliche Zuweisung eines Rechtsstreits zur maßgeblichen Gerichtsbarkeit, durch die gesetzlich geregelte funktionelle und örtliche Zuständigkeit des Gerichts der maßgeblichen Gerichtsbarkeit und schließlich durch den Geschäftsverteilungsplan wird sichergestellt, dass keine Manipulationen möglich sind. Das ist eine hoch einzuschätzende rechtsstaatliche Errungenschaft.

19.3.4 Die ordentliche Gerichtsbarkeit

Dies ist, geschichtlich gesehen, derjenige Zweig der Justiz, in dem seit langem Richter in voller Unabhängigkeit tätig sind. Diese Unabhängigkeit ist generell, auch für die anderen Gerichtszweige, erst durch Art. 97 GG hergestellt worden.

Die ordentliche Gerichtsbarkeit umfasst die **Zivilgerichtsbarkeit** und die **Strafgerichtsbarkeit** (§§ 12 f. GVG). Neben dem BGH in Karlsruhe bestehen als Gerichte der Länder die Oberlandesgerichte, die Landgerichte und die Amtsgerichte.[17] Ein Oberlandesgericht Berlins trägt die aus der Monarchie überkommene Bezeichnung »Kammergericht«, und Bayern hat einem der beiden Münchener Oberlandesgerichte durch die Bezeichnung »Oberstes Landesgericht« eine herausgehobene Stellung verliehen.

Da der Aufbau der Strafgerichtsbarkeit in Kapitel 15 dargestellt ist, beschränken sich die nachfolgenden Ausführungen auf die Zivilgerichtsbarkeit.

Beim Landgericht, Oberlandesgericht und beim Bundesgerichtshof entscheiden kollegial besetzte, also aus mehreren Personen bestehende Gerichte; diese haben beim BGH und den Oberlandesgerichten die Bezeichnung **Senate**, bei den Landgerichten die Bezeichnung **Kammer** (teils auch durch Einzelrichter). Beim Landgericht, beim Oberlandesgericht und beim Bundesgerichtshof besteht sog. **Anwaltszwang**, d. h. die Parteien eines Rechtsstreits müssen sich zur Prozessführung durch einen Rechtsanwalt oder eine Rechtsanwältin vertreten lassen. Die Rechtsprechung des Amtsgerichts wird vom Einzelrichter beherrscht.

Die Verfahren bei den Zivilgerichten enden, wenn sich das Verfahren nicht auf andere Weise erledigt, mit einem **Urteil**; Eilverfahren, in denen es um vorläufige

---

16 Vgl. § 21 e Abs. 9 GVG.
17 Anwaltsverzeichnis 2002/2003 S. 61-63.

Sicherung von Ansprüchen oder vorläufige Regelungen von Rechtsverhältnissen geht – Arrestverfahren und einstweilige Verfügungsverfahren –, enden durch **Beschluss**. In die sachliche Zuständigkeit der Zivilgerichte fallen bürgerliche Streitigkeiten, d. h. Rechtsstreitigkeiten über privatrechtliche Ansprüche und Rechtsverhältnisse, in erster Linie solche aus dem BGB, aber auch aus den dazu gehörenden Nebengesetzen, den Bereichen des Sonderprivatrechts und nicht zuletzt aus dem StVG (Straßenverkehrsgesetz), wenn es um Ansprüche auf Schadensersatz aus Verkehrsunfällen geht. Aufgrund von Sonderregelungen, die historische Wurzeln haben, sind auch einige Ansprüche, die dem öffentlichen Recht angehören, der Zivilgerichtsbarkeit zugewiesen, so Ansprüche aus Amtspflichtverletzung gegen den Staat (§ 839 BGB i. V. m. Art. 34 GG), aus Aufopferung für das gemeine Wohl sowie wegen Enteignungsentschädigung.

Der Instanzenzug in der Zivilgerichtsbarkeit lässt sich – stark vereinfacht – wie folgt darstellen:

Die Amtsgerichte sind in Abteilungen gegliedert, von denen drei in die Übersicht aufgenommen worden sind: die **allgemeine Zivilabteilung**, die Abteilung **Vormundschaftsgericht** und die Abteilung **Familiengericht**. Es entscheidet jeweils eine einzelne Person, eine Richterin oder ein Richter.

Die allgemeine Zivilabteilung ist sachlich zuständig bei Streitigkeiten über vermögensrechtliche Ansprüche – etwa auf Lieferung, Kaufpreis, Mietzahlung, Darlehen, Schadensersatz – bis zu einem Gegenstandswert von € 5.000,–, ohne Rücksicht auf die Höhe des Streitwerts bei Streitigkeiten über Ansprüche aus einem Mietverhältnis über Wohnraum oder über den Bestand eines solchen Mietverhältnisses (**ausschließliche Zuständigkeit**) (vgl. § 23 Abs. 1 Nr. 1 und 2 GVG). Für die einfache Durchsetzung von möglicherweise unproblematischen Ansprüchen steht beim Amtsgericht das **Mahnverfahren** zur Verfügung – §§ 688 ff. ZPO.

337

Teil 5: Rechtsanwendung und -verwirklichung

In diesem Verfahren ergeht ein Mahnbescheid und darauf folgend ein das Verfahren abschließender Vollstreckungsbescheid, es sei denn, der Antragsgegner legt gegen den Mahnbescheid Widerspruch bzw. gegen den Vollstreckungsbescheid Einspruch ein. Beide Rechtsbehelfe überführen das Verfahren in das normale streitige Verfahren,

Für die Entscheidung über **Familiensachen**, zu denen Kindschafts-, Unterhalts- und Ehesachen – hier insbesondere Scheidungsverfahren – und auch Lebenspartnerschaftssachen gehören, sind bei den Amtsgerichten die Familiengerichte gebildet (§§ 23 a, 23 b GVG). In Scheidungsverfahren besteht Anwaltszwang – abweichend von sonstigen Verfahren beim Amtsgericht.

Die Abteilung Vormundschaftsgericht gehört zur sog. **freiwilligen Gerichtsbarkeit**, für die die Regeln des Gesetzes über die Angelegenheiten der freiwilligen Gerichtsbarkeit (FGG) maßgeblich sind. Zur freiwilligen Gerichtsbarkeit gehören auch das Grundbuchamt, das Registergericht (Güterrechts-, Vereins-, Handels-, Genossenschaftsregister) und das Nachlassgericht (Erbschein). Das Vormundschaftsgericht entscheidet z. B. über die Anordnung von Vormundschaften über Minderjährige, über die rechtliche Betreuung, über die Adoption, die Anordnung einer Pflegschaft. Abgesehen davon werden viele Aufgaben, die in diesem Bereich anfallen, von Rechtspflegern erfüllt, Beamten des gehobenen Justizdienstes mit besonderer Ausbildung. Bei den gerichtlichen Entscheidungen, die auf der Grundlage des FGG getroffen werden, handelt es sich nicht um Urteile, sondern um Beschlüsse, gegen die als Rechtsmittel die **Beschwerde** und ggfs. die **weitere Beschwerde** zulässig sind.

Gegen Urteile des Amtsgerichts als allgemeine Zivilabteilung ist als Rechtsmittel die **Berufung** an das Landgericht (LG) als Berufungsgericht (2. Instanz) zulässig, wenn die Beschwerdesumme € 600,– übersteigt, also eine Partei des Rechtsstreits in Höhe von wenigstens € 600,01 unterlegen ist.

In Familiensachen entscheidet über die Berufung das Oberlandesgericht (OLG) durch Familiensenate – § 119 I Nr. 1 a) GVG. Auch hier ist Voraussetzung für die Berufung, dass die Beschwerdesumme € 600,– übersteigt.

Beispiel: Es soll um ein Verfahren wegen Kindesunterhalt während der Zeit des Getrenntlebens gehen. Die Mutter stellt für das Kind den Antrag (§ 1629 Abs. 3 BGB), den Vater des Kindes zur Zahlung einer monatlichen Unterhaltrente in Höhe von 300 Euro zu verurteilen. Das Familiengericht verurteilt den Vater des Kindes zur Zahlung von 245 Euro monatlich und weist im Übrigen die Klage ab. Ist für das Kind die Beschwerdesumme erreicht? Die Lösung ergibt sich aus § 17 Abs. 1 GKG; danach ist als Wert für das Verfahren (auch Streitwert oder Gegenstandswert genannt) bei Ansprüchen auf Erfüllung der gesetzlichen Unterhaltspflicht der für die ersten 12 Monate nach Erhebung der Klage geforderte Betrag maßgeblich. Das sind hier 12 x 300 Euro = 3.600 Euro. Zugesprochen wurden nur 245 Euro. Dies mit 12 multipliziert, ergibt den Betrag von 2.940 Euro. In Höhe von 660 Euro liegt also eine Beschwer durch das Urteil vor. Die Beschwerdesumme ist erreicht – das Urteil des Familiengerichts ist berufungsfähig.

19. Rechtsdurchsetzung mithilfe der Gerichte

Auch in der zweiten Instanz können von den Parteien des Rechtsstreits – allerdings teilweise mit Einschränkungen – noch neue Tatsachen vorgetragen werden; erste Instanz und Berufungsinstanz sind damit **Tatsacheninstanzen**. Das gilt im Übrigen auch für die Arbeits-, Verwaltungs- und Sozialgerichtsbarkeit. Im Revisionsverfahren kann nur noch über Rechtsfragen verhandelt werden, neue Tatsachen können nicht mehr eingebracht werden.

In 1. Instanz ist das LG für alle bürgerlichen Rechtsstreitigkeiten zuständig, die nicht den Amtsgerichten zugewiesen sind. Dazu gehören alle vermögensrechtlichen Streitigkeiten mit einem Streitwert über € 5.000,– und ohne Rücksicht auf den Wert des Streitgegenstandes solcher Verfahren, in denen es um Ansprüche gegen Richter und Beamte wegen Amtspflichtverletzung geht (§ 71 GVG). Die Berufung an das OLG ist zulässig, wenn der Wert des Beschwerdegegenstandes mehr als € 600,– beträgt.

> **Beispiel:** Beim LG waren € 5.100,– eingeklagt, es erging ein zusprechendes Urteil über € 4.450,–; wegen der restlichen € 650,– wäre für den in dieser Höhe unterlegenen Kläger die Berufung an das OLG möglich – für den Beklagten ist sie bei diesem Beispiel ohnehin möglich, da er durch das Urteil in Höhe von € 4.450,– beschwert ist.

Die **Revision** an den BGH findet nur statt (gilt auch für die Familiensachen), wenn das Berufungsgericht sie in dem Urteil zugelassen oder das Revisionsgericht sie auf Beschwerde gegen die Nichtzulassung zugelassen hat. Revisionen an den BGH sind inzwischen durch das Zivilprozessreformgesetz [18] generell zulassungsbeschränkt, d. h. das Berufungsgericht muss in seinem Berufungsurteil über die Zulassung der Revision entscheiden.[19] § 556 ZPO sieht die Einlegung der Revision unter Überspringen der Berufungsinstanz (Sprungrevision) vor, wenn der Gegner in die Übergehung der Berufungsinstanz einwilligt und das Revisionsgericht die Sprungrevision zulässt.

Die Revision ist zuzulassen, wenn die **Rechtssache grundsätzliche Bedeutung** hat oder der **Fortbildung des Rechts** oder der **Vereinheitlichung der Rechtsprechung** dient (§ 543 ZPO). Gegen die Nichtzulassung der Revision durch das OLG kann innerhalb eines Monats Beschwerde zum BGH eingelegt werden (§ 544 ZPO).

In der Revisionsinstanz findet nur noch eine Überprüfung auf rechtliche Fehler statt, und zwar in verfahrensrechtlicher und materiell-rechtlicher Hinsicht; dies gilt auch für die Revision in Familiensachen. Neben absoluten Revisionsgründen, die in § 547 ZPO aufgezählt werden und bei denen es sich um schwerwiegende Verstöße gegen verfahrensrechtliche Vorschriften oder Grundsätze handelt, ist die Revision nur begründet, wenn die angegriffene Entscheidung Bundesrecht oder

---

[18] Vom 27. 7. 2001 BGBl. I S. 1887.
[19] Die frühere Regelung, nach der eine Revision ohne weiteres möglich war, wenn der Beschwerdewert 60.000 DM überschritt, ist aufgehoben – siehe aber die Übergangsregelungen in § 26 EGZPO.

eine Rechtsvorschrift verletzt, die über den Bezirk eines OLG hinaus Geltung hat (§ 547 ZPO).

19.3.5 Die Arbeitsgerichtsbarkeit

Bei der Arbeitsgerichtsbarkeit handelt es sich um eine besondere Zivilgerichtsbarkeit, weil sich das Arbeitsrecht zu einem besonderen Teil des Privatrechts entwickelt hat und seiner sozialen Bedeutung entsprechend nach einer eigenen Gerichtsbarkeit verlangte.

Die Arbeitsgerichte sind verwaltungsmäßig nicht den (Landes-) Justizministerien unterstellt, sondern unterliegen der Dienstaufsicht der obersten Landesarbeitsbehörden und des Bundesjustizministeriums.

Arbeitsgerichte entscheiden in zwei unterschiedlichen Verfahrensarten:

Sie sind zunächst zuständig für die Entscheidung von **bürgerlich-rechtlichen Streitigkeiten** zwischen Arbeitgebern und Arbeitnehmern, also Streitigkeiten aus dem Individualarbeitsrecht, zu denen in konjunkturschwachen Zeiten typischerweise eine zunehmende Zahl von Kündigungsschutzverfahren gehört (Einzelheiten in § 2 ArbGG). Diese Entscheidungen ergehen, wie im Zivilprozess, im sog. Urteilsverfahren; für Eilverfahren gilt dasselbe wie in der Zivilgerichtsbarkeit.

Weiterhin entscheiden Arbeitsgerichte über Streitigkeiten aus dem sog. **kollektiven Arbeitsrecht**, dazu zählt das Betriebsverfassungsrecht, das Tarifvertragsrecht und das Recht der Mitbestimmung im Unternehmen (Einzelheiten in § 2 a ArbGG). Das Verfahren in diesen Streitigkeiten heißt Beschlussverfahren, weil die die Instanz abschließende Entscheidung ein Beschluss des Gerichts ist, mit den Rechtsbehelfen Beschwerde zum Landesarbeitsgericht und Rechtsbeschwerde zum Bundesarbeitsgericht.

Das Arbeitsgericht besteht bereits in der ersten Instanz aus einer bzw. mehreren Kammern, d. h. einem Kollegium, das sich aus einem Berufsrichter und zwei ehrenamtlichen Richtern zusammensetzt (§ 35 ArbGG). Die Besetzung der Kammern beim Landesarbeitsgericht ist identisch, während in den Senaten beim Bundesarbeitsgericht drei Berufsrichter und zwei ehrenamtliche Richter vertreten sind. Die ehrenamtlichen Richter stammen jeweils von der Arbeitnehmerseite und von der Arbeitgeberseite, sodass damit sozusagen Kapital und Arbeit gleichermaßen am Verfahren beteiligt sind. Einen Überblick gibt die nachstehende Übersicht, die sich auf Streitigkeiten bezieht, über die im Urteilsverfahren oder in Verfahren des einstweiligen Rechtsschutzes entschieden wird:

19. Rechtsdurchsetzung mithilfe der Gerichte

Arbeitsgerichtsbarkeit	
Bundesarbeitsgericht (BAG) die Entscheidung erfolgt durch Senate; Besetzung: ⚖ ♦ ♦ ♦ ⚖	entscheidet als Revisionsgericht über Urteile des Landesarbeitsgerichts; die Revision muss im Urteil des Landesarbeitsgerichts zugelassen worden sein – die Revision ist zuzulassen bei entscheidungserheblichen Rechtsfragen von grundsätzlicher Bedeutung oder wenn das Urteil von einer Entscheidung des BVerfG, einer Entscheidung des Gemeinsamen Senats der obersten Gerichtshöfe des Bundes oder einer Entscheidung des BAG abweicht
Landesarbeitsgericht (LAG) die Entscheidung erfolgt durch Kammern; Besetzung: ⚖ ♦ ⚖	entscheidet als Berufungsgericht bzw. Beschwerdegericht über Urteile u. Beschlüsse des Arbeitsgerichts; nur in Bagatellfällen – wenn der Wert des Beschwerdegegenstandes 600 € nicht übersteigt – muss die Berufung durch das Arbeitsgericht zugelassen worden sein –
Arbeitsgericht (ArbG) die Entscheidung erfolgt durch Kammern; Besetzung: ⚖ ♦ ⚖	entscheidet als erstinstanzliches Gericht durch Urteil oder Beschluss in einstweiligen Rechtsschutzverfahren
♦ = Berufsrichter ⚖ = Ehrenamtlicher Richter	

Kläger und Beklagter können im Arbeitsgerichtsprozess von einem Vertreter der Gewerkschaft bzw. des Arbeitgeberverbandes vertreten werden, soweit sie dort Mitglied sind und eine Rechtsschutzzusage erhalten haben. Im Berufungsverfahren beim LAG und im Revisionsverfahren beim BAG besteht Anwaltszwang; beim LAG ist allerdings auch eine Vertretung durch Verbandsvertreter – Rechtssekretäre von Gewerkschaften bzw. Vertreter von Arbeitgeberverbänden zulässig, § 11 ArbGG.

Das Urteilsverfahren beginnt beim Arbeitsgericht mit einer Güteverhandlung vor dem Vorsitzenden, in der eine Einigung der Streitparteien versucht werden soll. Da in diesem Termin, der Teil der mündlichen Verhandlung ist, häufig Vergleiche geschlossen werden, sodass es nicht zur Fortführung einer streitigen Verhandlung kommt, sondern die Verfahren beendet werden, kommt besonders der Arbeitsgerichtsbarkeit eine soziale Schlichtungsfunktion zu.

Obwohl für arbeitsgerichtliche Verfahren aller Art gilt, dass das Verfahren in allen Rechtszügen zu beschleunigen ist, § 9 Abs. 1 ArbGG und § 61 a ArbGG besondere Vorschriften zur Förderung von Kündigungsschutzverfahren im Sinne der Verfahrensbeschleunigung enthält, bringen leider die hohe Belastung der Arbeitsgerichte und ihre unzulängliche personelle Besetzung mit sich, dass erstinstanzliche Prozesse im Durchschnitt sieben Monate dauern, bei Inanspruchnahme mehrerer Instanzen zumeist mehrere Jahre. Das bedeutet in vielen Fällen verbotene »Rechtsverweigerung« insofern, als vor allem in Kündigungsschutzverfahren ein obsiegendes Urteil dem Arbeitnehmer nach längerer Krisenzeit nichts mehr nützt.

19.3.6 Die Verwaltungsgerichtsbarkeit

Die Verwaltungsgerichtsbarkeit erschließt mit Verwaltungsgerichten als erstinstanzlichen Gerichten, den Oberverwaltungsgerichten (OVG) oder Verwaltungsgerichtshöfen (VGH) als Berufungsgerichten und dem Bundesverwaltungsgericht (BVerwG) als Revisionsinstanz den Rechtsweg für öffentlich-rechtliche Streitigkeiten nicht verfassungsrechtlicher Art – für diese sind die Verfassungsgerichte zuständig –, soweit die Streitigkeiten nicht durch Bundesgesetz einem anderen Gericht ausdrücklich zugewiesen sind (§ 40 Abs. 1 VwGO); diese Zuweisung ist vor allem durch das Sozialgerichtsgesetz (SGG) und die Finanzgerichtsordnung (FGO) geschehen, die in entsprechenden Verfahren die Streitigkeiten, die in ihre Zuständigkeit fallen, regeln. In bestimmten Streitigkeiten bzw. Verfahren, die sich aus §§ 47, 48 VwGO ergeben, ist das OVG/VGH als erstinstanzliches Gericht zuständig.

Auch die Verwaltungsgerichtsbarkeit will durch die Beteiligung ehrenamtlicher Richter, die keine Juristen sind, Bürgernähe erreichen, dies aber nur in der Unter- und Mittelinstanz, nicht beim BVerwG. Die Kammern beim VG und die Senate beim OVG/VGH sind üblicherweise mit jeweils drei Berufsrichtern und zwei ehrenamtlichen Richtern besetzt[20], die Senate beim BVerwG bestehen aus fünf Berufsrichtern. Einen Überblick gibt die nachstehende vereinfachende Übersicht auf S. 311.

Vor dem OVG/VGH und dem BVerwG muss sich jede Prozesspartei von einem Anwalt oder einem Rechtslehrer mit der Befähigung zum Richteramt an einer Hochschule im Sinne des HRG vertreten lassen; in Angelegenheiten der Kriegsopferfürsorge und des Schwerbehindertenrechts sowie der damit in Zusammenhang stehen Fragen des Sozialhilferechts sind vor dem OVG auch Mitglieder und Angestellte von Vereinigungen der Kriegsopfer und Behinderten zugelassen (vgl. § 67 VwGO).

Die Frage, unter welchen Voraussetzungen die Berufung gegen erstinstanzliche Urteile des VG zulässig ist, hat eine wechselvolle Geschichte. Nach dem zum 1.1.2002 in Kraft getretenen Gesetz zur Bereinigung des Rechtsmittelrechts im

---

20 Nach der Regelung in § 9 Abs. 3 VwGO bestehen die Senate bei OVG/VGH aus drei Berufsrichtern; die Vorschrift überlässt es jedoch dem Landesrecht zu bestimmen, dass die Senate aus 5 Richtern bestehen, von denen auch zwei ehrenamtliche Richter sein können.

19. Rechtsdurchsetzung mithilfe der Gerichte

Verwaltungsgerichtsbarkeit	
Bundesverwaltungsgericht (BVerwG) die Entscheidung erfolgt durch Senate; Besetzung: ▲ ▲ ▲ ▲ ▲	entscheidet als Revisionsgericht über Urteile des Berufungsgerichts; die Revision muss im Urteil des Berufungsgerichts zugelassen worden sein – die Revision ist zuzulassen bei Rechtsfragen von grundsätzlicher Bedeutung, wenn das Urteil von einer Entscheidung des BVerwG, des Gemeinsamen Senats der obersten Gerichtshöfe des Bundes oder des Bundesverfassungsgerichts abweicht oder ein Verfahrensmangel vorliegt, auf dem die Entscheidung beruht.
Oberverwaltungsgericht (OVG) oder Verwaltungsgerichtshof (VGH) die Entscheidung erfolgt durch Senate; Besetzung: △ ▲ ▲ ▲ △	entscheidet als Berufungsgericht bzw. Beschwerdegericht über Urteile u. Beschlüsse des Verwaltungsgerichts; in dieser Gerichtsbarkeit muss jede Berufung vom VG bzw. OVG/VGH zugelassen werden, siehe unten
Verwaltungsgericht (VG) die Entscheidung erfolgt durch Kammern; Besetzung: △ ▲ ▲ ▲ △ oder durch den Einzelrichter – § 6 VwGO	entscheidet als erstinstanzliches Gericht durch Urteil oder Beschluss in einstweiligen Rechtsschutzverfahren
▲ = Berufsrichter △ = Ehrenamtlicher Richter	

Verwaltungsprozess[21] ist die Berufung zulässig, wenn sie vom Verwaltungsgericht von Amts wegen – § 124 a Abs. 1 VwGO – oder aufgrund eines gesonderten Antrags vom Oberverwaltungsgericht – § 124 a Abs. 4 VwGO – zugelassen wird.[22]

In der Verwaltungsgerichtsbarkeit werden durchweg zwei Fallgruppen verhandelt.

Sie entscheidet zum Einen über **Streitigkeiten zwischen gleichberechtigten Verwaltungsträgern**, z. B. zwischen zwei Sozialhilfeträgern über die Kostenerstattung von Sozialhilfeleistungen nach § 106 SGB XII bei Aufenthalt in einer Einrichtung.

---

21 BGBl. I S. 3987 ff.
22 Zur Neuregelung in der VwGO durch dieses Gesetz siehe Kuhla/Hüttenbrink in DVBl. 2002, S. 85 ff.

Teil 5: Rechtsanwendung und -verwirklichung

Meist aber wird um die **Rechtmäßigkeit von Verwaltungsakten** gestritten; Verwaltungsakt (VA) das ist jede Verfügung, Entscheidung oder andere hoheitliche Maßnahme, die eine Behörde zur Regelung eines Einzelfalles auf dem Gebiet des öffentlichen Rechts trifft und die auf unmittelbare Rechtswirkung nach außen gerichtet ist (§ 35 Satz 1 VwVfG, § 31 SGB X), denn Kernaufgabe der Verwaltungsgerichtsbarkeit ist Rechtmäßigkeitskontrolle behördlichen Handelns.[23] Nach der eingangs mitgeteilten Rechtswegzuweisung ergibt sich eine Zuständigkeit der Verwaltungsgerichte für Streitigkeiten aus dem Beamtenrecht, dem Baurecht, dem Ordnungsrecht, dem Wehrrecht, dem Zuwanderungsrecht, dem Asylbewerberleistungsgesetz, um nur einige wenige Beispiele zu nennen.

Im Sozialleistungsbereich ergibt sich die Zuständigkeit der Verwaltungsgerichte für Streitigkeiten u.a. aus dem: Wohngeldgesetz, dem BAföG, dem Kinder- und Jugendhilferecht, dem Unterhaltsvorschussgesetz, dem SGB IX 2. Teil, soweit für die Durchführung des Gesetzes die Integrationsämter zuständig sind.

Vor Erhebung der Klage müssen Rechtmäßigkeit und Zweckmäßigkeit der behördlichen Entscheidung – des Verwaltungsakts – in einem Vorverfahren, das aus der Sicht des Betroffenen das Widerspruchsverfahren ist, überprüft werden – § 68 VwGO.

> **Beispiele:** Das Studentenwerk A richtet an den Studenten S einen Aufhebungs- und Erstattungsbescheid, weil dieser bei der Beantragung der Ausbildungsförderung ihm gehörendes Vermögen verschwiegen hat, das wegen seiner Höhe – siehe dazu § 29 BAföG – wenn es dem Studentenwerk bekannt gewesen wäre, zur Ablehnung des Förderungsantrags hätte führen müssen. Das Studentenwerk rechnet mit der Erstattungsforderung gegen weitere laufende Leistungen auf, versäumt es aber, den S vorher nach § 24 SGB X dazu anzuhören. Der S legt gegen den Bescheid Widerspruch ein. Erst wenn seitens des Studentenwerks über den Widerspruch durch Widerspruchsbescheid abschlägig entschieden ist, kann S den Klageweg zum Verwaltungsgericht beschreiten.
> Der Arbeitgeber A beabsichtigt, den schwerbehinderten Arbeitnehmer B zu kündigen, weil dieser erhebliche krankheitsbedingte Fehlzeiten aufweist, die auf die Schwerbehinderung zurückzuführen sind. A beantragt beim zuständigen Integrationsamt die Zustimmung zur beabsichtigten Kündigung. Das Integrationsamt stimmt unter Beachtung der verfahrens-rechtlichen Bestimmungen des Schwerbehindertenrechts – SGB IX – Zweiter Teil – der beabsichtigten Kündigung zu. Diese Entscheidung, die ein Verwaltungsakt ist, muss B zunächst mit dem Widerspruch angreifen und den Widerspruchsbescheid abwarten, bevor er Klage beim Verwaltungsgericht erheben kann.

Neben dem **normalen Klageverfahren**, das man auch Hauptsacheverfahren nennt und das sich durch seine **lange Verfahrensdauer** auszeichnet, kennt die VwGO zwei unterschiedliche Eilverfahren, die auf Gewährung vorläufigen Rechtsschutzes gerichtet sind:

---

23 Das gilt auch für die Sozialgerichtsbarkeit.

- das in § 123 VwGO geregelte **Einstweilige Anordnungsverfahren**, das auf eine Sicherungsanordnung oder auf eine Regelungsanordnung gerichtet sein kann. Letzteres ist der häufigere Fall. Dabei geht es meist darum, dass eine Behörde vom Gericht zur Vermeidung wesentlicher Nachteile für den Antragsteller verpflichtet werden soll, vorläufig Leistungen zu erbringen – z. B. das Studentenwerk zur vorläufigen Leistung von Ausbildungsförderung, wenn ohne diese Leistung die Ausbildung und der Lebensunterhalt gefährdet sind.
- das in § 80 Abs. 5 VwGO geregelte **Verfahren auf Anordnung oder Wiederherstellung der aufschiebenden Wirkung**. Nach § 80 Abs. 1 VwGO haben Widerspruch und Anfechtungsklage gegen einen Verwaltungsakt aufschiebende Wirkung. Dies bedeutet, dass der Verwaltungsakt so lange nicht vollzogen werden darf, bis abschließend über die Sache entschieden worden ist, z. B. in dem obigen Fall des Aufhebungs- und Erstattungsbescheids. § 80 Abs. 2 VwGO regelt die Fälle, in denen die aufschiebende Wirkung entfällt, z. B. bei der Anforderung von öffentlichen Abgaben und Kosten oder wenn die Behörde die sofortige Vollziehung des Verwaltungsakts gesondert angeordnet hat. In diesen Fällen kann beim Verwaltungsgericht beantragt werden, die aufschiebende Wirkung anzuordnen bzw. wiederherzustellen.
- in beiden Verfahrensarten erfolgt die gerichtliche Entscheidung nicht durch Urteil, sondern durch Beschluss, der mit dem Rechtsmittel der Beschwerde angegriffen werden kann. Über die Beschwerde entscheidet das OVG/der VGH und zwar wiederum durch Beschluss, gegen den kein weiteres Rechtsmittel zulässig ist.

In Verfahren der Verwaltungsgerichtsbarkeit, in denen es um Streitigkeiten aus dem Asylbewerberleistungsgesetz, der Jugendhilfe, der Kriegsopferfürsorge, der Schwerbehindertenfürsorge und der Ausbildungsförderung geht, werden Gerichtskosten (Gebühren und Auslagen) nicht erhoben – § 188 Satz 2 VwGO.

19.3.7 Die Sozialgerichtsbarkeit

Die Sozialgerichtsbarkeit ist im Vergleich zur Verwaltungsgerichtsbarkeit inzwischen der für die Praxis der Sozialen Arbeit wichtigste Zweig der Justiz geworden. Die Sozialgerichte sind besondere Verwaltungsgerichte. Ihre Richterkollegien haben in allen drei Instanzen ehrenamtliche Richter als Beisitzer. In der ersten Instanz besteht die Kammer des Sozialgerichts aus einem Berufsrichter und zwei ehrenamtlichen Richtern. Beim Landessozialgericht und beim Bundessozialgericht entscheiden Senate. Diese setzen sich aus jeweils drei Berufsrichtern und zwei ehrenamtlichen Richtern zusammen. Einen Überblick gibt die nachstehende Übersicht:

Teil 5: Rechtsanwendung und -verwirklichung

Sozialgerichtsbarkeit	
Bundessozialgericht (BSG) die Entscheidung erfolgt durch Senate; Besetzung: ⚖ ♦ ♦ ♦ ⚖	entscheidet als Revisionsgericht über Urteile des Landessozialgerichts; die Revision muss im Urteil des Landessozialgerichts zugelassen worden sein. Die Revision ist nur zuzulassen bei Rechtsfragen von grundsätzlicher Bedeutung, wenn das Urteil von einer Entscheidung des BVerwG, des Gemeinsamen Senats der obersten Gerichtshöfe des Bundes oder des Bundesverfassungsgerichts abweicht oder ein Verfahrensmangel vorliegt, auf dem die Entscheidung beruhen kann.
Landessozialgericht (LSG) die Entscheidung erfolgt durch Senate; Besetzung: ⚖ ♦ ♦ ♦ ⚖	entscheidet als Berufungsgericht bzw. Beschwerdegericht über Urteile u. Beschlüsse des Sozialgerichts; in bestimmten wenigen Fällen, die in § 144 SGG geregelt sind, muss die Berufung durch das Sozialgericht zugelassen werden
Sozialgericht (SG) die Entscheidung erfolgt durch Kammern; Besetzung: ⚖ ♦ ⚖	entscheidet als erstinstanzliches Gericht durch Urteil (oder Beschluss in einstweiligen Rechtsschutzverfahren)
♦ = Berufsrichter ⚖ = Ehrenamtlicher Richter	

Die Gerichte der Sozialgerichtsbarkeit entscheiden u. a. über (§ 51 SGG):

- öffentlich-rechtliche Streitigkeiten in Angelegenheiten der Sozialversicherung, der Arbeitsförderung, der Grundsicherung für Arbeitssuchende, der Sozialhilfe, des sozialen Entschädigungsrechts mit Ausnahme von Streitigkeiten nach § 25-27 j des BVG
- Streitigkeiten aus dem Schwerbehindertenrecht (SGB IX 2. Teil), die die Feststellung von Behinderungen und ihren Grad sowie weitere gesundheitliche Merkmale betreffen
- öffentlich-rechtliche Streitigkeiten, für die durch Gesetz der Rechtsweg vor diesen Gerichten eröffnet wird – das ist z. B. der Fall für Streitigkeiten aus dem Bundeserziehungsgeldgesetz, soweit es um das Erziehungsgeld geht – § 13 BErzGG – und für Streitigkeiten aus dem Opferentschädigungsgesetz – § 7 OEG
- weiter sind die Sozialgerichte zuständig für öffentlich-rechtliche Streitigkeiten auf Grund des Entgeltfortzahlungsgesetzes und für bestimmte Streitigkeiten

19. Rechtsdurchsetzung mithilfe der Gerichte

aus dem Krankenversicherungsrecht des SGB V, die nicht das Versicherungsverhältnis betreffen, z. B. für das sog. Kassenarztrecht.

Das Tätigwerden der Sozialgerichte setzt – wie im verwaltungsgerichtlichen Verfahren – gewöhnlich ein Vorverfahren voraus, das mit der Erhebung des Widerspruchs beginnt (§§ 78, 83-86 SGG). Einer Prozessvertretung bedarf es nur beim BSG, und zwar durch Rechtsanwälte oder Verbandsvertreter.

Die **Gewährung vorläufigen Rechtsschutzes** ist im SGG inzwischen vergleichbar ausgestaltet wie in der Verwaltungsgerichtsbarkeit – siehe § 86 b Abs. 1 und 2 SGG. Dabei ist das Verfahren auf Anordnung der aufschiebenden Wirkung von besonderer Bedeutung für die Grundsicherung für Arbeitsuchende nach dem SGB II, denn nach § 39 SGB II haben Widerspruch und Anfechtungsklage gegen einen Verwaltungsakt, der über Leistungen der Grundsicherung entscheidet, keine aufschiebende Wirkung.

Nach der Bestimmung des § 183 Satz 1 SGG ist das Verfahren vor den Gerichten der Sozialgerichtsbarkeit für Versicherte, Leistungsempfänger, Hinterbliebenenleistungsempfänger und behinderte Menschen kostenfrei, soweit sie in dieser jeweiligen Eigenschaft als Kläger oder Beklagte beteiligt sind. Das betrifft die ersten drei der eben aufgeführten vier Zuständigkeitsbereiche.

Dies soll sich aber in Kürze ändern: ein Gesetzgebungsvorhaben, das auf einer Initiative des Landes Baden-Württemberg beruht, sieht die Einführung pauschaler Gebühren vor, die im Vorhinein zu zahlen sind, von deren Einzahlung also das Betreiben des Verfahrens durch das Gericht abhängig sein soll. Dies wird laut Gesetzesbegründung als probates rechtsstaatliches Mittel zur Eindämmung der insbesondere auf »Hartz IV« zurückzuführenden Antrags- und Klagenflut bei den Sozialgerichten angesehen.[24]

19.3.8 Die Finanzgerichtsbarkeit

Die Finanzgerichte als obere Landesgerichte und der Bundesfinanzhof in München repräsentieren in ihrem nur zweistufigen Aufbau ebenfalls einen besonderen Zweig der Verwaltungsgerichtsbarkeit (§§ 1 f. FGO) Bei den Finanzgerichten entscheiden Senate, die mit drei Berufsrichtern und zwei ehrenamtlichen Richtern besetzt sind – § 5 Abs. 3 FGO – die Senate beim Bundesfinanzhof sind mit fünf Berufsrichtern besetzt – § 6 Abs. 3 FGO. Neben dem Bundesfinanzhof gibt es auf der Landesebene 18 Finanzgerichte.

Der Finanzrechtsweg ist für alle der Bundesfinanz- oder Landesfinanzverwaltung unterliegenden Abgabenangelegenheiten – also vor allem Steuern und Zölle – sowie für berufsrechtliche Streitigkeiten nach dem Steuerberatungsgesetz gegeben (weitere Einzelheiten in § 33 FGO). Nicht der Finanzgerichtsbarkeit zugewiesen sind daher unter anderem Gewerbe- und Grundsteuersachen, weil es sich bei diesen Steuern um Gemeindesteuern handelt; für diese Angelegenheiten sind daher die allgemeinen Verwaltungsgerichte zuständig. Grundsätzlich ist auch in der Finanzgerichtsbarkeit ein Vorverfahren erforderlich, das durch die Einlegung ei-

---

24 Quelle: Bundesgesetzblatt.

nes Einspruchs nach den Vorschriften 7. Teils der AO in Gang gesetzt wird. Eine »Sprungklage« – das ist eine Klage ohne Vorverfahren – ist zulässig, wenn die Behörde zustimmt, die den Verwaltungsakt erlassen hat (§ 45 FGO).

Da das **Kindergeld** – bis auf wenige Ausnahmen – eine steuerliche Leistung nach Maßgabe der Vorschriften des Einkommensteuergesetzes ist, gehören Streitigkeiten über Kindergeld vor die Finanzgerichte.

19.4 Rechtsschutz auf der europäischen Ebene

Auf der europäischen Ebene existieren zwei Gerichtshöfe, die voneinander unabhängig sind: der Europäische Gerichtshof für Menschenrechte in Straßburg und Europäische Gerichtshof (EuGH) in Luxemburg.

19.4.1 Der Europäische Gerichtshof für Menschenrechte [25]

Grundlage der Rechtsprechung dieses Gerichtshofs ist die Konvention zum Schutz der Menschenrechte und Grundfreiheiten vom 4. 11. 1950 (EMRK). Diese Konvention ist für die Bundesrepublik am 3. 9. 1953 in Kraft getreten. Der Konvention beigetreten sind eine Fülle europäischer Länder, die über die Mitgliedsländer der Europäischen Union – auch in ihrer erweiterten Form – erheblich hinausgeht.[26] Die EGMR hat für die Bundesrepublik Deutschland nicht den Rang von Verfassungsrecht, sondern nur den Rang eines einfachen Gesetzes.[27]

Die Zuständigkeit des Gerichtshofs umfasst alle die Auslegung und Anwendung der Menschenrechtskonvention und der dazu gehörenden Protokolle betreffende Angelegenheiten (Art. 32 der Konvention).

Hinsichtlich der Verfahrensarten wird zwischen der Staatenbeschwerde und der Individualbeschwerde unterschieden:

- Jeder Vertragsstaat kann den Gerichtshof wegen einer Verletzung der Konvention und der Protokolle durch einen anderen Vertragsstaat anrufen (Staatenbeschwerde) (Art. 32 der Konvention).
- Der Gerichtshof kann von jeder natürlichen Person, nichtstaatlichen Organisation oder Personengruppe, die behauptet, durch einen der Vertragsstaaten in einem der in der Konvention oder in den Protokollen dazu anerkannten Rechte verletzt zu sein, mit einer Beschwerde angerufen werden (Individualbeschwerde) (Art. 34 der Konvention).[28]

---

25 Vorgängergremium war die Europäische Kommission für Menschenrechte (EKMR).
26 Die Länder, die Vertragsstaaten der Konvention sind, sind in Fn. 2 auf Seite 1 des Textes der Konvention in Sartorius II aufgeführt.
27 BVerfG 74, 358 (370); 106 (114); 111, 307 (315 ff.).
28 Prominentes Beispiel dürfte das Verfahren von Prinzessin Caroline von Monaco sein, die ihr in Art. 8 Abs. 1 der EMRK garantiertes Recht auf Achtung des Privat- und Familienlebens durch die deutsche Gesetzgebung und Rechtsprechung, die sie als Person der Zeitgeschichte den Nachstellungen von Paparazzi aussetzt, verletzt sah und der Gerichtshof ihr darin folgte.

19. Rechtsdurchsetzung mithilfe der Gerichte

Als Zulässigkeitsvoraussetzungen müssen beachtet werden, dass die Anrufung des Gerichtshofs erst nach Ausschöpfung aller innerstaatlichen Rechtsbehelfe einschließlich der Verfassungsgerichtsbarkeit erfolgen kann und vor Ablauf von 6 Monaten nach der innerstaatlichen Entscheidung erfolgen muss – Art. 35 der Konvention.

Die Prüfung der Rechtssachen, die beim Gericht anhängig gemacht werden, erfolgt durch Ausschüsse mit drei Richtern, in Kammern mit sieben Richtern und in einer großen Kammer mit siebzehn Richtern – Art. 27 Abs. 1 der Konvention. Die Entscheidungsfindung erfolgt in einem differenzierten und abgestuften Verfahren (siehe Artt. 28 bis 31 der Konvention). Die Besonderheit liegt darin, dass der EGMR nicht berechtigt ist, Hoheitsakte aufzuheben, sondern nur eine Verletzung der Konventionen feststellen kann.[29]

19.4.2 Der Europäische Gerichtshof – EuGH

Der Europäische Gerichtshof ist ein Organ der Europäischen Gemeinschaft und hat seine Rechtsgrundlage in §§ 220-245 EGV.

Der EuGH besteht aus einem Richter pro Mitgliedsstaat – die Richter werden von den Regierungen der Mitgliedstaaten im gegenseitigen Einvernehmen auf sechs Jahre ernannt. Der Gerichtshof wird gem. Art. 222 von acht Generalanwälten unterstützt. Seit 1988 existiert beim EuGH ein Gericht erster Instanz, das für Entscheidungen über bestimmte Gruppen von Klagen natürlicher oder juristischer Personen, die sich aus den Artt. 230, 232, 235, 236 und 238 EGV ergeben, im ersten Rechtszuge zuständig ist und gegen die ein auf Rechtsfragen eingeschränktes Rechtsmittel beim EuGH eingelegt werden kann.[30]

Aufgabe der Rechtsprechung des EuGH ist die Sicherung der Wahrung des Rechts bei der Auslegung und Anwendung der Gemeinschaftsverträge einschließlich des sekundären Gemeinschaftsrechts.[31] Dabei sind folgende Verfahrensarten zu unterscheiden:

1. Verfassungsrechtliche Verfahren: Verfahren bei Streitigkeiten zwischen Verfassungsorganen = Mitgliedsstaaten und Gemeinschaftsorgane
   - Streitigkeiten zwischen Mitgliedsstaaten,
   - Streitigkeiten zwischen Mitgliedsstaaten und Gemeinschaftsorganen,
   - Streitigkeiten zwischen Organen der Gemeinschaft.
2. Verwaltungsrechtliche Verfahren: Verfahren bei Streitigkeiten zwischen Gemeinschaftsorganen und Individuen (natürliche und juristische Personen)
   - Streitigkeiten zwischen Gemeinschaftsorganen und Individuen,
   - Streitigkeiten zwischen Gemeinschaftsorganen und Gemeinschaftsbediensteten.

---

29 Ipsen, Staatsrecht 2, S. 15.
30 Siehe dazu Brandt, K. Der Europäische Gerichtshof (EuGH) und das Europäische Gericht erster Instanz – Aufbau, Funktionen, Befugnisse, JuS 1994, S. 300 ff.
31 Schweitzer/Hummer, Europarecht S. 59 – siehe dazu in Kap. 2.1.

3. Sonstige Verfahren: Verfahren, die sowohl verfassungsrechtlicher als verwaltungsrechtlicher Natur oder keiner der beiden Verfahrensarten zuzuordnen sind (Verfahren sui generis)
- Vorabentscheidungsverfahren[32],
- Inzidente Normenkontrolle,
- Amtshaftungsverfahren,
- Gutachten, einstweilige Anordnungen, Aussetzung der Zwangsvollstreckung.[33]

Zum Verhältnis zwischen dem Europäischen Gerichtshof für Menschenrechte und dem EuGH: durch den Abschluss der Europäischen Gründungsverträge hat sich für die Mitgliedsstaaten an ihrer Bindung an die Europäische Menschenrechtskonvention nichts geändert. »Damit ergibt sich aber ein mögliches Kollisionsproblem zwischen der Bindung an eine Entscheidung des EuGH und eine Entscheidung des Europäischen Gerichtshofs für Menschenrechte, das bei unterschiedlicher Auslegung selbst dann auftreten kann, wenn beide die EMRK ihren Entscheidungen zugrunde legen.«[34]

Zum Verhältnis von Gemeinschaftsrecht und BVerfG:

Möglich ist die Beschäftigung des Gerichts mit Gemeinschaftsrechtssachen in mehreren Verfahrensarten, wie der abstrakten und konkreten Normenkontrolle und auch der Verfassungsbeschwerde.

»Prüfungsgegenstand können aber nur Maßnahmen der deutschen öffentlichen Gewalt sein. Solche liegen nicht noch nicht vor, wenn ein deutsches Organ an einem Akt der Gemeinschaftsorgane (z. B. Verordnungen oder Richtlinien des Rates) mitwirkt. Daher ist die Verfassungsbeschwerde gegen eine Verordnung des Rates unzulässig.

Angegriffen werden können allein die Begründungs- oder Vollzugsakte eines deutschen Organs, also das Zustimmungsgesetz (= Vertragsgesetz) zu einem Gründungs- oder Änderungsvertrag des primären Gemeinschaftsrechts, Beschlüsse über das deutsche Abstimmungsverhalten im Rat, oder der Vollzug von Gemeinschaftsrecht (Verordnungen) oder deutschem Durchführungsrecht (Gesetze zur Umsetzung von Richtlinien) durch deutsche Behörden oder Gerichte.«[35]

Einen dem verfassungsrechtlichen Grundrechtsschutz vergleichbaren supranationalen Individualrechtsschutz wird es erst geben, wenn die »Europäische Grundrechtscharta« in Kraft getreten ist. Diese ist durch einen Konvent unter Vorsitz des deutschen Staatsrechtslehrers (und späteren Bundespräsidenten) Roman Herzog

---

32 Um ein solches Verfahren handelte es sich bei der Vorlage durch das LAG Schleswig-Holstein an den EuGH, das zu dessen Entscheidung vom 9.9.2003 führte, nach der die Regelung im deutschen AZG, nach der Bereitschaftsdienst nicht unter den Begriff der Arbeitszeit fällt, mit Europäischem Gemeinschaftsrecht nicht zu vereinbaren ist, NJW 2003, 2971 ff.
33 Siehe Schweitzer/Hummer a. a. O. Seite 60.
34 Streinz, Europarecht Rdnr. 220.
35 Streinz, a. a. O. Rdnr. 213, 124 mit Verweisen auf die Rspr. des BVerfG.

ausgearbeitet worden und am 7. 12. 2000 in Nizza proklamiert worden. Sie enthält neben den Freiheits- und Gleichheitsrechten auch soziale Grundrechte und geht damit teilweise über die Grundrechtskataloge der Mitgliedsstaaten hinaus; rechtliche Verbindlichkeit kommt ihr jedoch noch nicht zu.[36]

---

36 Vgl. Ipsen, Staatsrecht II, S. 16 – der deutsche Text der Charta ist im Satorius II unter Nr. 146 abgedruckt.

20. Die Struktur von Rechtsnormen und die Rechtsanwendung

20.1 Die Struktur von Rechtsnormen

Um rechtliche Bestimmungen verstehen und sie auf die Wirklichkeit, die Lebenssachverhalte und -vorgänge anwenden zu können, ist es erforderlich, sich den Aufbau von Rechtsnormen klarzumachen.

»Rechtsnormen sehen gewöhnlich vor, dass bestimmte Pflichten (»als Rechtsfolge«) unter bestimmten Voraussetzungen (bei Vorliegen eines bestimmten »Tatbestandes«) entstehen, entfallen oder geändert werden«.[1] Eine Rechtsnorm hat daher meist eine **konditionale Struktur**. Um eine unbestimmte Zahl von Fällen zu regeln, enthält die Norm eine bedingte, nach Artmerkmalen typisierte **Wenn-dann-Programmierung:**

Wenn (= vorausgesetzt, dass) der und der **Tatbestand (T)** vorliegt, ergibt sich die und die **Rechtsfolge (R)**. Der Tatbestand ist die abstrakte Umschreibung von Geschehensmerkmalen, Eigenschaften, Situations- und Handlungstypen im Gesetz. Regelmäßig besteht der Tatbestand einer Norm aus mehreren **Tatbestandsmerkmalen oder Tatbestandselementen**.

> **Beispiel:** § 823 Abs. 1 BGB »Wer vorsätzlich oder fahrlässig das Leben, den Körper, die Gesundheit, die Freiheit, das Eigentum oder ein sonstiges Recht eines anderen widerrechtlich verletzt **(T)**, ist dem anderen zum Ersatze des daraus entstehenden Schadens verpflichtet« **(R)**.

Die Rechtsfolge ist hier eine Schadenersatzverpflichtung des Schädigers, dem ein entsprechender Anspruch des Geschädigten entspricht. Der Tatbestand besteht aus drei Merkmalen, die gleichzeitig (kumulativ) vorliegen müssen: eine Rechtsgutverletzung (Verletzung des Lebens, des Körpers usw.), diese muss widerrechtlich sein und sie muss schließlich schuldhaft (in der Form des Vorsatzes oder der Fahrlässigkeit) erfolgt sein.

> **Beispiel:** § 1601 BGB »Verwandte in gerader Linie **(T)** sind verpflichtet, einander Unterhalt zu gewähren **(R)**«.
> Was unter Verwandtschaft in gerader Linie zu verstehen ist, erklärt der Gesetzgeber in § 1589 »Personen, deren eine von der anderen abstammt, sind in gerader Linie verwandt« – eine Vorschrift, die in Bezug auf § 1601 BGB Hilfsfunktion hat.

Natürlich reicht § 1601 BGB allein nicht aus, um einen Unterhaltsanspruch geltend zu machen – es müssen weitere Voraussetzungen vorliegen, die den nachfolgenden Vorschriften des Unterhaltsrechts zu entnehmen sind.

---

[1] Zippelius, Juristische Methodenlehre, S. 25.

20. Normenstruktur und Rechtsanwendung

Nicht selten ist die Rechtsfolge dem Tatbestand vorangestellt:

Beispiele:
- § 121 Abs. 2 BGB: »Die Anfechtung ist ausgeschlossen« **(R)**, »wenn seit der Abgabe der Willenserklärung zehn Jahre verstrichen sind« **(T)**.
- § 118 Abs. 1 SGB III: »Anspruch auf Arbeitslosengeld bei Arbeitslosigkeit haben **(R)** Arbeitnehmer, die
  1. arbeitslos sind,
  2. sich beim Arbeitsamt arbeitslos gemeldet haben,
  3. die Anwartschaftszeit erfüllt haben« **(T)**.

Der Tatbestand der letzten Norm besteht aus drei kumulativen Elementen. Während es sich bei Nr. 2 – der persönlichen Meldung – um ein rein tatsächliches Element handelt, verbergen sich hinter Nr. 1 »arbeitslos« und Nr. 3 »Anwartschaftszeit« weitere Normen, die tatbestandlich erfüllt sein müssen:

- Arbeitslos ist der, der beschäftigungslos und beschäftigungssuchend ist, wobei die Beschäftigungslosigkeit durch eine Beschäftigung unter 15 Stunden in der Woche nicht ausgeschlossen ist und sich die Beschäftigungssuche auf eine mindestens 15 Stunden wöchentlich umfassende Beschäftigung beziehen muss (§ 118 SGB III).
- Die Anwartschaftszeit hat erfüllt, wer in den letzten zwei Jahren (Rahmenfrist) vor Arbeitslosmeldung mindestens 12 Monate in einem Versicherungspflichtverhältnis – Beschäftigung im Umfang von mindestens 15 Stunden wöchentlich – gestanden hat – (§§ 123, 124 SGB III).

Ein weiteres **Beispiel**:
- § 1666 Abs. 1 Satz 1 BGB: »Wird das körperliche, geistige oder seelische Wohl des Kindes durch missbräuchliche Ausübung der elterlichen Sorge, durch Vernachlässigung des Kindes, durch unverschuldetes Versagen der Eltern oder durch das Verhalten eines Dritten gefährdet« **(T)**, »so **hat das Familiengericht**« **(R)**, »wenn die Eltern nicht gewillt oder nicht in der Lage sind, die Gefahr abzuwenden« **(T)**, »die zur Abwendung der Gefahr erforderlichen Maßnahmen zu treffen« **(R)**.

Man sieht, dass das Recht sowohl aus Regeln für das allgemeine menschliche Verhalten als auch aus Regeln besteht, nach der die Gerichte Rechtsstreitigkeiten zu entscheiden haben und Behörden verfahren können oder müssen; insoweit spricht man von Entscheidungsnormen. Welche Rechtsfolge angeordnet wird, ist unterschiedlich: es kann sich um die Begründung allgemeiner oder individueller Pflichten handeln, den Wegfall oder die Änderung von Pflichten, den Ausschluss rechtlicher Einwirkungsmöglichkeiten, das Einräumen von Erlaubnissen.[2]

---

[2] Diese Aufzählung ist nur beispielhaft, also ohne Anspruch auf Vollständigkeit.

Welche Qualität die vorgesehene Rechtsfolge hat, ist der unterschiedlichen Formulierung im Gesetz zu entnehmen.

> **Beispiele:**
> - § 253 Abs. 2 BGB: Ist wegen der Verletzung des Körpers, der Gesundheit, der Freiheit oder der sexuellen Selbstbestimmung Schadensersatz zu leisten **(T)**, kann auch wegen des Schadens, der nicht Vermögensschaden ist, eine billige Entschädigung verlangt werden **(R)**«. (Schmerzensgeld)
> - § 1569 BGB: »Kann ein Ehegatte nach der Scheidung nicht selbst für seinen Unterhalt sorgen« **(T)**, »so hat er gegen den anderen Ehegatten einen Anspruch auf Unterhalt nach den folgenden Vorschriften« **(R)** – Im Gesetz dann folgen die konkreten Anspruchsnormen in den anschließenden Paragraphen, auf die verwiesen wird.[3]
> - § 985 BGB: »Der Eigentümer **(T)** kann **(R)** von dem Besitzer **(T)** die Herausgabe der Sache verlangen **(R)**«.

Wie ersichtlich, geht es bei den vorstehenden Beispielen um Normen, die dem Berechtigten die Grundlage für einen Anspruch bieten, den er geltend machen kann, aber nicht muss. Es ist in sein Handlungsermessen gestellt, ob er von der Möglichkeit, die ihm der Gesetzgeber bietet, Gebrauch macht oder nicht.

Wenn und soweit er einen Anspruch geltend macht, besteht jedoch hinsichtlich der Rechtsfolge, wenn der Tatbestand der Norm erfüllt ist, kein Spielraum. Bei § 1569 BGB ergibt sich das sprachlich eindeutig durch das »**hat** einen Anspruch auf Unterhalt«. Nichts anderes gilt bei den anderen Anspruchsnormen § 253 Abs. 2. BGB und § 985 BGB.

Dass hinsichtlich der Rechtsfolge kein Entscheidungsspielraum besteht, zeigen auch die Normen, die sich an Gericht oder Behörde wenden, siehe oben: »**hat** das Familiengericht (...)« in § 1666 BGB; »Anspruch auf Arbeitslosengeld **haben** Arbeitnehmer, die (...)« in § 117 SGB III. Bei Vorliegen der tatbestandlichen Voraussetzungen ergibt sich die Rechtsfolge unbedingt aus dem Gesetz – die zuständige Stelle muss so handeln, wie der Gesetzgeber das anordnet. Daher nennt man solche Vorschriften auch »**Muss-Vorschriften**«.

Insbesondere bei Normen, die Grundlage für behördliche Entscheidungen sind, ist das aber nicht immer so:

- § 16 Abs. 1 Satz 1 SGB VIII: »Müttern, Vätern, anderen Erziehungs-berechtigten und jungen Menschen **sollen** Leistungen der allgemeinen Förderung der Erziehung in der Familie angeboten werden«.
- § 34 Abs. 1 Satz 1 SGB XII: »Schulden **können** nur übernommen werden, wenn dies zur Sicherung der Unterkunft oder zur Behebung einer vergleichbaren Not-

---

[3] Auch wenn im Gesetz keine Verweisung auf andere Vorschriften zu finden ist, ist stets zu raten, die vorhergehenden und die nachfolgenden Paragraphen mit zu lesen, um den Zusammenhang und etwaige Beschränkungen der interessierenden Norm festzustellen. Siehe auch das oben erläuterte Beispiel zu § 117 SGB III.

lage gerechtfertigt ist. Sie **sollen** übernommen werden, wenn dies gerechtfertigt und notwendig ist und sonst Wohnungslosigkeit einzutreten droht. Geldleistungen **können** als Beihilfe oder als Darlehen erbracht werden«.

- § 38 Abs. 1 Satz 1 SGB XII: »Sind Leistungen nach den §§ 28, 29, 30, 32, 33 und der Barbetrag nach § 35 Abs. 2 voraussichtlich nur für kurze Dauer zu gewähren, **können** Geldleistungen als Darlehn gewährt werden.«

Auch diese Normen bestehen aus Tatbestand und Rechtsfolge, aber die Rechtsfolge wird nicht unbedingt angeordnet, sondern durch das »soll« bzw. das »kann« räumt der Gesetzgeber der Behörde einen Entscheidungsspielraum ein: die Behörde hat eine **Ermessensentscheidung** zu treffen. Bei Vorliegen der tatbestandlichen Voraussetzungen, besteht nicht, wie bei den »Muss«-Vorschriften, ein Anspruch auf die Leistung, sondern der Anspruch reduziert sich darauf, dass **die Behörde ihr Ermessen pflichtgemäß auszuüben hat,** den Entscheidungsspielraum also »richtig« ausnutzt. Dabei muss die Behörde ihr Ermessen entsprechend dem Zweck der gesetzlichen Ermächtigung ausüben und darf die gesetzlichen Grenzen des Ermessens nicht überschreiten. Für das Sozialleistungsrecht ist das ausdrücklich in § 39 SGB I – Allgemeiner Teil – geregelt.

Bei »**Soll**«-**Entscheidungen** ist die Ausübung des pflichtgemäßen Ermessens relativ einfach, denn das »Soll« bedeutet eine stärkere Bindung als das »Kann«. Wenn der Gesetzgeber eine »Soll«-Entscheidung vorsieht, führt das in der Regel dazu, dass seitens der Behörde die Leistung, die die Norm vorsieht, zu gewähren ist. Die Behörde muss hier nur prüfen, ob sog. atypische Umstände vorliegen; das sind solche Umstände, die von der Vorstellung, die den Gesetzgeber zur Aufstellung der Norm veranlasst hat, so abweichen, dass ein Abweichen der Behörde vom »Soll« als Regelfall gerechtfertigt ist.

Bei »**Kann**«-**Entscheidungen** gestaltet sich die Ausübung des pflichtgemäßen Ermessens schwieriger: »Entsprechend dem Zweck der Ermächtigung ist das Ermessen gebraucht, wenn die Behörde gemäß dem jeweiligen Sinn der Regelung nach hinreichender Aufklärung des Sachverhalts im Bewusstsein ihres Entscheidungsspielraums sachgerecht entschieden hat. Knappe Haushaltsmittel dürfen zwar in die Entscheidung einbezogen werden, dürfen aber nicht den alleinigen Ausschlag geben (vgl. BVerwGE 40, 187, 190). Unsachliche Motive (z. B. Ausländerhass) oder die Verfolgung sachfremder Ziele machen die Entscheidung rechtswidrig (sog. Ermessensfehlgebrauch)«.[4]

Zusammenfassend kann man also feststellen: Wenn der Gesetzgeber die Behörde zu einer Ermessensentscheidung ermächtigt, soll das zu einer »richtigen« an den Umständen des Einzelfalles ausgerichteten behördlichen Entscheidung führen.

Dagegen enthalten die nachfolgend beispielhaft aufgeführten Vorschriften zwar auch Pflichten für die jeweiligen Adressaten der Norm, jedoch werden diese Pflichten allgemein aufgestellt ohne Bindung an bestimmte tatbestandliche Voraussetzungen:

---

4 Brühl, Mein Recht auf Sozialhilfe, S. 351.

- § 13 SGB I – Allgemeiner Teil: »Die Leistungsträger, ihre Verbände und die sonstigen, in diesem Gesetzbuch genannten öffentlich-rechtlichen Vereinigungen sind verpflichtet, im Rahmen ihrer Zuständigkeit die Bevölkerung über die Rechte und Pflichten nach diesem Gesetzbuch aufzuklären.«
- § 9 AdVermiG (Adoptionsvermittlungsgesetz): »Im Zusammenhang mit der Vermittlung und der Annahme hat die Adoptionsvermittlungsstelle jeweils mit Einverständnis die Annehmenden, das Kind und seine Eltern eingehend zu beraten und zu unterstützen (...)«.
- § 11 Abs. 1 SGB XII: »Zur Erfüllung der Aufgaben dieses Buches werden die Leistungsberechtigten beraten und, soweit erforderlich, unterstützt«.
- § 59 Satz 1 SGB XII: »Das Gesundheitsamt oder die durch Landesrecht bestimmte Stelle hat die Aufgabe, 1. behinderte Menschen oder Personensorgeberechtigte über die nach Art und Schwere der Behinderung geeigneten ärztlichen und sonstigen Eingliederungsmaßnahmen im Benehmen mit dem behandelnden Arzt auch während und nach der Durchführung von Heilmaßnahmen und Leistungen der Eingliederungshilfe zu beraten; (...)«.

Bei § 13 SGB I besteht zudem die Besonderheit, dass der Gesetzgeber zwar die jeweiligen öffentlich-rechtlichen Stellen zu einem bestimmten Tun – der Aufklärung – verpflichtet, sich daraus jedoch für den Einzelnen kein individueller Aufklärungsanspruch ergibt – es handelt sich um einen Rechtsreflex.[5]

Eher eine programmatische Zwecksetzung, die ebenfalls unabhängig von konkreten tatbestandlichen Voraussetzungen ist, kommt zum Ausdruck, wenn § 1 Abs. 1 und 3 SGB VIII – Kinder- und Jugendhilferecht – bestimmt:

(1) Jeder junge Mensch hat ein Recht auf Förderung seiner Entwicklung und auf Erziehung zu einer eigenverantwortlichen und gemeinschaftsfähigen Persönlichkeit (3) Jugendhilfe soll zur Verwirklichung des Rechts nach Abs. 1 insbesondere

1. junge Menschen in ihrer individuellen und sozialen Entwicklung fördern und dazu beitragen, Benachteiligungen zu vermeiden oder abzubauen,
2. Eltern und andere Erziehungsberechtigte bei der Erziehung beraten und unter stützen,
3. Kinder und Jugendliche vor Gefahren für ihr Wohl schützen,
4. dazu beitragen, positive Lebensbedingungen für junge Menschen und ihre Familien sowie eine kinder- und familienfreundliche Umwelt zu erhalten oder zu schaffen![6]

Diese Rechtsnorm nähert sich den so genannten **Zweckprogrammen,** mit denen die Kategorien von Rechtsnormen hier abgeschlossen werden sollen. Zweckprogramme ordnen nicht bei Vorliegen bestimmter Voraussetzungen eine Rechtsfolge an, sondern geben nur ein Ziel verbindlich vor und sind nach dem Zweck-Mittel-Schema aufgebaut.

---

5 Siehe auch in Kapitel 2.2.4.
6 Vgl. auch § 1 SGB I – Allgemeiner Teil – siehe dazu Kap. 14. Sozialrecht.

20. Normenstruktur und Rechtsanwendung

Als **Beispiele** sollen dienen:
§ 1 StabG (Stabilitätsgesetz): »Bund und Länder haben bei ihren wirtschafts- und finanzpolitischen Maßnahmen die Erfordernisse des gesamtwirtschaftlichen Gleichgewichts zu beachten. Die Maßnahmen sind so zu treffen, dass sie im Rahmen der marktwirtschaftlichen Ordnung gleichzeitig zur Stabilität des Preisniveaus, zu einem hohen Beschäftigungsstand und außenwirtschaftlichem Gleichgewicht bei stetigem und angemessenem Wirtschaftswachstum beitragen«.

Ein Finalprogramm enthalten auch die Planungsgesetze, indem sie das Ziel eines Planungsprozesses nennen, z. B.

§ 11 Abs. 1 und 4 BauGB (Baugesetzbuch): »Aufgabe der Bauleitplanung ist es, die bauliche und sonstige Nutzung der Grundstücke in der Gemeinde nach Maßgabe dieses Gesetzbuchs vorzubereiten und zu leiten«.

»Die Bauleitpläne sind den Zielen der Raumordnung und Landesplanung anzupassen«.

20.2 Die Rechtsanwendung

20.2.1 Der Sachverhalt

Das Recht wird immer auf einen Lebenssachverhalt angewandt. Korrekte Rechtsfindung kann daher nur stattfinden, wenn der für die rechtliche Entscheidungsfindung erhebliche Sachverhalt feststeht. Zur Veranschaulichung soll folgender Sachverhalt dienen:

A benötigt für den ihm gehörenden Pkw zwei neue Vorderreifen, weil die alten abgefahren sind. Er setzt sich telefonisch mit der Fa. Reifen-Schnelldienst GmbH in Verbindung und vereinbart einen Termin, zu dem er sein Fahrzeug zur Firma bringen kann. Dies geschieht. A kann den Wagen zwei Stunden später wieder abholen, bezahlt die von der Fa. ausgestellte Rechnung und begibt sich mit dem Fahrzeug in den Straßenverkehr, um einen Freund zu besuchen. Als er auf einer Landstraße unterwegs ist, löst sich das rechte Vorderrad – A kommt mit dem Fahrzeug von der Fahrbahn ab und prallt gegen einen Baum. An dem Fahrzeug entsteht Totalschaden, A wird schwer verletzt – der Heilungsprozess gestaltet sich langwierig und schwierig. Eine verkehrstechnische Untersuchung ergibt, dass beim Montieren des rechten Vorderrades die Radmuttern nur lose aufgeschraubt worden waren, sodass sie sich während der Fahrt lösen und das Vorderrad sich selbstständig machen konnte.

Wenn A krankenversichert ist, muss er sich wegen der Kosten seiner ärztlichen Versorgung und Behandlung keine Sorgen machen. A will aber verständlicherweise Schadensersatz für das zerstörte Fahrzeug und natürlich ein angemessenes Schmerzensgeld. Es stellt sich die Frage, ob A entsprechende Ansprüche zustehen und gegen wen. Damit ist – bezogen auf den vorliegenden Sachverhalt – die **Fallfrage** geklärt.

20.2.2 Die Suche nach der »einschlägigen« Rechtsnorm

Um zu überprüfen, ob dem A, entsprechende Ansprüche zustehen, muss die jeweils »einschlägige« Rechtsnorm aufgefunden werden: der auf die Fallfrage in Verbindung mit dem zugrunde liegenden Sachverhalt anzuwendende Rechtssatz. Damit sind – bezogen auf das Beispiel – die Rechtsnormen gemeint, in denen als Rechtsfolge die Verpflichtung zur Zahlung von Schadensersatz für beschädigte Sachen bzw. die Verpflichtung zur Leistung von Schmerzensgeld angeordnet ist. Wenn die entsprechende Norm gefunden ist, muss geprüft werden, ob der konkrete Lebenssachverhalt die abstrakten Tatbestandsmerkmale der Norm erfüllt. Im obigen Beispiel haben wir es mit der Besonderheit zu tun, dass A mit der unmittelbar handelnden Person, dem Monteur M »nichts zu tun hat«, M aber in einem vertraglichen Verhältnis, und zwar einem arbeitsvertraglichen Verhältnis zur Fa. steht, mit der A seinerseits eine vertragliche Beziehung eingegangen ist.

Das Auffinden der einschlägigen Rechtsnorm ist ein Vorgang, der Überblick und Übung erfordert.[7] Wer aber in einem bestimmten Rechtsbereich eingearbeitet ist, dem werden jedenfalls die gängigen Anspruchsnormen und die dazu gehörigen weiteren Rechtssätze geläufig. Bevor das obige Beispiel wieder aufgegriffen wird, soll die Rechtsanwendungstechnik an einigen anderen Beispielen gezeigt werden.

20.2.3 Subsumtion

Ist die einschlägige Norm aufgefunden, so folgt der entscheidende dritte Schritt zur Rechtsanwendung: das In-die-Entsprechung-Bringen von Sachverhalt und Norm, die sogenannte Subsumtion und die daraus abzuleitende Lösung. Subsumtion oder subsumieren heißt, den maßgeblichen Sachverhalt unter die maßgebliche Rechtsnorm einzuordnen und die sich daraus ergebenden Schlussfolgerungen zu ziehen. Das geschieht in einem syllogistischen Schlussverfahren.

20.2.4 Syllogismus

Der Syllogismus ist eine Form des deduktiven Schlusses, bei dem aus zwei Urteilen (Prämissen, Vordersatz) ein drittes (Schlusssatz, Konklusion) gefolgert wird. Den beiden Prämissen ist ein Begriff (Mittelbegriff) gemeinsam, wodurch die Verknüpfung der beiden anderen Begriffe in einem neuen Urteil möglich wird.[8] Das Grundmuster des Syllogismus bei der Rechtsanwendung und Rechtsfolgenbestimmung ist das Folgende:

---

7 Vgl. dazu Zippelius, a. a. O. § 14 S. 80 ff.
8 Brockhaus zum Stichwort Syllogismus. Die Lehre vom Syllogismus wurde von Sokrates begründet, der auch Gegenstand des Beispiels ist: Alle Menschen sind sterblich. Sokrates ist ein Mensch. Also ist Sokrates sterblich – Mittelbegriff ist »Mensch«.

20. Normenstruktur und Rechtsanwendung

Obersatz ist die Rechtsnorm, bestehend aus:

    T (Tatbestand) ──────────▶ R (Rechtsfolge)

Untersatz S (Sachverhalt) =T (Tatbestand)   (Konkretes Lebensgeschehen muss abstraktem Tatbestand entsprechen, d. h. im Sachverhalt sind die abstrakten Tatbestandsmerkmale verwirklicht)

Deduktiver Schluss: bei S (Sachverhalt) gilt R (Rechtsfolge) = die im Gesetz vorgesehene Rechtsfolge gilt für den Sachverhalt S

Beispiele:
a) **Obersatz:** »Die Volljährigkeit tritt ein!« (= R) mit der Vollendung des achtzehnten Lebensjahres (=T), § 2 BGB.
Untersatz: Hans Müller ist 18 Jahre alt geworden (= S), also erfüllt sein »Fall« den T der Rechtsnorm.
Schlussfolgerung: bei S gilt R = Volljährigkeit von Hans Müller.

b) **Obersatz:** »Wer dem Besitzer ohne dessen Willen den Besitz entzieht oder ihn im Besitz stört,« (= T) »handelt,« (= R) »sofern nicht das Gesetz die Entziehung oder die Störung gestattet (= T), widerrechtlich (verbotene Eigenmacht)« (= R).
Untersatz: Der Rechtsstudent A besucht seinen Kommilitonen K; während dieser in der Küche Tee zubereitet, entdeckt A im Arbeitszimmer des K eine diesem gehörende bibliophile Ausgabe des BGB, die A – unbemerkt von K – in seiner Aktentasche verschwinden lässt. A hat sich durch Einstecken des Buches in seine Aktentasche die tatsächliche Sachherrschaft über das Buch verschafft (§ 854 BGB) und dadurch dem S den Besitz entzogen.
Schlussfolgerung: bei S gilt R = A handelt widerrechtlich – es liegt verbotene Eigenmacht vor.

c) **Obersatz:** »Der Eigentümer (= T) kann (= R) von dem Besitzer (= T) die Herausgabe der Sache verlangen (= R).«
Untersatz: Fortsetzung von b): K ist Eigentümer der BGB-Ausgabe – A ist Besitzer dieser Ausgabe.
Schlussfolgerung: bei S gilt R = K hat gegen A einen Anspruch auf Herausgabe der BGB-Ausgabe.

d) **Obersatz:** »Das Recht, von einem anderen ein Tun oder Unterlassen zu fordern (Anspruch) (= T), unterliegt der Verjährung (= R)« § 194 Abs. 1 BGB.
Untersatz: Fortsetzung von c): K hat gegen A einen Anspruch auf Herausgabe.
Schlussfolgerung: bei S gilt R = der Herausgabeanspruch des K unterliegt der Verjährung.[9]

---

[9] Zu den Verjährungsfristen siehe im Kapitel 9: Die Zeit im Recht.

Teil 4: Leistungsträger und -erbringer

Viele Rechtssätze enthalten, über den dargestellten einfachen Aufbau hinausgehend, für den Eintritt der Rechtsfolge zusätzliche Voraussetzungen, aber auch Einschränkungen, z. B.

> e) **Obersatz:** »Verwandte in gerader Linie sind verpflichtet (= R) auf Verlangen (= T) über ihre Einkünfte und ihr Vermögen Auskunft zu erteilen (= R), soweit dies zur Feststellung eines Unterhaltsanspruchs oder einer Unterhaltsverpflichtung erforderlich ist (= T)« § 1605 Abs. 1 Satz 1 BGB.
> **Untersatz:** Das Kind K – 8 Jahre alt – lebt mit seiner Mutter in der bisherigen ehelichen Wohnung; der Vater V ist kürzlich – die Eltern haben sich nicht mehr verstanden – ausgezogen und wohnt jetzt bei seiner neuen Freundin, die ihn sehr beansprucht, so dass er für K keinen Unterhalt zahlt. Die Mutter M stellt für K ein Auskunftsverlangen an V. V und K sind in gerader Linie verwandt, denn K stammt direkt von V ab – § 1589 BGB. Verwandte in gerader Linie sind einander zum Unterhalt verpflichtet, also ist V dem K gegenüber zum Unterhalt verpflichtet – § 1601 BGB. K ist unterhaltsberechtigt, weil er außerstande ist, sich selbst zu unterhalten – § 1602 Abs. 1 BGB. V ist im Verhältnis zu K verpflichtet, alle verfügbaren Mittel zu seinem und dem Unterhalt von K gleichmäßig zu verwenden – § 1603 Abs. 1 Satz 1 BGB. Die Auskunftserteilung dient der Feststellung der Leistungsfähigkeit des V im Sinne der vorstehenden Vorschrift, sie ist daher für die Feststellung des Unterhaltsanspruchs des K erforderlich.
> **Schlussfolgerung:** bei S gilt R = V ist verpflichtet, dem K Auskunft über sein Einkommen und Vermögen zu erteilen.

Wie man sehen kann, muss der Sachverhalt – auch im Wege des Syllogismus – Stück für Stück zusammengesetzt werden, um zur abschließenden Schlussfolgerung kommen zu können. Die Rechtssätze, um die es dabei geht, stehen in einem engen sachlichen Zusammenhang mit der Vorschrift, von der hier als Obersatz ausgegangen ist.

Nun zurück zum Ausgangsbeispiel mit dem Vorderrad, das sich selbstständig macht:

Es geht hier ja zunächst um das Auffinden der »einschlägigen Rechtsnorm«. Dazu kann man an die erste Vorschrift des Rechts der Schuldverhältnisse – des 2. Buchs des BGB – anknüpfen: »Kraft des Schuldverhältnisses ist der Gläubiger berechtigt, von dem Schuldner eine Leistung zu fordern« – § 241 Abs. 1 Satz 1 BGB.

Gläubiger ist A – als Schuldner kommen die Fa., die in der Rechtsform der GmbH betrieben wird und der Monteur M (sein Name stand auf der Rechnung in der Zeile: es bediente Sie Herr M) in Betracht. Die beanspruchte Leistung besteht in Schadensersatz und Schmerzensgeld.

Bei den Schuldverhältnissen ist, was ihre Entstehung betrifft, zwischen **rechtsgeschäftlichen Schuldverhältnissen** und solchen, die kraft gesetzlicher Regelung entstehen – **gesetzlichen Schuldverhältnissen** –, zu unterscheiden. Zur rechtsgeschäftlichen Begründung eines Schuldverhältnisses ist regelmäßig ein Vertrag erforderlich, daher spricht man auch von vertraglichen Schuldverhältnissen. Bei diesem Erkenntnisstand ergibt sich:

Im Verhältnis zu M muss sich die einschlägige Rechtsnorm im Bereich der gesetzlichen Schuldverhältnisse finden, im Verhältnis zur GmbH kommt es voraussichtlich auf ein vertragliches Schuldverhältnis an, in dessen Rahmen die einschlägige Rechtsnorm aufzufinden ist. Weil M die unmittelbar handelnde Person ist, soll zunächst die Rechtsbeziehung des A zu M untersucht werden, also die Frage: Hat A gegen M einen Anspruch auf Schadensersatz für das beschädigte Fahrzeug und einen Anspruch auf Schmerzensgeld?

Das gesetzliche Schuldverhältnis, um das es vorliegend geht, ist das **Recht der unerlaubten Handlung,** das im BGB mit der Vorschrift des § 823 beginnt; dessen erster Absatz lautet:

»Wer vorsätzlich oder fahrlässig das Leben, den Körper, die Gesundheit, die Freiheit, das Eigentum oder ein sonstiges Recht eines anderen widerrechtlich verletzt, ist dem anderen zum Ersatz des daraus entstehenden Schadens verpflichtet.«

Es handelt sich hier um die einschlägige Norm, da die darin angeordnete Rechtsfolge der Fallfrage: »Hat A gegen M einen Anspruch auf Schadensersatz wegen des beschädigten Fahrzeugs« entspricht.

Tatbestandlich muss zunächst eine Verletzung eines der aufgezählten **Rechtsgüter** Lebens, Körper pp. vorliegen. Das ist hier einfach zu bejahen, da der Sachverhalt vorgibt, dass das Kfz dem A »gehört« – das muss rechtlich so verstanden werden, dass das Kfz im Eigentum des A steht. Also liegt eine Eigentumsverletzung vor.

Diese Eigentumsverletzung muss einer Handlung des M **objektiv zurechenbar** sein – die Handlung des M besteht hier in einer Unterlassung: er hat die Radmuttern nicht fest angezogen. Zurechenbarkeit liegt vor, wenn die Handlung ursächlich für den Verletzungserfolg ist.[10] Maßgeblich ist hier die sog. **Adäquanztheorie.** »Hiernach werden diejenigen Schäden als nicht zurechenbar ausgeschieden, die – vom Standpunkt eines optimalen Beobachters – soweit außer aller Wahrscheinlichkeit liegen, dass mit ihrem Eintritt vernünftigerweise nicht zu rechnen war«.[11] Wenn Radmuttern nur lose aufgeschraubt werden, liegt es nicht außerhalb aller Wahrscheinlichkeit, dass sich die Radmuttern beim Fahren ganz lösen, sich das entsprechende Rad selbstständig macht, der Fahrer die Kontrolle über das Fahrzeug verliert und das Fahrzeug verunglückt und beschädigt wird. Der eingetretene Schaden ist dem M also objektiv zurechenbar.

Die Rechtsgutverletzung muss **widerrechtlich** sein. Die Widerrechtlichkeit entfällt nur dann, wenn sich die handelnde Person auf einen **Rechtfertigungsgrund**

---

10 Man spricht insoweit von haftungsbegründender Kausalität im Gegensatz zur haftungsausfüllenden Kausalität; letztere betrifft die Verbindung zwischen Verletzungserfolg und Schaden z. B. zwischen einer Körperverletzung und den Kosten, die für die Behandlung und Heilung aufgewendet werden müssen.
11 Staudinger in Hk-BGB, Rdnr. 48 zu § 823 unter Berufung auf BGH NJW 1991, 1110.

wie Einwilligung, Notwehr, Notstand, Selbsthilfe[12] berufen kann. Wenn das – wie hier – nicht der Fall ist, ist die Rechtsgutverletzung rechtswidrig.

Die Haftung nach § 823 Abs. 1 BGB setzt weiter voraus, dass die Verletzung des Rechtsguts schuldhaft geschehen ist – der handelnden Person also **subjektiv zurechenbar** ist. Das setzt **Verschuldensfähigkeit**[13] – an der bei M kein Zweifel besteht – und vorsätzliches oder fahrlässiges Handeln (Schuldformen) voraus. Was unter **Fahrlässigkeit** zu verstehen ist, sagt § 276 Abs. 1 Satz 2 BGB: »Fahrlässig handelt, wer die im Verkehr erforderliche Sorgfalt außer Acht lässt«. Hier kommt nur fahrlässiges Handeln des M in Betracht, der sich darauf beruft, dass es an dem Tag heiß gewesen sei und er schlecht geschlafen habe – außerdem habe er seine Arbeit unterbrechen müssen, weil ihn der Meister wegen eines anderen Auftrags zu sich gerufen habe, dadurch sei er so unkonzentriert gewesen, dass er nach der Unterbrechung vergessen habe, die Radmuttern hydraulisch fest anzuziehen. Das sei ihm nicht vorzuwerfen, er habe nicht schuldhaft gehandelt. Nach dem Wortlaut des § 276 Abs. 1 Satz 2 BGB kommt es darauf an, welche Sorgfalt objektiv erforderlich war und nicht darauf, ob M nach seiner »Tagesform« in der Lage war, dieser Sorgfaltspflicht zu genügen. Die objektiv erforderliche Sorgfalt hat M nicht aufgewendet, sodass ihm Fahrlässigkeit zur Last zu legen ist.

Schlussfolgerung: im Sachverhalt sind alle gesetzlichen Tatbestandsmerkmale des § 823 Abs. 1 BGB verwirklicht, sodass die Rechtsfolge eintritt: M ist dem A zum Schadensersatz verpflichtet. A hat gegen M einen Anspruch auf Leistung von Schadensersatz.

Nun geht es um die Frage des **Schmerzensgeldanspruchs**. Das BGB geht bei seinem Schadensbegriff und der Frage des Schadensersatzes vom materiellen Schaden, dem Vermögensschaden aus. Ersatz für immaterielle Schäden – Schmerzensgeld – ist die Ausnahme. Dazu § 253 BGB mit der Überschrift »Immaterieller Schaden«:

(1) Wegen eines Schadens, der nicht Vermögensschaden ist, kann Entschädigung nur in den vom Gesetz ausdrücklich bestimmten Fällen gefordert werden.

(2) Ist wegen einer Verletzung des Körpers, der Gesundheit, der Freiheit oder der sexuellen Selbstbestimmung Schadensersatz zu leisten, kann auch wegen des Schadens, der nicht Vermögensschaden ist, eine billige Entschädigung in Geld gefordert werden.

Dies bedeutet: Steht dem Verletzten aus Delikt, Gefährdungshaftung oder Vertragsverletzung ein Schadensersatzanspruch wegen Verletzung der in § 253 Abs. 2 BGB genannten Rechtsgüter zu, hat der Verletzte nicht nur Anspruch auf Ersatz der materiellen Schäden, sondern zusätzlich Anspruch auf Schmerzensgeld – eine Entschädigung für erlittene physische und psychische Schmerzen.

Für den Fall heißt das: Rückkehr zu § 823 Abs. 1 BGB. A hat neben dem Sachschaden (Eigentumsverletzung) auch einen Körperschaden und ggf. Gesundheits-

---

12 Siehe dazu §§ 227 ff. BGB.
13 Siehe dazu auch in den Kapiteln 5.2.2 und 10.

schaden (traumatische Belastung) erlitten. Der übrige Tatbestand ist oben bereits abgeprüft mit dem Ergebnis, dass er vorliegt. Also hat A auch einen Schadensersatzanspruch gegen M wegen Körper- und Gesundheitsverletzung.[14]

Schlussfolgerung: damit ist der Tatbestand des § 253 Abs. 2 BGB erfüllt: A hat gegen M einen Anspruch auf ein angemessenes Schmerzensgeld.

Nun zur Rechtsbeziehung des A zur Fa. Reifenschnelldienst: Es geht hier um ein vertragliches Schuldverhältnis. A hat mit der Fa. einen Vertrag abgeschlossen – Schriftform war dafür nicht erforderlich. Gegenstand des Vertrages war Aufziehen neuer Vorderreifen, die von der Fa. geliefert wurden – es handelte sich daher um einen Werklieferungsvertrag im Sinne von § 651 BGB. Zur ordnungsgemäßen Erfüllung dieses Vertrages gehört auch das betriebssichere Montieren der Vorderräder. Das ist hier nicht geschehen. Dadurch sind A und sein Fahrzeug zu Schaden gekommen.

Wir benötigen also eine Norm, die bei vertraglichen Schuldverhältnissen als Rechtsfolge Schadensersatz vorsieht. Diese Norm finden wir in § 280 Abs. 1 BGB:

»Verletzt der Schuldner eine Pflicht aus dem Schuldverhältnis, kann der Gläubiger Ersatz des hierdurch entstehenden Schadens verlangen. Das gilt nicht, wenn der Schuldner die Pflichtverletzung nicht zu vertreten hat«.

Bei § 280 BGB handelt es sich um die zentrale Haftungsnorm, die durch das Schuldrechtsmodernisierungsgesetz eingeführt worden ist; sie gilt nicht nur bei vertraglichen, sondern auch bei gesetzlichen Schuldverhältnisses und löst bei vertraglichen Schuldverhältnissen die Verpflichtung zum Schadensersatz unabhängig davon aus, ob eine vertragliche Haupt- oder Nebenpflicht verletzt worden ist.

Die Pflicht zum betriebssicheren Montieren der Vorderräder steht in einem engen Zusammenhang mit den Hauptpflichten: Bereitstellen neuer Reifen und Aufziehen derselben auf die Felgen – ob sie als Nebenpflicht anzusehen ist, muss nicht entschieden werden. Durch die Pflichtverletzung sind Körper/Gesundheit des A und sein Eigentum (Fahrzeug) geschädigt worden – zur adäquaten Kausalität Pflichtverletzung und Schaden siehe oben. Damit ist der Tatbestand des § 280 Abs. 1 Satz 1 BGB erfüllt.

Es muss noch geprüft werden, ob die Fa. die Pflichtverletzung zu vertreten hat. Maßgebliche Norm dafür ist § 278 Satz 1 BGB:

»Der Schuldner hat ein Verschulden seines gesetzlichen Vertreters sowie der Personen, deren er sich zur Erfüllung seiner Verbindlichkeit bedient, in gleichem Umfang zu vertreten wie eigenes Verschulden«.

Die Fa. hat sich zur Erfüllung des mit A abgeschlossenen Vertrages des Monteurs M als **Erfüllungsgehilfen** bedient; das fahrlässige Verhalten des M – siehe oben – muss sie sich daher zurechnen lassen.

---

14 Ausgehend davon, dass A krankenversichert ist, ist dieser Anspruch auf die Krankenkasse übergegangen – § 116 SGB X –, sodass A den Anspruch nicht selbst geltend machen muss bzw. dies wegen des Anspruchsübergangs auch gar nicht kann.

Schlussfolgerung: der Tatbestand des § 280 Abs. 1 BGB ist erfüllt – die Fa. Reifen-Schnelldienst ist dem A gegenüber zum Schadensersatz für das geschädigte Fahrzeug verpflichtet.

Es käme auch eine deliktische Haftung der Fa. auf der Grundlage von § 280 BGB in Betracht, da die vertragliche Pflichtverletzung ja – wie oben ausgeführt – gleichzeitig den Tatbestand des § 823 Abs. 1 BGB erfüllt. Dazu § 831 Abs. 1 Satz 1 BGB:

»Wer einen anderen zu einer Verrichtung bestellt, ist zum Ersatz des Schadens verpflichtet, den der andere in Ausführung der Verrichtung einem Dritten widerrechtlich zufügt«.

Während der Monteur M im Rahmen des vertraglichen Schuldverhältnisses die Rolle des Erfüllungsgehilfen spielt, hat er im Rahmen des gesetzlichen Schuldverhältnisses die Rolle als sog. **Verrichtungsgehilfe.** Hier ist die Frage, ob sich die Fa. das fahrlässige Handeln des M zurechnen lassen muss, anders zu beantworten als beim Erfüllungsgehilfen, denn § 831 Abs. 1 Satz 2 BGB bestimmt:

»Die Ersatzpflicht tritt nicht ein, wenn der Geschäftsherr bei der Auswahl der bestellten Person und, wenn er Vorrichtungen oder Gerätschaften zu beschaffen oder die Ausführung der Verrichtung zu leiten hat, bei der Beschaffung oder Leitung die im Verkehr erforderliche Sorgfalt beobachtet hat oder wenn der Schaden auch bei Anwendung dieser Sorgfalt entstanden sein würde.«

Die Fa. wird sich hier ohne weiteres durch die Behauptung, bei der Einstellung des M, bei seiner Aufgabenzuweisung und seiner Kontrolle sei ihr selbst kein Verschulden, die von A nicht widerlegt werden kann, entlasten.

Schlussfolgerung: Der Tatbestand des § 831 Abs. 1 Satz 2 BGB ist nicht erfüllt. Fa. haftet nicht für den M aus unerlaubter Handlung.

Zum Anspruch auf Schmerzensgeld gegen die Fa. ist auch hier auf § 253 Abs. 2 BGB zurückzugreifen – siehe oben. Die hier befindliche Regelung bedeutet, dass – im Unterschied zur früheren Rechtslage – nun auch bei vertraglichen Schuldverhältnissen durch einen Pflichtenverstoß, durch den die in § 253 Abs. 2 BGB aufgeführten Rechtsgüter verletzt werden, die Verpflichtung zur Leistung von Schmerzensgeld ausgelöst wird.[15]

Im Rahmen des vertraglichen Schuldverhältnisses ist dem A durch eine der Fa. zuzurechnende Handlung des M ein körperlicher und gesundheitlicher Schaden zugefügt worden.

Schlussfolgerung: Die Fa. Reifen-Schnelldienst GmbH ist verpflichtet, dem A ein angemessenes Schmerzensgeld zu zahlen.

A ist also in der glücklichen Lage, zwei Schuldner zu haben: den M und die GmbH; beide sind für den Schaden nebeneinander verantwortlich, M aus unerlaubter Handlung und die GmbH aus Vertrag. Zum Verhältnis von M zur GmbH ergibt

---

15 Nach altem Recht war Schmerzensgeld auf den Bereich der deliktischen Haftung nach § 823 ff. BGB beschränkt – s. den alten § 847 BGB, der jetzt aufgehoben ist.

sich Folgendes: Obwohl die GmbH im Zweifelsfall nur aus Vertrag haftet, wendet die Rspr. wegen des inneren Zusammenhanges der Verpflichtungen beider Beteiligten in solchen Fällen § 840 BGB an[16]; dies bedeutet, dass M und die GmbH **gesamtschuldnerisch** haften – § 421 BGB, A sich also aussuchen kann, wen von beiden er in Anspruch nehmen will. Für den Ausgleich im Innerverhältnis sind die von der Rspr. des BAG entwickelten Maßstäbe für die Beschränkung der Haftung im Arbeitnehmerverhältnis maßgeblich, die hier nicht dargestellt werden können:[17]

Noch ein abschließender Blick auf die **Rechtsfolgen:**

Schadensersatz wegen Beschädigung des Fahrzeugs:

§ 249 BGB enthält den Grundsatz der **Naturalrestitution,** also des Anspruchs auf Herstellung des ursprünglichen Zustandes, wobei nach Abs. 2 der Vorschrift bei Personen und Sachschäden auch der zur Herstellung erforderliche Geldbetrag verlangt werden kann – was die Regel ist. Das bedeutet hier: die Reparatur des Fahrzeugs, um den früheren Zustand wiederherzustellen, bzw. Bezahlung der dafür aufzuwendenden Kosten. Der Sachverhalt spricht von einem »Totalschaden« – damit wird ausgedrückt, dass die Herstellung technisch nicht möglich oder wirtschaftlich nicht sinnvoll – weil im Vergleich zum Wert des Fahrzeugs zu teuer ist. Diese Fälle erfasst § 251 BGB in seinen beiden Absätzen.[18] Der Schadensersatz, den A verlangen kann, besteht somit in der Zahlung eines Geldbetrages, der dem Wert des Fahrzeugs vor dem Unfall entspricht.

Schmerzensgeld:
Die Höhe des Schmerzensgeldes kann der Gesetzgeber nur in allgemeiner und unbestimmter Fassung bestimmen. Für die Höhe des angemessenen Schmerzensgeldes sind Faktoren maßgeblich wie:

Schwere der Verletzung(en), Schwere und Dauer der vergangenen und künftig zu erwartenden körperlichen und seelischen Schmerzen, Dauer der Arbeitsunfähigkeit, Dauer und Schwierigkeit des Heilungsprozesses. Es ist Aufgabe der Rechtsprechung, dies in Einzelentscheidungen umzusetzen.[19]

20.2.5 Auslegung

Nicht immer »passt« das Gesetz eindeutig auf den Fall. Mitunter ist es mehrdeutig; Rechtsbegriffe können unbestimmt sein, oder der Lebenssachverhalt scheint nicht zu gesetzlich geregelten Tatbeständen zu passen, eine Entscheidung muss

---

16 Siehe Palandt-Thomas, Rdnr. 3 zu § 840 BGB.
17 Siehe dazu Hanau/Adomeit, S. 198, 202.
18 Für die Frage der Unverhältnismäßigkeit im Sinne des § 251 Abs. 2 hat die Rechtsprechung für Kraftfahrzeuge eine Faustformel herausgebildet, nach der Abs. 2 anwendbar ist, wenn die Reparaturkosten den Wert des Kfz vor dem Unfall um 30 % überschreiten – vgl. Palandt-Heinrichs Rdnr. 7 zu §251 BGB.
19 Eine Zusammenstellung der Rechtsprechung bieten u. a. Jäger, L./Luckey J. Schmerzensgeld.

aber erfolgen. Dann bedarf es rechtswissenschaftlicher Auslegung, einer Erforschung des Sinns der Vorschrift, die herangezogen werden soll. Nicht selten muss der Inhalt einer Willenserklärung interpretiert werden, wenn der zu prüfende Sachverhalt eine solche enthält. Unter Umständen ist gar eine »Gesetzeslücke« rechtsschöpferisch auszufüllen.

Um solche Probleme der Auslegung lösen zu können, haben Lehre und Rechtsprechung Grundsätze entwickelt, von denen einige wichtige dargestellt werden sollen.

20.2.6 Auslegungsmethoden

Da das anzuwendende Recht in die Sprachform gekleidet ist, kann sich die Rechtsanwendung auch nur dieser Form bedienen. Der Rechtsanwender hat festzustellen, welche Bedeutung die in den Rechtsnormen verwendeten Worte haben und welche Aussage die bestehende Rechtsnorm trifft. Fünf Grundkriterien der Auslegung sind nebeneinander oder in Kombination gleichwertig anwendbar: die **philologische oder grammatische**, die **logische, systematische, historische** und **teleologische Auslegung**.

20.2.6.1 Die philologische Auslegung
● Wortlaut
Die philologische oder grammatische Auslegung orientiert sich an Wortlaut und Sprachsinn des Textes. Vielfach treffen wir ausgesprochen rechtstechnische Fachausdrücke – Termini technici – an. Wir müssen uns dabei vergegenwärtigen, dass sie, wenn sie auch zum Wortschatz der Umgangssprache gehören, zum Teil eine von dieser abweichende Bedeutung haben, so etwa »Besitz« (als Gegensatz zu »Eigentum«).

● Begriff
Das Wort wird zum »Begriff«, wenn sich mit ihm ein bestimmtes, allgemein verbreitetes und anerkanntes Verständnis verbindet. Feststehende Begriffe entstehen, wenn der Bedeutungsgehalt durch eine geschlossene Zahl von Merkmalen festgelegt ist, wobei eine Begriffsverallgemeinerung durch Abstrahieren (Beiseitelassen) unwesentlicher Kennzeichen stattfindet. Jeder weiß, dass ein Stuhl ein Möbelstück ist, das zum Sitzen für eine Person vorgesehen ist. Ob ein Stuhl drei oder vier Beine hat und aus welchem Material er besteht, ist für den Begriff unerheblich.

● Definition
Auf diese Weise gelangt man zu einer Definition = Begriffsbestimmung, die das Wesen einer Sache beschreibt.

Aber auch hier können Abgrenzungsprobleme bestehen: das Wort »Kind« wird normalerweise als Rechtsbegriff im üblichen »engeren« Sinn biologisch, auf das leibliche Kind bezogen, verstanden. Um diesen »**Begriffskern**« schließt sich ein »**Begriffshof**« von Randbereichen an, die den Begriff des Kindes erweitern. Das Erbrecht und seit der Reform des Adoptionsrechts durch Gesetz vom 2. 7. 1976 auch das Familienrecht des BGB beziehen das angenommene Kind ein, das nicht mehr »an Kindes statt«, also stellvertretend, sondern »als« Kind angenommen wird –

siehe § 1741 BGB. Noch weiter geht der Kindesbegriff in § 56 Abs. 2 SGB I: »Als Kinder (...) gelten auch 1. Stiefkinder (...) 2. Pflegekinder (Personen, die mit dem Berechtigten durch ein auf längere Dauer angelegtes Pflegeverhältnis mit häuslicher Gemeinschaft wie Kinder mit Eltern verbunden sind)«. Hier haben wir – und zwar in dem Klammerzusatz – eine **Legaldefinition** (gesetzliche Begriffsbestimmung) der Pflegekinder im Sinn des Sozialrechts vor uns. Das Bundeskindergeldgesetz – § 2 Abs. 2 Nr. 3 – erweitert den Bereich der »Kinder noch um »Enkel, die der Berechtigte in seinem Haushalt aufgenommen hat oder überwiegend unterhält«.

Weitere **Beispiele** für Legaldefinitionen:
- »Unverzüglich« bedeutet »ohne schuldhaftes Zögern« – § 121 Abs. 1 BGB »Arbeitszeit« ist die Zeit vom Beginn bis zum Ende der Arbeit ohne die Ruhepausen! – § 2 Abs. 1 AZG; anderseits bedeutet »sofort«, verwendet z. B. in § 859 Abs. 3 BGB – nach einer von der Lehre entwickelten Begriffsbestimmung »so schnell, wie den Umständen nach objektiv möglich«.[20]
- In der Kostenordnung ist die Nachtzeit, in der eine erhöhte Gebühr für Beurkundungen anfällt, auf die Zeit außerhalb von 18.00 Uhr bis 8.00 Uhr festgelegt – § 58 Abs. 3 KostO.
- »Menschen sind behindert, wenn ihre körperliche Funktion, geistige Fähigkeit oder seelische Gesundheit länger als sechs Monate von dem für das Lebensalter typischen Zustand abweichen und und daher ihre Teilhabe am Leben in der Gemeinschaft beeinträchtigt ist«. – »Menschen sind im Sinne des 2. Teils schwerbehindert, wenn bei ihnen ein Grad der Behinderung von wenigstens 50 vorliegt und sie ihren Wohnsitz, ihren gewöhnlichen Aufenthalt oder ihre Beschäftigung auf einem Arbeitsplatz im Sinne des § 73 rechtmäßig im Geltungsbereich dieses Gesetzbuches haben«. – So die Definitionen der Behinderung und der Schwerbehinderung in § 2 Abs. 1 Satz 1 und Abs. 2 des SGB IX.
- Die Begriffsbestimmung muss nicht die Form einer Gleichung haben. Sie kann auch indirekt, durch Umschreibung der wesentlichen Merkmale, formuliert sein. So definiert § 651 a Abs. 1 BGB den Reisevertrag durch die Pflichten seiner Parteien: »Durch den Reisevertrag wird der Reiseveranstalter verpflichtet, dem Reisenden eine Gesamtheit von Reiseleistungen (Reise) zu erbringen. Der Reisende ist verpflichtet, dem Reiseveranstalter den vereinbarten Reisepreis zu zahlen«.

Um der Klarheit willen sind »Mehrfachdefinitionen« verboten. Wo unterschiedliche Begriffsbestimmungen gegeben werden, beziehen sie sich, wie die Beispiele zu »Kind« zeigen, auf den Geltungsbereich jeweils eines bestimmten Gesetzes.

- **Unbestimmte Gesetzesbegriffe**

Von erheblicher Bedeutung bei der Anwendung des Rechts sind die sog. »unbestimmten Rechtsbegriffe« oder besser »unbestimmten Gesetzesbegriffe«. Es handelt sich um solche vom Gesetzgeber benutzte Begriffe, die häufig auch in der

---

20 Vgl. Palandt-Bassenge, Rdnr. 6 zu § 859 BGB.

Umgangssprache vorkommen, deren rechtlicher Inhalt und Bedeutungsgehalt aber nicht von vorne herein feststehen und auch nicht durch Hilfsnormen des Gesetzgebers beschrieben oder erläutert werden. So z. B. auch der Begriff der Arbeitslosigkeit in § 118 SGB III, der in diesem Fall allerdings durch § 119 SGB II erklärt wird – siehe dazu unter 20.1. Solche unbestimmten Gesetzesbegriffe sind, wie die Generalklauseln, in denen regelmäßig solche Begriffe vorkommen, erforderlich, weil sich die Vielfalt der Lebenssachverhalte nicht flächendeckend auf der abstrakten und generalisierten Gesetzesebene in Begriffen und Formeln abbilden lässt, die von vornherein eindeutig sind, ohne dass dies zu einer unübersehbaren Kasuistik führen würde.

Unbestimmte Gesetzesbegriffe kommen entweder im Bereich des Tatsächlichen vor – etwa bei den Begriffen »Dunkelheit« – »Kurze Dauer« – oder im Bereich des Rechtlichen – etwa bei den Begriffen »Zumutbarkeit, berechtigtes Interesse, Gemeinwohl, gute Sitten, Treu und Glauben, Sicherheit und Ordnung«. Es leuchtet unmittelbar ein, dass bei der Ausfüllung und Anwendung dieser Begriffe Wertvorstellungen, die naturgemäß unterschiedlich sein können, zum Tragen kommen. Im Verwaltungsrechtsstreit unterliegen solche unbestimmten Gesetzesbegriffe – im Unterschied zu Ermessensentscheidungen und dem Beurteilungsspielraum – der vollen gerichtlichen Nachprüfung: Entweder ist für einen Bezieher von Arbeitslosengeld II eine Arbeit zumutbar oder nicht.[21] Eine Zwischenlösung gibt es hier nicht.

Auch bei den zentralen Begriffen des Jugendhilferechts und des Sozialhilferechts »Wohl des Kindes« und »notwendiger Lebensunterhalt« handelt es sich um solche unbestimmten Rechtsbegriffe. Bei der interpretatorischen Wertausfüllung dieser (und anderer) Begriffe kommen außerrechtliche Maßstäbe zur Anwendung, die auch der Sozialarbeiter/Sozialpädagoge einbringen kann und muss, wie etwa sein pädagogisches, psychologisches und sozialarbeiterisches Fachurteil darüber, was das »Kindeswohl« jeweils erfordert, oder was zur Erreichung der Aufgabe der Sozialhilfe, dem Empfänger ein der Würde des Menschen entsprechendes Leben zu ermöglichen, notwendig ist.

Man muss allerdings zur Kenntnis nehmen, dass gerade wegen der dahinter steckenden wertenden Entscheidungen bei Rechtsstreitigkeiten, in denen es um die Auslegung unbestimmter Rechtsbegriffe geht, die Rechtsprechung zu unterschiedlichen Ergebnissen kommt.[22]

Ein Sonderfall liegt beim **Beurteilungsspielraum** vor. Hier geht es zunächst auch um einen unbestimmten Gesetzesbegriff, wie häufig um den der »Eignung«. Die Besonderheit liegt aber darin: ein Beurteilungsspielraum ist dadurch gekenn-

---

21 Hier sind immerhin die Zumutbarkeitsgrenzen und Kriterien in § 10 SGB II näher bestimmt.
22 Z. B. ob bei einer alleinerziehenden Studentin mit einem Kleinkind eine »besondere Härte« im Sinne des früheren § 26 Abs. 1 Satz 2 BSHG – jetzt § 7 Abs. 5 Satz 1 SGB II vorliegt, die die Sperre des Satzes 1 aufhebt, also den Zugang zu den Leistungen zur Sicherung des Lebensunterhalts eröffnet, siehe einerseits BVerwG in FEVS 44, 269 (verneinend), OVG Saarlouis in FEVS 53, 326 und OVG Lüneburg in FEVS 46, 422 und 54, 389 (bejahend).

zeichnet, dass ein nicht wiederholbarer und/oder meist komplexer Sachverhalt zu werten ist – wie Schul- und Prüfungsleistungen, die Eignung eines Bediensteten oder eines Vormunds –, aber auch dann, wenn eine Prognose erforderlich ist, für die es keine objektiven Maßstäbe gibt, die aber fachliche Erfahrungen oder unmittelbare Eindrücke von Geschehenem voraussetzen. Es handelt sich hier vielfach um ein der wiederholenden Überprüfung nicht zugängliches Ereignis – wie bei einer mündlichen Prüfung – und eine sog. unvertretbare – nicht durch jemand anderen ersetzbare – Beurteilung.

In diesen Fällen entzieht sich der Kern der pädagogisch-wissenschaftlichen Beurteilung der verwaltungsgerichtlichen Kontrolle; diese beschränkt sich darauf, ob die Verfahrensvorschriften beachtet wurden, von einem richtigen Sachverhalt ausgegangen wurde, keine sachfremden Erwägungen die Beurteilung beeinflusst haben und allgemein gültige Bewertungsmaßstäbe beachtet wurden.

- Syntaktik

Wichtig ist im Rahmen grammatischer Auslegung die Syntaktik. Sie zielt auf Form und Struktur der Sprache. Die Syntax (die Satzbildungslehre) gestaltet den Aufbau einer Rechtsnorm. Zu beachten ist das Verhältnis einmal der Satzteile untereinander und zum anderen der Sätze zueinander. Das soll am Beispiel des § 827 BGB verdeutlicht werden:

Grundsätzlich: **Schadensverantwortlichkeit nach dem Verschuldensgrundsatz**	§ 827 S. 1 BGB: »Wer im Zustande der Bewusstlosigkeit oder in einem die freie Willensbestimmung ausschließenden Zustande krankhafter Störung der Geistestätigkeit einem anderen Schaden zufügt, ist für den Schaden **nicht verantwortlich**«
§ 827 Satz 2, 1. HS BGB: »Hat er sich durch geistige Getränke oder ähnliche Mittel in einen vorübergehenden Zustand dieser Art versetzt, so ist er für einen Schaden, den er in diesem Zustande widerrechtlich verursacht, in gleicher Weise **verantwortlich, wie wenn ihm Fahrlässigkeit zur Last fiele**«.	§ 827 Satz 2, 2. HS BGB: »die **Verantwortlichkeit tritt nicht ein,** wenn er ohne Verschulden in den Zustand geraten ist.«

Unter der stillschweigenden Voraussetzung, dass grundsätzlich Verantwortlichkeit für angerichteten Schaden besteht, bestimmt Satz 1, dass diese Verantwortlichkeit ausgeschlossen ist, wenn es an der freien Willensentscheidung fehlt (z. B. bei Bewusstseinstrübung). Diesen Ausnahmezustand hat der Handelnde zu beweisen, wenn er sich darauf beruft. Doch wird, wenn dieser Zustand durch geistige Getränke (Alkohol) o. ä. herbeigeführt ist, wie für Fahrlässigkeit gehaftet (Satz 2 1. HS); das ist eine Ausnahme von der Ausnahme, die wiederum zu beweisen hat, wer sich auf sie bezieht, also durchweg der Verletzte. Davon gibt es abermals eine

Ausnahme, dann nämlich, wenn der Schädiger unverschuldet seine freie Willensbestimmung eingebüßt hat (Satz 2 2. HS), was er beweisen muss (in den Sprudel hat etwa ein anderer heimlich hochprozentigen Schnaps gegossen).

Im Regel-Ausnahme-Verhältnis wird gewöhnlich eine Vermutung (praesumptio) formuliert, die zugleich zum Ausgangspunkt für die Verteilung der Beweislast wird. So bringt ein mit der Wendung »es sei denn« eingeleiteter konditionaler Nebensatz, oder die Negationen »sofern nicht«, »das gilt nicht, wenn«, zum Ausdruck, dass das Gegenteil vermutet wird, sodass diese Vermutung, die richtig sein kann, durch Beweis einer Ausnahme von dem widerlegt werden muss, der sich auf die Ausnahme beruft (vgl. § 292 ZPO).

> **Beispiele:**
> § 145 BGB:»Wer einem anderen die Schließung eines Vertrags anträgt, ist an den Antrag gebunden, es sei denn, dass er die Gebundenheit ausgeschlossen hat« (dies hat der Antragende zu beweisen).
> § 832 Abs. 1 BGB bestimmt über die Haftung des Aufsichtspflichtigen: »Wer kraft Gesetzes zur Führung der Aufsicht über eine Person verpflichtet ist, die wegen Minderjährigkeit oder wegen ihres geistigen oder körperlichen Zustandes der Beaufsichtigung bedarf, ist zum Ersatze des Schadens verpflichtet, den diese Person einem Dritten widerrechtlich zufügt. Die Ersatzpflicht tritt nicht ein, wenn er seiner Aufsichtspflicht genügt oder wenn der Schaden auch bei gehöriger Aufsichtsführung entstanden sein würde«.
> Beruft sich der Aufsichtspflichtige auf die Ausnahme in Satz 2, hat er das Vorhandensein ihrer Voraussetzungen zu beweisen, also etwa, dass er, der Aufsichtspflichtige, seiner Aufsichtspflicht genügt habe.

Man spricht hier auch von **widerleglichen Vermutungen**, im Gegensatz zu den **unwiderleglichen Vermutungen**, bei denen kein Gegenbeweis möglich ist. Eine unwiderlegliche Vermutung enthält z. B. die Fristenregelung des Scheidungsrechts, § 1566 BGB: »Es wird unwiderlegbar vermutet, dass die Ehe gescheitert ist, wenn die Ehegatten seit einem Jahr getrennt leben und beide Ehegatten die Scheidung beantragen oder der Antragsgegner Scheidung zustimmt«.

20.2.6.2 Die systematische Auslegung

Untersucht wird die Stellung einer Norm im Aufbau des Gesetzes. Hier spielen seine Einteilung und Überschriften eine Rolle. Besondere Bedeutung haben die Beziehungen zwischen Schuld- und Sachenrecht, Schuldrecht und AT, wie sie sich nicht zuletzt aus Problemen des Verweisungsapparates ergeben. Aber auch den soeben als Beispiel logischer Interpretation erwähnten Fragenkreis um den Schmerzensgeld-Paragraphen kann man unter einem systematischem Gesichtspunkt betrachten. Die Vorschrift des § 242 BGB »Der Schuldner ist verpflichtet, die Leistung so zu erbringen, wie Treu und Glauben mit Rücksicht auf die Verkehrssitte es erfordern« ist heute als allgemeiner Rechtsgrundsatz weit über den Bereich des Schuldrechts, wo er seinen Sitz hat, hinaus angewandt. Rechtsprechung und Lehre haben aus der Vorschrift einen das gesamte Rechtsleben beherrschenden Grundsatz angenommen.[23]

Ein besonders wichtiger Fall der systematischen Auslegung ist heute die »**verfassungskonforme**« **Auslegung,** die den anzuwendenden Rechtssatz im Einklang mit dem Grundgesetz interpretiert. Vor allem sind die prinzipiellen Wertentscheidungen des Grundrechtsteils der Verfassung zu beachten. Der wichtigste wertausfüllende Auslegungsgrundsatz ist der **Schutz der Menschenwürde** (Art. 1 Abs. 1 Satz 1 GG).

Daneben gebietet der **Gleichheitssatz,** gleiche Sachverhalte nicht unterschiedlich zu behandeln, es sei denn, dass Unterschiede von solchem Gewicht vorliegen, dass sie eine ungleiche Behandlung rechtfertigen. Daher dürfen Behörden keine sachlich ungerechtfertigte Differenzierung vornehmen, das wäre ermessensfehlerhaft. Hat jedoch die Behörde eine solche rechtswidrige Entscheidung getroffen und vielleicht gar wiederholt, dann ist sie nicht an diese unrechtmäßige Praxis gebunden; denn es gibt keine Gleichheit im Unrecht.

So musste etwa ein widerrechtlich und daher nicht genehmigungsfähig errichtetes Wochenendhäuschen im Naturschutzgebiet abgerissen werden, obwohl zuvor andere Bauten dieser Art rechtsirrig gestattet worden waren.

Im Privatrechtsverkehr entfalten die grundlegenden Rechtswerte der Verfassung vor allem über den Weg der unbestimmten Gesetzesbegriffe und der Generalklauseln Wirkung. Die sog. einfachen Gesetze sind »im Lichte der Grundrechte« auszulegen und entfalten so »mittelbare Drittwirkung«.[24]

Der BGH hat, im Zusammenhang der Interpretation des § 823 Abs. 1 BGB im Geist der Verfassung ausgeführt[25]:

»Nachdem nunmehr das Grundgesetz das Recht des Menschen auf Achtung seiner Würde (Art. 1 GG) und das Recht auf freie Entfaltung seiner Persönlichkeit auch als privates, von jedermann zu achtendes Recht anerkennt, soweit dieses Recht nicht die Rechte anderer verletzt oder gegen die verfassungsmäßige Ordnung oder das Sittengesetz verstößt (Art. 2 GG), muss das allgemeine Persönlichkeitsrecht als ein verfassungsmäßig gewährleistetes Grundrecht angesehen werden.« Es ist ein »absolutes« Recht und genießt daher schadensrechtlichen Schutz als »sonstiges« Recht im Sinn des § 823 Abs. 1 BGB.

20.2.6.3 Die historische Auslegung

Sie bezieht sich auf den geschichtlichen Zusammenhang einer Regelung, insbesondere ihre Entstehungsgeschichte, weswegen man auch von genetischer Interpretation spricht. Ausgangspunkt ist der Wille des konkreten »subjektiven« Gesetzgebers, wie er in den grundlegenden rechtspolitischen Entscheidungen der Parlamentsabgeordneten, den Normvorstellungen der Gesetzesverfasser in den

---

23 Vgl. Palandt-Heinrichs Rdnr. 1 zu § 242.
24 Zu den Grundrechten im Übrigen siehe in Kapitel 3.
25 BGH NJW 1954, 1405.

Ministerien und der Fachausschussmitglieder als der an der Vorbereitung der Regelung beteiligten Personen zum Ausdruck kommt.[26] Entwürfe und andere Materialien des Gesetzgebers geben darüber Auskunft. Bei der historischen Auslegung können jedoch die Änderung der Verhältnisse und der Auffassungen seit dem In-Kraft-Treten des Gesetzes nicht unberücksichtigt bleiben.

20.2.6.4 Die teleologische Auslegung

Die teleologische (zweckgerichtete) Auslegung knüpft an den Sinn des Gesetzes, die sog. ratio legis an; sie versucht, den Regelungszweck, wie er in der fraglichen Norm heute objektiv ausgedrückt ist und ihren Inhalt bestimmt, herauszufinden. Nach dieser Methode tritt das historisch/subjektive Auslegungselement zurück und Erkenntnisziel ist nicht der Wille des Gesetzgebers, sondern das einen eigenen Regelungswillen entfaltende Gesetz. Schon das RG formulierte, dass das Gesetz, einmal erlassen, ein Eigenleben führe, vermöge dessen es sich den wechselnden Bedürfnissen der Zeit anpassen kann.[27] Handle es sich insbesondere um ein Gesetz, das nicht bloß ein Augenblicksbedürfnis befriedigen wolle, sondern Geltung für lange Zeit beanspruche, so könne es nicht ohne Rücksicht auf die wechselnden Anschauungen der Zeit auf geistigem, wirtschaftlichem, gesellschaftlichem Gebiet richtig verstanden und ausgelegt werden. In solchen Fällen wolle der Gesetzgeber selbst auch künftige Entwicklungen berücksichtigt wissen.

»Das BVerfG lehnt in ständiger Rechtsprechung ab, auf die Motive oder Vorstellungen der an einem Abstimmungsverfahren über ein Gesetz teilnehmenden Abgeordneten abzuheben; es hält beispielsweise allein die Frage für maßgebend, ob Gesetze objektiv gegen Art. 3 GG verstoßen, nicht aber, ob den Abgeordneten subjektiv Willkür vorzuwerfen ist«.[28] Damit folgt das Gericht der sog. objektiven Theorie.

---

26 Dokumentiert in den Bundestags- und den Bundesratsdrucksachen.
27 RGZ 145, 366.
28 BVerwG, NJW 1982, 592. Siehe dazu auch Schwab, Einführung in das Zivilrecht Rdnr. 108.

21. Mediation – alternative Konfliktbearbeitung

21.0 Einführung und Praxisrelevanz

21.0.1 Einführung

Mediation ist eine Alternative zu gesellschaftlich etablierten Konfliktlösungsmechanismen, wie Urteilen und Schlichten und betont im Gegensatz zu diesen die Selbstbestimmung der Streitparteien.

Definition: Ziel einer Mediation ist es, mit Unterstützung eines neutralen Dritten (Mediator) auf freiwilliger Basis eine konsensfähige Lösung der streitigen Punkte zu erreichen. Dabei ist es Aufgabe des Mediators, die Verhandlungen der Parteien zu erleichtern und nicht etwa eine Entscheidung des Konflikts zu treffen. Mediation ist ein außergerichtlicher Prozess, der die Emotionen und Interessen der Parteien – ihre Wünsche, Bedürfnisse und Befürchtungen – ernst nimmt und kreativ nach Lösungsoptionen sucht. Indem die Selbstverantwortung der Parteien in den Mittelpunkt gestellt wird, geht Mediation ressourcen- und selbstwertorientiert vor.

Der **Begriff »Mediation«** ist ein eingedeutschter englischer Terminus (*»mediation«*) mit seinem Ursprung in der lateinischen Sprache. Das englische Wort *»mediation«* wird mit »Vermittlung« übersetzt, und der *»mediator«* ist demzufolge ein »Vermittler« zwischen den Disputanten. Schon die Ableitung der Wortbedeutung legt nahe, dass die Funktion des Vermittlers (Mediator) eine zentrale Rolle im Mediationsprozess einnimmt. Anders als ein Richter, der urteilt oder ein Schlichter, der den Konflikt durch einen Schlichterspruch beendet, entscheidet der Mediator den Streit nicht. Ein Mediator ist kein Entscheider, sondern er strukturiert und erleichtert die Kommunikation und Verhandlung der Parteien und führt sie zu einer selbstbestimmten Vereinbarung.[1]

Gegenüber streitig ausgetragenen Gerichtsprozessen hat Konfliktlösung durch Mediation zahlreiche Vorteile. Das Mediationsverfahren wird nicht durch Prozessrecht, materielles Recht und Beweislastfragen starren Strukturen unterworfen, sondern es sind die Parteien selbst, die Gestaltung der Verhandlung und Ergebnis in der Hand behalten. Damit wird gleichzeitig die emotional belastende Unsicherheit über den Ausgang des Verfahrens, die den meisten Gerichtsprozessen anhaftet, reduziert.[2]

Anders als bei Gericht stehen nicht Fragen nach Recht und Unrecht im Vordergrund, sondern das Zentrum der Aufmerksamkeit dreht sich um die Suche nach einer gemeinsamen Lösung, die den Interessen der Streitparteien gerecht wird. Mediation erhebt den Anspruch, keine Gewinner und Verlierer zu produzieren, sondern Gewinner auf beiden Seiten zu ermöglichen. *»Mediation is a win-win process.«*[3] Es hat sich außerdem erwiesen, dass eine Einigung, die auf gemeinsa-

---

1 Lowry/Harding, 1997, 2:2.
2 Lowry/Harding, 1997, 6:4.
3 Folberg/Taylor, 1984, S. 10.

mer Übereinkunft beruht, langfristig tragfähiger ist, als eine von außen verordnete Entscheidung. Immer wieder zugunsten der Mediation vorgetragene Argumente sind außerdem Kosten- und Zeitspareffekte.[4]

Es soll jedoch nicht der falsche Eindruck erweckt werden, ein justizförmiges Gerichtsverfahren berge nur Nachteile. Mediation soll demgegenüber als komplementäres Verfahren betrachtet werden. Das folgende Schaubild verdeutlicht, dass die Austragung eines Streits vor Gericht zahlreiche positive sowie kritische Aspekte enthält.

Schaubild 1:

Konfliktlösung durch Gerichtsverfahren	
Kritische Aspekte	**Positive Aspekte**
➡ Das Ergebnis liegt in den Händen Dritter (Rechtsanwälte, Richter)	➡ Das Ergebnis lässt sich an objektiven Kriterien messen
➡ Das Verfahren ist für Laien kaum durchschaubar	➡ Es handelt sich um ein rechtsstaatliches Verfahren
➡ Das Ergebnis ist schwer vorhersehbar	➡ Gerichtsentscheidungen sind in der Rechtsmittelinstanz überprüfbar
➡ Erhebliche Rechtsanwalts- und Gerichtskosten	➡ An die Qualifikation der Richter werden höchste Maßstäbe gelegt
➡ Meist langwieriger und nervenaufreibender Prozess	➡ Urteile lassen sich durch Zwangsvollstreckung durchsetzen
➡ Die emotionale Seite des Konflikts wird vernachlässigt	➡ Einkommensschwachen wird bei Erfolgsaussicht Prozesskostenhilfe gewährt
➡ Keine Harmonie der Beziehungen, sondern die Durchsetzung einer Rechtsposition wird angestrebt	➡ Es ist bequem, die Durchsetzung seiner Rechte an einen Rechtsanwalt zu delegieren
➡ Die Kommunikation der Parteien wird nicht gefördert	➡ Ein Gerichtsverfahren wird nach genauen Regeln durchgeführt
➡ Juristen sprechen und schreiben eine unverständliche Sprache	

21.0.2 Relevanz für soziale Berufe

Im Sozialbereich wird Mediation vorwiegend im Zusammenhang mit Trennung und Scheidung, Konfliktlotsen-Programmen an Schulen, dem Täter-Opfer-Ausgleich (TOA), in der Altenhilfe, im Gesundheitswesen sowie zunehmend bei der Bewältigung interkultureller Konflikte eingesetzt. Zahlreiche SozialarbeiterInnen und SozialpädagogInnen haben erkannt, dass sie ihren Methodenkoffer um ein vielseitig einsetzbares Instrument bereichern, indem sie sich im Bereich Mediation und Konfliktmanagement weiterqualifizieren.

---

4 Allen/Mohr, 1997, S. 34 ff.

21. Mediation – alternative Konfliktbearbeitung

Mediation hat mit neueren Zielsetzungen sozialarbeiterischen Handelns einiges gemein. Die Methode ist in doppelter Hinsicht ressourcenorientiert. Zum einen setzt sie an den Ressourcen der Klienten an, fördert deren Kommunikations- und Kooperationsfähigkeit, stärkt ihre Eigenverantwortung und unterstützt Autonomie sowie Selbstbestimmung der Konfliktpartner. Andererseits werden die finanziellen Ressourcen von Institutionen und Klienten geschont. Techniken, die in der Sozialarbeit alte Bekannte sind, werden in der Mediation eingesetzt, z. B. die klientzentrierte Gesprächsführung nach Rogers oder das aktive Zuhören nach Gordon. Andererseits unterscheidet sich Mediation von therapeutischen Interventionen, indem sehr ziel- und zukunftsorientiert auf eine gemeinsame Vereinbarung der Streitparteien hingearbeitet wird.

Mediation ist eine universelle Methode, die sich auf nahezu jede Konfliktkonstellation übertragen lässt. Ansatzpunkt dieses Kapitels ist es, den Bogen für Einsatzgebiete der Mediation in sozialen Arbeitsfeldern weiter zu spannen, um neue Perspektiven für Konfliktlösungsmodelle in der Sozialarbeit zu entwickeln. Dabei wird unter anderem auf dokumentierte Erfahrungen aus den USA zurückgegriffen.

21.1 Konfliktsphären in sozialen Arbeitsfeldern

Klassische Arbeitsfelder der Sozialarbeit sind generell mit Konfliktbewältigung verknüpft. Die **Vermittlerrolle** nimmt in der Praxis eine zentrale Rolle ein. Ein Sozialarbeiter wird häufig als Mittler zwischen dem Klienten und seinem Umfeld charakterisiert.

Dennoch unterscheidet sich ein Mediator in einem Punkt grundlegend von der sonst üblichen **professionellen Identität** eines Sozialarbeiters. Der Mediator nimmt nicht primär diagnostische, therapeutische oder »anwaltliche« Funktionen wahr, sondern tritt als neutraler Vermittler zwischen die Parteien. Das Prinzip der **Neutralität** ist für das Selbstverständnis eines Sozialarbeiters, der gewohnt ist, für seinen Klienten Partei zu ergreifen, eher fremd. Aber gerade diese Überparteilichkeit ist essentiell für die Mediation. Neutralität setzt an der Autonomie der Parteien an und zielt auf eine Konfliktlösung, die von den Kontrahenten getragen und auch eingehalten wird.

Das folgende Schaubild[5] typisiert **Konfliktsphären**, mit denen Sozialarbeiter und Sozialpädagogen in ihrer fachlichen Arbeit konfrontiert werden. Entstanden sind dabei sieben Kategorien, wobei Mediation als Konfliktlösungsmodell auf die Kategorien zwei bis sieben anwendbar ist:

---

[5] Marx, A., Sozial-Mediation in den USA – ein Wegweiser für die soziale Arbeit in Deutschland?, in: Theorie und Praxis der Sozialen Arbeit, Heft 2/2003, S. 47.

Schaubild 2:

Konfliktsphären in sozialen Arbeitsfeldern	
1. **Intra-individueller Konflikt** – z. B. ambivalente Einstellung zur Aufnahme eines Pflegekindes.	4. **Intra-Gruppen Konflikt** – z. B. ein Team kann sich nicht auf einen Jugendhilfeplan verständigen.
2. **Inter-personaler Konflikt in der Familie** – z. B. Paar-, Ehe-, Scheidungskonflikte; – Erziehungs-, Sorge-, Unterhaltskonflikte; – Rollenkonflikte in der Stief- oder Adoptivfamilie; – Konflikte bei der Betreuung pflegebedürftiger älterer oder kranker Angehöriger.	5. **Personen-Gruppen Konflikt** – z. B. ein Teammitglied wird ausgegrenzt. 6. **Individuum-Institutionen Konflikt** – z. B. Strafgefangener und Justizvollzugsanstalt; – Sozialhilfeempfänger und Sozialamt; – Asylbewerber und Ausländeramt.
3. **Inter-personaler Konflikt außerhalb der Familie** – z. B. Gewalt in der Schule; – Konkurrenz-, Hierarchieprobleme oder Belästigungen am Arbeitsplatz.	7. **Institutionen-Institutionen Konflikt** – z. B. Jugendhilfeeinrichtung und Finanzierungsträger; – Altenwohnheim und Pflegeversicherung.

Charakteristisch für die Soziale Arbeit ist es, nicht auf einen einzigen Arbeitsansatz festgelegt zu sein, sondern sich einer **Pluralität von Methoden** bedienen zu können. Mediation ist eine spezifisch auf Konfliktmanagement zugeschnittene Methode.

21.2 Sozial-Mediation in Deutschland und den USA

In den USA, wo Mediation seit den 70er Jahren eingesetzt, fortentwickelt und den jeweils typischen Problemkonstellationen angepasst wird, hat sich inzwischen mehr fundiertes Erfahrungsmaterial angesammelt als in Deutschland, wo Mediation im Sozialbereich erst seit Beginn der 90er Jahre Einzug findet. Der erste Wissenschaftler, der sich umfassend und systematisch mit Sozial-Mediation befasst hat, ist der Autor **Edward Kruk** in seinem Sammelband »**Mediation and Conflict Resolution in Social Work and the Human Services**, erschienen 1998 in Chicago.

Ausgewertet wurden Praxiserfahrungen mit Mediation in sozialen Berufsfeldern, angefangen bei Trennung und Scheidung über Stieffamilien, im Adoptions- und Pflegekinderwesen, bis hin zu Mediation im Gesundheitswesen oder in der Altenpflege. Deutlich wurde, dass die Mediationsmethode nicht als starres Modell übernommen, sondern erhebliche Anpassungsleistungen vorgenommen wurden.

Insbesondere wurde die effektive, lösungs- und zukunftsorientiert ausgerichtete Mediationsmethode zuweilen mit therapeutischen Elementen angereichert, um emotionale Barrieren zwischen den Klienten zu überwinden.

Die folgenden Ausführungen verschaffen einen Überblick über Einsatzgebiete der Mediationsmethode in diversen sozialen Arbeitsfeldern in den USA und in Deutschland.

21.2.1 Scheidungs-, Sorgerechts- und Umgangs-Mediation

Am dynamischsten ist die Praxis der Mediation im Bereich des Familienrechts bei Ehescheidungen und Sorgerechtskonflikten expandiert, in den USA seit den 70er, in Deutschland seit den 90er Jahren.

Mediation bei Sorge- und Umgangsrechtskonflikten kommt in den USA auf Initiative der Eltern oder aber durch richterliche Anordnung zustande. Seit 1980 hat Kalifornien ein Gesetz *(Senate Bill 961),* das es dem Familiengericht *(Superior Court)* erlaubt, in strittigen Sorge- und Umgangsverfahren eine **obligatorische Mediation** vorzuschalten. Die Mehrzahl der US-amerikanischen Bundesstaaten sind diesem Modell gefolgt.[6] Welche Einstellung man auch immer gegenüber einer verordneten Mediation haben mag, ihre Ergebnisse sowie die Zufriedenheit der Klienten werden in Studien positiv bewertet.[7]

Heutzutage lässt sich die Praxis der Familien-Mediation in den USA als **Drei-Säulen-Modell** charakterisieren. Ein Pfeiler besteht in der gerichtsverbundenen *(court connected)* Mediation durch Conciliation Courts. Ein anderer Teil der Konfliktvermittlung wird von freien Praxen (Rechtsanwälte, Therapeuten, Sozialarbeiter) geleistet. Ein drittes Standbein bilden kommunale Dienstleistungen, etwa durch Nachbarschafts-Rechts-Zentren oder kommunale Mediationszentren.[8]

Trennungs- und Scheidungs-Mediation wird mittlerweile in Deutschland nahezu flächendeckend in privaten Praxen von Rechtsanwälten, Sozialarbeitern oder Therapeuten mit einer Zusatzqualifikation angeboten. Mediation als Angebot im Leistungsspektrum öffentlicher Institutionen, z. B. durch Jugendämter im Rahmen einer Trennungs- und Scheidungsberatung (§ 17 II SGB VIII) scheint erst in Ansätzen vorhanden zu sein. Eine wichtige Etappe auf dem Weg zur professionellen Anerkennung der Familien-Mediation in Deutschland bildete 1992 die Gründung der »*Bundesarbeitsgemeinschaft Familien-Mediation*« (BAFM). Als Resultat der Debatte um Qualitäts- und Qualifikationsstandards hat die BAFM Richtlinien zur Berufsausübung und zur Ausbildung von Familien-Mediatoren vorgelegt.

Nahezu sämtliche Scheidungsfolgen lassen sich im Rahmen einer Mediation außergerichtlich regeln, wie das folgende Schaubild zeigt. Die Scheidungsvereinbarung kann danach in das gerichtliche Scheidungsverfahren eingebracht oder von einem Notar beglaubigt werden. Das ist sinnvoll, um die Vollstreckungsmöglichkeit aus der Urkunde zu gewährleisten.

---

6 Saposnek, 1998, S. 14.
7 Depner et al., 1994, S. 306 ff.
8 Depner et al. 1994, S. 306.

Schaubild 3:

Regelungsbereiche der Scheidungsmediation	
Elterliche Sorge (parenting plan) (§ 1671 BGB)	**Umgang** (§1684 BGB)
Kindesunterhalt (§§ 1601 ff. BGB)	**Ehegattenunterhalt** (§§ 1361, 1569 ff. BGB)
Vermögensverteilung (Zugewinnausgleich) (§ 1373 ff. BGB)	
Verteilung des Hausrats (§§ 8 ff. Hausrats VO)	**Aufteilung der Ehewohnung** (§ 1361 b BGB, §§ 2-7 Hausrats VO)

Im Gegensatz zu den USA ist Mediation in Deutschland im Scheidungsbereich so gut wie nicht gesetzlich verankert (s. § 17 II SGB VIII, §§ 52, 52 a FGG). Mit der anstehenden FGG-Reform soll dies nach dem Willen des Gesetzgebers geändert werden. Der Referentenentwurf des FGG-Reformgesetzes will Gerichte ermächtigen, Ehegatten zu einem Informationsgespräch über Mediation zu schicken bzw. eine außergerichtliche Streitbeilegung über Scheidungsfolgen vorzuschlagen (§ 144 FGG-Reformgesetz-Entwurf).

21.2.2 Schul-Mediation

Zunehmende Gewaltbereitschaft an Schulen macht die Vermittlung alternativer und gewaltfreier Konfliktlösungsstrategien zu einem vordringlichen pädagogischen Anliegen. Dieser Anspruch wird in den USA seit Anfang der 80er Jahre in Form von Peer-Mediation umgesetzt, die an tausenden von Schulen ausgeübt wird.[9] Im Rahmen der Peer-Mediations-Programme erlernen Schüler die wesentlichen Elemente der Mediationsmethode, Kommunikations- und Verhandlungstechniken

---

9 Kaplan, 1998, S. 247.

sowie Verhandlungen zu strukturieren. Ein wichtiger Bestandteil des pädagogischen Konzepts ist die praktische Umsetzung der erlernten Mediationskenntnisse. Schüler werden im schulischen Umfeld alsbald als Mediatoren eingesetzt, wobei es sich vorwiegend um Auseinandersetzungen zwischen Schülern oder zwischen Schülern und Lehrern handelt.[10] Schüler üben Mediation generell im Team aus.

Auch in Deutschland ist die Schul-Mediation als Streitschlichtung durch Schüler ein überaus erfolgreiches Konzept. Vorwiegend Schul-Sozialarbeiter und Pädagogen initiieren sogenannte **Streitschlichter-** oder **Konfliktlotsen-Programme** an Grund- und weiterführenden Schulen.[11] Die Besonderheit ist, dass Schüler selbst zu Konfliktlotsen ausgebildet werden. Dahinter steht das amerikanische Konzept der **Peer-Mediation**. Schüler unterstützen Schüler. Gleichzeitig erwerben Schüler soziale Kompetenzen. Die sozial-kognitive und moralische Entwicklung von Kindern soll stimuliert werden.[12] Die Programme sind praktische Umsetzung gewaltpräventiver Maßnahmen an deutschen Schulen.

21.2.3 Täter-Opfer-Ausgleich (TOA)

Eine Sonderform der Mediation, der Täter-Opfer-Ausgleich (TOA), entwickelte sich gemeinsam mit Ansätzen zu einem Paradigmenwechsel in der Strafjustiz. Dabei wird weniger die staatliche Ordnung als primäres Opfer von kriminellen Handlungen betrachtet – während Täter und Opfer in passive Rollen gedrängt werden –, sondern es wird anerkannt, dass sich Vergehen und Verbrechen zuallererst gegen Menschen richten. Täter und Opfer sollen aktiv an dem Prozess der Wiedergutmachung beteiligt werden. Durch die Konfrontation mit dem Opfer soll der Täter direkt Verantwortung für seine Handlungen übernehmen. Gleichzeitig erhalten Verbrechensopfer Gelegenheit, ihren vorübergehenden Status als wehrloses und verletzbares Opfer zu überwinden. Die im JGG (§ 10 I Ziff. 7) und im Strafgesetzbuch (§ 46 a) gesetzlich fixierten Programme sind eng mit der Strafjustiz verknüpft. Eine Eigenheit des Täter-Opfer-Ausgleichs ist es, dass weniger eine Vereinbarung über Schadenersatzleistungen das vordringliche Ziel der Verhandlung ist, als vielmehr einen Dialog zwischen der Person herzustellen, die traumatisiert ist und der Person, die für dieses Trauma verantwortlich ist. Es sind überwiegend Sozialarbeiter, die den Prozess des Täter-Opfer-Ausgleichs gestalten, wobei spezielle Erfahrung und Ausbildung grundlegend sind.

21.2.4 Mediation in der Altenhilfe

Die Qualifikation von Mediatoren ist inzwischen auch bei Führungskräften der Altenhilfe gefragt, die nicht selten zwischen Pflegebedürftigen und ihren Angehörigen, Mitarbeitern und dem Träger vermitteln müssen.[13] Während die Versorgung älterer und pflegebedürftiger Menschen innerhalb der Familie sozial-poli-

---

10 Davis/Porter, 1985.
11 Faller, 1998.
12 Jefferys-Duden, 1999.
13 Risto, K.-H., Konflikte als Chance begreifen, in: Altenheim 2000, S. 58.

tisch gefördert wird, sind Familienangehörige bei Entscheidungen über Pflege- und Gesundheitsversorgung häufig überfordert. Daraus erwachsen Konfliktpotentiale, die mit Schuld und Trauer verbunden sind, die mit divergierenden finanziellen Interessen und Vorstellungen von der Pflegebedürftigkeit einher gehen, die mit der besonderen Belastung der primären Betreuungsperson zusammenhängen oder frühere Familienprobleme wieder aufleben lassen.[14]

Neben Interessenkollisionen im Familienkreis treten bei alten Menschen häufig Konflikte mit Institutionen wie Pflege- und Seniorenwohnheimen auf, meist Differenzen zwischen Pflegepersonal und dem pflegebedürftigen Menschen bzw. seinen Familienangehörigen. Mediation kann hier eine wirksame Methode sein, um einen Ausweg aus diesen Konflikten anzubahnen, wobei die verminderte Autonomie und die zunehmende Abhängigkeit des alten Menschen bedacht werden muss. Insofern sollte dem Mediator gelegen sein, ein etwaiges Ungleichgewicht auszubalancieren.[15]

21.2.5 Mediation im Gesundheitswesen

Auch im Gesundheitswesen, repräsentiert durch Krankenhäuser, Rehabilitationskliniken, Arztpraxen und Krankenversicherungen, wird die Notwendigkeit des Konfliktmanagements erkannt und Mediation eingesetzt.[16] Der Einfluss dieser Institutionen auf den einzelnen Patienten kann dessen Entscheidungsautonomie unter Umständen erheblich beeinträchtigen. Funktion der Krankenhaussozialarbeit ist es, eine vermittelnde Rolle zwischen der Institution und dem Patienten einzunehmen. Der Sozialarbeiter widmet sich den psycho-sozialen Aspekten der Behandlung, den Auswirkungen der Krankheit auf den Patienten und seine Familie sowie den Implikationen nach dem Krankenhausaufenthalt.[17]

Typische Konfliktsphären liegen im Verhältnis zwischen Krankenhauspersonal und Patient bzw. seinen Familienangehörigen sowie zwischen dem Patienten und seiner Familie. Besondere Schwierigkeiten birgt die Entlassungsberatung, wenn ein Patient pflegebedürftig wird und seine Rehabilitation und Pflege zu planen sind. Mediation (*caregiving-mediation*) will die Beteiligten in diesem Entscheidungsprozess unterstützen, wobei vorwiegend Probleme zwischen dem Patienten und seinen betreuenden Familienangehörigen konstruktiv bewältigt werden.[18] Mediation schafft einen Entscheidungsprozess, der den Beteiligten medizinische, soziale, psychologische, rechtliche und ethische Fragen transparent machen will, damit eine Lösung gefunden werden kann, die die Interessen aller Beteiligten berücksichtigt. Dabei darf ein etwaiges Machtungleichgewicht im Verhältnis Patient-Familienangehörige oder Institution nicht übersehen werden.

---

14 Parsons/Cox, 1998, S. 164.
15 Parsons/Cox, 1998, S. 169.
16 Ewig, E., Mediation im Gesundheitswesen, in: Handbuch Mediation, München 2002, S. 1198 ff.
17 Kruk/Martin/O'Callaghan, 1998, S. 179
18 Kruk/Martin/O'Callaghan, 1998, S. 192.

21.2.6 Stieffamilien-Mediation

Stieffamilien-Mediation ist in den USA ein relativ junges Praxisfeld und zwar mit zunehmender Tendenz. Demographischen Erhebungen zufolge sind Stieffamilien eine stark wachsende Familienform.[19] Die konflikträchtigste Phase liegt im Übergang zwischen der früheren Familie zur Stieffamilie. Streitigkeiten zwischen den geschiedenen Partnern über nacheheliche Sorgerechtsfragen und die Rolle der Elternfiguren wirken in der Stieffamilie fort.

Stieffamilien-Mediation betrifft in der Regel zwei Familien, die der leiblichen Mutter und die des leiblichen Vaters. Auseinandersetzungen zwischen den leiblichen Eltern eines Kindes stehen oft im Zusammenhang mit der Rolle des Stiefelternteils und dem Umgang des Kindes mit dem Elternteil, in dessen Haushalt es nicht lebt. Die neue Rollenverteilung muss erst erlernt und akzeptiert werden. Weitere typische Konfliktfelder sind finanzielle Angelegenheiten, die Kindesunterhaltsleistungen betreffen. Mediation wird aufgesucht, wenn ein oder beide Elternteile eine Modifizierung des Kindesunterhalts anstreben, was häufig in Beziehung zur Wiederheirat eines Elternteils steht.[20]

Da in den seltensten Fällen Mitglieder einer Stieffamilie mit den Herausforderungen dieser Familienform vertraut sind, nimmt der Mediator neben der Konfliktvermittlung auch die Funktion eines Pädagogen ein.

In Deutschland ist die Stieffamilien-Mediation noch so gut wie unbekannt.

21.2.7 Eltern-Kind-Mediation

Programme, die Eltern-Kind-Mediation (*parent-child-mediation*) in den Mittelpunkt stellen, wurden Anfang der 80er Jahre in den USA entwickelt. Zielgruppe dieser Offensive sind in erster Linie Jugendliche und deren Eltern, wobei in der Regel die während der Adoleszenzphase auftretenden Konflikte und Verhaltensauffälligkeiten bearbeitet werden. Es wird bezweckt, sozial unerwünschtes Verhalten oder kleinere Regelverstöße zu entkriminalisieren und die Jugendlichen von der Jugendgerichtsbarkeit fernzuhalten.[21] Die Mehrzahl der Programme wird unter kommunaler Schirmherrschaft durch gemeinnützige Verbände durchgeführt. Das Klientel wird durch Jugendgerichte und Jugendämter (*child protection agencies*) zur Mediation überwiesen.[22]

Ziel der Eltern-Kind-Mediation ist es, eine Übereinkunft zwischen den Familienmitgliedern herzustellen, die den Interessen aller gerecht wird. Daneben soll eine positive Veränderung der Familiendynamik erzielt werden. Therapeutische Komponenten gehören daher zwangsläufig zu dem fachlichen Repertoire des Mediators. Die Eltern-Kind-Mediation lässt sich als eine spezifische Form der Erzie-

---

19 Nach Jacob, 1998, S. 81.
20 Jacob, 1998, S. 81.
21 Umbreit/Kruk, 1998, S. 101.
22 Umbreit/Kruk, 1998, S. 98.

hungsberatung verstehen und gehört somit zu den klassischen Fachgebieten der Sozialarbeit.

In Deutschland wird Eltern-Kind-Mediation meines Wissens nur selten praktiziert.

21.2.8 Mediation bei Adoptionen

Auch im Kontext von Adoptionen wird in den USA die Mediationsmethode angewandt. Dies geschieht überwiegend im Verlauf der Adoptionsvermittlung und zwar bei offenen Adoptionsformen, die ebenfalls in Deutschland zunehmend von der Praxis favorisiert werden. Hierbei wird über die Art und Weise und den Umfang des Kontakts zwischen den leiblichen Eltern und der Adoptivfamilie verhandelt.[23] Die Übereinkunft wird in einer schriftlichen Vereinbarung fixiert. Mediation bei offenen Adoptionen dient als Mittel, eine positive Beziehung zwischen den leiblichen Eltern und den Adoptiveltern aufzubauen.

Adoptions-Mediation wird darüber hinaus nach Abschluss des Adoptionsverfahrens eingesetzt, meist im Zusammenhang mit potentiellen oder faktischen Klagen. Häufig steht hinter der Einleitung eines Gerichtsverfahrens der Versuch eines leiblichen Elternteils, die Adoption anzufechten. Wenn ein Adoptierter mit leiblichen Elternteilen in Kontakt treten will, kann Mediation herangezogen werden, um die Modalitäten der Kontaktaufnahme zu klären.[24]

In Deutschland ist Mediation im Zusammenhang mit Adoptionen noch so gut wie unbekannt.[25]

21.2.9 Mediation bei interkulturellen Konflikten

Die USA gelten seit jeher als typisches Einwanderungsland und ziehen seit über 500 Jahren Migranten an. Mit Umsetzung des Zuwanderungsgesetzes im Jahr 2005 hat die Bundesrepublik Deutschland offiziell erstmals die Realität anerkannt, Einwanderungsland zu sein. Im Zuge zunehmender wirtschaftlicher Globalisierung wird das Phänomen der Migration umso bedeutsamer als Menschen unterschiedlicher Herkunft und aus diversen Kulturen in einer Nation zusammen geführt werden. Da die meisten Menschen ihr kulturelles Erbe nicht einfach ablegen können und wollen, werden Vorurteile und Missverständnisse virulent.

In interkulturellen Familien, die durch Heirat von Partnern verschiedener Herkunft begründet werden, können kulturelle Prägungen den Alltag bereichern aber auch komplizieren. Das Rollenverständnis der Ehepartner, Erziehungsvorstellungen oder die Einstellung zu Arbeit und Geld können erheblich voneinander abweichen. Interkulturelle Konflikte sind jedoch nicht auf Familien beschränkt, sondern entstehen in der Schule, am Arbeitsplatz, in der Nachbarschaft oder in politischen Auseinandersetzungen.[26]

---

23 Etter, 1998, S. 143 ff.
24 Etter, 1998, S. 142.
25 Marx, A., 2000, Mediation bei Adoptionen, S. 302 ff.
26 Myers & Filner, 1993.

In der Migrationssozialarbeit bzw. bei interkulturellen Konflikten wird Mediation in Deutschland allmählich als Konfliktlösungsinstrumentarium entdeckt. Von einem interkulturellen Konflikt spricht man dann, wenn im Verlauf der Konfliktbearbeitung deutlich wird, dass Verhaltensunterschiede der Akteure sich mit deren Zugehörigkeit zu einem Kulturkreis erklären lassen und dieses Verhalten den Prozess der Konfliktbearbeitung maßgeblich beeinflusst.[27] Exemplarisch erwähnt werden soll ein Projekt des Amtes für Multikulturelle Angelegenheiten in Frankfurt/M. Mediation wird dort in Nachbarschafts- oder Gruppenstreitigkeiten in Gebieten mit hohem Ausländeranteil eingesetzt.

21.3 Mediatorenausbildung

Das Mediationsmodell ist mittlerweile zu einem unverzichtbaren Handwerkszeug sozialer Berufe geworden. Bundesweite Qualifizierungsmaßnahmen unterstützen diese Entwicklung. MediatorInnen, die Trennungs- und Scheidungs-Mediation – ein besonders komplexes Gebiet – praktizieren wollen, sind gut beraten, sich an den Qualifizierungsstandards der *Bundesarbeitsgemeinschaft für Familien-Mediation* (www.bafm-mediation.de) zu orientieren. Für Konfliktlotsen-Programme an Schulen bieten Institute, die dem *Bundesverband Mediation* angeschlossen sind, entsprechende Ausbildungsmöglichkeiten. Speziell für Angehörige sozialer Berufe hat das *iko-Institut für Konfliktlösungen* (www.iko-info.de) eine Grundausbildung in Mediation mit Aufbau-Modulen entwickelt, die unterschiedliche Arbeitsfelder abdeckt.

Es fällt ins Auge, dass Mediation in das Leistungsspektrum sozialer Berufe in den USA weitflächiger eingezogen ist als in Deutschland. Hierzulande besteht noch Entwicklungsbedarf, um weitere Bereiche sozialer Arbeit für Mediation zu erschließen und auszubauen, z. B. Kitas, Jugendzentren, Altenzentren, Krankenhäuser, Verbraucherberatungsstellen oder Justizvollzugsanstalten, um einige Gebiete zu nennen.

---

27 Haumersen/Liebe, 1999, S. 36.

Teil 6: Anhang – Lebensaltertabelle

Das Lebensalter und die damit verbundenen wichtigsten Rechtspositionen

Die nachstehende tabellarische Aufstellung gibt einen Überblick über die wichtigsten Rechtspositionen, die die Rechtsordnung – vom vorgeburtlichen Stadium bis zum Tod – an das Lebensalter und sein Zunehmen knüpft. Dabei werden auch die Rechtspositionen berücksichtigt, die sich für Dritte in Abhängigkeit von zeitlichen Aspekten ergeben, z. B. der Unterhaltsanspruch der Mutter gegenüber dem nichtehelichen Vater in Abhängigkeit vom Alter des Kindes – siehe z. B. Ziffern 3 und 4.3. Abgesehen von anderen Aspekten lässt sich aus dem Überblick folgende Grundtendenz ablesen: Mit zunehmendem Lebensalter werden die rechtlichen Handlungsmöglichkeiten größer, damit geht jedoch gleichzeitig die Zunahme der Verantwortlichkeit für eigenes Tun – im zivil- oder strafrechtlichen Sinne – einher. Soweit es sinnvoll erschien und der Platz es zuließ, sind die jeweiligen Rechtspositionen durch Beispiele konkretisiert worden. Ggf. zusätzlich erforderliche formell-rechtliche oder materiell-rechtliche Voraussetzungen für bestimmte Rechtspositionen sind nicht immer aufgeführt, bzw. wenn sie aufgeführt sind, nicht bzw. nicht immer näher erläutert worden, da es vorliegend nur um die Berücksichtigung des Faktors Zeit geht.

Alter	Ordnungsziffer	Rechtsposition	Ergänzung, Erläuterung, Voraussetzungen
Erzeugter, aber noch nicht geborener Mensch (Leibesfrucht, auch nasciturus genannt)	1.1	unterfällt dem Schutzbereich von Grundrechten, Art. 1 Abs. 1, Art. 2 Abs. 2 GG	sein Leben ist grundgesetzlich zu achten – Recht auf Menschenwürde – und zu schützen – Recht auf Leben – (BVerfG Urteil vom 28. 5. 1993 – NJW 1993, S. 1751 ff. zur Neuregelung des Schwangerschaftsabbruchs)
	1.2	hat Anspruch auf Schadensersatz, § 823 BGB	gegenüber solchen Personen, die seine Gesundheit vor der Geburt rechtswidrig und schuldhaft schädigen/verletzen; der Anspruch entsteht erst mit der Geburt und richtet sich auf Ersatz von Heilbehandlungskosten und auf Schmerzensgeld (BGHZ Bd. 58, S. 48 ff. – in einem Fall, in dem eine im 6. Monat schwangere Frau durch einen Verkehrsunfall schwer verletzt wurde und das später zur Welt gekommene Kind unfallbedingt an spastischen Lähmungen litt)
	1.3	hat Anspruch auf Schadensersatz, § 844 Abs. 2 Satz. 2 BGB, § 10 Abs. 2 Satz 2 StVG	gegenüber solchen Personen, die rechtswidrig und schuldhaft den Tod von nach der Geburt Unterhaltspflichtigen herbeiführen; der Anspruch entsteht erst mit der Geburt und richtet sich auf eine Geldrente für die mutmaßliche Dauer des Unterhaltsanspruchs
	1.4	steht unter dem Schutz der gesetzlichen Unfallversicherung, § 12 SGB VII	erleidet die Mutter während der Schwangerschaft einen Arbeitsunfall mit der Folge einer Gesundheitsschädigung für das noch nicht geborene Kind, steht das Kind einem Versicherten gleich mit der Folge, dass es alle Ansprüche auf Leistungen, die das SGB VII vorsieht, haben kann, siehe dazu § 27 ff., § 56 ff. SGB VII – Entsprechendes gilt, wenn die Gesundheitsschädigung auf Einwirkungen beruht, die generell geeignet sind, eine Berufskrankheit der Mutter zu verursachen

1.5	besitzt Erbfähigkeit, § 1923 Abs. 2 BGB	bedeutet, dass er als Erbe eingesetzt werden kann; allerdings fällt ihm das Erbe nur an, wenn er lebend zur Welt kommt
1.6	kann durch einen sog. Vertrag zugunsten Dritter bedacht werden, § 331 Abs. 2 BGB	es wird für den werdenden Menschen ein Forderungsrecht begründet, an das der Schuldner gebunden ist und das Kind mit seiner Geburt erwirbt, z. B. durch einen Sparvertrag der Großmutter/Patentante mit einem Bankinstitut zugunsten der Leibesfrucht
1.7	kann das Jugendamt als Beistand erhalten, § 1714 BGB	für die Beistandschaft des Jugendamts ist ein schriftlicher Antrag eines Elternteils erforderlich; die Beistandschaft dient (§§ 1712, 1713 BGB): – der Feststellung der Vaterschaft, – der Geltendmachung von Unterhaltsansprüchen; sie tritt ein, sobald ein entsprechender Antrag dem Jugendamt zugeht – das gilt auch, wenn der Antrag vor der Geburt des Kindes gestellt wird
1.8	kann einen Pfleger erhalten, § 1912 BGB	eine Leibesfrucht erhält zur Wahrung ihrer künftigen Rechte, soweit diese einer Fürsorge bedürfen, einen Pfleger, z. B. zur Wahrung der Rechte als Nacherbe gegenüber den Eltern als Vorerben, wenn dafür ein Bedürfnis besteht
2.	beginnt der Anspruch der werdenden Mutter auf den Mehrbedarf nach dem SGB II und dem SGB XII	der Mehrbedarf wegen Schwangerschaft ist ein pauschaler Geldbetrag in Höhe von 17 % des für die Mutter maßgeblichen Regelsatzes (wenn sie Haushaltsvorstand ist, beträgt der Mehrbedarf in Berlin zurzeit 59 Euro); der Anspruch setzt nach Verwaltungsvorschriften am 1. des Monats ein, der sich ergibt, wenn von dem durch ärztliche Bescheinigung vorausberechneten Entbindungstermin 27 Wochen abgezogen werden und endet mit Ablauf des Monats der Geburt
ab der 12. Schwangerschaftswoche		

Teil 6: Anhang

Alter	Ordnungs-ziffer	Rechtsposition	Ergänzung, Erläuterung, Voraussetzungen
vier Monate vor der Geburt	3.	beginnt frühestens der Anspruch der Mutter eines nichtehelichen Kindes gegenüber dem Vater auf Zahlung von Unterhalt, § 1615 l Abs. 2 BGB	maßgeblich für die Berechnung ist der ärztlich bescheinigte voraussichtliche Entbindungstermin. Materiell-rechtliche Voraussetzung für den Anspruch ist, dass die Mutter einer Erwerbstätigkeit nicht nachgeht, weil sie infolge der Schwangerschaft oder einer durch die Schwangerschaft oder Entbindung verursachten Krankheit dazu außerstande ist – zum Ende dieses Anspruchs Ziff. 9.1
sechs Wochen vor der Geburt	4.1	beginnt die Schutzfrist nach dem Mutterschutzgesetz, § 3 Abs. 2 MuSchG	ab sechs Wochen vor dem vorausberechneten Entbindungstermin besteht ein generelles Beschäftigungsverbot für werdende Mütter, es sei denn, dass sie sich zur Arbeitsleistung ausdrücklich bereit erklären, wobei diese Erklärung jederzeit widerrufen werden kann – zum Ende der Schutzfrist Ziff. 7.1
	4.2	beginnt der Anspruch der Mutter auf Mutterschaftsgeld, § 200 RVO sowie auf Zuschuss zum Mutterschaftsgeld, § 14 MuSchG	Frauen, die Mitglied einer Krankenkasse sind, erhalten von ihrer Krankenkasse ab Beginn der Schutzfrist des § 3 Abs. 2 MuSchG Mutterschaftsgeld (zu den weiteren versicherungsrechtlichen Voraussetzungen siehe § 200 Abs. 1 RVO) in Höhe von max. 13 Euro pro Tag sowie von ihrem Arbeitgeber einen Zuschuss dazu, zur Höhe siehe § 14 Abs. 1 MuSchG; zum Ende des Anspruchs siehe bei Ziff. 7.2
	4.3	beginnt der Anspruch der Mutter eines nichtehelichen Kindes gegenüber dem Vater auf Zahlung von Unterhalt	gem. § 1615 l Abs. 1 BGB und zwar unabhängig von den materiellrechtlichen Voraussetzungen des § 1615 l Abs. 2 BGB – siehe dazu bei Ziffer 3; zum Ende des Anspruchs siehe bei Ziffer 7.3

ab Beginn des Monats, in den die Geburt fällt	5. Beginn der Zahlung des Kindergeldes, § 66 Abs. 2 EStG	setzt einen entsprechenden Antrag bei der Familienkasse (Arbeitsamt) voraus; der Anspruch auf Zahlung von Erziehungsgeld oder Unterhaltsvorschuss beginnt mit der Geburt
ab Vollendung der Geburt	6.1 besteht die allgemeine Rechtsfähigkeit, § 1 BGB	Rechtsfähigkeit bedeutet die Fähigkeit, Träger von Rechten und Pflichten sein zu können – diese werden, solange Minderjährigkeit vorliegt und solange und soweit der Minderjährige in der Geschäftsfähigkeit beschränkt ist, durch den oder die gesetzlichen Vertreter – also im Regelfall die Eltern, denen die elterliche Sorge obliegt, – wahrgenommen, § 1626 Abs. 2 BGB, § 164 ff. BGB. Die Geburt ist vollendet bei vollständigem Austritt aus dem Mutterleib und Beginn der Atmung; die Geburt wird im Geburtenbuch, das als sog. Personenstandsbuch vom Standesbeamten, in dessen Bezirk das Kind geboren wurde, nach Ort, Tag und Stunde der Geburt eingetragen. Die Geburt eines Kindes ist dem Standesbeamten innerhalb einer Woche nach der Geburt anzuzeigen
	6.2 besteht die allgemeine Grundrechtsfähigkeit (in Analogie zur Rechtsfähigkeit)	Grundrechtsfähigkeit bedeutet die Fähigkeit, Träger von Grundrechten zu sein – bis zum Erreichen der Grundrechtsmündigkeit – siehe Ziff. 18.1 – nehmen die Eltern als gesetzliche Vertreter diese Rechte für die Kinder war
	6.3 besteht die Parteifähigkeit, § 50 ZPO	Parteifähigkeit bezeichnet die Fähigkeit, in einem Gerichtsverfahren als Partei (Kläger oder Beklagter) aufzutreten; die Parteifähigkeit ist bezogen auf Rechtsstreitigkeiten vor Gericht – die Entsprechung der Rechtsfähigkeit; bis zum Erreichen der Prozessfähigkeit – siehe Ziff. 16.6 – werden Prozesshandlungen durch den oder die gesetzlichen Vertreter – also im Regelfall die Eltern – wahrgenommen, § 51 Abs. 1 ZPO
	6.4 wird die deutsche Staatsangehörigkeit erworben	Mutter – die deutsche Staatsangehörigkeit besitzt, § 3 Nr. 1, § 4 Abs. 1 Satz 1 Staatsangehörigkeitsgesetz (StAG); ist bei der Geburt eines nichtehelichen Kindes nur der Vater deutscher Staatsangehöriger, bedarf es zur Geltendmachung des Erwerbs der

Alter	Ordnungs-ziffer	Rechtsposition	Ergänzung, Erläuterung, Voraussetzungen
	noch 6.4		deutschen Staatsangehörigkeit einer nach deutschen Gesetzen wirksamen Feststellung der Vaterschaft – § 3, 4 Abs. 1 Satz 2 StAG; durch die Geburt im Inland erwirbt ein Kind ausländischer Eltern die deutsche Staatsangehörigkeit, wenn ein Elternteil 1. seit 8 Jahren rechtmäßig seinen gewöhnlichen Aufenthalt im Inland hat und 2. eine Aufenthaltsberechtigung oder seit 3 Jahren eine unbefristete Aufenthaltserlaubnis besitzt. § 4 Abs. 3 StAG
	6.5	Kann ein Kind das Jugendamt als Beistand erhalten, § 1712 BGB	Zu den Aufgaben des Beistandes siehe Ziffer 1.7 und § 55, 56 SGB VIII
	6.6	Beginnt die gesteigerte Unterhaltspflicht von Eltern	§ 1601, 1603 Abs. 2 BGB – Eltern müssen alle verfügbaren Mittel zum Unterhalt der Kinder verwenden – die Grenze liegt bei dem notwendigen Eigenbedarf (oder Selbstbehalt), einem pauschalen Geldbetrag, aus dem alle Lebenshaltungskosten zu bestreiten sind; zur Höhe der Selbstbehalte enthalten die unterhaltsrechtlichen Leitlinien der Oberlandesgerichte Festlegungen/Richtwerte – nach den Leitlinien des Oberlandesgerichts Düsseldorf – Düsseldorfer Tabelle Stand 1. 7. 2005 – beträgt der notwendige Selbstbehalt eines erwerbstätigen Elternteils monatlich 890 Euro – dies bezieht sich auf die alten Bundesländer; nach der Berliner Tabelle gilt für die neuen Bundesländer ab 1. 7. 2005 derselbe Betrag; zum Unterhaltsbedarf von Kindern und zur nicht gesteigerten Unterhaltspflicht siehe bei den Ziffern 10.2, 12.2 und 18.13

6.7	Eigenschaft und Bezeichnung als Minderjähriger – bis zur Vollendung des 18. Lebensjahres	Minderjährigkeit meint den Umstand, dass die Rechtsordnung noch keine oder nur eingeschränkte Möglichkeiten einräumt, durch eigenes verantwortliches Handeln Rechtswirkungen hervorzurufen, insb. Rechte zu erwerben, Pflichten zu begründen bzw. noch keine oder keine volle Verantwortlichkeit für eigenes schädigendes Tun vorsieht. Dem Minderjährigen fehlt zunächst diese Handlungsfähigkeit. Die Handlungsfähigkeit wird im Zivilrecht in Geschäftsfähigkeit und Deliktsfähigkeit unterteilt, während im öffentlichen Recht nur die Handlungsfähigkeit maßgeblich ist. Bis zur Vollendung des 7. Lebensjahres ist ein minderjähriges Kind nicht geschäftsfähig (§ 104 BGB) und nicht deliktsfähig (§ 828 Abs. 1 BGB); ab Vollendung des 7. Lebensjahres besteht beschränkte Geschäftsfähigkeit und beschränkte Deliktsfähigkeit, siehe Ziff. 11.1 und 11.4 – zur sozialrechtlichen Handlungsfähigkeit siehe Ziff. 15.2
6.8	Eigenschaft und Bezeichnung als Kind – zeitlich unbegrenzt bis zur Vollendung des 14. Lebensjahres	a) in allen Rechtsbereichen, insbesondere wenn das Eltern-Kind-Verhältnis betroffen ist, wie im Unterhaltsrecht, und keine anderen Begriffe maßgeblich sind, b) im Sinne des SGB VIII (§ 7 Abs. 1 Nr. 1): mit den in diesem Gesetz geregelten Ansprüchen auf Hilfe und Förderung für Kinder, z. B. Förderung von Kindern in Tageseinrichtungen und in Tagespflege, § 22-26 SGB VIII, die Hilfen zur Erziehung (die auch für Jugendliche gelten) § 28-34 SGB VIII, Eingliederungshilfe für seelisch behinderte Kinder (und Jugendliche) § 35 a SGB VIII. Bis zur Vollendung des 27. Lebensjahres ist man junger Mensch gem. § 7 Abs. 1 Nr. 4 SGB VIII; bei dieser Begriffsbestimmung handelt es sich um eine Zusammenfassung der in den vorhergehenden Nr. 1 bis 3 bestimmten Gruppen der Kinder, Jugendlichen und jungen Volljährigen. Junge Menschen haben z. B. Ansprüche im Rahmen der Jugendarbeit, der Jugendsozialarbeit und des erzieherischen Kinder- und Jugendschutzes, § 11, 13, 14 SGB VIII

Alter	Ordnungsziffer	Rechtsposition	Ergänzung, Erläuterung, Voraussetzungen
	6.9	bis zur Vollendung des 14. Lebensjahres	c) im Sinne des Jugendschutzgesetzes (JuSchG), das das Gesetz zum Schutz der Jugend in der Öffentlichkeit und das Gesetz über die Verbreitung jugendgefährdender Schriften und Medieninhalte abgelöst hat – § 1 Abs. 1 Nr. 1 JuSchG; mit den in diesem Gesetz geregelten Verboten, z. B. dürfen sich Kinder und Jugendliche unter 16 Jahren in Gaststätten nur in Begleitung personen-sorgeberechtigter oder erziehungsberechtigter Personen aufhalten, Branntwein oder branntweinhaltige sowie andere alkoholische Getränke nicht an Kinder und Jugendliche unter 16 Jahren abgegeben werden, noch darf ihnen der Verzehr gestattet werden, § 9 Abs. 1 JuSchG Trägermedien, die die Liste jugendgefährdender Medien aufgenommen worden und bekannt gemacht sind, dürfen einem Kind oder einem Jugendlichen nicht angeboten, überlassen oder zugänglich gemacht werden, § 15 Abs. 1 Nr. 1 JuSchG
	6.10	bis zur Vollendung des 15. Lebensjahres	d) im Sinne des Jugendarbeitsschutzgesetzes (§ 2 Abs. 1 JArbSchG): mit den in diesem Gesetz geregelten Verboten für die Beschäftigung von Kindern und dabei bestehende Ausnahmen, z. B. gilt das Beschäftigungsverbot des § 5 Abs. 1: »Die Beschäftigung von Kindern ist verboten« nicht für die Beschäftigung von Kindern im Rahmen des Betriebspraktikums während der Vollzeitschulpflicht, nicht für die Beschäftigung zum Zwecke der Arbeits- und Beschäftigungstherapie und nicht für die Beschäftigung in Erfüllung einer richterlichen Weisung, § 5 Abs. 2 Nr. 1-3 JArbSchG; nach § 2 der Kinderarbeitsschutzverordnung dürfen Kinder über 13 Jahren nur mit ganz bestimmten, abschließend aufgezählten Tätigkeiten beschäftigt werden, z. B. dem Austragen von Zeitungen. e) im strafrechtlichen Sinn: es besteht keine Strafmündigkeit – § 19 StGB: »Schuldunfähig ist, wer bei der Begehung der Tat noch nicht

noch 6.10		14 alt Jahre ist.« Auf die Verwirklichung eines Straftatbestandes durch noch nicht 14 Jährige kann nicht mit den Mitteln des Strafrechts/Jugendstrafrechts reagiert werden.
8 Wochen nach der Geburt	7.1	Endet die sog. nachgehende Schutzfrist nach dem MuSchG, § 6 Abs. 1	für Wöchnerinnen besteht bis zum Ablauf von 8 Wochen nach der Entbindung ein generelles Beschäftigungsverbot; für Mütter von Früh- und Mehrlingsgeburten verlängert sich diese Frist auf 12 Wochen, bei Frühgeburten zusätzlich um den Zeitraum, der nach § 3 Abs. 2 MuSchG (siehe dazu Ziff. 4.1) nicht in Anspruch genommen wurde.
	7.2	endet der Anspruch auf Mutterschaftsgeld und der Anspruch auf Zuschuss dazu	gem. § 200 Abs. 3 RVO und § 14 MuSchG – zum Beginn und zur Höhe siehe Ziffer 4.2 – Verlängerung der Anspruchsdauer entsprechend der vorstehenden Ziffer
	7.3	endet der Anspruch der Mutter eines nichtehelichen Kindes auf Unterhalt	gegenüber dem Vater gem. § 1615 l Abs. 1 – zum Beginn des Anspruchs siehe bei Ziffer 4.3
	7.4	Ist das Mindestalter für die Adoption, § 1747 Abs. 2 S. 1 BGB	die für die Adoption erforderliche Einwilligung der Eltern kann von diesen erst erteilt werden, wenn das Kind acht Wochen alt ist. Sind die Eltern nicht miteinander verheiratet und haben sie keine Sorgeerklärung abgegeben, kann der Vater seine Einwilligung bereits vor der Geburt erteilen – § 1747 Abs. 3 Nr. 1 BGB
mit Vollendung des 2. Lebensjahres	8.	Endet der Anspruch auf Erziehungsgeld § 4 Abs. 1 BErzGG	für Kinder, die nach dem 31. 12. 1992 geboren sind, wird Erziehungsgeld von der Geburt bis zur Vollendung des 24. Lebensmonats gewährt.

Teil 6: Anhang

Alter	Ordnungsziffer	Rechtsposition	Ergänzung, Erläuterung, Voraussetzungen
mit Vollendung des 3. Lebensjahres	9.1	Endet der Anspruch der Mutter eines nichtehelichen Kindes auf Unterhalt gegenüber dem Vater gem. § 1615 l Abs. 2 BGB	siehe zum frühesten Beginn des Anspruchs und seinen Voraussetzungen unter 3. die Anspruchsdauer verlängert sich, wenn es insbesondere unter Berücksichtigung der Belange des Kindes grob unbillig wäre, einen Unterhaltsanspruch nach Ablauf von drei Jahren zu versagen, § 1615 l Abs. 2 Satz 2, 2. Hs BGB; wenn der Vater das Kind nach der Geburt betreut, steht ihm der Anspruch gegenüber der Mutter zu, § 1615 l Abs. 5 BGB
	9.2	Beginnt das Kindergartenalter	ein Kind hat Anspruch auf einen Kindergartenplatz, § 24 Abs. 1 SGB VIII – es ist Aufgabe des Landesgesetzgebers, diesen Anspruch umzusetzen
ab Vollendung des 6. Lebensjahres	10.1	Beginnt im Regelfall die Schulpflicht	bedeutet das Recht auf und die Pflicht zum Schulbesuch – in der Regel 12jährige Schulpflicht; die entsprechenden Regelungen finden sich in den Schulgesetzen der Länder
	10.2	erhöht sich der Anspruch von Kindern auf Zahlung von Barunterhalt gegenüber dem Elternteil, mit dem es nicht in einem Haushalt zusammenlebt	§ 1612 a BGB i. V. m. der Regelbetrag-Verordnung, § 1 und 2 der Verordnung legen unterschiedliche Beträge für die drei Altersstufen 1.-6. Lebensjahr, 7.-12. Lebensjahr und 13.-18. Lebensjahr für die alten und die neuen Bundesländer fest. Zurzeit in der ersten Altersstufe 204,–/188,–Euro (West/Ost) in der zweiten Altersstufe 247,–/228,– Euro (West/Ost) in der dritten Altersstufe 291,–/269,–Euro (West/Ost) Erhöhung in Abhängigkeit vom Einkommen des unterhaltsverpflichteten Elternteils entsprechend § 1612 a BGB sowie der Düsseldorfer Tabelle und den unterhaltsrechtlichen Leitlinien der Oberlandesgerichte

	10.3	Erhöht sich der Anspruch auf Unterhaltsvorschuss, § 2 Abs. 1 UVG	gem. den erhöhten Beträgen der Regelbetrags-Verordnung – siehe dazu die vorstehende Ziffer
ab Vollendung des 7. Lebensjahres	11.1	Tritt die beschränkte Geschäftsfähigkeit ein, § 106-113 BGB	aufgrund der beschränkten Geschäftsfähigkeit kann das minderjährige Kind selbstständig Willenserklärungen abgeben (z. B. Verträge abschließen); zur Rechtsverbindlichkeit ist aber die Einwilligung der gesetzlichen Vertreter erforderlich – diese Einwilligung ist nicht erforderlich, soweit die Geschäfte des Kindes sich im Rahmen seines Taschengeldes halten, § 110 BGB, oder die Willenserklärung nur zu einem rechtlichen Vorteil führt (§ 107 BGB), z. B. Annahme einer Schenkung, aus der sich keine finanziellen (z. B. Schenkungssteuer) oder sonstigen rechtlichen Verpflichtungen ergeben
	11.2	Besteht partiell unbeschränkte Geschäftsfähigkeit in den nebenstehenden Fällen	ermächtigen der (oder die) gesetzlichen Vertreter den Minderjährigen, in Dienst oder Arbeit zu treten, ist der Minderjährige für solche Rechtsgeschäfte unbeschränkt geschäftsfähig, die die Eingehung oder Aufhebung eines Dienst- oder Arbeitsverhältnisses oder die Erfüllung der sich aus einem solchen Verhältnis ergebenden Verpflichtungen betreffen, § 113 BGB; dies umfasst auch den Beitritt zu Gewerkschaften. Von § 113 BGB werden Berufsausbildungsverträge nicht erfasst (solche Verträge müssen die gesetzlichen Vertreter neben dem Auszubildenden unterschreiben, § 4 Abs. 2 BBiG), wohl aber öffentlich-rechtliche Dienstverhältnisse z. B. für den freiwilligen Wehrdienst. Ermächtigt der gesetzliche Vertreter den Minderjährigen zum selbstständigen Betrieb eines Erwerbsgeschäftes, wozu die Genehmigung des Vormundschaftsgerichts erforderlich ist, ist der Minderjährige für solche Rechtsgeschäfte, die der Geschäftsbetrieb mit sich bringt, unbeschränkt geschäftsfähig, § 112 BGB

Teil 6: Anhang

Alter	Ordnungsziffer	Rechtsposition	Ergänzung, Erläuterung, Voraussetzungen
	11.3	besteht partielle Prozessfähigkeit, § 51 ZPO, § 62 Abs. 1 Nr. 2 VwGO, § 71 Abs. 2 Satz 1 SGG	wenn es um Streitigkeiten aus Rechtsgeschäften geht, für die der Minderjährige partiell unbeschränkt geschäftsfähig ist – siehe dazu das vorstehende Stichwort – oder wenn es um öffentlich-rechtliche Rechte oder Ansprüche geht, in Bezug auf die der Minderjährige handlungsfähig ist – siehe Ziffern 11.2, 14.2 und 15.6; in solchen Verfahren ist der Minderjährige berechtigt, selbstständig als Kläger oder Beklagter aufzutreten
	11.4	Tritt beschränkte Deliktsfähigkeit ein, § 828 Abs. 2 BGB	mit Deliktsfähigkeit ist das finanzielle Einstehen-müssen (Haftung) für einen Schaden gemeint; beschränkte Deliktsfähigkeit bedeutet Haftung des Minderjährigen gegenüber dem Geschädigten, soweit der Minderjährige die für seine Verantwortlichkeit erforderliche Einsicht besitzt
mit Vollendung des 12. Lebensjahres	12.1	Besteht beschränkte Religionsmündigkeit, § 5 Satz 2 RelKEG	dies bedeutet, dass ein Minderjähriger nicht gegen seinen Willen in einem anderen Bekenntnis/einer anderen nicht bekenntnismäßigen Weltanschauung als bisher erzogen werden darf.
	12.2	erhöht sich der Barunterhaltsanspruch von Kindern	gegenüber dem Elternteil, mit dem das Kind nicht in einem Haushalt zusammenlebt – siehe dazu Ziffer 10.2
	12.3	endet der Anspruch auf Unterhaltsvorschussleistungen nach dem UVG	§ 1 Abs. 1 Nr. 1 UVG – der Anspruch endet bereits vorher, wenn die Leistungen für eine Dauer von maximal 72 Monaten in Anspruch genommen worden sind, § 3 UVG

Lebensaltertabelle

die Vollendung des 14. Lebensjahres	14.1	Bezeichnung und Eigenschaft als Jugendlicher – bis zur Vollendung des 18. Lebensjahres	a) im Sinne des SGB VIII, § 7 Abs. 1 Nr. 2: mit den in diesem Gesetz für Jugendliche vorgesehenen Maßnahmen, etwa Hilfen zur Erziehung (die auch für Kinder vorgesehen sind) § 28-34 SGB VIII z. B. soziale Gruppenarbeit, Heimerziehung/betreute Wohnform oder (nur für Jugendliche) intensive sozialpädagogische Einzelbetreuung nach § 35 SGB VIII b) im Sinne des Jugendschutzgesetzes (JuSchG) – siehe auch Ziff. 6.8 c): mit den in diesem Gesetz geregelten Verboten, z. B. kein Zutritt zu öffentlichen Spielhallen (gilt natürlich auch für Kinder) § 6 Abs. 1, Rauchverbot in der Öffentlichkeit unter 16 Jahren, § 10 Abs. 1, zum Aufenthalt in Gaststätten siehe unter 6.8 c). Zum Jugendschutz im Bereich der Medien siehe Abschnitt 3 des Gesetzes § 11 ff. c) im strafrechtlichen Sinne nach dem JGG, was zur »bedingten Strafmündigkeit« führt, siehe nachfolgend
	14.2	Bedeutet bedingte Strafmündigkeit, § 3 i. V. m. § 1 JGG	Bedingte Strafmündigkeit bedeutet die strafrechtliche Verantwortlichkeit des Jugendlichen für strafbare Handlungen, sofern er zum Tatzeitpunkt nach seinem individuellen Entwicklungsstand in der Lage (reif genug) ist, das Unrecht der Tat einzusehen und nach dieser Einsicht zu handeln; die Verhandlung findet vor dem Jugendgericht statt (§ 33-43 JGG)
	14.3	Führt zu einem eigenen Berufungsrecht, § 55 Abs. 2 Satz 2 JGG des Jugendlichen	im Jugendstrafverfahren hat der Jugendliche ein eigenes Recht, Berufung gegen Entscheidungen des Jugendgerichts einzulegen (bezieht sich nur auf berufungsfähige Entscheidungen, § 55 I JGG)
	14.4	Begründet ein selbstständiges Antragsrecht	des Jugendlichen auf Erteilung eines Führungszeugnisses (entweder für eigene Zwecke oder zur Vorlage bei einer Behörde) beim Bundeszentralregister, § 30 Abs. 1 Satz 1 BZRG; daneben ist auch der gesetzliche Vertreter antragsberechtigt, Abs. 1 Satz 2 BZRG

Teil 6: Anhang

Alter	Ordnungsziffer	Rechtsposition	Ergänzung, Erläuterung, Voraussetzungen
	14.5	ist im Rahmen der Straftaten gegen die sexuelle Selbstbestimmung von Bedeutung	nach § 176 Abs. 1 StGB macht sich wegen sexuellen Missbrauchs von Kindern strafbar, wer sexuelle Handlungen an einer Person unter 14 Jahren (Kind) vornimmt oder an sich von dem Kind vornehmen lässt; nach § 176 a und § 176 b StGB (durch das 6. Gesetz zur Reform des Strafrechts vom 28. 1. 1998 neu eingeführt) ist die Strafandrohung für den schweren sexuellen Missbrauch von Kindern und sexuellen Missbrauch von Kindern mit Todesfolge verschärft worden. Der mit diesen Vorschriften beabsichtigte Schutz von Kindern entfällt mit dem 14. Lebensjahr.
	14.6	Führt zur Religionsmündigkeit, § 5 Satz 1 RelKEG	dies bedeutet, dass der Minderjährige seine Religion/seine nicht bekenntnismäßige Weltanschauung selbst bestimmen kann, wozu auch der selbstständige Austritt aus einer Kirche/Religionsgemeinschaft gehört; einer der wenigen Fälle ausdrücklich geregelter Grundrechtsmündigkeit – hier bezogen auf Art. 4 Abs. 1 GG
	14.7	Bedeutet, dass ein Kind die Einwilligung für seine Adoption nur selbst erteilen kann, § 1746 Abs. 1 BGB	die Wirksamkeit der Einwilligung ist von der Zustimmung des gesetzlichen Vertreters abhängig; eine bereits erteilte Einwilligung kann vom Kind bis zum Wirksamwerden des Ausspruchs seiner Annahme als Kind widerrufen werden, und zwar gegenüber dem Vormundschaftsgericht und ohne Zustimmung des gesetzlichen Vertreters, § 1746 Abs. 2 BGB
	14.8	Begründet ein Anhörungsrecht, § 50 b Abs. 2 FGG	des Jugendlichen in Personensorgeangelegenheiten beim Vormundschafts- oder Familiengericht muss der Jugendliche vom Gericht im Hinblick auf die zu treffende Entscheidung angehört werden, z. B. bei der Regelung des Sorgerechts und/oder des Umgangsrechts

Lebensaltertabelle

	14.9	Begründet ein Widerspruchsrecht des Kindes nach § 1671 Abs. 1 Satz 2 Nr. 1 BGB	leben Eltern, denen die elterliche Sorge gemeinsam zusteht, nicht nur vorübergehend getrennt, kann jeder Elternteil beantragen, dass ihm das Familiengericht die elterliche Sorge oder Teile der elterlichen Sorge allein überträgt, § 1671 Abs. 1 BGB; dem Antrag ist nicht stattzugeben, wenn das Kind der Übertragung widerspricht
	14.10	Begründet ein selbstständiges Beschwerderecht, § 59 FGG	des Kindes in familien- und vormundschaftsgerichtlichen Verfahren, die seine Person betreffen; das Kind kann gegen entsprechende Entscheidungen selbstständig Beschwerde einlegen
	14.11	Begründet ein selbstständiges Antragsrecht, § 1887 Abs. 2 Satz 1, § 1915 BGB	beim Vormundschaftsgericht, durch das der Minderjährige die Möglichkeit hat, die Ablösung eines Amts- oder Vereinsvormunds (oder -pflegers) durch eine andere Person sowie die Bestellung eines anderen Pflegers oder Vormunds selbst zu beantragen.
	14.12	Führt bei der Grundsicherung nach dem SGB II und der Sozialhilfe nach dem SGB XII zu einer Erhöhung der Regelleistung/des Regelsatzes	die Regelleistung/der Regelsatz ab Vollendung des 14. Lebensjahres beträgt zurzeit 276 Euro. Nach dem Asylbewerberleistungsgesetz erhöht sich der Geldbetrag zur Deckung persönlicher Bedürfnisse des täglichen Lebens von 40 DM auf 80 DM, § 3 Abs. 1 AsylbLG – zu den möglichen Geldleistungen bei einer Unterbringung außerhalb von Aufnahmeeinrichtungen siehe § 3 Abs. 2 AsylbLG (noch keine Umstellung auf Euro im Gesetz erfolgt)
ab Vollendung des 15. Lebensjahres	15.1	Bezeichnung und Eigenschaft als Jugendlicher – bis zur Vollendung des 18. Lebensjahres	im Sinne des Jugendarbeitsschutzgesetzes, § 2 Abs. 2 JArbSchG: Beachtung der in diesem Gesetz vorgeschriebenen Gebote und Verbote für die Beschäftigung Jugendlicher, z. B. keine Beschäftigung von mehr als 40 Stunden in der Woche, keine Nachtarbeit, Anspruch auf Mindesturlaub gem. § 19 JArbSchG

Alter	Ordnungsziffer	Rechtsposition	Ergänzung, Erläuterung, Voraussetzungen
	15.2	Besteht die sozialrechtliche Handlungsfähigkeit, § 36 SGB I	der Minderjährige hat ein grundsätzlich selbstständiges Recht, Anträge auf Sozialleistungen zu stellen und zu verfolgen und Sozialleistungen entgegenzunehmen. Sozialleistungen sind nach der Definition des § 11 SGB I alle Dienst-, Sach-, und Geldleistungen, die das SGB vorsieht; dazu gehören auch die persönliche Hilfe und die erzieherische Hilfe. Anträge stellen bedeutet, das Recht auf Gewährung von Sozialleistungen dem zuständigen Leistungsträger gegenüber geltend zu machen, was sich auch auf solche Sozialleistungen bezieht, die nicht von einem formalen Antrag abhängig sind, sondern vom Leistungsträger bei Vorliegen der Voraussetzungen von Amts wegen zu gewähren sind (z. B. Sozialhilfe). Anträge verfolgen schließt darüber hinaus die Vornahme aller notwendigen Verfahrenshandlungen sowie die Verfolgung des Anspruchs ggfs. auf dem Rechtsweg einschließlich eines Vorverfahrens ein – § 35 SGB I i. V. m. § 62 Abs. 1 Nr. 2 VwGO bzw. § 71 Abs. 2 Satz 1 SGG.
	15.3	Besteht aktives und passives Wahlrecht	für die Jugendvertretung im Betrieb, § 61 BetrVG
ab Vollendung des 16. Lebensjahres	16.1	Besteht beschränkte Testierfähigkeit, § 2229 I BGB	dies bedeutet, dass ein Minderjähriger zwar selbstständig ein Testament errichten kann, jedoch nur in öffentlicher Form, d. h. durch Erklärung gegenüber dem Notar oder durch Übergabe einer offenen Schrift an den Notar, § 2233 Abs. 1 BGB
	16.2	Besteht die Eidesfähigkeit § 393, 455 ZPO, § 60 f. StPO	ein Minderjähriger ist eidesfähig, d. h. er kann in einem Gerichtsverfahren, in dem er als Zeuge aussagen muss, vereidigt werden

16.3	Besteht beschränkte Ehemündigkeit, § 1303 Abs. 2 BGB	wenn der zukünftige Ehepartner volljährig ist, kann das Familiengericht den minderjährigen Ehepartner vom Erfordernis der Volljährigkeit befreien
16.4	Besteht aktives Wahlrecht	bei den Wahlen zur Vertreterversammlung der Sozialversicherungsträger, § 50 Abs. 1 Nr. 2 SGB IV – zum passiven Wahlrecht siehe Ziffer 18.10
16.5	Besteht aktives Wahlrecht	bei Kommunalwahlen, soweit die landesrechtliche Regelung das vorsieht, z. B. § 34 I der Gemeindeordnung von Niedersachsen
16.6	Besteht für einen minderjährigen Ausländer	a) die Handlungsfähigkeit nach dem Asylverfahrensgesetz – er ist gem. § 12 des Gesetzes fähig (= berechtigt) zur Vornahme aller Verfahrenshandlungen nach dem Asylverfahrensgesetz; dazu gehört zunächst die Stellung des Asylantrags, sodass es sich um einen Fall ausdrücklich geregelter Grundrechtsmündigkeit (des in Art. 16 a GG -gehört auch die Einlegung von Widersprüchen gegen ablehnende Entscheidungen. Aus § 12 des Gesetzes folgt aber auch die Prozessfähigkeit für solche Verfahren beim Verwaltungsgericht, die aus dem Asylverfahrensgesetz resultieren – § 62 Abs. 1 Nr. 2 VwGO. b) die Handlungsfähigkeit nach dem Ausländergesetz, § 68 AuslG – bedeutet die Fähigkeit zur Vornahme von Verfahrenshandlungen nach dem Ausländergesetz – die Reichweite dieser Handlungsfähigkeit im Übrigen so wie bei a)
16.7	Besteht die Möglichkeit für ein freiwilliges ökologisches Jahr	die Vollendung des 16. Lebensjahres ist das Mindestalter für das Ableisten des freiwilligen ökologischen Jahres (bis zum 27. Lebensjahr), § 1 Nr. 3 des Gesetzes zur Förderung des freiwilligen ökologischen Jahres vom 17. 12. 1993 (BGBl. I S. 2118)

Teil 6: Anhang

Alter	Ordnungs-ziffer	Rechtsposition	Ergänzung, Erläuterung, Voraussetzungen
	16.8	Das 16. Lebensjahr ist von Bedeutung im Rahmen der Straftaten gegen die sexuelle Selbstbestimmung	a) nach § 174 StGB ist der sexuelle Missbrauch von Schutzbefohlenen unter Strafe gestellt; Schutzbefohlene nach Abs. 1 Nr. 1 der Vorschrift sind zur Erziehung, Ausbildung oder zur Betreuung in der Lebensführung anvertraute Personen unter 16 Jahren b) in § 182 StGB ist die Strafbarkeit des sexuellen Missbrauchs von Jugendlichen geregelt; zum Tatbestand des Abs. 1 und Abs. 2 gehört der sexuelle Missbrauch von Personen unter 16 Jahren (wobei unterschiedliche weitere Umstände maßgeblich sind). Der mit den genannten Vorschriften beabsichtigte Schutz entfällt mit Erreichen des 16. Lebensjahres.
Ab Vollendung des 17. Lebensjahres	17	Besteht die Möglichkeit für ein freiwilliges soziales Jahr	die Vollendung des 17. Lebensjahres ist das Mindestalter für das Ableisten eines freiwilligen sozialen Jahres (bis zum 27. Lebensjahr), ausnahmsweise Beginn auch schon mit Vollendung des 16. Lebensjahres – § 1 Abs. 1 Nr. 4 des Gesetzes zur Förderung des freiwilligen sozialen Jahres vom 17. 8. 1964 (BGBl. I S. 640)
mit Vollendung des 18. Lebensjahres	18.1	Tritt die unbeschränkte Grundrechtsmündigkeit ein (in Analogie zur Volljährigkeit = unbeschränkte oder volle Geschäftsfähigkeit)	unbeschränkte Grundrechtsmündigkeit bedeutet, dass der Volljährige selbstständig – also nicht mehr durch die gesetzlichen Vertreter vermittelt – Grundrechte ausüben und sich auf sie berufen kann; die Grundrechtsmündigkeit vor Erreichen der Volljährigkeit ist – abgesehen von den Fällen des RelKEG und des AsylVG – nicht gesetzlich geregelt; ob ein Minderjähriger bereits vor dem Erreichen des 18. Lebensjahres grundrechtmündig sein kann, hängt bei den übrigen Grundrechten von seinem Alter und dem damit verbundenen Reifegrad und Entwicklungsstand ab

402

18.2	Ergibt sich die unbeschränkte Handlungsfähigkeit	im zivilrechtlichen und öffentlich-rechtlichen Sinn d. h. die prinzipiell unbeschränkte Möglichkeit, durch eigenes verantwortliches Handeln Rechtswirkungen hervorzurufen, also Rechte zu begründen und Verpflichtungen einzugehen.
18.3	Tritt Volljährigkeit ein, § 2 BGB	dies bedeutet zivilrechtlich: a) volle = unbeschränkte Geschäftsfähigkeit, § 2 BGB b) Ehemündigkeit, § 1303 Abs. 1 BGB c) volle Schadensverantwortlichkeit (Deliktsfähigkeit), § 823, 827 BGB d) uneingeschränkte Testierfähigkeit und Erbvertragsfähigkeit e) Ende der elterlichen Sorge f) Ende von Pflegschaften und Vormundschaften wegen Minderjährigkeit,
18.4	Entsteht Erklärungspflicht für Doppelstaatler	nach dem 31. 12. 1999 geborene Personen, die die deutsche Staatsangehörigkeit aufgrund § 4 Abs. 3 StAG erworben haben, – siehe dazu unter Ziff. 6.4 – müssen, nachdem sie vorher schriftlich auf diese Pflicht und mögliche Rechtsfolgen hingewiesen worden sind, erklären, ob sie die deutsche oder die ausländische Staatsangehörigkeit behalten wollen, § 29 Abs. 1 StAG; Verlust der deutschen Staatsangehörigkeit, wenn bis zur Vollendung des 23. Lebensjahres keine Erklärung abgegeben wird, § 29 Abs. 2 Satz 2 StAG, Ausnahme davon § 29 Abs. 3 StAG und weitere Einzelheiten in den übrigen Absätzen und Sätzen dieser Vorschrift
18.5	Ist man Heranwachsender – bis zur Vollendung des 21. Lebensjahres –, § 105 JGG	im strafrechtlichen Sinne: zuständig ist weiterhin das Jugendgericht; es entscheidet bei strafbaren Handlungen nach Täterpersönlichkeit und Art der Tat, ob Jugendstrafrecht oder Erwachsenenstrafrecht angewendet wird

Alter	Ordnungsziffer	Rechtsposition	Ergänzung, Erläuterung, Voraussetzungen
	18.6	Ist man junger Volljähriger – bis zur Vollendung des 27. Lebensjahres	im Sinne des SGB VIII (§ 7 Abs. 1 Nr. 3) mit den in diesem Gesetz für diesen Personenkreis vorgesehenen Hilfemaßnahmen zur Persönlichkeitsentwicklung und zu einer eigenverantwortlichen Lebensführung, § 41 SGB VIII; für die Ausgestaltung der Hilfe wird auf z. B. bestimmte Hilfen zur Erziehung/Eingliederungshilfe für seelisch behinderte Kinder und Jugendliche verwiesen. Die Hilfe wird in der Regel nur bis zur Vollendung des 21. Lebensjahres gewährt. Daneben z. B. Anspruch auf Beratung und Unterstützung bei der Geltendmachung von Unterhalts- und Unterhaltsersatzansprüchen nach § 18 Abs. 1 Satz 2 SGB VIII (nur bis zum 21. Lebensjahr)
	18.7	Besteht volle Prozessfähigkeit	in allen zivilgerichtlichen (einschl. familien- und vormundschaftsgerichtlichen), arbeitsgerichtlichen, verwaltungsgerichtlichen, sozialgerichtlichen, finanzgerichtlichen und verfassungsgerichtlichen (soweit hier eine Antragsbefugnis vorliegt) Verfahren besteht die uneingeschränkte Möglichkeit, als Partei (Kläger oder Beklagter) oder sonstiger Beteiligter selbstständig Prozesshandlungen vorzunehmen, z. B. Klageerhebung, Klagerücknahme, Abschluss von Vergleichen
	18.8	Besteht die Möglichkeit	als Pfleger, Vormund oder Betreuer bestellt zu werden, § 1781 Nr. 1, 1915 BGB
	18.9	Besteht aktives und passives Wahlrecht	a) bei Bundestagswahlen, Art. 38 GG b) bei Landtagswahlen (teilweise nur aktives Wahlrecht nach Landesrecht) c) bei Kommunalwahlen (soweit das aktive Wahlrecht nicht bereits ab Vollendung des 16. Lebensjahres besteht) d) bei Betriebsrats- und Personalratswahlen, § 7 ff. BetrVG, § 57-59 BPersVG sowie entsprechende Regelungen in den Landespersonalvertretungsgesetzen, Wahlen finden alle 4 Jahre statt.

Lebensaltertabelle

18.10	Besteht passives Wahlrecht	e) bei den sog. Sozialwahlen, die im Abstand von 6 Jahren stattfinden (Wahlen zur Vertreterversammlung der Sozialversicherungsträger), § 51 Abs. 1 Nr. 2 SGB IV; zum aktiven Wahlrecht siehe unter Ziffer 16.4
18.11	Beginnt die Wehrpflicht, Art. 12 a I GG, § 1 WPfG	für Männer bis zur Vollendung des 45. Lebensjahres
18.12	Das 18. Lebensjahr ist in verschiedener Hinsicht im Strafrecht von Bedeutung	a) der Beischlaf zwischen Verwandten ist nach § 173 StGB unter Strafe gestellt; nach Abs. 3 der Vorschrift sind Abkömmlinge und Geschwister nur dann strafbar, wenn sie zum Zeitpunkt der Tat 18 Jahre alt waren. b) bei den Straftaten gegen die sexuelle Selbstbestimmung endet der mit verschiedenen Vorschriften bezweckte Schutz mit Erreichen des 18. Lebensjahres: – bei der Strafbarkeit des sexuellen Missbrauch von Schutzbefohlenen im Sinne von § 174 Abs. 1 Nr. 2 und 3 StGB, – bei der Strafbarkeit der Förderung der Prostitution nach § 180 a StGB durch Unterkunftsgewährung an eine Person unter 18 Jahren zur Ausübung der Prostitution, Abs. 2 Nr. 1 der Vorschrift, – bei der Strafbarkeit der Verbreitung pornographischer Schriften nach § 184 StGB durch Anbieten, Überlassen der Zugänglichmachen an eine Person unter 18 Jahren
18.13	Endet die gesteigerte Unterhaltspflicht der Eltern, § 1603 Abs. 2 BGB	die gesteigerte Unterhaltspflicht besteht bis zur Vollendung des 21. Lebensjahres weiter, solange das volljährige (und unverheiratete) Kind im Haushalt der Eltern oder eines Elternteils lebt und sich in der allgemeinen Schulausbildung (nicht Berufsausbildung) befindet, § 1603 Abs. 2 BGB; im Übrigen besteht nach Beendigung der gesteigerten Unterhaltspflicht die nicht gesteigerte Unterhaltspflicht der Eltern für die Dauer einer den erkennbaren Neigungen und Begabungen entsprechenden Ausbildung des Kindes bis zu deren berufsqualifizierenden Abschluss, § 1610 Abs. 2 BGB;

Alter	Ordnungsziffer	Rechtsposition	Ergänzung, Erläuterung, Voraussetzungen
	noch 18.13		die nicht gesteigerte Unterhaltspflicht drückt sich konkret in einem höheren Selbstbehalt – dem angemessenen Selbstbehalt –, der nach den Leitlinien des OLG Düsseldorf für einen erwerbstätigen Elternteil mindestens 1.100 Euro beträgt (bei Erwerbstätigkeit des Unterhaltspflichtigen); nach der Berliner Tabelle für die neuen Bundesländer ist der Betrag seit dem 1. 7. 2005 identisch – zum notwendigen Selbstbehalt siehe unter Ziff. 6.6
	18.14	Beträgt die Regelleistung nach dem SGB II 90 %	wenn zur Bedarfsgemeinschaft eine weitere Person gehört, die das 18. Lebensjahr vollendet hat. Für diese gilt ebenfalls die Regelleistung von 90 %
	18.15	Endet die Kindergeldberechtigung, § 32 Abs. 4 EStG, § 2 Abs. 2 BKGG	der maximal Geldbetrag für den Haushaltsvorstand nach dem AsylbLG beträgt 360 DM, siehe dort unter § 3 Abs. 2 Nr. 1 es sei denn, das Kind ist arbeitslos und steht der Arbeitsvermittlung im Inland zur Verfügung, befindet sich in einer Ausbildung für einen Beruf, leistet ein freiwilliges soziales oder ökologisches Jahr ab oder ist infolge einer körperlichen, geistigen oder seelischen Behinderung nicht in der Lage, sich selbst zu unterhalten – weitere Ausnahmen ergeben sich aus § 32 Abs. 4 EStG und § 2 Abs. 2 BKGG zu den weiteren Altersgrenzen beim Kindergeld siehe Ziffern 19.7 und 25.1 – die Zahlung endet jeweils mit Ende des Monats, in den der jeweils maßgebliche Geburtstag fällt, § 66 Abs. 2 EStG, § 5 Abs. 1 BKGG
	18.16	Entfällt der Anspruch auf Waisenrenten in der gesetzlichen Renten- und Unfallversicherung bzw. im sozialen Entschädigungsrecht	es sei denn, das Kind befindet sich in einer Schul- oder Berufsausbildung, leistet ein freiwilliges soziales oder ökologisches Jahr ab oder ist infolge körperlicher, geistiger oder seelischer Behinderung außerstande, sich selbst zu unterhalten, § 48 Abs. 4 SBG VI, § 67 Abs. 3 SGB VII, § 45 Abs. 1 BVG – zu den weiteren Altersgrenzen siehe Ziffer 27.2; die Rentenzahlung beginnt mit dem Todestag (SBG VII) bzw. mit dem Beginn des Monats, der auf den Todestag folgt (SGB VI) und en-

Lebensaltertabelle

		det mit dem Ende des Monats, in dem der jeweils maßgebliche Geburtstag fällt	
	18.17	Endet die beitragsfreie Familienversicherung von Kindern in der gesetzlichen Krankenversicherung, § 10 Abs. 2 SGB V	es sei denn, das Kind ist nicht erwerbstätig, befindet sich in Schul- oder Berufsausbildung, leistet ein freiwilliges soziales oder ökologisches Jahr oder ist wegen einer körperlichen, geistigen oder seelischen Behinderung nicht in der Lage, sich selbst zu unterhalten – zu den weiteren Altersgrenzen sieh Ziffern 23 und 25.4
	18.18	Endet die Zuständigkeit für die Adoptionsvermittlung nach dem Adoptionsvermittlungsgesetz	Adoptionsvermittlung ist das Zusammenführen von Kindern unter 18. Jahren und Personen, die ein Kind annehmen wollen (Adoptionsbewerber) mit dem Ziel der Annahme als Kind, § 1 AdVermiG
	18.19	Entfällt für die Förderung der beruflichen Ausbildung nach dem SGB III	eine persönliche Förderungsvoraussetzung: es ist nicht mehr erforderlich, dass die Ausbildungsstätte von der Wohnung der Eltern (oder eines Elternteils) aus nicht in angemessener Zeit erreicht werden kann, § 64 Abs. 1 Satz 2 Nr. 1 SGB III
	21.1	Bedeutet volle Strafmündigkeit, § 19 StGB	d. h. die Anwendung des Erwachsenenstrafrechts durch die normalen Strafgerichte
die Vollendung des 21. Lebensjahres	21.2	Führt zum passiven Wahlrecht	bei Landtagswahlen, soweit das Landesrecht das vorsieht, z. B. Art. 75 II der Verfassung von Hessen, Art. 4 III der Verfassung von Niedersachsen

Alter	Ordnungsziffer	Rechtsposition	Ergänzung, Erläuterung, Voraussetzungen
	21.3	Reicht als Voraussetzung für die Adoption, § 1743 Satz 1 BGB	bei einem Ehepartner, wenn der andere Ehepartner das 25. Lebensjahr vollendet hat – bei der gemeinschaftlichen Annahme durch ein Ehepaar
	21.4	Reicht als Voraussetzung für die Adoption, § 1743 Satz 2 BGB	wenn ein Ehepartner das Kind des anderen Ehepartners allein annehmen will
	21.5	Ist das Mindestalter für den Erwerb des Personenbeförderungsscheins/Taxischeins, § 15 e Abs. 1 Nr. 2 StVZO	der Personenbeförderungsschein setzt eine Fahrerlaubnis für die Fahrzeugart, mit der Personen befördert werden sollen, voraus – die weiteren zusätzlich erforderlichen Voraussetzungen ergeben sich aus § 15 e StVZO; wenn sich die Erlaubnis auf Krankenwagen beschränkt, ist das Mindestalter das 19. Lebensjahr
	21.6	Führt zum Wegfall der Kindergeldberechtigung	es sei denn, das Kind befindet sich in einer Ausbildung für einen Beruf, leistet ein freiwilliges soziales oder ökologisches Jahr ab oder ist wegen einer körperlichen, geistigen oder seelischen Behinderung außerstande, sich selbst zu unterhalten, § 32 Abs. 2 Nr. 2 EStG, § 2 Abs. 2, 3 BKGG (weitere Ausnahmen in den genannten Vorschriften) – zu den weiteren Altersgrenzen siehe Ziffern 18.15 und 27.1
	21.7	Führt für ein ausländisches Kind zum Wegfall der Möglichkeit, durch Adoption die deutsche Staatsangehörigkeit zu erwerben	mit der nach deutschen Gesetzen wirksamen Annahme als Kind durch einen Deutschen, das im Zeitpunkt des Annahmeantrages das 18. Lebensjahr noch nicht vollendet hat, wird die deutsche Staatsangehörigkeit erworben, § 6 RuStG

Lebensaltertabelle

vor Vollendung des 23. Lebensjahres	22.	Eines nichtehelichen Kindes, bei dessen Geburt nur der Vater deutscher Staatsangehöriger ist	muss das Vaterschaftsfeststellungsverfahren eingeleitet worden sein und die Vaterschaft erfolgreich festgestellt worden sein, damit die deutsche Staatsbürgerschaft erworben wird, § 4 Abs. 1 Satz 2 StAG
die Vollendung des 23. Lebensjahres	23.	Führt zur Beendigung der beitragsfreien Familienversicherung für Kinder in der gesetzlichen Krankenversicherung	es sei denn, das Kind befindet sich in Schul- oder Berufsausbildung, leistet ein freiwilliges soziales oder ökologisches Jahr oder ist infolge einer körperlichen, geistigen oder seelischen Behinderung nicht in der Lage, sich selbst zu unterhalten, § 10 Abs. 2 Nr. 3 und 4 SGB V – zur weiteren Altersgrenze siehe bei Ziff. 25.4
mit Vollendung des 24. Lebensjahres	24.1	Endet das passive Wahlrecht, § 61 Abs. 2 BetrVG	für die Jugendvertretung im Betrieb nach dem Betriebsverfassungsgesetz
	24.2	Sind Eintragungen im Erziehungsregister zu entfernen	Eintragungen im Erziehungsregister werden entfernt, sobald der Betroffene das 24. Lebensjahr vollendet hat, § 63 Abs. 1 BZRG
die Vollendung des 25. Lebensjahres	25.1	Bedeutet uneingeschränktes Adoptionsrecht § 1743 Abs. 1 und 2 BGB	für einen Ehepartner, wenn der andere Ehepartner das 21. Lebensjahr vollendet hat
	25.2	Ist Voraussetzung für die Adoption, § 1743 Satz 1 BGB	wenn es um die alleinige Annahme als Kind geht (also nicht durch Ehepartner)
	25.3	Ist Voraussetzung für längere Kündigungs-	nur solche Beschäftigungszeiten, die nach der Vollendung des 25. Lebensjahres liegen, werden für längere Kündigungsfristen berücksichtigt, § 622 Abs. 2 Satz 2 BGB – zur Staffelung der längeren Kündigungs-

Alter	Ordnungsziffer	Rechtsposition	Ergänzung, Erläuterung, Voraussetzungen
	noch 25.3	fristen im Arbeitsverhältnis	fristen in Abhängigkeit von längeren Beschäftigungszeiten siehe § 622 Abs. 2 Satz 1 BGB
	25.4	Führt zur Beendigung der beitragsfreien Familienversicherung für Kinder in der gesetzlichen Krankenversicherung, § 10 Abs. 2 Nr. 2 und 3 SGB V	es sei denn, durch die Ableistung von Wehr- oder Zivildienst hat sich das Ende der Schul- oder Berufsausbildung über das 25. Lebensjahr hinaus verzögert – dann entsprechend längere Versicherung oder das Kind ist wegen einer körperlichen, geistigen oder seelischen Behinderung nicht in der Lage, sich selbst zu unterhalten – dann zeitlich unbegrenzte Familienversicherung; zu den übrigen Altersgrenzen in der Familienversicherung siehe Ziffern 87.18 und 23
	25.5	Ist das Regelmindestalter	für die Berufung zum Schöffen oder zur Schöffin beim Strafgericht, § 33 Nr. 1 GVG
	25.6	Ist das Mindestalter	für die Berufung zum ehrenamtlichen Richter beim Arbeitsgericht, § 21 Abs. 1 ArbGG und
	25.7	Das Regelmindestalter	für die Berufung zum ehrenamtlichen Richter beim Sozialgericht, § 161 SGG
	25.8	Ist Voraussetzung für eine Todeserklärung wegen allgemeiner Verschollenheit	die Todeserklärung wegen allgemeiner Verschollenheit ist zulässig, wenn seit dem Ende des Jahres, in dem der Verschollene nach den vorhandenen Nachrichten noch gelebt hat, zehn Jahre vergangen sind, allerdings darf der Verschollene nach § 3 Abs. 2 VerschG nicht vor dem Ende des Jahres, in dem er das 25. Lebensjahr vollendet hätte, für tot erklärt werden
mit Vollendung des 26. Lebensjahres	26.	Endet das passive Wahlrecht, § 58 Abs. 2 BPersVG	die Todeserklärung wegen allgemeiner Verschollenheit ist zulässig, wenn seit dem Ende des Jahres, in dem der Verschollene nach den vorhandenen Nachrichten noch gelebt hat, zehn Jahre vergangen sind, allerdings darf der Verschollene nach § 3 Abs. 2 VerschG nicht vor dem Ende des Jahres, in dem er das 25. Lebensjahr vollendet hätte, für tot erklärt werden

Lebensaltertabelle

die Vollendung des 27. Lebensjahres	27.1	führt zum Wegfall der Kindergeldberechtigung, § 32 Abs. 4 Nr. 2 EStG, § 2 Abs. 3 BKGG*	im Falle der Ableistung von Wehr- oder Zivildienst (oder anderer gleichgestellter Dienste) besteht der Anspruch über das 27. Lebensjahr hinaus für einen für die Dauer dieses Dienstes entsprechenden Zeitraum, § 32 Abs. 5 Nr. 1 EStG, § 2 Abs. 3 Nr. 1 BKGG; für Kinder, die wegen körperlicher, geistiger oder seelischer Behinderung außerstande sind, sich selbst zu unterhalten, besteht der Anspruch zeitlich unbegrenzt weiter – zu den sonstigen Altersgrenzen beim Kindergeld siehe Ziffern 18.15 und 21.6
	27.2	Führt zum Wegfall von Waisenrenten in der gesetzlichen Renten- und Unfallversicherung sowie nach dem sozialen Entschädigungsrecht*	es sei denn, durch die Ableistung von Wehr- oder Zivildienst (oder eines gleichgestellten Dienstes) hat sich das Ende der Schul- oder Berufsausbildung über das 27. Lebensjahr hinaus verzögert – dann Weiterzahlung für einen für die Dauer des Dienstes entsprechenden Zeitraum § 48 Abs. 4 Nr. 2, Abs. 5 SGB VI, § 67 Abs. 3 Nr. 2, Abs. 4 SGB VII, § 45 Abs. 2 BVG; zu den sonstigen Altersgrenzen bei Waisenrenten siehe Ziffer 18.16
	27.3	Ist für Beamtinnen und Beamte	das Mindestalter für die Ernennung zur Beamtin oder zum Beamten auf Lebenszeit, § 6 Abs. 1 BRRG
die Vollendung des 30. Lebensjahres	30.1	Bedeutet die Altersgrenze für die BAföG-Berechtigung, § 10 Satz 1 BAföG	Ausbildungsförderung wird nicht geleistet, wenn der Auszubildende bei Beginn der Ausbildung, für die Förderung beantragt wird, das 30. Lebensjahr vollendet hat; Ausnahmen davon enthält § 10 Absatz 3 BAföG; ist das 30. Lebensjahr bei Beginn der Ausbildung noch nicht beendet, wird Förderung bis zur Beendigung der Ausbildung geleistet

* Die 27-Jahre Grenze wird ab 2007 in Stufen auf 25 Jahre gesenkt: für Geburtsjahrgänge bis 1981 bleibt es bei 27 Jahren, beim Geburtsjahrgang 1982 gibt es Kindergeld und Renten bis zur Vollendung des 26. Lebensjahres und für Geburtsjahrgänge ab 1983 wird die Altersgrenze auf 25 Jahre abgesenkt – Steueränderungsgesetz 2007 vom 19. 7. 2006 – BGBl. I S. 1652.

Teil 6: Anhang

Alter	Ordnungsziffer	Rechtsposition	Ergänzung, Erläuterung, Voraussetzungen
	30.2	Bedeutet das Ende der gesetzlichen Krankenversicherungspflicht für an Hochschulen eingeschriebene Studierende, § 5 Abs. 1 Nr. 9 SGB V	die gesetzliche Krankenversicherungspflicht von Studierenden; sie endet bereits vor Erreichen des 30. Lebensjahres mit Abschluss des 14. Semesters – Ausnahmen für beide Fälle in § 5 Abs. 1 Nr. 9 Satz 2 SGB V
	30.3	Ist das Mindestalter	für die Berufung zum ehrenamtlichen Richter beim Landesarbeitgericht (§ 37 Abs. 1 ArbGG) und zum ehrenamtlichen Richter beim Landessozialgericht (§ 35 SGG) und
	30.4	Das Regelmindestalter	für die Berufung zum ehrenamtlichen Richter beim Verwaltungsgericht und Oberverwaltungsgericht/Verwaltungsgerichtshof (§ 20 Abs. 2 Satz 2 VwGO)
die Vollendung des 35. Lebensjahres	35.	Ist das Mindestalter	für die Berufung zum ehrenamtlichen Richter beim Bundesarbeitsgericht (§ 43 Abs. 2 Satz 1 ArbGG) und beim Bundessozialgericht (§ 47 SGG)
mit Vollendung des 40. Lebensjahres	40.	Besteht das passive Wahlrecht	für das Amt des Bundespräsidenten (Art. 54 II GG)
die Vollendung des 45. Lebensjahres	45.	Ist in der gesetzlichen Rentenversicherung	Voraussetzung für die Inanspruchnahme der sog. großen Witwenrente und zwar neben dem Vorliegen von Berufs- oder Erwerbsunfähigkeit und der Erziehung eines eigenen Kindes oder des Kindes des Ehegatten unter 18. Jahren, § 46 Abs. 2 SGB VI

Lebensaltertabelle

die Vollendung des 55. Lebensjahres	55.	Ist Voraussetzung für die Inanspruchnahme von Leistungen des Arbeitsamtes nach dem Altersteilzeitgesetz	§ 2 Abs. 1 Nr. 1 des Gesetzes – die Leistungen beziehen sich auf Arbeitnehmer, die ihre Arbeitszeit durch entsprechende Vereinbarung mit dem Arbeitgeber vermindern und die dadurch die Einstellung eines sonst arbeitslosen Arbeitnehmers ermöglichen
die Vollendung des 60. Lebensjahres	60.1	Berechtigt zu Ablehnung	der Übernahme einer Vormundschaft, § 1786 Abs. 1 Nr. 2 BGB
	60.2	Führt bei Berufssoldaten	zum Eintritt in den Ruhestand, § 45 SoldG
	60.3	Ermöglicht Beamten und Beamtinnen auf Lebenszeit	die anerkannte Schwerbehinderte sind, auf Antrag die Versetzung in den Ruhestand, § 42 Abs. 4 Nr. 1 BBG und entsprechende Regelungen in den Landesbeamtengesetzen – es müssen Abschläge bei den Versorgungsbezügen hingenommen werden

	60.4	Ist in der gesetzlichen Rentenversicherung das Mindestalter	a) für die Altersrente für anerkannte Schwerbehinderte, Berufsunfähige und Erwerbsunfähige, § 37 SGB VI
			b) für die Altersrente wegen Arbeitslosigkeit oder nach Altersteilzeit, wenn
			  – bei Beginn der Rente sowie in den letzten 18 Monaten vor Rentenbeginn 12 Monate Arbeitslosigkeit vorliegt,
			  – vor Beginn der Rente 24 Monate Altersteilzeitarbeit ausgeübt wurde, § 38 SGB VI
			c) für die Altersrente für Frauen, wenn sie nach dem 40. Lebensjahr mehr als 10 Jahre Pflichtbeiträge für eine Versicherte Beschäftigung oder Tätigkeit haben, § 39 SGB VI d) die Altersrente für langjährig unter Tage beschäftigte Bergleute, § 40 SGB VI
			bis auf a) müssen bei der Inanspruchnahme der Rente ab 60. Lebensjahr Abschläge hingenommen werden

Alter	Ordnungs-ziffer	Rechtsposition	Ergänzung, Erläuterung, Voraussetzungen
die Vollendung des 62. Lebensjahres	62.	Ist in der gesetzlichen Rentenversicherung das Mindestalter	für die Inanspruchnahme der Altersrente für langjährig Versicherte, § 36 SGB VI – Erfüllung der großen Wartezeit von 35 Jahren Voraussetzung – es müssen Rentenabschläge hingenommen werden.
Vollendung des 63. Lebensjahres	63.	Ermöglicht Beamten und Beamtinnen auf Lebenszeit	auf Antrag, auch ohne dass sonstige Voraussetzungen vorliegen müssen, die Versetzung in den Ruhestand, § 42 Abs. 4 Nr. 2 BBG und die entsprechenden Regelungen in den Landesbeamtengesetzen; allerdings müssen Abschläge von den Versorgungsbezügen hingenommen werden
die Vollendung des 65. Lebensjahres	65.1	Berechtigt zur Ablehnung	des Schöffenamtes beim Strafgericht, § 35 Nr. 6 GVG, des ehrenamtlichen Richteramtes beim Arbeits-, Verwaltungs- und Sozialgericht, § 24 Abs. 1 Nr. 1 ArbGG, § 23 Abs. 1 Nr. 6 VwGO, § 18 Abs. 1 Nr. 1 SGG
	65.2	Führt bei Beamten und Beamtinnen auf Lebenszeit	zur Versetzung in den Ruhestand, § 25 Abs. 1 BRRG und die entsprechenden Regelungen im BBG und den Landesbeamtengesetzen
	65.3	Ist in der gesetzlichen Rentenversicherung das Mindestalter	für die Inanspruchnahme der normalen Rente wegen Alters, § 35 SGB VI – Erfüllung der allgemeinen Wartezeit von 5 Jahren Voraussetzung
die Vollendung des 70. Lebensjahres	70.	Hindert die Berufung zum Schöffen	Personen, die das 70. Lebensjahr vollendet haben oder es bis zum Beginn der Amtsperiode vollendet haben würden, sollen nicht in das Amt des Schöffen berufen werden, § 33 Nr. 2 GVG

die Vollendung des 80. Lebensjahres	80.	Erleichtert die Todeserklärung wegen Verschollenheit	die Todeserklärung ist zulässig, wenn seit dem Ende des Jahres, in dem der Verschollene nach den vorhandenen Nachrichten gelebt hat, 5 Jahre (statt ansonsten 10 Jahre) verstrichen sind, wenn der Verschollene zum Zeitpunkt der Todeserklärung das 80. Lebensjahr vollendet hätte, § 3 Abs. 1 VerschG
mit dem Tod des Menschen	00.	Endet seine Rechtsfähigkeit	Tod ist das Erlöschen der Lebensäußerungen; nachdem der Stillstand von Kreislauf und Atmung wegen der Möglichkeiten der Aufrechterhaltung dieser Funktionen durch medizin-technische Geräte kein maßgebliches Kriterium mehr sein kann, kommt es inzwischen auf den Gehirntod an. Nach dem am 1. 12. 1997 in Kraft getretenen Transplantationsgesetz ist eine Organentnahme unzulässig, wenn nicht zuvor der endgültige, nicht behebbare Ausfall der Gesamtfunktion des Großhirns, des Kleinhirns und des Hirnstamms (Gesamthirntod) ärztlich festgestellt worden ist. Die Kriterien sind von der medizinischen Wissenschaft nach dem Stand der naturwissenschaftlichmedizinischen Erkenntnisse zu bestimmen. Damit definiert der Gesetzgeber zwar nicht den Tod, legt aber den Gesamthirntod als Voraussetzung fest. Die medizinischen Kriterien für die Feststellung des Hirntodes und das zu beachtende Verfahren sind in Richtlinien der Bundesärztekammer festgelegt: zwei Mediziner, die nichts mit einer möglichen Organentnahme zu tun haben dürfen und in der Behandlung von Komapatienten erfahren sind, protokollieren in einem ein bis zwei Stunden dauernden Verfahren die Symptome und stellen die Diagnose. Der genaue Todeszeitpunkt kann von entscheidender rechtlicher Bedeutung sein (z. B. für den Anfall der Erbschaft, die Erbfolge, die Zulässigkeit einer Organentnahme). Der Beweis des Todes wird durch Eintragung im Sterbebuch (= Personenstandsbuch nach dem PStG) geführt. Die Rechte und Verpflichtungen des Verstorbenen werden durch das Erbrecht und durch weitere Rechtsvorschriften in bestimmtem Umfang auf andere Personen überführt – siehe dazu das Kap. 11 – Erbrecht

Literatur

Anwaltsverzeichnis, Deutscher Anwaltverein, Bonn 2002/2003

Barabas, F. K., Beratungsrecht, 2. Auflage, Frankfurt/M. 2003
Becker, F./Hillebrecht, W. (Hrsg), Gemeinschaftskommentar zum Kündigungsschutzgesetz und zu sonstigen kündigungsschutzrechtlichen Vorschriften, 4. Auflage, Neuwied 2006
Birk u. a., Lehr- und Praxiskommentar zum BSHG, 6. Auflage, Baden-Baden 2003, zitiert: LPK-BSHG
Brandt, K., Der Europäische Gerichtshof (EuGH) und das Europäische Gericht erster Instanz – Aufbau, Funktionen, Befugnisse, JuS 1994, 300 ff.
Brockhaus, Die Enzyklopädie in 24 Bänden, 20. Auflage, Leipzig, Mannheim 1996
Brox, H., Allgemeiner Teil des BGB, 29. Auflage, Köln, Berlin, Bonn, München 2005
Brox, H./Walker, W.-D., Allgemeines Schuldrecht, 31. Auflage, München 2006
Brox, H./Walker, W.-D., Besonderes Schuldrecht, 31., aktualisierte Auflage, München 2006
Brühl, A., Mein Recht auf Sozialhilfe, 18. Auflage, München 2003
Brühl, A., Mein Recht auf Sozialleistungen, 19. Auflage, München 2005
Brühl, A./Deichsel, W./Nothacker, G., Strafrecht und Soziale Praxis, Stuttgart 2005
Burhoff, D., Vereinsrecht, ein Leitfaden für Vereine und ihre Mitglieder, 6. Auflage, Berlin 2006

Coing, H., Grundzüge der Rechtsphilosophie, 5. Auflage, Berlin, New York 1993
Cornel, H./Kawamura-Reindl, G./Maelicke, B./Sonnen, B.-R. (Hrsg.), Handbuch der Resozialisierung, 2. Auflage, Baden-Baden 2003
Creifelds, Rechtswörterbuch, 18. Auflage, München 2004
Curriculum Recht, Das Curriculum Recht im Studium der Sozialarbeit/Sozialpädagogik – Empfehlungen der Bundesarbeitsgemeinschaft der Hochschullehrer des Rechts an Fachhochschulen/Fachbereichen des Sozialwesens, Berlin 1997

Della Noce, D., Mediation and Society in Microcosm: Providing Family Mediation Services to Low-Income Families, in: Mediation Quarterly (15/1), 1997, S. 5 ff.
Depner, C./Cannata, K./Ricci, J., Client Evaluation of Mediation Services, in: Family and Conciliation Courts Review (32), 1994, S. 306 ff.
Dörner u. a., Handkommentar zum BGB, 4. Auflage, Baden-Baden 2005, zitiert: Hk-BGB
Duchrow, J./Spieß, K. Flüchtlings- und Asylrecht, 2. Auflage, München 2006

Eichenhofer, E., Sozialrecht, 5. Auflage, Tübingen 2005
Eisenberg, U., Jugendgerichtsgesetz, 11. Auflage, München 2005
Etter, J., Applying Mediation to the Field of Adoption, in: Kruk, E. (Hg.), Mediation and Conflict Resolution, Chicago 1998, S. 141 ff.

Literatur

Fachlexikon der sozialen Arbeit, hrsg. vom Deutschen Verein für öffentliche und private Fürsorge, 5. Auflage, Frankfurt/M. 2002
Faller, K., Mediation in der pädagogischen Arbeit, 1998
Fieseler,G./Schleicher, H./Busch, M. (Hrsg), Kinder- und Jugendhilferecht, Gemeinschaftskommentar zum SGB VIII, Neuwied, Stand August 2006, zitiert: GK-SGB VIII
Fieseler, G./Herborth R., Recht der Familie und Jugendhilfe, 6. Auflage, Neuwied 2005
Frings, D./Knösel, P., Das neue Ausländerrecht, Frankfurt/M. 2005
Flume, W., Allgemeiner Teil des BGB, Bd. 2: Das Rechtsgeschäft, 4. Auflage, München 1992

Gitter, W./Schmitt, J., Sozialrecht, 5. wesentlich überarb. Auflage, München 2001

Hähnchen, S., Das Gesetz zur Anpassung der Formvorschriften des Privatrechts und anderer Vorschriften an den modernen Rechtsgeschäftsverkehr, NJW 2001, 2831
Hanau, P./Adomeit, K., Arbeitsrecht, 13. Auflage, Neuwied 2005
Hartz-Kommission, Bericht der Hartz-Kommission, Moderne Dienstleistungen am Arbeitsmarkt – Vorschläge der Kommission zum Abbau der Arbeitslosigkeit und zur Umstrukturierung der Bundesanstalt für Arbeit, Berlin 2002
Haumersen, P./Liebe, F., Multikulti: Konflikte konstruktiv – Trainingshandbuch, Mülheim 1999
Herdegen, M., Europarecht, München 1997
Höflich, P./Schriever W., Grundriss Vollzugsrecht, 3. Auflage, Berlin u.a. 2003

Ipsen, J., Staatsrecht I – Staatsorganisationsrecht, 17. Auflage, Neuwied 2005
Ipsen, J., Staatsrecht II – Grundrechte, 9., überarbeitete Auflage, Neuwied 2006

Jacob, L.C., Postdivorce Mediation with Stepfamilies: An Overview of Issues and Process, in: Kruk, E. (Hg.), Mediation and Conflict Resolution, Chicago 1998, S. 81 ff.
Jäger, L./Luckey, J., Schmerzensgeld, 2., veränd. Auflage, Recklinghausen 2005
Jefferys-Duden, K., Das Streitschlichter-Programm, Weinheim/Basel 1999
Junker, A., Grundkurs Arbeitsrecht, 5., neu bearbeitete Auflage, München 2006

Kaltenbronner, B., Von der Sozialhilfe zu einer zukunftsfähigen Grundsicherung, 2. Auflage, Baden-Baden 1998
Kaplan, N. M., Mediation in the School System; Facilitating the Development of Peer Mediation Programs, in: Kruk, E. (Hg.), Mediation and Conflict Resolution, Chicago 1998, S. 247 ff.
Katz, A., Staatsrecht, 16., neu bearbeitete Auflage, Heidelberg 2005
Kievel, W., Der neue Kinderzuschlag nach § 6a BKGG – zugleich ein Beitrag zur Berechnung von Ansprüchen auf Alg II und Sog, ZfF 2005 S. 97 ff.
Knösel, P., Freiheitlicher Rechtsstaat und Abschiebung, Berlin 1991
Krahmer, U., Lehr und Praxiskommentar zum Sozialgesetzbuch Allgemeiner Teil, Baden-Baden 2002, zitiert: LPK-SGB I

Kruk, E. (Hrsg.), Mediation and Conflict Resolution in Social Work and the Human Services, Chicago 1998 (a).
Kruk, E., Parenting Disputes in Divorce: Facilitating the Development of Parenting Plans through Parent Education and Therapeutic Family Mediation, in: Kruk, E. (Hg.), Mediation and Conflict Resolution, Chicago 1998 (b), S. 55 ff.
Kruk, E./Martin, F.B./O'Callaghan, J., Caregiving Mediation in Health Care Settings, in: Kruk, E. (Hg.), Mediation and Conflict Resolution, Chicago 1998, S. 179 ff.
Kuhla,W./Hüttenbrink, J., Neuregelungen in der VwGO durch das Gesetz zur Bereinigung des Rechtsmittelrechts im Verwaltungsprozess, DVBl. 2002, 85 ff.
Kunkel, P.-C.,Jugendhilferecht, 5. Auflage, Baden-Baden 2006
Kunkel, P.-C., Kinder- und Jugendhilfe, Lehr- und Praxiskommentar, 3. Auflage, Baden-Baden 2006, zitiert: LPK-SGB VIII

Larenz, K./Wolff, M., Allgemeiner Teil des BGB, 9., neu bearbeitete und erweiterte Auflage, München 2004
Larenz, K., Schuldrecht Bd. 1, 14. Auflage, München 1987
Larenz, K., Methodenlehre der Rechtswissenschaft, 6. Auflage, München 1991

Mansel, H -P., Die Neuregelung des Verjährungsrechts, NJW 2002, S. 89 ff.
Marx, A., Mediation und Sozialarbeit – Konflikte kooperativ lösen, Frankfurt/M. 1999
Marx, A., Mediation (Konfliktvermittlung) bei Adoptionen, in: Paulitz, H. (Hg.), Adoption, Positionen, Impulse, Perspektiven, München 2000, S. 302 ff.
Marx, A., Sozial-Mediation in den USA – ein Wegweiser für die soziale Arbeit in Deutschland?, in: Theorie und Praxis der Sozialen Arbeit, Heft 2/2003, S. 46-53
Maurer, H., Allgemeines Verwaltungsrecht, 15. Auflage, München 2006
Meyer-Goßner, L., Strafprozessordnung, Kurzkommentar, 47. Auflage, München 2004
Mrozynski, P., Sozialgesetzbuch I, 3. Auflage, München 2003
Moore, C.W., The Mediation Process, Practical Strategies for Resolving Conflict, 3nd ed., San Francisco, London 2003
von Münch, I./Kunig, Ph. (Hrsg.), Grundgesetzkommentar, 5. Auflage, München 2001
Münder, J., Kinder- und Jugendhilferecht, 5. Auflage, Neuwied 2004
Myers, S/Filner, B., Mediation Across Cultures, San Diego 1993

Oberloskamp, H./Marx, A., Kindschaftsrechtliche Fälle für Studium und Praxis, 6., überarbeitete Auflage, Neuwied 2006
Oberloskamp, H./Balloff, R./Fabian,T., Gutachtliche Stellungnahmen in der Sozialen Arbeit, 6. Auflage, Neuwied 2001
Ossenbühl, F., Das elterliche Erziehungsrecht im Sinne des Grundgesetzes, Berlin 1981

Palandt, Bürgerliches Gesetzbuch, 65. Auflage, München 2006
Papier, H.-J., Ehe und Familie in der neuen Rechtsprechung des BVerfG, FamRZ 2002, 2119
Papenheim, G./Baltes, J./Tieman, B., Verwaltungsrecht für die Soziale Praxis, 19. Auflage, Frechen 2006

Papenheim, H.-G., Zeugnisverweigerungsrechte der Sozialarbeiter und Sozialpädagogen, in: Recht sozial – Rechtsfragen der Sozialen Arbeit, hrsg. von M. Karl-Heinz Lehmann, 2. Auflage, Hannover 2002
Parsons, R.J./Cox, E.O., Mediation in the Aging Field, in: Kruk, E. (Hg.), Mediation and Conflict Resolution, Chicago 1998, S. 163 ff.
Pelikan, W., Rentenversicherung, 10. Auflage, München 2002
Primm, E.B., The Neighbourhood Justice Movement, in: Kentucky Law Journal, 1992-93, S. 1067 ff.

Quambusch, E., Einführung in das Recht, Freiburg 2000

Radbruch, G., Vorschule der Rechtsphilosophie, 2. Auflage, Göttingen 1959
Raiser, T., Das lebende Recht – Rechtssoziologie in Deutschland, 3. Auflage, Baden-Baden 1999
Raisch, P., Juristische Methoden, Vom antiken Rom bis zur Gegenwart, Heidelberg 1995
Ray, L., Community Mediation Centers: Delivering First-Class Services to Low-Income People for the Past Twenty Years, in: Mediation Quarterly (15/1), 1997, S. 71 ff.
Renner, G./Kanein, W., Ausländerrecht. Kommentar, 8. Auflage, München 2005
Riekenbrauk, K., Strafrecht und Soziale Arbeit, 2. Auflage, Neuwied 2004
Roßnagel, A., Das neue Recht elektronischer Signaturen, NJW 2001, S. 1817 ff.
Rothe/Blanke, Bundesausbildungsförderungsgesetz, 5. Auflage, Stuttgart 2006
Rüthers, B./Stadler, A., Allgemeiner Teil des BGB, 14. Auflage, München 2006

Saposnek, D.T., Mediating Child Custody Disputes, San Francisco, 1998
Schaub, G./Koch, U., Handbuch des Arbeitsrechts, 11. Auflage, München 2004
Schleicher, H., Jugend- und Familienrecht, 11. Auflage, Troisdorf 2003
Schlüter, W., BGB-Familienrecht, 11. Auflage, Heidelberg 2005
Schulin, B./Igl, G, Sozialrecht, 7. Auflage, Düsseldorf, 2005
Schwab, D., Einführung in das Zivilrecht, 16. Auflage, Heidelberg 2005
Schweitzer, M./Hummer, W., Europarecht, 5. Auflage, Frankfurt/M. 1996
Soergel/Fahse, Bürgerliches Gesetzbuch, Kommentar zum BGB – 1. Band, 13. Auflage 2000
Spindler, H., Das Existenzminimum stirbt in Prozentschritten, info also 2004, S. 184 ff.
Statistisches Jahrbuch für die Bundesrepublik Deutschland, hrsg. vom Bundesamt für Statistik, Wiesbaden
Staudinger, Großkommentar zum BGB, Berlin, New York 1997
Streinz, R., Europarecht, 7. Auflage, Heidelberg 2005
Suckow, H./Wiedemann, H., Allgemeines Verwaltungsrecht und Verwaltungsrechtsschutz, 14. Auflage, Stuttgart 2004

Trenczek, T., Die Mitwirkung der Jugendhilfe im Strafverfahren, Weinheim 2003

Umbreit, M.S./Kruk, E., Parent-Child Mediation, in: Kruk, E. (Hg.), Mediation and Conflict Resolution, Chicago 1998, S. 97 ff.

Wabnitz, R.-J. (Hrsg.), Kinder- und Jugendhilferecht, SGB VIII – KJHG, Baden-Baden 2004

Wassermann, R. (Hrsg.), Kommentar zum Grundgesetz für die Bundesrepublik Deutschland, Reihe Alternativkommentare, Neuwied 1989

Wesel, U., Juristische Weltkunde, Eine Einführung in das Recht, 10. Auflage, Frankfurt/M. 2000

Westermann, H. P., Sachenrecht, 11. Auflage, Heidelberg 2005

Wieacker, F., Privatrechtsgeschichte der Neuzeit, Göttingen 1952

Winkel, R., Der neue Kinderzuschlag: eine familienpolitische Seifenblase, Soziale Sicherheit 2004, S. 402 ff.

Witterstätter, K., Soziale Sicherung, 6. erw. Auflage, Neuwied 2006

Zacher, H., Grundtypen des Sozialrechts, in: Maydell, B. v./Eichenhofer, E. (Hrsg.), Abhandlungen zum Sozialrecht, Heidelberg 1993

Zieger, M., Verteidigung in Jugendstrafsachen, 4. Auflage, Heidelberg 2002

Zimmermann, W., Betreuungsrecht von A-Z, 2. Auflage, München 2001

Zimmermann, W., Ratgeber Betreuungsrecht, 7. überarbeitete Auflage, München 2006

Zippelius, R., Juristische Methodenlehre, 9. Auflage, München 2004

Stichworte

Abschiebehindernisse 292
Abschiebung 284
- Haft 284
- Sicherung 285
- Vorbereitung 285
Abstaktionsprinzip 62
Abstammungsprinzip 295
Abstammungsrecht 139
Abstraktionsprinzip 75
Adäquanztheorie 114
Adoption 142, 382
Akteneinsicht 240, 311
Alleintäter 254
Allgemeine Grundsätze des Völkerrechts 12
Allgemeine Regeln des Völkerrechts 12
Allgemeiner Gleichheitssatz 33
Allgemeines Sozialverwaltungsrecht 25
Allgemeines Verwaltungsrecht 25
Amsterdam 1997 12
Amtspfleger 166
Amtspflichtverletzung 121
Amtsvormund 166
Anfechtungsgrund 64
Angebot 66
Angeklagter 240
Anhörung 311
Anklageerhebung 245
Annahme 66 f.
Anspruch 27
Anstalt des öffentlichen Rechts 300
Anstifter 254
Antragsverbund 138
Anwerbephase 269
Äquivalenztheorie 114
Arbeitnehmer 286
Arbeitnehmerschutz 81
Arbeitsförderung 185 f
Arbeitsgerichtsbarkeit 340
Arbeitslosengeld 182 ff
Arbeitslosengeld II 198 ff

Arbeitslosenhilfe 184
Arbeitslosenversicherung 182 ff
Arbeitsrecht 80
Arbeitsvertrag 80
Arglistige Täuschung 65
Arrest
- Freizeit~ 259
- Dauer~ 259
- Kurz~ 259
Asylanerkennung 292
Asylbewerberleistungsgesetz (AsylbLG) 292
Aufenthaltserlaubnis 270
Aufenthaltsgesetz 266
Aufenthaltsgestattung 291
Aufenthaltstitel
- gültiger 272
Aufgabe sozialer Berufe 5
Auflage 259
Aufnahmeeinrichtung 287
Aufsichtspflicht 118
- Verletzung 117
Auftragsangelegenheit 305
Aufwendungsersatz 76
Augenschein
- gerichtlicher 240
Auskunftsverweigerungsrecht 241
Ausländischer Rentner 279
Auslegungsmethoden
- Historische Auslegung 371 f.
- Philologische Auslegung 366 ff
- Systematische Auslegung 370
- Teleologische Auslegung 372
AuslG 90 269
Ausreisepflicht 283
Ausschlussfrist 104
Ausweisung 282
- Widerruf 282
Autonome Satzung 20

Beauftragte für Migration, Flüchtlinge und Integration 285
Bedarfsgemeinschaft 198, 200

421

Stichworte

Bedarfsgerechtes Angebot   158
Befristeter Vertrag   106
Befristeter Zuschlag   204
Behörde   302 ff
Beihilfe   254
Beistandschaft   90, 142, 166
Beratung
– bei der Ausübung der Personensorge   156
Beratungshilfe   327 f
Beratungswesen   263
Berliner Testament   131
Berufung   250
Beschränkte Geschäftsfähigkeit   57, 68
Besonderes Sozialverwaltungsrecht   25
Besonderes Verwaltungsrecht   25
Betreuer   88
Betreuung   143
Betreuungshelfer   160
Beurteilungsspielraum   368
Bewährungsauflage   251
Beweislast   120
BGB
s. Bürgerliches Gesetzbuch
BGB-Gesellschaft   322
Bildungsförderung   187
Bundesbeamte für Migration und Flüchtlinge   285
Bundessozialhilfegesetz   197
Bundesverfassungsgericht   22, 332
Bundesverwaltung   303 f
Bundeszentralregister   250
Bürgerliches Gesetzbuch   2, 43 ff
– Allgemeiner Teil   43
– Deliktsrecht   110
– Erbrecht   45
– Familienrecht   44
– Gleichheitssatz   46
– Lebenspartnerschaft   44
– Privatautonomie   45
– Sachenrecht   44
– Schuldrecht   44

Dauerarrest   259
Deliktsrecht   110
Dienstleistungsempfänger   286
Dienstleistungserbringer   286

Dienstvertrag   80
Differenzhypothese   122
Direktabschiebung   284
Dispositives Recht   26
Diversion   260
Drittstaatsangehöriger   286
Drittwirkung von Grundrechten   40 f
Duldungsgrund   284

Ehegattennachzug   275
Ehegattenunterhalt   378
Ehehindernis   135
Ehescheidung   137
Eheschließung   135
– Wirkung   136
Eigenhaftung für Handelnden   125
Eingetragene Lebenspartnerschaft   143
Eingliederung von Menschen mit Behinderungen   192 ff
Eingliederungshilfe für seelisch behinderte Kinder und Jugendliche   161
Einigungsmangel (Dissens)   67
Einmaliger Bedarf   203
Einreiseverbot   285
Einsatzgemeinschaft   217
Einstiegsgeld   204
Einzelbetreuung
– intensive sozialpädagogische   161
Elektronische Form   70
Elterliche Sorge   140, 378
Elterngeld   189
Eltern-Kind-Mediation   381
Elternzeit   188
EMRK   9
ENA   9
Erbenhaftung   131
Erbrecht   45, 128
Erbrechtsgleichstellungsgesetz   129
Erbvertrag   128, 130
Erfüllungsgehilfe   124, 126
Erkenntnisverfahren   250
Erklärungsbewusstsein   63
Erklärungsirrtum   65
Ermächtigung   94
Ermessensausweisung   282
Ermessensentscheidungen   355

Erwerbsfähigkeit 198
Erwerbsminderung
- Feststellung 220
Erziehungsbeistand 160
Erziehungsberatung 160
Erziehungsgedanke 254
Erziehungsgeld 189
Erziehungsmaßregel 257
EuGH
s. Europäischer Gerichtshof
EU-Recht 13
Europäische Atomgemeinschaft 11
Europäische Gemeinschaft für Kohle und Stahl 11
Europäische Kommission für Menschenrechte 9
Europäische Union 9 f
Europäische Wirtschaftsgemeinschaft 11
Europäischer Gerichtshof - EuGH 349
Europäischer Gerichtshof für Menschenrechte 10, 348
Europäischer Rat 15 f
Europäisches Fürsorgeabkommen 147
Europäisches Parlament 16
Europäisches Recht 9 ff
Europäische Union
- Bereiche Inneres und Justiz 14
- gemeinsame Außen- und Sicherheitspolitik 14
Europaparlament 15
Europarat 9
EU-Visumverordnung 273

Fachkräfteprinzip 169
Fahrlässigkeit 59, 115
Familienergänzende Hilfe 160
Familienersetzende Hilfe 160
Familienförderung 188
Familiennachzug 275 f
Familienpflege 89
Familienrecht 44, 133
Familiensachen 338
Familienunterstützende Hilfe 160
Fernabsatzvertrag 78
Feststellung der Erwerbsminderung 220

Finanzgerichtsbarkeit 347
Fiskalisches Hilfsgeschäft 306
Föderalistisches Prinzip 302
Förderung der Erziehung in der Familie 156
Foltergefahr 279
Formelle Bestandskraft 312
Formelles Recht 26
Formvorschriften
- Vertrag 68
Freispruch 247
Freiwillige Gerichtsbarkeit 338
Freizeitarrest 259
Freizügigkeitsgesetz/EU 266
Fristen 98 f
Fristlose Kündigung
- bei Wohnraum 108
- im Arbeitsverhältnis 109

Gang der Hauptverhandlung 246
Garantenpflicht 264
Garantenstellung 264
Garantiehaftung 110
Gefährdung des Kindeswohls 141
Gefährdungshaftung 110 f
Gefälligkeitsverhältnis 119
Gefälligkeitszusagen 63
Gehilfe 254
Gemeinnützigkeit 323
Gemeinsame Wohnformen 156
Genfer Konvention 13
Gerichtlicher Augenschein 240
Gerichtshof der Europäischen Gemeinschaft 15, 17
Gesamtverantwortung 168
Geschäftsfähigkeit 54 f.
- beschränkte 57, 68
Geschäftsunfähigkeit 55, 68
- partielle 56
Geschäftswille 63
Geschlossener Vollzug 261
Geschriebenes Recht 19
Geschützte Rechtsgüter 114
Gesetzeskraft 22
Gesetzliche Amtsvormundschaft 166
Gesetzliche Aufsichtspflicht 118
Gesetzliche Erbfolge 128
Gesetzliche Krankenversicherung 176

Stichworte

Gesetzliche Rentenversicherung 175
Gesetzliche Unfallversicherung 180
Gesetzliche Vertretung 140
Gesetzlicher Richter 334
Gesetzlicher Vertreter 85
Gesetztes Recht 19
Gestaltungsrecht 28
Gewillkürte Vertretung 90
Gewohnheitsrecht 19, 21 f
Gewöhnlicher Aufenthaltsort 150
Gleichberechtigung 33, 46
Gleichheitssatz
– allgemeiner 33
Grundrecht 31 ff
– Drittwirkung 40
– Einrichtungsgarantie 35
– Einschränkungsmöglichkeiten 41 f.
– Grundrechtsfähigkeit 38
– Grundrechtsmündigkeit 38
– Leistungsrecht 37
– Organisationsgarantie 36
– Rechtsweggarantie 33
– subjektives Recht 37 ff.
– subjektiv-öffentliches Abwehrrecht 34
– Teilhaberecht 35
– Überblick 31 ff
– Verfahrensgarantie 36
– wertentscheidende Grundsatznorm 34
Grundsatz der Verhältnismäßigkeit 243
Grundsicherung für Arbeitssuchende 198 ff
Grundsicherung im Alter und bei verminderter Erwerbsfähigkeit 198, 211, 218 ff
Grundsicherungsbedarf 221
Güterrecht 136
Gütertrennung 136

Haager Minderjährigenschutzabkommen (MSA) 291
Haager Übereinkommen 20
Haftung für Mitarbeiter 124
Haftungsausfüllende Kausalität 116
Haftungsbegründende Kausalität 114
Halbstrafverbüßung 262

Handlungsfähigkeit 54
Handlungswille 63
Haushaltsgemeinschaft 217
Häusliche Pflege 179
Haustürgeschäft 78
Heimerziehung 161
Heranwachsender 254
Herrschaftsrecht 27
Hierarchisches Prinzip 302
Hilfebedürftigkeit 201, 211
Hilfe in besonderen Lebenslagen 212, 223
Hilfe zum Lebensunterhalt 198, 215 ff
Hilfe zur Erziehung (HzE) 159
Hilfsbeamte der Staatsanwaltschaft 237
Höchstqualifizierter 273
Höchstrichterliche Rechtsprechung 22
Hort 158

Immaterieller Schaden 122
Individualarbeitsrecht 81, 340
Informationelle Selbstbestimmung 167
Inländische Fluchtalternative 295
Insolvenzgeld 184
Integrationsamt 194
Integrationsfachdienst 195
Integrationskurs 281
Integrationsphase 269
Integrationsprojekt 195
Interkulturelle Familie 382
Interkulturelle Kommunikation 297
Interkulturelle Öffnung 296 f
Interkulturelles Lernen 297
invitatio ad offerendum 67
Irrtum
– über eine wesentliche Eigenschaft 65
ius sanguinis 295
ius soli 295

JGH
s. Jugendgerichtshilfe
Jugendarrest 259
Jugendgericht
– Mitwirkung 166

Jugendgerichtshilfe 229, 234, 257
Jugendhilfe
– andere Aufgaben 148, 163
– Gesamtverantwortung 168
Jugendhilfeplanung 168
Jugendstrafe 259
Junger Volljähriger 163
Juristische Person 123
– des Öffentlichen Rechts 299 ff
– des Privatrechts 49, 51
Justizgewährungsanspruch 331
Justizgrundrechte 34, 239

Kauf 74
– unter Eigentumsvorbehalt 78
Kaufvertragsrecht 74
Kausalität
– haftungsausfüllende 16
– haftungsbegründende 114
KICK 152, 159
Kindergarten 158
– ~besuch 158
Kindernachzug 277
Kindertagespflege 158
Kinderzuschlag 206 ff
Kindesunterhalt 378
Kindeswohl 140
Kindschaftsrecht 139
Kollektivarbeitsrecht 81, 340
Kommission 15, 17
Kommunale Gebietskörperschaft 305
Konfliktbearbeitung 373
Konfliktlotsen-Programm 374
Konfliktsphäre 375
Konventionalscheidung 137
Körperschaft des öffentlichen Rechts 300
– Gebietskörperschaft 301
– Personenkörperschaft 302
Kreditvertrag 82
Krippe 158
Kündigungsfrist
– bei Wohnraum 107
– im Arbeitsverhältnis 108
Kurzarbeitergeld 184
Kurzarrest 259

Landesrechtsvorbehalt 155
Landesverwaltung 304
Leasing 79
Lebensgestaltungsmöglichkeit 32
Lebenspartnerschaft 44
– eingetragene 143
Lebenspartnerschaftsgesetz 143
Legaldefinition 151, 367
Legalitätsprinzip 243, 237
Legitimation
– von Recht 4
Leistungen 148
Leistungserbringer 320 ff

Mahnverfahren 337
Mängelhaftung 75
Maßregeln der Besserung und Sicherung 247
Materielle Bestandskraft 312
Materieller Schaden 122
Mediation 138, 373
– Adoption 382
– interkulturelle Konflikte 382
– Scheidung 377
– Schule 378
Mediator 373
Mediatorenausbildung 383
Mehrbedarf 202, 216
Menschenwürde 32, 371 f
Miete 78
– Erhöhung 79
Mietrecht 78
– Wohnräume 79
Minderjähriger 57
Minderjährigenschutzabkommen 21, 147
Minderung 76
Mittelbare Staatsverwaltung 303
Mitwirkung in Verfahren vor dem Jugendgericht 166
Motivirrtum 65
Mutterschaft 139

Nacherfüllung 76
Nachzug zu Deutschen 275
Nationales Visum 272
Natürliche Person 49
Nebenkläger 241

Stichworte

Negativ-Staater 273
Neutralität 375
Nichtselbstständige Arbeitskraft 273
Niederlassungserlaubnis 270, 280
Normenhierarchie 20
Notarielle Beurkundung 72

Objektives Recht 19, 23
Offener Vollzug 261
Öffentliche Beglaubigung 71
Öffentliches Recht 23, 25
Öffentlichkeitsgrundsatz 243
Öffentlich-rechtliches Verwaltungshandeln 306
Opportunitätsprinzip 243
Ordentliche Gerichtsbarkeit 336
Organhaftung 123
Originäres Europarecht 14

Parteifähigkeit 51, 53
Partielle Geschäftsunfähigkeit 56
Partielle Vollgeschäftsfähigkeit 58
Passpflicht 272
Peer-Mediation 378 f
Personensorge 140
– Beratung 156
– Unterstützung 156
Persönliches Budget 193
Pflegegeld 179
Pflegeperson 165
Pfleger 89
Pflegeversicherung 178
Pflegschaft 142
Pflichtverletzung 265
Pflichtverteidiger 240
Pluralität der Lebensformen 133
Politische Verfolgung 284
Polizeiliches Führungszeugnis 169
Positivstaater 273
Preußisches Allgemeines Landrecht 2
Privatautonomie 45
– Prinzip 61
Privatklagedelikt 244
Privatrecht 23 f
Privatsphäre 32
Prozesskostenhilfe 329
Prüfungsschema 113

Radbruch'sche Formel 4
Ratenkredit 82
Realakt 55
Rechnungshof 15
Recht auf gewaltfreie Erziehung 140
Rechtfertigungsgründe 115
Rechtliche Betreuung für Volljährige 87
Rechtliches Gehör 240, 243 f
Rechtsanwendung 357 ff
Rechtsbehelfsbelehrung 247
Rechtsberatung 327
Rechtsdienstleistungsgesetz 328
Rechtsfähigkeit 50, 51 ff
Rechtsfolge 352
Rechtsgeschäft 61
Rechtsgutverletzung 114
Rechtsmangel 75 f
Rechtsnorm 3
– Struktur 352
Rechtsobjekt des Privatrechts 48
Rechtsschutz 330
Rechtsschutzversicherung 330
Rechtssubjekt des Privatrechts 48
Rechtsverordnung 20
Rechtsweggarantie 33
Rechtswidrigkeit 114
Regelausweisung 282
Regelleistung 202
Regelsatz 215
Rehabilitationsträger 193
Revision 250, 339
Rezeption des römischen Rechts 3
Richterrecht 19, 22
Rückkehrrecht 279
Rücktritt 76

Sachenrecht 44
Sachmangel 75
Sachverständiger 240
Sanktionen im SGB II 205
Sanktionsvorschläge 257
Schaden 122
Schadensersatz 76, 121
Schadensersatzanspruch 111
Scheidung
– streitige 137
Scheidungs-Mediation 377

Scheidungsunterhalt 138
Schmerzensgeldanspruch 122
Schriftform 68
Schriftliche Sicherstellungs-
  vereinbarung 153
Schuldnerberatung 82
Schuldrecht 44
Schul-Mediation 378
Schutzgesetz
– Verstoß 116
Schweigen des Angeklagten 247
Schwerbehindertenrecht 194
Selbstmelder 163
Selbstständiger Erwerbstätiger 273
SGB II
– Sanktionen 205
Sicherer Herkunftsstaat 289
Sicherstellungsvereinbarung
– schriftlich 153
Sicherung der Abschiebung 285
Sittenwidrige Schädigung 117
Sonderbedarf 204
Sonstige Familienangehörige 277
Sorgerecht
– Angelegenheit des täglichen
  Lebens 162
– grundlegende Entscheidungen 162
Sozialdaten 314 ff
– Erhebung 314
– Nutzung 315
– Übermittlung 316 ff.
– Verarbeitung 315
Sozialdatenschutz 312 ff
Soziale Berufe
– Aufgaben 5
Soziale Entschädigungssysteme
  226 ff
– Fürsorgeleistung 228
– Versorgungsleistung 227
Soziale Fördersysteme 185 ff.
– Arbeitsförderung 185 f
– Bildungsförderung 187 f
– Eingliederung von Menschen mit
  Behinderungen 192 ff
– Familienförderung 188 f
– Wohnungsförderung 190 f
Soziale Gerechtigkeit 174
Soziale Gruppenarbeit 160

Soziale Hilfesysteme 196 ff
– Grundsicherung für Arbeit-
  suchende 198 ff
– Kinderzuschlag 206 ff
– Sozialhilfe 210 ff
– Unterhaltsvorschuss 225 f
Soziale Pflegeversicherung 178
Soziale Rechte 171
Soziale Sicherheit 174
Soziale Vorsorgesysteme 174 ff.
– Arbeitslosenversicherung 182
– Gesetzliche Krankenversicherung
  176
– Gesetzliche Rentenversicherung
  175
– Gesetzliche Unfallversicherung
  180
– Soziale Pflegeversicherung 178
Sozialgeheimnis 313
Sozialgeld 198
Sozialgerichtsbarkeit 345 ff
Sozialhilfe 210 ff
– Grundsicherung im Alter und bei
  verminderter Erwerbsfähigkeit
  218 ff
– Hilfe zum Lebensunterhalt 215 ff
– Hilfen in besonderen Lebenslagen
  223 ff
Sozial-Mediation 376
Sozialnorm 3
Sozialpädagogische Einzelbetreuung
– intensive 161
Sozialpädagogische Familienhilfe
  160
Sozialrecht 171 ff
Sozialrechtliches Dreiecksverhältnis
  325 ff
Sozialstaatsprinzip 5
Sozialverwaltungsrecht
– allgemeines 25
– besonderes 25
Spätaussiedler 281
Spezialprävention 254
Staat 293
Staatsanwaltschaft 239
– Hilfsbeamte 237
Staatsverwaltung
– mittelbare 303

Stieffamilien-Mediation 381
Stiftung
- des öffentlichen Rechts 300
- des Privatrechts 49, 323
Strafantrag 244
Strafantritt 251
Strafanzeige 244
Strafbefehl 245
Strafmündigkeit 59
Strafrechtliche Verantwortung 264
Strafverfolgungsinteresse 263
Strafvollzugsgesetz 260
Streitige Scheidung 137
Streitschlichter 379
Subjektive Rechte 27 ff
- Anspruch 27
- Gestaltungsrecht 28
- Herrschaftsrecht 27
- Subjektiv-öffentliches Recht 29
Subsidiaritätsprinzip 148
Subsumtion 358
Syllogismus 358

Tagesbetreuungsausbaugesetz (TAG) 157
Tagesgruppe 161
Tagespflegeperson 164
Taschengeld 58
Täter-Opfer-Ausgleich (TOA) 243, 374, 379
Tatbestand 352
Termine 98
Testament 128, 130
Textform 71
Tier 49
Tod des Menschen 54
Todesstrafe 279
Träger öffentlicher Verwaltung 299
Transplantationsgesetz 54
Trennungsjahr 137

Übermittlung von Sozialdaten 316 ff
Überziehungskredit 82
Umfangreiche Mitwirkungspflichten 287
Umgang 378
Umgangsrecht 141
Unbestimmter Gesetzesbegriff 367

Unerlaubte Handlung 111
UN-Kinderschutzkonvention 13
Unterhaltsanspruch 141
Unterhaltstatbestand 139
Unterhaltsvorschuss 225 f
Unterkunft und Heizung 203, 216
Unterstützung
- bei Ausübung d. Personensorge 156
Unterstützungsauftrag 257
Untersuchungsgrundsatz 310
Untersuchungshaft 244
Unwirksamkeitsgründe für Verträge 68
Urkunde 240

Verbraucherdarlehen 82 f.
Verbraucherschutzrecht 61
Verbraucherschutzvorschriften 83
Verbrechen 251
Verein 321
Verfahrenseinstellung 245
Verfahrenspfleger 90
Verfassungsgerichtsbarkeit 332
- der Bundesländer 334
Verfolgung 293
- Ort der ~ 295
- Schweregrad 293
- Sicherheit vor ~ 289
Verfügung von Todes wegen 130
Verfügungsgeschäft 62
Vergehen 251
Verhältnismäßigkeitsgrundsatz 243, 245
Verhängung von Abschiebungshaft 284
Verjährung 77, 100 ff
- Neubeginn 102
- Verjährungseinrede 100
- Verjährungsfristen 100
- Verjährungshemmung 102
- Verjährungshöchstfristen 102
Verletzung der Aufsichtspflicht 117
Verletzung des Sozialgeheimnisses 318 f
Verletzungshandlung 113
Vermögenssorge 140
Verpflichtungsgeschäft 62

Verrichtungsgehilfe 127
Verschlechterungsverbot 245
Verschuldenshaftung 111
Versorgungsausgleich 139
Verstoß gegen die EMRK 279
Verstoß gegen Schutzgesetz 116
Vertrag 74
– befristeter 106
– Formvorschrift 68
– Unwirksamkeit 68
– von Nizza 12
– Zustandekommen 66
Vertragliche Aufsichtspflicht 118
Vertragsfreiheit 46
Vertragsrecht 12
Vertrag von Maastricht 11
Vertretung 85
Verwaltungsakt 307 ff
Verwaltungsgerichtsbarkeit 342
Verwaltungshandeln 307
– hoheitliches 307
– öffentlich-rechtliches 306
– schlichtes 307
Verwaltungsprivatrecht 306
Verwaltungsrecht
– allgemeines 25
– besonderes 25
Verwaltungsverfahren 309 ff
Verwirkung 105
Visum 270
Völkergewohnheitsrecht 12
Völkerrecht 12
Völkerrechtliche Verträge 12
Vollgeschäftsfähigkeit
– partielle 58
Vollstreckungsverfahren 250
Vollzeitpflege 161
Vollzugsplan 261
Vollzugsziel 260
Vorbereitung der Abschiebung 285

Vorläufiger Rechtsschutz 344, 347
Vormund für Minderjährige 86
Vormundschaft 142
Vorsatz 59, 115
Vorverfolgung 294

Wächteramt 135, 265
Werkstätten für behinderte Menschen 195
Werkvertrag 81
Wesentliche Eigenschaft
– Irrtum 65
Widerrechtliche Drohung 66
Widerruf der Ausweisung 282
Willenserklärung 62 f
Willensmangel 64
Wirkungen der Ehe 136
Wohl des Kindes 140
Wohnform
– sonstige betreute 161
Wohngeld 190
Wohnungsförderung 190
Wucherkredit 84

Zeit im Recht 98 ff
Zerrüttungsprinzip 137
Zeuge 240
Zeugnisverweigerungsrecht 241
Zivilgerichtsbarkeit 337
Zuchtmittel 259
Zugewinnausgleich 378
Zugewinngemeinschaft 136
Zustandekommen von Verträgen 66
Zustimmung 93 ff.
Zuwanderungsrecht 266
Zwangsverbund 138
Zweidrittelstrafverbüßung 262
Zwingende Ausweisung 282
Zwingendes Recht 26

Fachbücherei Praktische Sozialarbeit

Oberloskamp/Borg-Laufs/Mutke
Gutachtliche Stellungnahmen in der Sozialen Arbeit
7., überarbeitete Auflage 2009,
ca. 320 Seiten, kartoniert, ca. € 25,–
ISBN 978-3-472-06592-0
Erscheint voraussichtlich II. Quartal 2009

Badry/Kaspers/Schleider/Stockinger
Arbeitshilfen für soziale und pädagogische Berufe
5., erweiterte und aktualisierte Auflage 2008,
300 Seiten, kartoniert, € 24,90
ISBN 978-3-472-06594-4

Weitere Titel:

Oberloskamp/Brosch
Jugendhilferechtliche Fälle für Studium und Praxis
11., aktualisierte Auflage 2007,
324 Seiten, kartoniert, € 24,90
ISBN 978-3-472-06591-3

Fieseler/Herborth
Recht der Familie und Jugendhilfe
Arbeitsplatz Jugendamt / Sozialer Dienst
6., überarbeitete und erweiterte Auflage 2005,
472 Seiten, kartoniert, € 24,90
ISBN 978-3-472-05817-5

Oberloskamp/Marx
Kindschaftsrechtliche Fälle für Studium und Praxis
6., überarbeitete und erweiterte Auflage 2006, 310 Seiten, kartoniert, € 24,90
ISBN 978-3-472-06477-0

Witterstätter
Soziale Sicherung
Eine Darstellung mit Schwerpunkt Grundsicherung
7., überarbeitete und aktualisierte Auflage 2006,
280 Seiten, kartoniert, € 24,90
ISBN 978-3-472-06478-7

Zu beziehen über Ihre Buchhandlung oder direkt beim Verlag.

SHOP www.wolterskluwer.de
einfach online kaufen...

Luchterhand
eine Marke von Wolters Kluwer Deutschland

Wolters Kluwer Deutschland GmbH · Postfach 2352 · 56513 Neuwied
Telefon 02631 801-2222 · Telefax 02631 801-2223
www.wolterskluwer.de · info@wolterskluwer.de